J. A. Fortea

La tiniebla en el exorcismo

Problemas teológicos de la práctica del exorcismo
Análisis global de los problemas dogmáticos, eclesiales y canónicos que surgen en la práctica del exorcismo en toda la Iglesia en el siglo XXI

Forteniana Opera Daemoniaca

Tomo V

SEKOTIA

WWW.SEKOTIA.COM

Editor: Humberto Pérez-Tomé Román
Colección Fortenieana Opera Daemoniaca

Imprime: Black Print
ISBN: 978-84-18414-23-7
Depósito legal: CO-1170-2020

Hecho e impreso en España—*Made and printed in Spain*

Los demonios salían de muchos gritando: Tú eres el Hijo de Dios. Pero Él les rechazó y no les permitía hablar, porque sabían que era el Mesías

(Lucas 4, 41)

Pero si es por el Dedo de Dios que Yo expulso los demonios, entonces el Reino de Dios ha venido a vosotros

(Lucas 11, 20)

Índice

Introducción

El enfoque de esta obra

Cartografiar los problemas que puede generar y genera la práctica del exorcismo, ese ha sido el propósito de esta obra. Este escrito desearía ser una especie de mapa general de toda la problemática teológica y eclesial que se produce en el desempeño de este ministerio. Y, por tanto, los siguientes capítulos querrían no dejar de analizar los problemas más complejos, sino, por el contrario, abordarlos; aunque sea de forma muy breve, o cuando menos dejar constancia de su existencia. Aspiramos a no soslayar los problemas más extraños e intrincados, sino al menos a catalogarlos.

Después de que tantos autores hayan estudiado qué sea el exorcismo a través de una teología positiva, había llegado el momento de construir una teología negativa. Es decir, después de haber profundizado en qué es el exorcismo, quedaba por analizar qué no es el exorcismo, qué no debe ser y en qué no debe convertirse. No se me oculta que no pocos al leer estas páginas, considerarán que todavía falta la construcción de una verdadera teología positiva sobre el exorcismo. Sin querer entrar en ese debate, enfocar esta compleja temática a partir de una teología negativa puede ser un modo renovador de abordar esa misma teología del ministerio exorcístico. Un modo renovador que puede ofrecer, sin duda, nuevas luces sobre un tema tan oscuro. O si no oscuro, al menos que ofrece incertidumbres que no aparecen en otras facetas de la teología.

Si la idea de confeccionar un mapa general ha sido el propósito que ha puesto en marcha esta construcción teológica, quizá también conviniera explicar lo que se ha intentado que no fuera esta obra. Desde la primera línea ha sido la más sincera intención del autor que el presente trabajo no se convirtiera en el campo donde convencer de puntos de vista personales. Mostrar los problemas, y una vez explicados esos problemas, intentar delimitar cuáles son los extremos viciosos, así como los caminos para la posible solución. Tal es la pretensión de estos capítulos. Labor que ha requerido una constante vigilancia sobre la mano redactora, para no tratar de imponer los propios criterios, las preferencias personales. Mostrar que no demostrar, analizar que no decidir, no se nos presentó como poca labor teológica.

Y así, esta obra, en ningún momento, debería intentar limitar el campo de lo teológicamente posible, de lo pastoralmente razonable. Y desde este respeto a las infinitas posibilidades que el futuro ofrece en cualquier campo teológico o pastoral, se ha buscado delimitar las zonas de lo inaceptable, de lo no razonable, y a veces, incluso, con desconfianza de nosotros mismos,hemos tratado de indicar lo conveniente.

Para la realización de esta obra, la primera labor ha sido la de la *auditio.* Escuchar a unos y otros: obispos, vicarios episcopales, exorcistas, grupos de oración y personas por las que se ha orado. Para realizar esta obra, no hubiera resultado poca labor limitarnos a recoger esas indicaciones, puntos de vista, quejas y sugerencias de todas estas personas. No fue sencillo recoger ese material diverso, heterogéneo, muchas veces caótico, y clasificarlo de un modo ordenado, estudiarlo teológicamente y, finalmente, extraer algunas conclusiones. Realizar tal cosa no fue una tarea leve, ciertamente, pues estamos hablando de un ministerio de características planetarias, que trabaja con algo tan misterioso como es la oración, la gracia y los demonios, y realizando esa labor en medio de posiciones teológicas muy encontradas entre el clero.

Después de la recopilación de todo este material, ha venido la elaboración teológica. El método que se ha seguido para la redacción de esta obra no es escolástico. Es decir, no hemos usado un método deductivo que de los temas generales (comenzando por «qué es el exorcismo»), descendiéramos hacia lo particular. Un método así hubiera sido el triunfo de esos esquemas generales y omnicomprensivos, que son fruto del placer de confeccionar listas por el placer de confeccionarlas. Pero buena parte de la fronda que hubieran llenado esos esquemas, hubieran sido irrelevantes a efectos prácticos, y no hubieran aportado nada teológicamente. Deliberadamente, el título escogido para esta obra fue *problemas teológicos de la práctica del exorcismo.* El subrayado es pertinente.

Se trataba, primero de todo, de recoger los problemas que se estaban dando en el mundo en este ámbito del exorcismo y de la llamada «oración de liberación». Recoger los problemas, clasificarlos, jerarquizarlos, agruparlos en grandes temas. Esta primera labor de clasificación no ha sido una labor menor. La segunda parte consistía en estudiarlos teológicamente bajo el criterio de la relevancia (y no de criterios teóricos) y con el propósito de ofrecer una síntesis. Esto es, exponer lo que fuera relevante en cada problema planteado, sin prolongar los planteamientos a base de buscar acumulaciones de erudición. De algunos temas se podría haber dicho más, pero el acopio de más información ya no nos hubiera aportado nada esencialmente nuevo.

Dado que en algunas partes de la obra se hará preciso hablar con cierta autoridad acerca de los problemas estudiados, aun a pesar de que pueda dar impresión de soberbia, nos sentimos un poco forzados a advertir al lector que sobre algunos temas tratados en esta obra, hablamos tras diecisiete años de reflexión acerca de este campo, habiendo visitado veinticinco países para dar conferencias (lo cual implica reuniones con los exorcistas de cada país), y manteniendo contacto regular con esos sacerdotes repartidos literalmente por todo el planeta.

Todo esto no significa que la voz del autor siempre esté en lo cierto. Pero cada uno de los puntos que se plantean en esta obra, viene precedido de numerosas conversaciones con muchos presbíteros y laicos con gran experiencia en este tema. Ninguna de las grandes cuestiones aquí reflejadas ha sido despachada con ligereza. Detrás de la redacción de muchos epígrafes, hay años de reflexión. Años que no habrán evitado los errores. Los errores se nos escapan; por definición es así. Pero, en conciencia, creemos que hemos emprendido esta labor con la mayor honestidad intelectual que nos ha sido posible.

Articulación de las partes

Todos los problemas que se producen en la práctica del exorcismo, han sido agrupados en tres grupos en esta obra. Los problemas que surgen en el campo dogmático, los que tienen que ver más con la eclesiología y, finalmente, los que parecen tener más directa conexión con la praxis. Usamos aquí la expresión «campo dogmático» en cuanto que esos problemas están relacionados con la Teología Dogmática, no en cuanto que esos problemas colisionen de forma directa con algún dogma. Dada esta explicación, observamos que la mayor parte de los problemas tienen una clara adscripción a uno de estos tres grupos. Por poner tres ejemplos: Las cuestiones escatológicas que surgen de la práctica del exorcismo, tienen una innegable relación con la teología dogmática. Las cuestiones relativas a la pregunta acerca de quién puede realizar un exorcismo, tienen un evidente carácter eclesiológico. Mientras que las cuestiones sobre los carismas y el exorcismo, se mantienen más bien en lo eminentemente práctico. No obstante, algunas cuestiones de la parte dedicada a los problemas en el campo de la praxis, podrían ser incluidas en el apartado de los problemas del campo dogmático.

La distribución en tres campos debe, pues, ser tomada con un carácter más funcional que absoluto, pues todos los ámbitos teológicos se hayan conectados entre sí. De ahí que habría, más bien, que hablar de problemas más eminentemente teológicos y de problemas de raíz más práctica. Del mismo modo, tampoco olvidamos que la Eclesiología forma parte de la Teología Dogmática. De forma que habría asimismo que matizar que las dos primeras divisiones, de forma estricta, deberían ser denominadas: cuestiones dogmáticas no eclesiológicas y cuestiones dogmáticas eclesiológicas. Incluso la tercera parte se podría con toda razón titular: problemas dogmáticos y eclesiológicos que tienen que ver más directamente con la praxis. El lector podrá comprobar, a lo largo de la obra, que las cuestiones exorcísticas aquí tratadas siempre muestran profundas conexiones entre sí. Y que cualquier problema, por pequeño que sea, se halla íntimamente vinculado con otros campos teológicos en apariencia muy distantes.

Durante la realización de ese escrito, fueron surgiendo muchas cuestiones jurídicas que se desgranaban al tocar los temas dogmáticos, eclesiológicos o de praxis. Todas esas cuestiones han sido reunidas en un apartado jurídico que conforman la cuarta parte. Esa cuarta parte final es como la conclusión jurídica del desarrollo teológico de todos los capítulos que lo preceden. Después de haber recorrido el exorcismo a través de todos sus problemas, era lógico realizar algún tipo de valoración acerca del molde canónico que acoge esta realidad. Y preguntarse, al mismo tiempo, si se podían proponer futuros desarrollos canónicos. En cierto modo, la cuarta parte es la Teología hecha Derecho, la Teología concretada en textos legislativos. Esta cuarta parte no solo toca la esfera de lo canónico, sino también el exorcismo en su relación con el Derecho Civil. Como se verá, la interacción entre ley y exorcismo es una relación que admite perfeccionamiento (en lo canónico) y no exenta de problemas (en lo civil).

A lo largo de la redacción de esta obra, en ocasiones surgía una intuición, un pensamiento teológico, que se apartaba del tema que se estaba tratando en el capítulo correspondiente, pero al mismo tiempo considerábamos que era de lamentar que se perdiera. Esos caminos que se abrían en el cuerpo del texto, los hemos relegado a un apéndice al final de esta obra. Se trataba de temas que en el razonamiento del texto principal hubieran supuesto una digresión. No encajaban en la temática del cuerpo del texto y eran demasiado largos para una nota a pié de página. Pero en ese apéndice se contienen valiosas reflexiones acerca del exorcismo. Reflexiones que no pertenecen al tema de esta obra, pero que han surgido de ésta.

Tres precisiones de tipo formal. Todas las citas que por el hecho de verterlas al castellano, no perdían nada de su contenido, han sido traducidas. Hemos dejado en su lengua original, únicamente, aquellas citas en las que las palabras exactas sí que tenían un indudable valor para el especialista.

El segundo punto del que queremos hacer mención, es que un trabajo como este, que ha durado varios años y cuya redacción ha tenido lugar en diversos países, a veces hemos tenido que volver, de nuevo, sobre un mismo título, lo cual ha provocado que unas pocas obras sean citadas bibliográficamente con la edición de un país y en otras con una edición diferente. En los casos en que esto ha sucedido, hemos dejado meticulosa constancia de todos los datos bibliográficos.

El tercer punto es que, en todas las citas, las palabras que aparecen en negrita, han sido resaltadas por el autor de la presente obra. No por el autor de la cita. Sirva esta advertencia para todo el libro.

Otras consideraciones

Antes hemos mencionado la íntima vinculación del exorcismo con otros campos teológicos en apariencia completamente ajenos. Esto nos prueba que cualquier teólogo que quiera diseccionar el campo del exorcismo, extrayéndolo del cuerpo de la teología y arrojándolo en el cubo de los objetos desmitologizados, como un concepto no real, por cuidadosamente que realice la disección con el bisturí de su inteligencia, no podrá evitar seccionar todos los vasos con los que se haya conectado. Devaluar la naturaleza real del exorcismo, a un mero símbolo, a una mera lucha espiritual contra el mal, tiene sus repercusiones en nuestra comprensión de la misma naturaleza del orden sacerdotal, de qué es la Iglesia, de cómo deben ser leídas las Sagradas Escrituras, de qué valor tiene la tradición patrística, y un sinfín de otras cuestiones, que nos llevan, en definitiva, a la pregunta de qué es lo que realmente enseñó Jesús de Nazaret hace dos mil años. Algunos teólogos liberales parecen no ser conscientes de hasta dónde llevan sus presupuestos si consecuentemente los aplican hasta sus últimas consecuencias.

Ahora, una vez acabada la obra, nos consuela pensar que ésta supone no solo un análisis de los problemas, sino una reflexión acerca de todo este campo del exorcismo a través de un ángulo de visión tan peculiar como era la catalogación de sus problemas. Existe una tendencia a pensar en la Iglesia como una pirámide estática. Pero al analizar los problemas que surgen de la práctica del exorcismo, tendremos que entender a la Iglesia más bien como una maquinaria con elementos en movimiento, lo cual produce fricciones, recalentamientos, a veces piezas que se quiebran. Esa maquinaria en funcionamiento es lo que se desea estudiar en este trabajo, realizando una catalogación de todos los problemas que han surgido hasta ahora, y analizando cuál puede ser el desarrollo futuro de esta realidad por un lado tan vital, y por otro lado tan vinculada a las respuestas que ofrezcamos en el campo teórico de la Teología.

Todo lector que lea esta obra tendrá una tendencia —inevitable por otra parte— a considerarlo todo de un modo abstracto. Pero, una y otra vez, hará bien en recordar que detrás de todas estas cuestiones hay personas, dramas, historias. Desde el fiel que agradecido comenzó una nueva vida tras encontrarse con un exorcista, hasta el joven sacerdote que desesperado abandonó la comunión de la Iglesia ante lo que consideraba una jerarquía que no seguía la voluntad de Cristo en este campo.

Efectivamente, aquí lo que está en juego es ser fieles a la voluntad de Cristo cuando en mitad de su ministerio *reunió a los Doce y les dio poder y autoridad para expulsar todos los demonios* (Lc 9, 1) y al final de su estancia en la tierra dijo: *en mi nombre expulsarán demonios* (Mc 16, 17). Ser fieles a su voluntad y hacer bien su ministerio, eso es lo que nos debería importar a sus seguidores. Para ayudar a hacer bien ese ministerio, para que el ministerio sea lo que Él quiso que fuera, se ha escrito esta obra.

Una última cosa, el lector de esta obra no debe esperar que comience el primer capítulo explicando: qué es el exorcismo o qué es la posesión. Se da por supuesto que el lector de estas páginas ya es un buen conocedor de toda esta materia. De ahí que no se pierda tiempo en explicar los fundamentos y elementos básicos. Ahora bien, aunque en los siguientes capítulos no hay ningún epígrafe dedicado a explicar qué es el exorcismo, el lector que acabe la lectura de la obra sabrá mucho mejor qué es el exorcismo, que cuando empezó la lectura. Por lo menos, tras cuatro años de trabajo en esta obra, albergamos una moderada ilusión de que puede ser así.

El porqué del título de esta obra

El exorcismo es un poder, un poder sobre los demonios. Ahora bien, la contemplación de ese poder en acción es una luz, una luz dada a los hombres para que glorifiquen a Dios. Si ese poder se usara de forma adecuada, sería una luz nítida, una luz clara que llevaría a las personas hacia su Creador. Cuanto más santo sea el ministro, más poderosa será esa luz. Cuanto menos santo, menos clara será. Pero esto no admite únicamente el binomio más luz, menos luz. Si ese poder se usa de forma inadecuada por el modo erróneo, por las deficiencias del ministro, esa luz no solo será menos fuerte, menos nítida, sino que incluso comenzará a padecer ciertas opacidades; y finalmente auténticas oscuridades, como un diamante que contiene en su seno ciertas manchas.

Y así ha habido exorcistas (unos pecadores, otros simplemente errados) que, aun manifestando el poder de Dios que actuaba a través de ellos, también incluían en su misma acción elementos y características que alejaban de Dios. Como esta obra trata de los problemas en la práctica del exorcismo, es por eso que la he titulado *La tiniebla en el exorcismo.* Si los problemas, si los errores, si las prácticas desviadas, se van acumulando en un determinado exorcista, su exorcismo incluso puede llegar al extremo de convertirse enteramente en tinieblas. Pero esos casos, justo es decirlo, son pocos. La mayoría de los ministros desviados simplemente contaminarán con opacidades esa luz. Lo opaco es lo que impide el paso de la luz. *Opacidades en la luz exorcística* fue el primer título en el que pensé para este libro. En unos ministros, su pecado simplemente puede impedir el paso de la luz divina. Pero, en otros casos, el ministro puede convertir en tinieblas lo que era luz.

Curiosamente, el título es la última cosa que he escrito en este libro. Después de pensarlo tantos meses, ha sido justo al final cuando me he decidido o, más bien, me he visto obligado a decidirme. Libro este que me ha costado escribir cuatro años y medio. Esta obra es esencialmente mi tesis doctoral en teología, defendida en Roma en el año 2015. Si bien este libro no se identifica con mi tesis, dado que ha sufrido añadiduras posteriores y sustracciones de material para otros libros míos.

Ahora, por fin, escribo estas últimas líneas y dejo a mi obra que comience su andadura por ella misma. O, más bien, abro las puertas para que sus lectores entren por ella y la recorran. Sus lectores, porque este libro tiene los suyos. Esas personas que buscaban justamente estas páginas. Ellos comprenderán por qué conocer cuáles son las tinieblas que puede haber en la luz exorcística, nos lleva a comprender mejor el exorcismo. Y conociendo mejor el exorcismo comprenderemos mejor algunas páginas del Evangelio. *Vae illis, quia (…) errore Balaam mercede effusi sunt*! (Judas 1, 11).

I PARTE

En el campo de la dogmática

Ya se ha expuesto en la Introducción, a qué nos referimos en esta obra cuando hemos agrupado algunos problemas del exorcismo en el campo de la dogmática. A lo largo de la Historia de la Iglesia, el Magisterio ha sido muy sobrio con el tema del demonio. Con expresiones muy ligadas a la Tradición, como las del Concilio Lateranense IV: *El Diablo y los otros demonios han sido creados por Dios buenos en su naturaleza, pero ellos se han hecho malos por sí mismos*[1]. Estas afirmaciones, poco numerosas, llegan hasta nuestros días con el mismo tenor de mantener una gran seguridad teológica. Y así las alocuciones papales o el Catecismo de la Iglesia Católica vuelven a confirmar las mismas verdades esenciales del tipo: *Satán o el diablo y los otros demonios son ángeles caídos por haber rechazado libremente servir a Dios y su designio. Su opción contra Dios es definitiva. Intentan asociar al hombre en su rebelión contra Dios*[2].

---

1 Concilio Lateranense IV, decreto *Firmiter credimus*. DS 800.

2 Catecismo de la Iglesia Católica, n. 414.

Las tres intervenciones de la Congregación para la Doctrina de la Fe, con un documento sobre demonología[3] y dos instrucciones[4] tampoco aportarán una extensa base magisterial para construir una detallada teología sobre el exorcismo. Y esto no por una deficiencia de la citada Congregación o por un desinterés del Magisterio. Sino por la misma naturaleza *sui generis* del ministerio exorcístico. Más adelante en esta obra analizaremos las raíces profundas del porqué de la resistencia de este ámbito al desarrollo sistemático de una teología, a diferencia de la teología acerca de la teología sacramentaria o mariológica. Baste ahora consignar el hecho de que en vano examinaremos el Magisterio en busca de dogmas o declaraciones oficiales que hagan directa referencia al exorcismo, a excepción de las mínimas referencias de los mencionados documentos de la Congregación y que estudiaremos exhaustivamente a lo largo de la presente obra.

Lo que sí está claro es que algunos problemas que aparecen en el desempeño de este ministerio, tienen directa relación con el campo de la Teología Dogmática. Y así, la primera cuestión que abordará esta I Parte, es la exégesis que tenemos que dar a los pasajes evangélicos que tratan acerca del exorcismo. La cuestión de la exégesis resulta ineludible al comenzar esta obra. Pues una interpretación inadecuada producirá de forma inevitable una práctica inapropiada de este ministerio exorcístico, bien sea reduciéndolo a la nada, bien hiperdesarrollándolo. No hace falta insistir en que esta cuestión hermenéutica no es una cuestión más, sino la gran cuestión. De por sí,ofrece material para una extensa obra. Permítasenos aquí una síntesis. Y aclarando que mucho hemos pensado si pasar por alto este primer gran problema, ya que, a primera vista, parece únicamente teórico. Pero, aun siéndolo, alberga tantas implicaciones para la práctica del exorcismo, que no hemos podido menos que dedicarle un espacio.

---

3 Congregación para la Doctrina de la Fe, *Fede Cristiana e demonologia,* 26-6-1975.En *Enchiridion Vaticanum,* tomo 5 (Documenti officiali della Santa Sede, 1974-1976), Edizione Dehoniane Bologna, Bologna 2006.

4 Congregación para la Doctrina de la Fe, *Instrucción sobre el Exorcismo,*29 de septiembre de 1985. Congregación para la Doctrina de la Fe, *Instrucción sobre las oraciones para obtener de Dios la curación,* 14 de septiembre de 2000.

I

MENTALIDAD POR DEFECTO Y POR EXCESO

Ha de quedar claro que esta parte no va a ofrecer ni una historia de la cuestión exegética, ni un resumen del actual estado de las discusiones, sino solo unos cuantos pensamientos que sirvan como acercamiento al tema de la mentalidad en cuanto ésta tenga o no repercusión en la práctica del exorcismo. Pero si abordamos el modo de lectura de los textos de la Sagrada Escritura y su influencia en la realización del exorcismo, es porque el primer gran problema al que se enfrenta este ministerio del exorcismo es de raíz netamente exegético.

Mentalidad demonocéntrica

No resulta infrecuente que las personas que comienzan a trabajar en el ministerio de liberación, experimenten un cierto entusiasmo, comprensible, al observar el bien que realizan a las personas que se acercan a ellos pidiendo ayuda. Este entusiasmo al comprobar de forma visible el poder de la oración a través de las manifestaciones de los posesos, les conduce a algunos a ir considerando cada vez más presente la acción extraordinaria del demonio en las personas y en el mundo. Olvidando que como recordó la Congregación para la Doctrina de la Fe: *En el curso de los siglos, la Iglesia ha siempre reprobado las varias formas de superstición, la preocupación excesiva por Satanás y los demonios*[5].O como escribió Gozzelino:

> Los ángeles y el diablo no se encuentran en el centro del Evangelio, pero claramente sí en sus márgenes. Constituyen así su horizonte cósmico exterior y confieren a la fe bíblica en la salvación su perspectiva universal-cósmica[6].

Entusiasmados algunos por la acción pastoral que realizan como exorcistas, acaban cambiando los planteamientos aprendidos en el seminario y en los manuales de teología, sustituyéndolos por la creencia en una omnipresencia demoniaca que influye en todos los ámbitos de un modo extraordinario. De ahí que la incidencia de la posesión pasa a considerarse como muy frecuente, aun sin signos que denoten esta presencia. E impelidos por esta mentalidad acaban concluyendo que la mayor parte de las personas precisan exorcismos.

Este entusiasmo lleva a releer los pasajes de la Sagrada Escritura inserta en una nueva concepción, realizando una exégesis por exceso, insistiendo una y otra vez en los versículos en los que se habla de esa presencia oscura y maligna. Normalmente estas personas, bien sean exorcistas así nombrados por sus Ordinarios, o sacerdotes sin nombramiento en este campo, o laicos que dirigen grupos de oración, influyen sobre otras muchas personas, extendiendo esta relectura insistentemente demoniaca de las Escrituras. De ahí, que la deformación personal de esta relectura se extiende de una sola persona a grupos enteros. Los grupos, a través de charlas, seminarios y retiros, contagian a otros grupos este demonocentrismo. Tal centralidad del Poder de las Tinieblas es ajena a la tradición homilética. La Congregación para la Doctrina de la Fe recordaba en 1975 que*sería injusto afirmar que el cristianismo olvidó la señoría universal de Cristo, y que haya hecho de Satanás el argumento preferido de su predicación*[7].Así como en la

---

5 Congregación para la Doctrina de la Fe, *Fede Cristiana e demonologia*, 26-6-1975. En *Enchiridion Vaticanum*, tomo 5 (Documenti ufficiali della Santa Sede, 1974-1976), Edizione Dehoniane Bologna, Bologna 2006, n. 1347, pg 831.

6 Giorgio Gozzelino, *Angeli e demoni*. Ed. San Paolo, Milán 2000, pg 212.

7 Congregación para la Doctrina de la Fe, «Fede Cristiana e demonologia», pg 831.

exégesis negacionista hablábamos de una nueva hermenéutica. En la mentalidad demonocéntrica no se da una nueva hermenéutica, sino que se trata de una lectura recurrente, que lleva a disminuir la atención de aquellos pasajes que pudieran atenuar ese demonocentrismo.

Pero, al mismo tiempo, sería erróneo afirmar que estos grupos han caído en el maniqueísmo. Pues, sin duda, ellos estarían perfectamente de acuerdo con la afirmación del Magisterio de que el demonio *es solo una criatura, potente en cuanto espíritu puro, pero siempre una criatura, con los límites de la criatura, subordinada al querer y al dominio de Dios*[8]. Esta corriente teológico-espiritual demonocentrista, aun tan insistente en el tema de la presencia del Mal, afortunadamente no está tan alejada del sentir bíblico y eclesial como para admitir una creencia heterodoxamente dualística. Los que les acusan de tal cosa, ciertamente lo hacen desde el desconocimiento. De ahí que ellos no se sientan reflejados en los ataques.

Hay que partir del hecho de que estos grupos no han caído en una especie de dualismo tradicional como el del zoroastrismo: *El dualismo* [de Zaratustra] *arranca de la unidad de Dios una porción de su poder para preservar su perfecta bondad*[9]. Pero al mismo tiempo que reconocemos que no han caído en ese extremo, hay que admitir que en el cristianismo existe un cierto dualismo; ortodoxo en cuanto que se integra en el marco bíblico y dogmático. Resulta interesante el capítulo entero que G. E. Lad en su *Teología del Nuevo Testamento* dedica a analizar el dualismo joaneo[10]. Pero no solo los escritos de San Juan, *Cullmann, correctamente, ha expuesto que el dualismo escatológico es la subestructura de la historia redentora*[11].

Con una cierta ligereza, muchos pastores califican a esta corriente como maniquea. Sin darse cuenta de que el dualismo de

---

8 Juan Pablo II, «Creo en Dios Padre», en *Catequesis sobre el Credo*, tomo I, 5ª edición, Ediciones Palabra, Madrid 1996, n. 67, pg 286.

9 Jeffrey Burton Russell, *The Devil: perceptions of evil from antiquity to primitive Christianity*, Cornell University Press, Ithaca 1977, pg 100.

10 George E. Lad, *A Theology of the New Testament*, Eerdmands Publishing Co., Grand Rapids 1993, pg 259-272.

11 O. Cullmann, *Christ and Time* (1950), 37ff. Citado en George E. Lad, *A Theology of the New Testament*, Eerdmands Publishing Co., Grand Rapids 1993, pg 44.

la exégesis por exceso, lo encontramos objetivamente presente en el Nuevo Testamento. Ese dualismo existe en los textos canónicos, lo que aquí tratamos de mostrar es el descentramiento de esta corriente. Pero negar el hecho de que la lucha entre la Luz y las Tinieblas recorre los textos, nunca convencerá (y con razón) a los defensores de la exégesis por exceso. De ahí que cuando se acusa a este tipo de grupos de ser maniqueos (y sus detractores, no pocas veces, pretenden usar este término en su sentido técnico), no se dan cuenta de que este tipo de críticas caen en el vacío, sus receptores no se sienten identificados. Los detractores no se percatan de que las raíces del demonocentrismo son estrictamente bíblicas; bíblicas pero descentradas.

Sin admitir la teodicea zoroastrista, platónica o gnóstica, el Nuevo Testamento y especialmente los escritos joaneos sí que giran alrededor de una serie de binomios que remiten a una dualidad última y esencial. En el Nuevo Testamento, la materia no es mala. *Lo que hace maligno al «kosmos» no es algo intrínseco a él, sino el hecho de que se ha alejado de su Creador y ha sido esclavizado por poderes malignos*[12]. Esta concepción del mundo como esclavizado no es anticristiana. Está en el mismo núcleo de la Redención, y de la lucha posterior entre los hijos de la Luz y los hijos de las tinieblas[13], entre los hijos de Dios y los del Diablo[14]. No es por la mera presencia de estos conceptos por la que esta mentalidad que peca por exceso, está desenfocada; punto en el que equivocadamente sus críticos suelen insistir. Sino que el error está en el hiperdesarrollo de lo demoniaco. Esta mala orientación va provocando una acumulación de errores teóricos que conllevan graves problemas en la vida práctica de las personas. Podríamos sintetizar esos errores en los siguientes campos:

a. En las relaciones sociales y familiares
b. En la visión de las instituciones sociales o de la Iglesia
c. En la paz del alma

12 George E. Lad, *A Theology of the New Testament*, pg 262.

13 «Hijos de esta edad» en gr. «huioi tou aionos toutou» (Lc 16, 8).

14 «En esto se manifiestan que son los niños de Dios (tekna tou Theou), y los niños del Diablo (tekna tou Diabolou)...» (1 Jn 3, 10).

d. En la forma de relacionarse con los objetos y lugares
e. En el campo de la responsabilidad

Examinemos ahora con más detención cada uno de estos campos.

En las relaciones sociales y familiares

Se considera, en esta mentalidad, que el demonio puede estar alrededor de un vecino en concreto, y sus visitas de cortesía al domicilio pueden influir sobre los hijos. Se piensa que no se deben aceptar regalos de desconocidos, pues pueden estar *influenciados*. Por este tipo de razones, se pone fin a algunas amistades, hay familiares que dejan de ser invitados a reuniones familiares, e incluso se abandonan puestos de trabajo. La mera presencia física de las personas pasa a ser fuente de preocupación, pues su presencia es portadora de demonios. Y cuando se sospecha que ese sujeto recurre a brujos para hacer el mal, la situación todavía se vuelve más tensa respecto al supuesto atacante espiritual. Sirva como muestra este fragmento de un famoso exorcista: *Les he dicho a muchas personas que no vayan a comer a casa de su suegra, que no la inviten a su casa y le cierren la puerta las narices. En definitiva, que no se relacionen con ella. A veces debe hacerse otro tanto con los padres. También he visto lo contrario, es decir, padres con hijos consagrados a Satanás, que se han convertido en personas negativas: Les digo: «Echadlos de casa, no los dejéis entrar. No los llaméis y, si os llaman, colgad el teléfono al oír su voz. No les escribáis...»*[15].

En la visión de las instituciones sociales o de la Iglesia

En esta mentalidad, los gobiernos de las naciones acaban por ser vistos como entidades que están en manos del Maligno gracias a oscuras conjuras internacionales de satanistas, masones o grupos

15 Gabriele Amorth, *Memorias de un exorcista*, Indicios Editores, Barcelona 2010, pg 145.

secretos. Cualquier aspecto, por inocente que sea, puede ser reinterpretado como signo del dominio del demonio sobre una entera institución. Para estas personas, ni siquiera la misma Iglesia se libra de esta infiltración, pues se comienza a ver con sospecha a algunos miembros de la jerarquía. El Mal domina todo, está infiltrado en todo. En el pensamiento de estos individuos se instala una mentalidad que descubre complots en todas partes. Sirvan como muestra las siguientes declaraciones de un exorcista: Desde luego, algunas [sectas]son terriblemente serias. Y, por desgracia, las hay por todas partes, incluso en el Vaticano. ¿En el Vaticano?[pregunta el entrevistador] Sí, en el Vaticano hay miembros de sectas satánicas. (...) Hay curas, monseñores y hasta cardenales[16].

En la paz del alma

La religión deja de ser una fuente de paz y seguridad para el alma, convirtiéndose en una causa de temores. Dios, en teoría, protege. Pero, en la práctica, estas personas viven invadidas por gran cantidad de miedos concretos. Cristo es más poderoso, sí. Él nos concede la paz, cierto. Pero, a pesar de todo, se vive en la angustia de un sinfín de posibles daños demoniacos. La religión de ser un camino de acercamiento a Dios, de crecimiento en las virtudes, de acrecentamiento del amor en nosotros, pasa a convertirse esencialmente en un método de protección contra el demonio. Método casuístico que requiere de continua atención, de permanente actualización para añadir nuevos métodos que nos salvaguarden de sus ataques espirituales y físicos, contra la persona o la familia.

En la forma de relacionarse con los objetos y lugares

Los objetos de procedencia desconocida serán fuente de miedo a las contaminaciones espirituales. Toda artesanía indígena es especialmente peligrosa, sea de la cultura geográfica que sea. Se tiene

16 Gabriele Amorth, *Memorias de un exorcista*, pg 76.

un especial temor respecto a lo que se come. Se considera que el hecho de escuchar un determinado tipo de música, aun pasando por la calle, puede dejar en nosotros una secuela espiritual que puede durar días o semanas:

> En el metro de Londres, andando del andén hacia la salida, en un pasillo un africano tocaba un tam-tam. La mujer a mi lado, con una extensa e incontestable experiencia en el ministerio de ayudar a individuos influenciados por el demonio, me dijo que ungiera mis oídos haciendo la señal de la cruz sobre ellos. Pues esa persona de color podía haberse consagrado al demonio, y este estar usando esa música como medio para provocar una influencia en todos los que la oyeran. La misma situación ocurrió en otra ocasión viendo la televisión. Esta mujer salió a toda velocidad de la sala, porque visionar aquella escena esotérica consideraba que podía provocar una influencia demoniaca en aquellos que la vieran[17].

Se evitan ciertos lugares, como si el hecho de transitar por ellos nos cargara de una especie de energía negativa. Un exorcista hacía un elenco de medios con los que alguien puede provocar la posesión: *regalos, plantas, almohadas, muñecas, cintas, talismanes.* (...) *Con la mirada (mal de ojo), contacto por manos, abrazos.* (...) *Por teléfono: en silencio, soplando o de otras formas*[18]. Desde esta perspectiva se comprende lo vital que resulta hallar el objeto maléfico para destruirlo:

> Si la presencia del demonio [en un poseso] obedece a un maleficio, se interroga de qué modo ha sido hecho tal maleficio. Si la persona ha comido o bebido cosas maléficas debe vomitarlas; si se ha escondido algún hechizo, hay que llevarle a decir dónde se encuentra, para quemarlo con las debidas precauciones.[19].

Aquí se puede traer a colación la doctrina de Jesús de que es lo que sale del corazón del hombre lo que le contamina[20], no lo que viene de fuera. Resulta patente que en el Nuevo Testamento hay

---

17 Arch. Pers., n.70, pg 43.

18 Gabriele Amorth, *Memorias de un exorcista*, pg 86.

19 Gabriele Amorth, *Habla un exorcista*, Planeta, Barcelona 1998, pg 50-51.

20 «Lo que sale de él», en gr. «ta ekporeuomena ap autou», (Mc 7, 14-23).

una continua insistencia en este tener cuidado acerca de lo que sale de dentro, del corazón del hombre, y una absoluta ausencia de menciones al concepto de contaminación exterior, sea del tipo que sea.

Las realidades materiales pierden su neutralidad moral, para pasar a ser portadoras de mal. El mal ya no es esencialmente una cualidad moral de algunas acciones, sino que pasa a ser un algo etéreo que se añade a los objetos o lugares. Al final, no solo casas o pequeñas áreas determinadas pueden estar bajo el poder de estas influencias demoniacas, sino incluso países enteros[21]. Holvast explica toda esta mentalidad en su obra *Spiritual Mapping in the United States and Argentina:*

> Algo nuevo nos ocurrió en 1996. En una conferencia de misioneros en Mali, West Africa, los visitantes de Estados Unidos fueron animados a enseñar a los ministerios acerca de un nuevo y revolucionario paradigma para la misión. El nuevo paradigma conllevaba que los misioneros tenían que «identificar» y «atar a los espíritus territoriales»[22].

En el campo de la responsabilidad moral

El pecado ya no es fruto de mi libre decisión, sino fruto de la acción demoniaca contra la cual nada puedo hacer. La acción demoniaca encadena la voluntad de casi todos: hago las cosas no porque quiero, sino porque estoy encadenado a una acción demoniaca. Para luchar contra el pecado ya no bastan los medios usuales de la tradición cristiana, sino que se precisarán de acciones exorcísticas especiales. En esta forma de entender el pecado, se da un ocaso del libre albedrío, que pasa a estar atado a fuerzas oscuras. El sacerdote influido por esta mentalidad no insistirá tanto a la persona para que luche por vencer un vicio o a que ponga los medios para no caer, sino que el énfasis se pondrá en romper esas

---

21 René Holvast, *Spiritual Mapping in the United States and Argentina, 1989-2005*, Koninklijke Brill, Leiden 2009.

22 René Holvast, *Spiritual Mapping in the United States and Argentina, 1989-2005*, Koninklijke Brill, Leiden 2009, pg xiii del prefacio.

cadenas invisibles. La libertad ya no se valora como tal, pues se considera que la psicología humana es un juguete en manos de seres invisibles. Como se ve, esta postura está justo en las antípodas del Pelagianismo. San Agustín escribió: *No cree* [Pelagio] *que nuestra voluntad y acción son ayudadas por el auxilio divino. Sino solamente la posibilidad de la voluntad y de la acción, es lo único que tenemos recibido de Dios*[23]. Mientras que en la mentalidad demonocéntrica se piensa justo al revés: la naturaleza no puede actuar, porque está atada.

Como se ve por todo lo dicho, una cosa son los principios esenciales que nos enseña la Palabra de Dios acerca de la acción extraordinaria del demonio, principios que podemos rastrear en la tradición cristiana desde sus mismos comienzos, y otra muy distinta las consecuencias que nosotros creemos derivadas de esos principios. Es en la sucesión de razonamientos derivados, donde se puede dar la deformación. Conclusiones incorrectas que van formando un *corpus* teológico errado que se aplica de forma concreta tanto a la vida personal, como a la comunitaria de los integrantes de algunos grupos de oración. En situaciones así, se impone, ciertamente, retornar a las verdades bíblicas esenciales. Limpiando las mentes de teorías cuyo fruto es hacer vivir en el temor.

De lo contrario, llega un momento en que todo se puede entender como demoniaco. Así se interpreta cualquier evento de la vida ordinaria que suceda, los desastres naturales, las enfermedades corporales y las psicológicas. El doctor Gallagher, profesor de psiquiatría en la Universidad de Columbia de Nueva York, experto en el tema de la posesión demoniaca, a pesar de su apoyo a la realidad del exorcismo,afirmaba:

> Me siento muy incómodo, por ejemplo, cuando escucho a alguien hablar acerca de que una persona tiene un espíritu de esquizofrenia. Cuando la esquizofrenia es una enfermedad mental muy bien estudiada, y sabemos muy bien que está asociada con un daño neuronal[24].

---

23 San Agustín, *De gratia Christi et libero arbitrio*,p.o. I, 5, 6, OSA VI, 317. Citado en Juan L. Lorda, *La Gracia de Dios*, Palabra, Madrid 2004, pg 187.

24 Richard Gallagher, conferencia en Vandalia (Illinois, USA), 18-abril-2010. Arch. Pers., n.10, pg 13.

Resulta peligroso ver cómo ciertos líderes de grupos de oración determinan con total seguridad, basándose en supuestos dones, que tal persona posee un espíritu de esquizofrenia, un espíritu de alcohol[25],espíritu de cáncer[26], o incluso un espíritu de bancarrota[27]. Obsérvese que hemos dicho que esto resulta peligroso, no hemos negado rotundamente la posibilidad teórica de que un espíritu produzca ese tipo de hechos bien a través de la tentación, bien con actuación directa en la naturaleza física. El problema es de raíz gnoseológica: ¿cómo se puede saber si, de hecho, un ente espiritual ha ejercido una influencia tentadora notable en un ámbito que es invisible? Al final, en estos grupos de oración, la respuesta depende siempre de la veracidad o no de un supuesto don. Asunto que será tratado de forma extensa en otro apartado de esta misma obra. Pero ya ahora podemos adelantar que nuestra fe nos obliga a creer que existe la acción demoniaca ordinaria y extraordinaria, pero no nos obliga a tener que dar crédito a lo que un desconocido nos diga, por el hecho de que afirme que posee un don.

Antes hemos hablado del núcleo esencial dogmático en este campo, y de las verdades secundarias que componen el legado dogmático sobre este campo demoniaco. El legado dogmático demonológico tiene unos límites bastante claros y definidos incluso en su zona de verdades secundarias; pues el legado ha sido consolidado por los innumerables comentarios de la Tradición. Alrededor de este legado dogmático existe un perímetro de afirmaciones bíblicas de interpretación sujeta a opinión, porque en ellas cabe discusión acerca de su interpretación: ¿El emisario de Satanás que abofetea a San Pablo, es un demonio? ¿Todos los lunáticos que aparecen en el Evangelio, son posesos o se trata de una enfermedad en algunos casos?[28] ¿Tiene efectividad el maleficio? Se trata solo de algunos ejemplos.

---

25 Eduardo Duran,Bonnie Duran, *Native American postcolonial psychology*, State University of New York Press, Albany 1995, pg 93.

26 Linda Withrow, *Prayers of Authority*, Authorhouse, Bloomington 2010, pg 60.

27 Lawrence Obisakin, *Dislodging demons: a systematic approach to deliverance ministration*, Yanetz Ltd, Jerusalén 2002, pg 38.

28 En Mt 4, 24 se habla de «daimonizomenous kai seleniazomenous». Mientras que del lunático que aparece en Mt 17, 15, claramente se afirma sin ninguna ambigüedad que tenía un demonio dentro:«y el demonio salió de él» (Mt 17, 18).

La Iglesia preserva el legado dogmático, pero la institución eclesial, en cuanto tal, calla en lo referente a la zona periférica de libre discusión. Durante veinte siglos, los eclesiásticos han acertado y se han equivocado en esa zona periférica. De ahí que podamos encontrar ejemplos de esta mentalidad que peca por exceso esporádicamente a lo largo de toda la Historia.

En varios rituales diocesanos hallamos títulos como«Exorcismo contra la peste y la aflicción de los animales»[29]que no debemos entenderlos necesariamente como fruto de una mentalidad excesivamente preocupada con el tema del demonio. En un ritual de la diócesis de Ginebra, hallamos la siguiente fórmula: *Te exorcizo, demonio, y te advierto por el Dios Vivo +, por el Dios Verdadero, + por el Dios Santo, + que salgas y retrocedas de este lugar, que nunca vuelvas*[30], la cual fórmula podía ser solicitada a su párroco por parte de agricultores y ganaderos; eso no tiene nada de malo, resulta aceptable. Pero es fácil deslizarse un poco más allá. Y así en un ritual del siglo XVIII editado oficialmente para las diócesis belgas hayamos un curioso apartado bajo el título «Exorcismo por los impedidos en el matrimonio por el demonio o por maleficios»[31]. Bajo el mismo título, encontramos la siguiente fórmula en el ritual de Ginebra:

> Señor Jesucristo (...) bendí+celos y líbralos plenamente de toda ligadura, encantamiento y maleficio de Satanás, y concédeles fecundidad y gracia, de modo que libremente puedan usar de su matrimonio para generar, concebir (...). En el nombre del Pa+dre y del Hi+jo y del Espíritu + Santo. Amén[32].

---

29 *Rituale Lingonense*, Douillier, Langres 1822, pg 326.

30 *Rituale Sacramentorum Francisci de Sales Episcopi Gebennensis*, (Ritual de la diócesis de Ginebra), editado en el año 1612. Citado en Monumenta Studia Instrumenta Liturgica (MSLI) 58, Libreria Editrice Vaticana, Città del Vaticano, 2010, n. 892-893, pg 398.

31 El título reza así: «Exorcismus pro impeditis in matrimonio a daemone vel maleficiis».No podemos pasar por alto esta formulación, porque indica la creencia en la eficacia de los maleficios. Y una creencia tan consolidada como para generar una formulación de exorcismo oficial. *Manuale pastorum compendiose complectens canones et ritus ecclesiasticos pro administrandis sacramentis juxta praxim usitatam in Belgio*, Apud Henricum & Cornelium Verdussem, Antwerp 1704, pg 108.

32 *Rituale Sacramentorum Francisci de Sales Episcopi Gebennensis*, n. 901 y 903-906, pg 400-402.

Esta forma de entender nuestra relación con el demonio, y la relación del demonio con nosotros, que queda reflejada en los rituales mencionados, no debe verse como una excepción. Pues tal mentalidad, desde antiguo, ha dejado innumerables rastros en la práctica litúrgica de la Iglesia:

> Ya se ha llamado la atención acerca del hecho de que, al menos, en algunos de los más antiguos conjuros sobre las cosas que se nos han transmitido y que se encuentran en el Gelasiano antiguo, se ha sedimentado la opinión de que determinadas cosas que habían de usarse en la liturgia, deberían ser primero sustraídas del poder del demonio y después ser purificadas. Esto es claro en los conjuros que se deben pronunciar sobre el óleo del exorcismo (que es el óleo de los catecúmenos), y en el conjuro sobre el agua bautismal y sobre el agua bendita[33].

Triacca ofrece un extenso elenco de objetos materiales que pueden ser exorcizados:

> Por cuanto concierne al sujeto-objeto del exorcismo, se llega a comprender que entre las cosas que deben ser exorcizadas, además del agua, el aceite, la sal (desde la Antigüedad), están también las flores y las ramas (palmas), la avena, los rábanos, la ruda, el oro, el incienso, la mirra, el pan y el vino, las cenizas y el cilicio, el jabón, los vasos de cerámica, el hierro, las medidas y pesos, las medallas, la tempestad. (...) Se suman los animales también: abejas, topos, pájaros, langostas, gusanos, larvas y, en general, los animales nocivos[34].

¿Realmente los objetos requieren ser exorcizados? En nuestra opinión, no; aunque habría que hacer ciertas matizaciones[35]. Tal práctica fue una derivación de la necesidad que el pueblo sencillo sentía de pedir la protección contra las fuerzas demoniacas. Juan Javier Flores escribía que *es una idea franco-germánica considerar que todo lo que no es explícitamente santo está implícitamente*

---

33 Reiner Kaczynski, «L´esorcismo», en Bruno Kleinheyer (ed), *La Liturgia della Chiesa*, volumen 9, Editrice Elle Di Ci, 1994 Leumann, pg 400.

34 Achille M. Triacca, «L´esorcismo», en Ildebrando Scicolone (ed), *I sacramentali e le benedizioni* (*Anámnesis*, introduzione storico-teologica a la Liturgia, volumen 7), 3ª edición, Marietti, Génova 2011, pg 180.

35 Acerca del exorcismo de objetos, véase Apéndice, nota 59.

poseído por el diablo[36]. Esta necesidad, digamos, vital, psicológica, se plasmó a lo largo de la historia en fórmulas que no son dogmáticamente incorrectas (en el fondo, únicamente se ordena al demonio que se aleje de ese objeto o animal), pero de las que sería erróneo inferir que existe un poder diabólico que se está ejerciendo sobre ellas. El mismo autor añadía:

> El progresivo alejamiento de la matriz bíblica fue determinado por un fuerte influjo del mundo germánico y desde luego del paganismo en Alemania (véanse los pueblos bárbaros y sus respectivas tradiciones)[37]. (...) Este cambio comporta también una pérdida de la línea optimista de la salvación, en favor de una línea pesimista que ve al diablo por todas partes. En otras palabras, donde no está presente Dios, lo está el diablo[38].

Esta mentalidad existe en nuestra época en los grupos mencionados y, en cierto modo, siempre ha estado presente, aunque normalmente contenida por la Teología y jerarquía eclesiástica. Podríamos decir que existe una tendencia psicológica a simplificar la causa de los males (que a veces es compleja) en la figura del demonio. Y, al final, los espíritus malignos son percibidos como el origen de todo problema. Para esta mentalidad hay un espíritu de ludopatía, espíritu de falta de memoria, espíritu de celos (que provoca la mala relación entre esa nuera y su suegra), espíritu de pereza, espíritu de depresión, etc, etc. La lista es interminable. No afirmamos que la acción tentadora de los demonios no pueda actuar en muchos de los campos citados. Ciertamente influyen o pueden influir. El desenfoque es que estas personas consideran que un demonio es la raíz y sustento del problema, y que la única solución pasa por exorcizar a ese espíritu. De manera que los problemas naturales pasan a tener su raíz, su mantenimiento y su resolución en el campo demoniaco. Las causas naturales son desdeñadas. El sostén invisible de todo mal es la acción invisible del inframundo.

---

36 Juan Javier Flores, *Los sacramentales: Bendiciones, exorcismos y dedicación de las iglesias*, Colección *Biblioteca Litúrgica*, vol. 38,Centre de Pastoral Liturgica, Barcelona 2010, pg 244.

37 Juan Javier Flores, *Ibidem*, pg 280.

38 Juan Javier Flores, *Ibidem*, pg 281.

Buena parte de estos temores demonocéntricos, de esa casuística demoniaca irreal(presente en tantos sitios de Internet), de esa cosmovisión particular propia de ciertos movimientos pentecostales, la encontramos ya en obras clásicas del siglo XV y XVI como el *Malleus Maleficarum*, el *Compendium Maleficarum*, o el *Flagellum Daemonum*. El tenor general de la primera obra mencionada se puede deducir de los títulos de las cuestiones de su índice:

> Cuestión IX: ¿Pueden ilusionar las brujas hasta el punto de hacer creer que el miembro viril ha sido separado del cuerpo? Cuestión X: ¿Pueden las brujas realizar maleficios sobre los hombres que hagan adquirir a éstos formas bestiales? Cuestión XI: Las parteras que son brujas hacen morir de diversos modos lo concebido en el útero, procurando el aborto, y cuando no hacen esto, ofrecen los niños a los diablos[39].

Por su parte, el *Compendium Maleficarum* tampoco es que confortase mucho a los afligidos cristianos que se acercaran a sus páginas, buscando algo de seguridad frente a la acción del demonio:

> Está muy claramente probado por la experiencia que las brujas pueden no solo controlar la lluvia y el granizo y el viento, sino incluso el rayo. (...) Las brujas pueden con la ayuda de demonios mezclar los elementos y alterar la verdadera apariencia de las cosas. Pueden predecir gran parte del futuro. Pueden confundir con sueños las mentes de los hombres,y simplemente con la fuerza de sus encantamientos provocar la muerte[40].

Aunque los manuales de exorcismo más conocidos han sido los redactados entre el siglo XV y XVI, sería posible hallar presencias aisladas y fugaces de esta demonología exacerbada en toda la Historia de la Iglesia. Esta visión demonocéntrica no se extendió gracias a la acción de la Iglesia institucional frente a los extremismos personales. En el caso de Kramer que fue el autor real del *Martillo de Brujas*, tras la publicación de su libro, no se le permitió intervenir en ningún juicio sobre brujería:

---

39 Henricus Institoris y Jacobus Sprenger, *El martillo de las brujas para golpear a las brujas y sus herejías con poderosa maza*. Obra publicada originalmente en 1487. La cita superior está tomada de la reimpresión de la editorial Maxtor, Valladolid 2004, pg 609.

40 Francesco M. Guazzo, *Compendium Maleficarum*, Editorial Club Universitario, San Vicente (Alicante) 1988, pg 49 y 37.

> En el *Malleus* Kramer y Sprenger amargamente se quejan de la falta general de cooperación que tenían sus esfuerzos para exterminar a las brujas. (...) Después de la publicación del *Malleus* ninguno de los dos autores lograron conseguir otro juicio de brujas. Pero donde fracasaron como cazadores de brujas, tuvieron éxito como autores[41].

El mismo Sprenger, que erróneamente pasa por ser autor de esa misma obra, *intentó suprimir todas las actividades de Kramer fuera de la naturaleza que fueran*[42], incluida la predicación. De Girolamo Menghi, autor del *Flagellum Daemonum, se sabe que sus obras fueron condenadas por parte de la Congregación del Índice en el 1704 y en el 1709*[43].Como se ve, no se puede decir que la jerarquía favoreciera estas tendencias. La Iglesia preservó el legado dogmático sobre el tema, pero contuvo los excesos personales. Aun así, se trata de un fenómeno que revive. Esos mismos títulos del siglo XV y XVI son leídos actualmente con la misma credulidad con que lo fueron en épocas pretéritas.

Barret señalaba que *hubo entre los años 150 y 450 en círculos judíos un gran crecimiento en la creencia de los demonios y en su influjo*[44]. Esto es una muestra de que esta tendencia ha estado presente no solo en las confesiones cristianas, sino también en el judaísmo. Y así *en el Talmud de Babilonia encontramos un volumen abrumador de demonología, que está en relación con creencias anteriores bíblicas, apocalípticas y rabínicas*[45]. Pero es la vigilancia de las instancias jerárquicas la que pone coto a los excesos de esta propensión humana.

Frente a esta mentalidad demonocéntrica, lo lógico es pensar que el mundo material se rige por leyes físicas, biológicas, económicas,

---

41 Sigrid Brauner, *Fearless wives and frightened shrews: the construction of the witch in early modern Germany*, University of Massachussets Press, Estados Unidos 1995, pg 7.

42 Wolfgang Behringer, *Witches and witch-hunts: a global history*, Polity Press, Cambridge (Reino Unido) 2004, pg 77.

43 Giancarlo Petrella, *Itinera sarda: percorsi tra i libri del Quattro e Cinquecento in Sardegna*, CUEC, 2004, pg 127.

44 Charles K. Barret, *El Espíritu Santo en la tradición sinóptica*, Secretariado Trinitario, Salamanca 1978, pg 7.

45 Charles K. Barret, *El Espíritu Santo en la tradición sinóptica*, Secretariado Trinitario, Salamanca 1978, pg 7.

sociales y psicológicas. Afirmar esto no es hacer de menos al mundo espiritual. Dentro de las varias causalidades espirituales posibles, por supuesto, se halla también la acción demoniaca con su acción ordinaria (la tentación) y, excepcionalmente, con su intervención extraordinaria. Influir (a través de la tentación) no es lo mismo que ser la causa de las cosas. Buscar un demonio detrás de cada mal visible de este mundo, es no reconocer la causalidad natural que Dios ha dispuesto que sea el proceder ordinario de este cosmos.

Como un mero teologúmeno, no habría imposibilidad alguna en que Dios hubiera determinado un universo en el que la gran causa de todos los fenómenos, tanto naturales como sociales, fuera la acción de ángeles y demonios; y que la causalidad natural (del cosmos y de la sociedad humana) tuviera un papel secundario. Pero, de hecho, en este mundo, tanto nuestra razón como los textos bíblicos nos dicen que esto no es así. Los libros históricos de la Biblia nos muestran una y otra vez que la Historia es fruto de la libertad humana.

Desde el momento en que el legado dogmático demonológico nos es dado, también, a través de libros históricos y no solo sapienciales, ese legado nos muestra no solo el objeto que ha de ser creído, sino también las proporciones de ese objeto. De lo contrario, la misma estructura dogmática sobre el demonio sería susceptible de ser empleada en una visión que exacerbase la acción demoniaca en la historia personal o colectiva, e incluso en los fenómenos naturales. Algunos autores, como Marconcini, hablan de una concausalidad, pero dejando claro que la primacía de la primera fuente del mal reside en la voluntad del ser humano:

> Las fuentes del mal en el mundo. La primera, atestiguada desde los inicios y evocada muy frecuentemente, reside en el interior del hombre, en su libre rechazo de depender de Dios. (...) La segunda (y secundaria) explicación encuentra una «concausa» del origen del mal fuera del hombre[46].

Por eso tal legado demonológico se nos concede formando parte de unos textos que muestran un devenir histórico, textos que nos ofrecen la medida de esa intervención y las claves inter-

---

46 Benito Marconcini, «La testimonianza della Sacra Scrittura» in Benito Marconcini (ed.), *Angeli e demoni. Corso di teologia sistematica, complementi 1*. Edizioni Dehoniane, Bologna, 1991, pg 206.

pretativas de ese mismo devenir. Revelación no es solo lo que se nos dice acerca del demonio (el *quod*), sino también la medida en que esa causalidad demoniaca aparece y actúa (el *quantum*). Por ejemplo, el libro de la Sabiduría o las cartas de San Juan hablan sobre el demonio en abstracto. Como cuando San Juan afirma: *El mundo entero está bajo el Maligno*[47]. Pero ese «logos» sobre el demonio, viene acompañado e iluminado por el «factum». Y es en el hecho (factum), donde comprobamos que Acab permitió la muerte de Naboth por la codicia de apoderarse de su viña, o que el rey David yació con Betsabé por lujuria. El pecado de Acab, de David, de Anás y Caifás encuentra su razón de ser en el «yo» de esos individuos dotados de libertad. La idea de la concausalidad, aun siendo cierta, puede despistar del verdadero centro donde radica la responsabilidad: la causa esencial del pecado es el «yo».

Si en todos esos personajes existían ataduras invisibles, desde luego, la Sagrada Escritura no las menciona. Menciona, tan solo, la mecánica habitual del pecado. Es decir, la Revelación, aun advirtiéndonos de la existencia de entidades malignas espirituales, nos explica el pecado con categorías naturales relativas al mundo intrahumano. Solo algunas veces nos menciona que intervino la tentación procedente de esas entidades.

Por ejemplo, de Judas se dice que *entró en él Satanás*[48]. Pero también se dice que: *el Diablo ya habiendo puesto en su corazón que lo debía traicionar*[49]. Incluso en el caso de Judas, si nos preguntamos en qué se concreta ese «entrar» del Maligno, la respuesta es que la acción del demonio se concreta en que pone tentaciones en su corazón. Al final, en definitiva, es el corazón, la libertad humana, la que toma las decisiones. Si en la Biblia el *quod* sobre el demonio no fuera acompañado del *quantum*, el demonocentrismo podría servirse de la misma construcción dogmática sobre

---

47 «Yace en el Maligno», en gr. «o kosmos holos en to ponero keitai» (1 Jn 5, 19).

48 «Entró en», en gr. «eiselthen eis» (Jn 13, 27). En el desierto, Satán se acercó a Jesús para tentarle. Pero con Judas entra como el que está en su casa, siguiendo la expresión de Lc 11, 24 en que se habla de «casa».

49 «Habiendo puesto», en gr. «beblekotos» (Jn 13, 2).Ese haber entrado del demonio en Judas, se sustancia finalmente en «poner» la tentación en el corazón de Judas. El demonio ha entrado a tentarle, pero la voluntad de Judas es la que decide.

el demonio presente en la Biblia, sin hacerle ninguna violencia, para avalar sus posiciones.

Lo explicado se puede resumir de forma muy simple con las palabras de la Conferencia Episcopal Italiana, cuando en su catecismo para adultos explicaba: *Está difundida una credulidad morbosa en los prodigios demoniacos, en los maleficios, en la mala suerte. Se ve al diablo en todas partes, menos donde está de forma segura, esto es, en el pecado*[50]. Y Karl Kertenge escribía:

> Una ayuda de importancia capital, en nuestra tentativa de aclarar la entera problemática del poder del mal, nos viene ofrecida del concepto de «pecado». No se puede olvidar que tanto el Antiguo Testamento como los autores neotestamentarios prefieren recurrir al pecado para describir el mal en la historia de la humanidad necesitada de redención[51].

Pero si desenfocamos esta relación entre la voluntad y la acción demoniaca, eso afecta no solo a la comprensión de las causas que actúan en el mundo, sino también a la forma de entender nuestra vida moral: el pecado ya no es tanto el fruto del libre albedrío, como la relación entre la acción extraordinaria del demonio y la persona. Ante el pecado, ya no se insiste tanto en la lucha interior y en poner los medios ordinarios para luchar contra los vicios, sino que el acento se sitúa en los demonios. Se considera que ellos tienen ligaduras extraordinarias alrededor de la persona y que, por lo tanto, existe una necesidad de realizar exorcismos y plegarias especiales para que quede libre. El centro del pecado deja de estar radicado en la voluntad de la persona, para situarse en esas ataduras invisibles. De lo moral se pasa a lo físico, y así casi todas las enfermedades del cuerpo pasan, muy a menudo, a ser consecuencia no de causas naturales, sino de ataques del demonio.

Todos los problemas del mundo, todas las enfermedades, todos los pecados pasan a tener su causa fundamental en la acción invisible del demonio. El centro de gravedad del pecado pasa a estar

---

50 Conferencia Episcopal Italiana, *La verità vi farà liberi. Catechismo degli adulti*, Libreria Editrice Vaticana, Città del Vaticano 1995, n.385-386, pg 194. Citado en Giorgio Gozzelino, *Angeli e demoni*, San Paolo, Milán 2000, pg 233.

51 Karl Kertelge, «Diavolo, demoni, exorcismi in prospettiva biblica», en Walter Kasper (ed), *Diavolo, demoni, possessione*, 3ª edición, Queriniana, Brescia 2005, pg 43.

fuera del hombre. Dios será el Rey, pero para las personas con estas ideas es como un rey ausente que regresará algún día[52]. Mientras tanto aquí, en este mundo, lo que hay son sirvientes débiles frente a las acciones del Satán inmenso del Libro de Job[53]. En esta perspectiva de un mundo acosado[54], la técnica cobra fuerza, la vida de piedad se convierte en una sucesión de medios de protección, bajar la guardia frente a la acción extraordinaria puede suponer un terrible perjuicio.

Por el contrario, una lectura sin prejuicios del Evangelio íntegramente considerado, nos lleva a observar que el acento se pone en predicar para que la persona cambie, en la conversión (*metanoia)*, no en la protección frente a lo extraordinario. Es cierto que la Biblia nos habla de ese Adversario y su poder, y que nos previene de sus asechanzas, pero se insiste en que es el corazón de la persona el que tiene que cambiar. La Escritura centrará el cambio en el «corazón» (en hebr. *leb*, en gr. *kardia*), y por tanto en la voluntad. Los ejemplos son innumerables: *entonces tu corazón se volverá orgulloso*[55]. Aunque sí es cierto que, en la medida en que caemos más en la iniquidad, acogemos más las sugerencias del Maligno: *¿por qué Satanás llenó tu corazón para mentir al Espíritu Santo?*[56]

Lo demoniaco en las páginas del Evangelio aparece como una acción extraordinaria que manifiesta su presencia con signos extraordinarios. Lo cual nos enseña que para que razonablemente

---

52 Parábola de las minas: «Cierto noble se fue a un país lejano...» (Lc 19, 12). Parábola del amo de la casa y los sirvientes: «Mi señor retrasa su venida...» (Mt 24, 48). «Un hombre viaja y llama a sus esclavos...» (Mt 25, 14).

53 Sirvientes débiles frente al poder de un Leviatán que «es rey de todas las bestias feroces» (Job 40, 15-32 y 41, 1-26), del Behemoth cuyos «huesos son como tubos de bronce» (Job 40, 15-24), del «Drakon» (Ap 12, 3) que «ha descendido a vosotros con gran furor, porque sabe que le queda poco tiempo» (Ap, 12, 12).

54 «Vuestro adversario, el Diablo, ronda como león rugiente, buscando a quién devorar» (1 P 5, 8).

55 «Se volverá + olvidará», en hebr. «weram + wesakahta» (Dt 8, 14). El verbo habla en términos enteramente humanos. Es la persona la que «se vuelve» orgullosa. El verbo no está centrado en otro sujeto.

56 «Llenó», en gr. «eplerosen» (Hch 5, 3). El verbo vuelve a limitar la acción demoniaca a una actuación tentadora sobre el corazón. Nada en el verbo indica un poder que obliga.

pensemos en una acción demoniaca extraordinaria, esa presencia del Maligno debe tener manifestaciones claras. Algo lógico pues estamos hablando de entidades invisibles. También aparece lo demoniaco en las páginas neotestamentarias de un modo invisible, pero solo como fuente de tentación, y fuente de tentación que se puede vencer. Si no se pudiera vencer, la acción perdería su carga de responsabilidad personal. Allí donde nada se puede hacer para resistir, cesa el pecado. En la mentalidad demonocéntrica, la acción del demonio sobre el alma goza de un poder casi invencible.

No resulta incorrecto hablar de ligadura (cadena, atadura) demoniaca en el sentido de vicio que se ha asentado en una voluntad[57]. El problema del demonocentrismo es que pasa a ver esa acción en todos y en todo de un modo excesivo, de un modo que va más allá de los términos bíblicos para entrar en el campo de lo no razonable. Los versículos sobre el tema del demonio en la Sagrada Escritura están contenidos en una cierta medida. Es decir, el demonio es mostrado de un modo equilibrado en su relación respecto al hombre y a Dios. Resulta luminosa una afirmación de Jean L. Ska que al introducir su estudio exegético en *Il Mistero del Male*, comienza escribiendo: *El tema asignado a nuestra reflexión, «Jesús exorcista», es de corte más exorcístico que demonológico, o sea centrado más sobre el poder de expulsar demonios que sobre la naturaleza del diablo mismo*[58]. Esto mismo se puede decir del Nuevo Testamento: hay más interés en sus páginas en mostrar al Jesús exorcista, que en ofrecernos un contenido demonológico del tipo que sea.

La Sagrada Escritura, aunque mide sus propias palabras, no puede evitar que se la utilice de un modo fragmentario como aval de esta mentalidad. Aun así, estas personas demonocéntricas siempre tienen más inclinación a utilizar mensajes de supuestas revelaciones privadas que las palabras de la Escritura.

Entre los cristianos norteamericanos, tanto entre los protestantes y como entre los católicos, un tema clásico es el del Nuevo

---

57 Algunas reflexiones acerca del concepto de «atadura demoniaca» en Apéndice, nota 60.

58 Jean Louis Ska, «Gesú esorcista», en Jean Louis Ska (ed) *Il Mistero del Male*, Edizioni San Lorenzo, Reggio Emilia 2006, pg 53.

Orden: *Una trama para socavar la soberanía americana, para subordinar la voluntad del Pueblo Americano a la de una no elegida burocracia transnacional y a una élite internacional que puedan dictar sus objetivos de gobierno*[59].Haring y Stewarten su magnífica obra en la que analizan este movimiento, ofrecen un resumen de la visión esencial y recurrente de estos grupos que se puede condensar en esta frase:

> Los sucesos económicos y políticos son leídos como el cumplimiento de la profecía bíblica que narra el retorno de los judíos a Palestina, el auge de un Nuevo Imperio Romano, la gran tribulación durante la cual el Anticristo, o la Bestia del Apocalipsis, se levantará para un dominio mundial[60].

Estos individuos, con no poca frecuencia, afirman que la ONU es un instrumento del demonio para esclavizar a la humanidad y acabar con las libertades personales y la independencia de los pueblos. Del Gobierno Federal de los Estados Unidos se afirmará que está en manos de satanistas, logias masónicas o cultos secretos, que tienen un plan prefijado para acabar con las libertades del Pueblo, así como con su religión. Lo mismo se dice con otras variantes del proceso de cohesión de la Unión Europea[61].

Para estas personas cuyo juicio ha dejado de ser razonable, existen pequeños grupos que gobiernan todas las realidades humanas desde la sombra. Para ellos, el satanismo no es una práctica de un grupo muy minoritario, sino una realidad habitual, secreta, extendida y poderosa, cuyos personajes con mucha influencia poseen un programa claro y gradual dirigido a la conquista del poder absoluto. Esta literatura, aunque ya se ha dispersado por todo el

---

59 Todd Sanders y Harry G. West, «Power Revealed and Concealed in the New World Order» en Harry G. West, *Transparency and conspiracy: ethnographies of suspicion in the new world order*, Duke University Press, USA 2003, pg 3.

60 Susan Haring and Kathleen Stewart, «Anxieties of Influence: Conspiracy Theory and Therapeutic Culture in Millenial America», en Harry G. West (ed), *Transparency and conspiracy: ethnographies of suspicion in the new world order*, pg 267.

61 Resulta llamativo el interés que despierta en estos autores el tema de la Unión Europa. Véase por ejemplo: Robert R. Congdon, *The European Union and the Supra-Religion* (Xulon Press, USA 2007), Ernest Millington, *Shadow Rulers* (iUniverse, Bloomington 2009),Larry Sparks, *The Harlot and the Beast* (Sparks Publishing, San Marcos (California) 2009) yJohn Buckley, *Prophecy Unveiled* (Xulon Press, USA 2007).

mundo, nació en Estados Unidos, quizá porque, como Holvast escribía:*Se trataba de una expresión milenarista del evangelismo en los Estados Unidos.*Y como señalaba *tuvo muchas características de los antiguos movimientos milenaristas y apocalípticos*[62].

Como se ve, esta reinterpretación de todas las realidades humanas, personales y colectivas, en el fondo, se trata de una cuestión de prudencia o, como Clarke dirá, de una actitud:

> Clarke trata de explicar que la persistencia de estos teóricos conspirativos en términos de un supuesto fenómeno que muchos psicólogos sociales han llamado el error de atribución fundamental. (...) Los teóricos conspirativos tienden a estar más inclinados que el resto de nosotros a cometer el error de atribución fundamental[63].

Sin duda, ésa es la esencia de todo: hay un error de atribución de culpa que procede de una actitud. A eso se añade el problema de que estas personas, carentes de mentalidad científica, no saben jerarquizar la veracidad de cuantas noticias les llegan a través de los libros sensacionalistas o fundamentalistas, a través de folletos, de páginas de Internet, de obras pseudoteológicas, de charlas que reciben de otras personas ya fanatizadas por esta corriente de pensamiento. La realidad por más que contradiga esos presupuestos esenciales en los que se basan, no les hace dudar. El hambre por lo extraordinario y por las revelaciones privadas antes comentadas, son signos claros de un descentramiento de lo que debe ser la vida espiritual.

Esta distorsión aunque finalmente no suele concretarse en un quebrantamiento heterodoxo de la Teología, supone una falta de prudencia que la reinterpreta enteramente. Y cuando esta distorsión la sufre un sacerdote, este precisamente estará más interesado que nadie en su presbiterio en realizar exorcismos, cuando es él precisamente el que no debe realizarlos. Todo discernimiento

---

62 René Holvast, *Spiritual Mapping in the United States and Argentina, 1989—2005*, Koninklijke Brill, Leiden 2009, pg 293.

63 David Coady, «An introduction to the Pilosophical Debate about Conspiracy Theories», en David Coady (ed), *Conspiracy theories: the philosophical debate*, Ashgate Publishing, Aldershot 2006, pg 8.

de un caso de posible posesión realizado por un sacerdote con esta mentalidad, se hallará viciado de raíz.

En reuniones de exorcistas, seminarios y conferencias, se han alzado algunas voces reclamando el ejercicio libre del exorcismo para todo sacerdote. Pero la reserva que el *Código de Derecho Canónico*[64] hace al respecto, se basa en que los más obsesionados por ejercer este ministerio no son los más adecuados para realizar un discernimiento prudente, objetivo y razonable. Esta reserva ya viene de antiguo[65] y parece lógico pensar que se debió a estas mismas razones.

Mentalidad racionalista

Enfoques cristológicos y su repercusión en el exorcismo

Resulta interesante observar la relación tan directa que existe entre la cristología y la exégesis con la que abordemos los pasajes exorcísticos de los Sinópticos[66]. Según sea la concepción que tengamos de Jesucristo y de cuál fue su misión sobre la tierra, así se interpretan diversos aspectos de su ministerio. Una concepción cristológica más humana, más social, en la que se minimiza el aspecto divino de su persona, y se recortan las dimensiones espirituales de su obrar, conducen a una exégesis que tiende a interpretar como simbólico lo exorcístico. En esta forma de comprender el ministerio de Cristo, lo exorcístico pasa a ser parábola, una especie de midrash en el que los hechos son un mero ropaje metafórico. Según esta concepción la lucha contra el demonio no sería

---

64 «Nemo exorcismos in obsessos proferre legitime potest, nisi ab Ordinario loci peculiarem et expressam licentiam obtinuerit». CIC, can. 1172 § 1.

65 La expresión de esta prohibición ya la encontramos formulada con las mismas palabras en 1614: «Sacerdos de peculiari et expressa Ordinarii licentia (...) praeditus debe esse». *Rituale Romanum*, Editio Princeps de 1614, edizione anastatica, Libreria Editrice Vaticana, Città del Vaticano 2004. Praenotanda n. 1, titulus XII, caput I, pg 847.

66 Hemos escrito «en los Sinópticos», porque el texto Joaneo no menciona ningún exorcismo. Esta carencia merece algunas explicaciones, véase Apéndice, nota 1.

otra cosa que un lenguaje alegórico para expresar la única lucha real: la del Bien contra el Mal.

Las relecturas exegéticas que se extenderán por las facultades de teología en la década de los 70 del siglo XX, supusieron una ruptura con la cristología anterior. Hay una frase de Costadoat que, aunque referida a un autor concreto (Jon Sobrino), transmite la esencia de muchos autores de esa época: *El método de la cristología de Jon Sobrino se sirve de las posibilidades actuales de la hermenéutica para que la salvación trascendente se haga realidad inmanente entre los pobres*[67].Se afirma claramente que hay una nueva exégesis (al hablar de las *posibilidades actuales de la hermenéutica*) y lo que importa es la realidad inmanente a este mundo.

Para una cristología que se construya no desde el concepto de VERDAD (y por tanto de SER), sino desde la perspectiva de que lo único que importa es que lo que afirmemos se haga realidad inmanente entre los hombres, fácilmente considerará irrelevante la demonología. Y es que, como justamente indicaba Magnani, *una mentalidad (...) inmanentista se plantea interrogantes puramente intelectuales adoptando (...) en el campo de la cristología histórica una actitud antisobrenaturalista*[68]. Este antisobrenaturalismo no solo no respetó la veracidad histórica de los milagros de Jesús, sino que siguiendo su propia lógica interna puso en duda hasta su misma Resurrección, considerándola no como un hecho histórico, sino como una *representación en el lenguaje del mito*[69]. Fuller escribió: *Decir que «Dios resucitó a Jesús de entre los muertos» equivale a hacer una afirmación mitológica que necesita una interpretación*[70]. Si se pone en duda la Resurrección, cualquiera puede imaginarse qué quedaría de la realidad histórica de los exorcismos de Jesús.

---

67 Jorge Costadoat, «La liberación en la cristología de Jon Sobrino», en*Teología y Vida*, XLV (2004), pg 63.

68 Giovanni Magnani, *Tu sei il Cristo: cristologia storica*, Editrice Pontificia Università Gregoriana, Roma 2002, pg 227.

69 «La Resurrección es la representación en el lenguaje del mito que hace la apocalíptica judía del acontecimiento salvador, del perdón liberador que se nos da en Cristo». Joaquín Losada Espinosa, «La Resurrección de Jesús, hecho e interpretación de una experiencia» en Santiago Madrigal (ed), *Solo la Iglesia es Cosmos*, Universidad Pontificia Comillas de Madrid, Alcobendas 2000, pg 68.

70 Reginald H. Fuller, *Fundamentos de la cristología neotestamentaria*, Cristiandad, Madrid 1979, pg 268.

Sin embargo,a mediados de los años 90, se comienza un proceso en el que la cristología imperante en las facultades de teología vuelve a recuperar sus contenidos dogmáticos y, por tanto, su visión trascendente. Pero ya no se recobrará plenamente de su antisobrenaturalismo. Con no poca frecuencia, los milagros (aun no negándolos globalmente) serán leídos uno a uno con una hermenéutica que hace de ellos reelaboraciones de la comunidad; lectura que afecta todavía más a los textos en los que aparecen ángeles o demonios.

Habían pasado definitivamente los tiempos en que un exegeta acerca de la fórmula «Dios resucitó a Jesús de entre los muertos» podía escribir que *significa que Dios sacó a Jesús del pasado y lo puso en su propia contemporaneidad eterna*[71]. También habían pasado los tiempos en que se podían negar en bloque todos los milagros de Jesús. Pero los exorcismos, para muchos, siguieron quedando relegados a la categoría de parábolas postpascuales.

La exégesis será el gran método para releer el contenido de la fe desde una perspectiva liberal. Como escribía J. Losada: *Con este planteamiento la discusión se traslada de la perspectiva crítico-histórica a la hermenéutica, a la interpretación del sentido de la fe en la Resurrección*[72]. Si la Teología Liberal ha hecho de la hermenéutica bíblica su instrumento más querido para una relectura de la figura de Cristo; frente a ella, los teólogos y movimientos eclesiales que han insistido en la fidelidad a la Tradición (calificados por los otros como *conservadores*), han insistido en la dogmática como clave interpretativa de la cristología. En el caso de estos segundos, una concepción cristológica más centrada en la reflexión del hecho filosófico de que un Ser Infinito haya asumido un cuerpo, no tiene tanto problema en admitir la existencia de seres intermedios en la gradación metafísica del ser. De ahí que la angelología y la demonología se aceptan sin problemas, por ende también la faceta exorcística de Jesús. Desde esta perspectiva se tiende a leer todos los textos evangélicos en su sencillez literal. Una vez aceptado el impresionante hecho teológico de la Encarnación, no hay

71 Reginald H. Fuller, *Fundamentos de la cristología neotestamentaria*, Cristiandad, Madrid 1979, pg 268.

72 Joaquín Losada Espinosa, «La Resurrección de Jesús, hecho e interpretación de una experiencia» en Santiago Madrigal (ed), *Solo la Iglesia es Cosmos*, pg 68.

ningún inconveniente filosófico en creer algo menor como el que puedan existir tanto un mundo de seres espirituales puros, como actos de potestad sobre ese mundo invisible. De ahí que se admitan de un modo pacífico los relatos sinópticos acerca del exorcismo, la exégesis patrística recibida al respecto de este campo, así como la praxis litúrgica mantenida por la Tradición.

Los excesos cristológicos de los años 70 y 80 ya pasaron, y hoy día resulta tarea ardua encontrar a un teólogo católico que niegue la divinidad de Cristo. Pero cada teólogo, aun admitiendo la doble naturaleza de Hombre-Dios, a la hora de examinar e interpretar los Evangelios, mostrará una tendencia personal a entender la figura de Cristo de un modo más humano o de un modo más divino. Para algunos lo que importa es el mensaje del Mesías, no la realidad concreta de los hechos. Según ellos, incluso el mensaje ha de ser tomado globalmente, pues sus palabras son fruto de la revisión teológica postpascual, no verdad histórica fiel a los hechos. Desde estas posiciones, resulta difícil el diálogo teológico con ellos en defensa del exorcismo. Pues, para tales autores, las Escrituras han perdido su carácter de autoridad suprema, siendo sustituidas por la autoridad de la exégesis. La cual, según ellos, nos ofrecerá qué sea verdadero en esas Escrituras y qué no.

Un estudio detallado de cómo se aplican estos criterios precedentes a la exégesis del exorcismo, no es misión del presente trabajo; lo sería para una obra exegética. Pero dado que la cuestión de cómo se aplican estos criterios expuestos, al campo concreto de los exorcismos de Jesús, es el primer escollo al que se enfrenta hoy día este ministerio del exorcismo, vamos a ofrecer en el siguiente apartado una visión sintética de este desenfoque.

Mentalidad por defecto

Dentro de esta visión humana se encuadra el considerar a los posesos del Evangelio como los englobados en una genérica *situación de desventura*[73] o simplemente como enfermos. Existe toda una

---

73 «Recordamos el hecho de que los obsesos señalan una situación más difusa de desventura». Karl Kertelge, «Diavolo, demoni, exorcismi in prospettiva biblica», en Walter Kasper (ed), *Diavolo, demoni, possessione*, pg 40.

línea de pensamiento que, incluso, se anima a interpretaciones de carácter más social, como acertadamente criticaba Twelftree:

> Resulta actualmente muy popular argumentar que la posesión y la enfermedad mental estaba «causada, o al menos exacerbada por la tensión social» y que era «una forma social aceptable de protesta indirecta contra la opresión, o un modo de escapar de ésta»[74].

Lo que subyace en todo esto es que, sin negar abiertamente la fe en los Evangelios, se pone en duda la historicidad de sus hechos y la exactitud de las afirmaciones de Cristo. Por citar un solo ejemplo, Piper afirma al tratar el tema de la ausencia de exorcismos en el cuarto evangelio: *Resulta altamente improbable que el evangelista joaneo simplemente no conociera que Jesús ejerció el exorcismo*[75]. Luego él mismo acepta la posibilidad (aunque la califique como improbable) de que San Juan no conociera esta faceta de Cristo. Esto significa que si se considera que a través de los escritos sinópticos no podemos alcanzar la verdad histórica, entonces se llega a lo que defendía Losada: *Se desautoriza absolutamente todo planteamiento de estudio histórico referente a Jesús. Imposible e inútil. Se impone la necesidad de interpretar las representaciones míticas en que se comunica el mensaje cristiano en el Nuevo Testamento*[76]. Una y otra vez, esta corriente insiste en que lo importante es descubrir qué constituye lo auténtico de Jesús, frente a la elaboración de la comunidad. Para esta Teología Liberal detenerse en todas las palabras del Evangelio, o en todos sus episodios concretos, resulta inútil. Cini, resumiendo la postura de Duquoc, escribía:

> El autor [C. Duquoc] prosigue sosteniendo que la Revelación y el Magisterio no han afirmado la existencia personal de Satanás ni lo contrario, sino solo la exigencia de escoger a Cristo.

---

74 Graham H. Twelftree,*Jesus the exorcist: a contribution to the study of the historical Jesus*, Mohr, Tubinga (publicado en Alemania en lengua inglesa), 1993, pg 143.

75 Ronal A. Piper, «Satan, Demons and the Absence of Exorcisms in the Fourth Gospel», en David G. Horrell & Christopher M. Tuckett (ed), *Christology, Controversy & Community: New Testament essays in honour of David R. Catch pole*, Brill, Boston 2000, pg 257.

76 Joaquín Losada, «La Resurrección de Jesús, hecho e interpretación de una experiencia» en Santiago Madrigal (ed), *Solo la Iglesia es Cosmos*, pg 68.

Se puede pensar que los datos bíblicos sobre los diablos sirvan de marco a la Revelación, pero no están garantizados por ella[77].

Desgraciadamente, como se ha mostrado, el diálogo con la postura negacionista se hace muy difícil. Pues en este diálogo ni siquiera podemos apelar a los pasajes de la vida de Jesús, pues para ellos, hasta el Evangelio es testimonio de herencias judaicas o fruto de elaboraciones helenísticas. Véase, por ejemplo, las conclusiones de Van Iersel:

> Mt 4, 1-11 y Mc 5, 1-20 se aproximan sensiblemente a los acontecimientos de la vida de Jesús. En el primer caso, tenemos un midrash judaico-cristiano, donde Dt 8, 2 ss, está interpretado con un significado actual referido al Hijo de Dios, Jesús. En el segundo caso, por el contrario, se muestra una elaboración helenística de una historia milagrosa, donde Jesús viene descrito como un taumaturgo, al modo como era imaginado en el mundo helenístico. No es, pues, posible afirmar, en base a uno o al otro de estos dos textos, que los hechos de la vida de Jesús demuestren la existencia objetiva del Diablo o de los demonios[78].

Y eso sin contar con que hay autores (v.g. de corrientes feministas) que lo que ponen en duda no es ya la veracidad de los textos bíblicos, sino las mismas líneas centrales de la Revelación. Por ejemplo, Isherwook cuando presenta su cristología en la introducción de su libro, menciona expresamente el exorcismo, y comienza por dejar claro que la comprensión de la figura de Jesús se debe hacer *sin el velo del pensamiento dualístico*[79].De esta manera, el mismo concepto de Bien y de Mal son enteramente reinterpetados por algunos teólogos imbuidos de la filosofía postmoderna. Para toda esta línea de pensamiento, resulta fácil comprender en qué queda la labor exorcística de Jesucristo. Todo este ambiente intelectual, aun no siendo comúnmente aceptado en sus versiones

---

77 Agnese Cini Tassinario, *Il diavolo secondo l´insegnamento recente della Chiesa*, Studia Antoniana, Roma 1984, pg 188. La autora hablaba del artículo de C. Duquoc, «Symbole ou réalité», en la revista *Lumiére et Vie*, 15 (1966) n. 78, pg 103-104.

78 Bas van Iersel, «Gesú, diavoli e demoni: note su Mt4, 1-11 e Mc 5, 1-20», en Bas van Iersel (ed), *Angeli e diavoli*, 2ª edición, Queriniana, Brescia 1972, pg 34-35.

79 Lisa Isherwood, *Introducing feminist Christologies*, Sheffield Academic Press, Londres 2001, pg 13.

más extremas en las universidades católicas, no deja de producir una cierta contaminación en el ambiente teológico general.

Por supuesto que aunque hay posturas nítidamente heterodoxas, después podemos encontrar todo tipo de combinaciones. Y así se pueden hallar sacerdotes con una visión extremadamente humana del Evangelio y que, no obstante, creen plenamente en la efectividad de los exorcismos. Como podemos encontrar justo lo contrario: sacerdotes conservadores y amantes de la Tradición que alberguen grandes dificultades intelectuales para poder admitir este campo de acción eclesial.

Pero esto último, aunque se da, es más difícil para todos aquellos que leen la teología desde una hermenéutica de la continuidad. Pues se pasa de las páginas del Evangelio a la realidad actual de la Iglesia, viendo en el presente lo que hizo Jesús entonces. En palabras de Ladaria: *De Jesús se pasa insensiblemente a la Iglesia, con la mediación de los Apóstoles. No hay discontinuidad entre Jesús y la Iglesia*[80]. Mientras que en una mentalidad con una concepción más relativa de la verdad, no existe problema en aceptar rupturas. En palabras de Agnelli: *En la revelación de la realidad de Dios, en efecto, y en la exigencia a responder en fe a esa realidad, se da prioridad al elemento práxico-amoroso sobre el puramente cognitivo-ortodoxo*[81].

Por todo lo cual, resulta indudable admitir que estos dos grandes enfoques teológicos de forma ordinaria generan estas dos formas de comprender la labor exorcística de Jesús y por tanto de comprender a la misma Iglesia en general. Los ejemplos de figuras notables de la Teología manifestando abiertamente su exégesis racionalista a este respecto serían muy numerosos.

En todas estas posturas, desde las más extremas, a las más ambiguas, el denominador común consiste en el impulso que sienten estos autores de traducir lo que ellos consideran un lenguaje mítico a realidades objetivas. Denominador común que lo sintetiza con claridad Van Iersel: *Es naturalmente deber del teó-*

---

80 Luis F. Ladaria, *La cristología de Hilario de Poitiers*, Editrice Pontificia Università Gregoriana, Roma 1989, pg 133.

81 Antonio Agnelli, *Cur Deus Victima: La proposta cristologica di Jon Sobrino nell'orizzonte storico dei popoli corcifissi*, Editrice UNI, Trento 2009, pg 57.

logo traducir el mensaje de la liberación de las potencias malignas a nuevas categorías[82].O Kertelge cuando escribió en la misma línea:

> Al problema de la realización de la misión confiada por Jesús, no se puede responder solo con una referencia a la historia de la liturgia bautismal, ni tampoco con un exorcismo de tipo ritual. (...) Si observamos los nexos que según la concepción neotestamentaria subsisten entre liberaciones y exorcismo, y si por otra parte recordamos el hecho de que los «obsesos» señalan una situación de desventura más difusa, veremos que la obra redentora de Jesús persigue su fin respecto de esta situación interna. Y, por tanto, se perfilarán otras posibilidades que consienten a la Iglesia el realizar el encargo confiado por Jesús, y que responderán a su verdadera intención, mejor que con una imitación puramente ritual de sus exorcismos[83].

Esta exégesis racionalista olvida tres elementos que podemos sintetizarlos en estos puntos de la exhortación apostólica *Verbum Domini*, (las siguientes frases en cursiva son las afirmaciones de la exhortación apostólica, las frases en letra normal que les siguen son adición nuestra):

a. *La Escritura se ha de leer e interpretar con el mismo espíritu con que fue escrita*[84]. Y observamos que tanto el Pueblo Judío como la comunidad cristiana creían en las posesiones y el exorcismo.
b. *Un criterio fundamental de la hermenéutica bíblica: el lugar originario de la interpretación escriturística es la vida de la Iglesia*[85]. Y la tradición exorcística de veinte siglos es clara tanto en la liturgia, como en la práctica de este ministerio, como en la vida y enseñanzas de los santos.
c. *Como todo lo que afirman los hagiógrafos, o autores inspirados, lo afirma el Espíritu Santo, se sigue que los libros sagra-*

82 Bas van Iersel, «Gesú, diavoli e demoni: note su Mt 4, 1-11 e Mc 5, 1-20», en Bas van Iersel (ed), *Angeli e diavoli*, pg 35.

83 Karl Kertelge, «Diavolo, demoni, exorcismi in prospettiva biblica», en Walter Kasper (ed), *Diavolo, demoni, possessione*, pg 40.

84 Benedicto XVI, *Verbum Domini*, (Exhortación Apostólica, 30 de septiembre de 2010), n.29, pg 53. Citado en la Constitución Dogmática *Dei Verbum*, capítulo III, n.12.

85 Benedicto XVI, *Verbum Domini*, n.29, pg 52.

dos enseñan sólidamente, fielmente y sin error la verdad que Dios hizo consignar en dichos libros para salvación nuestra[86]. En definitiva, debemos desechar como no católica la idea de una contaminación del texto bíblico con concepciones erróneas.

La cuestión, por tanto, no es meramente si creemos en el exorcismo o no creemos. El gran problema que subyace en el problema planteado, es si el exegeta es el que juzga la construcción dogmática, o es el exegeta el que debe someterse al dogma. Cini hacía referencia a esta cuestión cuando escribió: *Se ha juzgado muy peligroso, como problema metodológico, que sea solo el exegeta el que se arrogue la prerrogativa de establecer según qué criterios se debe distinguir entre revestimiento cultural de una idea y el dato de fe*[87].

Resulta evidente el interés de algunos exegetas liberales en ser ellos los que, desde la hermenéutica bíblica, juzguen en el dogma qué es de fe y qué es opinable añadidura histórica. Lo cual no deja de resultar irónico, justamente ahora que ellos no creen en la infalibilidad de la Escritura. Es decir, precisamente ahora cuando la exégesis liberal no cree que en la Escritura no se hallen presentes errores, es cuando la exégesis tiene que decidir qué es de fe en los dogmas. Frente a esta contradicción interna de la postura liberal, el Dogma debe recordar a esos exegetas, que la Escritura, según la Tradición, es infalible y que en ella no se contiene ningún error. El Magisterio es simple reflejo de la Tradición, cuando (en palabras de Pío XII, citando a su vez a León XIII) enseña:

> La divina inspiración «por sí misma no solo excluye todo error, sino que lo excluye y rechaza con la misma necesidad absoluta con la que es necesario que Dios, Verdad suma, no sea en modo alguno autor de ningún error. Ésta es la antigua y constante fe de la Iglesia»[88].

---

86 Concilio Vaticano II, Constitución dogmática *Dei Verbum*, capítulo III, n.11. Citado en Benedicto XVI, *Verbum Domini*, n.19.

87 Agnese Cini Tassinario, *Il diavolo secondo l´insegnamento recente della Chiesa*, pg 213.

88 Pío XII, Encíclica *Divino Afflante Spiritu*, I, 3. Citado en León XIII, *Acta*, XIII, pg 357s; *Ench. Bibl*. n.109s.

La eterna discusión acerca de la relación entre dogma y texto revelado, no es un nudo gordiano de imposible resolución. Por el contrario, Ratzinger recordaba: *El dogma, por definición, no es otra cosa que una interpretación de la Escritura*[89]. De estas palabras, Hahn concluía con razón: *El dogma es la interpretación infalible del texto sagrado*[90]. ¿Pero es la existencia del mundo demoniaco realmente un dogma? A esta pregunta respondió la Congregación para la Doctrina de la Fe en 1975, en el documento *Fe cristiana y demonología,* donde se encargó de recordar cuáles eran los contenidos esenciales de la Escritura y la Tradición en relación al tema del demonio. Concluyendo de forma rotunda que la existencia del mundo demoniaco es un dato dogmático:

> Por esto, hoy, cuando es puesta en duda la realidad demoniaca, es necesario referirse a la fe constante y universal de la Iglesia y a su fuente mayor: la enseñanza de Cristo. Y en la doctrina del Evangelio, verdaderamente, y en el corazón de la fe vivida es donde la existencia del mundo demoniaco se revela como un dato dogmático[91].

Algunos teólogos olvidan que lo que aquí se halla en juego no es meramente el tema del exorcismo, ni una interpretación exegética, sino la misma autoridad de la Iglesia. Y así recordaba Gozzelino:

> Ha de notarse que la posibilidad de las posesiones diabólicas está previamente asegurada por el hecho de no poder negarla sin desacreditar la conciencia humana de Jesús, y con ella el cristianismo, y sin poner en ridículo la tradición de la Iglesia, que ha practicado fielmente el mandato recibido del Señor de continuar su actividad de exorcista[92].

---

89 Joseph Ratzinger, «Crisis in Catechetics», *Canadian Catholic Review,* junio 1983, pg 178. Citado en Scott Hahn, *Spirit & Life,* Emmaus Road Publishing, Steubenville 2009, pg 19.

90 Scott Hahn, *Spirit & Life*, pg 19.

91 Congregación para la Doctrina de la Fe, *Fede Cristiana e demonologia,* 26-6-1975.En *Enchiridion Vaticanum,* tomo 5 (Documenti officiali della Santa Sede, 1974-1976), Edizione Dehoniane, Bolonia 2006, n.1388, pg 873—875.

92 Giorgio Gozzelino, *Angeli e demoni,* San Paolo, Milán 2000, pg 229.

Además, desde una perspectiva de fe, Jesucristo era conocedor de la trascendencia de sus actos y enseñanzas a lo largo de la Historia que iba a venir. Y como Burani escribió: *Esto que se manifiesta en la sinagoga de Cafarnaum, está destinado a difundirse en todo el mundo después de Pascua; todo acto exorcístico realizado por Jesús tiene un valor universal, cósmico*[93]. El mismo autor respondía a aquellos que hacen del exorcismo una especie de ornato accesorio de fe no obligada: *Resulta significativo que el primer gesto realizado por Jesús en el Evangelio de Marcos, sea un exorcismo. Gesto emblemático para interpretar como un valor central de su misión la lucha contra Satanás*[94].

Comparación de ambas mentalidades

La mentalidad que peca por defecto conoce muchos grados, como la mentalidad que peca por exceso. La exégesis por defecto da la impresión de ser más científica, mientras que la exégesis por exceso parece propia de iluminados. La mentalidad demonocéntrica ofrece a sus seguidores la impresión de ser el triunfo de la Fe, pero en realidad va más allá de la Fe. La primera ofrece la impresión de ser el triunfo de la razón, pero en realidad va más allá de la razón. Pues presenta como exégesis definitiva lo que solo es una exégesis, una entre varias. La razón se haya presente también en otras alternativas hermenéuticas, aunque la mentalidad que peca por defecto las desprecie.

El legado de Jesús acerca de este campo de lo invisible deberá ser custodiado por la Tradición. Pero, aunque se trate de una enseñanza que será preservada íntegramente, al mismo tiempo reconocemos que también siempre estará sujeto a interpretación; la interpretación acerca de hasta dónde llega su contenido. Pues fue voluntad de Dios afirmar claramente la existencia de los *daimoni-*

93 Gabriele Burani, *Esorcismi di Gesù nel Vangelo di Marco*, Edizioni San Lorenzo, Reggio Emilia 2009, pg 20.

94 Gabriele Burani, *Esorcismi di Gesù nel Vangelo di Marco*, pg 20.

zomenous (los endemoniados[95]), pero también Él quiso que ni en los Evangelios, ni en el resto de escritos neotestamentarios, se nos ofreciese una lista de criterios específicos para su identificación. Esta omisión no fue casual, y la interpretación, por tanto, forma parte de la voluntad de Dios. La interpretación se hace necesaria, en primer lugar, del hecho bíblico. Y, en un segundo lugar, se hace necesaria la aplicación de esa interpretación al hecho concreto actual. Por tanto, existe en este tema un legítimo pluralismo y un núcleo irrenunciable. Siempre tendremos,por un lado, la tendencia a la disgregación, a la difuminación de la doctrina que hemos recibido. Y siempre tendremos, por otro lado, la tendencia a incluir como pertenecientes a la tradición irrenunciable elementos que no pertenecen a ese legado dogmático. Geffré, en sus ensayos sobre hermenéutica, recordaba algo muy útil: *Para superar el conflicto posible entre las exigencias de la unidad y los derechos a un legítimo pluralismo en el conocimiento interpretativo de la verdad, hay que volver siempre a la experiencia de toda la Iglesia, a lo que se denomina comúnmente como «sensus fidelium»*[96].

En nuestra opinión el núcleo de ese legado irrenunciable se halla compuesto por tres verdades esenciales: la existencia de los demonios, la posibilidad de existencia de endemoniados, la subsistencia del poder exorcístico[97]. Por supuesto que después estos enunciados suponen a su vez otras afirmaciones implicadas o incluidas:

a. Respecto al primer enunciado: V.g. creer en la existencia de los demonios, supone creer en la eternidad de su condenación. Pues la eternidad de la condena está expresamente

95 Mt 4, 24. «Daimonizomenous» participio presente pasivo del verbo «daimonizomai». Este término tiene un significado completamente unívoco carente de toda ambigüedad. Su traducción exacta al español es «endemoniados».

96 Claude Geffré, *El cristianismo ante el riesgo de la interpretación: ensayos de hermenéutica teológica,* Cristiandad, Huesca 1984, pg 91.

97 Las razones de por qué se ha escogido la redacción genérica «la subsistencia de un poder exorcístico», frente a «la transmisión del poder exorcístico de Jesús a los Apóstoles», tiene muchas más implicaciones de las que a primera vista puede parecer. Véase Apéndice, nota 32.

afirmada en la Escritura[98] y la posición contraria, la apocatástasis, fue condenada por los anatemas contra Orígenes posteriores al II Concilio de Constantinopla.

b. Respecto al segundo enunciado: V.g. negar la posibilidad de la posesión demoniaca, supone afirmar la posibilidad de errores en el Evangelio, además de afirmar que la Tradición unánime de la Iglesia podría errar, así como la *lex orandi* que afirma de forma implícita la presencia posterior de personas sufriendo influencias extraordinarias demoniacas.

c. Respecto al tercer enunciado: V.g. creer en la presencia del poder exorcístico se concreta en creer que más allá de la presencia histórica de ese poder en Jesús, ese poder sigue subsistiendo en la Iglesia. La postura de que este poder cesó por completo tras la época apostólica, tendría consecuencias devastadoras en la exégesis y en la dogmática. En cuanto que supondría la posibilidad de un error universal y continuado en la Iglesia en una materia conectada a la forma en que leemos las Escrituras[99].

Si ahora no existiera el poder de expulsar demonios, significaría que no existe verdadera fe. Si ahora no existiera verdadera fe, eso implicaría que Mt 16, 18 no se cumple y que las Puertas del Infierno han prevalecido. De ahí que afirmar que ahora no existe el poder de expulsar demonios, implicaría que la Iglesia ha sufrido un cambio sustancial, puesto que habría corrompido o dejado desaparecer uno de los tesoros de Cristo. Si un tesoro espiritual se hubiera corrompido, por qué no otros. De ahí que creer en la subsistencia del poder exorcístico, implica creer que Cristo tuvo ese poder, que lo tuvieron los Apóstoles, y que esa potestad se ha mantenido en la Iglesia hasta hoy día. Como se ve,

98 «Y el Diablo que los engañaba fue lanzado al lago de fuego y azufre, donde estaban la bestia y el falso profeta; y serán atormentados día y noche por los siglos de los siglos» (Ap 20, 10).

99 «Y a los que crean les acompañarán estas señales: expulsarán demonios en mi nombre, hablarán lenguas nuevas, cogerán serpientes en la mano y aunque beban un veneno mortífero no les hará daño, impondrán las manos a los enfermos, y se pondrán bien» (Mc 16, 17-18).

tras un enunciado como«la subsistencia del poder exorcístico», se contiene toda una serie de verdades implícitas.

Queda claro que esas tres afirmaciones podemos considerarlas como verdaderos contenidos de fe. Y que con ellas se sigue la misma regla que en el resto de dogmas, en los que afirmar un dogma implica retener como verdaderas otras afirmaciones subsecuentes. De esta forma, por ejemplo, creer en la vida eterna, implica creer en la escatología intermedia previa a la resurrección; lo cual, a su vez, implica creer en el binomio de alma y cuerpo; y, por tanto, en la verdad de esos dos conceptos filosóficos. Otro ejemplo de verdad implícita de tipo filosófico: creer en un dogma, implica creer en la posibilidad gnoseológica del ser humano de conocer la realidad.

En este campo de lo demoniaco-exorcístico nuestra opinión es que el legado dogmático se compone de dos elementos: el núcleo esencial (formado por las tres verdades fundamentales ya citadas) y la constelación de verdades secundarias que aparecen en la Sagrada Escritura. Las verdades secundarias serían todas y cada una de las múltiples afirmaciones contenidas en la Sagrada Escritura[100] , en la Tradición, o en el Magisterio sobre el tema demoniaco. En este conjunto de verdades secundarias, se sitúan asimismo el consenso de los Santos Padres cuando hablan sobre este tema, lo que nos han dicho los místicos y santos a lo largo de la Historia, la *lex orandi* que nos ofrecen los rituales litúrgicos,la declaración sobre el demonio del Concilio de Letrán IV, etc.

Resulta indudable la impresión de solidez que ofrece este legado que hemos recibido sobre el demonio, con su núcleo esencial de verdades de fe y su conjunto de verdades secundarias, así como todas las verdades implícitas que se derivan de ellas. Ahora bien, a pesar de esta impresión de solidez, a pesar de que estamos hablando de un legado en el que se hallan preservadas verdades de fe, a pesar de ello, siempre tendremos que volver, una y otra vez, sobre la exégesis situada en la base de esta construcción.

Nos guste o no nos guste, la discusión exegética siempre acompañará la discusión sobre este campo. *Querer prescindir de la*

100 Por ejemplo, que el Diablo es «pecador desde el principio» (1 Jn3, 8), o que es «padre de la mentira» (Jn 8, 44). Incluso cada uno de los exorcismos de Jesús que aparecen en el Evangelio, forman parte de ese legado.

exégesis para comprender la Biblia supondría una ilusión[101]. La discusión, la reflexión teológica discordante, siempre rodeará un campo como este que resulta mucho más sujeto a interpretación que otros. No es lo mismo definir la transubstanciación que la posesión diabólica.

Pero en esta lícita discusión sería tan incorrecto prescindir de la exégesis, como prescindir de la Tradición que supone una continuidad viva. El magisterio de los últimos pontífices ha insistido en esta relación: *El exégeta católico no alimenta el equívoco individualista de creer que, fuera de la comunidad de los creyentes se pueden comprender mejor los textos bíblicos*[102]. Pero tanto una exégesis por exceso como por defecto leen esas palabras a través de sus propios prejuicios, yendo más allá de lo que aparece escrito en los Evangelios, o quedándose por detrás de lo que se narra en ellos, olvidándose ambas posturas de *interpretar la Palabra de Dios tal como se nos presenta y se nos manifiesta*[103].

Obsérvese que, al exponer las líneas generales de esta reflexión exegética sobre el exorcismo, no hemos destacado ninguna particularidad regional. No hemos afirmado que los teólogos africanos o los latinoamericanos posean una teología particular o, al menos, ciertos matices. En un mundo globalizado, en el que los estudiantes de licenciatura y doctorado se desplazan a las mejores facultades de teología de cualquier continente, no podemos encontrar ese tipo de regionalismos. Los profesores de los seminarios de los países africanos que han estudiado en Europa, pueden verse tan influenciados por la exégesis racionalista, que su propia tradición ancestral acerca de la influencia del mundo de los espíritus quede reducida a nada. Bien es cierto que otra cosa sería el clero parroquial: ciertamente el mencionado clero latinoamericano y el africano están más abiertos a la posibilidad de la acción demoniaca. Pero estas diferencias no se observan en el mundo académico. Y, además, el mundo académico con sus facultades y seminarios,

---

101 Pontificia Comisión Bíblica, *La interpretación de la Biblia en la Iglesia*, 15-abril-1993, conclusión.

102 Juan Pablo II, *Discurso sobre la interpretación de la Biblia en la Iglesia*, 23-abril-1993, nº 10.

103 Hans Urs von Balthasar, *Ensayos teológicos*, tomo I, Ediciones Encuentro, 2001 Madrid, 2ª edición, pg 290.

ciertamente, acaba transmitiendo sus esquemas teológicos al clero parroquial.

Von Balthasar recordaba que «desmitologizar la Escritura» suponía *hacer añicos la unidad de espíritu y de cuerpo de la Revelación, para dejarnos solo un seco existencialismo sin amplitud ni fuerza de convicción*[104]. Hay que reconocer que una exégesis desmitologizadora se sigue enseñando en numerosos seminarios, aunque bajo nombres más razonables.

Mentalidad por defecto atenuada

Rocchetta explicaba que acerca de los ángeles y los demonios, hoy en día, hay cuatro corrientes entre los teólogos católicos: *una orientación afirmativo-tradicional, otra dubitativa, otra negativa, otra afirmativo-crítica*[105]. La mayoría de los que se dedican de modo profesional a la Teología, perciben las contradicciones internas de la postura negacionista. De ahí, que en los últimos años se haya fortalecido una corriente de pensamiento que podríamos denominar como una mentalidad por defecto atenuada. En esta mentalidad, aun no negando las enseñanzas evangélicas fundamentales, la praxis se restringe a un marco teórico que la hace imposible. Estos teólogos, sin llegar al extremo del negacionismo, aceptarán la doctrina de la existencia de la posesión de un modo tan restrictivo, que equivale prácticamente a su inexistencia. Según ellos, para aceptar que alguien está poseso, el sujeto tendría que caminar por las paredes, hablar lenguas muertas, conocer hechos futuros, y levantar pesos imposibles sin esfuerzo.

Esta postura considera que el fenómeno de la posesión existe, pero que no se da. Aceptan de un modo teórico su existencia, pero la niegan *de facto*. Aceptan la historicidad de los textos evangélicos sobre el exorcismo, pero a la hora de discernir un caso lo harán con los criterios más restrictivos posibles. Sin darse cuenta de que los hechos extraordinarios que aparecen en esos criterios

104 Hans Urs von Balthasar, *Ensayos teológicos*, tomo I, pg 290.

105 Carlo Rocchetta, «Il problema degli angeli e dei demoni nella riflessione teologica odierna», en Benito Marconcini (ed), *Angeli e demoni. Corso di teologia sistematica*, complemento 1.Edizioni Dehoniane Bologna, Bologna 1991. pg 17—23.

(tales como *hablar una lengua desconocida con muchas palabras o manifestar cosas distantes y ocultas*[106]) únicamente se han dado en algunos casos de exorcismo, no en todos.

Sirva como ejemplo de este modo racionalista de ejercer el ministerio, las respuestas a una entrevista por parte de un exorcistanombrado para ejercer en una ciudad europea cuya área metropolitana era de diez millones de personas, si bien dividida en varias diócesis. Entresacamos las siguientes respuestas entre otras del mismo tenor:

> Pregunta: ¿En [aquí menciona el país], cuantas personas recurren a un sacerdote exorcista?
>
> Respuesta: No tengo las cifras para todo [el país] (...). En [menciona la archidiócesis] nosotros recibimos como media mil quinientas peticiones al año.
>
> Pregunta: ¿Ha practicado usted ya el gran exorcismo?
>
> Respuesta: En doce años de práctica, nunca he tenido que activar esta bomba atómica[107].

Otro exorcista latinoamericano oficialmente nombrado en una ciudad de siete millones de habitantes, en catorce años ejerciendo este ministerio, afirmó tajantemente que nunca había encontrado un solo caso de posesión[108].

Si es cierto que la praxis demonocéntrica acaba degenerando en un cierto iluminismo, incluso podríamos decir que acaba degenerando en un cierto ocaso de la razón, muy por el contrario la praxis no negacionista pero sí racionalista suele ser fruto de una cierta soberbia intelectual; es el triunfo no de la razón, sino del esquema teórico preconcebido por el exorcista. Con razón decía Balducci: *La exclusión sistemática de cualquier intervención preternatural y negar de tal modo la existencia concreta de la posesión, es sin duda una actitud ilógica, motivada solo por un apriorístico escepticismo respecto a lo ultraterreno*[109].

Como antes hemos afirmado, la mentalidad por defecto atenuada es complaciente con uno mismo. Y es autocomplaciente,

---

106 *Rituale Romanum*, Titulus XI, caput I, praenotanda 3, Editio Típica Vaticana 1925.

107 Arch.Per., n.8, pg 12.

108 Arch.Per., n.9, pg 12.

109 CorradoBalducci *El Diablo,* 5ª edición,San Pablo, Bogotá 2008, pg 206.

porque resulta muy gratificante afirmar de uno mismo que está en medio de dos extremos. En sí misma, la afirmación de creer que se está en el medio, ya parece ser toda una garantía de equilibrio. Pero la teología no se construye colocándose siempre en la equidistancia. La teología busca la verdad. Si no fuera así, bastaría que en todas las materias dogmáticas, en todas las disputas, uno se colocase en el punto intermedio de los dos extremos, sean cuales sean estos. La verdad entre la afirmación de la Encarnación y su negación no está en el medio. La verdad entre el dogma de la transubstanciación y la transignificación no está en el medio. Los ejemplos se podrían multiplicar. La verdad, en ocasiones, se halla en un extremo, negando la simplicidad de una «teología geográfica» que buscase soluciones geométricamente equidistantes. La mentalidad por defecto atenuada sigue manteniendo apriorismos, a pesar de su equidistancia que la hace tan razonable a los ojos de muchos. Pero ella supone mantener el racionalismo en la práctica, sin negar el dogma en la teoría.

Los defensores de esta mentalidad por defecto atenuada no se dan cuenta de que si aceptamos sus parámetros exegéticos, Jesús habría entregado un poder exorcizador para nada. Esto es, Jesús habría entregado un poder que nunca podría ser usado. De esta forma, la expulsión de demonios, uno de los signos que Jesús habría dado para reconocer a los que creyeran en Él, quedaría imposibilitado como signo[110]. Y no se trata de una cuestión menor, pues es uno de los cinco signos dados por Jesucristo para reconocer a los creyentes al final del Evangelio de San Marcos. Los defensores de esta mentalidad atenuada, sin saberlo, defienden una posición prácticamente colindante con una doctrina protestante como es el cesacionismo. La cual postura acerca de la cesación de los signos extraordinarios fue la postura predominante entre los protestantes del siglo XVI, la cual propugnaba:

> Que el encargo [de predicar el Evangelio] fue íntegramenteejecutado en los primeros tiempos, y que la promesa, por tanto, fue cumplida enteramente y agotada. Y que ya no permanece ese bien, y que la promesa no nos otorga ninguna razón para

---

110 «Estas son las señales que acompañarán a los que crean: en mi nombre expulsarán demonios...» (Mc 16, 17).

esperar actualmente ninguno de tales milagros de los que están allí enumerados[111].

El obispo John Hooper de Inglaterra escribió en 1550 que los milagros de la Iglesia primitiva habían sido tan exitosos en su misión de probar la verdad de la Escritura, que «ahora ya no hay más necesidad de nuevos milagros»[112].

Sin embargo, siempre hubo *grupos protestantes, especialmente metodistas en Inglaterra y pietistas en Alemania, que mantuvieron la creencia en la posesión y la liberación cuando las principales denominaciones protestantes, y muy notablemente los presbiterianos, las habían rechazado*[113].

Hoy día, incluso en el ámbito protestante, la mayoría de los autores reconocen que *esta posición ha quedado obsoletamente extinguida*[114]. Y démonos cuenta de que el cesacionismo protestante ya de por sí nació frente a la postura de la tradición católica de que los milagros, carismas y exorcismos constituían una presencia constante en la vida de la Iglesia, y eran la prueba de que esa misma Iglesia no se había corrompido. El cesacionismo era esencial al protestantismo. Pues si en la Iglesia continuaba la presencia de milagros y exorcismos, entonces la Iglesia no se había corrompido.

Resulta clara la diferencia entre la mentalidad negacionista y la mentalidad cesacionista. El negacionismo niega que alguna vez hayan existido esos signos. Pero hay que reconocer que la mentalidad por defecto atenuada, en la práctica, implica el cesacionismo. La exégesis por defecto atenuada intenta mantener una hermenéutica claramente liberal, y conciliarla con la aceptación del dogma. Esta postura, por tanto, supone una negación del exorcismo como realidad, aunque no se le niegue como concepto.

Paradójicamente, la mentalidad por exceso desacredita el ministerio del exorcismo, porque sus acciones irrazonables pro-

---

111 Jeff Doles, *Miracles and Manifestations of the Holy Spirit in the History of the Church*, Walking Barefoot Ministries, Seffner (Florida) 2008, pg 122.

112 Brian P. Levack, *The Devil Within: Possession and Exorcism in the Christian West*, TJ Interna-tional, Cornwall, 2013, pg 41.

113 Brian P. Levack, *The Devil Within: Possession and Exorcism in the Christian West*, pg 41.

114 C. Peter Wagner, *The Book of Acts: A Commentary*, Gospel Light, Ventura (California) 2008, pg 145.

ducen descrédito. Las tres mentalidades(la mentalidad que peca por exceso, la mentalidad que peca por defecto, y la versión atenuada) se alejan del equilibrio: la acción extraordinaria del demonio existe, pero ni se da siempre, ni nunca, ni una sola vez en cada generación. La versión atenuada del negacionismo nace de presupuestos meramente teóricos, no de la comprobación práctica de sus presupuestos. Esto significa que uno, desde la teoría, decide qué sea la posesión demoniaca, y si tiene el encargo de exorcista atenderá solo los casos que concuerden con los esquemas preconcebidos, sin atender los resultados positivos que en otras diócesis se obtienen con una práctica ministerial no tan restrictiva.

El problema de las versiones menos extremas del negacionismo es que uno toma una decisión desde el principio basada en una serie de principios, mostrando una cierta desconexión, apatía o desprecio con respecto a los fenómenos de la realidad en toda su compleja variedad. Y así esa mentalidad basta para no entrar en diálogo con la realidad. En la práctica, los defensores de esta postura se comportan como si el sistema deductivo de aprendizaje fuera el único válido en una materia tan misteriosa como ésta, en la que los hechos tienen todo el derecho a no encajar en nuestros esquemas.

II

Análisis teológico de la *Spiritual Warfare*

A partir de 1989, en el ámbito evangélico comienza a hablarse de la Guerra Espiritual, o *Spiritual Warfare* como se la conoce en los países anglosajones. Peter Wagner, profesor del Seminario Teológico de Fuller, es considerado como el iniciador de este movimiento que nació dentro del mundo evangélico. A partir de 1989, otros autores del mundo protestante, como Jack Hayford, Yonggi Cho, Omar Cabrera, Edgardo Silvoso y Tom White, comenzaron a tratar de este tema en sus conferencias. Y así, cada vez más y más grupos pentecostales comienzan a orar para que Dios aleje o ate a los *espíritus territoriales,* como ellos los denominarán. La especificidad de la Guerra Espiritual se basa esencialmente en *la noción de «espíritus territoriales», o de demonios que dominan sobre enteras ciudades o regiones geográficas manteniendo ataduras a la incredulidad y el pecado*[115].

Esta idea después pasó a los grupos carismáticos católicos de Estados Unidos, y posteriormente al mundo entero. Este concepto de la Guerra Espiritual es un tema recurrente en muchas charlas y es la causa de que grupos de laicos hayan comenzado a realizar oraciones auténticamente exorcísticas para expulsar a esos demonios territoriales de una ciudad o una región. Como escribirá

115 Russell Sharrock, *Spiritual Warfare*, Lulu, Morrisville 2007, pg 40.

Sharrock: *Esto implica una forma misteriosa de guerra espiritual, luchando con esos poderes demoniacos a través de actos religiosos, oraciones del grupo andando por un lugar (prayer walks), manifestaciones de poder espiritual, signos y portentos, y otros medios*[116].

Lo cierto es que la Guerra Espiritual está permeando no solo a los grupos de oración, sino también a no pocos exorcistas. Por poner un ejemplo concreto:

> Estando yo, en Estados Unidos, asistiendo a una reunión de oración carismática para liberar a una persona de los demonios que moraban en su interior, en un momento dado, la persona que dirigía el grupo indicó que había que hacer un Jericó. Consistía tal práctica en dar siete vueltas orando alrededor de la persona que padecía la influencia demoniaca[117].

Esa práctica de las *prayer walks* procedía de forma directa de las enseñanzas de la Guerra Espiritual.¿Se trataba de algo correcto? ¿Contenía esa práctica alguna teología particular? *En las «prayer walks» se trabaja para tomar la tierra para el Evangelio o establecer las fronteras de su ciudad. Mientras andan están retomando la tierra del enemigo*[118]. Lo cierto es que muchos católicos y protestantes que entran en contacto con estos grupos o esta literatura, se preguntan si esas tesis y esas prácticas son adecuadas. Ni a los católicos les parecen que sean heterodoxas, ni a los protestantes que sean antibíblicas, pero muchos se preguntan acerca de su conveniencia.

Elementos válidos subyacentes

Para intentar lograr el cometido de discernir lo correcto de lo incorrecto, lo primero que hay que hacer es diferenciar lo que hallamos de teológicamente válido en este campo de la Guerra Espiritual, de los problemas que tal práctica está generando. El primer inconveniente de la Guerra Espiritual en la literatura cató-

---

116 Russell Sharrock, *Spiritual Warfare*, pg 40.

117 Arch. Pers., n.24, pg 19.

118 Cindy Jacobs, *Possessing the Gates of the Enemy*, Chosen Books, Grand Rapids 2009, 3ª edición, pg 210.

lica y protestante es que se ha convertido en un magma conceptual de límites imprecisos al que cada uno le otorga un significado más o menos amplio. Si a esto añadimos que acerca de este tema se habla sobre todo en charlas de tipo espiritual (y no en charlas de tipo académico), comprenderemos que antes de analizar los problemas, va a ser necesario realizar una construcción teológicamente sólida acerca de la Guerra Espiritual y de las consecuencias que se derivan de ella.

La distributio daemonum

La expresión *espíritu territorial* ha adquirido en la literatura protestante el significado de *un miembro de alto rango de la jerarquía de los espíritus malignos delegado por Satán para controlar una nación, región, tribu, ciudad, grupo, vecindario o cualquier otra red de seres humanos*[119].Para tratar de encontrar qué base teológica pueda haber en los exorcismos sobre espíritus territoriales, vamos primero a explicar otro concepto al que vamos a llamar *distributio daemonum*. Expresión que en esta sección usaremos repetidamente y a la que vamos a darle un significado técnico preciso. *Distributio daemonum* se definirá aquí como el hecho de que los demonios se reparten y distribuyen entre ellos mismos por zonas y ámbitos para ejercer su función tentadora. Este concepto de la *distributio* implica dos elementos:

a. SOCIEDAD JERARQUIZADA: Que los demonios constituyan una sociedad jerarquizada encuentra su fundamento en las distinciones que hace San Pablo entre tronos, dominaciones, principados y potestades[120], nombres estos que implican jerarquización. Terminos como *arjai* y *exousíai* tienen una significación que refiere meramente a la idea de poder. Pero *kyriotétes* y *thronoi* son términos claramente jerárquicos. Además la demonología judaica en la

119 C. Peter Wagner, *The Book of Acts: A Commentary*, Ventura, Gospel Light 1982 (3ª edición), pg 442.

120 Col 1, 16, Ef 1, 21, Ef 6, 12.

época paulina es claramente jerárquica, y *la mayoría de los estudiosos consideran que el vocabulario de Pablo refleja la demonología de su época*[121].

b. DISTRIBUIDOS POR ZONAS: Que los demonios se distribuyan por zonas tiene un posible fundamento en el Libro de Daniel, como vamos a ver más adelante. A eso se une el que la Teología encuentra razonable que, dado el carácter racional de las naturalezas angélicas, éstas se organicen.

En referencia al fundamento bíblico de la existencia de esta *distributio*, observemos con detalle el libro de Daniel, donde se dice que el profeta tuvo una visión:

> Y alcé los ojos, mire, y he aquí un hombre vestido de lino y ceñidos sus lomos de oro de Ufaz (Dan 10, 5). (...) [Luego me dijo:] (...) El príncipe del reino de Persia se me ha enfrentado veintiún días y he aquí que Miguel, uno de los jefes principales, ha venido en mi ayuda; y le he dejado allí junto al rey de Persia. (Dan 10, 13).
>
> ¿Sabes por qué he venido a ti? Y ahora me volveré a combatir al príncipe de Persia, y cuando yo parta, he aquí que el príncipe de Grecia vendrá. (...) Y nadie hay que se mantenga firme a mi lado contra esos, sino Miguel, vuestro príncipe. (Dan 10, 20—21).

Estos versículos, a pesar de su concisión y oscuridad, nos muestran los siguientes elementos:

1. **El hombre misterioso**: El hombre vestido de lino y ceñido de oro en sus lomos, evidentemente resulta extraordinariamente similar al *hijo de hombre revestido de larga túnica y ceñido con un cinturón de oro* de Ap 1, 13. Ambas descripciones de ese hombre, tanto la de Daniel como la del Apocalipsis, muestran indudables coincidencias en los versículos siguientes de ambos pasos. Además, ambas apari-

121 Clinton E. Arnold, *Powers of darkness: principalities & powers in Paul's letters*, Intervarsity Press, Downers Grove 1992, pg 90. De hecho, estos mismos cuatro términos griegos referidos a los ángeles los podemos encontrar en 1 Enoch 61:10, 2 Enoch 20:1 y Testamento de Leví 3:8. Cfr. Clinton E. Arnold, *Powers of darkness: principalities & powers in Paul's letters*, pg 90.

ciones de ese hombre con esa descripción concreta, tienen lugar en un contexto angélico. En Daniel al hablar de los príncipes, en Apocalipsis al hablar de las siete estrellas que tiene en su mano: *las siete estrellas que has visto en mi mano derecha (...) son los ángeles de las siete iglesias,* Ap 1, 20.

2. **Príncipes malvados**: Dado que los príncipes del reino de Persia y el de Grecia se enfrentan contra el hombre misterioso vestido de lino (que es bueno), concluimos que ellos son de naturaleza malvada. No sabemos nada más de esos dos príncipes de Grecia y Persia, salvo que se han opuesto al bien. Jensen en su profundo estudio sobre el libro de Daniel escribe: *Una explicación para estos «príncipes» es que sean los ángeles guardianes de los países nombrados. Pero si son ángeles (...) por qué deberían resistir a Miguel?*[122] Al final, llega a la conclusión de que son entidades demoniacas.
3. **Miguel**: Miguel ayuda al hombre misterioso, y protege al pueblo hebreo, luego no cabe duda alguna acerca de la bondad del hombre vestido de lino que le explica las cosas al profeta. De Miguel se dice que es *vuestro príncipe*, el príncipe del Pueblo Elegido.

Los elementos de la escena resultan someros, pero parece razonable pensar que si hay un enfrentamiento entre príncipes, y sabemos que uno de ellos es de naturaleza angélica, es muy lógico llegar a la conclusión de que se está hablando de una lucha entre príncipes angélicos. Santo Tomás de Aquino da esta lectura a ese pasaje de Daniel: *El príncipe del reino de los persas era el ángel que se opuso a la liberación del pueblo israelita*[123].Igualmente, San Gregorio Magno interpreta el pasaje en un sentido angélico[124].

Parece muy aceptable la idea de que si existe un Príncipe del Pueblo de Israel, existan otras naturalezas angélicas que se ocupan

122 Joseph Jensen, «Helel ben Shahar (Isaiah 14: 12-15) in Bible and Tradition»,en-Craig C. Broyles (ed), *Writing and Reading the Scroll of Isaiah: Studies of an Interpretative Tradition*, Volumen 1, Brill, Leiden 1997, nota 44, pg 352.

123 *Summa Theologica*, pars I, quaest. 113, art. 8, respondeo.

124 «El principe del reino de los persas fue un ángel bueno, el ángel custodio de aquel reino».San Gregorio Magno, *Moralia*, libro XVI, cap. XVII, nº 17.

de otros pueblos. Y si existen principados angélicos que se ocupaban de forma específica para lograr el mal en Persia y Grecia, es lógico pensar que puedan existir otras jerarquías angélicas que igualmente se ocupen del mal en otras regiones. Esta perspectiva de príncipes angélicos encargándose de zonas concretas ofrece un camino de nuevo entendimiento para la expresión de Jesús cuando se refiere al Diablo como *Príncipe de este mundo*[125]. Pues por esa expresión se estaría entendiendo que el Diablo es el Príncipe de esos principados malignos. Esta conclusión se ve reforzada porque San Pablo, en Ef 6, 12, usa el término *príncipes* (arjas) para referirse a los demonios[126]. Lo interesante del Libro de Daniel no es que se utilice la palabra *príncipe* referida a una poderosa entidad espiritual maligna, sino que lo peculiar es que use ese concepto uniéndolo a la idea de que se ejerce ese poder de forma estable sobre un lugar concreto.

La primera conclusión a la que llegamos, por tanto, es que la idea de que existan espíritus territoriales no es incorrecta. Se trata de un concepto con reducida base bíblica pero suficiente, y sobre todo teológicamente razonable. La alternativa a la *distributio daemonum* sería considerar que los demonios son como islas independientes e incomunicadas. Si eso fuera así, el infierno sería una mera acumulación de espíritus en medio de una total carencia de orden social.

La idea del infierno como *societas* es aceptada por todos dentro de la teología católica, con alguna irrelevante excepción. Algún teólogo prefiere entender el Infierno como un conjunto de individualidades. Por ejemplo, Gozzelino: *No hablamos entonces de un reino de Satanás, ni mucho menos de un cuerpo místico del diablo.* (...) *Reconocemos en cambio el carácter impenetrable del*

125 «Ho archon to kosmou» (Jn 12, 31). El sustantivo «arjon» procede del verbo «arjo», que significa gobernar, dominar, tomar precedencia. El sentido más propio de la palabra «arjón» es el de gobernante con autoridad sobre un pueblo en una particular jurisdicción. La palabra «príncipe» referida a Satán, aparece en Jn 14, 30 y Jn 16, 11.

126 «Por que nuestra lucha no es contra la carne y la sangre, sino contra los principados (arjas), contra los poderes (exousias), contra los dominadores del mundo (cosmokratoras) de esta oscuridad, contra los espíritus del Mal (pneumatika tes ponerias) en los lugares celestiales (epouraniois)», Ef 6, 12. Una vez más, el sentido de «arjas» como príncipes demoniacos no deja lugar a dudas.

«misterio de iniquidad» de los miles de rostros evanescentes[127]. Pero esta postura apenas tiene seguidores, pues los teólogos o no creen en la existencia ontológica de los demonios, o si creen le otorgan a ese conjunto un carácter dotado de cierta unidad. Pues como escribía un autor evangélico a propósito de la Guerra Espiritual: *En toda estructura espiritual existe también una estructura de autoridad*[128]. Resulta interesante que los protestantes evangélicos y pentecostales basándose en un escueto paso bíblico (el citado de Daniel), hayan llegado a las mismas conclusiones angelológicas que San Gregorio Magno o Santo Tomás de Aquino.

Exorcismos sobre colectividades

Con independencia de la interpretación que se dé a estos versículos de Daniel, la idea de pedir protección frente a las potencias espirituales malignas está presente en las páginas de la Sagrada Escritura, pues el mismo Jesucristo en el Evangelio nos enseña a no pecar, pero también a pedir que el sembrador de la tentación sea alejado, atado o impedido: *líbranos del Maligno,* (Mt 6, 13)[129].

Por otra parte, ha sido costumbre inveterada y constante de la Iglesia el orar a Dios para que alejase la acción ordinaria de los demonios. Y se pedía que se alejase esa acción tentadora no solo sobre las personas individuales, sino también de las colectividades. Valgan para ello tres clarísimos ejemplos.

Uno es el de Santa Catalina de Siena cuando se cuenta este episodio de su vida: *Y orando vio toda la ciudad llena de demonios que incitaban a aquel pueblo contra el Papa para que lo matasen*[130].En

---

127 Giorgio Gozzelino, *Ángeles y demonios*, San Pablo, Bogotá 2006, pg 214.

128 Eddie Smith, *Making Sense of Spiritual Warfare*, Bloomington, Bethany House Publishers 2008, pg 70.

129 En ese versículo («alla rusai hemas apo tou ponerou») la palabra «mal» puede ser leída tanto en su forma masculina como neutra. De manera que tanto la versión «líbranos del mal», como «líbranos del maligno», están incluidas en la literalidad del texto. Acerca de otras posibles traducciones de la palabra «ponerou», véase Apéndice, nota 13.

130 Tommaso Caffarini, *Leggenda Minore da S. Catarina di Siena*. Bologna 1868, Parte Tercera, capítulo II, pg 153.

este episodio, el sufrimiento intercesor de Santa Catalina logrará alejar esa concentración de fuerzas del infierno. El segundo episodio lo encontramos en la vida de San Francisco de Asís, cuando se dice que el Santo en Arezzo: *vio sobre la ciudad un torbellino de demonios que inflamaban a los ciudadanos, ya excitados, a la matanza recíproca*[131]. El texto prosigue diciendo que San Francisco envió a un hermano franciscano a expulsar esos demonios:

> A expulsar aquellos espíritus del aire, fomentadores de la sedición, envió al hermano Silvestre, hombre simple como una paloma, ordenándole: *Ve delante de la puerta de la ciudad, de parte de Dios omnipotente, manda a los demonios, en virtud de la obediencia, de marcharse rápidamente.* Corrió, aquel verdadero obediente, a cumplir los mandatos del Padre, alzando himnos de alabanza ante la presencia de Dios. Y llegado delante de la puerta de la ciudad, comienza a gritar gallardamente: *De parte de Dios Omnipotente y por orden de su siervo Francisco, marchaos lejos de aquí todos los demonios*[132].

El tercer caso es completamente paralelo a los anteriores, se trata del así llamado *Exorcismo de Leon XIII.* Según algunos autores se escribió tras una visión de León XIII[133], aunque otras explicaciones menos sobrenaturalistas del origen de la oración también son posibles[134]. Pero sea lo que fuere de la visión, lo cierto es que entre los fieles se han extendido dos versiones de estas oraciones a san Miguel. Una más breve que se limita a pedir ayuda al arcángel[135], y otra más larga que incluye verdaderos exorcismos. A las primeras las llamaremos *Oraciones Leoninas*, y a las segundas

---

131 San Buenaventura, *Leggenda maiore*, cap. VI, n.9

132 San Buenaventura, *Leggenda maiore*, cap. VI, n.9.

133 Gabriele Amorth, *Un exorcista racconta*, pg 37-38. El cual cita un artículo de la revista *La settimana del clero* del 30 de marzo de 1947, y otro artículo de *Ephemerides Liturgicae,* Roma 1955, V. LXIX, pg 54-60.

134 «Pio IX había ordenado que se dijeran oraciones que permitieran mantener los Estados Pontificios, Leon XIII quiso apoyo contra la Kulturkampf». P. J. FitzPatrick, *In Breaking of Bread: The Eucharist and Ritual, Cambridge University Press*, Cambridge 1993, pg 349, nota 28.

135 «Las Oraciones Leoninas, como han venido a ser llamadas, incluían tres avemarías, la Salve y una oración a san Miguel, y el Papa Pio X añadió una triple invocación al Sagrado Corazón de Jesús». Patricia Ann Kasten, *Linking Your Beads*, Our Sunday Visitor, USA 2011, pg 60.

Exorcismo de san Miguel. Las *Oraciones Leoninas* para ser recitadas después de la misa, no pasan de ser una petición de protección, no un verdadero exorcismo. Mientras que las segundas contienen verdaderos exorcismos extraídos del Ritual Romano.

Dejando claro la falta de autorización para usar entero el *Exorcismo de san Miguel* por parte de los fieles cristianos[136] (pues hay partes en las que uno se dirige al demonio), lo interesante es que en esa fórmula se está orando no para liberar a un poseso del mal espíritu, ni para liberar de una infestación a un determinado lugar, sino que se trata de un exorcismo realizado sobre el ámbito de toda la Iglesia.

En este caso se ordena a los demonios que retrocedan de la Humanidad y del Cuerpo Místico de la Iglesia considerados estos como unidades. La práctica de que los laicos usen tal fórmula resulta errada, pero la teología subyacente no lo es. Pues lo que muestra todo esto, es que el poder exorcístico tiene una doble faceta de liberar o de contener. Y, por tanto, incluso la oración deprecativa (dirigida a Dios) puede ser empleada para pedir la liberación de los posesos, tanto como para pedir que esas fuerzas demoniacas sean contenidas.

En el caso antes expuesto de Santa Catalina se muestra cómo los demonios pueden concentrarse en lugares, y cómo cabe la posibilidad de una lucha espiritual contra ellos con las armas de la oración y la penitencia[137]. En el segundo caso citado, el de San Francisco, se dice claramente que el franciscano Silvestre efectuó un exorcismo sobre los demonios de la ciudad de Arezzo. En ese episodio se realiza una orden de expulsión sobre unos demonios que no estaban poseyendo ningún cuerpo, sino ejerciendo su acción tentadora sobre un ámbito más amplio. Y,según el texto, los demonios se van no porque el franciscano realice una plegaria a Dios, sino porque ejercita su poder exorcizador sobre esos espíritus[138]. Del fraile Silvestre claramente se dice que exorcizó, no se

---

136 Congregación para la Doctrina de la Fe, *Instrucción sobre el Exorcismo,*29 de septiembre de 1985,n.2.

137 Tommaso Caffarini, *Leggenda Minore da S. Catarina di Siena.* Bologna 1868, Parte Tercera, Capítulo II, pg 154.

138 ¿Hubiera bastado que ese fraile simplemente hiciera una plegaria a Dios, sin exorcizar? Sobre la relación entre plegaria y exorcismo, véase Apéndice, nota 70.

dice expresamente tal cosa de Catalina en el episodio citado. Pero eso no significa que quizá la Santa no hiciera lo mismo, dado que en la *Leggenda Minore* se afirma claramente que exorcizaba[139].

Con lo cual observamos que existen los siguientes elementos: espíritus territoriales, la *distributio daemonum*, exorcismos realizados sobre demonios situados en un lugar amplio, exorcismos realizados sobre el entero conjunto de los ángeles rebeldes. Con estos elementos qué duda cabe que se puede forjar una profundización en la comprensión del ministerio exorcístico. Una profundización en la que podemos comenzar a pensar en un ministerio que vaya más allá de la mera oración sobre los posesos. De hecho, la tradición siempre ha realizado exorcismos sobre espíritus que ejercían su poder sobre un lugar, y no solo sobre personas. Lo que aquí nos plantearíamos sería dar un paso más allá. No solo sobre una persona, no solo sobre un lugar concreto (por ejemplo, una casa), sino sobre los demonios de un lugar más amplio, los cuales ejercen una acción ordinaria sobre ese ámbito.

Para proseguir con nuestra reflexión, vamos ahora a introducir un nuevo término técnico: la *dimicatio*. La palabra latina «dimicatio» significa *lucha, combate*[140]. En esta obra, vamos a usar la palabra *dimicatio* como el exorcismo realizado no sobre una persona o un lugar infestado, sino que es la oración que se realiza para alejar la acción de los demonios sobre un ámbito[141]. Decimos que no estamos hablando de un *lugar infestado*, para distinguir la *dimicatio* del exorcismo sobre un lugar. Pues una cosa es la infestación[142] (acción demoniaca extraordinaria) y otra la acción del demonio sobre ámbitos (acción demoniaca ordinaria). De ahí la necesidad, de crear un término técnico nuevo que exprese este concepto concreto.

---

139 Tommaso Caffarini, *Leggenda Minore da S. Catarina di Siena*, parte segunda, capítulo IX, pg 113-119.

140 La etimología de la palabra «dimicare» proviene del verbo «micare» que significa «brillar, centellear» y también «moverse rápidamente de un lado a otro, vibrar, agitar».

141 El término *dimicatio* apareció definido y usado por primera vez en 2005, en la obra *Exorcística*, José Antonio Fortea, *Exorcística*, Dos Latidos, Zaragoza 2007, pg 47-52.

142 «La posesión de animales, objetos o lugares se llama infestación». José Antonio Fortea, *Exorcística*, pg 112. «La infestación local es una acción del demonio sobre la naturaleza inanimada (lugares, casas, objetos)». Francesco Bamonte, *Possessioni diaboliche ed esorcismo*, Paoline, Milán 2006, pg 64.

Teológicamente, en sí mismo considerada, no se ve ningún problema en la *dimicatio* por parte de ordenados *in sacris* que posean tal poder. En esa lucha espiritual contra el poder del demonio sobre el mundo,si usamos la plegaria dirigida a Dios, la intercesión de los santos y la fuerza de las obras de penitencia, ¿por qué no se podría usar el poder que entregó Jesús en el sacramento del ordensobre los mismos demonios? ¿Por qué únicamente habría que limitarse a usar oraciones deprecativas, cuando los sacerdotes pueden hacer uso de una autoridad que poseen sobre ese mundo espiritual? Como se ha mostrado, estos conceptos de la *distributio daemonum* y de la *dimicatio* han estado presentes en la mentalidad de la Iglesia siempre, aunque expresadas con categorías más difusas, no estrictamente exorcísticas.

Böckle en su magistral estudio acerca de la expresión *atar y desatar* en la literatura rabínica y patrística, concluía:

> «Atar y desatar», en todo el Oriente antiguo y en el ámbito mediterráneo hasta Roma, tenía el significado de «anatematizar por artes de magia» o «desligar del anatema mágico». En el Nuevo Testamento estas palabras no tendrían el significado primitivo mágico—popular, sino que serían una expresión inmediatamente accesible a cualquier auditorio y apta para designar un aspecto de la misión de Jesús, la lucha contra las potencias del mal. (...) Este encadenamiento se explica mediante la figura de una cárcel de puertas cerradas con cerrojos o bien como un estar atado con «cadenas», «sogas», «lazos» o «redes»[143].

La expresión *atar y desatar*tenía en la literatura rabínica, por supuesto, más sentidos que el de la lucha contra los poderes demoniacos. Pero el uso de tal expresión con sentido demonológico resulta indudable a la vista de bastantes pasajes neotestamentarios[144]. De forma que hallamos sin dificultad base escriturística para la *dimicatio.* Pues la autoridad que habría entregado Cristo a los Apóstoles no sería solo para expulsarlos (de un cuerpo), sino también para contenerlos (atar).

---

143 Franz Böckle (AA.VV), *El cristiano en el tiempo y la consumación escatológica,*Pinto, Cristiandad 1992 (2ª edición), pg 366-367.

144 Mt 12, 22 y Mt, 12, 24-29, cf. par.; Mc 7, 35; Lc 13,12.16; Hch 2, 24; Jn 3, 8; Ap 9, 14ss; Ap 20, 1-3 y 7.

Algunas traducciones de Lc 9, 11 vierten el texto original como *Jesús convocó a los Doce y les dio poder y autoridad para expulsar toda clase de demonios*[145].Pero esta traducción implica una limitación del poder exorcístico, porque el texto original reza así: *Les dio poder y autoridad sobre todos los demonios*[146]. En ese pasaje no se les da poder solo para expulsar a los demonios, sino poder sobre ellos. Expulsarlos sería solo una faceta de ese poder de atar y desatar a los demonios.

Los ángeles caídos como un todo unitario

Siempre, a lo largo de toda la tradición de los siglos, se ha considerado que los eremitas, los ascetas y los contemplativos ejercían una acción protectora sobre toda la Iglesia. Se entendía que esas personas realizaban una función de defensa del Cuerpo Místico frente a los ataques del infierno. Y cuando se ha predicado acerca de esta verdad, se ha considerado a la Iglesia como un Cuerpo y al conjunto de los ángeles rebeldes también como poseedores de una cierta unidad.

La vida de los ascetas, de los solitarios del desierto, de los monjes que viven en soledad se puede considerar no solo como un combate personal resistiendo al demonio (para alcanzar la perfección de la virtud), sino también como un combate de naturaleza eclesial contra las fuerzas demoniacas en general. La vida entera del asceta sería, implícitamente, una *dimicatio* deprecativa contra esas fuerzas consideradas como un todo unitario. Visto desde el punto de vista personal, el asceta resistiría las tentaciones demoniacas. Visto desde el punto de vista eclesial, el asceta atacaría (con las armas de la oración) a esas fuerzas demoniacas debilitándolas, impidiéndoles el actuar, poniendo muros a su obrar. La mayoría de los ascetas sacerdotes han realizado este combate contra el demonio de un modo implícito. Algunos, pocos, han realizado este combate de un modo explícito a través de la actua-

---

145 Así sucede, por poner solo algunos ejemplos, en la versión de Alfredo B. Trusso y Armando J. Levoratti, así como en la New International Version, o la New Living Translation.

146 «Dynamin kai exousian epi panta ta damimonia» (Lc 9, 1).

ción del poder exorcístico. Uno de ellos fue el beato Francisco Palau y Quer[147] que escribía: *Los demonios constituyen juntos una potencia, una nación, un ejército, un solo cuerpo* (...). *La Iglesia tiene potestad para prender a esa potencia espiritual invisible que se titula el diablo*[148].

Qué duda cabe que la Sagrada Escritura nos habla de la posibilidad de que las fuerzas demoniacas sean atadas: *Vi a un ángel que descendía del cielo, con la llave del abismo, y una gran cadena en la mano. Y prendió al dragón, la serpiente antigua, que es el Diablo y Satanás, y lo ató por mil años* (Ap 20, 1-3)[149].

Esta acción de atar al demonio, ciertamente, no ocurre de un modo inconexo con la Historia humana. Sino que esa acción divina de atar al demonio es consecuencia de los sufrimientos y oraciones de los elegidos de Dios. Sufrimientos y oraciones que alcanzan la decisión divina de intervenir, de que el Cielo intervenga directamente sobre el mundo demoniaco. La decisión divina es precedida de una acción humana de intercesión, y esa decisión es seguida de una acción angélica. Como se ve, la decisión divina va precedida y seguida de dos mediaciones. Toda acción exorcística implica la Voluntad de Dios de que su poder divino sea mediado a través de una criatura. La *dimicatio* sería la comprensión de otra faceta en esa acción mediadora, pues supone un paso más allá de la mera súplica a Dios para la defensa de la Iglesia frente a Satanás. Pues implica admitir que, frente a la acción tentadora colectiva de los demonios, no solo se puede usar el poder de la oración, el sacrificio y las buenas obras, sino también el poder sagrado de exorcizar. Si bien esa acción se deberá realizar solo por parte de quien goza de ese poder por el sacramento del orden, pues ya hemos explicado en esta misma obra nuestra opinión acerca de los laicos y el poder exorcístico.

La *dimicatio* supone considerar el conjunto de todos los ángeles caídos como un todo. Francisco Bamonte habla de un

---

147 Sacerdote carmelita, fundador y exorcista que vivió entre 1811-1872.

148 Este texto aparece en la carta que envió a los padres conciliares del Concilio Vaticano I para revitalizar el ministerio del exorcismo. La carta aparece recogida en: Francisco Palau, *Escritos*, Monte Carmelo, Burgos 1997, pg 1392.

149 No se trata de la condena eterna, porque se afirma que es solo por un periodo de tiempo y que después «debe ser desatado por un poco de tiempo» (Ap 20, 3).

cuerpo«místico» del diablo a imitación del Cuerpo Místico de Cristo[150]. El mismo autor escribe:

> Para San Gregorio Magno (...) ellos forman parte del Cuerpo del Diablo, en el sentido que están tan intimamente unidos a él como para compartir su mismo ser malvado en todo y a través de todo; su unión al Diablo es tan compacta y firme como si fuesen una sola cosa, miembros de un solo cuerpo. (...) Gregorio se pregunta al respecto: «¿Quién no sabe que los miembros del mismo Satanás son todos aquellos que están unidos a él con una vida perversa?» (*Moralia* 3, 16)[151].

La misma idea aparece en San Agustín[152] y otros autores como Agobardo de Lyon[153], Beda el Venerable[154] y otros, además de los que citarán la obra *De Genesi ad litteram* de San Agustín[155]. Resulta indudable que la expresión *Corpus Diaboli* es usada en este sentido: la antítesis del Cuerpo Místico. Pero no hay que olvidar que en este caso el término *corpus* se usa como analogía antitética del Cuerpo Místico, no como un sinónimo perfecto. En el Cuerpo Místico, entre los bienaventurados hay unidad y armonía, en el *Corpus Diaboli* hay disensiones y odio. En el primer cuerpo hay relaciones místicas de gracia entre los viadores y los bienaventurados. En el *Corpus Diaboli* no existen ese tipo de relaciones

---

150 Francesco Bamonte, *Gli angeli ribelli. Il mistero del male nell'esperienza di un esorcista*, Paoline, Milán 2008, pg 126.

151 Francesco Bamonte, *Gli angeli ribelli. Il mistero del male nell'esperienza di un esorcista*, pg 128.

152 «Eo modo etiam corpus diaboli, cui caput est diabolus, id est ipsa impiorum multitudo». San Agustín, *De Genesi ad litteram*, libro XI, n.24.

153 «Hoc corpus diaboli atque Antichristi, quale in praesenti sit, et quid illi in futuro maneat, demonstratur in alio psalmo, ubi dicitur: Quid gloriaris in malitia qui potens es iniquitate? et caetera. De hoc corpore perditorum loquitur et liber qui inscribitur Sapientiae, qualiter in fine temporum oppressum aeternis miseriis gerat seram et infructuosam poenitentiam, dicens: Tunc stabunt justi in magna constantia, et caetera quae subsequuntur».Agobardo de Lyon (Agobardus Lugdunensis), *Sermo de Fidei Veritate*, XVII, PL 104, 281A.

154 «Tichonius bestiam ad omne corpus diaboli refert, quod decedentium et succedentium sibi generationum pro cursu suppleatur». San Beda el Venerable, *Explanatio Apocalypsis*, capítulo XVII, nº 7, PL 93, 183C.

155 Por ejemplo, San Anselmo de Laón (Anselmus Laudanensis), *Enarrationes in Cantica canticorum*, capítulo XXIII, PL 162, 1447A.

místicas, porque ya no hay circulación de la gracia y no existe una especie de antigracia. De ahí que el primer cuerpo sea un Cuerpo Místico, y el *Corpus Diaboli* sea un cuerpo natural, del mismo modo que el nazismo formaba una unidad.

Esta idea del *Corpus Diaboli* tiene resonancias bíblicas, por ejemplo, en las cuatro bestias que vio el profeta Daniel (Dan 7, 1-8). Las cuales son poderes humanos que forman una unidad y por eso se presenta a esa nación invasora como formando un cuerpo. Lo mismo vuelve a aparecer en el Apocalipsis:*Me paré sobre la arena del mar, y vi subir del mar una bestia que tenía siete cabezas y diez cuernos; y en sus cuernos diez diademas; y sobre sus cabezas, un nombre blasfemo* (Ap 13, 1). El hecho de que haya distintos dirigentes sucesivos (las cabezas) no niega el hecho de que ese poder humano forma una unidad y actúa como tal. Lo mismo vale para el Dragón mencionado en el Apocalipsis: *El Dragón, la Serpiente Antigua, que es el Diablo y el Satanás* (Ap 20, 2). Se deja claro que ese Dragón es el Diablo, pero en el Apocalipsis esa figura va a representar todos los poderes infernales sin necesidad de tener que explicitar cada vez que menciona al Dragón que se refiere al Dragón y sus ángeles.

La idea de considerar a los órdenes jerárquicos demoniacos como un todo unitario, como una sociedad, refuerza el concepto de la *distributio daemonum*. Y admitida esta cosmovisión del mundo infernal, la idea de la *dimicatio* resulta razonable. Y, como hemos visto, no solo razonable sino, además, con una discreta presencia en la literatura teológica de siglos pasados.

Un último argumento nos gustaría ofrecer a favor de esta visión unitaria del Infierno formando un todo, y es que en el ritual de exorcismos del *Ritual Romano*, el exorcismo sobre un poseso entremezclaba los exorcismos al espíritu concreto que poseía a esa persona con exorcismos dirigidos a Satanás. Si Satanás no era el que poseía a ese poseso concreto, ¿qué sentido tenía exorcizarle? ¿Por qué no dirigirse solo al espíritu maligno concreto que atormentaba a ese ser humano? Desde la perspectiva que aquí se ha ofrecido, todo exorcismo tendría una faceta de *dimicatio* contra los poderes del infierno. Cada exorcismo que se ha realizado en la Iglesia a lo largo de la Historia, habría debilitado a ese *Corpus Diaboli*. El exorcismo, por tanto, poseería una faceta personal y otra eclesial. Faceta esta última que dotaría de pleno sentido a los exorcismos que se alargan en el tiempo durante meses o años.

Espíritus territoriales y dominionismo

Ahora bien, si a lo largo de la Historia estas tesis teológicas de la *distributio daemonum* y de la *dimicatio* no habían dado problemas eclesiales, las cosas iban a cambiar a finales del siglo XX. A partir de 1989, en el ámbito evangélico comienza a hablarse de la *Spiritual Warfare*. El modo en el que se la define es genérico: *La Guerra Espiritual es una guerra invisible que llevamos a cabo contra seres invisibles*[156]. Pero si las definiciones eran genéricas, no así las prácticas que realizaban para combatir en esta guerra.

Además, en esta corriente lo que ellos predican no es la *distributio daemonum*, que es, diríamos, una idea de sabor escolástico, sino que el entendimiento que ellos tienen de este tema es que los demonios pueden incrementar notabilísimamente su poder sobre un lugar: *Si le das al espíritu autoridad sobre tu ciudad, entonces este dominará sobre esa ciudad. Porque entonces tiene un territorio, y ahora es un espíritu territorial*[157]. Se insiste no tanto en el mero hecho de la distribución, sino en el aumento del dominio de estos demonios. La palabra clave pasa a ser «dominio»: *Estos seres supuestamente tienen dominio sobre un area geográfica o una unidad geopolítica y a veces sobre otras formas de grupos sociobiológicos*[158].

De forma que, en la corriente de la guerra espiritual, lo que se extiende no es el concepto de la *distributio daemonum*, sino el «dominionismo», como ha sido dado en llamar[159]. El primer concepto (la distribución) proviene de la razón, el segundo concepto (el dominionismo) procede de la experiencia de los exorcistas evangélicos. El dominionismo se definiría como la teoría

156 Chris Ojigbani, *Spiritual Warfare*, Xulon Press, Victoria Island 2009, pg 20.

157 James Gardner, *The War with Babylon*, Xulon Press, USA 2004, pg 35.

158 René Holvast, *Spiritual mapping in the United States and Argentina, 1989-2005*, Brill, Holanda 2009, pg 2.

159 Russell Sharrock, *Spiritual Warfare*, pg 39.

teológica que concede ciertos derechos, poderes y dominio de los demonios sobre un área geográfica en base a los pecados y actos de brujería realizados allí. Es decir, el demonio no solo actuaría en un área, sino que dispondría de ciertos lazos reales sobre esos lugares.

Hay que reconocer, que determinados elementos que conceden derechos o lazos al demonio, los podríamos hallar en la «teoría del rescate» defendida por algunos teólogos católicos medievales. Esta tesis del rescate se podría resumir en las siguientes líneas esenciales:

> El Diablo tiene un poder legítimo sobre los humanos, ya que ellos se han vendido a sí mismos al poder del diablo. Dios no tiene derecho a simplemente robar este pueblo al demonio, sino que tiene todos los derechos a comprar de nuevo este pueblo[160]. De acuerdo a la teoría del rescate, Satán nos tiene en su poder legal y justamente[161].

Evidentemente, desde estas posiciones teológicas, no sería difícil admitir que un demonio concreto pudiera obtener ciertos derechos sobre un lugar a causa de los pecados cometidos allí. La teoría del dovje los demonios, sino que incluye muchos aspectos que consideran derivados de la idea central del dominionismo, *identificando los nombres de sus* [demonios] *subalternos, identificando su jerarquía, o haciendo mapas de sus supuestos territorios*[162]. Estos datos concretos vienen a conocimiento del grupo bien a través de supuestos dones de los integrantes de los grupos de oración, bien a través de interrogatorios a las personas a las que se les exorciza. Toda esta corriente, a partir de los años 90, penetrará más y más en los esquemas mentales de distintos grupos carismáticos del mundo, especialmente en Estados Unidos y Latinoamérica.

Dentro del campo protestante se levantarán voces contra esta corriente. La gran acusación será siempre que están inculcando una praxis extrabíblica:

---

160 Stephen Finlan, *Problems With Atonement: The Origins Of, And Controversy About, The Atonement Doctrine*, Liturgical Press, Collegeville (Minnesota, USA) 2005, pg 69.

161 Jeffrey Burton Russell, *The Prince of Darkness: Radical Evil and the Power of Good in History*, Cornell University Press, Ithaca 1988, pg 67.

162 Russell Sharrock, *Spiritual Warfare*, pg 315.

Resulta instructivo que los enfoques con los que hoy en día se realiza la Guerra Espiritual —ya sea dirigiéndose a los espíritus territoriales, atando a los demonios, o con procesiones (prayer walking)— curiosamente están ausentes de las exhortaciones de los Apóstoles divinamente inspiradas[163].

Conclusiones teológicas

Después de todo lo dicho, ha llegado el momento de las clarificaciones y de llegar a ciertas conclusiones. Para no caer en confusiones, la primera distinción terminológica que conviene realizar es respecto a la acción de combate respecto al demonio:

a. EXORCISMO: consiste en ordenar al demonio que abandone una persona o un lugar.
b. DIMICATIO: significa el exorcismo realizado sobre demonios que se hallan realizando su labor tentadora en un ámbito.
c. GUERRA ESPIRITUAL: designa toda una corriente teológica de tipo pentecostal y carismático que propugna la lucha contra las fuerzas demoniacas a través de plegarias y exorcismos dirigidos a los demonios en general. Corriente ésta que incluye otras muchas prácticas tales como el empeño por conocer los nombres de los demonios, sus jerarquías, realización de mapas, la convicción de que los demonios obtienen derechos sobre zonas, o la necesidad de romper ataduras sobre localidades, etc.

Una sana teología no niega la posibilidad de que el poder exorcístico sea usado sobre los demonios en general. No hay ningún problema teológico con la *dimicatio*. Pero, a veces, hay problemas en los modos en que se concreta la lucha contra el demonio en el movimiento de la Guerra Espiritual. Por ejemplo, son muchos los autores evangélicos que insisten una y otra vez en que la comunidad de creyentes *debe ser capaz de trazar un mapa espiritual*

163 Daniel L. Akin, *A Theology for the Church*, B&H Publishing, Nashville 2007, pg 334.

efectivo y de identificar los sitios potenciales para las actividades demoniacas[164]. Continuamente se insta en la tremenda importancia que tiene el que realicemos una *profunda investigación de las fuerzas que trabajan antes de que las acometamos en la oración*[165].En algunos grupos protestantes se ha extendido la idea de que el paganismo se mantiene por acción de estos espíritus: *Equivocadamente asume* [este enfoque de la Guerra Espiritual] *que el problema primario entre los pueblos perdidos* [léase «no creyentes»] *es la opresión de los «espíritus territoriales» más que la dureza e increencia del corazón humano*[166].

No hace falta insistir en que esto constituye un desenfoque propio de los grupos pentecostales. Pero hay que evitar que se contagie a los exorcistas católicos, o a la Renovación Carismática. La crítica contra estas prácticas ha sido denunciada con fuerza en el mismo campo evangélico, pues*resta énfasis en nuestra propia participación en la rebelión contra Dios, para concentrarse en encontrar las varias formas de ataduras demoniacas territoriales y centrando nuestra atención en ellas*[167].

Por otra parte hay que explicar a los católicos que realizan una Guerra Espiritual que una cosa es la *distributio daemonum* (doctrina razonable) y otra muy distinta el verdadero dominio de estos espíritus malignos sobre zonas. La doctrina del dominionismo, aun no contando con el respaldo de la tradición, no de por sí es necesariamente desechable. La idea central de que los demonios pueden hacerse fuertes en su acción sobre un lugar a causa del pecado o de la brujería, resulta opinable, pero no es descabellada. Las conclusiones menores que algunos creen que se derivan de esta idea central, sí que pueden ser poco razonables o, incluso, erróneas. El dominionismo de por sí no es heterodoxo, pero es opinable. No se debe enseñar como una doctrina segura. Y, en cualquier caso, se ve muy difícil ir más allá de la mera exposición

---

164 Nickson Banda, *Dynamics of Spiritual Warfare*, Bloomington, Author House 2010, pg 90.

165 Nickson Banda, *Dynamics of Spiritual Warfare*, pg 52.

166 Daniel L. Akin, *A Theology for the Church*, pg 331.

167 René Holvast, *Spiritual Mapping in the United States and Argentina, 1989-2005*, pg 257.

de tal hipótesis teórica, sin caer en una sucesión de revelaciones particulares de dudosa fiabilidad.

En este como en otros temas, se puede discutir el asunto como una cuestión teológica, pero hay que evitar que se convierta en objeto de la predicación. Pues difícilmente será un tema que beneficie a las almas, sería como predicar de la polémica *De Auxiliis.* Aunque se pueden permitir afirmaciones genéricas del tipo: el pecado hace más fuertes y poderosos a los demonios en un lugar.

Sin embargo, recordemos esta última afirmación y vamos a fijarnos en otra que está en el límite del dominionismo. Una mujer católica muy involucrada en el ministerio del exorcismo afirmaba: *La sangre de los niños abortados hace más poderosos a los demonios*[168]. Esta afirmación ¿es incorrecta? ¿Los demonios son siempre igual de poderosos, o hay cambios en su poder? Nuestra opinión es que en sí mismos ellos son siempre igual de poderosos (poder para tentar), pero que es nuestra debilidad la que crea ligaduras invisibles (los vicios). Sin embargo, en la tesis dominionista estos lazos se comprenden de forma literal, sería necesario realizar ritos exorcísticos concretos para liberar a un territorio del poder de estos demonios territoriales, allí ya entramos en lo enteramente opinable.

Esta idea del dominio que supuestamente toman los demonios sobre una nación, apareció en el caso de un poseso mexicano que dijo que la violencia que sufre su país a causa de los narcotraficantes, se debe al aborto. Y que para acabar con la violencia, todos los obispos deberían realizar una consagración a María de la nación[169]. Este poseso llegó a estar ante el Papa Francisco el cual le realizó una breve plegaria ante una cámara de televisión que retransmitía la audiencia papal en directo; las imágenes dieron la vuelta al mundo[170]. Que el aborto es un grave pecado, no cabe la menor duda. Pero no hay obligación de creer que la violencia que sufre esa nación, es consecuencia directa y exclusiva del aborto. Esa afirmación resulta opinable. Sin duda, detrás de la violencia

---

168 Arch.Pers., n.98, pg 51.

169 Arch.Pers., n.99, pg 51.

170 BBC, «Cómo una plegaria del Papa se convirtió en un «exorcismo»», http://www.bbc.co.uk/mundo/ noticias/2013/05/130522_vaticano_papa_exorcismo_dp.shtml [22—mayo—2013].

social no hay una, sino muchas causas. Y más opinable todavía es la aseveración de que todo se solucionaría con una consagración.

Este es un ejemplo de cómo afirmaciones opinables se tornan absolutas e imperiosas cuando se combinan con el exorcismo. Absolutas, porque lo ha dicho el demonio, luego esto es así. Imperiosas, los obispos están obligados a realizar esto. En esta mentalidad revelacionista, no hay lugar para la discusión, no cabe el disenso. Ya sea el origen de la revelación la Virgen María o el demonio, todo se torna absoluto e imperioso.

Entiéndase que no negamos la posibilidad de que Dios pueda dar un mensaje, obligando a un demonio a que hable a través de un poseso. Tampoco negamos que, en un momento dado, Dios pueda pedir la consagración de una ciudad o una nación. Pero ponemos de relieve la complejidad para discernir la veracidad de un mensaje de este tipo. Mensaje este que entra de lleno en el campo que estudiamos del dominionismo[171].

Como se comprueba, hay unas verdades esenciales teológicamente sanas junto a tesis dudosas, a las que se añade a todo ello un entramado de afirmaciones infundadas. Y así Sterk escribía, con total seguridad, cosas tan imaginativas como ésta:

> En algunos casos, los espíritus territoriales parecen estar tan fijados a una casa en particular o a un vecindario, que todos los que viven en esa área inmediata están afectados por enfermedad, problemas mentales o serios ataques[172].

En definitiva,vista la teoría y los casos, queda claro que una cosa es aceptar la médula de toda la cuestión, es decir, la *distributio* y, por ende, la posibilidad de la *dimicatio*, lo cual es razonable. Y otra cosa muy distinta es aceptar todas las prácticas habituales de la Guerra Espiritual. En todo este asunto, existe un núcleo teológico sólido. Pero ese núcleo no incluye el que los laicos tengan que hacer oraciones exorcísticas, ni el que los sacerdotes en los exorcismos tengan que ponerse a interrogar a los demonios sobre

---

171 Un discernimiento acerca de la veracidad o no de este mensaje, cf. Apéndice, nota 71.

172 Vernon J. Sterk, «Territorial Spirits and Evangelization in hostile Environments», en Peter Wagner (ed.), *Engaging the Enemy: How To Fight And Defeat Territorial Spirits*, Regal Books, Ventura (California) 1991, pg 150. Citadoen Russell Sharrock, *Spiritual Warfare*, Lulu, Morrisville 2007, pg 317.

nombres, jerarquías y otras cosas. Las enseñanzas del movimiento de la Guerra Espiritual debe ser reducido a un núcleo teológicamente seguro, y abandonar todas las añadiduras provenientes de un cúmulo de supuestas revelaciones a través de dones, así como la realización de prácticas completamente extrañas, que podrían resultar inútiles.

Al mismo tiempo que aceptamos la razonabilidad de los conceptos de la *distributio daemonum* así como de la *dimicatio*, también es cierto que debemos admitir que la praxis normal en la Historia de la Iglesia ha sido la de limitarse a pedir a Dios la protección frente al Maligno. Por otra parte, no podemos minimizar la crítica de que ésta no es una práctica que halla su asiento en la Sagrada Escritura. Que pueda existir una *distributio daemonum* puede encontrar sustento en el Libro de Daniel y en los textos paulinos acerca de las jerarquías. Pero la *dimicatio* no es una práctica que hayamos recibido desde los orígenes apostólicos como una práctica expresa. En el mundo protestante esta práctica ha sido atacada por varios autores. Autores como Akin y Sharrock se mostrarán escépticos:

> En el Nuevo Testamento ninguna enseñanza exhorta explícitamente a dirigirse a los espíritus territoriales en una guerra espiritual[173].
>
> La Escritura sugiere que los espíritus demoniacos están organizados y estructurados (Ef 6, 12), pero en ningún lugar la Biblia confirma esto con detalle ni dice que Satán les ha destinado a cada unidad geopolítica[174].

Da la sensación de que esta base escriturística o de la tradición es débil como para que la Iglesia se sienta impulsada a extender esta práctica de forma generalizada. Pero, al mismo tiempo, parece suficientemente razonable como para que merezca ser prohibida. Si toda nuestra praxis tuviera que estar avalada por pruebas irrefutables, debería haber sido reprobado el acto de San Francisco en la ciudad de Arezzo, alegando que no disponemos testimonios bíblicos de exorcismos sobre ciudades. Hemos de ser cautelosos a la hora de valorar los silencios de la Sagrada Escritura. Valga

173 Daniel L. Akin, *A Theology for the Church*, pg 329.

174 Russell Sharrock, *Spiritual Warfare*, pg 143.

como ejemplo que el estudio bíblico de Akin le lleva a ser escéptico también respecto a la existencia de ángeles custodios[175].

Aun sin el refrendo de la tradición y únicamente basados en la razón teológica se puede afirmar que la *dimicatio* es posible, pero da la sensación de que no ha existido un gran interés por parte de Dios en llevar a la Iglesia por este camino de un modo generalizado.

Problemas prácticos

Ha quedado claro que este tema no puede ser despachado ni desde la credulidad, ni desde la aceptación plena de toda la literatura de la Guerra Espiritual, pero tampoco puede zanjarse desde la negación de todo. Pues en su base existen elementos no solo verdaderos, sino valiosos. Dando por supuesto que siempre va a haber grupos de laicos que quieran reunirse para, entre otras cosas, orar contra las fuerzas del demonio, será mejor desgranar cuáles pueden ser los problemas que generen la existencia de estos grupos.

Problemas en cuanto al modo de realizar la dimicatio

Dado que el Código de Derecho Canónico legisla solo acerca de los exorcismos realizados sobre las personas[176], no existe una restricción jurídica al hecho de que el presbítero exorcice en privado a los demonios en general. A la hora de discernir qué está prohibido o no, hay que atenerse a la letra de la ley. Dicho de otro modo, lo que haga el sacerdote completamente a solas, sentado en un banco de su iglesia con la puerta cerrada y sin que nadie le vea, es algo que no está legislado. Ahora bien, si este tipo de exorcismos que hemos denominado *dimicatio* se hiciera con asistencia de público, aunque sea un reducido grupo de oración, entonces ciertamente la autoridad eclesiástica tendría potestad para determinar si tal

175 Daniel L. Akin, *A Theology for the Church*, pg 328-29.

176 CIC, can. 1172 § 1: Nemo exorcismos in obsessos proferre legitime potest, nisi ab Ordinario loci peculiarem et expressam licentiam obtinuerit.

acción es prudente o no, y podría también dar directrices acerca de la conveniencia de cómo hacerlo.

En la oración comunitaria, las plegarias para pedir la protección frente al demonio, deben ir dirigidas a Dios. Las personas que participan en un grupo no deben dirigirse al demonio. Tal es la mente de la *Instrucción sobre el Exorcismo* de 1985, cuando advierte:

> Por fin, por las mismas razones, los Sres. Obispos son solicitados a velar para que —aun en los casos que parezcan revelar algún influjo del diablo, con exclusión de la auténtica posesión diabólica— personas no debidamente autorizadas no orienten reuniones en las cuales se hagan oraciones para obtener la expulsión del demonio, oraciones que directamente interpelen los demonios o manifiesten el anhelo de conocer la identidad de los mismos.[177]

Si el laico que dirige un grupo de oración, diera órdenes al demonio diciendo, por ejemplo: «Satán, márchate de esta ciudad, en el nombre de Dios te ordeno que abandones este lugar». O dijera, por ejemplo: «Demonio, ato el poder que tienes sobre este sitio». Entonces, el obispo podría exigir que tal modo de proceder cesara.

El grupo de oración, para pedir la protección frente a la acción ordinaria del demonio, puede rezar salmos, la letanía de los santos, rezar el rosario. El que dirige la plegaria puede decir cosas de este tenor: *Señor, protégenos contra las asechanzas del demonio. Dios mío, ayúdanos frente a las tentaciones del Maligno. Que tu mano misericordiosa ponga un muro ante la acción de Satanás y sus secuaces.* Hacer la oración de ese modo resulta lícito, pero no así el ordenar algo directamente al demonio.

A los laicos deseosos de inscribirse en este tipo de lucha, normalmente no será prudente responder desde la jerarquía con una prohibición absoluta. Esto no sería ni prudente, ni teológicamente correcto; los laicos tienen sus capacidades y sus derechos. Bien es cierto que la autoridad eclesiástica es la que regula esos derechos[178]. Pero a la hora de prohibir, debería hacerlo con un criterio

---

177 Congregación para la Doctrina de la Fe, *Instrucción sobre el Exorcismo,* punto 3; 29 de septiembre de 1985,

178 «Compete a la autoridad eclesiástica regular, en atención al bien común, el ejercicio de los derechos propios de los fieles». CIC 223§ 2.

minimalista, pues las prohibiciones de por sí se vuelven odiosas[179] aunque se hagan con toda razón de parte del que las da. Tener razón no supone que una ley será menos odiosa para el que recibe la prohibición, que también cree tener la razón de su parte.

En cualquier caso, hay que partir del hecho de que los laicos, por lo menos, tienen la capacidad de la *dimicatio* deprecativa, y el derecho a reunirse privadamente para orar. De ahí que lo mejor será siempre explicar una sana doctrina al respecto, y permitir la *dimicatio* de acuerdo al estado de cada uno. Pues una es la *dimicatio* que puede hacer el sacerdote (una *dimicatio* exorcística) y otra es la *dimicatio* que pueden hacer los laicos (una *dimicatio* deprecativa).

Ahora bien, la prohibición debe recaer sobre los grupos en los que se den abusos, escándalo o desobediencia. Pues las normas dadas por la Congregación para la Doctrina de la Fe referentes a oraciones de curación, valen para los grupos que realicen la *dimicatio*:

> La intervención del Obispo diocesano es necesaria cuando se verifiquen abusos en las celebraciones de curación, litúrgicas o no litúrgicas, en caso de evidente escándalo para comunidad de fieles y cuando se produzcan graves desobediencias a las normas litúrgicas y disciplinares[180].

La *dimicatio* como acción personal, es decir totalmente a solas, es un asunto personal. Pero en el momento en el que se realiza con otras personas (por pocas que sean), pasa a ser un asunto eclesial.

Problemas relativos a la proporción

Evidentemente en este campo de la *dimicatio* los extremos resultan viciosos: tan malo es negar toda acción de los demonios, como caer en un exceso de temor en relación a éstos y multiplicar más allá de toda prudencia este tipo de oraciones tan específicas. Por

---

179 «Las leyes que (...) coartan el libre ejercicio de los derechos (...) se deben interpretar estrictamente». CIC, canon 18.

180 Congregación para la Doctrina de la Fe, *Instrucción sobre las oraciones para obtener de Dios la curación,* Art.10 § 3.

eso, los problemas que se dan en este campo, pueden provenir tanto del hecho en sí (de si lo que se hace es correcto o no) como asimismo de la medida, pues la proporción debe estar regida por la prudencia. La vida de oración (privada o comunitaria) debe estar adecuadamente equilibrada para pedir por los distintos ámbitos: hay que orar por los enfermos, por los pobres, por las distintas necesidades de los hombres y de la Iglesia. La oración supone una armonía entre la oración comunitaria y la personal, entre la meditación, la alabanza, la petición de perdón y la lectura de la Sagrada Escritura, etc. Centrar la entera vida espiritual en la lucha contra el demonio, implica una distorsión.

Aunque para la doctrina católica no exista ningún inconveniente en la posibilidad del exorcismo entendido como combate contra las fuerzas colectivas del infierno, hay que distinguir por un lado entre el fundamento teológico que sustenta la *dimicatio*, y por otro lado toda la corriente espiritual que se ha generado alrededor de la Guerra Espiritual. Tanto en el ámbito protestante como en el católico, los grupos que propagan la Guerra Espiritual con mucha frecuencia han caído en un claro hiperdesarrollo de todo lo demonológico. Demonocentrismo que lleva inevitablemente al hiperdesarrollo de la práctica exorcística. De forma que aunque en estos grupos los fundamentos teológicos esenciales puedan ser correctos, no siempre será así en el desarrollo concreto de este tipo de oraciones en algunos grupos. A esto hay que añadir que una hipertrofia de lo exorcístico, suele provocar una distorsión de los mismos fundamentos teóricos.

Después de todo lo dicho, también se hace necesario reconocer la existencia de vocaciones especiales. Puede haber alguna persona o grupo de oración que sean movidos por Dios, para dedicarse de un modo especial a este campo de la *dimicatio*. La dirección espiritual y la vigilancia de la jerarquía deberán discernir las vocaciones especiales hacia un determinado carisma, frente a las distorsiones. No siempre será fácil distinguir entre el origen divino de una especialización y el origen humano de una distorsión. Sin duda hay sacerdotes que se dedican mucho al exorcismo, porque ven demonios en todas partes o porque les gusta la notoriedad. Mientras que otros sacerdotes han empleado buena parte de su vida en ese ministerio, porque Dios les llamó a dedicarse esencialmente a esa especial vocación.

Distinguir los excesos, por un lado, y, por otro, la legítima vocación a un carisma especial, no resultará siempre fácil ni en las personas individuales ni en los grupos. El criterio de actuación episcopal para con los grupos que realicen la *dimicatio* debe ser que, si las cosas se hacen correctamente y dentro de la obediencia, ha de primar la libertad. En este campo, las cosas de Dios pueden ser extrañas y misteriosas, y uno fácilmente puede estar oponiéndose a Dios con la idea de poner orden[181].

Problemas con respecto a los derechos de los fieles

Que algunos grupos concretos han caído en el fanatismo, la exaltación y el iluminismo, resulta imposible de negar. La reacción de algunos pastores (párrocos, vicarios episcopales u obispos) frente a esta situación ha sido la del rechazo radical hacia los grupos que se reunieran para orar por este tipo de intenciones. La prohibición indiscriminada y general suponer combatir un error con otro error, supone combatir un exceso con otro exceso. Impedir la libertad para que los fieles oren por la intención que deseen (mientras no exorcicen, mientras no se dirijan al demonio), supone un abuso. Afirmar que la *dimicatio* no sirve para nada, implicaría en definitiva afirmar que la oración no sirve para nada.

Si en este trabajo se advierte, muy a menudo, de los extremos viciosos en los que pueden caer los grupos de oración, también hay que advertir del otro extremo en el que pueden tener la tentación de caer algunos Ordinarios: la prohibición absoluta de algo que sea lícito. La prohibición radical de este tipo de oraciones iría en contra del tenor de lo afirmado en la *Instrucción sobre el exorcismo* y en la *Instrucción sobre las oraciones para obtener de Dios la curación*[182]. En las cuales se anima a los obispos a que velen

181 Aquí son pertinentes las palabras de Gamaliel al Sanedrín: «Os digo, pues, ahora: desentendeos de estos hombres y dejadlos. (…) No sea que os encontréis luchando contra Dios» (Hch 5, 38-39).

182 Congregación para la Doctrina de la Fe, *Instrucción sobre las oraciones para obtener de Dios la curación*, 14 de septiembre de 2000.

para que las reuniones de laicos (bien para orar por liberación, bien por sanación) se hagan de acuerdo a la prudencia, a las leyes litúrgicas y disciplinares. Pero en vano buscaremos en los textos de esas instrucciones la indicación de que se erradiquen ese tipo de reuniones de oración.

Debemos recordar la constitución dogmática *Lumen Gentium* cuando afirma: *por tanto hay que abrirles el camino en todas partes para que también ellos* [los laicos], *según sus posibilidades y las necesidades de los tiempos, tomen parte activa en la misión salvadora de la Iglesia*[183]. De forma que se podría encuadrar esta labor de los laicos a través de la respuesta a dos preguntas:**¿Pertenece a la misión salvadora de la Iglesia orar contra la acción del demonio? La respuesta es afirmativa.**¿Está dentro de las posibilidades de los laicos orar por esta intención? La respuesta es también afirmativa. Luego se podrán establecer cauces ordenados, cauces eclesiales, para que los laicos puedan ejercer una ayuda en este campo. Atendiendo a las palabras expresadas por el Concilio, la conclusión surge casi con la claridad de un silogismo. La erradicación total de grupos carismáticos que oran en relación a este campo, aparece como una medida que no viene demandada porque la Iglesia pida eso por ninguna razón doctrinal, sino que si se hace, se estará imponiendo consideraciones subjetivas y opinables sobre un grupo de fieles que se reúne a orar.

En cualquier materia, allí donde todo está prohibido, efectivamente no se da lugar a que se cometan errores. Pero la razón nos indica que cuando todo se prohíbe en una materia, es el mejor modo para que todas las acciones realizadas en ese campo se escapen al control jerárquico. La experiencia nos demuestra que una vez que se ha perdido enteramente el control eclesial sobre algún tipo de praxis, después es muy difícil que las personas que se han acostumbrado a hacer lo que quieran, vuelvan sobre sus pasos y se sometan a cauces y reglas.

Por otra parte, constituiría un desenfoque de la materia considerar que la normativa sobre este campo se debe solo a una utilidad pragmática (mejor aceptar y controlar, que no aceptar y que se descontrole), sino que bajo la normativa actual de la *Instrucción*

---

183 CONCILIO VATICANO II, *Lumen Gentium,* n. 33. Obsérvese que el Concilio afirma «misión salvadora», no meramente misión predicadora o misión catequética.

sobre el exorcismo subyace un elemento de carácter jurídico—eclesial, como son los derechos de los fieles: el derecho a reunirse a orar, y el derecho a orar por las intenciones que se deseen.

Si las reuniones tienen lugar en iglesias, lo usual será que sean dirigidas por el clero o por laicos que gozan de la confianza del párroco. Pero muchos grupos de oración se reúnen desde lugares tan pequeños como las casas particulares (si son pocas personas) hasta grandes auditorios y estadios; reuniones estas últimas que requieren el permiso explícito del Ordinario del Lugar[184]. Por supuesto que el obispo tiene derecho a supervisar estas reuniones, a dar normas e, incluso, puede prohibir aquello que considere que es conveniente que se prohíba. Pero desde una sana eclesiología se debe reconocer la existencia de los derechos de los fieles. Y el derecho a reunirse a orar es un derecho, y un derecho primigenio, esto es, no concedido por la Iglesia.

El que un fiel pueda reunirse con otros a orar por la intención que desee, es un derecho otorgado por Dios sin la mediación de la Iglesia. Sobre ese derecho primigenio, se superpone, sin anularlo, la potestad jurisdiccional episcopal. Pero así como el fiel debe obedecer, también el obispo debe entender que su *auctoritas ad prohibendum* no es un poder que lícitamente pueda usar *ad libitum*. Molano escribía:

> A estos efectos, afirma la Declaración Conciliar «Dignitatis humanae» que «se debe observar la regla de la entera libertad en la sociedad, según la cual debe reconocerse al hombre el máximo de libertad y no debe restringirse sino cuando es necesario y en la medida en que lo sea»[185].

El mismo autor en su artículo *El principio de autonomía privada y sus consecuencias canónicas*[186]afirma algo que es esencial para entender cómo hay que encuadrar todo este tema:

---

184 «El permiso [del Ordinario del Lugar] debe ser explícito [para las celebraciones litúrgicas de curación], incluso cuando las celebraciones son organizadas o cuentan con la participación de Obispos o Cardenales de la Santa Iglesia Romana». Congregación para la Doctrina de la Fe, *Instrucción sobre las oraciones para obtener de Dios la curación,* Art.4 § **3.**

185 Concilio Vaticano II, *Dignitatis humanae,* n. 7.

186 Eduardo Molano, «El principio de autonomía privada y sus consecuencias canónicas», *Ius Canonicum,* vol. 47, nº 94, Pamplona 2007, pg 449.

> Es la regla del «favor libertatis». Esta regla se convierte también en criterio de interpretación del derecho canónico, de acuerdo con el canon 18 del CIC cuando establece que «las leyes que coartan el libre ejercicio de los derechos se deben interpretar estrictamente.»[187]

Este principio jurídico implica que el uso de las leyes que prohíben el ejercicio de los derechos, debe restringirse al máximo, interpretando los cánones del modo más estricto posible.

Recapitulando este tema de los derechos, creemos que la doctrina sobre este tema se podría sintetizar en seis puntos:

1. **Derechos primigenios de los fieles:**
   Los fieles tienen derecho a reunirse a orar.
   Los fieles tienen derecho a orar por las intenciones que deseen.
2. **Derechos de la jerarquía:**
   Las reuniones si tienen lugar en iglesias o capillas públicas, podrá imponerse que sean dirigidas o supervisadas por el clero si se observan desviaciones.
   El obispo en cualquier tipo de grupo de oración (dentro o fuera de una iglesia) tiene derecho a vigilar, regular y prohibir.
3. **Interrelación de ambos derechos:**
   Los fieles deben obedecer
   El obispo debe reconocer los derechos primigenios de los fieles

La experiencia nos muestra que muchas veces se desobedece, apelando a que la jerarquía eclesial no reconoce los propios derechos. Eso es un error. La obligación de obedecer permanece, aunque el obispo esté objetivamente equivocado. El reconocimiento o no de los propios derechos no es condición *sine qua non* para la obediencia. El Código de Derecho Canónico al recordar que *los*

187 «Los antecedentes históricos de este canon se remontan a la «regula iuris» n. 15 del *Liber Sextus*, según la cual las leyes odiosas (que imponían alguna carga u obligación) se debían interpretar en sentido estricto, y las leyes favorables (que otorgaban algún beneficio o facultad) se debían interpretar en sentido amplio: *Odia restringi et favores convenit ampliari*. Véase,por ejemplo, Alois Van Hove, *De legibus ecclesiasticis*, Roma 1930, pg 306-308». Eduardo Molano, «El principio de autonomía privada y sus consecuencias canónicas»,en *Ius Canonicum*, vol. 47, n.94, pg 449.

fieles están obligados a observar siempre la comunión con la Iglesia (CIC 209 § 1), no está haciendo otra cosa que reflejar una realidad vivida desde los mismos comienzos de la Iglesia y entendida como esencial para su pervivencia. Como escribía Kaslyn en su comentario a ese canon: *La «communio hierarchica» refleja el vínculo de unidad existente dentro de la Iglesia como jerárquicamente constituida*[188]. Sin esa *communio* cualquier acto bueno *per se*, pasa a ser un acto *extra ordinem* por muy buenas intenciones que se tengan.

---

188 Robert J. Kaslyn, «The People of God», comentario al canon 209, en John P. Beal, *New commentary on the Code of Canon Law*, pg 260.

III

El exorcismo indefinido como problema

Concepto

Entre los exorcistas, todos están de acuerdo de que con independencia de la santidad y pericia del exorcista que se encargue de un poseso, hay casos de posesión e influencia que no finalizan con la liberación[189]. El Padre Amorth escribía: *se requieren muchos exorcismos, a menudo durante años, y no siempre se llega a la liberación*[190]. El padre Euteneuer, como otros exorcistas,afirma que esas razones por las que un demonio no sale son que la persona le dé permiso para que esté dentro, o que haya una fuerza oculta obrando que otorgue al demonio un poder suplementario, o que el exorcista necesite perseverar más tiempo en el exorcismo[191]. Esta explicación es correcta y segura, sencillamente porque abarca todas las posibilidades. Pero su misma amplitud conlleva

189 Datos sobre dos sacerdotes inmersos en exorcismos indefinidos, y cuatro casos de posesión prolongada se encuentran en Arch. Pers, n.11, pg 13.

190 Gabriele Amorth, *Un exorcista racconta,* pg 53.

191 Thomas J. Euteneuer, *Exorcism and the militant Church,* Human Life International, Front Royal 2010, pg 182.

el inconveniente de que no ofrece demasiada luz al hecho que intenta explicar. Especialmente la última razón de que el exorcismo puede prolongarse porque el exorcista necesita perseverar, es una afirmación que roza la tautología.

Es un hecho repetido y constatado, a lo largo y ancho del mundo, que algunos casos de exorcismo no acaban por más que la persona poseída y el exorcista pongan todo de su parte. Hay casos en los que tanto el poseso como el exorcista se esfuerzan en llevar una vida lo más espiritual posible, ejercitándose en todo tipo de obras de penitencia, y aun así el caso se prolonga indefinidamente, durante años, sin que se produzca la liberación.

Este tipo de situaciones a las que llamaremos *exorcismos indefinidos*[192]no son inusuales, y suponen una de las mayores causas de consultas entre exorcistas. Con respecto a este tipo de casos se pueden ofrecer las siguientes consideraciones, las cuales están basadas en la pura y simple razón:

a. Para poder catalogar una de estas situaciones de exorcismo indefinido, hay que estar seguro de que la persona realmente esté posesa. Han de haberse dado signos que conduzcan de un modo razonable a la certeza de que ese individuo posee un problema preternatural y no psicológico. Siempre será útil la segunda opinión de otro exorcista.
b. Hay que estar seguros de que el poseso no está inmerso en pecados que impiden la acción de Dios: situaciones de concubinato, aspectos de su vida presente que por vergüenza ha preferido mantener ocultos ante el sacerdote, etc. Aunque, normalmente, por esta parte no suele haber problema, ya que en este proceso del exorcismo los posesos suelen experimentar una profunda conversión y se esfuerzan mucho en obedecer todos y cada uno de los consejos que se les dan.
c. La experiencia nos muestra que hay sacerdotes que están dispuestos a exorcizar muchas horas, pero que no realizan sacrificio alguno por el caso por el que oran. Cuando nos encontramos con un caso de exorcismo indefinido, este es un punto delicado que hay que averiguar para saber si se están poniendo todos los medios o no para la resolución del caso.

192 De la expresión «exorcismus ad indefinitum temporem».

d. Cuando se da un caso de exorcismo indefinido, conviene que el poseso vaya a otro exorcista durante al menos un mes. Si una segunda opinión siempre resulta útil en todos los casos, en este tipo de situaciones es muy aconsejable un intervalo de tiempo con otro exorcista. Y esto no solo para estar ciertos de que estamos ante un caso de auténtica posesión, sino también para observar si a lo largo de las sesiones con el segundo sacerdote se ofrecen indicios de algún tipo de evolución.
e. Por más que se prolongue un caso, no se busque la solución fuera de la oración y el ayuno. A veces, el cansancio puede hacer que el sacerdote se vea inclinado a experimentar con remedios cada vez más extraños: oraciones insólitas realizadas de modos especiales, sacramentales que han de ser usados de formas muy específicas, o a tratar de buscar la solución dialogando con el demonio. Muy frecuentemente se busca la solución a través de la intervención de personas dudosas que afirman tener dones. Todo lo que el sacerdote precisa para liberar a alguien se reduce a la oración y el ayuno.

Hay que atender a estas consideraciones para estar seguros de que nos encontramos ante un genuino caso de exorcismo indefinido. No nos encontraríamos ante un verdadero exorcismo de este tipo si, por ejemplo, enviando al poseso a otro exorcista, el proceso de liberación mostrara un evidente avance (punto d). O si como consecuencia del cansancio del sacerdote, el exorcismo se hubiera degradado acabando en una mera conversación e interrogatorio del demonio (punto e). Para encontrarnos con un auténtico caso de exorcismo que no avanza sin que existan causas para ello, deben ser atendidos todos y cada uno de los puntos anteriores.

Justificación teológica del hecho

Antes de nada, hay que mencionar que, en la mayor parte de los casos, el exorcista suele explicar el que no se produzca la liberación, apelando a que alguien sigue realizando maleficios para dañar a esa persona. La explicación más usual suele radicar en que el exorcista saca los demonios, pero alguien vuelve a meter otros demonios. Esta explicación no suele ser creíble por dos razones.

a. Resulta muy difícil creer que hay personas que, semana tras semana, realizan maleficios contra alguien durante años. Por mucho odio que exista, el supuesto culpable se cansará al cabo de unas semanas o meses. Resulta poco creíble que tanta gente, en el mundo, realice ritos maléficos contra sus enemigos durante años. Si ya es difícil perseverar en el exorcismo cada semana, mucho más le resultaría al malvado ese nivel de perseverancia.
b. Si esta fuera la razón de los exorcismos indefinidos, da la sensación de que el poder exorcizador está en plano de igualdad con el poder de los brujos. Como si el poder de los brujos contrarrestase el poder de los exorcistas, sin que el exorcista pudiese hacer más.

Creemos que las causas de este hecho de la posesión indefinida, tienen que radicar en razones más profundas. Y eso es lo que vamos a tratar de estudiar a continuación.

El demonio como *instrumentum sanctificationis*

Si habiendo puesto todos los medios humanamente posibles para la resolución de un caso, si se han seguido los puntos anteriores, y aun así un exorcismo indefinido no da ningún signo de acercarse a su final, entonces téngase en cuenta que Dios puede permitir que una persona porte sobre sí este sufrimiento como expiación por sus propios pecados y para beneficio del resto de la Iglesia. La única respuesta a la pregunta de porqué Dios permite tal cosa es la propia purificación y la santificación. Y así Chenesseau escribía:

> Estas almas santas son víctimas en nombre de todos los hombres, por todos los crímenes cometidos, y que el demonio les hace probar con dolor y con vergüenza, en su cuerpo y en su imaginación[193]. ¿Por qué Dios permite a los demonios ejercitar

193 René Chenesseau, *Diario di un esorcista,* Nova Millennium Romae. Roma, 2007, pg 317.

> su malicia sobre las almas santas? Para purificarlas más y elevarlas a las comunicaciones más íntimas[194].

Si Dios permite la cruz de una enfermedad crónica del cuerpo (como, por ejemplo, la diabetes o la necesidad cada dos días de la hemodiálisis), ¿qué razón encontraremos para que no pudiese permitir este otro tipo de carga sobre la persona, la cruz de la acción extraordinaria del demonio? El exorcista Fra Benigno insistía en esta razón:

> El sufrimiento, todo sufrimiento humano, por la muerte y resurrección de Jesús, tiene otro valor a los ojos de Dios, cuando es vivido como lo vivió su Hijo Unigénito, y se transforma ciertamente en un bien, ya sea para el que sufre, ya sea para la entera humanidad. (...) Es el milagro obrado por Jesucristo, el cual con su muerte y resurrección ha dado plenitud de significado a todo sufrimiento temporal del hombre[195].

Desde luego, los episodios en los que los demonios atacan físicamente a los siervos de Dios, los podemos rastrear en la vida de infinidad de santos, desde la antiquísima vida de San Antonio Abad hasta la reciente y bien documentada vida del padre Pío de Pietrelcina. En la vida de Santa Catalina de Siena, la acción maligna de los demonios sobre una ciudad es coartada por la oración y penitencia de la Santa, pero a cambio de que Dios permitiera que los demonios atormentaran el cuerpo de Santa Catalina. La expresión que usa el autor en esa obra es la siguiente: *Permitió* [Dios] *que los demonios atormentasen el cuerpo de la virgen con tantas penas, enfermedades y aflicciones*[196]. Si Santa Catalina sufrió transitoriamente algún grado de vejación corporal, desde luego, no se explicita; limitándose el redactor a hablar de tormentos de procedencia demoniaca.

Pero en las vidas de otros santos se afirma que los ataques fueron de procedencia demoniaca y de carácter extraordinario. *Cuando el padre Pío escribía: «Barba Azul y sus semejantes no*

194 René Chenesseau, *Diario di un esorcista,*, pg 330.

195 Fra Benigno (sic), *Il Diavolo esiste, io l'ho incontrato*, Figlie di San Paolo, Milán 2008, pg 78.

196 Tommaso Caffarini, *Leggenda Minore da S. Catarina di Siena*, Bolonia 1868, parte tercera, capítulo II, pg 154.

paran de pegarme casi hasta darme muerte», no hay que tomar esa expresión en sentido figurado. Se trataban de verdaderos golpes[197]. La vida de San Antonio Abad es también concorde a la hora de referir el carácter físico de los ataques[198].

Pero si con los anteriores ejemplos nos referíamos a ataques físicos demoniacos provistos de un sentido intercesor *pro bono Ecclesiae*, en algunos casos los hagiógrafos nos hablan de auténtica posesión demoniaca. La misma Santa Teresa de Liseux hace en sus escritos una descripción de la *extraña enfermedad* que padeció durante varios meses del año 1883, de esas páginas entresacamos las siguientes líneas:

> No tardé en caer enferma. La enfermedad que me aquejó **provenía, ciertamente, del demonio**.
>
> Al desnudarme, me entró un extraño **temblor**. Creyendo que tenía frío, mi tía me envolvió entre mantas y me puso botellas calientes, pero nada pudo reducir mi **agitación**, que duró casi toda la noche.
>
> No sé cómo describir una enfermedad tan extraña. Hoy estoy convencida de que fue **obra del demonio.**
>
> Pues **decía y hacía cosas que no pensaba**. Parecía estar en un **continuo delirio, diciendo palabras que no tenían sentido**, y sin embargo estoy segura de que no perdí ni un solo instante el uso de la razón
>
> Pienso que el demonio había recibido un **poder exterior sobre mí.**[199]

Santa Gema Galgani es una muestra clarísima de conjunción de santidad y posesión[200]. En su biografía leemos pasajes de este tenor:

> A menudo Gema está en el suelo, como muerta. El demonio, inclinado sobre ella, la golpeaba salvajemente. Entonces se

197 Yves Chiron, *El padre Pío*, Palabra. Madrid 1995, pg 64.

198 San Atanasio, *Vida de Antonio*, n.9.

199 Santa teresa de Lisieux, *Historia de un alma*, Manuscrito A, fol 27vº-30rº.

200 En algunas biografías de Santa Gema Galgani se ha preferido no hablar de posesión y tratar esa aflicción en términos más genéricos. Durante la redacción de esta tesis, se consultó con uno de los máximos especialistas en la vida de Santa Gema, y fue tajante que por lo menos en las últimas semanas de su vida, sufrió de verdadera posesión demoniaca.

> le practicaban los exorcismos de costumbre[201]. Yo escuché que decía [Santa Gema]: «¡párate, párate!», y sacudía todo el lecho y temblaba, y se comprendía que alguno la golpeaba, debía ser el demonio; no había nadie[202].

Otro caso es el de la beata carmelita palestina sor María de Jesús Crucificado. Esta religiosa, estando ya en el convento sufrió el fenómeno de la posesión demoniaca. Fenómeno que le duraría desde el 26 de julio 1868 hasta el 3 de septiembre del mismo año[203].

A la luz de todos estos datos, nos entra la duda de si en la vida de algunos santos de siglos pasados, testimonios que se nos han presentado por los hagiógrafos con el término genérico de *tormentos del demonio sobre el cuerpo*, no serían en realidad posesiones transitorias de carácter expiatorio. Posesiones y vejaciones corporales que fueron oportunamente silenciadas, por parecer fenómenos indecorosos para la vida de un santo. Los fenómenos místicos ennoblecen la vida de un santo, pero sufrir fenómenos demoniacos sobre el propio cuerpo parece solo arrojar un halo de duda sobre ese siervo de Dios. Se supone que el discípulo de Cristo debe mostrar su dominio sobre los demonios, no aparecer como víctima de sus poderes y mucho menos en su propio cuerpo.

Este tipo de casos lleva a la conclusión de que el misterio de la posesión excede con mucho en su complejidad a los esquemas simplistas que la consideran completamente explicada como fruto de un pecado producido por el esoterismo. El sentido teológico de la posesión es bastante más amplio y sus ramificaciones más misteriosas. Del mismo modo que no en todas las personas la posesión comienza por el pecado, así tampoco la remoción de los pecados graves asegura que una posesión acabe.

---

201 Jean-François Villepelée, *La follia della croce. Gemma Galgani*, Città Nuova, Roma 1993, pg 367.

202 Tito P. Zecca, *Gli angeli. Nella vita e negli scritti di Gemma Galgani*, Paoline, Milán 2005, pg 198, nota 49.

203 Jean-Gabriel Rueg, *Mariam, sainte palestinienne ou la vie de Marie de Jésus crucifié*, 2ª edición, Pierre Téqui Editeur, París (sin año de edición), pg 93-131.

En la práctica del exorcismo en el mundo evangélico este esquema simplista (del pecado como causa de la posesión) es el único en vigor. Se practica el exorcismo, muchas veces de un modo comunitario, y si el poseso no es liberado en una sesión o en dos, se le dice que eso se debe a su falta de fe, o a su falta de renuncia al pecado. Y no se prosigue con los exorcismos. Resulta lógico que estos pastores actúen así. Pues en la teología protestante el concepto de santificación es bastante diverso que en la teología católica. Desde el comienzo del protestantismo *algunos teólogos tomaron* [este concepto]*como sinónimo de regeneración, otros lo incluyeron en la justificación, y aun otros denominaron al entero proceso de salvación bajo este nombre de santificación*[204].

El sufrimiento prolongado e intenso en esta vida alcanza pleno sentido en la visión católica de una retribución personal en un Cielo que admite diferentes grados. En la visión predominante de la escatología protestante *los creyentes no deben esperar diferentes grados eternos de recompensa en el cielo*[205]*. Los grados de recompensa son contrarios al principio de la Reforma de la libre justificación sin nada que ver con el mérito, el cual socava la doctrina bíblica de la gracia*[206].

Desde esa concepción, si el individuo será salvado en el Cielo con ausencia de grados de gloria, ¿para qué Dios querría permitir que sufriera? ¿Qué fin tendría? Luego, para ellos, la ausencia de liberación no tiene su causa en una decisión de Dios, sino en una deficiencia del individuo. Es un caso claro en que se comprueba cómo una determinada teología implica una determinada praxis exorcística.

En la teología protestante únicamente cabe la justificación o la no justificación. No cabe la santificación a través de las obras, y por ende a través del sufrimiento. De ahí que ni el monacato, ni una

---

204 Anri Morimoto, *Jonathan Edwards and the Catholic Vision of Salvation*, The Pennsylvania State University Press, University Park (Pennsylvania) 1955, pg 131-132.

205 Craig Blomberg, «Eschatology and the Church: Some New Testament Perspectives», en *Themelios,* Junio 1998, pg 8.

206 Anthony N. S. Lane, *Justification by Faith in Catholic-Protestant Dialogue*, T&T Clark, Londres 2006, pg 203.

posesión indefinida, tengan sentido para ellos. Por el contrario, en las iglesias ortodoxas la práctica es igual que la católica, siguiendo ellos también la praxis de continuar realizando exorcismos en los casos prolongados e incluso indefinidos. Los anglicanos, basados en los Santos Padres, mantienen una postura igual a la católica.

Si un sacerdote católico, ortodoxo o anglicano no liberan a un poseso, la reacción es siempre la misma por parte del ministro: tengo que esforzarme más con oración y ayuno. Mientras que si un evangélico no libera a un poseso, la culpa es del poseso que tiene ocultas ataduras al pecado. Y es lógico que piense así, porque el pastor protestante no duda de su fe. Y como la Palabra de Dios no puede fallar, y ésta dice que expulsarán demonios, entonces, piensan, no cabe otra posibilidad: el obstáculo a la liberación radica en la misma persona que ha venido a pedirle ayuda. Como síntoma de esto, en las casi cuatrocientas páginas de un excelente libro que describe minuciosamente el exorcismo en las comunidades luteranas de Madagascar, el ayuno no es mencionado ni una sola vez[207].

El exorcismo de los grupos evangélicos y pentecostales contiene una contradicción interna: si lo único que se precisa para expulsar demonios es fe, ¿qué necesidad hay de ayuno y oración? Desde una postura genuinamente protestante, ¿qué pueden añadir las obras del ayuno y la oración a la fe? ¿Es que la fe no es suficiente? Desde una posición católica, estas preguntas encuentran respuesta: el sufrimiento tendrá mérito, por eso, a veces, Dios permite que la fe no obtenga la liberación de inmediato. Pero desde una perspectiva escatológica igualitaria, qué responder ante esas preguntas.

La postura casi unánime entre pentecostales y evangélicos es que *un verdadero creyente renacido en Cristo no puede ser poseído y movido por demonios, porque es una propiedad de Dios*[208]. De algún modo, estas posiciones pentecostales acusando al poseso de falta de fe o de no haber renunciado al pecado, recuerdan a las

---

207 Hans Austnaberg, *Shepherds and Demons: A Study of Exorcism as Practised and Understood by Shepherds in the Malagasy Lutheran Church*, Peter Land Publishing, Nueva York 2008.

208 Nickson Banda, *Dynamics of Spiritual Warfare*, Authorhouse, Bloomington (Indiana, USA) 2010, pg 16.

acusaciones que recibió Job en la enfermedad cuando recibió la visita de sus amigos, cuando Elifaz le echó en cara: *Ponte a pensar: ¿Quién que sea inocente ha perecido?¿Cuándo se ha destruido a la gente íntegra? La experiencia me ha enseñado que los que siembran maldad cosechan desventura*(Job 4, 7-8). Como nota Iwanski: *El término «mi siervo» que aparece en el epílogo* [de Job] *cuatro veces, enfatiza la relación que Job goza con Yahveh*[209]. ¿Y qué es lo que hace Job? Lo único que hace es sufrir. Su servicio es el sufrimiento. Job es un intercesor a través de su sufrimiento. ¿Por qué la enfermedad puede penetrar en nuestro cuerpo a pesar de ser templo de Cristo, y no podría actuar en nuestro cuerpo (y en nuestras potencias intelectuales) otro instrumento de sufrimiento como es el demonio? Católicos, ortodoxos y anglicanos no vemos ningún problema en ello.

Además, en la tradición católica expresamente ya hemos mostrado casos de santos que han padecido el fenómeno de la posesión *propter sanctificationem*. Mientras que en la visión protestante si un individuo ya tiene fe, ya está justificado; no tiene ninguna necesidad de santificarse por las obras. En la visión católica el cuerpo es instrumento de santificación a través del sufrimiento. En la visión de los evangélicos esto no tiene sentido: solo el pecado puede mantener el demonio en un cuerpo. Resultan interesantes las observaciones del profesor Verrips, no desde la teología, sino desde el campo de la antropología cultural:

> Pienso que la incapacidad de los protestantes para exorcizar tiene que ver con su concepción de la relación entre el cuerpo y la mente (espíritu, alma) tal como se ha desarrollado durante y después de la Reforma. Mientras que los católicos reconocían que junto a lo espiritual lo corporal era importante en el campo de lo religioso, los protestantes desarrollaron el entendimiento de que el espíritu domina y el cuerpo sirve. Los católicos somatizaron lo espiritual, y los protestantes lo desomatizaron [desomatized][210].

---

209 Dariusz Iwanski, *The dynamics of Job´s intercession*, Editrice Pontificio Instituto Biblico, Roma 2006, pg 356-357.

210 Jojada Verrips, «Killing in the Name of the Lord», en *Ethnologia Europaea: Journal of European Ethnology*, volumen 27, año 1997, BTJ Tryck AB, Lund 1997, pg 40.

Ciertamente, aquí se ve cómo diferentes visiones teológicas acaban concretándose en diferentes praxis exorcísticas. Una teología que, en la práctica, hace desaparecer la ascesis, hace depender el que las cosas se consigan o no solo de la fe[211]. La posesión indefinida (e incluso la que se prolonga durante meses o semanas) únicamente se puede encajar en una teología católica que posea el concepto de santificación. Valga lo mismo para los ortodoxos y episcopalianos con los que compartimos la misma raíz patrística acerca de la ascesis[212].

El exorcismo como communio

Hemos visto que la posesión indefinida se entendería desde la permisión divina del mal (de cualquier tipo de mal)como medio de santificación. Y así, el misterio de este tipo de posesiones indefinidas se inscribiría dentro del misterio de la participación en los sufrimientos de Cristo, y sus frutos para la Iglesia serán tanto personales como para beneficio del Cuerpo Místico. Pero el exorcismo indefinido no solo sería un medio de santificación personal (para el poseso y las personas presentes en el exorcismo), sino que resulta razonable pensar que las gracias ganadas en un ámbito concreto de la Iglesia, se derramen especialmente sobre ese mismo ámbito. Y que, por tanto, las gracias ganadas en cada sesión de un exorcismo que se prolonga durante meses, se puedan derramar sobre otros muchos posesos esparcidos por el mundo. Posesos que no son atendidos por sacerdote alguno y que necesitan de esas ayudas para no desesperarse, para ser incluso liberados de su posesión.

Esto ha sido manifestado expresamente por boca de algún poseso: *En un momento dado del exorcismo, la posesa en trance dijo que esas sesiones de exorcismo ayudaban a gente incluso en el*

211 Para una profundización comparativa de la influencia de la teología católica en los exorcismos de la Iglesia Católica, y de la teología protestante en los exorcismos protestantes, véase Apéndice, nota 15.

212 Para concluir este tema, véase una exégesis del exorcismo de los gerasenos como argumento a favor de los exorcismos prolongados, en Apéndice, nota 75.

Tíbet[213]. ¿Podría Dios usar los exorcismos indefinidos para ayudar a aquellos posesos, incluso de religión no cristiana, que no tienen a quién acudir? ¿Podrían los exorcismos indefinidos ser verdaderas fuentes de gracia para otros posesos? Sea esto así o no, ciertamente su efecto sobre el Cuerpo Místico está fuera de toda duda.

Dios hace uso de todos esos sufrimientos y oraciones como si de un «fondo común»[214]se tratara. Fondo común formado por esas oraciones exorcísticas de los convocados al ritual, así como de los sacrificios del ministro y del sujeto. Visto así, el exorcismo infructuoso es infructuoso en cuanto a no lograr la liberación, pero es fructuoso como medio para alcanzar gracias que ayuden a otras almas. Y ni siquiera podemos afirmar estrictamente que sea infructuoso respecto a la liberación, pues quizá libera a otros individuos. Para concebir así el exorcismo se necesita fe, pero todo el asunto del exorcismo en el fondo es un tema de fe. Por eso, si se cree que la oración siempre es fructuosa, no se debería hablar de exorcismo infructuoso, sino más propiamente de exorcismo indefinido.

Visto el ministerio del exorcismo desde esta perspectiva, adquiere una nueva profundidad que va más allá del mero expulsar demonios, convirtiéndose en un acto no solo de liberación sino también en un acto de gracia inserto en la Cruz redentora de Cristo. Elementos consustanciales con el exorcismo son la oración y el sufrimiento; sufrimiento del poseso, ayuno y mortificaciones del ministro y sus acompañantes. Y, por la comunión de los santos, toda oración y sufrimiento producen un beneficio a otros miembros de la Iglesia. A la hora de analizar teológicamente los beneficios de todo exorcismo, deberemos tener en cuenta esta dimensión mistérica eclesial. Porque si esta dimensión es válida para

---

213 Arch. Pers., n.25, pg 20.

214 *Catecismo Romano* 1, 10, 24: «Unitas enim Spiritus, a quo illa regitur, efficit ut quidquid in eam collatum est, commnune sit». Podemos encontrar esta misma enseñanza en Santo Tomás de Aquino, *In symbolorum Apostolorum, expositio*, 13. A su vez, el *Catecismo de la Iglesia Católica*, n. 947, tomó la frase, antes citada del *Catecismo Romano*, y la tradujo así: «Como esta Iglesia está gobernada por un solo y mismo Espíritu, todos los bienes que ella ha recibido forman necesariamente un fondo común». Esta última traducción añade el término «fondo», que ofrece un concepto casi visual de la frase más conceptual del *Catecismo Romano*.

todo exorcismo, mucho más habrá que tenerla en cuenta cuando tratemos de comprender el porqué de estos casos prolongados.

Si ya el fenómeno de la posesión se inscribe dentro de toda una teología del cuerpo, y de este modo debe ser entendida, así también la presencia en la Iglesia de miembros posesos se debe inscribir dentro de una Teología de la Iglesia como ésta formando un solo cuerpo[215]. Si los conceptos teológicos de *fondo común* y de *la Iglesia como un solo cuerpo* son tan convenientes para entender cualquier posesión, resultan imprescindibles para entender la naturaleza teológica de las posesiones indefinidas.

El exorcismo como combate eclesial

Otro aspecto teológico que podría explicar los exorcismos indefinidos, es el que el demonio que hay dentro de un cuerpo llama en su ayuda a más demonios durante el exorcismo, así como el sacerdote, además de convocar a algunos fieles para que estén presentes y le ayuden con sus oraciones, también llama también en su ayuda a la Virgen, los santos y los ángeles. De ahí que cada exorcismo que se realiza en la Iglesia, supone una lucha entre las Fuerzas del Mal y las de la Luz. El campo de batalla es el cuerpo del poseso, pero a pesar de ser un campo de batalla pequeño, son dos ejércitos luchando sobre él. Por eso, se puede afirmar que cada exorcismo debilita la acción del Mal sobre el mundo. Pues, como mínimo, desvía fuerzas demoniacas hacia un lugar en concreto, en vez de seguir repartidas por el mundo tentando. Y eso sin contar con que el exorcismo —todo exorcismo— puede tener una dimensión de súplica (dirigida a Dios) y de poder (actuación del poder sacerdotal exorcístico) en orden a debilitar la entera sociedad que forman los demonios. Este entendimiento del exorcismo supone que lo mismo que existe un Cuerpo Místico de la Iglesia, existe una sociedad formada por las relaciones entre los espíritus caídos. Ya antes en esta obra hemos tratado el tema del conjunto de los

---

215 «Como todos los creyentes forman un solo cuerpo, el bien de los unos se comunica a los otros. [...] Es, pues, necesario creer [...] que existe una comunión de bienes en la Iglesia».SANTO TOMÁS DE AQUINO, *In Symbolum Apostolorum scilicet «Credo in Deum» expositio*, 13.

ángeles caídos como una sociedad natural con su propia red de relaciones al que adecuadamente se le podría denominar como un *Corpus Daemoniacum* o *Corpus Diaboli*, por continuar con la expresión de algunos autoresa la que hemos aludido antes[216].

Algunos pueden sentirse incómodos con esta idea del *Corpus Daemoniacum*, pareciéndoles que supone otorgar demasiada entidad a ese conjunto de ángeles rebeldes. Pero obsérvese que la mayor parte de las conjuraciones de los rituales de exorcismos, tanto el antiguo como el actual, se dirigen nominalmente al Diablo[217] casi todas las veces en que hay una fórmula conjurativa. Lo hace así, a pesar de que son muchos los demonios que existen y que pueden estar presentes en ese cuerpo. Este modo litúrgico de proceder apela a favor de la consideración del infierno como una unidad, y no como entes completamente aislados entre sí. Del mismo modo, el Apocalipsis plantea la lucha entre la Iglesia y las fuerzas demoniacas, considerando a éstas como un todo unitario, bajo la figura del Dragón.

Visto todo lo cual, consideramos que el exorcismo indefinido está teológicamente justificado, por dos razones: la santificación del poseso y el hecho de ganar gracias para otras personas. El exorcismo indefinido es un recuerdo del valor de la Cruz. Tertuliano escribió en su *De patientia*:

> Si creemos que Dios nos prueba, ¿a quién hemos de mostrar mayor paciencia que al Señor? Porque además de habernos enseñado a sufrir con alegría, le debemos agradecer que se haya

---

216 Podría parecer que no hay problema en hablar de un *Corpus Mysticum Daemoniacum*, pues «mysticum» significa en latín *misterioso*. Tomado así, tal adjetivo haría referencia a las relaciones misteriosas que mantienen unido ese cuerpo. No obstante, no sería adecuada tal denominación, pues el adjetivo «mysticum» significa *misterioso*, pero con el matiz de algo que tiene que ver con lo santo. Por eso se debe usar *Corpus Daemoniacum* a secas. Hay que hacer notar que las relaciones entre los miembros del Cuerpo de la Iglesia son más estrechas, más íntimas, pues entre otras cosas tienen que ver con la gracia. Mientras que las relaciones en el *Corpus Daemoniacum* tienen que ver solo con la naturaleza. La unión de ese conjunto que forman los condenados está debilitada, pues se basa en la naturaleza, sí, pero en la naturaleza debilitada por el pecado. Aún así, esa sociedad entre individuos existe.

217 El Diablo (diabolos) y el demonio (daimon) no son sinónimos en los Sinópticos. No hace falta abundar en el tema, baste este versículo como muestra Mt 25, 41: «El Diablo y sus ángeles».

> dignado hacernos objeto de un castigo divino; pues dice: *Yo a los que amo castigo*[218].[219]

Esto aplicado a la posesión indefinida, nos lleva a entenderla no tanto como la acción fruto del odio del demonio, sino como la permisión divina fruto del amor. El centro del proceso exorcístico que, al principio, era «¿qué debemos hacer para expulsar al demonio?», pasa a ser «¿cómo entender mejor el plan divino, para resistir con más fe y amor el hecho de que aplicamos el poder de Dios y el poseso no queda liberado?». Es un proceso, como se ve, en el que el centro se traslada del demonio a Dios. De la preocupación por la liberación, se pasa a la preocupación por la santificación. La liberación es importante, pero más importante es la santificación.

Y si eso vale para el nivel personal, en el nivel eclesial debemos entenderla desde el concepto de corredención con la doctrina clásica de Pablo: *suplo en mi carne lo que falta a la pasión de Cristo*[220].La posesión indefinida como una corredención portando una cruz invisible, espiritual, demoniaca. Entendida así la situación, el exorcista con sus exorcismos semanales (que alivian al poseso) realiza la función del Cireneo, ayudando a portar esa cruz invisible.

Estas dos razones se pueden explicitar mucho más, observando que esa acción repercute en tres campos:

a. Dimensión personal:
   —purificación de los pecados, vicios e inclinaciones del poseso
   —aumento de la vida de oración
   —santificación del poseso a través de la virtud de la paciencia
b. Dimensión comunitaria:
   —santificación de la familia que ayuda al poseso en su entorno habitual
   —perseverancia del exorcista

---

218 Ap 3, 19 y Hb 12, 6.

219 Tertuliano, *La Paciencia*, (*De Patientia*, cap. XI), Rialp, Madrid 2010, pg 48.

220 La traducción literal es: «Estoy llenando lo que está faltando (antanaplero ta histeremata) de las tribulaciones de Cristo en mi carne por el cuerpo de Él que es la Iglesia» (Col 1, 24).

—acción edificante del acto sobre las personas que intervienen en el exorcismo

c. Dimensión eclesial:
—efusión de gracias sobre otras almas a través de la comunión de los santos
—acción liberadora sobre otras personas vejadas por el demonio
—debilitamiento de la acción del *Corpus Daemoniacum* sobre el mundo

Creemos que este es el camino teológico por el que se puede explicar la paradójica situación que se puede sintetizar de esta manera:

> Existe la enfermedad —Cristo otorgó el poder de sanar— ¿por qué no se sanan todos?
>
> Existen posesos —Cristo otorgó el poder de exorcizar— ¿por qué no se liberan todos?

Muchos a la primera pregunta, responden: falta fe. Y a la segunda: no existe la vida espiritual de otros tiempos. Como se ha tratado de mostrar, no es así. Por el contrario, Jesús dejó claro que con poca fe (*si tuvierais fe como un grano de mostaza*[221]) bastaría para que hubiera milagros. Sería muy útil detenerse en un estudio exegético acerca de la semilla de mostaza, en relación a la fe y los exorcismos. Pues la fe como un granito de mostaza es mencionada en un contexto exorcístico[222]. Pero tal estudio nos desviaría del tema del exorcismo indefinido, para adentrarnos en el tema de la relación entre fe y exorcismo. Bástenos mencionar la magnífica conclusión de Dufour al estudiar en profundidad el tema: *Hablar de semilla es afirmar el carácter no natural de la fe: ésta se*

---

221 La enseñanza acerca de la relación entre la fe y la realización de hechos extraordinarios, viene recalcada en el Evangelio, pues en Lc 17, 6 la fe como un grano de mostaza arranca una higuera, y en Mt 17, 20 arranca una montaña.

222 Los versículos que justamente preceden a la explicación del grano de mostaza son: «Los discípulos se acercaron entonces a Jesús y le preguntaron en privado: ¿Por qué nosotros no pudimos expulsarlo [al demonio]?Porque tenéis poca fe» (Mt 17, 19-20).

nos da como semilla, y no como secuela del esfuerzo humano[223]. Y mencionamos estas palabras, porque esto supone una respuesta al interrogante de por qué no acaban ciertos casos de posesión. La respuesta no está en la carencia de esfuerzo humano por parte del exorcista, sino en otro campo. En el campo de lo misterioso personal, comunitario o eclesial. Si todo se hace bien en un exorcismo, la ausencia de liberación radicará en una de esas tres razones.

Comprensión más profunda del carisma exorcístico

El que un cierto número de exorcismos no acaben con la liberación plena y permanente, no significa que el carisma del exorcismo se haya debilitado en nuestra época, como algunos piensan. Sino que esto nos debe conducir a una mejor comprensión acerca de cómo funciona un carisma. Y es que después de haber expuesto la doctrina anterior, la que aparece en los puntos precedentes, esa doctrina se ilumina si recapacitamos acerca de la simetría entre poder sanador y poder exorcizador.

Paralelismo entre poder sanador y poder exorcizador

En el Evangelio consta que Jesucristo otorgó un poder sanador a los Apóstoles, pero no consta en ningún lado que dijera que siempre y en toda circunstancia, toda enfermedad sería sanada. Examinemos algunos pasos evangélicos:

1. *Impondrán las manos sobre los enfermos y se pondrán bien* (Mc 16,18).
   El texto no dice que si tienen fe, todos los enfermos se curarán. Si hubiera sido así, nadie durante la generación de los Apóstoles hubiera muerto por enfermedad. El signo que otorga Jesús, será la curación de enfermos. Pero el signo dado por el Mesías no es la curación de todos los enfermos.

---

223 Xavier Léon-Dufour, Estudios del Evangelio: Análisis Exegético de relatos y parábolas, Cristiandad, Madrid 1982, pg 193.

2. *Padre, si es posible pase de mí este cáliz* (Mt 26, 39).
   Y el cáliz no pasó, sino que lo tuvo que apurar. Así también puede que haya posesos que tengan que apurar el cáliz del sufrimiento224. Jesucristo poseía pleno poder sobre todos los ámbitos. ¿Por qué esta petición no se hizo realidad? Porque se somete a la voluntad del Padre. Este es un buen ejemplo de cómo el pleno poder de Cristo, no implica que necesariamente ese pleno poder tenga que aplicarse. Si eso valió para Cristo, vale para sus discípulos. El poder y la autoridad entregadas a los Apóstoles y sus sucesores son plenas, pero sometidas a la voluntad del Padre

Así pues, concluimos que Jesucristo otorgó el poder de expulsar demonios, pero no nos dijo que expulsaríamos siempre y en toda circunstancia a todo demonio. El poder existe en el sacerdocio, pero poseer el poder no implica que la voluntad de Dios respecto a un individuo concreto sea que ese poder se aplique. Las razones para ello podemos encontrarlas en la *Instrucción sobre las oraciones para obtener de Dios la curación*, cuando dice:

> La victoria mesiánica sobre la enfermedad, así como sobre otros sufrimientos humanos, no se da solamente a través de su eliminación por medio de curaciones portentosas, sino también por medio del sufrimiento voluntario e inocente de Cristo en su pasión y dando a cada hombre la posibilidad de asociarse a ella. (...) Consiguientemente, todo hombre, en su sufrimiento, puede hacerse también partícipe del sufrimiento redentor de Cristo[225].

Aunque la instrucción se refiere sobre todo a la enfermedad, se dice que la misma doctrina sirve para otros sufrimientos humanos. Y ciertamente las razones que explican la ausencia de curación en algunos individuos, sirven para explicar la ausencia de liberación de otros casos. Esta misma enseñanza la podemos encontrar en la Carta Apostólica *Salvifici doloris*:

---

224 Tras la petición de Jesús de que pase de largo el cáliz, tanto Mt 26, 42, como Mc 14, 36 y Lc 22, 42, concluirán en un texto esencialmente coincidente que se puede traducir como: «Pero no mi voluntad, sino la tuya sea hecha».

225 Congregación para la Doctrina de la Fe, *Instrucción sobre las oraciones para obtener de Dios la curación,* 14 de septiembre de 2000, n. 1.

> En la Cruz de Cristo no solo se ha cumplido la Redención mediante el sufrimiento, sino que incluso el sufrimiento humano ha sido redimido. (...) Operando la Redención mediante el sufrimiento, Cristo ha elevado al mismo tiempo el sufrimiento humano al nivel de la Redención. Así pues, todo hombre en su sufrimiento puede llegar a ser partícipe del sufrimiento redentor de Cristo[226].

Esto nos ofrece una visión más amplia, la visión del Evangelio tomado como un todo. El Evangelio entero es el criterio de interpretación para los versículos particulares acerca de curaciones, exorcismos o triunfos parciales[227]. Esta hermenéutica nos conduce finalmente a la comprensión del Misterio de la Cruz como realidad personal que se debe aceptar. Por eso la lectura de unos determinados versículos, en los que se concede el poder de exorcizar, debe insertarse en la visión—marco que ofrece el entero Evangelio, y no al revés. Pues si se hace al revés, ocurre como cuando Moisés golpeó angustiado la roca en Masá y Meribá para que saliera agua en el desierto. La Escritura es ambigua acerca de lo que sucedió, pues quisieron ocultar lo más posible el pecado del hombre santo por antonomasia[228]. Pero parece que Moisés se desesperó porque no salía el agua y dirigió reproches a Dios, de los que después se arrepintió. Es como si, en un momento dado, Moisés estuviese tan acostumbrando a la acción extraordinaria de Dios, que inconscientemente pensase que el milagro forzosamente tenía que suceder. Como si el milagro fuese una obligación de Dios y no una concesión. De esta manera, Dios no podía probar a su Pueblo. Algunos exorcistas (sobre todo los que comienzan) tienden a pensar con esta mentalidad en términos de obligación. Pero los triunfos de Moisés deben entenderse desde la comprensión del Libro de Job. Esto es lo que se logra en el Evangelio.

Pues si absolutizamos un versículo particular sin insertarlo en el Evangelio-marco, nos encontraremos exigiendo a Dios: tengo fe,

---

226 Juan Pablo II, *Salvifici doloris*, n. 11, p. 212, AAS 76 (1984).

227 Por ejemplo, la moneda en la boca del pez para pagar el tributo (Mt 17, 24-27), caminar sobre el agua (Mt 14, 22-27), pesca milagrosa (Lc 5, 1-11), el agua convertida en vino (Jn 2, 1-11).

228 «Y puso a aquel lugar el nombre de Masá y Meribá, por la contienda de los hijos de Israel, y porque tentaron al Señor, diciendo: ¿Está el Señor entre nosotros o no?» (Ex 17, 7). Cf. Nm 20, 13, Dt 33, 8 y Dt 6, 16.

luego cumple tu parte. Lo cual resulta execrable. Dios cumple su Palabra, pero la cumple de acuerdo a toda su Palabra. De ahí que aun teniendo el poder de exorcizar (por el sacramento del orden) o de sanar (por un carisma extraordinario) no podemos exigir ni lo uno ni lo otro. Sino que, aun teniendo el poder, debemos pedir, pues desconocemos la voluntad de Dios para ese caso concreto. El mismo Dios que prometió a Moisés la victoria total sobre los cananeos si luchaban[229], es el que dice a su pueblo en tiempos de Jeremías que no luche contra los babilonios y se entregue a ellos para salvar, al menos la vida[230]. El poder de Dios era el mismo en una época y en la otra. Pero los profetas anuncian dos voluntades distintas por parte de Dios.

Desde esta perspectiva, no es que en el sacramento sacerdotal falte poder para expulsar al demonio, sino que, en ocasiones, existe un designio superior: un plan santificador para el alma, que es superior al bien de la liberación. Ambas cosas, el designio santificador y el bien de la liberación, son de Dios, pero en unos casos se impone la decisión de la liberación y en otros la decisión de proseguir el camino santificador. Los exorcismos indefinidos deben ser entendidos desde el Misterio de la Cruz, desde la posibilidad humana de participar en la Pasión de Cristo.

La Resurrección de Cristo muestra la victoria del Mesías. Pero imaginemos otra hipotética economía de la salvación, en la que Cristo hubiera hecho lo mismo (predicar, milagros, etc), salvo que no hubiera profetizado su Resurrección y, por tanto, no hubiera resucitado. En ese caso hipotético, los frutos de su Pasión hubieran sido los mismos, exactamente los mismos. Aunque no hubiéramos visto el triunfo. Y hubiéramos tenido que tener fe en su victoria al final de los tiempos.

Por eso, el que un poseso muera anciano tras toda una vida sin haber sido liberado, eso no supone ninguna derrota. No hubiera supuesto ninguna derrota para Job que este hubiera muerto aban-

---

229 «Mira, Israel, el Señor tu Dios ha puesto la tierra delante de ti; sube, toma posesión de ella, como el Señor, el Dios de tus padres, te ha dicho. No temas ni te acobardes» (Dt 1, 21).

230 «Así dice el Señor: El que se quede en esta ciudad morirá a espada, de hambre o de pestilencia, pero el que se pase a los caldeos, vivirá y tendrá su vida por botín y seguirá viviendo» (Jr 38, 2).

donado, pobre y enfermo. La teología de la Cruz si algo nos enseña, es que no implica que necesariamente deba darse una manifestación de victoria visible aquí en la tierra en este eón. Job recibió parte de su remuneración aquí en la tierra, pero otros muchos Jobs mueren en el anonimato sin ver ninguna promesa liberatoria cumplida en este mundo. Los casos de posesión indefinida que no sean liberados, deben ser comprendidos bajo la hermenéutica de la Cruz. Exactamente lo mismo es válido para las personas que sufran influencias demoniacas indefinidas.

El *Catecismo de la Iglesia Católica* nos ofrece la siguiente definición de exorcismo: *El exorcismo* ***intenta*** *expulsar a los demonios o liberar del dominio demoniaco gracias a la autoridad espiritual que Jesús ha confiado a su Iglesia*[231]. Tras todo lo explicado aquí, se observa lo afortunado de la elección del verbo «intentar». Entre los *Praenotanda* del nuevo ritual de exorcismos, el n.11 repite el mismo verbo «intentar»[232].

Esta perspectiva de que la entrega de un poder curador por parte de Cristo, no implica la sanación universal en nuestro tiempo de viadores, está expresamente recogida en el mismo catecismo: *No obstante,* [Jesús] *no vino para abolir todos los males aquí abajo, sino a liberar a los hombres de la esclavitud más grave, la del pecado*[233]. Si Jesús no vino a liberar de todos los males, tampoco vino necesariamente a liberar a todos los posesos. O dicho de otro modo: la liberación de los males estuvo y está supeditada a un bien superior, el bien del alma. Luego la liberación de la posesión también está supeditada al bien de la propia alma o de la de los otros.

Por tanto, debemos entender el exorcismo no como una acción automática, sino como una *oratio supplicans*, que una vez escuchada por Dios permite la actuación de una potestad inherente al

---

231 «Exorcismus intendit demonia expellere vel a influxu demoniaco liberare et quidem auctoritate spirituali quam Iesus Suae concredidit Ecclesiae». CATECISMO DE LA IGLESIA CATÓLICA, nº 1673.

232 «El exorcismo que intenta expulsar a los demonios o liberar del dominio demoniaco gracias a la autoridad espiritual que Jesús ha confiado a su Iglesia». CONGREGACIÓN PARA EL CULTO DIVINO, *De exorcismis et supplicationibus quibusdam*, Praenotanda n. 11.

233 «Ipse tamen non venit ut omnia mala hic in terris aboleret, sed ut homines a gravissima omnium servitute liberaret ab illa peccati». CATECISMO DE LA IGLESIA CATÓLICA, n.549.

sacerdocio. Pero si por razones superiores, no está en la decisión de Dios la liberación de ese poseso, el poder exorcístico sacerdotal actuará (de forma que se verá su efectividad atormentando al demonio) pero no de forma liberatoria (y así ese poder no consumará la liberación). El poder sobre los demonios será actuado, se hará patente, pero sin llegar a la consumación del acto liberatorio.

Toda posesión se ha de entender inscrita en el plan salvífico que Dios tiene para esa persona. Y, al mismo tiempo, cada posesión se inserta como un elemento más de la lucha contra el Mal en el Cuerpo Místico de la Iglesia. El exorcismo puede no resultar liberatorio para la persona, pero sí para la Iglesia. Ninguna acción eclesial es querida por Dios sin una función.

Si hubiera que sintetizar toda esta teología sobre el exorcismo, podríamos hacerlo bajo tres aspectos:

a. **La posesión considerada en sí misma**. La posesión incluso desprovista del auxilio del exorcismo, tiene su razón de ser: la Cruz de Cristo. Este sentido teológico es el que tuvieron todas las posesiones incluso antes de la Era Mesiánica.
b. **Posesión con exorcismo**: La vejación por el demonio unida al remedio alcanza una nueva razón de ser: la manifestación del poder de Cristo, del triunfo de su resurrección que recorre todas las edades.
c. **Posesión indefinida**. La posesión indefinida unida al ejercicio del exorcismo indefinido, alcanza su razón de ser no solo como participación de la Cruz, no solo como manifestación del poder de Cristo, sino también como lucha eclesial contra el *Corpus Daemoniacum*.

Podríamos decir que en este misterio de la posesión, en cada uno de estos tres aspectos se resalta un aspecto específico. En la posesión sin exorcismo, resalta el aspecto de la santificación personal. En la posesión con exorcismo, resalta el aspecto comunitario, es decir, el ejercicio del ministerio del pastor con una de sus ovejas. En la posesión indefinida unida al exorcismo indefinido, resalta su función respecto a la Iglesia Universal.

En distintos lugares del mundo hay sacerdotes que comprenden que deben seguir realizando el exorcismo semanalmente sobre un poseso, aun no viendo resultados concretos obtenidos tras la inversión de tanto tiempo y esfuerzo. Estos presbíteros, aun sin ser expertos en materia exorcística, con el tiempo llegan a la comprensión de la teología subyacente bajo el uso indefinido del ritual, frente a un caso que parece estático e inamovible. Es raro que un sacerdote que haya prolongado más de un año sus oraciones, no haya al menos intuido el sentido profundo inherente a esta realidad teológica.

En el caso de sor María de Jesús Crucificado, durante el tiempo que sufrió la posesión, se observa en ella una perfecta comprensión de que ese fenómeno era tan solo un medio más de sufrimiento por Cristo, manifestando una perfecta aceptación de la voluntad de Dios:

> ¿Tú crees, Satán, que hago caso de mi cuerpo? Lleva todo tu fuego. Lánzalo dentro de mi corazón. Rasga este corazón, es de Jesucristo. Todo lo que me haces sufrir no es gran cosa. Nosotros merecemos siempre mientras estemos sobre la tierra. No permanecemos para siempre sobre la tierra[234]. [La posesa tenía un claro conocimiento del bien que esto hacía para las almas, y así dirá:] Me uno a Jesús, dice la hermana, cuando cae la primera vez bajo el peso de su cruz. Ofrezco mis sufrimientos por los pecadores que caen, para que ellos se levanten con Jesús[235]. Me uno a Jesús cuando se limpió su faz adorable. Ofrezco mis sufrimientos por los pecados del mundo[236].

Esta carmelita pide y recibe los exorcismos. Pero el no ver el fruto de estos, no le hace perder la fe en que tal acción tiene su sentido teológico, aunque en este mundo no se perciba nada:

> Yo te digo, Satán, que no siento si estoy con mi cuerpo. Me siento que estoy con Jesús. Cuando Dios quiere una cosa, no puedes cambiar nada. Estas obligado a obedecer a Jesús con temblor[237]. [Incluso, se atisba un nuevo entendimiento del sen-

234 Jean-Gabriel Rueg, *Mariam, sainte palestinienne ou la vie de Marie de Jésus crucifié*, pg 120.

235 Jean-Gabriel Rueg, *Ibidem*, pg 116.

236 Jean-Gabriel Rueg, *Ibidem*, pg 118.

237 Jean-Gabriel Rueg, *Ibidem*, pg 128.

tido de la posesión indefinida en esta frase que ella dirá:]*Satán, túme buscas atrapar, pero eres tú el que estás atrapado*[238].

Esto último exactamente ha sido dicho en otro caso de exorcismo indefinido. En el cual la posesa dijo en trance: *yo quiero salir, es Dios el que no me deja*[239].

La dualidad oración deprecativa y ejercicio de la potestas

Sería conveniente, lo primero de todo, explicar qué es la *potestas*. El *Catecismo de la Iglesia Católica* al hablar de los sacramentos afirma:

> Eso supone ministros de la gracia, autorizados y habilitados por parte de Cristo. De Él reciben la misión y la facultad (el «poder sagrado») de actuar «in persona Christi». Este ministerio, en el cual los enviados de Cristo hacen y dan, por don de Dios, lo que ellos, por sí mismos, no pueden hacer ni dar...[240].

Potestas, por lo tanto, es un poder sagrado que ha sido recibido de Dios. En el sacramento del orden se recibe un poder sagrado. Pero también algunas personas, por un carisma otorgado por Dios directamente, poseen un poder para expulsar demonios.

Hemos dicho antes que debemos entender el exorcismo no como una acción automática, sino como una *oratio supplicans* que una vez escuchada por Dios permite la actuación de una potestad inherente al sacerdocio. Ahora bien, no es infrecuente escuchar a algunos exorcistas afirmar que lo único que ellos hacen durante un exorcismo es limitarse a pedir a Dios. Afirmaciones de este tenor no son infrecuentes: «yo no hago nada, es Dios quien lo hace todo». En este tipo de afirmaciones, que no son incorrectas, lo que resalta es la humildad del exorcista, y la voluntad de dejar claro que todo honor se debe a Dios.

Pero sería erróneo entender el exorcismo como una mera oración suplicante. De hecho, ni siquiera la bendición de un presbítero es una mera súplica, sino la actuación de una *potestas* inhe-

238 Jean-Gabriel Rueg, *Ibidem*, pg 128.

239 Arch. Pers., n.26, pg 20.

240 Catecismo de la Iglesia Católica, n.875.

rente al sacramento. Por eso el sacerdote dice *yo te bendigo*, y no dice *deseo que Dios te bendiga*.

En el caso del exorcismo, para hacer una oración deprecativa, no hubiera sido necesario otorgar ningún poder ni autoridad por parte de Cristo. Por supuesto que uno, aun teniendo un poder, un don, un carisma, tiene que suplicar a Dios, pues todo se somete a su voluntad[241]. Pero poseer un poder, supone la capacidad de actuar ese poder. Ésa es la diferencia radical entre decir: Dios Todopoderoso, libera a esta persona del demonio. A decir: Yo te exorcizo, demonio, sal de este hijo de Dios.

Siguiendo con el paralelismo entre poder exorcístico y poder sanador, una cosa es pedir la curación de alguien, y otra tener el don de curación. La diferencia entre poseer un don o no poseerlo, podemos entenderla desde el paralelismo que existe entre poseer o no una autoridad. Veamos esto en el caso de las llaves de Pedro: *Te daré las llaves del Reino de los Cielos* (Mt 16, 19). Si uno se sitúa ante la puerta de una casa, hay una diferencia notable entre pedir que te abran, a tener la llave. El que tiene la llave puede abrir cuando lo desee. Es cierto, que el acto de abrir la puerta, aun teniendo la llave, siempre estará sometido a la voluntad del amo de la casa. El cual, como amo, tiene poder para atrancar la puerta desde dentro. Pero si el acto de abrir la puerta con la llave, se redujese a un acto de súplica de resultado siempre incierto, la concesión de la llave resultaría inútil.

Ray, al hablar del simbolismo de las llaves en el Evangelio de Mateo, escribía: *Un rey nunca abandona su autoridad en cuanto a la posesión de las llaves, pero puede delegar su autoridad a cualquiera que lo desee. Entonces ambos tienen la autoridad sobre las llaves, uno por derecho, y otro por delegación*[242]. Esta imagen semítica de las llaves explica muy bien cómo se integran las dos realidades: la de que todo está sometido al designio divino, pero al mismo tiempo el subordinado ostenta un verdadero poder.

---

241 «Así que, ni el que planta es algo, ni el que riega; sino Dios, que da el crecimiento» (I Cor 3, 7). «No soy yo, sino Cristo que vive en mí» (Gal 2, 20). «Pero no hay sino un mismo Dios que obra todas las cosas en todo» (I Cor 12, 6).

242 Scott Butler (AA.VV), *Jesus, Peter and the Keys*, Queenship Pub., Santa Barbara 1996, pg 58. Citado en Stephen K. Ray, *Upon This Rock: St. Peter and the Primacy of Rome in Scripture and the Early Church*, Ignatius Press, San Francisco 1999, pg 275.

San Pablo es claro al afirmar que el don de curar *es dado* a algunos[243]. Si todo se limitase a una súplica, no se podría hablar de *dones de curación*[244], que implica la posesión de algo estable. Si todo se limitase a la súplica, no se diría que *a alguno*[245]le es concedido ese carisma, pues todos pueden suplicar. Pero, al hablar de los dones, expresamente explicará San Pablo que no todos tienen ese don: *no todos tienen el poder*[246]. Esto contrasta con aquellos carismáticos que afirman que todos pueden sanar y que todos los bautizados han recibido el carisma de sanar en el sacramento. Por el contrario, ese versículo afirma lo contrario. Y por ende se puede afirmar lo mismo del exorcismo. Por tanto, en virtud de esa simetría entre poder sanador y liberador, se puede afirmar que tampoco todos los laicos tienen el poder exorcístico. Esto legitima el criterio restrictivo del Derecho Canónico respecto al exorcismo, al mismo tiempo que faculta para que los laicos realicen oraciones de liberación como *oratio suplicans*.

Para acabar diremos que en la época apostólica no se sanaron todos aquellos por los que oró alguien poseedor de este carisma, probablemente podemos suponer que no se sanó ni siquiera la mayoría. Hubo sanaciones, pero no consta que casi todos se sanaran. Por lo menos, tal cosa no está afirmada ni en Hechos de los Apóstoles, ni en las cartas neotestamentarias.

Por otra parte, aunque reconocemos que no hay ningún problema teológico en que se puedan dar exorcismos indefinidos, no puede ser que todos los exorcismos sean indefinidos. Esto sería como decir que alguien tiene el don de curación, pero al mismo tiempo viésemos que nadie se cura nunca. Estrictamente hablando, tampoco habría problema en que la mayoría de los exorcismos pudieran ser indefinidos. Pues bastará con que se dé un cierto índice de liberaciones incontestables, para comprobar que el acto liberador se consuma. Incluso aunque las liberacio-

---

243 «A uno (…) le es dado (gr. didotai) (…) dones de curar» (I Cor 12, 8-9).

244 «Charismata iamaton». I Cor 12, 9.

245 «Allo», I Cor 12, 9.

246 «No todos tienen la fuerza (poder)», en gr. «me pantes dynameis» (I Cor 12, 28). «Dynamis» procedente del verbo «dynamai»: ser capaz, tener la habilidad. Es decir, lexicológicamente, todo indica que el carisma es una posesión estable, una capacidad del sujeto.

nes fueran un número pequeño, la Palabra de Dios se cumpliría. Asimismo hay que reconocer que, incluso en los exorcismos indefinidos, se comprueba el poder sobre el mundo de los demonios, aunque no se lleve a término lo que se pretende con el uso de esa autoridad, esto es, la liberación. Alguien puede pensar que estas líneas son muy pesimistas respecto al poder liberador, pero hay que reconocer que son muchos los casos que no acaban con una liberación plena y total[247].

Casos extraños de exorcismo indefinido

Si bien, hasta ahora hemos analizado el hecho del exorcismo indefinido desde doctrinas ciertas y seguras (el valor corredentor del sufrimiento humano, la inserción de la posesión demoniaca como parte integrante de la historia salvífica y santificadora de la persona posesa) y, en todo caso, desde el punto de vista más opinable de la existencia de un *Corpus Universale Daemoniacum*. Desearíamos ahora dejar constancia de unas últimas posibilidades de interpretación del misterio del exorcismo indefinido, una correcta (o, al menos, posible) y otra teológicamente incorrecta.

Los infantes y el limbo

Uno de los extraños casos que asistimos en los años en que hemos ejercido este ministerio, fue el de una chica norteamericana a la que vamos a llamar aquí Rachel. El caso de Rachel lo vamos a explicar de forma más extensa, pues sus particularidades merecen que se expongan con detalle:

> Se trataba de un caso de exorcismo indefinido que me envió un exorcista conocido mío. El exorcista en cuestión era un sacerdote de una admirable vida ascética. Los ayunos, la pobreza en la que vivía, su continua oración, eran bien conocidos de toda la diócesis desde su ordenación. Eso me planteó el siguiente interrogante: si ese sacerdote tan ejemplar no ha podido liberarla, ¿quién podrá? El caso, tal como me lo planteó el exorcista se re-

247 Acerca del índice de exorcismos indefinidos, véase Apéndice, nota 72.

> sume de esta manera: *La chica queda liberada, pero a la semana siguiente me dice que ha vueltoa quedar poseída, y efectivamente compruebo que ha regresado con otro espíritu dentro.* Este ascético sacerdote perseveró semana tras semana en los exorcismos, hasta llegar a la conclusión de que en ese caso había algo más cuya comprensión se le escapaba[248].

Hay que explicar que aunque el exorcista dijo que de nuevo quedaba poseída, de ello no mostraba signos externos en su vida ordinaria, pues la angustia que padecía era interna. Padeciendo, a veces, episodios que la situaban al borde de lo que en psiquiatría se podría calificar como un ataque de ansiedad; aunque ella podía dominarse. Resulta relevante advertir que las manifestaciones externas de una presencia espiritual, solo se producían durante el exorcismo que le practicaba este sacerdote. Nunca había manifestaciones extrañas fuera de las sesiones de exorcismo. De ahí que más que de una persona posesa, debamos hablar de una persona «vejada por los espíritus» por usar una expresión evangélica[249]. Proseguimos con la exposición del caso:

> Era evidente que esta chica no hacía nada contrario a la Ley de Dios, y que su vida era de intensa oración. Al final, le dije que se trataba de un caso de exorcismo indefinido, y ella lo aceptó con amor, como una cruz que llevaría por amor a Dios. Afortunadamente, ella podía llevar una vida normal en cuanto al trabajo y a las relaciones sociales, a pesar de que sentía esos espíritus dentro de ella[250].

Parecía que Dios permitía que entrasen en Rachel las almas de espíritus perdidos. Eso era lo que parecía, independientemente de lo que fuera en realidad. Pero aparentemente Dios permitía que entrasen esos espíritus, para que en ella encontrasen la luz. Hay que insistir en el hecho de que ni su vida laboral, ni familiar, se resintió lo más mínimo. Todo esto se reducía a un sufrimiento

---

248 Arch. Pers., n.27, pg 20.

249 Recordemos que en este campo de lo demoniaco, no a todos los que atendía Jesucristo estaban poseídos. Severamente posesos estarían algunos de los calificados como «daimonizomenous» (v.g. Mt 4, 24). Mientras que otros simplemente eran «aquellos afligidos por los espíritus impuros» (Lc 6, 18): en gr. «hoi enochloumenoi apo pneumaton akatharton».

250 Arch. Pers., n.27, pg 20.

que portaba de forma oculta, como parte de su vida espiritual, una vida de intensa oración diaria. Pues esta laica todos los días dedicaba tres horas a la adoración del Santísimo Sacramento. Seguimos con la exposición de lo que sucedió más adelante:

> La joven regresó a España un año después, y me dijo: *Padre, en una visión se me apareció la Virgen María y me pidió si quería llevar esta cruz por las almas de los niños abortados.* Y me explicó cómo ella sentía que esas almas, las de los niños, con todo su dolor entraban en ella, y percibía perfectamente sus sentimientos. No daba signos de posesión, pero notaba esas almas dentro y lloraba por ellas. Solo a base de oración y sacrificio lograba que esas almas comprendieran el amor de Dios Padre, y salieran de ella, camino hacia Dios.
>
> Esta chica afirmaba que sentía era muy difícil para esas almas de los niños comprender que Dios era padre y bueno. Porque lo único que ellos habían experimentado en sus cortas vidas, era que su madre (la única madre que conocían) les había matado. Ella sentía lo que esos niños albergaban en sus espíritus. No había ninguna comunicación con palabras. Y ella, la, digamos, posesa tenía que sanar todo eso a través de la vida religiosa que llevaba. Como si los niños percibieran su vida y fueran aprendiendo.
>
> Mientras estuvo en mi parroquia, unos diez días, oré por este caso peculiar. No hizo falta ningún exorcismo, solo me pedía recibir oraciones y bendiciones. Ella refería que por la gracia que recibían a través de esas plegarias, esas almas salían felices.[251]

Lo que contaba Rachel ¿era cierto o no? Una cosa se puede afirmar con seguridad, y es que cosas como éstas son las que suceden en los exorcismos. Lo objetivo es que un exorcista tiene que enfrentarse con episodios como este, si se trata de un ministerio ejercido durante años. Quizá durante meses los casos que reciba sean más normales. Pero, antes o después, acaban apareciendo casos más extraños. Este de Rachel es una muestra.

Sea cual sea el juicio teológico que demos de este caso, es seguro que todo aquello no era fruto de un trastorno esquizoide. Pues, además de que el trato con ella convenció a todos los que estába-

251 La chica, norteamericana, de algo menos de treinta años, la tratamos esporádicamente entre el año 2003 al 2005. Arch. Pers., n.27, pg 20.

mos en su entorno de su normalidad psicológica, al cabo de un año más estos fenómenos desaparecieron y no volvieron a suceder[252]. Si se hubiera tratado de una enferma, la patología hubiera continuado y los delirios hubieran retornado[253].

En materia de fenómenos místicos y demoniacos, sin duda, la realidad es una fuente de saber. Los fenómenos nos ofrecen conocimiento, aunque ese conocimiento precise ser discernido y evaluado. Resulta fascinante la idea de que el exorcismo pudiera completar nuestra comprensión escatológica del destino de los niños muertos sin bautizar. Aunque mucho se haya hablado sobre el limbo en siglos pasados, hay que reconocer que el contenido teológico sobre el *limbus infantium,* siempre (afortunadamente) se ha mantenido reducido a su mínima expresión:

> Un término teológico técnico para el lugar y el estado de los muertos que no se hallan ni en el cielo, ni en el infierno, ni en el purgatorio. Un lugar para los (...) que en la tierra nunca lograron el uso de razón y a los que nunca se les administró el sacramento del bautismo[254].

Concepto teológico, como se ve, bastante escueto. Aunque la Tradición, con pocas excepciones (v.g. San Agustín), siempre entendió que *el limbo no es designado como un castigo, estrictamente hablando, sino solo como un estado de separación de Dios*[255].

Desde luego, el episodio relatado de Rachel podría encajarse perfectamente dentro del esquema tradicional. Recordemos las palabras de la Comisión Teológica Internacional al hablar de la suerte de estos niños:

---

252 Acerca de la intimidad de ese trato, véase Arch. Pers., n.28, pg 21.

253 «El enfermo esquizofrénico ha de ser bien controlado ya que, como dijimos, su enfermedad no se cura con este tipo de drogas. El paciente «está mejor, pero no bien». Su tratamiento ha de ser constante y alguien tiene que cuidar de ello, pues no se consigue su total autosuficiencia o independencia de los demás». José Manuel Reverte Coma, *Las Fronteras de la Medicina: Límites éticos, Científicos y Jurídicos*, Ediciones Diaz de Santos, Madrid 1983, pg 154.

254 Peter Gumpel, «Limbo», en Karl Rahner, *Encyclopedia of Theology: A Concise Sacramentum Mundi*, Herder, Mumbai 1975, pg 851.

255 Charles Seymour, *A Theodicy of Hell*, Kluwer Academic Publisher, Dordrecht 2000, pg 193.

> Subrayamos que se trata de motivos de esperanza en la oración, más que de un conocimiento cierto. Hay muchas cosas que simplemente no nos han sido reveladas (cf. Jn 16, 12)[256].
>
> Por consiguiente, además de la teoría del limbo (que continúa siendo una opinión teológica posible), puede haber otros caminos que integren y salvaguarden los principios de fe fundados en la Escritura[257].

Si lo que contó esta mujer era cierto, el limbo realmente existiría. La diferencia con la concepción medieval del limbo, sería que este sería transitorio. Desde esta perspectiva, el limbo no sería fruto de las necesidades de la Justicia Divina, sino una etapa de aprendizaje y maduración (para los niños muertos sin uso de razón) y de sanación del alma (para los niños abortados).

El problema es cómo comprobar si esto es o no verdad. En este campo de los exorcismos en su faceta escatológica con las almas de niños no bautizados, nos hemos limitado a exponer el hecho y a mencionar que son dos las posibles explicaciones: o todo era mentira del demonio, o la influencia de las almas de los difuntos sobre algunos individuos puede poseer una dimensión escatológica de acuerdo al modo ya explicado. En esta obra, nos contentamos con dejar constancia de casos extraños como este.

Lo que parece claro, es que en la escatología del siglo XXI se puede esperar una verdadera resurrección de la teología sobre el limbo. No ya considerando a ese estado como el resultado de las exigencias de una implacable lógica divina, sino como el fruto de una mayor comprensión de la necesidad de un tiempo de aprendizaje y maduración de las almas que murieron sin uso de razón. Curioso devenir de un concepto teológico, aceptado durante siglos, abominado tras el Concilio Vaticano II y resucitado de un modo más profundo en el siglo XXI.

---

256 CTI, *La esperanza de salvación para los niños que mueren sin bautismo*, 19 de enero de 2007, n.102.

257 CTI, *La esperanza de salvación para los niños que mueren sin bautismo*, n.41.

Otro caso es el de un exorcista de edad casi anciana que atendía unos pocos casos de exorcismos indefinidos cuya atención le tomaba muchísimas horas cada semana. Eran pocos sujetos por los que oraba, pero las sesiones de exorcismo le reclamaban una gran cantidad de su tiempo como sacerdote. A juzgar por los años que llevaba atendiéndoles, se podría juzgar que se trataba de exorcismos indefinidos. A él no le importaba seguir orando por esas personas sin que dieran síntoma alguno de liberación definitiva, porque finalmente este presbítero comenzó a revelar a todos que en sus sesiones de exorcismo los demonios se arrepentían de sus pecados y se convertían:

> El exorcista me refirió que había exorcismos en los que después de mucha oración y tras escuchar las palabras que él mismo —el ministro del exorcismo— les decía, algunos demonios habían pedido perdón de sus pecados y se arrepentían sinceramente[258].

Este sacerdote se mantuvo en esta postura, a pesar de que la Tradición acerca de la condena irreversible del Diablo fuese clara. Frente a lo que afirmaban esos posesos en los exorcismos, permanecía lo dicho por los anatemas posteriores al II Concilio de Constantinopla: *Si alguno dice o siente que el castigo de los demonios o de los hombres impíos es temporal y que en algún momento tendrá fin, o que se dará la reintegración de los demonios o de los hombres impíos, sea anatema*[259]. Esta doctrina continua en la Historia del Cristianismo es la que atestigua autorizadamente el Catecismo de la Iglesia Católica

> La Escritura habla de un pecado de estos ángeles (2 P 2,4). Esta «caída» consiste en la elección libre de estos espíritus creados que rechazaron radical e irrevocablemente a Dios y su Reino. (...) Es el carácter irrevocable de su elección, y no un defecto de la infinita misericordia divina lo que hace que el pecado de los ángeles no pueda ser perdonado[260].

258 Arch. Pers., n.29, pg 21.

259 Cánones posteriores al II Concilio de Constantinopla, can. 9, año 543, Dz 211.

260 Catecismo de la Iglesia Católica, nº 392-393.

Pero el caso de este sacerdote es paradigmático de lo que sucede cuando las revelaciones exorcísticas se anteponen al Magisterio. Pues con el desenvolvimiento de varios años de esta actividad exorcística, acabó convencido de haber convertido a millares de demonios e incluso al mismo Satanás[261]. Y afirmaba esto no solo contra la Tradición, sino incluso a pesar de la afirmación taxativa de las palabras de la Sagrada Escritura: *Apartaos de mí, malditos, id al fuego eterno, preparado para el Diablo y sus ángeles*[262]. En el caso de este sacerdote, el círculo vicioso formado entre conversaciones demoniacas que le confirmaban en su misión, y supuestos dones de los que se consideraba investido, le llevó a cada vez más bizarros comportamientos: *Movimientos de sus manos en el aire como cerrando una puerta, porque un colaborador suyo le había dicho que había recibido una llave espiritual. Repetición de crípticas palabras, porque otro colaborador le había dicho que tenía un determinado significado exorcístico, etc*[263].

Al final, este sacerdote tuvo que ser apartado del ministerio exorcístico. Sus exorcismos eran indefinidos, lo cual no era extraño pues sus sesiones se habían convertido en interminables conversaciones con esas supuestas entidades. Allí más que orar se charlaba. Este es un ejemplo de exorcismo indefinido por error de método. Para él esos exorcismos indefinidos tenían pleno sentido (se hallaba convencido de estar vaciando el infierno), pero los relatos de los demonios debían someterse al Magisterio, y no el Magisterio a los relatos demoniacos.

El exorcismo indefinido en su vertiente escatológica: posibilidades

Dado que hemos analizado los casos más extraños que han surgido en el ejercicio del exorcismo, creemos que ha llegado al

261 Arch. Pers., n.30, pg 21.

262 Mt 25, 41: «Hoi kateramenoi eis to pur to aionion to hetoimasmenon». Sea dicho de paso, interesante la forma verbal *hetoimasmenon*, cuya traducción literalísima sería «habiendo sido hecho preparado». Acerca de las interpretaciones de esta forma verbal, véase Apéndice, nota 73.

263 Arch. Pers., n.71, pg 43.

momento de hacer una recapitulación de lo dicho respecto al exorcismo indefinido y su faceta escatológica.

a. Tesis intermediacionista:
   La posibilidad de que exista un cierto número de almas cuyo destino eterno quede en suspenso hasta el Juicio Final es un frecuente motivo de consultas entre exorcistas. Aquí solo mencionamos este punto de discusión entre expertos, porque el análisis de esta posibilidad se realiza de un modo exhaustivo en una obra nuestra dedicada únicamente a este tema.
b. Tesis del limbo de los niños no bautizados:
   No es muy frecuente, pero, de vez en cuando, surgen personas que afirman haber entrado en contacto con almas de niños que parecen hallarse en una especie de estado indefinido. Esta tesis no es contraria al Magisterio, en el sentido de que no obsta condena alguna al respecto. Pero esa razón negativa,tampoco implica que esta tesis sea verdadera.
c. Tesis de la apocatástasis demoniaca:
   Está expresamente condenada por el Magisterio. No hay duda de que,como consecuencia de la extensión de visiones cercanas al universalismo salvífico escatológico, este tipo de supuestos demonios convertidos se irán haciendo más frecuentes. Pues los prejuicios teológicos de los interrogadores exorcistas, suelen verse sospechosamente confirmados por los demonios en los exorcismos. Del mismo modo que, por ejemplo, si un sacerdote es ultratradicionalista en materia litúrgica, los demonios suelen apoyar sus tesis[264].

---

264 Si un exorcista tiene malquerencia hacia otro sacerdote o un obispo, durante los exorcismos los demonios usualmente le confirman en sus sospechas. Si el sacerdote es tradicionalista, los demonios suelen ser tradicionalistas. Todo esto es muy sospechoso, y no hace más que confirmarnos en el hecho cierto de que el interrogador encamina las respuestas hacia donde quiere. Acerca de los sacerdotes tradicionalistas que suelen recibir revelaciones de los demonios acerca del nuevo ritual de la misa, de la comunión en la mano y cosas similares, véase un caso concreto en Arch. Pers., n.31, pg 21.

La posesión indefinida tiene sentido en su faceta personal como medio de santificación. Pero todo lo que vaya más allá de esto, deberá discurrir por los cauces del Magisterio. Teniendo los Ordinarios que estar atentos ante las posibles desviaciones que en la recta praxis del exorcismo sean causadas por las conversaciones demoniacas o los supuestos dones.

En este último apartado dedicado a las posibilidades del exorcismo indefinido en relación a la escatología, queremos señalar una última interesante posibilidad, aunque no esté relacionada exclusivamente con el exorcismo indefinido. Pero la mencionamos en esta parte de la obra, por ser una continuación natural del último apartado sobre el exorcismo y el arrepentimiento de los demonios. La posibilidad teórica a la que nos referimos, es la de que la guerra inicial entre ángeles fieles y ángeles caídos no haya acabado, y que ambas historias salvíficas estuvieran interrelacionadas. Obsérvese que hemos dicho *historias salvíficas*, no hemos dicho meramente que ambos mundos estén relacionados, sino que pueden estarlo ambas economías de la salvación. Si esto fuera así, el exorcismo indefinido asumiría un contenido teológico que iría mucho más allá de la mera expulsión de un demonio del cuerpo de una persona.

Esto no significa que los demonios puedan arrepentirse. Precisamente el concepto de demonio incluye la característica de rechazo irrevocable de la salvación. Así está expresado en el Catecismo de la Iglesia Católica siguiendo toda la tradición exegética y teológica al hablar de ellos como los que *rechazaron radical e irrevocablemente a Dios y su Reino*[265]. Los demonios no pueden arrepentirse, ahora bien, dado que los espíritus angélicos están fuera del tiempo, ¿podrían haber quedado espíritus angélicos que todavía no se hubieran determinado definitivamente? Si esto fuera así, la guerra en el cielo de la que habla el Apocalipsis habría comenzado, pero todavía no habría acabado. En nuestra opinión, tal posibilidad (sea o no verdadera) cabe dentro del esquema dogmático de la Iglesia.

---

265 Catecismo de la Iglesia Católica, n.392.

La interconexión de la economía de la salvación angélica y humana

El evo o tiempo del mundo angélico

Algunos autores entienden el evo de los ángeles como una mera no-coeternidad con Dios: *El evo es una condición angélica entre Dios y los mortales. Los que moran en él viven a través de un tiempo infinito, pero fueron creados por Dios y no son por tanto coeternos con Él*[266]. Otros autores entienden el evo como una especie de eternidad sin tiempo de ningún tipo, como una eternidad que tuvo un principio, pero en la que no hay tiempo, lo cual es un error.

Considerar el evo como un estado estático y absolutamente atemporal, supone una visión errónea del tiempo de los ángeles. Ese error iguala el evo a la eternidad de Dios, salvo por la diferencia de que este contaría con un principio: *Buenaventura mantiene que la sucesión del «aevum» (...) tiene lugar «sine variatione et innovatione», una especificación que muchos, empezando por Aquino y Enrique de Ghent, encontrarán incomprensible*[267].

Resulta insuficiente definir al evo como una eternidad con principio, pues no explicamos lo que es en sí. El evo tampoco es la completa ausencia de tiempo. El tiempo en el mundo angélico es diverso del tiempo material, pero es un tipo de tiempo. Frente a tantos entendimientos incorrectos del evo, fue el Aquinate el que de un modo conciso pero preciso definió cómo tenía que ser el fluir temporal de seres espirituales carentes de materia:

> [El evo es] la medida [del tiempo] de esas entidades [angélicas] que poseen su ser sustancial de un modo estable y permanente, pero ese ser, a diferencia de lo que ocurre en Dios, es concomitante con operaciones mudables[268]. Por eso, [los ánge-

266 Ned Lukacher, *Time-fetishes: the secret history of eternal recurrence*, Duke University Press, USA 1998, pg 70.

267 Pasquale Porro, «Angelic mesaures: aevum and discrete time», en Pasquale Porro (ed), *The medieval concept of time: The scholastic debate and its reception in early modern philosophy*, Brill, Boston 2001, pg 146.

268 Pasquale Porro, «Angelic mesaures: aevum and discrete time», en Pasquale Porro (ed), *The medieval concept of time: The scholastic debate and its reception in early modern philosophy*, pg 144.

les] pueden cambiar con respecto a su elección, pensamiento, afecto y lugar. Y pueden ser medidos por el evo[269].

En esta obra, como es usual en los autores que tratan este tema, llamaremos TIEMPO al tiempo del cosmos material, y llamaremos EVO al fluir temporal de los ángeles y almas separadas del cuerpo. Hecha esta distinción debemos continuar con otra: escribiremos «Tiempo» con mayúscula para referirnos a todo el tiempo del mundo material, y escribiremos «tiempo» con minúscula cuando simplemente hablemos del tiempo como fluir temporal o como realidad parcial de todo el Tiempo. La misma distinción valdrá para el EVO: con mayúscula cuando nos refiramos a todo el Evo como una unidad, y con minúscula cuando sea una realidad parcial.

Una vez que entendemos que el evo de los ángeles es verdadero tiempo, y no una especie de inmovilidad temporal, resulta interesante observar que el evo y el tiempo de nuestro cosmos material pueden relacionarse y se relacionan. *Los espíritus inmortales tuvieron una participación en el tiempo terrestre* (...) *porque ellos pudieron aparecerse a los hombres dentro del tiempo*[270].

Esa relación entre el tiempo y el evo sucede en las dos direcciones: porque por un lado lo angélico interviene en este mundo, y por otro lado nuestras plegarias llegan a ellos para que intercedan ante Dios u obren en nuestro mundo. Sin embargo, la hipótesis que planteamos aquí es que, tal vez, ambos tiempos no solo se relacionasen, sino que incluso ambas historias de salvación se influyan entre sí en ambas direcciones.

La guerra angélica primigenia del Apocalipsis

Leemos en el Apocalipsis que *hubo una guerra en el cielo*[271]entre ángeles, pero no está escrito que esa guerra haya acabado de forma

---

269 Santo Tomás de Aquino, *Summa Theologica*, pars I, quaest. 10, art. 5, respondeo.

270 Ernst H. Kantorowicz, *The King´s Two Bodies*, Princeton University Press, Princeton 1997, pg 280.

271 «Y hubo guerra en el cielo, Miguel y sus ángeles guerrearon contra el dragón, y el dragón guerreó con sus ángeles». En gr. «Kai egeneto polemos en to ourano ho Michael kai hoi angeloi autou tou polemesai meta tou drakontos kai ho drakon epolemesen kai hoi angeloi autou» (Ap 12, 7).

absoluta. Observamos que el comienzo de este versículo *kai egeneto polemos*, siempre se traduce como «hubo una guerra». Pero el verbo *ginomai*, no significa «ser o haber», sino «llegar a ser, emerger, pasar de un punto (campo, condición) a otro». Esto significa que, en el texto canónico, el acento no se pone en el verbo «ser» en tiempo pretérito (lo que fue y ya no es), sino que se pone el acento en que el hecho de la guerra llegó a suceder, sin entrar en consideraciones acerca de si lo que llegó a suceder, sigue teniendo existencia.

¿Sería posible que esa guerra angélica no solo no hubiera acabado, sino que las tentaciones, posesiones, y enfrentamientos entre ángeles y demonios por nuestra causa, fuesen parte de esa única guerra comenzada antes de la Creación del cosmos material y que duraría hasta el Juicio Final? Si esto fuese así, y no hay razón bíblica alguna para pensar lo contrario, la guerra comenzó, pero no se afirma que haya acabado.

Tras hablar de la aparición de esta guerra angélica, los versículos siguientes del Apocalipsis solo afirma que los ángeles rebeldes *no prevalecieron y no se encontró* su lugar en el cielo, *y fueron arrojados el gran Dragón* (...) *y sus ángeles a la tierra* (Ap 12, 8-9). Eso es todo. En vano buscaremos en la Sagrada Escritura más versículos acerca del final de ese *polemos* (guerra). Se dice que fueron arrojados a la tierra, se dice que no prevalecieron, pero no se afirma que esa guerra haya acabado[272].

Si el evo y el tiempo se entrelazan, no se puede descartar la posibilidad de que nuestra historia de la salvación se entreteja con la historia de la salvación angélica. Lo que hasta ahora se ha dado por sentado, es que la historia de salvación angélica acabó, y que esos espíritus intervinieron en nuestra historia de salvación solo para ayudarnos.

---

272 La expresión «no prevalecieron» (ouk ischysen) de Ap 12, 8 se puede traducir como: no tuvieron fuerza, no fueron fuertes, no prevalecieron. El verbo griego «ischuo» significa «tener fuerza, ser fuerte». Y se refiere a la fuerza concreta que se ejerce en la batalla o en la lucha. Este matiz semántico refuerza todavía más la idea de que la expulsión del Cielo de estos demonios, no implica que la guerra haya acabado. Simplemente no han sido suficientemente fuertes para prevalecer y han sido arrojados a la tierra.

El modo en que se insertan ambas economías

Si la historia de la salvación angélica no hubiese acabado de forma absoluta, eso significaría que, ahora mismo, no quedarían únicamente confrontaciones entre dos bandos definidos de ángeles y demonios. Lo que, por tanto, nos atrevemos a apuntar, es la posibilidad de que algunas naturalezas angélicas, un cierto número, no se hayan definido todavía. Y que la historia de la salvación humana sea parte de la historia salvífica de esos espíritus angélicos. Además, recordemos que la guerra entre espíritus fieles e infieles está situada en el Evo fuera del Tiempo.

Dado que esa confrontación está situada radicalmente fuera de nuestro devenir temporal, no vemos por qué esa batalla tendría que haber acabado para todos los espíritus angélicos. Quizá la mayor parte de la determinación irrevocable de los espíritus en esa guerra angélica tuvo lugar en el evo antes del comienzo del tiempo del cosmos material. Pero cuando comenzó el tiempo quizá todavía quedaba un residuo de todas esas huestes que no se había determinado. Para ellos, el Tiempo (con la contemplación de la Creación, del amor humano, de las virtudes de los hombres justos, con el comienzo de la Historia de la Salvación con Abraham, la Historia de la Iglesia, etc) sería como un gran libro abierto en el que podrían reflexionar. Si esto fuera así, el Evo y el Tiempo no solo tendrían puntos de intersección, sino que se influirían recíprocamente y no solo en una dirección; el Evo y el Tiempo se entrelazarían. Incluso aunque, como tradicionalmente se sostiene, el Evo apareciera antes del Tiempo. Razón por la cual, la batalla angélica habría comenzado antes del Tiempo.

Si esto fuera así, la intervención de los ángeles caídos en nuestra Historia iría mucho más allá de una mera intervención tentadora. Pues al mismo tiempo que algunos espíritus angélicos podrían santificarse ayudándonos. Otros que, aun habiendo caído, no se hubieran determinado, podrían comprender su error y arrepentirse. En esta hipótesis teológica, habría tres grupos de naturalezas angélicas:

a. Los ángeles: Con ese nombre nos referimos a los espíritus angélicos bienaventurados, es decir a aquellos que ya se han determinado definitivamente y gozan de la visión beatífica. Para estos es imposible caer de ese estado, pues ya han visto la Esencia Divina.

b. Los demonios: Son los espíritus que ya se han determinado definitivamente en el rechazo de Dios. Para ellos es imposible arrepentirse, su condena es irreversible. *Si alguien dice o piensa, que el suplicio de los demonios y de los hombres impíos es por un tiempo* [ad tempus esse] (...) *sea anatema*[273].

c. Espíritus indeterminados: Sería el grupo de aquellos seres angélicos que, aun habiendo caído, no se han determinado de un modo definitivo y eterno. Este número de ángeles (quizá muy pequeño) seguiría en estado de prueba. Periodo de viadores que tiene como límite el Juicio Final. Después del cual todos, hombres y espíritus angélicos, quedarán determinados irreversiblemente.

A favor de la existencia de este último grupo se pueden aducir las palabras de la segunda epístola de San Pedro: *Dios no perdonó a los ángeles que habían pecado, sino que los entregó al tártaro, habiéndolos guardado* ***para el Juicio***[274]. Estas palabras son muy distintas de las del Juicio Final en las que el Diablo y otros *serán arrojados al lago de fuego y azufre* [...] *y serán atormentados día y noche,* ***por las edades de las edades***[275]. En la mitología griega, *el* Tártaro es la oscuridad que rodea y está bajo el mundo[276]. Como se ve, hay una diferencia terminológica entre el tártaro que expresamente se dice que es para un tiempo (hasta el Juicio), y el lago de fuego que se dice que será eterno (por las edades de las edades).

Si esta tesis fuera cierta, el mundo terreno con su Historia de la Humanidad sería el escenario del enfrentamiento entre las Fuerzas del Bien y del Mal que comenzó antes de la creación del cosmos y cuya historia salvífica (la del mundo angélico) solo se cerraría con el Juicio Final.

---

273 Cánones posteriores al II Concilio de Constantinopla, canon 9. Dz 211.

274 En gr. «tartarosas paredoken eis krisin eroumenous» (2 P 2, 4).

275 «Eis tous aionas ton aionon» (Ap 20, 10).

276 Joseph Eddy Fontenrose, *Python: A study on Delphic Myth and Its Origins*, University of California Press, Berkeley 1959, pg 224.

A la hipótesis aquí expuesta, la denominaremos *nexus oeconomiarum*[277], o «nexo de las economías». Llamaremos así a la tesis que afirma que la economía de la salvación angélica se inserta en la economía de la salvación humana. O dicho de otro modo, que la temporalidad de la Historia Humana se inserta en el periodo de prueba de algunos ángeles situado en su evo. Y usamos esta palabra con minúscula, porque el Evo es el resultado de la suma e interacción de todos los evos personales. A diferencia del tiempo que en el mundo material es esencialmente único y transcurre para todos de un modo constante; constante aunque relativo según los físicos.

Si esta hipótesis de la interconexión fuera cierta, el Juicio Final sería verdadero juicio para todos, tanto para las naturalezas humanas, como para las angélicas. Eso dotaría de inmenso contenido al Juicio Final, que constituiría un verdadero juicio cósmico y no una mera proclamación resultado de adiciones de juicios particulares. Y este carácter judicial definitivo da la sensación de que parece atisbarse en algunos versículos bíblicos[278]. Y eso sin olvidar aquel extraño versículo en el que San Pablo dice: ¿No sabéis que *juzgaremos a ángeles?*[279].

Además, en Col 1, 20,hay un versículo cuya traducción literalísima y manteniendo el orden de la oración, rezaría así: *A través de Él reconciliar todo* (ta panta) *en Él, haciendo la paz a través de la sangre de la cruz de Él, a través de Él, ya sean las cosas en la tierra o las cosas en el cielo*[280]. Obsérvese en la insistencia paulina en que la *reconciliación* (apokatallaxai) se produce «a través de Él», «en Él», «a través de la sangre de la cruz de Él» y la adición de un último «a través de Él» al explicar que ese *todo* (ta panta) se refiere también a los habitantes del cielo. Y debemos fijarnos en que no se habla de que nosotros seamos reconciliados con ellos, sino que se produce una reconciliación *en Él* (eis auton).

Si todos los ángeles fieles ya estaban salvados, ¿por qué la san-

277 Nexus, —us: encadenamiento, nudo, conexión, nexo, vínculo. Oeconomia, —ae: disposición, arreglo, orden. Entendiendo aquí la palabra «economía» según el término técnico acuñado por la patrística.

278 Mt 25, 32; Mt 13, 30; Mt 13, 47-50.

279 1 Cor 6, 3, el cual carece de otro versículo que pueda explicitar un poco más esta enseñanza.

280 Col 1, 20. Nos interesa especialmente: «epi tes ges eite ta en tois ouranois».

gre de la Cruz reconcilia a los ángeles? Una posible exégesis sería que reconcilia al linaje humano pecador con el puro mundo angélico. Pero eso no lo dice expresamente el texto bíblico, cuya formulación es ambigua. Pues no se afirma que reconcilió a unos con los otros, sino que se produce una reconciliación de *todas las cosas a través Él(...) ya sean las cosas en la tierra o las cosas en el cielo.* No es lo mismo decir que por Cristo nos reconciliamos los Hijos de Adán con los ángeles, a decir que en Cristo todas las cosas quedan reconciliadas. Lo primero sería afirmar simplemente que los hombres hemos sido perdonados, lo segundo es afirmar que en la Sangre de Cristo también los ángeles quedan reconciliados.

Esta enseñanza de Col 1, 20 completa a la de Ef 1, 10, que reza así: *la recapitulación* (anakephalaiōsasthai) *de todas las cosas en Cristo, de las cosas en los cielos y de las cosas en la tierra*[281]. Como se ve, los pasos bíblicos no son una prueba de la hipótesis del *nexus oeconomiarum*, pero sus afirmaciones se entenderían mejor desde tal posibilidad. Y, sin ningún género de duda, nos dejan entrever que en este campo hay más cosas que las que nos han sido reveladas. El versículo de los humanos juzgando a ángeles, es un buen ejemplo de ello.

Recordemos que una cosa son las simplificaciones de tantas predicaciones (algo necesario) y otra los escuetos elementos bíblicos que son la base de esas predicaciones. En este tema que tratamos, hay dos realidades que son como dos extremos temporales:

Hubo una guerra primigenia: *Y hubo guerra en el cielo, Miguel y sus ángeles guerrearon contra el dragón, y el dragón guerreó con sus ángeles* (Ap 12, 7).

Habrá una condenación eterna: *El Diablo que había engañadofue arrojado al lago de fuego y azufre, donde la Bestia y el Falso Profeta estaban, y serán atormentados día y noche, por las edades de las edades* (Ap 20, 10).

Y en medio de esos dos extremos hay otros dos elementos:

Los demonios no se pueden convertir: Jesucristo nunca intentó su conversión mientras estuvo sobre la tierra. El tenor del Nue-

281 Ef 1, 10. Esta «anakephalaiōsasthai» ocurre en una situación muy concreta: «eis oikonomian tou pleromatos ton kairon». Esta recapitulación perfecta se consumará en la perfecta plenitud de los tiempos.

vo Testamento cuando se los menciona y la Tradición de la Iglesia son congruentes con este actuar del Señor.

Versículos que hablan de un juicio futuro: *Dios no perdonó a los ángeles que habían pecado, sino que los entregó al tártaro, habiéndolos guardado* ***para el Juicio****(2 P 2, 4).No sabéis que juzgaremos a los ángeles* (1 Cor 6, 3)

O expresado de otra manera, una manera verbal: HUBO (una caída), HAY (demonios), HABRÁ (condenación). Y en medio de todo ello tenemos algunos versículos complejos para interpretar estos tres verbos.

Repetimos con rotundidad que los demonios no pueden arrepentirse. Pero desde una lectura estricta de los versículos de la Escritura, tampoco se puede afirmar como dogma de fe que todos los ángeles que dudaron durante esa batalla celeste, hayan tomado una decisión irrevocable. Observemos que el texto bíblico afirma: *No prevalecieron y no se encontró* su lugar en el cielo, *y fueron arrojados el gran Dragón (...) y sus ángeles a la tierra* (Ap 12, 8-9). No dice, «el gran Dragón y sus demonios» fueron arrojados a la tierra. Tanto la guerra (Ap 12, 7) como el arrojamiento a la tierra (Ap 12, 8-9) es guerra y arrojamiento de «ángeles»; caídos, pero ángeles. Después en los Evangelios nos encontramos a los «demonios». Es natural que se haya producido una identificación perfecta: ángel caído = demonio. Pero hay versículos que hablan de un Juicio Final también para los ángeles. ¿El dogma nos obliga a identificar «juicio» con «proclamación» eliminando toda otra posibilidad? Desde luego, si es así, no ha sido expresamente definido en el Magisterio.

Al dudar, los ángeles cayeron. ¿Pero toda caída automáticamente se transformó en una caída definitiva? No nos parece que sea una exigencia de la fe rechazar radicalmente la posibilidad de que existan ángeles caídos que todavía no se hubieran convertido en demonios. Debemos defender todo lo que se dice en la Escritura, pero tampoco estamos obligados a ir más allá, cuando el Magisterio ha sido tan escueto.

Hay que estar vigilantes, pues las simplificaciones catequéticas y los diáfanos esquemas escuchados toda una vida durante las homilías, fácilmente nos llevan, de modo inconsciente, a incluir en la doctrina bíblica, lo que, de ningún modo, vamos a encontrar en el texto. Siempre hemos oído hablar de *demonio* y *condenación*, y esos son elementos seguros. Lo que no es tan seguro es que en esta guerra angélica solo existan esos dos elementos y nada más en el bando de los caídos. También el Evo puede ser una larguísima Parábola del Hijo Pródigo para algunos de aquellos que se alejaron de la casa paterna; con un límite sí, perfectamente definido en las Escrituras: el Juicio Final. Entendiendo así el Evo y el Tiempo como una larga parábola de los hijos pródigos, cobra pleno sentido el Juicio Final y se entiende mejor la condenación eterna como la única posibilidad de un Padre que les deja seguir su camino después de haber prolongado su misericordia hasta el límite máximo de lo posible. No debemos olvidar que en una lectura fiel a las Escrituras de esta hipótesis hay espíritus angélicos que ya se han determinado de forma irreversible.

Si la historia humana universal fuese el escenario de una lucha angélica, en la que intervendrían un indeterminado número de ángeles viadores, eso abriría apasionantes posibilidades teológicas. Pues, aunque la mayoría de las naturalezas angélicas ya se habrían salvado o condenado, un cierto número de ángeles buenos obrarían en nuestro bien todavía movidos solo por la fe. Ángeles colaboradores en nuestra salvación, que se santificarían a sí mismos en esa misión.

Por otro lado, habría un cierto número de ángeles caídos, que aun habiéndose apartado del recto camino, aún no se habrían corrompido de un modo definitivo y no se habrían determinado de modo eterno. Habrían caído sí, pero no con un *pecado de muerte*[282]. Esos ángeles caídos todavía viadores estarían fuera de nuestra economía de la salvación; pero estando fuera, se beneficiarían de la gran enseñanza que sería contemplar la historia de la salvación humana. La Revelación que va desde Abraham hasta el Juicio Final, sería para ellos una última posibilidad de enseñanza divina. Algunos espíritus indeterminados viendo la santidad de algunos hombres, viendo el amor del Creador hacia esos humanos, viendo la acción de los sacramentos en las almas, escuchando la Palabra de Dios[283], contemplando los milagros de los santos,

---

282 «Pues hay un pecado que es de muerte, por ése no digo que se pida» (1 Jn 5, 16).

283 Sobre el tema de la Palabra de Dios como predicación para los ángeles, véase Apéndice, nota 74.

podrían ir evolucionando hacia el arrepentimiento. Solo aquellos espíritus angélicos que hubieran tomado una decisión definitiva e irrevocable, permanecerían impermeables a esa última magna y extensa enseñanza de un Ser Infinito que *se fue revelando a su pueblo con obras y palabras*[284].

No hay ningún problema escriturístico en que la entera historia humana formara parte de esa gran guerra entre espíritus, y no olvidemos que se trata de una guerra angélica fuera del tiempo humano. Reconocemos que, basándonos en la Biblia, tan arduo resultaría probar que la fase del evo de la guerra (*y hubo una guerra en el cielo*) ha finalizado, como afirmar lo contrario. Tan arduo resultaría tratar de demostrar que esa fase del evo ha finalizado para todos esos espíritus, o solo para algunos. Cada espíritu puede moverse en una temporalidad personal. Evo personal muy diverso de la objetividad del paso del tiempo.

Piense lo que cada uno piense de esta hipótesis de la interconexión salvífica, hay que mantener como inamovibles tres verdades relacionadas entre sí sobre los demonios: el que existen demonios, que estos no se pueden convertir y que su condena es eterna. Jesús nunca intentó convertir a demonio alguno, y el Apocalipsis nos enseña que *el Diablo que los engaña, será arrojado al lago de fuego y azufre*[285].

En Ap 20, 10 de nuevo se repite la forma «ebleze», exactamente la misma forma verbal de Ap 12, 9[286] cuando fue arrojado del Cielo a la tierra. De ahí que la Escritura nos enseña que respecto a Satanás se dan dos expulsiones: hay una expulsión del cielo, y hay un segundo momento de expulsión cósmica. Es como si la Historia Angélica culminara, al principio, en un gran exorcismo celestial, y los miles de exorcismos realizados a lo largo de la Historia de la Iglesia fueran ecos menores de esa gran lucha primigenia. Lucha que concluirá con la realización de un exorcismo absoluto y perfecto, el Juicio Final o Gran Separación[287].

Antes de la Gran Separación, los exorcismos muestran a las huestes infernales su propia debilidad. Son un insulto a su sober-

---

284 Concilio Vaticano II, Constitución Dogmática *Dei Verbum*, capítulo IV, n.14.

285 «Ebleze eis ten limnen» (Ap 20, 10).

286 «Ebleze o drakon (...) eis ten gen» (Ap 12, 9).

287 «Él separará a unos de otros como el pastor separa las ovejas de las cabras» (Mt 25, 32).

bia: simples humanos les obligan a retirarse a pesar de aferrarse con todas sus fuerzas. Si quedan espíritu sin determinados, una situación así es algo que les tiene que hacer reflexionar. En esta visión del modo en que se insertaría la Iglesia en esa lucha entre ángeles fieles y ángeles caídos, un exorcismo indefinido sería un modo por el que Dios nos forzaría a los humanos a prolongar tal batalla: la batalla exorcística dentro de la guerra angélica.

En esos exorcismos tan prolongados, se ganarían muchas gracias para que los indeterminados se convirtiesen. En los exorcismos de ese tipo, el *Corpus Diaboli* lucharía con todas sus fuerzas para no perder ni a uno solo de los ángeles caídos. Pero la perseverancia del presbítero exorcista en orar y sacrificarse, unida al sufrimiento del poseso y al de todos los que colaboren en el exorcismo, ganarían torrentes de gracias para arrebatar un espíritu angélico de las filas rebeldes. Esta visión del exorcismo, cierta o no, nos hace entrever que la realidad del exorcismo en la Iglesia puede ser una realidad misteriosa que va mucho más allá en su profundidad e implicaciones de lo que imaginamos.

Aunque el evo es un fluir temporal subjetivo, personal y distinto en sí mismo del tiempo que ocurre en el mundo material, el Juicio Final será el punto final más allá del cual ningún ser podrá continuar en el estado de viador. El Juicio Final por su propia contundencia (permítasenos la expresión) extingue toda posibilidad de indeterminación. Pues todos los caminos personales posibles de indeterminación llegan a un punto en el que no cabe no tomar una posición.

Conclusiones

Una vez expuesta la hipótesis del nexo de las economías, debemos reconocer que tal teoría se enfrenta,indudablemente, a dos argumentos en su contra: Primero, la ausencia de referencias claras en la Sagrada Escritura. Segundo, la ausencia de esta doctrina en la Tradición. Las vagas referencias al juicio de los ángeles por parte de humanos, y la recapitulación en Cristo de las cosas del cielo y de la tierra, no concluyen nada a favor de esa hipótesis. Por otra parte, los místicos no han hablado acerca del tema.

Una excepción es la mística Sor María de Jesús de Agreda, declarada venerable por Clemente X, la cual trata el asunto de la guerra angélica en sus visiones. Ella escribió: *Y así estos ángeles santos, como los demás apóstatas, duraron muy poco en el primer estado de viadores*[288]. Después, al hablar de la prueba de los ángeles,afirma que Dios les mostró que se iba a encarnar. Y que le debían adorar a Él, Dios, hecho hombre: *Y que la segunda persona de la misma Trinidad santísima se había de humanar y hacerse hombre.* (...) *Y que a aquel supuesto hombre y Dios habían de reconocer por cabeza*[289]. La mística describe largamente la prueba de estos espíritus[290] y explica cómo la revelación de la Encarnación y la futura figura de la Virgen María juegan un papel principal en esa prueba en la que todavía eran viadores:

> Cuando se les propuso a todos los ángeles [que] habían de obedecer al Verbo humanado, se les puso otro tercero precepto, de que habían de tener juntamente por superiora a una mujer, en cuyas entrañas tomaría carne humana este Unigénito del Padre; y que había de ser su Reina y de todas las criaturas[291].

El modo de entender las posibles interconexiones entre historia humana y angélica que expone Sor María de Jesús es adecuado y no plantea dificultades. Pero una cosa es aceptar esa interconexión como revelación precedente, y otra cosa es el *nexus oeconomiarum*. Una cosa es la sucesión de ambas historias salvíficas, y otra cosa su entrelazamiento. Entrelazamiento que llegaría a la consumación solo en el Juicio Final.

¿Cuál es nuestra opinión personal acerca de la hipótesis del nexo de las economías? Creemos que el argumento del silencio en dos mil años de cristianismo, es un argumento de peso en contra. Pero también es cierto que en el Antiguo Testamento hay un silencio casi total respecto a las posesiones demoniacas[292]. No resulta un argumento menor el hecho de que la Iglesia institucio-

288 María de Jesús de Ágreda, *Mística Ciudad de Dios,*lib 1, cap 7, n. 83; Fareso, Madrid 1992, pg 50.

289 María de Jesús de Ágreda, *Mística Ciudad de Dios,*lib 1, cap 7, n. 88, pg 52.

290 María de Jesús de Ágreda, *Mística Ciudad de Dios,*lib 1, cap 7, n. 83-93, pg 82-53.

291 María de Jesús de Ágreda, *Mística Ciudad de Dios,*lib 1, cap 7, n. 90, pg 52.

292 1 S 16, 23 y 1 S 18, 10 son indicativos de una posesión demoniaca. Mientras que 1 S 16, 14 es más ambigüo.

nalmente, ni los místicos de forma personal, nos hayan invitado nunca a orar por los ángeles. Frente a las oscuridades que rodean el misterio del más allá, debemos preservar la adhesión a lo que hemos recibido. Aun así, valorar los posibles teologúmenos, no resulta una labor vana.

Pero después de todo lo dicho, nuestra opinión es que sí, que la hipótesis del nexo de las economías no es contraria a la fe católica y que hay base escriturística para mostrar su razonabilidad. Desde luego, únicamente se debe predicar el esquema acostumbrado avalado por la Tradición, y no las hipótesis teológicas.

Ahora bien, hablando desde un punto de vista meramente teórico, si la hipótesis del nexo fuera cierta, quedaría reforzado el carácter unitario de la historia salvífica de ambos mundos, el angélico y el humano. No solo eso, sino que quedaría más claro el carácter cristológico de toda la historia angélica. Pues la figura de Jesucristo no solo sería el fin de esa economía salvífica angélica, sino también su centro.

Y si, como la venerable Sor María de Jesús de Agreda defendió, hubo además una revelación como origen de la prueba angélica, entonces también estaría en el mismo comienzo de la prueba angélica. Pues esta autora afirma que Dios les dio noticia clara a los ángeles (cuando los sometió a prueba tras su creación) de que en el futuro Él deseaba ser adorado en el misterio de su Encarnación:

> Levantando [Dios] a la naturaleza humana a la unión hipostática y Persona Divina, y que a aquel supuesto hombre y Dios (...) le habían de reverenciar y adorar; y que los mismos Ángeles habían de ser sus inferiores en dignidad y gracias y sus siervos[293].

Si esto es así, Cristo estuvo en el comienzo, centro y final de toda la historia angélica. Si a esto se le añade la tesis del nexo, la cristología de ese mundo de espíritus quedaría clara y patente. Pues el mismo tiempo de Cristo estaría inserto (como profecía) en el evo de prueba de los ángeles. Nosotros examinamos las posibilidades, solo Dios conoce los misterios no revelados a los hombres. Solo Dios sabe, pero nuestra razón debe examinar lo posible teológicamente. Indagar, sondear en esos conceptos, nos lleva a

---

293 María de Jesús de Ágreda, *Mística Ciudad de Dios,*lib 1, cap 7, n. 88, pg 52.

comprender más profundamente las verdades de nuestra Fe. Esto nunca es una labor ociosa. Y la ventaja de este último apartado en esta parte de la tesis es que, de esta manera, hemos agotado las posibilidades escatológicas que pueden circundar al exorcismo. De forma que el mapa de todo problema que puede aparecer en el futuro, ha quedado contemplado aquí. Si algo distinto aparece, serán ya variaciones menores acerca de lo ya expuesto.

II PARTE

En el campo de la eclesiología

Como ya se explicó en el prólogo, la presente obra no va a elaborar un estudio exhaustivo acerca de las relaciones entre el ministerio del exorcismo y la Iglesia. Este trabajo no pretende desarrollar una completa eclesiología del exorcismo. Sino que nos vamos a centrar en analizar cuáles son los principales problemas que la práctica del exorcismo está provocando en relación a la estructura eclesial.

El lector poco avezado en este campo, podría preguntarse que por qué ha de producirse algún problema: es un ministerio diocesano más, y no debería plantear mayores inconvenientes, que la delegación de catequesis o el ejercicio del sacramento de la penitencia. La realidad, sin embargo, es prolija en ejemplos de cómo este no es un servicio eclesial más. Sino que, por el contrario, se trata de un campo bastante conflictivo; siempre lo ha sido. En las siguientes páginas,tratar de enfocar esta problemática únicamente a través de enfoques teóricos, hubiera ofrecido un resultado más pobre. Nos parece que la problemática de los distintos países entre exorcismo y eclesiología forma un magma sustancialmente común. Ahora se trata de intentar transformar ese magma en secciones que discurran de un modo organizado.

Realizar aquí una exposición orgánica de la eclesiología del ministerio del exorcismo, hubiera supuesto tener que dedicar largo espacio a explicar aspectos de todos sabidos y pacíficamente admitidos. Era preferible concentrar nuestra atención en los aspectos más problemáticos. Realizar ese análisis supondrá, por ende, la elaboración de una eclesiología parcial acerca del exorcismo. Si hubiéramos pretendido ofrecer una eclesiología comprehensiva (que hubiera procedido descendiendo, paso a paso, desde los principios más generales) habría supuesto una reflexión más extensa, pero no por ello ni más útil ni más profunda. Hemos sacrificado un estudio orgánico más extenso, para concentrarnos en el núcleo de las áreas más delicadas. Y, de hecho, obrando así, los grandes temas de esa relación entre eclesiología y exorcismo están presentes en las siguientes cuestiones, solo que dispersos.

IV

Exorcismo, sacramento del orden y laicado

La legislación actual no deja ningún lugar a dudas acerca de que únicamente el presbítero o el obispo pueden ser legítimamente ministros del exorcismo dentro de la Iglesia Católica de Rito Latino[294]. En las iglesias orientales católicas, el *Código de Cánones de las Iglesias Orientales* dice que *respecto a los sacramentales se guarden las normas del derecho particular de la propia Iglesia sui iuris*[295], lo cual supone una formulación más amplia respecto al canon paralelo en la Iglesia de Rito Latino, pero que,en cuanto al exorcismo,no se ha concretado en una práctica diversa a la de la Iglesia Latina[296].

Pero, aunque la legislación imponga unos límites claros, el presente apartado de esta obra intentará responder a la pregunta de si hay capacidad exorcística en otros ministros fuera de los mencionados por el Derecho. En este campo, sin duda, un mayor desarrollo teológico acerca de la naturaleza de este ministerio del

294 CIC, can. 1172. Legislación reafirmada por la Carta de la Congregación para la Doctrina de la Fe del 29 de septiembre de 1985, titulada *Instrucción sobre el Exorcismo,* así como por el prólogo del *De exorcismis et supplicationibus quibusdam* de 1999.

295 Codex Canonum Ecclesiarum Orientalium, can. 867 § 2.

296 Consultado al respecto al Patriarca Melkita de Nazareth, el cual me explicó que los sacerdotes de su diócesis para hacer un exorcismo, al igual que en el Rito Latino, deben antes pedirle permiso a él. Consultados otros sacerdotes orientales de otros ritos, me manifestaron lo mismo.

exorcismo, llevará a una mayor comprensión de hasta dónde pueden llegar los cauces canónicos. Aunque repito que si la Teología puede sondear dónde está el límite de lo posible, será la prudencia (y por tanto el ejercicio del gobierno) la que dictaminará dónde está el límite de lo prudente.

Los puntos que se van a plantear aquí están en directa relación con el contenido del sacramento del orden y el bautismo, o con la respuesta que demos a la pregunta acerca de qué es el ministerio exorcístico. De esta forma, las respuestas a estas preguntas tienen que ver con la esencia de esas realidades y no con aspectos organizativos desde un punto de vista meramente humano.

Dicho de otro modo, la pregunta «¿quién puede exorcizar?» se ha de responder desde la teología sacramental. Porque esa pregunta debe ser afrontada desde el ser de las cosas, no desde el cómo nosotros, los hombres,organizamos la Iglesia. Después, en un segundo momento, teniendo claro el ser de las cosas, podremos estudiar cómo conviene organizar las cosas.

Por eso, hemos dudado mucho acerca de en qué parte de la tesis era conveniente colocar este capítulo. Sin embargo, si está situado aquí, es porque la respuesta a la pregunta quién puede ser exorcista hace directa referencia al modo en que Dios ha articulado su Iglesia a través de los poderes concedidos al sacerdocio y los carismas concedidos al pueblo fiel; y eso sí que es una cuestión eclesiológica. De ahí que la esencia de las respuestas a estas preguntas tiene que ver ineludiblemente con aspectos organizativos decididos por Dios al fundar su Iglesia.

Exorcismo y laicado

Antes de nada, debemos hacer una precisión terminológica acerca de la palabra carisma. En la presente obra, (siguiendo en esto a otros muchos autores) siempre que mencionemos la palabra «carisma» la usaremos en su sentido de carisma extraordinario, es decir, como la *gracia extraordinaria dada a un individuo para el bien de los otros*[297]. Sirva esta clarificación para el resto de

297 Voz «Charismata», *The Catholic enciclopedia*, Robert Appleton Company, Nueva York 1913, vol. 3, pg 589.

los siguientes capítulos, aclaración necesaria puesto que ni en el mismo San Pablo tal palabra posee un significado unívoco.

La legislación vigente ha respondido de manera clara a la cuestión acerca de quién puede, hoy día, realizar lícitamente exorcismos en la Iglesia de Rito Latino. Ahora bien, ¿un laico posee algún tipo de poder para expulsar demonios? El canon 1172 del CIC establece que la licencia para hacer exorcismos *se conceda solamente*[298]al presbítero. Nada se afirma acerca de si esta norma se basa en una limitación intrínseca a la naturaleza del laicado o se trata de una mera razón disciplinar. Vamos a intentar ofrecer algo de luz sobre esta cuestión.

La gracia del bautismo, los carismas y el pentecostalismo

La postura de muchos exorcistas es favorable a que los laicos puedan exorcizar. Las palabras del padre Amorth dan voz a esta postura: *Me parece de haber dicho con bastante claridad que Jesús ha dado el poder de expulsar demonios a todos aquellos que creen en Él y obran con la fuerza de su nombre*[299]. Otros, como Melançon, defenderán esta postura de un modo incluso combativo[300]. Algunos, como Euteneuer realizan afirmaciones más matizadas, pero que, en definitiva, son simplemente otros modos de expresar la misma postura del padre Amorth respecto al tema de los laicos. Y así Euteneuer escribió:

> Mientras que la realización de cualquier exorcismo está limitada a los sacerdotes, el poder de la Iglesia para combatir el mal no lo está. Cualquier cristiano bautizado tiene autoridad para combatir el mal en cualquiera de los modos que son apropiados a su estado de vida. La mayoría de los cristianos no re-

---

298 Canon 1172, § 1: «Nemo exorcismos in obsessos proferre legitime potest, nisi ab Ordinario loci peculiarem et expressam licentiam obtinuerit. § 2. Haec licentia ab Ordinario loci concedatur tantummodo presbytero pietate, scientia, prudentia ac vitae integritate praedito».

299 Gabriele Amorth, *Un exorcista racconta*, Edizione Dehoniane, Roma 1995, pg 185.

300 Este exorcista habla claramentede «el poder real de expulsar los demonios que Cristo ha conferido a todos los creyentes», y animando a que los laicos usen tal poder. Ovila Melançon, *Exorcismo y poderes de los laicos*, Fundación Jesús de la Misericordia, Quito (sin fecha de publicación), pg 12.

conocen que Cristo les ha otorgado a ellos esta autoridad, y por tanto no usan esa autoridad para afrontar los males a los que ellos tienen que hacer frente en su vida diaria[301]. En la mayoría de los casos, los cristianos pueden luchar contra el mal invocando el nombre de Jesús contra cualquier manifestación del mal, así como atándolo o rechazándolo[302].

Dado que Euteneuer defiende que *un cristiano bautizado tiene autoridad* y que *Cristo ha otorgado esta autoridad sobre ellos*, lo cual implica que los laicos pueden hacer actos de conjuración dirigidos al demonio, esto supone mantener la misma postura del padre Amorth, aunque las palabras de Euteneuer respecto a los laicos sean más sutiles. Para estos autores, aunque cada uno tenga sus matices, esto implica que el uso de esa autoridad sería una mera cuestión canónica. Una parte de los exorcistas piensan que los laicos no tienen ninguna autoridad exorcística. Otra parte de los exorcistas piensan que los laicos tienen alguna autoridad proveniente del bautismo o de la fe. Si tienen autoridad, la pregunta que se plantearía sería: ¿por qué no podrían realizar exorcismos en caso de necesidad, en caso de ausencia de sacerdotes? Vamos a intentar responder a estas cuestiones planteadas.

Para obtener una respuesta lo menos cargada de subjetivismo, podemos comenzar por enfocar la pregunta desde otro ángulo de vista completamente diverso, pero cuya respuesta supondrá el aporte de una inestimable luz para esta cuestión: ¿hay exorcismos eficaces entre los grupos protestantes? La respuesta indubitable para todos aquellos que hayan entrado en contacto con exorcistas de esas denominaciones, sobre todo pentecostales, es afirmativa.

Que hay grupos protestantes que realizan exorcismos fructuosos, resulta un dato innegable. Lo cual no nos debe sorprender, puesto que Mc 16, 17 liga este hecho a la fe[303]. Por tanto, el hecho no queda reservado de forma absoluta al grupo apostólico. Además, los setenta y dos que son enviados por Jesús sometieron demo-

301 Thomas J. Euteneuer, *Exorcism and the militant Church*, Human Life International, Front Royal 2010, pg 10.

302 Thomas J. Euteneuer, *Exorcism and the militant Church*, pg 11.

303 «Y a los que crean les acompañarán estas señales»,(Mc 16, 17). El texto de Marcos hace sujetos activos de las señales «a los que crean».

nios[304], y ese grupo de enviados carecía del orden sacerdotal. Se puede alegar que fue la voluntad de Jesús, la que les confirió tal poder. Pero, entonces, además del orden sacerdotal, también ahora la voluntad de Jesús podría otorgar esa capacidad. Y eso sin contar con que en Mc 9, 38 aparece un hombre que realiza la misma acción y no pertenecía al grupo de los seguidores de Jesús[305].

A todo ello hay que añadir que la experiencia protestante de la expulsión de demonios por parte de laicos, viene confirmado por muchos testimonios en la misma Historia de la Iglesia, que muestran que el exorcismo no está ligado necesariamente al sacramento del orden. Si nos retrotraemos a la primera mitad del siglo III, los testimonios son abundantes en lo que se refiere a la práctica laical de exorcismo:

> La práctica del exorcismo no estaba confinada a los clérigos en los primeros tiempos, como aparece claro en Tertuliano (*Apología* 23; cf. *Sobre la idolatría* 11) y Orígenes (*Contra Celso* VII.4). Este segundo expresamente afirma que incluso el más simple y rudo de los fieles, a veces, echa demonios con una mera oración o un conjuro (Mc 16,17), y propone el hecho como una prueba del poder de la gracia de Cristo, así como la imposibilidad de los demonios para resistirla. En la Iglesia Oriental, un orden de exorcistas específicamente ordenados (o de acólitos o de ostiarios) nunca fue establecido[306].
>
> La *Tradición Apostólica* no conoce todavía el exorcistado como un ministerio aparte. Solo hacia la mitad del siglo III, los exorcistas son citados como un grupo por sí mismo. En el epistolario de Cipriano, una única vez viene nombrado un exorcista como perteneciente al clero[307].

---

304 «Después, Jesús eligió a setenta y dos discípulos, y los envió en grupos, de dos en dos, a los pueblos y lugares por donde Él iba a pasar.(...) Los setenta y dos discípulos que Jesús había enviado regresaron muy contentos, y le dijeron: ¡Señor, hasta los demonios están sujetos (daimonia hypotassetai) a través de tu nombre (en to onomati sou)!» (Lc 10, 1 y 17).

305 «Maestro, vimos a uno que expulsaba demonios en tu nombre, y se lo prohibimos» (Mc 9, 38).

306 Voz «Exorcist», *The Catholic enciclopedia,* Robert Appleton Company, Nueva York 1913, vol. 5, pg 711.

307 Reproducimos la nota a pie de página citada por Cattaneo en ese lugar: «Cfr. Lett. 76, 11; Lett. 75, 10, 4 (lettera di Firmiliano di Capadocia)». Enrico Cattaneo, *I ministeri nella Chiesa antica: testi patristici dei primi tre secoli,* Paoline, Milán 1997, pg 178, nota 38 a pie de página

En el año 251, se atestigua la pertenencia de los exorcistas a un grupo específico, que no es el de los presbíteros. *Tal pertenencia está confirmada por la carta de Cornelio a Fabio de Antioquía, donde los exorcistas son numerados con todos los otros ministerios, antes del lectorado y de los ostiarios*[308].

En la vida de San Antonio (356+) encontramos estas líneas: *A través de él sanó las enfermedades corporales de muchos presentes y limpió a otros de malos espíritus*[309]. Y más adelante se añade: *Porque algunos venían solamente para verle, otros a causa de sus enfermedades y otros porque sufrían por los malos espíritus*[310].

En las *Constituciones Apostólicas*, las cuales pueden ser datadas cerca del año 380, proviniendo del ambiente sirio, encontramos este interesante párrafo:

> Un exorcista no está ordenado, porque es una prueba de personal bondad y de la gracia de Dios a través de Cristo por la inspiración del Espíritu Santo. Porque el que ha recibido el don de sanar, se hace manifiesto por la revelación de Dios, la gracia que está en él se manifiesta a todos. Pero si hay oportunidad, debería ser ordenado como obispo, presbítero o diácono[311].

La vida de San Benito Abad (547+), que nunca fue sacerdote, ni nos consta que recibiera orden menor alguna, nos ofrece cinco episodios de combate con el demonio[312]. Tres de esos episodios son actos, cuando menos, muy cercanos al exorcismo, como este:

> En este tiempo, cierto clérigo de la iglesia de Aquino, era atormentado por el demonio. (...) Así pues, fue conducido a la presencia del siervo de Dios Benito, que oró a nuestro Señor Jesucristo y al momento expulsó al antiguo enemigo del hombre poseso[313].

---

308 Eusebio de Cesarea, *Historia Eclesiástica*, I, 6, 43. Enrico Cattaneo, *I ministeri nella Chiesa antica: testi patristici dei primi tre secoli*, pg 177—178.

309 San Atanasio, *Vida de Antonio*, n.14.

310 San Atanasio, *Vida de Antonio*, n.62.

311 *Constituciones Apostólicas*, Sec III, XXVI, tomado de Alexander Roberts (ed), *The Ante—Nicene Fathers: The Writings of the Fathers Down to A. D. 325*, Cosimo, Nueva York 2007, pg 493.

312 San Gregorio Magno, *Libro de los Diálogos*, libro II, capítulo IV, IX, X, XVI, XXX.

313 San Gregorio Magno, *Libro de los Diálogos*, libro II, capítulo XVI.

Santa Hildegarda Von Bingen en el año 1169, en una carta al Abad Gedolfo, da instrucciones precisas acerca de cómo realizar el exorcismo de una mujer. La santa va más allá de los meros consejos espirituales, entrando en indicaciones rituales concretas para que siete sacerdotes llevaran a cabo el exorcismo. El abad posteriormente le contestaría:

> Cuando conjuramos de acuerdo a la carta que usted nos mandó a través de la inspiración del Espíritu Santo, el demonio abandonó el vaso que había poseído, pero solo durante un breve tiempo. Desgraciadamente, ha retornado (…) y ha invadido de nuevo el vaso abandonado y ahora la oprime de un modo más penoso que nunca antes. (...)Cuando le hemos conjurado de nuevo(…) ha contestado que no abandonaría su vaso poseído a menos que usted no estuviera presente en persona. Le estamos informado de esto, mujer santa, para que el Señor pueda completar lo que a causa de nuestros méritos no hemos merecido[314].

Finalmente, la santa exorcizaría a esa mujer y la liberaría[315]. Y no solo Santa Hildegarda, también en la vida de Santa Catalina de Siena (1380+) las referencias a ese poder y a su ejercicio son explícitas[316].

A la vista de los testimonios bíblicos e históricos, queda respondida de forma afirmativa la cuestión acerca de si un laico puede ser portador del poder exorcístico. No debemos perder de vista que la cuestión no es cuántos laicos han ejercido autoridad sobre los demonios expulsándolos, no se trata de una cuestión de número, sino si el hecho realmente ha sucedido. Pues basta un solo caso seguro para poder afirmar que el hecho teológicamente es posible y que no está de forma absoluta y necesaria ligada al sacramento del orden.

---

314 Joseph L. Baird, *The Personal Correspondence of Hildegard of Bingen*, Oxford University Press, Nueva York 2006, pg 84-85.

315 Nancy Fierro, *Hildegard of Bingen and Her Vision of the Feminine*, Carondelet, Kansas City 1994, pg 85.

316 Tommaso Caffarini, *Leggenda Minore da S. Catarina di Siena*. Bologna 1868, Parte Seconda, Capítulo IX, 113-119. En esas páginas citadas se habla explícitamente no únicamente de que Santa Catalina realizara súplicas a Dios a favor de los posesos del Diablo, sino que se afirma de forma expresa que ella tenía gran autoridad para expulsar a los demonios y que ejercía esa autoridad.

De todas maneras,aunque haya habido más laicos que hayan exorcizado, podemos presumir razonablemente que sus hagiógrafos habrán tenido sumo cuidado en soslayar el tema. Pues esta potestad se consideraba como patrimonio exclusivo del clero. Qué duda cabe que la mentalidad medieval no encontraba ningún problema en elogiar la santidad personal de los laicos, pero esa misma mentalidad tendía a no exaltar ningún papel que pudiera empañar la idea de que determinadas funciones eran posesión única del clero. Pues en esa época existía la idea de que *el laicado lo forman aquellos que no son «depositarios de un poder espiritual», sino que están excluidos de él y sometidos a él*[317].

Hemos visto, por tanto, que ha habido laicos exorcistas. Ahora bien, ¿este poder exorcístico es atributo general de todos los laicos, o lo poseen únicamente aquellos a quien Dios se lo ha dado? ¿Está incluído entre las gracias que se reciben en el bautismo, como muchos afirman, o únicamente se posee como don otorgado por Dios de forma particular?

Dado que en el Evangelio Jesús les entrega a los Apóstoles un poder, eso implica razonablemente que antes de ese momento de la entrega carecían de ese poder y esa autoridad. En Mc 3, 14-15 leemos: *E instituyó a los Doce para que (…) tuvieran autoridad para expulsar los demonios.* En Mt 10, 1: *Les dio autoridad sobre los espíritus impuros, para expulsarlos.* Y en Lc 9, 1: *Les dio poder y autoridad sobre todos los demonios.* En tales pasajes no es que Jesús les indique que realicen lo que ya pueden hacer por la fe, sino que hay una entrega de un poder. El texto tampoco dice que se les aumentó ese poder, sino que se *les dio* (edoken autois) *poder y autoridad sobre todos los demonios.*

En el paso de Marcos 3, 14, antes citado, veremos que esta idea de acción que transmite poder queda expresada en unas palabras que aunque normalmente se traducen como *e instituyó a los Doce*,

317 Karen Jo Torjesen, «Clergy and laity» en Susan Ashbrook Harvey (ed), *The Oxford handbook of early Christian studies*, Oxford University Press, Oxford 2008, pg 390. La misma idea de que «*los laicos no son depositarios de poder espiritual*» la encontramos en la voz «Laity» en*The Catholic enciclopedia*, Robert Appleton company, Nueva York 1910, vol. 8, pg 748.

literalmente el texto dice: *e hizo a los Doce para que...*[318] Como se ve, hay una acción de Jesucristo para que, a partir de entonces, pudieran hacer lo que antes no podían. Hay un obrar de Cristo, no una mera autorización; una acción, no una mera enseñanza. El ejercicio del ministerio del exorcismo entre los Apóstoles no comienza a raíz de obedecer un consejo de que realicen tal acción, o como consecuencia de la enseñanza de una técnica, sino que comienza como resultado de una acción de Cristo, acción que supone una entrega de un poder (dynamis). Nos parece que los textos evangélicos expresan sin ambigüedades que ese acto constituye una entrega, y no un aumento de poder[319].

Por lo tanto, acerca de este tema, considerado en su generalidad, creemos que se pueden hacer las siguientes afirmaciones razonables:

Nadie posee una *potestas exorcistica,* salvo que se le haya concedido.

a. La Tradición tiene conciencia de que ese poder se halla ínsito en el sacramento del orden.
b. Luego los laicos, en general, carecen de este poder, dado que en la Historia de la Iglesia se carece de la conciencia de la posesión de ese poder por el mero bautismo. En vano buscaremos en los escritos patrísticos, místicos o teológicos, textos que conecten el don bautismal con el carisma exorcístico.

Si los laicos logran algún efecto liberatorio en relación a los posesos, ello se debe a dos razones:

c. O porque hayan recibido un carisma de Dios.
d. O al poder de la fe y la oración de los que suplican a Dios, y entonces es Dios el que concede esa liberación.

Esta doctrina explicaría por qué, en grupos protestantes, se producen liberaciones aunque no conste que nadie en ese grupo posea ningún don especial. De forma que, aunque todo el grupo

---

318 «Kai epoiesen dodeka», «e hizo a los Doce». INSTITUIR significa «establecer algo de nuevo, darle principio». HACER significa «producir algo, darle el primer ser, fabricar, formar algo». Como se ve, «hacer» tiene un sentido más profundo que «instituir». El verbo «hacer» tiene que ver con el «ser», mientras que «instituir» tiene que ver con el «establecer».

319 Para algunas cuestiones eclesiológicas acerca de si esa entrega es o no una delegación, véase Apéndice, nota 61.

ore *in solidum,* sin una cabeza que ejercite actos con un supuesto poder exorcístico, se pueden producir liberaciones. La única respuesta que podemos dar a ello, y parece muy lógica, es afirmar que Dios escucha las oraciones de todos sus hijos. Y si ellos reunidos le piden la liberación de alguien, puede concederla. Eso no significa que el bautizado tenga un poder en este campo, sino que la fe y la plegaria comunitaria pueden lograr de Dios esto. ¡Mujer!, grande es tu fe. Que te suceda como quieres (Mt, 15, 28). Y lo que sucede en ese caso, es la liberación de la hija de la cananea que estaba endemoniada. Además, el poder liberatorio de los grupos de laicos (a través de la intercesión) ha de ser entendido conforme a las palabras de Jesús cuando dijo que *donde están dos o tres reunidos en mi nombre, allí estoy en medio de ellos* (Mt 18, 20).Si la presencia de Jesucristo está en medio de una reunión, Éles libre para hacer lo que quiera.

Siguiendo ese paralelismo entre curaciones y liberaciones, podemos afirmar que el don de curar enfermedades no está conferido en el sacramento del bautismo, sino que si alguna curación se produce en un grupo de oración (donde no conste que alguien tiene un don especial) será fruto de la fe y la oración. Lo cual significa que hay curaciones y liberaciones que no son consecuencia de la actuación de un carisma, sino de la intercesión.

En no pocas predicaciones y charlas de la Renovación Carismática se puede oir que lo que hacen ellos es actuar los carismas recibidos en el bautismo. Pero tal afirmación es ajena a la Tradición. Esta idea del carisma como algo general la encontramos, entre tantos otros autores, en el Padre De Grandis que escribía:

> Mediante los seminarios que dirijo alrededor del mundo, esbozaré en seguida el método de trabajo utilizado: 1. Instruir acerca del don de profecía. 2. Cada asistente debe pedir el don profético. 3. Orar sobre cada persona para que se le conceda ese don[320].

La idea de que el carisma se puede poner en acto con una especie de método, es algo todavía más desviado de la concepción de

---

320 Robert de Grandis, *El Don de Profecía*, Corporación Centro Carismático Minuto de Dios, Bogotá 2007, pg 11.

carisma como don especial, inusual yen total dependencia de la voluntad divina. La concesión de un don depende enteramente de la voluntad divina, jamás de un método. Si no fuera así, uno se podría preguntar:¿por qué la Sagrada Escritura no nos enseñó todos los métodos ya directamente? Donación frente a método, ésta es la cuestión. Y no solo eso, aquí subyace la idea del carisma como algo ordinario y universal, frente a una concepción del carisma como don extraordinario. De Grandis expone su postura de forma clara:

> Los dones del Espíritu están dentro de ustedes, pues han sido bautizados en el Espíritu Santo y esos dones obran cuando se rinden a ellos. Asimismo, todos tienen en potencia el don de profecía en su espíritu, y lo único que deben hacer es admitirlo[321].

El don como algo general cuya obtención depende del método y el trabajo. El don como algo inusual cuya concesión depende de la voluntad divina. Obtención humana frente a concesión divina. Método frente a recepción pasiva. No es necesario insistir en que esa postura universalista acerca de los carismas, suscita un hambre por lo extraordinario perjudicial para la vida espiritual de los cristianos. Los predicadores del Evangelio deben provocar hambre de lo sobrenatural en los fieles, no ambición por lo extraordinario. A lo largo de la Historia, la Iglesia no ha defendido la universalidad de los carismas ni siquiera entre los rangos eclesiásticos. Otra cosa distinta es que podamos admitir que el desarrollo de la vida espiritual lleva a la vida mística, y la vida mística acaba recibiendo dones extraordinarios. Como escribía el ya clásico Padre Arintero:

> La vida mística es el coronamiento normal de la vida cristiana. Todo cristiano debe tender aquí abajo a vivir en perfecta unión con Dios; y la vida unitiva es vida mística. Ésta se les ofrece a todos, aunque pocos la alcancen[322].

Pero en la doctrina del Padre Arintero y de los grandes autores de Teología Espiritual estamos hablando de la consumación de la

---

321 Robert de Grandis, *El Don de Profecía*, pg 35.

322 Juan González Arintero, *Evolución Mística*, Editorial San Esteban, Salamanca 1988, pg 421.

vida espiritual ordinaria a través de los medios ordinarios de santificación. Algo muy distinto de un universalismo que depende del método. En el fondo, en algunos autores, no hay una distinción esencial entre don del Espíritu Santo y carisma. Los dones del Espíritu Santo efectivamente pueden hallarse presentes de forma seminal desde el bautismo. *Los dones del Espíritu Santo son ciertos hábitos por los cuales el hombre se perfecciona para obedecer prontamente al Espíritu Santo*[323]. Y por eso podemos hablar que de que *los dones del Espíritu Santo son como talentos sepultados*[324].

Lo que se recibe en el bautismo es una *gratia santificans*. El efecto propio del bautismo es la propia santificación. En esto el bautismo tiene una índole muy diversa a la del sacramento del orden. Pues este otro sacramento por su propia naturaleza sí que es más susceptible a ir acompañado de *gratiae gratis datae*. Pero el bautismo tiene un propósito que esencialmente es de transformación personal. Y eso que ni siquiera el sacramento del orden tiene que ir necesariamente unido a la recepción de carisma alguno, limitándose a la transmisión de una *potestas* y de una *gratia santificans*. Grasso en su monografía sobre los carismas escribía:

> Por eso, cuando decimos que todos los sacramentos parten del bautismo, y el carisma de la jerarquía también del sacramento del orden, nos referimos a su origen ontológico. Pero una cosa es afirmar que todos los carismas tienen su base en un sacramento, y otra afirmar que su ejercicio, y por tanto su aportación real al bien de la Iglesia, pasa por un sacramento. Para el ejercicio de los carismas, los fieles reciben «gracias especiales» que no pasan por los sacramentos y el ministerio jerárquico. En este sentido, son gracias libres y especiales del Espíritu[325].

El bautismo, aun teniendo una dimensión eclesial (nos inserta en la Iglesia), se otorga para bien del alma que recibe ese sacramento. Un carisma, sin embargo, se puede recibir incluso sin el sacramento del bautismo. De ahí que la afirmación (tantas veces escuchada) de que los laicos pueden exorcizar o curar por el mero

323 Santo Tomás de Aquino, *Summa Theologiae*, I-II, q.68, a.3.

324 Juan González Arintero, *La Verdadera Mística Tradicional*, ISBN: 84-300-1756-9, Salamanca 1980, pg 240.

325 Domenico Grasso, *Los carismas en la Iglesia: teología e historia*, Ediciones Cristiandad, Madrid 1984, pg 24.

hecho de estar bautizados, se trata de una afirmación sin sustento ni en la Sagrada Escritura, ni en la Tradición[326].

a. **En la Sagrada Escritura**: Todos los textos bíblicos sobre el bautismo se refieren al bien de la propia persona: *Será salvo,* (Mc 16,16),*para perdón de los pecados* (Hch 2, 38), [para que] *andemos en vida nueva* (Rm 6,4), *estáis revestidos* (Gal 3, 27), *sepultados en Él* (...) [y] *resucitados con Él* (Col 2, 12), *nos salva* (I Pedro 3, 21). Ni una sola mención de un aspecto que no sea el de la *gratia santificans.* Mientras que San Pablo al hablar de los carismas nunca los conecta con el bautismo, y por el contrario afirma que no se dan a todos. *Distribuyendo* [el Espíritu Santo] *sus dones a cada uno en particular como él quiere.* I Cor 12, 11. Como se ve, no dice que todos los bautizados acaban desarrollando esos carismas, sino que expresamente afirma que no se otorgan a todos[327].
b. **En la Tradición**: No solo esta dimensión carismática está ausente de los textos antiguos sobre el bautismo, sino que Ferguson escribe incluso: *El compilador de las Constituciones Apostólicas colocó restricciones en los profetas y concentró los carismas en el obispo. Juan Crisóstomo y Teodoro de Mopsuestia consideraron que los carismas pertenecían a la edad apostólica y que no se daban en las iglesias de su tiempo*[328]. Así que frente a la afirmación de algunos predicadores actuales acerca de la universalidad de los carismas, nos encontramos con testimonios justo de lo contrario.

---

326 Excede el propósito de esta obra analizar los textos más primitivos acerca de lo que se recibe en el bautismo, para ello se puede ver el minucioso estudio de Everett Ferguson, *Baptism in the early church: history, theology, and liturgy in the first five centuries,* Eerdmans Publishing Co., Grand Rapids 2009. Así como la obra, antes citada, de Domenico Grasso, *Los carismas en la Iglesia: teología e historia.* Este último autor en las pg 85-111 realiza un análisis de lo que dice uno a uno cada Padre de la Iglesia primitiva sobre el tema de los carismas, sin que se hallemos nada acerca de los carismas extraordinarios otorgados en semilla a todos los cristianos.

327 «Pues a uno se le concede, mediante el Espíritu, lenguaje de sabiduría, y a otro lenguaje de ciencia (...); a otro fe (...) y a otro (...) dones de curaciones; a otro realizar prodigios, y a otro profecía...», I Cor 12, 8-10.

328 Everett Ferguson, *Baptism in the early church: history, theology, and liturgy in the first five centuries*, Eerdmans Publishing Co., Grand Rapids 2009, pg 18.

A la vista de los datos teológicos por un lado, y por otro de los hechos que acaecen en grupos carismáticos católicos y pentecostales evangélicos, creemos que el error en muchos predicadores ha aparecido al observar alguna curación allí donde un grupo entero ha orado para que un enfermo se sanara. De ahí que el hecho debería haberse acompañado de este correcto razonamiento:

—En ciertos grupos de oración se han producido curaciones.
—Luego el poder de intercesión puede lograr de Dios una curación.

Mientras que son muchos los predicadores que han realizado el siguiente razonamiento erróneo:

—En ciertos grupos de oración se han producido curaciones.
—Luego los bautizados poseen el carisma de curación.

No negamos con esto que haya individuos con un don extraordinario. Pero debe existir una ligazón razonable entre la causa y el efecto, para que concluyamos que entre la persona que oró y la curación, existe la intermediación de un carisma. Pues hay una gran diferencia entretener un carisma y simplemente pedir. Tener un carisma implica una verdadera posesión de ese don. San Pablo al hablar de los carismas usa el verbo «dar»: *A cada uno le es dado la manifestación del Espíritu*[329] (...),*a uno le es dada la palabra de sabiduría*[330]. La posesión de un carisma es algo distinto de que uno sea escuchado puntualmente cuando eleva una plegaria a Dios. Esta misma diferencia existe entre el exorcismo realizado por quien tiene ese poder, y la mera intercesión a Dios para que libere a alguien. Aunque, a veces, se puede lograr la liberación de alguien con la intercesión, allí donde alguien con poder exorcístico no logró lo que pedía. Lo mismo vale para el carisma de curación. Como se ve, a veces, se llega a un mismo fin por los dos caminos. A veces, Dios otorga por un camino lo que no ha otorgado por el otro. Y así, Dios puede determinar que alguien quedará liberado por la oración de intercesión de un grupo de laicos, después de no quedar liberado tras las oraciones de un magnífico exorcista.

Lo que negamos, pues, es la universalidad de los carismas

329 «Es dado», en gr. «didomai» (1 Cor 12, 7).

330 De nuevo se usa el mismo verbo «didomai» (1 Cor 12, 8).

en los laicos (y entre ellos el carisma exorcístico), ya que ni los hechos, ni las Escrituras, ni la Tradición, avalan esa postura universalista. La reflexión teológica eclesial posterior a los primeros siglos, se movió en el espacio intermedio entre el cesacionismo y el universalismo.

Recapitulando todo lo dicho hasta ahora, la teología sobre el exorcismo ha de reconocer que objetivamente existen tres elementos diversos correspondientes a tres tipos de personas:

a. PRESBÍTEROS: Existe un **poder sacramental exorcístico** en los presbíteros.

   Se trata de un poder incluido en el sacramento del orden. Por tanto, al ser una *gratia gratis data*sacramental es un poder objetivo y seguro. La Tradición sobre este punto está pacíficamente admitida[331].

b. ALGUNOS LAICOS: Existe un **poder como carisma extraordinario** en algunos laicos concretos.

   Estamos hablando, por tanto, de un don personal que no es ordinario. De la existencia de esta potestad exorcística en laicos hay testimonios en la Historia de la Iglesia. En refrendo de lo cual se añade el paso neotestamentario de Mc 9, 38[332].

c. BAUTIZADOS EN GENERAL: Existe una **capacidad impetratoria** en cualquier grupo de creyentes que se reúnen para orar[333]. Un grupo carismático *per se* no tiene un poder exorcístico, sino un poder impetrador.

---

331 Los testimonios forman una tradición constante desde la Carta del Papa Inocente I a Decencio, obispo de Gubbio, PL 20, 557-558.

332 «A uno que no nos sigue y que expulsa demonios en tu nombre» (Mc 9, 38): «Tina en to onomati sou ekballonta daimonia hos ouk akolouthei hemin». También aparece en Lc 9, 49.

333 Esta afirmación no solo tiene un refrendo en este versículo: «Y a los que crean les acompañarán estas señales» (Mc 16, 17), sino que, además, la práctica confirma la efectividad de esta capacidad impetratoria respecto a la liberación de personas con influencias demoniacas (véase varios casos en. Arch. Pers., n.16, pg 14). Que ese poder intercesor es efectivo se da a entender en el documento *Instrucción sobre el Exorcismo* (Congregación para la Doctrina de la Fe, *Instrucción sobre el Exorcismo,*29 de septiembre de 1985), puesto que se dan normas al respecto de cómo hacer esa oración con ese fin.

> Se trata de una capacidad que no excluye a los grupos cristianos que no están en comunión con la Iglesia. Pero hablamos no de lo que se obtiene a través de un poder, sino de lo que se puede obtener a través de la petición dirigida a Dios, que son dos cosas distintas, aunque pueda lograrse el mismo fin: la liberación de la persona. La oración deprecativa es algo esencialmente distinto de la *potestas*. La intercesión no es lo mismo que un carisma. La intercesión es un acto puntual, mientras que un carisma se posee.

Por lo tanto, es necesario dejar claro que las liberaciones obtenidas por estos grupos pentecostales y carismáticos, grupos laicales en definitiva, no son prueba de la existencia en ellos de un poder exorcístico, sino de lo mucho que se puede obtener con la intercesión dirigida a Dios. Hay que afirmar claramente que no tenemos ningún elemento que nos haga pensar que un laico bautizado tiene *per se* un poder exorcístico. El bautismo no confiere ninguna *potestas*, sino tan solo una configuración del alma. El bautismo consiste en una gracia transformativa, no en la recepción de una gracia dirigida hacia el bien de los otros. Tiene una dimensión eclesial, pero no se trata en su esencia de un sacramento *pro bono alteri*. La Tradición siempre ha reconocido que este elemento *ad alteros* sí que ha sido entendido como una gracia integrante del sacramento del orden. Pero muestra un completo silencio acerca de la existencia de algún tipo de carisma extraordinario, sea del tipo que sea, en el sacramento del bautismo[334].

La fe tampoco supone ningún poder por sí misma. La fe puede hacer que oremos a Dios con gran fuerza, y Dios sí que tiene el poder. Pero la fe, por sí misma, solo tiene poder para cambiar a la persona que posee esa fe. La fe mueve montañas porque así se lo pide a Dios. Pero por sí misma se queda en el interior del alma del que tiene fe. La fe produce efectos espirituales en el alma del que posee la virtud de la fe, pero por sí misma carece de *potestas*. La fe suplica al poder de Dios, pero no posee nada fuera de la capacidad de la súplica. La fe es una *capacitas ad petendum*, no una *potestas*.

---

334 Este silencio patrístico se puede observar por ejemplo en los textos que ofrece la obra de Ángel Barahona, *El bautismo según los padres de la Iglesia*, Caparrós Editores, Madrid 1994.

Pensar que existe una identificación entre fe y poder exorcístico, es tan errado como pensar que fe y carisma de curación se identifican. Uno puede tener una fe ardiente y no tener el carisma de curación en absoluto. Por tanto, la legislación actual acerca del exorcismo y los laicos, tiene una base teológica; aunque después en esta obra se harán más precisiones.

El texto de Mc 16, 17 (*y a los que crean les acompañarán estas señales...*)hay que leerlo en su más estricta literalidad. Se dice que habrá señales acompañando a individuos que tendrán fe. No se afirma que todos los que tengan fe realizarán esas señales. Insistimos en que estas dos frases son diversas en su significado:

a. A los que crean les acompañarán estas señales

b. A todos los que crean les acompañarán estas señales

Estas dos frases en el pentecostalismo se usan como sinónimos, pero no lo son. Y no se dice que todos tendrán carismas, porque si fuera así, ese versículo entraría en conflicto con la enseñanza paulina de la heterogeneidad de los carismas concedidos: *Pues a uno se le concede, mediante el Espíritu, lenguaje de sabiduría, y a otro lenguaje de ciencia (...); a otro fe (...) y a otro (...) dones de curaciones; a otro realizar prodigios, y a otro profecía...*[335]. No todos pueden tener todos los carismas. Esto implica la existencia de un marco de heterogeneidad frente a la teoría carismática seminal, la tesis de que las semillas de todos los carismas ya están concedidas en el bautismo, y que todos tienen todos los carismas en mayor o menor grado. Consideremos que si la teoría seminal fuera cierta, los que tuvieran gran fe tendrían que curar, resucitar muertos, beber veneno y no morir, etc. Y si la causa de los carismas no fuera la tesis seminal, sino que la causa fuera la fe que los hace aparecer, entonces alguien con una fe perfecta tendría que tener el don de profecía, de curación, de realizar milagros, de hablar lenguas, de discernir lenguas, etc. Contra este universalismo, San Pablo explica que no se trata de una cuestión de virtud, sino que: *el Espíritu distribuye a cada uno según quiere*[336].

---

335 I Cor 12, 8-10. La misma doctrina de la heterogeneidad en Rom 12, 6-7 y en Ef 4, 11 al dar las listas de las funciones eclesiales.

336 «Según quiere», en gr. «kathos bouletai» (I Cor 12, 11).

Observemos la siguiente argumentación lógica: todos los cristianos pueden tener todos los carismas, porque los carismas son dados en semilla en el bautismo. (Recordamos que, en esta obra, «carisma» se usa en su acepción de don extraordinario.) La heterogeneidad prueba que la teoría seminal no es verdadera. Luego si la teoría seminal no es verdadera, ¿qué razón alegamos para pensar que todo bautizado pueda tener todos los carismas? ¿Qué razón podemos alegar para afirmar que todo bautizado, al menos, deba obligatoriamente tener un carisma? La respuesta es ninguna.

Si el carisma fuera consecuencia necesaria de la fe, el carisma no sería don sino elemento obligatorio y necesario de la fe. Por el contrario, la vida mística, la mayor intimidad con Dios, sí que es resultado del desarrollo natural de la vida espiritual si no pusiéramos obstáculos a la acción del Espíritu Santo en nosotros. Pero los dones carismáticos son dones: un santo puede no poseerlos, un hombre con pecados puede poseerlos. Un «curso para obtener carismas» o un «curso para desarrollar los carismas que todos tenemos», es algo teológicamente errado. Sería parecido a lo que en la Nueva Era se anuncia como «cursos para hacer milagros». En la perspectiva cristiana, uno debe dedicarse a alabar a Dios, a seguir sus mandamientos, a dedicar más tiempo a la oración, sin tener ambición alguna por obtener carismas. Los carismas fueron un hecho excepcional, incluso en la Iglesia primitiva.

Y esa excepcionalidad de los carismas incluye el poder para expulsar demonios. Si la potestad de exorcizar se concediera de forma general (bien por el bautismo, bien por la fe) no tendría sentido que esa concesión se les otorgara a los Apóstoles en términos absolutos como hemos visto antes en los sinópticos en el relato de la institución de los Apóstoles[337].Si la potestad exorcística fuera universal, se hubiera dicho en el Evangelio que se les concedía una potestad superior, un mayor poder, para expulsar demonios. Pero las palabras de Jesucristo únicamente dicen que se les concede poder para expulsar demonios. Luego lo que nos consta, por los textos neotestamentarios, son tres elementos seguros:

337 «E instituyó (...) para que...» (Mc 3, 14-15). «Les dio autoridad sobre...» (Mt 10, 1). «Les dio poder y autoridad para...» (Lc 9, 1).

1. Jesús concede un poder exorcístico a algunos de sus seguidores
2. Habrá expulsión de demonios como signo de la venida del Reino
3. No todos tienen todos los carismas(doctrina paulina expresada en 1 Cor 12, 8-10).

Cuando los Santos Padres[338] hablan de que el bautismo libera de la tiranía de Satanás, es disculpable que algunos hoy día den un paso más allá y pasen del campo personal (y por tanto moral) al campo comunitario (y por tanto del carisma).

La diferencia entre *potestas* y *capacitas ad petendum* es esencial, no de grado. Pues aun el caso de que un sujeto configurado por el sacramento perdiera la fe, seguiría poseyendo una eficiencia sobre las realidades externas que constituyen el objeto de su *potestas*, esto es, sobre los sacramentos y sacramentales. Y obsérvese que hemos usado el verbo poseer («seguiría poseyendo»), porque el presbítero no se limita a suplicar que se produzca el efecto del sacramento, sino que posee la capacidad de realizarlo. Ésta es una diferencia radical entre el laicado y el sacerdocio.

A un espíritu demoniaco, un bautizado le puede ordenar una y mil veces que salga de un cuerpo. En ese acto, solo hay palabras. Palabras que son manifestación de una voluntad (la del que ordena que salga), pero palabras sin poder. La manifestación de una voluntad carece de efectividad. Y eso aunque al final de una orden se añada la fórmula: en el nombre de Jesús. La fórmula *en el nombre de Jesús* no es una fórmula mágica que confiere poder a las palabras que la han precedido, sino que lo que manifiesta la expresión *en el nombre de Jesús* es que las órdenes que se han dado al demonio, se han dicho en su nombre, es decir, apelando a su autoridad. Este apelar a su autoridad admite dos sentidos según Böckle:

> En analogía con el uso veterotestamentario de la expresión «en el nombre de Yahvé», la fórmula neotestamentaria «en el

338 «Orígenes menciona especialmente como efectos del bautismo: la resurrección con Cristo, la liberación de la tiranía de Satanás y de la culpa, la recepción del Espíritu». Franz Böckle,*El cristiano en el tiempo y la consumación escatológica*, Ediciones Cristiandad, Madrid 1971, pg 147. Este tenor es el que se observa en los efectos del bautismo en las obras de los Padres. Véase, por ejemplo, lo que escribe sobre bautismo y poder de Satanás en la época patrística, Jeffrey Burton Russell, *Satan: the early Christian tradition*, Cornell University Press, Ithaca 1971, pg 100-103

nombre del Señor» puede significar de suyo una invocación del nombre de Jesús o una acción realizada por encargo del mismo Jesús[339].

En el primer sentido de invocación, cualquiera puede apelar a Él como Intercesor Supremo ante el Padre. Pero aunque se use esa fórmula, no deja de ser una petición. Lo que escribe Böckle acerca de la fórmula «en el nombre de Jesús», vale para el uso de esa fórmula en una oración exorcística por parte de un laico:

> Si observamos los relatos neotestamentarios sobre las curaciones realizadas por los discípulos «en el nombre de Jesús», llegamos a la conclusión de que en la carta de Santiago la expresión significa más bien «invocando el nombre de Jesús»[340].

Aunque los dos sentidos explicados por Böckle son razonables, afinando más las razones semánticas de la expresión «en el nombre de Jesús», creemos que tiene dos sentidos:

a. **Sentido apelativo:** Por encargo de Jesús, apelando a su enseñanza: por ejemplo, doy limosna en el nombre de Jesús = doy limosna porque Él nos enseñó a dar limosna. Perdono a mi enemigo en nombre de Jesús = le perdono porque Él nos enseñó a hacer esto[341].
b. **Sentido autoritativo:** Por su autoridad, como si fuera Él. Gobierno esta diócesis en el nombre de Jesús = gobierno esta diócesis como enviado de Jesús. Te absuelvo en la confesión en nombre de Jesús = absuelvo con la autoridad dada por Él[342].

Creemos que si la expresión «en el nombre de Jesús» tuviera un sentido invocativo, se hubiera expresado así: sal demonio, por el nombre de Jesús; enfermedad cúrate por el nombre de Jesús.

---

339 Franz Böckle,*El cristiano en el tiempo y la consumación escatológica,* Ediciones Cristiandad, Madrid 1971, pg 481.

340 Franz Böckle,*El cristiano en el tiempo y la consumación escatológica,* pg 481.

341 Ejemplos de este sentido: «Porque donde dos o tres se reúnen en mi nombre, allí estoy yo con ellos» (Mt 18, 20). «Y cualquier cosa que pidáis en mi nombre, la haré» (Jn 14, 13).

342 Ejemplos de este sentido: «Lo que atareis en la tierra, será atado en el cielo» (Mt 16, 19). «A quienes perdonareis los pecados, les serán perdonados» (Jn 20, 23).

Mientras que «en el nombre de» tiene un significado diverso del invocativo, tanto en la época de Jesús como ahora. Twelftree escribía: *En Marcos nos hemos encontrado con la idea del exorcismo «en el nombre de Jesús» significando que se realizaba un exorcismo como si hubiera sido hecho por Jesús mismo»*[343].

Por tanto, solo puede hablar en nombre de alguien de un modo autoritativo, el que ha recibido autoridad para hacerlo[344]. Por eso el sacerdote en los distintos rituales de exorcismos dice cosas tales como: *Te exorcizo, espíritu inmundísimo,* (...) *en el nombre de Nuestro Señor Jesucristo desarraigate y huye de esta criatura de Dios*[345]. *Te conjuro, Satán,* (...)*retrocede de esta criatura*[346].Son fórmulas imperativas en las que el sacerdote puede decir: yo soy el que manda esto.Y así, el sacerdote en la misa dice: *Esto es mi Cuerpo.* No dice: *Pido a Dios que transforme esto en su Cuerpo.* Es otro ejemplo donde se ve la diferencia entre tener o no tener una potestad.

Si se carece de esa autoridad exorcística, las palabras del ritual carecen de efectividad. El episodio de los exorcistas ambulantes hijos de Sceva[347] en Hechos de los Apóstoles, muestra que el empleo de una mera formula[348]por sí misma no ofrece ninguna efectividad. En el exorcismo, no es el rito lo que confiere la efectividad sobre los demonios. El rito es expresión del poder existente en el sacerdote: *exorcizo te, adiuro te*, etc.

El ritual de exorcismos resulta ineficaz en manos de un laico, aunque la mención de Dios y la mera escucha del ritual sin duda atormentará al demonio. Lo cual dará la impresión de tener efectividad. Pero el ritual no exportador de poder, sino cauce para

343 Graham H. Twelftree, *In the name of Jesus: exorcism among early Christians*, Baker Academics, Grand Rapids 2007, pg 174.

344 Acerca de la efectividad propia de la fórmula «en el nombre de Jesús», véase Apéndice, nota 62.

345 D. G. Van Slyke, «The Ancestry and Theology of the Rite of Major Exorcism». *Antiphon* 10.1 (2006), pg 87 y 90. Fórmula conjuratoria tomada del ritual de 1953. Se han suprimido distintos epítetos referidos al demonio, para dejar solo lo esencial que son los verbos y lo que se le indica con esos verbos.

346 D. G. Van Slyke, «The Ancestry and Theology of the Rite of Major Exorcism». *Antiphon* 10.1 (2006), pg 90. Formula conjuratoria tomada del ritual de 1999.

347 Hch 19, 13-16. El término exacto que se usa previamente en Hch 19, 13 para definirlos es: «Ton perierchomenon ioudaion exorkiston».

348 «Te exorcizamos (orkizomen) por Jesús al que Pablo predica»(Hch 19, 13).

ejercer ese poder. Del mismo modo que el ritual del sacramento de la confirmación resulta ineficaz en manos de un laico; dígase lo mismo del ritual de bendiciones. Pues en el *Bendicional* las únicas «bendiciones» permitidas a los laicos tienen fórmulas enteramente impetrativas, sin que el laico haga la señal de la cruz sobre el objeto[349]. Por todo lo cual (tanto por los signos como por las fórmulas), las funciones permitidas a los laicos en las celebraciones del *Bendicional*, claramente no son bendiciones, limitándose estos a dirigir una oración de petición a Dios.

Algunos dirigentes carismáticos enseñan que todos los bautizados tienen el poder de expulsar demonios, solo que el poder de los presbíteros es superior. Como se ha visto, tal afirmación la consideramos errónea. Cuando hablamos de la *oratio deprecativa* y de la *potestas* nos estamos refiriendo a realidades completamente distintas, no se trata de una diferencia de grado. Lo cual no significa que (como ya hemos dicho antes) pueda darse que un sacerdote exorcize a alguien, y ese sujeto no sea liberado. Y que ese mismo sujeto se dirija a un grupo de oración constituido solo por laicos, y el sujeto sea liberado allí. Una conclusión simplista y equivocada sería considerar que eso prueba necesariamente que el grupo tuvo más poder que el presbítero. Pero los designios de Dios respecto a la liberación de un individuo son, a veces, complejos, dependiendo de un gran número de factores. Por solo citar unos cuantos factores que pueden provocar ese hecho, y sin el propósito de ofrecer una lista completa:

a. Disposiciones diversas del sujeto cuando recibió la oración del presbítero y cuando se oró a Dios por él en el grupo. Puede que la segunda vez, el poseso hubiera orado y ayunado, y anteriormente no.
b. Disposiciones diversas del sacerdote (que pudo realizar el rito con poca fe y tibieza) frente a un grupo de laicos que oraron ese día con todas las fuerzas de su corazón.

---

349 Y así, en la bendición de los esposos, el laico que lee el ritual se limita a dirigir una pequeña reunión en la que se pide la intercesión a Dios, y en ningún momento hace la señal de la cruz sobre ellos. sino que el ritual indica: «Si el ministro es laico, concluye el rito santiguándose y diciendo: Que Dios colme nuestra fe de alegría y de paz», Congregación para el Culto Divino, *Bendicional*, Coeditores Litúrgicos, Barcelona 1986, pg 66.

c. Existencia de un plan de Dios por el cual convenía que se recibiera la liberación en ese momento de su vida y no antes.
d. Existencia de pecados ocultos que solo el sujeto conocía, y que supusieron un obstáculo para la conclusión del exorcismo. Y que, sin embargo, ya no interferían con su liberación cuando se dirigió al grupo.

El padre Amorth le preguntó al Padre Cándido Amantini, su maestro, por qué un poseso se había liberado con tanta facilidad con un exorcista después que él lo hubiera intentado en otras ocasiones. Su respuesta fue la siguiente: *Muchas veces uno es el que siembra y otro es el que recoge. El árbitro de todo es el Señor, y por tanto es Él el que decide cómo y quién obtiene la liberación*[350]. En otros casos, lo que sorprende es la rápida liberación en una persona que carece de las disposiciones adecuadas[351].

Por estas razones se entiende cómo a pesar de que la expulsión de los demonios puede parecer una prueba definitiva para llegar a ciertas conclusiones acerca de la eficiencia del ministro, la realidad es que detrás de cada liberación hay todo un variado entramado de causas que solo Dios puede conocer de un modo completo. Y, por tanto, siempre resultará arriesgado extraer conclusiones teológicas viendo la liberación de alguien obtenida por un grupo de oración, cuando con anterioridad por esa persona oró de forma aparentemente infructuosa un sacerdote. Las conclusiones solo se podrían obtener poseyendo todos los factores. Dado que eso no será posible, debemos ser extremadamente prudentes a la hora de hacer comparaciones o elaborar teorías en este campo.

Sin duda, a lo largo de la Historia de la Iglesia, ha habido laicos que por su oración, sus ayunos, su penitencia, por su vida de imitación a Cristo, han logrado un don extraordinario de Dios sobre los demonios. Dios puede conceder ese carisma incluso a alguien fuera de la misma religión cristiana. En el caso de un bautizado

---

350 Angela Musolesi, *Presidente degli esorcisti: Esperienze e delucidazioni di Don Gabriele Amorth*, Edizioni Carismatici Francescani, Ravena 2005, pg 54.

351 En Arch. Pers., n.19, pg 17 se explica el caso de una chica liberada en cinco minutos a pesar de no tener fe en la Iglesia y contar solo con una vaga idea de que Dios podía existir. «Tres años después seguía liberada. El Señor le concedió la liberación para que viera el poder de Dios a través de la Iglesia, y eso propiciara una futura conversión».

que se ha dedicado heroicamente al ejercicio de la oración y la vida penitente, se puede afirmar que ha logrado una configuración especial con Cristo.

Por supuesto, un don carismático de expulsión de demonios puede ser superior al poder exorcístico de un determinado presbítero. En estos dos casos, estamos hablando de una misma *potestas* recibida por vías distintas. Así como la eficacia de la intercesión y el poder exorcístico sacramental son realidades completamente heterogéneas, la *potestas exorcizandi* es una y la misma, provenga por vía sacramental o por vía carismática. Son dos caminos diversos para obtener una misma realidad: poder sobre los demonios. Observando el modo en el que son actuadas ambas potestades y los efectos que producen, no tenemos ninguna razón para pensar que ambas potestades sean de naturaleza diversa[352]. No solo eso, hablando *in genere* la configuración que logra un asceta tras una vida de heroica renuncia a todo goce lícito, de práctica de la caridad eximia, de haber recibido una vida mística, es superior a la de un presbítero. Ese asceta no podrá administrar ninguno de los sacramentos propios del presbítero, pero estará más configurado con Cristo que el sujeto que se ha limitado únicamente a recibir el sacramento del orden. De ahí que conviene que el carisma de exorcizar sea superior en aquel que está más configurado con Cristo[353].

De ahí la conveniencia de que posteriores desarrollos jurídicos ofrezcan un molde canónico a esta realidad de la *potestas exorcizandi* como carisma extraordinario, pues no parece adecuado que Dios otorgue capacidades que no encuentran lugar alguno en la disposición canónica. La *lex* debe adecuarse a la *res*. Porque una cosa es que no se deba legislar sobre la excepción. Y otra cosa distinta es que la ley se cierre absolutamente, no otorgando margen alguno para encajar en algún lugar jurídico este tipo de hechos inusuales. Aunque esto será analizado posteriormente en la parte de la presente obra dedicada a las cuestiones jurídicas.

---

352 No entramos aquí en la cuestión de los carismas exorcísticos de naturaleza peculiar, y que por tanto serían diversos de la *potestas exorcizandi* del sacramento del orden. Sobre este tema de los dones exorcísticos de naturaleza más específica, frente al poder exorcístico *in genere*, puede verse José Antonio Fortea, *Exorcística*, Dos Latidos, Benasque 2011, pg 110-112.

353 Acerca de si todo asceta heroicamente configurado con Cristo, tiene el poder de exorcizar, véase Apéndice, nota 63.

La orden menor del exorcistado

Debemos reparar en que la orden menor del exorcistado se confería antes de que el candidato recibiese el sacramento del orden. La *Carta del Papa Cornelio a Fabio*[354] menciona la lista de las órdenes menores, luego nos consta que el exorcistado como orden menor existía al menos desde el año 251. Y el hecho ritual de conferir esta orden menor supone la plasmación de una práctica ministerial. El hecho de que la orden menor del exorcistado precediera a la concesión del presbiterado, implica que el ministerio se ejercía con independencia de este sacramento.

La permanencia posterior de esta orden menor antes de recibir las órdenes mayores, es una reminiscencia histórica que no puede indicar otra cosa más que una praxis de la iglesia primitiva respecto a un ministerio del exorcistado no ligado necesariamente a la *potestas* del orden sacerdotal. Avalando esta tesis, nos encontramos asimismo con que todas y cada una de las otras órdenes menores (ostiariado, lectorado, acolitado, subdiaconado) por su misma naturaleza se pueden ejercer sin poseer el sacramento del orden.

Que esta orden menor supone una prueba más de que ha habido laicos que han ejercido este ministerio, queda avalado por la misma fórmula de la institución del exorcista, que ya entre los años 424-436 rezaba así:

> El exorcista cuando es ordenado, tome de la mano del obispo el librito en el que están escritos los exorcismos, diciéndole el obispo: Toma y encomiéndalo a la memoria, y ten potestad de imponer las manos sobre los energúmenos, ya sean bautizados ya catecúmenos[355].

---

354 Eusebio de Cesarea, *Historia Eclesiástica*, I, 6, 43. La mencionada Carta del Papa Cornelio a Fabio de Antioquía aparece citada en la *Historia Eclesiástica*. Tomado de Paul L. Maier, *Eusebius: The Church History*, Editorial Portavoz, Gran Rapids 1999, pg 245.

355 «Exorcista cum ordinatur accipiat de manu episcopi libellum, in quo scripti sunt exorcismi, dicente sibi episcopo: Accipe et commenda memoriae et habeto potestatem imponendi manus super inergumenum (sic), sive baptizatum sive caticuminum (sic)». Concilio Cartaginense IV, canon 7: PL 84, 200. La fórmula se conservará exacta, palabra por palabra, sin añadiduras ni cambios hasta el *Pontifical Romano* de León XIII.

La fórmula es la misma en los *Statuta Ecclesiae Antiqua*[356]que son de alrededor del año 475,y casi idéntica a la que aparece en *De ecclesiasticis officiis*[357] de San Isidoro de León. Formula isidoriana en la que las palabras respecto a la *potestad de imponer las manos sobre los energúmenos* aparecen de nuevo exactamente repetidas. No estamos por tanto hablando de una fórmula litúrgica de carácter regional cuyo ámbito de utilización fue reducido. No cabe la menor duda, de que hubiera sido una incongruencia que la Iglesia al conferir este sacramental, orase para que un laico exorcizara si de forma absoluta no pudiera hacerlo. Pues en la concesión de ese sacramental, el obispo no ora para que en el futuro esa persona tenga poder sobre los demonios, sino que el sacramental es conferido en ese acto.

Dado que este sacramental se confería a alguien que carecía de la potestad presbiteral, resulta interesante advertir que esta fórmula ritual no solo estuvo vigente más de 1.520 años[358], sino que también debemos percatarnos de que esta orden menor se siguió confiriendo en una época muy posterior a la de la Iglesia primitiva. Se siguió confiriendo en unos siglos en los que la mayoría de los teólogos no mostraban una gran consideración por el sacerdocio común de los fieles[359]. Y aun así, la fórmula en sí misma implica una distinción entre el poder exorcístico y el poder sacerdotal, puesto que se confiere en momentos diversos y con ritos diversos. Y, a pesar de todo, se siguió usando la misma fórmula en unos siglos que mirarían con creciente recelo cualquier poder sagrado que no estuviera ligado al sacerdocio.

Un aspecto menor, pero del que simplemente vamos a hacer mención es que las órdenes menores se han conferido siempre mediante un rito sacro, consistente en las fórmulas unidas a la

---

356 Statuta Ecclesiae Antiquae, 7: CCL 148, 182-183.

357 San Isidoro de León, *De ecclesiasticis officiis*, II 13, 4: CCL 113, 73: PL 83, 793.

358 Desde la época del Concilio de Calcedonia, al menos, hasta 1972, año en que se produjo la reforma de las órdenes menores con el documento *Ministeria quaedam* de Pablo VI, publicado el 15 de agosto de 1972.

359 «Aunque esta expresión [sacerdocio común] había casi desaparecido del vocabulario de la teología católica, a causa del uso antijerárquico que habían hecho los Reformadores». Comisión Teológica Internacional, *Temi scelti d'ecclesiologia in occasione del XX Anniversario della chiusura del Concilio Vaticano II*, n.7.1. Citado enComisión Teológica Internacional, *Documenti*, Edizioni Studio Domenicano, Bolonia 2006, pg 311—312.

entrega de los instrumentos propios de la función para la que son instituidos, *sin imposición alguna de la mano por parte del obispo*[360]. Lo cual es algo notorio, porque tanto en el Antiguo Testamento como en el Nuevo la entrega de un poder espiritual de un humano a otro humano, se confiere mediante el signo de la imposición de manos.

Bien sea para consagrar o para bendecir, bien sea incluso para transmitir poder, el signo es siempre la imposición de las manos. Moisés impone las manos sobre Josué para que guíe al pueblo (*le transmitirás una parte de tu autoridad*, le dice Dios a Moisés, Nm 27, 20-23). Incluso para transmitir los pecados de Israel al carnero que va a ser sacrificado (Lev 8,22), pues el acto implica una transferencia. En el Nuevo Testamento, la práctica viene claramente asociada con la transmisión de una potestad, con la sanación, o para pedir que venga el Espíritu Santo (Hch 8,14-19) o con la bendición (Mc 10,16; Mt 19,13-15).

La ausencia de este signo en la orden menor de exorcistado, por sí misma, sería un ligero indicio (por otra parte opinable) para afirmar que no hay ninguna entrega de poder por parte del obispo al conferir el rito, y que la *potestatem* de la que se habla hay que entenderla como un permiso para usar una potencialidad ya presente en el laico. De todas maneras, parece un argumento débil (aunque merezca ser tenido en cuenta) frente a la materialidad de las palabras *accipe potestatem*[361].

No nos podemos hacer una idea de qué peso concretotenía este ministerio en la Iglesia antigua, pero la carta del Papa Cornelio I, antes citada, fechada en el año 251, menciona que hay exorcistas oficialmente instituidos:

> Así, pues, el vindicador del Evangelio [Novaciano] ¿no sabía que en una iglesia católica solo debe haber un obispo? Y no podía ignorar, ¿de qué manera podía ignorarlo?, que en ella [en Roma] hay cuarenta y seis presbíteros, siete diáconos, siete subdiáconos, cuarenta y dos acólitos, cincuenta y dos entre

---

360 Attilio Carpin, *Angeli e demòni nella sintesi patristica di Isidoro di Siviglia*, Edizioni Studio Domenicano, Bologna 2004, pg 159.

361 Acerca de si en el sacramental de exorcistado se recibe o no una potestad, véase Apéndice, nota 64.

exorcistas, lectores y ostiarios, y entre viudas y pobres más de mil quinientos[362].

Lo que sí es cierto, es que fruto de todas estas reminiscencias procedentes de la Antigüedad, la primera edición del *Rituale Romanum* (que aparecerá en el año 1614) al tratar acerca de quién puede ser ministro del Ritual de Exorcismo hace una pequeña precisión: *El sacerdote o cualquier otro ministro legítimo de la Iglesia*[363]. Ese texto muestra cómo incluso en el siglo XVII existía la conciencia de que no solo los presbíteros y los obispos eran ministros legítimos de este ritual.

Relación entre poder de la fe y poder de exorcizar

Una vez que ha quedado expuesta la doctrina acerca del bautismo y el poder exorcístico, vamos a añadir unos matices a esta doctrina. Matices que ya se han mencionado, pero que es de justicia recordarlos al final.

Hemos defendido que un bautizado, por el hecho de estar bautizado, no tiene potestad de exorcizar. Hemos afirmado que la fe no otorga esa potestad. La potestad (poder) solo la puede entregar Dios. Pero también puede suceder que si un laico es un hombre de fe ardiente que, con cierta frecuencia, usa la capacidad de interceder por los posesos, al final, es muy posible que Dios le otorgue poder y autoridad sobre los demonios. De ahí que algunos carismáticos que comenzaron convencidos de tener el poder de expulsar demonios en virtud de la fe, acaban recibiendo tal carisma.

Lo mismo sucede con el carisma de curación. El que más fervorosa y frecuentemente intercede por la sanación en grupos carismáticos, es más razonable que acabe siendo elegido por Dios para recibir tal carisma. Los carismas de curación no se reciben, digamoslo así, como un meteorito que aparece porque sí de la nada. Y así, una persona que nunca ora por los enfermos, será dificilísimo que de pronto un día afirme: me han comunidado de lo alto que

362 Cornelio I, Papa,*Carta a Fabio, obispo de Antioquía.*

363 «Sacerdos, seu quis alius legitimus Ecclesiae minister». *Rituale Romanum*, Editio Princeps de 1614, Edizione Anastatica Libreria Editrice Vaticana, Città del Vaticano 2004, pg 206.

he recibido el carisma de curación. No, las cosas no suelen ser así. Sino que normalmente acaecerá que el que más intercede por los enfermos, sea el que acaba recibiendo ese carisma. Lo mismo sucede usualmente con el carisma exorcístico.

A eso hay que añadir que las palabras de Mc 16, 17 (*y a los que crean les seguirán estas señales*) leídas en su sencillez dan a entender que existe una conexión entre fe y *semeia* (señales). En ese paso no se dice que los creyentes (creyentes en general) tengan un carisma, pero se dice que esas señales *les seguirán* (parakolouthesei). Y que expulsarán demonios, dice, *en mi nombre* (en to onomati mou). Esto implica que algunos creyentes pueden no tener un carisma, pero obrar en su nombre. A la acción de ellos, sigue una acción de Dios. A la acción humana (*aquellos que habiendo creído*, tois pisteusasin) sigue una acción divina (*les seguirán estas señales*).

Y es que es un hecho que cuando existe una fe ardiente, generosa, que con gran sacrificio de esfuerzo y tiempo, intercede, esas señales ocurren, ya sean de liberación o sanación. La distinción de si el efecto proviene de la intercesión o del carisma, resulta, lógicamente, cada vez menos fácil de discernir. Y aunque, hablando de forma teórica, en algún caso quedara claro que alguien no tiene el carisma, se podría dar la situación de un presbítero con poco éxito al exorcizar, mientras que podría haber un laico con gran éxito en liberar a través de la intercesión. La situación de un presbítero (por tanto con una *potestas*) que produce pocos frutos, junto a un laico sin un carisma pero con muchos frutos, es la prueba de la relación entre fe y liberación. Esta relación fe-liberación hay que inscribirla en el marco, antes expuesto, de la diferencia radical entre exorcismo e intercesión, fruto de la diferencia esencial entre tener o no tener una potestad sobre los demonios. En la parábola del amigo que pide tres panes en mitad de la noche[364], observamos que el que pide no tenía los panes, pero consigue los panes. En la parábola de la viuda que pide justicia a un juez, vemos que la viuda carece de poder para impartir justicia, pero logra que se le haga justicia[365].

364 Lc 11, 5-8. A estos versículos habría que añadir: «Pedid y se os dará (...). Porque todo el que pide, recibe» (Mt 7, 7-9). Tema sobre el que se muestra una insistencia, pues se repiten las mismas palabras en Lc 11, 9.

365 Lc 18, 1-7. Véase una interpretación espiritual-exorcística de esos versículos en Apéndice, nota 65.

Jesús dijo: *a los que crean les acompañarán estas señales.* No dijo: los que crean causarán estas señales. Pero aunque la diferencia entre «causar» y «ser acompañado» sea tan esencial como tener una *potestas* o simplemente interceder, sin embargo, después, atendiendo a los resultados, la diferencia no es tanta.

Como se ve, el tema de la capacidad de exorcizar de los laicos es un tema complejo. Atendiendo al tema de la *potestas* hemos tenido que ser férreos, porque la base bíblica, así como la tradición de la Iglesia, no ofrecían fundamento para afirmar otra cosa. Pero reducir el tema del exorcismo únicamente a la posesión o no de la *potestas*, sería desconocer el hecho exorcístico en toda su amplitud. José Caba, en su exhaustivo estudio exegético del paso del amigo que pide los panes, hace una interesante observación:

> El contenido, pues, subrayado en Lc 11, 5-7 es una presentación de la amistad que fundamenta la certeza, la confianza que el amigo escuchará la petición del amigo que llama a la puerta. (...) La razón de la amistad es la que domina en la estructuración de los versículos[366].

Enfocar la oración de liberación de los demonios bajo el prisma de la amistad que existe entre un amigo que pide a otro Amigo (Jesús) en mitad de la noche, o enfocarlo desde la nada de una viuda (el laico) que insiste en su petición, nos ofrece una perspectiva totalmente distinta y enriquecedora de este ministerio. El exorcismo no como poder, sino como actuación de la fe que, al final, logra el mismo efecto. *Y todo cuanto pidáis con fe en la oración, lo recibiréis*[367]. Palabras éstas que vienen en Mateo justo después de que Jesús les dijera a los Apóstoles que si tienen fe podrían arrancar una montaña y plantarla en el mar[368].

A la luz de la experiencia de los grupos (carismáticos o no) dispersos por el mundo, de acuerdo a las enseñanzas bíblicas y al testimonio de la tradición y sus hechos (vidas de santos), creemos poder condensar el núcleo de todo lo dicho en tres afirmaciones:

---

366 José Caba, *La Oración de Petición: estudio exegético sobre los evangelios sinópticos y los escritos joaneos*, Roma, Biblical Institute Press 1974, pg 18.

367 Mt 21, 22. La traducción literal del griego añade matices importantes para la teología sobre el exorcismo, véase Apéndice, nota 67.

368 «En verdad os digo que si tenéis fe y no dudáis, no solo el [milagro] de la higuera haréis, sino incluso si a esta montaña le decís que sea quitada (artheti) y la arrojáis en el mar, sucederá» (Mt 21, 21).

a. No todos tienen el poder de exorcizar:
   Ya se ha mostrado que la opinión teológica más razonable es afirmar que los bautizados no tienen ningún poder exorcístico.
b. La fe ardiente puede lograr liberaciones:
   Los que crean en Jesús con una fe ardiente, pueden expulsar demonios. La fe puede ser causa de una intercesión llena de fervor, la cual puede lograr de Dios la liberación.
c. No todos deben exorcizar:
   No todos los bautizados tienen la prudencia, ni las mínimas condiciones personales necesarias, para desempeñar digna y prudentemente este ministerio.

Distinción entre exorcismo y oración de liberación

Ya hemos dejado claro que en la Historia ha habido laicos-exorcistas. Sin embargo, como norma general, el exorcismo queda reservado a los sacerdotes, y la oración de liberación a los laicos. Dadas las muchas veces que se va a repetir el término «oración de liberación» en esta obra, para evitar toda duda y equívoco, dejamos claro que lo que se entiende por «oración de liberación» son las oraciones realizadas en orden a liberar a una persona de alguna influencia demoniaca, y que se realizan sin conjurar[369] al demonio. Porque si se conjura al demonio (esto es, si se le dan órdenes en nombre de Jesús), entonces ya estamos hablando de exorcismo.

El exorcismo será ritual si se utiliza el ritual. Y hablaremos de un exorcismo no ritual o espontáneo en caso contrario. Pero lo que define si algo es un exorcismo o no, es el hecho de conjurar al demonio. Si se conjura al demonio, sea del modo que sea, aunque sea con palabras espontáneas, hablamos de exorcismo. Mientras que hablamos de oración de liberación, si la oración es dirigida a Dios y nunca nos dirigimos al demonio. Se puede hacer oración de liberación leyendo salmos, rezando rosarios, solicitando la intercesión de los santos y la Virgen María, orando en lenguas y

369 Como el verbo «conjurar» se va a repetir no pocas veces en esta obra, véanse las razones de por qué usamos precisamente este término y no otro en Apéndice, nota 82.

pidiendo a Dios que libere a esa persona presente de toda influencia maligna. En la oración de liberación uno no da órdenes al demonio, ni le hace preguntas, ni se dirige a él para nada.

Lo que define realmente el acto exorcístico es ordenar al demonio para que salga apelando al poder de Dios. Por eso ningún sacerdote ni laico puede hacer lícitamente exorcismos bajo la excusa, por ejemplo, de que no está usando el ritual. Todos estos aspectos acerca de lo lícito y lo ilícito, de lo permitido y lo no permitido, van a ser explicitados más extensamente a lo largo de esta obra. Pero sirva, desde ahora, esta distinción esencial para entender el concepto de oración de liberación.

Exorcismo y sacramento del orden

En este apartado nos vamos a dedicar extensamente al tema del diaconado, ya que es el tema sobre el que planean más incertidumbres. Nada hablaremos acerca del presbiterado, porque nadie duda que los presbíteros puedan exorcizar. Contrariamente a lo que pudiera parecer, el episcopado sí que plantea algunas interesantes cuestiones teológicas que de ningún modo son ociosas, como se verá.

El diaconado en sí mismo considerado

Antes de entrar a considerar el diaconado y el poder exorcístico, resulta completamente necesario hacer algunas reflexiones acerca de la situación actual de la reflexión teológica acerca de la naturaleza del diaconado. Pues el modo en que entendamos qué es el diaconado, tendrá una repercusión directa acerca de si hay alguna posibilidad de que el diácono, en virtud del sacramento recibido, pueda o no poseer alguna efectividad a la hora de expulsar demonios.

Vamos a detenernos en examinar el cambio que en el año 2009, Benedicto XVI hizo a dos cánones del *Código de Derecho Canónico* con el motu proprio *Omnium in mentem*[370] En relación

370 Benedicto XVI, *Omnium in mentem*, motu proprio del 26 de octubre de 2009.

al sacramento del orden, el Santo Padre hizo dos modificaciones en dos cánones:

En el canon 1008, donde antes se decía:

> *Mediante el sacramento del orden, por institución divina, algunos de entre los fieles quedan constituidos ministros sagrados, al ser marcados con un carácter indeleble, y así son consagrados y destinados a apacentar el pueblo de Dios según el grado de cada uno, desempeñando en la persona de Cristo Cabeza las funciones de enseñar, santificar y regir.*

Ahora se dice:

> Mediante el sacramento del Orden, por institución divina, algunos de entre los fieles quedan constituidos ministros sagrados, al ser marcados con un carácter indeleble, y así son consagrados y destinados a servir, según el grado de cada uno, con nuevo y peculiar título, al pueblo de Dios.

De manera que respecto a los que reciben el sacramento del orden se ha eliminado la referencia que decía *desempeñando en la persona de Cristo Cabeza las funciones de enseñar, santificar y regir.*

Igualmente en el canon 1009, se ha añadido un tercer parágrafo que dice:

> Aquellos que han sido constituidos en el orden del episcopado o del presbiterado reciben la misión y la facultad de actuar en la persona de Cristo Cabeza; los diáconos, en cambio, son habilitados para servir al pueblo de Dios en la diaconía de la liturgia, de la palabra y de la caridad.

Por lo tanto, la nueva formulación deja de afirmar que los diáconos sean habilitados para que actúen en la persona de Cristo Cabeza. Al eliminar esa frase, se da a entender de forma inequívoca que no reciben esa habilitación. Y así Reyes escribirá en su comentario al Motu Proprio: *Mientras el obispo y el presbítero, actúan «in persona Christi Capitis», el diácono es configurado con*

Cristo siervo de los siervos de todos y actúa, por lo tanto «in persona Christi Servitoris»[371]. De la misma opinión es Coccopalmerio:

> El Motu proprio *«Omnium in mentem»*, por lo tanto, modifica el texto del can. 1008 CIC que, en referencia indistinta a los tres grados del Orden, no afirmará más que el sacramento confiere la facultad de actuar en la persona de Cristo cabeza, sino que se limitará a afirmar, de manera más genérica, que quien recibe el Orden Sagrado está destinado a servir al pueblo de Dios por un título nuevo y peculiar[372].

Estas modificaciones tienen evidentes implicaciones a la hora de reflexionar acerca de una supuesta *potestas* diaconal. Antes de continuar adelante, creemos conveniente advertir que en los dos puntos siguientes,para todas las consideraciones que se van a hacer en relación al diaconado,hemos tenido en cuenta el documento de la Comisión Teológica Internacional, *Il diaconato: evoluzione e prospettive*[373]. Mencionamos esto porque algunas de nuestras afirmaciones en esta parte de la presente obra, podrían dar la impresión de no haber prestado atención al cambio del 26 de octubre de 2009 en la formulación de los dos cánones antes citados. Sin embargo, el cambio efectuado en esos dos cánones se inscribe dentro de las perspectivas que se formulan en el documento de la citada comisión.

No hay que olvidar que, en cuanto a todo este asunto del cambio canónico, el citado documento teológico es mucho más amplio y detallista que unas pocas líneas de dos cánones. Cosa lógica, por la distinta naturaleza de los dos escritos: uno, un lacónico texto legislativo; el otro, un documento que trata de ser exhaustivo respecto al tema tratado. Además, es más que razonable pensar que el citado documento de la Comisión Teológica Internacional refleja el pensamiento de Benedicto XVI, puesto que él, cuando era car-

371 Pedro María Reyes Vizcaíno, «Comentario al Motu Proprio *Omnium in mentem*», en *Ius Canonicum*, http://www.iuscanonicum.org/index.php/derecho—matrimonial/38—la—forma—del—matrimonio—canonico/461—comentario—al—motu—proprio—omnium—in—mentem.html [25-3-2011].

372 Francesco Coccopalmerio, «Il *«Motu proprio»* «Omnium in mentem»: Le ragioni di due modifiche», en *Il Regno*, año 2010, n.3, pg 73.

373 Commisione Teologica Internazionale, «Il diaconato: evoluzione e prospettive», en CTI, *Documenti* (1969-2004), Edizioni Studio Domenicano, Bolonia 2006, pg 651-766.

denal, era el presidente de esa misma comisión que redactó el documento. Razón ésta que nos parece suficiente para considerar las 115 páginas del documento, como la mejor exégesis del cambio canónico implicado en unas escuetas líneas de unos cánones.

Diaconado y potestas exorcizandi

¿Al diácono se le ha conferido un poder exorcístico a través del sacramento del orden? ¿Existe en el diácono un poder sobre el demonio que sea distinto al del bautizado? Es decir, ¿el diaconado concede alguna potestas *ad extra,* o solo implica una transformación interior del alma?

Como ya he planteado antes, la respuesta a esta cuestión dependerá de la respuesta que demos a la pregunta qué es el diaconado. Solo se puede abordar la respuesta a esta cuestión a través de una clara disyuntiva, que de un modo sucinto se podría plasmar así:

a. Si uno considera que el diácono es meramente un bautizado al que se le ha conferido un ministerio de servicio, la respuesta a la pregunta antes formulada sería negativa: el diácono, desde esta perspectiva, no gozaría de ningún poder exorcístico, al igual que un laico.

b. Si uno considera la acción sagrada sacramental de la ordenación diaconal como una configuración con Cristo Cabeza, aunque sin potestad sobre los sacramentos presbiterales[374], entonces la respuesta podría ser afirmativa: el sacramento del orden en su primer grado quizá pueda conferir algún tipo de potestad exorcística.

Alguien que quisiera conciliar el nuevo cambio canónico con la anterior concepción sobre el diaconado, podría afirmar que el primer grado del orden no configura con Cristo cabeza en el sen-

374 En esta obra usaremos la expresión *sacramentos presbiterales* para designar aquellos sacramentos propios de la potestad presbiteral. Id est: confesión, confirmación, Eucaristía y unción de los enfermos.

tido de que no confiere el *sacerdotium*[375].Entendido el *sacerdotium* como una configuración con Cristo Cabeza que otorga una *potestas* sobre los sacramentos presbiterales, entendido así, el diaconado ni otorga esa *potestas*, ni ese *sacerdotium*, ni esa configuración con Cristo Cabeza.

Pero entendido el diaconado como una configuración con Cristo Cabeza que configura al diácono como parte de la *Caput Mystici Corporis Ecclesiae*, y que por tanto le hace parte de la jerarquía, la ordenación le confiere un sacramento que no sería otro, ni diverso, respecto al sacramento del orden. Desde esta perspectiva, en la ordenación diaconal le sería concedido al diácono el primer grado de ese poder apostólico tal como lo otorgaron los Apóstoles dividido en tres grados. Desde esta perspectiva se trata de la transmisión de un único poder apostólico que se otorga en tres grados. Si esto es así, entonces el diácono sí que quizás poseería alguna *potestas*, aunque misteriosa, de la que carecerían los laicos.

Refiriéndose a esta cuestión acerca de la relación entre sacramentalidad del primer grado y poderes, el documento de la Comisión Teológica Internacional, *Il diaconato: evoluzione e prospettive,* dijo al respecto:

> Resulta una aproximación demasiado estrecha reducir la sacramentalidad al problema de las *potestates*. Pero en el caso del sacramento del órden no se puede omitir tal problema evocando la estrechez recordada. Los otros dos grados del órden, el episcopado y el presbiterado, dan un poder, con motivo de la ordenación sacramental, para tareas que una persona no ordenada no puede (válidamente) realizar. ¿Por qué debería ser diversamente con el diaconado?[376].

Hechas estas consideraciones y expuestas estas posibilidades, observemos ahora la Historia de la Iglesia respecto al poder de los diáconos *in genere*, respecto al poder de los diáconos para exorcizar y, por último, el poder exorcístico como *potestas unitaria* o en relación a los grados del orden.

---

375 El citado documento sobre el diaconado utiliza esta expresión. Commisione Teologica Internazionale, «Il diaconato: evoluzione e prospettive», en CTI, *Documenti* (1969-2004), pg 751: *distinzione tra «sacerdotium» e «ministerium».*

376 Comisión Teológica Internacional, *Il diaconato: evoluzione e prospettive*, conclusión. Commisione Teologica Internazionale, *Documenti*, pg 708.

La Historia de la Iglesia respecto al poder de los diáconos in genere

En cuanto a una posible *potestas* en el primer grado del sacramento del orden, sin duda hallamos un poder sancionado por la praxis de la Tradición, y es el poder de los diáconos para realizar los sacramentales. De hecho, hay toda una corriente que ha llevado a considerar al diácono simplemente como el que *dispensa sacramentales*[377]. Ciertamente requeriría todo un extenso capítulo exponer las razones a favor y en contra de la tesis de que los diáconos puedan bendecir. Permítasenos exponer sucintamente en cuatro párrafos nuestra posición sobre este punto que tiene una directa relación con los sacramentales y, por tanto, con el exorcismo:

I. En contra de que los diáconos puedan bendecir pesa la prohibición de las Constituciones Apostólicas que indica: *Un diácono no bendice, no da una bendición, pero la recibe del obispo o del presbítero*[378].

II. Frente a esta prohibición, muchos autores y la tradición. Por solo citar unos ejemplos: *En Hipólito, los diáconos tienen la autoridad en un ágape para bendecir el «pan bendito» no sacramental (...) Otra bendición (...) es aquella del cirio pascual en la gran vigilia de pascua*[379]. Y eso sin contar con que *su designación por los Doce con la imposición de manos (…) fue visto como la transmisión directa de una bendición y un poder*[380].

III. Finalmente, la conclusión a la que llegamos es que las razones en contra de que ejercieran el poder de bendecir tienen explicaciones históricas concretas de carácter eclesial (la relación de los presbíteros con los diáconos, a menudo ha sido difícil) y que no se deben a obstáculos dogmáticos. Si ellos han bendecido algo, es que pueden bendecir. No se trata de una cuestión de cantidad, sino de si pueden o no.

IV. De todas maneras, y por encima de disquisiciones teológi-

377 William T. Ditewig, «The Contemporary Renewal of the Diaconate», en James Keating (ed), *Deacon Reader*, Paulist Press, Mahwah (NJ, USA) 2006, pg 53.

378 Alexander Roberts (AA.VV), *The Ante-Nicene Fathers: The Writings of the Fathers Down to A.D. 325*, Vol VII, Cossimo, Nueva York 2007, pg 494.

379 James Monroe Barnett, *The diaconate*, Trinity Press International, Harrisburg 1995, pg 77-78.

380 James Monroe Barnett, *The diaconate*, pg 32.

cas, podemos afirmar que el juicio actual de la Iglesia queda manifestado en su *Código de Derecho Canónico*, el cual afirma que los diáconos pueden bendecir: *El diácono solo puede impartir aquellas bendiciones que se le permiten expresamente en el Derecho*[381]. Así que tanto por las razones históricas a favor, como por la legislación actual, sostendremos en esta obra que los diáconos pueden bendecir, y que por tanto tienen un poder para realizar sacramentales.

Para explicar el poder de los sacramentales que posee el diácono nos fijaremos en la bendición. Un laico no tiene poder para bendecir, únicamente puede pedir a Dios que bendiga a alguien. Solo tiene *potestas* para bendecir, el que la ha recibido. De forma, que el laico no debería hacer la señal de la cruz sobre otra persona, pues es signo que expresa actuación de un poder espiritual que produce un efecto. El laico puede elevar sus manos a Dios para suplicar, pero es Dios quien bendice. El diácono y el presbítero, por el contrario, sí pueden bendecir y, por eso, dicen: *yo te bendigo en el nombre del Padre y del Hijo y del Espíritu Santo.* Y realizan al final un signo que significa transmisión, otorgación, no impetración o súplica. Cuando un diácono bendice, es Jesucristo quien bendice a través de él. Las fórmulas y los signos que realiza así nos inducen a pensarlo, pues la señal de la cruz sobre un objeto nos induce a pensar en una automaticidad, en una relación directa causa-efecto. Ese signo no es símbolo de mera súplica. En cuyo caso, el laico se podría haber ahorrado el esfuerzo de buscar un ordenado *in sacris* para bendecir agua o una imagen religiosa, y podría haber hecho la súplica por sí mismo.

Para predicar no se requiere de un poder, tampoco para ayudar al prójimo en tareas caritativas, ni para presidir un consejo. Para presidir un consejo parroquial, para ser un delegado diocesano, o para ejercer algunas funciones en la Curia Romana, se requiere autoridad, autoridad conferida por un *mandatum* o delegación. Pero no se precisa *potestas*. Por ejemplo, un laico puede presidir una oración litúrgica[382]. Pero bendecir presupone un poder divino. Ese poder

---

381 CIC, can. 1169 § 3.

382 «Donde lo aconseje la necesidad de la Iglesia y no haya ministros, pueden también los laicos, aunque no sean lectores, ni acólitos, suplirles en algunas de sus funciones, (...) presidir las oraciones litúrgicas, (...) según las prescripciones del Derecho». CIC, canon 230 § 3.

sobre los sacramentales lo otorga el sacramento del orden. Por eso es lógico pensar que el primer grado del orden sacerdotal, confiere un poder, el poder sobre los sacramentales. A pesar de esto, el poder del diácono sobre los sacramentos no es superior al de un laico.

El antes citado documento de la Comisión Teológica Internacional dejaba constancia del problema teológico irresuelto que subyace en el hecho de un sacramento (el del primer grado del orden) que no confiriera potestad alguna, texto que vale la pena recordar de nuevo: *Resulta una aproximación demasiado estrecha reducir la sacramentalidad al problema de las potestates. Pero en el caso del sacramento del orden no se puede omitir tal problema evocando la estrechez recordada*[383].Esta problemática cuestión entre la «sacramentalità» y el «problema delle potestates» —por usar los términos del documento—, podría encontrar una vía de solución desde la perspectiva aquí expuesta de los sacramentales: la potestad que se conferiría en el primer grado del sacramento sería precisamente ésta: la *potestas sacramentalium.*

Dado lo escueto de los testimonios teológicos que nos han llegado a través de la Historia al respecto del diácono y este poder sobre los sacramentales, podemos preguntarnos qué dice, en definitiva, la legislación canónica. A la cual la podemos considerar como síntesis de esos testimonios. Pues bien, el Código de Derecho Canónico resulta voluntariamente muy vago respecto a este punto: *El diácono solo puede impartir aquellas bendiciones que se le permiten expresamente en el Derecho*[384].

Este deseo de no concretar más la *sacra potestas* del diácono ya provenía del *Código de Derecho Canónico* de 1917, pues en su canon 1146 al hablar de los sacramentales afirmaba **únicamente** que el ministro de estos era el clérigo, sin entrar en más disquisiciones de tipo teológico: *El ministro legítimo de los sacramentales es el clérigo, al cual le ha sido conferido el poder* (potestas) *y no le haya sido prohibido ejercerlo por la competente autoridad eclesiástica*[385].

Esta imprecisión, querida de propósito, no niega el poder de los diáconos sobre los sacramentales. Y así todos los tratados actua-

---

383 Commisione Teologica Internazionale, «Il diaconato: evoluzione e prospettive», en CTI, *Documenti* (1969-2004), pg 710.

384 CIC, can. 1169 § 3.

385 Código de Derecho Canónico de 1917, can. 1146.

les son unánimes en cuanto a las funciones de los diáconos: *Los diáconos pueden otorgar bendiciones en los ritos que ellos presiden, incluyendo la liturgia de las horas, el bautismo, el matrimonio, la santa comunión y el viático fuera de la misa, la bendición eucarística así como en otros servicios religiosos no sacramentales*[386].

Pero frente a la dificultad inherente que nos encontramos al tratar de delimitar el campo, digamos, mistérico del ejercicio del diaconado, los defensores ciertamente pueden aferrarse a las formulaciones claras magisteriales que se han hecho de este primer grado. Una de estas afirmaciones nítidas es la que en 1998 se dio en una declaración conjunta de la Congregación para la Educación Católica y de la Congregación del Clero, que hacía las siguientes afirmaciones:

> Los ministros [refiriéndose también de forma indudable a los diáconos], indudablemente, que están **revestidos de potestad sagrada**[387].
>
> El sacramento del orden **configura a Cristo** por causa de una gracia especial del Espíritu Santo, con el fin de servir de instrumento de Cristo para su Iglesia. Por medio de la ordenación **queda habilitado para obrar como representante de Cristo**, Cabeza de la Iglesia, en su triple función de sacerdote, profeta y rey.
>
> El acto sacramental de la ordenación va más allá de la simple elección, designación, delegación o institución de parte de la comunidad, ya que **confiere un don del Espíritu Santo, que permite ejercitar una potestad sagrada**[388], que puede venir solamente de Cristo, mediante su Iglesia. El enviado del Señor habla y obra no por su propia autoridad, sino con la fuerza de la autoridad de Cristo; no como miembro de la comunidad, sino hablando en nombre de Cristo[389]. Nadie puede conferirse a sí mismo la gracia. Ella debe ser dada y ofrecida. Esto supone que son ministros de la gracia autorizados y habilitados por Cristo[390].

---

386 John M. Huels, «Part II: Other acts of divine whorship», en John P. Beal, *New commentary on the Code of Canon Law*, Paulist Press, Mahwah (NJ, USA) 2000, pg 1403.

387 Che sono rivestiti di sacra potestà.

388 Poiché conferisce un dono dello Spirito Santo, che permette di esercitare una potestà sacra.

389 L'inviato del Signore parla e agisce non per autorità propria, ma in forza dell'autorità di Cristo.

390 Congregación para la Educación Católica y Congregación para el Clero, Declaración conjunta en la presentación de los documentos *Las normas fundamentales para la formación de los diáconos permanentes* y del *Directorio para el ministerio y la vida de los diáconos permanentes*, 22 de febrero de 1998.

La Historia de la Iglesia respecto al poder de los diáconos para exorcizar

Al examinar los siglos pasados para ver si hay algún testimonio de poder exorcístico en los diáconos, conviene recordar que la cuestión que aquí analizamos no es si este poder exorcístico diaconal, en el caso de que exista, haya sido una potestad que se haya ejercido de forma habitual —evidentemente no—, sino si hay algún caso seguro en que se pruebe la existencia de tal potestad en ese grado del sacramento. Porque lo que examinamos aquí son las posibilidades inherentes al sacramento, no su uso histórico más o menos extendido.

Hecha esta aclaración, vemos que no podemos afirmar de forma absoluta que la Historia de la Iglesia carezca de episodios en los que un clérigo inferior al grado del presbiterado haya mostrado el ejercicio de este ministerio sobre los demonios. Para empezar, la Carta del Papa Inocencio I a Decencio, obispo de Gubbio, datada alrededor del año 416, afirma expresamente que el diácono es ministro capaz del exorcismo:

> Acerca de los bautizados que después son arrebatados (arripiuntur[391]) por el demonio, o por algún vicio o pecado, sea solícito tu amor, pudiendo o debiendo designar un presbítero o un diácono. Lo cual [se refiere al exorcismo[392]] no es lícito hacerlo si no lo ordena el obispo. Pues de ningún modo les es lícito imponer las manos a ellos, si el obispo no les ha otorgado la autoridad para hacerlo. De modo que se les imponga las manos a ellos

---

391 Repárese en el verbo «arripere», arrebatar. Este verbo en su forma pasiva es un modo que aparece en otros escritos para expresar el fenómeno por el que un ser humano parece ser arrebatado/agarrado por otro espíritu. Este verbo procede a su vez del verbo «rapio»: agarrar, arrebatar.

392 Se refiere, sin ninguna duda al exorcismo, puesto que si se refiriera a la confesión (lo cual es ajeno al contexto), no diría que también lo pueden hacer otros clérigos. Además se habla de la imposición de manos sobre aquellos «a daemonio (...) arripiuntur». Una interesante información que nos ofrece el texto es que la imposición de manos sea el remedio tanto para la posesión como para la situación de un vicio que no se pueda vencer. Es decir, que ambas situaciones se equiparen en cierto modo en cuanto al remedio que se ha de poner. Esto es particularmente interesante porque son muchos los que, incluso hoy día, se preguntan ante vicios que parecen incontenibles, si el presbítero no podría hacer alguna oración especial.

> por parte de un presbítero o por otros clérigos por el mandato del obispo[393].

Es más, la carta también afirma que, con el permiso episcopal, a los *restantes clérigos* (caeteris clericis) les sería posible imponer las manos sobre los posesos. Este plural da a entender que no se excluye otros rangos por debajo del diaconado.

Tenemos también, como ya antes se ha mencionado, los textos litúrgicos del acto ritual en el que se concedía la orden menor del exorcistado. ¿Por qué volvemos a traer a colación ese texto ritual? Pues porque para la mentalidad medieval el que había recibido las órdenes menores era un clérigo[394]. Luego, dentro de esta mentalidad, si ya el clérigo que había recibido la orden menor del exorcistado quedaba facultado para esa función, cuánto más estaba facultado (dentro de esta misma lógica) el poseedor del primer grado del sacramento del orden. Grado del diaconado que para el hombre medieval implicaba una participación (limitada) del poder que resplandecía en el presbiterado. Journet, con razón, entiende que en esta mentalidad medieval, que tan presente tenía que el *sacerdotium* era el poder del Cielo sobre la tierra, las mismas órdenes menores eran consideradas una participación mistérica del resplandor del sacerdocio:

> Además de la plena realización que se halla en su más alto grado [el episcopado], hay realizaciones menores en las cuales

---

393 De his vero baptizatis, qui postea a daemonio, vitio aliquo aut peccato interveniente, arripiuntur, est sollicita dilectio tua, si a presbitero vel diacono possint aut debeant designari. Quod hoc, nisi episcopus praeceperit, non licet. Nam eis manus imponenda omnino non est, nisi episcopus auctoritatem dederit id efficiendi. Ut autem fiat, episcopi est imperare, ut manus eis vel a presbitero vel a caeteris clericis imponatur. INOCENCIO I, PAPA, *Carta a Decencio, obispo de Gubbio.*PL 20, 557—558.

394 Probablemente, desde el siglo III, es decir, en una iglesia diocesana ya más institucionalmente desarrollada, los *ministeria* (aunque todavía no se los denominase órdenes menores) constituían una distinción clara entre el pueblo fiel y el estamento clerical. Y así observamos que en el Concilio de Trento toda la teología sobre las órdenes menores están incluidas no en un apartado dedicado a los laicos, sino en los cuatro capítulos de la sesión XXIII que trata del sacramento del orden y de las órdenes menores.

su poder es participado. Estas diferentes realizaciones del poder divino del orden marcan los grados de la jerarquía[395].

Ciertamente hay un gran contraste entre esta mentalidad y el pensamiento moderno del ejercicio de meras funciones. Pero es desde esa mentalidad del *poder participado* como hay que entender todos los anteriores testimonios canónicos que permiten al diácono el ejercicio del exorcismo. Santo Tomás de Aquino (por el mismo anterior razonamiento) hubiera afirmado sin lugar a dudas que el diácono podía exorcizar, a tenor de lo que explica al hablar de la relación entre la orden menor del exorcistado y el presbiterado cuando toca el tema del bautismo:

> Respondo diciendo que el ministro se compara al sacerdote como el agente secundario e instrumental respecto al principal, como indica su mismo nombre de ministro. (...) Los ministros inferiores cooperan con el sacerdote en estas cosas que son preparatorias para los sacramentos, como los lectores en el catecismo, o los exorcistas en el exorcismo[396].

El Aquinate escribe *en estas cosas que son preparatorias para los sacramentos* porque en su época el sacramento del bautismo era precedido en el ritual por un verdadero exorcismo[397]. Actualmente el ritual del bautismo no incluye ningún verdadero exorcismo. Este dato resulta necesario recordarlo, si se quiere entender la argumentación de Santo Tomás acerca de los ministros.

Inserta en esta mentalidad, que era la comúnmente aceptada,no le extrañaba a nadie la existencia de ejemplos que tenemos de diáconos exorcistas. Así de San Romano de Cesarea se dice que fue diácono y exorcista en esa ciudad[398]. El mismo San Francisco de Asís ejerció muchas veces un poder verdaderamente exorcístico sin que esto suscitara ningún tipo de controversia teológica posterior. Se citan de forma expresa dos casos en la vida de este último

---

395 Charles Journet, *The Church of the Word Incarnate: an essay in speculative theology*, volumen 1, Sheed and Ward, Londres y Nueva York 1955, pg 80.

396 Santo Tomás de Aquino,*Summa Theologiae*, pars III, quaest. 71, art. 4, respondeo.

397 Santo Tomás de Aquino,*Summa Theologiae*, pars III, quaest. 71, art. 2.

398 Joseph Bingham, *The Antiquities of the Christian Church*, Parte 1, Henry G. Bohn Publisher, Londres 1846, pg 92.

santo, y más adelante en la misma obra se hace referencia general a que fueron muchos más los casos atendidos por él:

> En la localidad de Sangemini, el siervo de Dios recibió hospitalidad de parte de un hombre devoto, cuya mujer era atormentada por el demonio. Después de haber orado, ordenó al demonio en virtud de la obediencia, que saliese de aquella mujer. Y con ayuda del poder divino, le obligó a una fuga inmediata: demostración clara de que la obstinación del demonio no puede resistir a la fuerza de la obediencia[399].
>
> En la ciudad de Castello había una mujer poseída por un espíritu maligno y furioso. Apenas el Santo ordenó por obediencia, el demonio huyó lleno de indignación, dejando libre en el alma y en el cuerpo a la pobre obsesa[400].
>
> [Y aparece este interesante comentario en la parte dedicada a los milagros que San Francisco obró tras su muerte:] Pero sería demasiado largo narrar con detalle todas las vejaciones diabólicas de las cuales eran atormentados y el modo en que fueron liberados[401].

Visto lo cual, se podría alegar en apoyo de la tesis minimalista respecto al diaconado (la que lo considera un mero ministerio), que las palabras de la fórmula de concesión del ministerio del exorcistado, suponen la razón de por qué el diácono pueda ser ministro del exorcismo. Pero que, fuera de esa razón, no encontramos luz explícita sobre el tema de si tal *potestas exorcizandi* se haya inserta en el primer grado del sacramento. Frente a la tesis maximalista respecto al diaconado, también se podría alegar que el poder exorcístico en el caso de San Francisco, podría provenirle *ex via gratiae gratis datae*[402], y no *ex via sacramenti*. Pero a su vez se puede contra-argumentar que eso es una interpretación, una interpretación frente al hecho objetivo que supone el que poseemos en la Historia varios casos de diáconos exorcistas. Cierto que los defensores de la tesis minimalista respecto al diaconado, pueden aferrarse a los dos argumentos antes mencionados: la *potestas exorcizandi* le viene de la orden menor o por vía de un carisma

399 San Buenaventura, *Leggenda maiore*, cap. XII, n.1219.

400 San Buenaventura, *Ibidem*, cap. XII, n.1219.

401 San Buenaventura, *Ibidem*, cap. VIII, n.1311.

402 Al modo del personaje que aparece en Mc 9, 38.

extraordinario. De esta forma, todo caso de diácono exorcista que encontremos en la Historia, podrá desecharse alegando que su efectividad procedía *ex via charismatis* y no *ex vía ordinaria* a través del sacramento.

Pero nos parece que el conjunto de elementos (obras citadas como la Carta a Decencio, el ritual de concesión del exorcistado, el texto del Aquinate, los exorcismos de San Francisco, así como las otras razones teológicas expuestas (la configuración con Cristo Cabeza, la participación del poder apostólico, etc), nos muestran un panorama afirmativo respecto a la triple cuestión de si los diáconos han exorcizado, de si la Iglesia les ha permitido exorcizar, y de si poseen algún tipo de poder exorcístico. Tres cuestiones diferentes en sí mismas, pero relacionadas entre sí.

Creemos que los textos que nos han llegado de siglos pasados nos ofrecen moderados pero razonables argumentos a favor de la tesis de la *potestas exorcizandi* en los diáconos. A favor de lo cual, tampoco se puede desestimar la línea argumental que ofrece el hecho del diácono como ministro de los sacramentales, pudiéndose apelar posteriormente a que el exorcismo es, indudablemente, un sacramental.

El poder exorcístico como potestas unitaria o en relación a los grados del orden

Tanto la postura de los que piensan que el diácono carece de todo poder exorcístico, como la de los que piensan que sí goza de ese poder, son posturas, hoy por hoy, abiertas a la discusión. Pero si admitimos la segunda opción, esto a su vez nos plantea una nueva cuestión teológica: ¿la potestad para conferir sacramentales (y por ende la *potestas exorcizandi*) se confiere de una sola vez, de forma íntegra e indivisible, en el primer grado del sacramento del orden, o esa *potestas* se incrementa en cada grado del sacramento? Sin ser una prueba rotunda a favor de la unicidad perfecta de ese poder sobre los sacramentales, está el hecho que entre el segundo y tercer grado del sacramento sí que hay una praxis (y reflejada por el Derecho) que avalaría la idea de una cierta unidad sustancial de esa potestad sobre los sacramentales:

I. Desde luego no observamos que ningún sacramental haya estado reservado de forma absoluta al tercer grado del orden. Incluso las consagraciones que en el CIC de 1917 estaban reservadas al obispo, quedaban abiertas a otros ministros por vía de permisión pontificia: *Nadie que carezca del carácter episcopal puede realizar válidamente consagraciones, a no ser que se le permita por derecho o indulto apostólico*[403].

II. El actual código hace mención de algunas bendiciones reservadas a los obispos[404]. Pero incluso las reservadas al Romano Pontífice (como la bendición de palios o los *agnus dei*) no contienen en sí mismas una imposibilidad dogmática, sino una razón de conveniencia eclesiológica para tal reserva.

III. La misma praxis se observa también en la Iglesia Oriental: *En el rito bizantino, como en el romano, algunas bendiciones están reservadas al obispo y pueden ser llamadas «consagraciones». Pero solo hay unas dos de éstas: la preparación del sagrado crisma y la dedicación de una iglesia; y la última puede, bajo ciertas condiciones, ser delegada a un presbítero*[405].

De ahí vemos que en la Historia de la Iglesia no hallamos una tradición de sacramentales reservados de forma absoluta a cada grado del orden. Por el contrario, hallamos una legislación que por vía de indultos pontificios indica lo contrario. Además, resulta interesante el que toda bendición que puede dar el presbítero la pueda dar también el diácono. Y toda bendición que puede dar el obispo, la pueda dar también el presbítero. De ahí que una unicidad sustancial sí parece que existe, ahora bien es esa unicidad perfecta? Dicho de otro modo, ¿bendice con igual poder un obispo que un presbítero? Si ese poder fuera igual, exorcizaría con tanto poder un diácono como un obispo.

---

403 Código de Derecho Canónico de 1917, canon 1147 §1.

404 «Cualquier presbítero puede impartir bendiciones, exceptuadas aquellas que se reservan al Romano Pontífice o a los Obispos». CIC, canon 1169 § 2.

405 Elena Velkova, «Blessings in the East», en Anscar J. Chupungco, *Handbook for Liturgical Studies: Sacraments and Sacramentals*,The Liturgical Press, Collegeville 2000, pg 386.

Este no es un interrogante sin importancia, no se trata de una cuestión de carácter meramente académico, pues la respuesta conllevaría decisiones pastorales prácticas. Si la potestad sobre los sacramentales se incrementa en cada grado del orden, el obispo tendría obligación moral de tomar a su cargo los casos más difíciles de exorcismo, en los que la labor de varios presbíteros se hubiera probado infructuosa.

Aunque honestamente vemos muy difícil cómo poder dar pruebas a favor o en contra de un poder exorcístico superior en los grados más altos del sacramento, hay que apuntar (como mero encuadramiento de toda esta cuestión) que existe una tendencia inconsciente en la psicología humana a considerar que el obispo podrá exorcizar con más poder que el presbítero: ¡es el obispo!, responderán muchos. Sin embargo, debemos recordar que en una misa la transustanciación realizada por el obispo es exactamente igual a la realizada por cualquier presbítero. La gracia sacramental del bautismo es exactamente igual conferida de manos de un diácono que de un presbítero. La absolución de los pecados es igual conferida por el presbítero que por el obispo[406]. Esta realidad era expresada con estas palabras por el Concilio Vaticano II: *Todos los presbíteros, juntamente con los obispos, participan de tal modo el mismo y único sacerdocio y ministerio de Cristo*[407]. A. García glosaba:

> «El Concilio Vaticano II ha evitado toda expresión en la que aparezca el término secundus para no crear o acreditar la idea de gradación en la posición de la gracia sacerdotal, que es la misma en el presbítero que en el obispo, en cuanto idéntica participación al sacerdocio de Cristo Cabeza»[408].

Esta doctrina sobre el *sacerdotium* está reafirmada por la Comisión Teológica Internacional cuando afirma en su docu-

---

406 El poder de perdonar pecados es igual en el obispo que en el presbítero. Si el presbítero no puede conceder la absolución de algunos pecados, es porque su poder puede estar atado por la jurisdicción del obispo. Pero no porque en el sacramento no esté incluido el poder de perdonar todos los pecados de forma perfecta. Poder que se recibió de forma indivisible e ilimitada de Cristo, y que puede ser atado, pero no aumentado.

407 Concilio Vaticano II, Decreto *Presbyterorum Ordinis*, n.7.

408 Aurelio García Macías, *El modelo de presbítero según la actual «Prex ordinationis presbyterorum»*,Estudio Teológico de San Ildefonso, Toledo 1995, pg 103.

mento sobre el diaconado que están fundadas, desde hace siglos, *en la igualdad sacramental de los obispos y de los presbíteros en su condición de «sacerdotes»*[409]. Luego si, en el campo de los sacramentos presbiterales, existe una identidad perfecta entre el segundo y tercer grado del sacramento del orden, no vemos ningún problema en considerar la hipótesis de que, en otro campo (el de los sacramentales), pudiera existir asimismo una identidad perfecta entre el primer y segundo grado.

Todo esto no son pruebas, pero sí indicios a favor de la hipótesis de que el poder sobre los sacramentales se entrega indiviso y único ya en el primer grado del orden. Pues hallaría su paralelo en la potestad que el sacerdote tiene sobre todos los sacramentos presbiterales: poder que se entrega también indiviso ya en el segundo grado del sacramento del orden, sin recibir ningún tipo de adición en el tercer grado

Aun siendo conscientes de que todo este tema exorcístico es un misterio, no es labor despreciable evaluar todas las posibilidades del misterio. Admitiendo las limitaciones que tenemos al hablar de esta materia invisible, lo que parece lógico que cada grado del sacramento del orden entregue un cierto aumento de poder en los sacramentales. Tres grados, no lo olvidemos, del poder apostólico[410]. De un modo misterioso, se da una mayor configuración con los Apóstoles en el tercer grado que en los dos anteriores. Antes hemos mencionado, que muchos dirían ante esta cuestión: ¡es el obispo! Parece que esta respuesta pueda ser simplista, pero es la que nace de forma natural de las almas sencillas que no conocen teología. Esa intuición puede no ser tan cándida como puede parecer a primera vista: hay una mayor configuración con los Apóstoles.

Por eso sostenemos que hay razones teológicas para afirmar la unicidad sustancial del poder sobre los sacramentales en los tres

409 «Si sono fondate, per secoli, l´uguaglianza sacramentale dei vescovi e dei presbiteri nella loro condizione di «sacerdoti».CTI, *Il diaconato: evoluzione e prospettive*, n.3. Commisione Teologica Internazionale, *Documenti*, pg 749.

410 Para ser exacto cuando digo «el poder apostólico» habría que escribir «el poder apostólico tal como se nos ha transmitido en el sacramento del orden». Pues el poder apostólico tal como fue conferido por Jesucristo directamente a los Apóstoles, incluía otros poderes carismáticos: tal como el de hacer milagros, probablemente el de exorcizar con muchísimo más poder (véase v.g. la celeridad del caso de Hch 16,16—18 en el caso de la mujer con un espíritu pitónico), o la profecía (v.g. Hch 27, 10).

grados del orden. Pero también sostenemos que la intuición de los fieles siempre será de la opinión de que se da un aumento de poder en cada grado. Por eso creemos que el obispo exorciza con mayor poder y autoridad que un presbítero. Ésta es la postura que mantenemos, sabedores de las limitaciones existentes para probar la última afirmación.

Diaconado permanente y oración de liberación

Haya o no haya un mayor grado de poder exorcístico en los presbíteros respecto a los diáconos, nos parece claro que los diáconos pueden ser ministros ordinarios del rito del exorcismo. Pero hoy día tal posibilidad no está contemplada en el Derecho Canónico. ¿Qué hacer si un diácono manifiesta al obispo que tiene vocación a ayudar a los fieles en este ministerio? El caso de los diáconos transitorios no plantea grandes dificultades en esta materia, pues si se viera que alguien tiene una inclinación personal o una especial capacidad para trabajar en este campo, bastará que el obispo,si lo ve conveniente, le encargue este ministerio al ser ordenado como presbítero. El problema se plantea cuando es el diácono permanente el que manifiesta una gran inclinación a servir en este campo. ¿Qué debería hacer el obispo en un caso así?

El obispo no debe dispensar de la norma que determina que el ritual de exorcismo tiene como ministro al presbítero o al obispo. El Código de Derecho Canónico determina los límites episcopales para dispensar de la ley:

> El Obispo diocesano, siempre que, a su juicio, ello redunde en bien espiritual de los fieles, puede dispensar a éstos de las leyes disciplinares tanto universales como particulares promulgadas para su territorio o para sus súbditos por la autoridad suprema de la Iglesia; pero no de las leyes procesales o penales, ni de aquellas cuya dispensa se reserva especialmente a la Sede Apostólica o a otra autoridad[411].

Parecería que al no tratarse de una ley procesal, ni penal, podría ser valorada la posibilidad de una dispensa. Tampoco existe una

411 CIC, can. 87 § 1.

costumbre de pedir a la Sede Apostólica dispensa respecto a ministro del exorcismo. Pero obsérvese que la indicación del canon 1172 ordena que solo se conceda la licencia al presbítero. Y esta indicación acerca del ministro del *Ritual de Exorcismo* no es una ley disciplinar tan pacífica como el tiempo de intersticio entre el diaconado y el presbiterado, sino que se trata de una norma directamente relacionada con la teología dogmática. Se trata de una norma que depende de la respuesta que demos a la pregunta: ¿existe alguna *potestas* en el primer grado del orden sacerdotal? La normativa del canon 1172 no responde a esta cuestión opinable, pero determina qué se debe hacer. En una cuestión teológica disputada, no debe concederse dispensa respecto a la ley. Por lo tanto, un obispo no debe dispensar acerca del ministro: en la actual normativa canónica únicamente el presbítero y el obispo pueden ser ministros del acto litúrgico recogido en los dos rituales de exorcismo de la Iglesia latina.

Se podría alegar que dada la legislación de siglos precedentes, consta que el exorcismo se ha permitido legítimamente a clérigos de grados inferiores al presbiterado, y de ahí afirmar que se trata de una ley disciplinar de la que habla el canon 87, y que por tanto se podría dispensar por parte del obispo, ya que tampoco hay costumbre de pedir la dispensa a la Sede Apostólica en este tema. Se podría alegar esto, pero consideramos que se trataría de un error, porque estamos tocando un tema en el que hay una voluntad expresa por parte de la Iglesia al legislar acerca de esta materia. La repercusión eclesiológica que tendrían este tipo de dispensas, forzaría a la Santa Sede a una inmediata toma de posición (bien a favor, bien en contra) en la materia teológica sobre la que tiene repercusión.

Ahora bien, a un diácono permanente siempre le cabe la posibilidad de que el obispo le autorice a realizar oraciones de liberación. Suponiendo que los diáconos en virtud de su ordenación carecieran de poder alguno para exorcizar, no es poca cosa el poder impetratorio, como se ve por la eficacia de la oración sobre los posesos entre nuestros hermanos separados en el protestantismo. La legislación extracodicial actual que se podría aplicar al respecto, se condensa en los dos siguientes párrafos:

> Por fin, por las mismas razones, los Sres. Obispos son solicitados a velar para que —aun en los casos que parezcan revelar

> algún influjo del diablo, con exclusión de la auténtica posesión diabólica— **personas no debidamente autorizadas** no orienten reuniones en las cuales se hagan oraciones para obtener la expulsión del demonio, oraciones que directamente interpelen los demonios o manifiesten el anhelo de conocer la identidad de los mismos[412].
>
> El ministerio del exorcistado debe ser ejercitado **en estrecha dependencia del Obispo diocesano**, y de acuerdo a las normas dadas en el can. 1172, la Carta de la Congregación para la Doctrina de la Fe del 29 de septiembre de 1985 y el *Rituale Romanum*[413].

Reconocemos que ambos párrafos (así como el contenido general de ambas instrucciones) dejan a propósito espacios de una cierta indeterminación que futuros pronunciamientos podrían llenar. Esos espacios de indeterminación son dejados así, a sabiendas de que lo que no esté expresamente prohibido, está permitido. De ahí, que lo que no esté prohibido por ambas instrucciones, por el CIC o por el proemio del nuevo ritual de exorcismos, es lícito realizarlo. Además, una conclusión que se deriva del párrafo de la instrucción del año 1985 es que *en los casos que parezcan revelar algún influjo del diablo,* «las personas debidamente autorizadas»podrán orar por ellas siguiendo las pautas de esa misma instrucción. La segunda conclusión es que, aunque la instrucción del año 2000 recuerda la legislación del CIC, no añade nuevas limitaciones en cuanto al tipo de personas que pueden realizar las oraciones de liberación.

Hacemos notar que podría parecer que existe una pequeña divergencia entre lo que dice el canon 1172 y lo que se dice en la *Instrucción sobre las oraciones para obtener de Dios la curación*. En

412 Congregación para la Doctrina de la Fe,*Instrucción sobre el Exorcismo*, 24 de Septiembre de 1985, n.3.

413 Congregación para la Doctrina de la Fe, *Instrucción sobre las oraciones para obtener de Dios la curación,* 14 de septiembre de 2000, artículo 8 § 1.

el primer texto se habla del Ordinario del lugar[414] y en el segundo del obispo diocesano. Pero tal divergencia no existe. Pues en un texto se habla de quién puede conceder la licencia, y en el segundo texto se habla en un sentido pastoral más amplio. En cuanto a la licencia para exorcizar, la puede conceder, no solo el obispo de una diócesis, sino también, por ejemplo, un vicario apostólico o un abad de una abadía territorial[415], así como también puede concederlo un vicario episcopal[416].

Visto lo cual, consideramos que el diacono permanente que manifestara a su obispo una llamada hacia este ministerio y que el obispo le viera adecuado para ello, podría realizar una gran tarea de asistencia en cualquiera de estos campos:

a. **Habiendo exorcista**: El diácono podrá ayudar al presbítero que ejerza como exorcista de la diócesis, realizando una verdadera diaconía al escuchar y aconsejar a las personas que van a recibir el exorcismo de parte del presbítero. En unos casos bastará indicar qué han de cambiar en sus vidas, en otros casos será necesaria una dirección espiritual durante un cierto tiempo. Asimismo, el diácono permanente puede asistir con su oración en el equipo que ayude al exorcista. Su oración impetratoria constituiría una verdadera ayuda en el exorcismo.
b. **En ausencia de exorcista**: Un diácono especializado en

414 CIC 134 § 1: «Por el nombre de Ordinario se entienden en derecho, además del Romano Pontífice, los Obispos diocesanos y todos aquellos que, aun interinamente, han sido nombrados para regir una Iglesia particular o una comunidad a ella equiparada según el c. 368, y también quienes en ellas tienen potestad ejecutiva ordinaria, es decir, los Vicarios generales y episcopales; así también, respecto a sus miembros, los Superiores mayores de institutos religiosos clericales de derecho pontificio y de sociedades clericales de vida apostólica de derecho pontificio, que tienen, al menos, potestad ejecutiva ordinaria. § 2. Por el nombre de Ordinario del lugar se entienden todos los que se enumeran en el § 1, excepto los Superiores de institutos religiosos y de sociedades de vida apostólica».

415 CIC 368: «Iglesias particulares, en las cuales y desde las cuales existe la Iglesia católica una y única, son principalmente las diócesis a las que, si no se establece otra cosa, se asimilan la prelatura territorial y la abadía territorial, el vicariato apostólico y la prefectura apostólica así como la administración apostólica erigida de manera estable».

416 De acuerdo al CIC 134 § 1 nos referimos a los vicarios episcopales dotados de potestad ejecutiva ordinaria. Un vicario judicial no puede conceder permiso para realizar exorcismos.

este campo podría realizar el discernimiento de los casos, ofreciendo también dirección espiritual, y rezando oraciones privadas dirigidas a Dios a favor de los influenciados por el demonio. Su labor ya no sería de apoyo respecto a un presbítero concreto, sino que él mismo tomaría enteramente las riendas de las oraciones.

Como se ve, con un presbítero que sea exorcista o sin él, el diácono puede realizar en este ministerio una triple función:

1. **La de la palabra**: dando consejos, dirección espiritual, catequesis. Ésta es una labor muy necesaria y que lleva bastante tiempo. Pues muchas de las personas que piden ayuda a la Iglesia, llegan en una situación moral que precisa de reconstrucción.
2. **La de la oración**: bien sumándose como colaborador en los casos por los que ore el presbítero exorcista de la diócesis, o bien realizando oraciones de liberación sin la presencia de un sacerdote. Los diáconos realizan esas oraciones sabedores, de acuerdo a la Tradición, de que *están revestidos de sagrada potestad*[417].
3. **La de la organización**: Presidiendo un grupo de laicos que realizara la oración de liberación. Recordemos que los diáconos *por medio de la ordenación son habilitados para obrar como representantes de Cristo*[418]. En este caso, el diácono además organizaría y dirigiría a ese grupo en la realización de este ministerio.

Una vez expuestos todos los elementos históricos y magisteriales acerca del diaconado, creemos que es el momento de retornar a la cuestión de los cambios en los cánones 1008 y 1009 realizados en el año 2009 acerca de la naturaleza del diaconado[419]. Como ya se ha mencionado antes, las afirmaciones de la presente obra sobre la potestad del diácono, podrían dar la sensación de no tener en cuenta esos cambios canónicos del año 2009. Pero, muy por el

417 Congregación para la Educación Católica y Congregación para el Clero, Declaración conjunta en la presentación de los documentos *Las normas fundamentales para la formación de los diáconos permanentes* y del *Directorio para el ministerio y la vida de los diáconos permanentes*, 22 de febrero de 1998, n.1.

418 Congregación para la Educación Católica y Congregación para el Clero, *Ibidem*, n.1.

419 Benedicto XVI, *Omnium in mentem*, motu proprio del 26 de octubre de 2009.

contrario, no solo se los ha tenido en cuenta, sino que lo afirmado aquí se ha hecho desde la perspectiva más amplia del documento de la Comisión Teológica Internacional, *Il diaconato: evoluzione e prospettive*. Creemos que ese documento ofrece un marco suficiente tanto para entenderel porqué los cambios del motu proprio *Omnium in mentem*, como el debate teológico que existe en torno a la naturaleza del diaconado.

El punto clave del cambio canónico ha sido la cuestión de si el diácono puede o no *actuar en la persona de Cristo Cabeza*. Desde la perspectiva aquí planteada de la potestad de los sacramentos y de la potestad de los sacramentales, creemos poder afirmar que en un sentido no y en otro sentido sí. No solo eso, sino que esta profundización teológica acerca de las dos potestades ofrece un magnífico camino teológico para poder integrar las antiguas afirmaciones sobre el diaconado y las nuevas. Esto significa que resulta posible afirmar que en los diáconos existe una *sacra potestas*[420]y al mismo tiempo sostener que no reciben la facultad de actuar en la persona de Cristo Cabeza[421], en cuanto que carecen del poder de los sacramentos presbiterales.

Este debate teológico sobre la naturaleza del diaconado tiene una repercusión directa acerca de los límites de lo que podría o no hacer el diácono en este ministerio. Pero en este ministerio de liberar a los que sufren un influjo del demonio, la oración del diácono, sea *per viam intercessionis* o *per viam potestatis*, tendría plena legitimidad realizada en unión con su obispo. En unos casos, la labor del diácono podría tener en un carácter más de oración personal y espontánea (estando presentes solo los familiares del que sufre el influjo demoniaco); mientras que, en otros casos,puede tener un carácter de oración comunitaria (dirigiendo un grupo carismático, por ejemplo). El diácono puede también ejercer su diaconía respecto a un sacerdote concreto al que ayuda,

420 «Hoy la palabra *ordinatio* está reservada al acto sacramental que incorpora al orden de los obispos, de los presbíteros y de los diáconos y que va más allá de una simple elección, designación, delegación o institución por la comunidad, pues confiere un don del Espíritu Santo que permite ejercer un «poder sagrado» (sacra potestas).» Catecismo de la Iglesia Católica, nº 1538.

421 «Aquellos que han sido constituidos en el orden del episcopado o del presbiterado reciben la misión y la facultad de actuar en la persona de Cristo Cabeza; los diáconos, en cambio, son habilitados para servir al pueblo de Dios en la diaconía de la liturgia, de la palabra y de la caridad.» CIC, can. 1009 § 3.

o puede ejercitar esa diaconía en favor de la diócesis en general. Con permiso de su Ordinario y encuadrando de este modo la labor de un diácono, su labor no plantearía problema canónico alguno respecto al can. 1172 acerca del ministro del exorcismo. Así se desprende de dos fragmentos de dos documentos de la Congregación para la Doctrina de la Fe:

a. En la *Instrucción sobre el Exorcismo,* la Congregación constata al comienzo de la instrucción que *tales reuniones son efectuadas bajo la dirección de laicos, inclusive cuando está presente un sacerdote*[422]. Después los artículos de la instrucción determinarán qué puntos deben ser corregidos de la praxis, pero en ningún momento deslegitima la dirección de grupos de oración por parte de laicos; luego con menos razón por parte de un diácono.
b. En la *Instrucción sobre las oraciones para obtener de Dios la curación* se dice: *Los fieles son libres de elevar oraciones a Dios para obtener la curación. Cuando éstas se realizan en la Iglesia o en otro lugar sagrado, es conveniente que sean guiadas por un sacerdote o un diácono*[423]. La Congregación en esa instrucción no dice que las oraciones deban necesariamente ser dirigidas por un clérigo. Solo dice que sería conveniente si se realizan en una iglesia; algo lógico

Este campo de ayuda a través de la oración de liberación a personas posesas o que afirman sufrir distintas opresiones de carácter demoniaco, pues supondría un verdadero servicio por parte del diácono. Un servicio que ahorraría tiempo a los presbíteros. Permitiendo que los sacerdotes,atendiendo a estas personas,no restaran un excesivo tiempo del trabajo para evangelizar y para la caridad. Dada la poca cantidad de presbíteros con los que se cuenta en ciertos lugares del mundo, y precisamente en lugares donde la presencia de la brujería es abundante, es preferible que los sacerdotes se dediquen a actividades como la confesión, la celebración de la misa en poblaciones distantes, la visita a los enfer-

---

422 Congregación para la Doctrina de la Fe, *Instrucción sobre el Exorcismo,*29 de septiembre de 1985,introducción.

423 Congregación para la Doctrina de la Fe, *Instrucción sobre las oraciones para obtener de Dios la curación,* 14 de septiembre de 2000, 2ª parte, artículo 1.

mos y las familias, a que resten demasiado tiempo a esas tareas, para emplearse en esta otra labor que supone un campo de servicio al que perfectamente pueden dedicarse los diáconos.

No estamos diciendo con esto que la atención de estas personas no sea una labor pastoral, ni una obra de caridad, ni algo que realmente construye la Iglesia. No decimos eso, pero advertimos del peligro de que en ciertos países, esta faceta acabe invadiendo buena parte de la actividad de los párrocos. La necesidad de esta pastoral existe en el pueblo fiel, se trata de una necesidad real, pero el primer grado del orden resulta muy apropiado para ejercer este ministerio, especialmente en países de misiones.

Tenemos que reconocer que hay cosas que pueden ser hechas por un diácono y otras que de ningún modo pueden ser hechas por él. Además de que en todas partes, pero especialmente en un país de misión, el presbítero debe ser pastor. Y en un país donde el número de presbíteros fuese muy reducido, su ministerio del pastoreo estaría distorsionado si la mitad del tiempo de los presbíteros debiera dedicarse al exorcismo. Hacemos notar que, en el año 251, de acuerdo a la *Carta del Papa Cornelio a Fabio de Antioquía*, se sabe que la iglesia de Roma contaba con cuarenta y seis presbíteros, y cincuenta y seis clérigos menores entre exorcistas, lectores y ostiarios[424]. Esta proporción entre órdenes mayores y menores parece indicar que de ciertos ministerios especializados se encargaban clérigos menores, reservando a los presbíteros para ministerios propios de su rango de pastores u otras funciones sagradas que resultasen indelegables.

Como vemos, dos son las concepciones que hay sobre la naturaleza de la diaconía: una como mero y simple servicio[425], otra como un sacerdote menor[426]; por usar una expresión impropia pero esclarecedora. Pero sea que uno tenga la primera o la segunda

---

424 Eusebio de Cesarea, *Historia Eclesiástica*, I, 6, 43, en Henri Irénée Marrou, *Desde los orígenes a San Gregorio Magno*, Ediciones Cristiandad, Madrid 1982, pg 233.

425 «En el reconocimiento, a través de la ordenación sacramental, de las tareas que ya, de hecho, estaban siendo realizadas en la Iglesia, incluyendo las obras sociales y de caridad para los pobres». William V. Dych, *Karl Rahner*, Biddles, Londres 2000, pg 92.

426 «Él [Karl Rahner] reconoció que habia llegado a ser difícil negar que el diaconado fuese entendido en un modo que no sugiriese que el diácono era simplemente un sacerdote menor». Richard Lennan, *The Ecclesiology of Karl Rahner*, Oxford University Press, Oxford 2003, pg 244.

concepción, si el diácono obra en este ministerio del modo explicado, se puede alcanzar un punto medio de consenso que satisfará tanto a los que sostienen una como otra posición. Y es que, además de su función orante, el diácono, en el campo de la atención a personas con supuestos influjos demoniacos, puede ejercer una labor como maestro, como consejero, como persona que escucha y que bendice. Esta labor situaría al diácono como la contrafigura perfecta del brujo, del hechicero, del vidente, del adivino. Por supuesto que esta labor también la puede realizar el presbítero. Pero corresponde más al presbítero, como ya se ha dicho, la evangelización, el pastoreo y la administración de los sacramentos.

Es misión del presente trabajo analizar todas las posibilidades, aunque sean muy inusuales, por eso añadiré que en los lugares donde de forma completamente inusual se diera la situación de un diácono permanente que afirmara poseer algún tipo de don extraordinario en este campo, el obispo deberá proceder con el *methodus gradualis*[427]que se explicará en esta obra para discernir este tipo de casos.

Tampoco se ve problema teológico alguno en que en algún caso concreto, excepcional, el obispo de una diócesis que hubiera encargado de esta pastoral con los poseídos a un diácono permanente, pudiera pedir permiso a la Santa Sede para que ese diácono fuera autorizado para realizar verdaderos exorcismos, y por tanto se pudiera dirigir al demonio dándole órdenes para salir de ese cuerpo, así como para hacerle las preguntas usuales que se hacen en un exorcismo. De hecho, este permiso se podría pedir alguna vez, como hecho excepcional, incluso para algún laico favorecido con algún carisma especial en este campo[428].

Pero las excepciones no deberían hacerse por propia autoridad del obispo, sino que el obispo debería consultar a la Congregación del Culto Divino. Démonos cuenta de que el CIC dice: *Las leyes que (...) contienen una excepción a la ley se deben interpretar estrictamente*[429]. Si esto es así para las leyes que contienen una

---

427 Aparece en la presente obra en el cap III, n.5.

428 Un ejemplo de este tipo de permisión dada oficialmente por el obispo de una diócesis, Arch.Per., n.17, pg 14. Otro caso de permisión no oficial de la diócesis, pero de autorización tácita, Arch. Per., n.16, pg 14.

429 CIC, can. 18.

excepción, cuánto más para el canon 1172 § 1 que no contempla tal posibilidad. Mucho menos cabe aquí que un obispo considere que se puede hacer una interpretación amplia de la ley. Pues sería uno de esos casos de los que Huels escribía que hay *interpretaciones restrictivas y extensivas que cambian el significado de la ley*[430].

Por muy a favor que estuviera un obispo de conceder permisos para exorcizar a los diáconos, debe tener en cuenta que no puede ampararse ni en una interpretación amplia de la ley, ni en la posibilidad de otorgar tal cosa como excepción a la ley, ni tampoco puede ampararse en la supuesta existencia de una laguna en la ley. Del canon 19, de nuevo Huels explicaba:

> Este canon provee remedio para una *lacuna legis*, un «agujero en la ley». Una laguna tiene lugar, como afirma el canon, cuando una provisión expresa de una ley universal o particular, o una costumbre, no proporciona solución a un caso concreto[431].

Ese canon que regula las *lacunae legis* de ningún modo puede aplicarse, porque el canon 1172 es preciso en lo que permite. Mientras que una dispensa jurídica *ad personam* concedida por la Santa Sede para exorcizar, no supondría ni teológica ni jurídicamente problema alguno. Para negarse a dar cauce jurídico a los casos excepcionales, lo único que se podría alegar no es una razón teológica, sino una razón prudencial.

Ahora bien, si se comienzan a conceder dispensas *ad personam* cada vez más frecuentes a los diáconos, ¿por qué no concederlas a los laicos? Con razón se podría objetar que, una vez que se abriera la puerta de la permisión para los laicos, eso daría pie a que todos los laicos interesados por este ministerio pidieran para ellos esa dispensa. Sin duda existe el peligro de que un cúmulo de peticiones llegase a las mesas de los obispos. Esas peticiones, de ser concedidas, dejarían en letra muerta el canon actual.

Por eso debe ser la Iglesia entera la que reflexione sobre este hecho teológico, y ella es la que de un modo coordinado y reflexivo debe producir algún cambio jurídico. Abrir puertas traseras a

430 John M. Huels, «Book I, General Norms» en John P. Beal, *New commentary on the Code of Canon Law*, Paulist Press, Mahwah (NJ, USA) 2000, pg 75.

431 John M. Huels, «Book I, General Norms» en John P. Beal, *New commentary on the Code of Canon Law*,pg 77-78.

escondidas, sin duda, daría lugar a lógicas tensiones eclesiales. El cambio canónico resulta, creemos, necesario porque Dios, que evidentemente conoce la ley canónica, aun así, resulta manifiesto que ha concedido y concede este tipo de carismas exorcísticos a laicos.

Aun así, hay que poner de manifiesto que en este campo, hoy por hoy, no existe una legislación dudosa ni una laguna de la ley. Habiendo dejado claro eso, sin embargo, hay que considerar las palabras de Benedicto XVI en un congreso organizado por el Consejo pontificio para los textos legislativos, palabras que resultan luminosas aplicadas al tema del que hablamos:

> Por tanto, es preciso abrogar las normas que resultan superadas; modificar las que necesitan ser corregidas; interpretar, a la luz del Magisterio vivo de la Iglesia, las que son dudosas; y, por último, colmar las posibles lagunas de la ley (*lacunae legis*). Como dijo el Papa Juan Pablo II a la Rota Romana[432], «hay que tener presentes, y aplicarlas, las muchas manifestaciones de aquella flexibilidad que, precisamente por razones pastorales, siempre ha caracterizado al derecho canónico»[433].

Creemos que, en este tema, la praxis actual (lícita e ilícita) hace necesaria una reinterpretación jurídica del hecho exorcístico a raíz de un mayor entendimiento eclesial acerca de los campos que un laico puede desempeñar. El canon del Código de Derecho Canónico de 1983 que reserva al presbítero este ministerio, es deudor del Código de 1917 que decía exactamente lo mismo[434], pero hoy día la comprensión del papel de los bautizados en la Iglesia ha cambiado. Tenemos laicos que administran la comunión todos los días, laicos que predican en iglesias de pequeñas localidades sin

---

432 Juan Pablo II, Discurso a la Rota romana, 18 de enero de 1990, n.4: *Communicationes,* XXII [1990], 5; *L'Osservatore Romano,* edición en lengua española, 28 de enero de 1990, pg 11.

433 «Discurso del Santo Padre Benedicto XVI en el 25º aniversario del Código de Derecho Canónico», discurso ofrecido el 25 de enero de 2008, http://www.vatican.va/holy_father/benedict_xvi/speeches/2008/january/documents/hf_ben—xvi_spe_20080125_testi—legislativi_sp.html [4-8-2011].

434 «Nemo, potestate exorcizandi praeditus, exorcismos in obsessos proferre legitime potest, nisi ab Ordinario peculiarem et expressam licentiam obtinuerit. Haec licentia ab Ordinario concedatur tantummodo sacerdoti pietate, prudentia ac vitae integritate praedito; qui ad exorcismos ne procedat, nisi postquam diligenti prudentique investigatione compererit exorcizandum esse revera a daemone obsessum» Código de Derecho Canónico de 1917, canon 1151.

sacerdotes y que dirigen la oración de la comunidad, e incluso jueces laicos en tribunales eclesiásticos. De esta mentalidad se carecía en 1917. Un cuarto de siglo antes del comienzo del Concilio Vaticano II, se sabía que Dios podía conceder un carisma exorcístico a quien quisiera, pero ciertas actividades en los laicos eran vistas como desestructuradoras del orden eclesial.

Hoy día hemos comprendido que ciertas actividades de ningún modo son perturbadoras de la estructura eclesiológica. Llegándose incluso al hecho de que un laico pueda ser juez en un tribunal eclesiástico[435]. Ciertas tareas no son permitidas por el Derecho como un mal que hay que tolerar, sino que han de entenderse como una valiosa colaboración. Por eso, el que en el Derecho no se contemple la posibilidad de que exista un laico con un carisma exorcístico[436], y no meramente con una función intercesora, es un tema que debe ser abordado. Este cambio jurídico si se produce, no tendrá tanto que ver con un deseo de introducir más a los laicos en todos los campos de la Iglesia, como con una profundización teológica en la comprensión de las relaciones entre poder de exorcizar y los dones carismáticos. Aunque algunos pudieran entender un cambio jurídico de esta naturaleza como una medida modernizadora, como un cambio eclesialmente liberal o progresista, responde únicamente al ser de las cosas y sería un retorno a la praxis habitual de la Iglesia en los primeros siglos.

Distorsiones referentes a la comprensión de la *potestas*

Después de haber examinado el tema de los laicos y los diáconos en relación al poder de exorcismo, nos quedan algunas cuestiones más, sobre todo respecto al grado del episcopado. Ya dijimos que el grado del presbiterado no lo vamos a tocar por ser un tema más pacífico. Existen dos errores respecto a la *potestas* que pue-

435 «La Conferencia Episcopal puede permitir que también los laicos sean nombrados jueces»,CIC 1421 § 2.

436 Hacemos notar que en esta obra en los términos que usamos siempre distinguimos entre lo *exorcístico* y lo relativo al ministerio de liberación, sin usarlos nunca como sinónimos. Siguiendo en ello los criterios expuestos por la *Instrucción sobre el Exorcismo* de la Congregación para la Doctrina de la Fe (24 de Septiembre de 1985).

den conllevar graves problemas en la praxis. Por sí mismos no son errores de praxis, sino errores teóricos que pueden materializarse posteriormente en una práctica errada. El primer error es un error que tiene que ver con la eficacia de la *potestas exorcizandi* y el grado del orden sacerdotal. El segundo error es considerar la efectividad de esa *potestas exorcizandi* como signo de la licitud del ejercicio de esa *potestas.*

Primer error: considerar al obispo como el exorcista por antonomasia

El primer error consistiría en un obispo que quisiera por sí mismo realizar todos los exorcismos de la diócesis, creyendo que al ser el obispo, posee una *potestas exorcizandi* superior. Hacer algún exorcismo, puede ser muy positivo para el obispo; lo mismo que celebrar bautismos o sentarse al confesonario. Tenemos ejemplos de obispos exorcistas como San Martín de Tours[437], San Germano de Auxerre[438], San Zenón de Verona[439], o Fortunato de Tuder[440]. Pero supondría un menoscabo del tiempo dedicado a su ministerio episcopal, emplear un tiempo excesivo al ministerio del exorcismo. Exceso que, de buena fe, puede deberse a la consideración de que como él posee el tercer grado del orden sacerdotal, está dotado de mucho más poder, de mucha más eficacia, y que por lo tanto le compete a él dedicarse a esta tarea como si fuera exorcista por antonomasia de la diócesis.

El Cardenal Suenens[441]defendió esta extraña forma de entender el ministerio exorcístico. Lo cuenta el padre Amorth: *Viniendo a propuestas prácticas, el Cardenal Suenens sugiere: Propongo que se reserve al obispo no solo los casos de posesión diabólica, según el*

---

437 Sobre el modo cómo exorcizaba el santo se encuentran algunas explicaciones de Sulpicio Severo (Dial., III (II), 6; P.L., XX, 215) en *The Catholic Enciclopedia*, Robert Appleton company, Nueva York 1910, vol.5, pg 711.

438 Richard A. Fletcher, *The Barbarian Conversion: from paganism to Christianity*, University of California Press, Berkeley 1999, pg 146—147.

439 Richard A. Fletcher, *Ibidem*, pg 244.

440 Jeffrey Richards,*Consul of God: the life and times of Gregory the Great*,Routledge & Kegan Paul Ltd, Henley-on-Thames 1980, pg 21.

441 Cardenal Léon-Joseph Suenens, cardenal belga, 1904-1996+.

viejo Derecho, sino toda la zona en la cual se sospeche que exista una influencia específicamente demoniaca[442].Esta propuesta era completamente nueva en la Historia de la Iglesia. El *Código de Derecho Canónico* de 1917, solo reservaba al obispo la autoridad de dar el permiso. Ni siquiera se trataba de una delegación, sino del permiso dado a un presbítero para ejercer el propio poder sacerdotal.

En ningún ordenamiento jurídico, por antiguo que sea, ni tampoco en la praxis, hallamos algo en lo que la propuesta del cardenal hubiera encontrado apoyo. Aun así, es un hecho que ha acaecido en nuestra época, el que en algunas diócesis el obispo ha decidido comunicar a su clero que él mismo iba a desempeñar este ministerio[443].Pero en los casos en que se ha tomado esta decisión, el ministerio ha tenido una realidad meramente nominal. Este tipo de reserva episcopal, en la práctica, ha supuesto la desaparición del ministerio en las diócesis en las que se ha llevado a cabo.

Ya hemos explicado antes que es perfectamente posible que el poder sobre los sacramentales se otorgue de un modo unitario e indiviso en el primer grado del sacramento. De forma que quizás el diácono, el presbítero y el obispo tengan la misma *potestas sacramentalium*. Aun suponiendo que eso no sea así y que el tercer grado del sacramento implique un aumento accidental de esa concreta *potestas*, los elementos que configuran el poder sobre los demonios no se reducen a la *potestas exorcizandi* concedida en el sacramento del orden, sino que la oración, el ayuno, las obras de penitencia, de caridad y toda la vida espiritual en definitiva, aumentan la eficacia que uno tenga en este ministerio. De ahí que, por este capítulo (el de la vida espiritual), cualquier presbítero puede tener más poder y autoridad sobre los demonios que el obispo. Obsérvese que en el caso de la joven exorcizada por Juan Pablo II durante media hora, aun a pesar de que fue el mismo

442 Gabriele Amorth, *Un exorcista racconta*, Edizione Dehoniane, Roma 1995, pg 226.

443 Dos casos de obispos aparecen en Arch. Pers., n.20, pg 17.

Romano Pontífice el que realizó el sacramental, no quedó liberada y tuvo que ser remitida al padre Amorth[444].

No encontramos en la Historia de la Iglesia una praxis, por la que los casos más difíciles hayan sido derivados hacia el tercer grado del sacramento del orden. Ni siquiera, en siglos pasados, ha existido una peregrinación de posesos hacia el Romano Pontífice en busca de un poder superior. Sin duda, la Historia de la Iglesia intuitivamente ha tenido clara conciencia de que la eficacia de los exorcismos no se hallaba de modo más pleno en el episcopado que en el presbiterado. Si esto no fuera así, el obispo tendría una obligación en conciencia de tener que tomar sobre sí los casos infructuosos de sus presbíteros.

Creemos (aunque esto sea discutible e imposible de probar) que existe un aumento de la *potestas*sobre los sacramentales en cada grado del orden. Nuestra opinión, por tanto, es que existe un aumento accidental del poder exorcizador en cada grado del orden. ¿Por qué? Porque, de un modo espontáneo y casi, diríamos, instintivo, el pueblo fiel, sencillo y que no sabe de teorías teológicas, piensa que el poder exorcístico de un obispo es mayor que el de un simple presbítero. Esto es así por el capítulo del sacramento, aunque por razón de la santidad puede ser mayor en un presbítero. Pero si es cierto que se aumenta algo el poder de exorcizar en cada grado del orden, hay que dejar claro que se trata del incremento de una *potestas* que sustancialmente es la misma. Además, una cosa es ese incremento y otra la eficacia final del exorcismo. Un presbítero determinado puede poner más empeño, emplear más tiempo y dedicar más interés que un obispo concreto.

Por eso estamos convencidos de que el aumento del poder exorcístico es accidental en cada grado del orden, porque si el poder exorcístico del obispo fuera esencialmente superior (o, al menos, muy superior), el obispo tendría la obligación en conciencia de encargarse de los exorcismos que más se prolongasen en el tiempo. Y tal obligación no aparece en la Historia de este ministerio. Por el contrario, lo que sí que aparece es que los obispos

444 Los hechos esenciales (exorcismo papal, no liberación, envio al padre Amorth y declaraciones de éste) sucedieron en septiembre de 2000. La noticia apareció en muchos medios de comunicación, por ejemplo el de la agencia Zenit puede verse en http://www.zenit.org/article—557?l=spanish [4-8-2011]. Confirmando estos hechos, véase Arch.Pers., n.18, pg. 15-16.

con tranquilidad de conciencia derivaban los casos a venerables sacerdotes. Si el poder exorcístico del obispo fuera muy superior, tal praxis sería reprobable.

Un ejemplo puede ayudarnos a comprender la relación entre eficacia de un exorcismo y plenitud del sacerdocio. Como escribió el célebre patrólogo Quasten, poniendo en palabras el sentir de la tradición patrística: *El obispo es siempre el maestro por excelencia*[445]. ¿Significa esto que el obispo es siempre el más sabio maestro de su diócesis? Indudablemente no. Del mismo modo, poseer la plenitud del sacerdocio no implica ser el exorcista de la diócesis con mayor poder y autoridad sobre los demonios.

Por todas estas razones, el obispo no debe considerarse necesariamente dotado de un poder mucho más eficaz para realizar exorcismos, puesto que si la primera razón antes ofrecida (la de la relación directa entre el grado del orden y la *potestas exorcizandi*) es opinable, la posibilidad de que sea incrementada esa autoridad sobre los demonios es una doctrina cierta. Por tanto, la afirmación de que el obispo es el exorcista por antonomasia de su diócesis se debe considerar ajena a la tradición y, sin duda, errada. Se trata de una afirmación errónea, del mismo modo que el obispo no es el confesor por antonomasia de la diócesis, ni es el ministro de la unción de enfermos por antonomasia. Por eso el presbítero no realiza en el campo exorcístico una labor diaconal respecto al obispo. El presbítero exorciza por su propio poder, en nombre de Jesús, y es Cristo el que exorciza a través de él. Por eso los obispos pueden confiar con total tranquilidad de conciencia esta misión en manos de sus exorcistas, sin sentir ninguna obligación moral de tener que aceptar una intervención directa en los casos más difíciles, se prolonguen estos casos lo que se prolonguen en el tiempo. La misma razón vale para los casos de posesión que han deseado recurrir al Santo Padre para que los exorcizara[446].

Frente a esta relación dudosa entre grado del orden y *potestas exorcizandi* como una relación progresiva, lo que resulta indudable es que la labor propia del obispo consiste en regir la diócesis

445 Johannes Quasten (AA.VV), *Ancient Christian Writters: Baptismal Instructions*, Paulist Press, Mahwah (NJ, USA) 1963, pg 302.

446 Acerca si el Sumo Pontífice tiene un mayor poder exorcístico y otras cuestiones complementarias acerca del poder sobre los sacramentales, véase Apéndice, nota 33.

y pastorear su rebaño. No es labor específica del orden episcopal realizar exorcismos. Si antes hablábamos de la relación asistencial que en este campo convenía que existiera entre el diácono y el presbítero, para que el presbítero pueda dedicarse a todas las facetas de su labor como pastor, con mucha más razón eso se aplica en el caso del obispo.

Segundo error: considerar la liberación como signo de la licitud

Otro error que se produce con una cierta frecuencia, es considerar si en un exorcismo los demonios salen de los posesos, eso significa que lo que se está haciendo es lo correcto, aunque el sacerdote esté desobedeciendo al obispo. El argumento que suelen ofrecer es: si Dios no lo aprobara, los posesos no quedarían liberados.

El presbítero que obra así, no se da cuenta de que el poder del sacramento del orden está presente en su persona, ya use de esa potestad de un modo lícito o ilícito. Puede ser una cuestión a discutir si la ilegitimidad puede afectar o no algo a la eficacia del acto sacramental que constituye el rito del exorcismo. Cuestión teórica muy difícil de comprobar por vía de la práctica, pues son tantos los elementos que influyen en un exorcismo, que siempre resultará imposible cuantificar hasta qué punto la ilegitimidad supone un lastre al poder inherente en el ministro.

Creemos que la desobediencia no necesariamente impediría el poder exorcístico de un sacerdote o un laico. Aunque, evidentemente, siempre pende la posibilidad de que Dios castigue su soberbia no concediéndole la liberación de los casos. Pero,así como los sacramentos son plenamente válidos a pesar de la rebeldía contra el obispo[447], consideramos que, como norma general, sucede de forma parecida con las bendiciones y los exorcismos. Un cáliz quedaría verdaderamente consagrado si el rito lo realizase un sacerdote abiertamente rebelde con su obispo. Esos sacra-

447 Solo serían inválidos aquellos sacramentos en los casos en los que el obispo o la Iglesia con su poder de atar y desatar, determinase que serían inválidos: por ejemplo, la confesión.

mentales no se producen *ex opere operato*, pero sí que dependen de una *potestas*.

Lo dicho vale para un laico que tenga un carisma. Aunque este no sea el lugar apropiado para hacer una detallada exégesis que sería demasiado extensa, hay que mencionar que en el Libro de Números[448] aparece un vidente llamado Balaam. San Pedro en su segunda epístola lo llama *profeta*[449]. El mismo Apóstol afirma de él que *amó la recompensa de la iniquidad*[450]. Y a pesar de eso, Balaam continuó con su don, como afirma el texto de Números con claridad. Si el carisma de la videncia continuó a pesar de la iniquidad, lo mismo se aplica al exorcismo. Esto no significa que todo carisma continúe sea cual sea el estado moral de la persona. Hay carismas personales que se corrompen, pero otros permanecen. Y en el caso de la potestad sobre los sacramentales del sacramento del orden siempre permanece.

Al tratar de este tema, parece obligado detenerse un momento en el paso del Evangelio: *Muchos me dirán en aquel día:«Señor, Señor, ¿no hemos (...) en tu nombre expulsado demonios?». Y entonces les diré: «Nunca os conocí. Apartaos de mí, vosotros que obráis iniquidad»*(Mt 7, 22-23).Este pasaje todavía parece más pertinente respecto al asunto tratado si vertemos la traducción de un modo completamente literal: *vosotros que actuáis sin ley*[451]. Todos los comentaristas de este versículo insisten en que el hecho de no seguir la voluntad del Padre, es lo que hace que ellos sean desconocidos por el Señor[452].

---

448 En Nm 22-24 se reconoce su don extraordinario.

449 Y en 2 P 2,16 lo denomina inequívocamente «prophetou».

450 «Hos misthon adikias egapesen»(2 P 2, 15).

451 «Hoi ergazomenoi anomian» (Mt 7, 23). «Hoi ergazomenoi» = «los que actúan, los que trabajan».

452 «Los que invocan al Señor Jesús, realizan obras milagrosas de poder. Pero no realizan la sencilla obra de conformarse a la voluntad del Padre y a las palabras de Jesús» John P. Meier, «Antioch» in Raymond Edward Brown (ed), *Antioch and Rome: New Testament cradles of Catholic Christianity*, Paulist Press, Mahwah (NJ, USA) 2004, pg 58. «No os reconozco por discípulos míos, ya que antes quisisteis seguir vuestros apetitos que mi voluntad». Alfonso María de Ligorio,*Práctica del amor a Jesucristo*, Rialp, Madrid 2007, pg 181. «Se afirma que para nada sirve (...), porque lo que contaba era realizar la voluntad del Padre». Rafael Aguirre, «El mensaje de Jesús y el Reino de Dios», Olegario González de Cardenal (ed), *Salvador del mundo: Historia y actualidad de Jesucristo: cristología fundamental*, Secretariado Trinitario, Salamanca 1997, pg 78.

Este versículo que se traduce por «actuáis sin ley», será muy usado en la polémica antinomianista del siglo XVI. *Y así los antinomianos que despreciaban la ley, no son discípulos genuinos, sin importar cuántas obras espectaculares ellos realicen*[453]. Evidentemente en el sentido primario del discurso de Jesús el término «anomia» no se refiere a la ley canónica eclesiástica, que no existía. Tampoco se refiere al antiguo cúmulo de leyes farisaicas, pues Jesús se confronta con ellas. Un análisis del término «anomia», tanto en Mateo como en los textos paulinos, deja claro que el sentido de esa palabra en la boca de Jesús es el de *iniquidad*(sin ley moral). Aunque el significado preciso del versículo sea el de obrar *sin ley* (sin obediencia a la ley positiva). Entendiendo «anomia» como ley moral, Jesús les echa en cara el haber sido inicuos, a pesar de haber obrado grandes obras.

Pero también existe una exégesis del texto completamente pegada al significado literal del texto, en esa exégesis se entendería que Jesús les echa en cara su antieclesialidad. No pocos autores, como Aune, apuntan a que *los profetas a los que se refiere parecen ser los itinerantes*[454]. El que se los incluya en el contexto de los falsos profetas (que aparecen más adelante en el mismo evangelio), viene reforzado por el hecho de que de nuevo se les asocia la falsedad a la falta de ley (anomian): *Y muchos falsos profetas aparecerán (...) porque la iniquidad* (ten anomian) *se multiplicará,* (Mt 24, 11).

En nuestra opinión, la intención de ese paso de Mt 7, 22-23 es doble: la «anomia» como *iniquidad*, pero advirtiendo con la literalidad del versículo contra la antieclesialidad. Aunque en el momento que fue pronunciado ese discurso aún no había autoridad apostólica, la exégesis de la antieclesialidad es un criterio interpretativo del texto que, sin duda, está unido a la literalidad de esas palabras. Y, por tanto, el pasaje se interpretaría como: Si haces exorcismos de un modo antieclesial (esto es, contra la voluntad de mis administradores), Yo no te reconoceré como un trabajador mío.

Los comentaristas suelen obviar que las profecías, la expulsión de demonios y los prodigios son signos no solo de la aquiescencia

---

453 David L. Turner, *Matthew*, Baker Academic, Grand Rapids 2008, pg 220.

454 David Edward Aune, *Prophecy in Early Christianity and the Ancient Mediterranean World*, 1983, Eerdmands Publishing Co., Grand Rapids pg 223.

divina, sino de la intervención de Dios. Por eso son ofrecidos en el Evangelio como signos de la venida del Reino. Pero esto todavía reforzaría más la enseñanza: no importa lo que hagas, por excelso que sea, debes ser honesto y eclesial. Se trata de un mensaje claro al respecto de los carismas en relación a la ley y, en definitiva, por tanto, respecto a la autoridad episcopal.

Nos parece que, en este entero apartado, ha quedado demostrado que, tanto desde un punto de vista exegético como teológico, la realización de exorcismos acompañados de liberaciones no constituirá signo innegable de legitimidad del ministro, sino de la objetividad de un carisma personal o del sacramento del orden en un presbítero. Sabemos por la experiencia que pueden darse liberaciones realizadas por un ministro en total desobediencia respecto al obispo de la diócesis. No podemos medir si se ha dado una disminución de la eficacia, pero podemos constatar que se dan liberaciones.

Lo expuesto acerca de la objetividad de la potestad del sacramento del orden, no significa que el exorcismo del sacerdote actúe igual que los sacramentos. El padre Royo Marín explica de los sacramentos algo que no se puede aplicar a los sacramentales:

> No se requiere en el ministro para la validez de los sacramentos: la santidad de vida, ni estar en gracia de Dios, ni siquiera tener fe. Lo ha declarado solemnemente la Iglesia en los siguientes cánones del Concilio de Trento: «Si alguno dijere que el ministro que está en pecado mortal no realiza o confiere el sacramento con solo guardar todo lo esencial que atañe a la realización o colación del sacramento, sea anatema»(D 855)[455].

Un bautismo realizado por un ministro sin fe sería válido. Pero probablemente no tendría la misma eficacia un exorcismo realizado por un ministro sin fe[456]. Porque Jesucristo dijo: *Y a los que crean les acompañarán estas señales: expulsarán demonios en mi nombre, hablarán lenguas nuevas...*[457]. Pero no solo la fe, sino que por el texto de Mc 9, 29 queda clara, asimismo, la importancia de

455 Antonio Royo Marín, *Teología Moral para seglares,* tomoII, Editorial Católica, Madrid 1984, pg 66.

456 Algunas reflexiones más acerca de un sacerdote que realizase un exorcismo sin fe, en Apéndice, nota 66.

457 «A los que crean», en gr. «tois pisteusasin» (Mc 16, 17).

la vida ascética para llevar a cabo con éxito algunos exorcismos[458]. El texto deja patente que la *potestas* no es suficiente para llevar a cabo la expulsión de todos los espíritus malignos.

Luego no se puede afirmar de alguien que como es sacerdote, aunque haya roto la comunión con su obispo, podrá hacer exorcismos exactamente lo mismo que puede bautizar. En el campo del exorcismo, la *potestas* no lo es todo. Pues el exorcismo obtiene su efecto *ex opere operantis*. Pero parece claro que un elemento de los que confluyen en esa acción que es el exorcismo, puede ser muy poderoso (por ejemplo, la vida ascética del sacerdote, su fe o su perseverancia admirable en el exorcismo), aunque otro elemento sea deficiente (la heterodoxia, la soberbia o la desobediencia).

Como se ve, el exorcismo supone un cúmulo de elementos que se conjugan. La desviación de uno de sus elementos no necesariamente anula la fuerza de todos los otros. Por todo lo cual debemos insistir en que no se puede alegar la efectividad del exorcismo, como prueba de que Dios bendice la acción de un exorcista rebelde. Este es un punto que la autoridad eclesiástica debe tener claro para así transmitírselo a los sacerdotes o laicos desobedientes, cuando sucedan este tipo de situaciones[459].

Conclusiones

Los laicos carecen de potestad para exorcizar. El bautismo no les confiere tal poder. Algunos laicos sí que pueden haber recibido directamente de Dios un carisma que les otorga autoridad sobre los demonios. Pero, aun careciendo de poder en sí mismos, los laicos pueden colaborar con el exorcista en los exorcismos por su capacidad de intercesión. Ellos también pueden dirigir oraciones

---

458 «Esta especie [de espíritu impuro] no sale con nada sino con oración y ayuno» (Mc 9, 29):«touto to genos en oudeni dunatai exelthein ei me en proseuche kai nesteia».

459 Deliberadamente hemos dejado fuera de la argumentación la exégesis de Mt 7, 22-23 en relación a Lc 11, 18-20. Es decir, la relación que existe entre los versículos que indican que un ministro del exorcismo puede no ser conocido de Dios («no os conozco»), y los versículos en que Jesús propone sus exorcismos como signo de que ha llegado el Reino de Dios. La exégesis combinada de estos dos pasos evangélicos hubiera complicado el discurso y, por otro lado, tales explanaciones no hubieran invalidado ningún punto de los antes expuestos. Aun así, sobre cómo entender ambos versículos uno a la luz del otro, puede verse en esta obra el Apéndice, nota 2.

de liberación, en cuanto que en esas oraciones se hace uso solo de esa capacidad de intercesión, sin dirigirse a los demonios.

Se trata de una proposición razonable afirmar que los diáconos puedan exorcizar. Proposición basada en la unidad del sacramento, en el permiso que tienen para realizar sacramentales y, por último, en la praxis de siglos pasados respecto a autorizaciones del Derecho Canónico para hacer exorcismos por parte de sujetos situados en grados por debajo del presbiterado.

Respecto a los ordenados *in sacris* en general, sostenemos que en los tres grados del orden existe una potestad sustancialmente unitaria respecto al poder sobre los sacramentales, aunque con accidentales adiciones en cada grado del orden. El poder exorcístico es sustancialmente el mismo en el obispo, el presbítero y el diácono. La praxis de la Historia permite afirmar como una proposición razonable que ese poder es esencialmente el mismo, sin que observemos que haya existido la costumbre eclesial de hacer del obispo el exorcista de los casos más arduos.

V

Carisma y Jerarquía

Responsabilidades de la jerarquía

El problema para un obispo no es tanto si permitir o no un exorcismo en concreto. Discernir un caso de posesión puede presentar más o menos dificultades, pero eso no será nada frente a la labor muchísimo más complicada de tener que discernir casos concretos de laicos o clérigos que afirmen poseer carismas extraordinarios en este campo exorcístico. La experiencia demuestra que una buena parte de los conflictos que se dan en este campo de exorcismos y jerarquía, no tienen tanto que ver con la resolución que los obispos toman respecto a permitir o no exorcismos, sino con su posición respecto al campo de los carismas relacionados con la materia exorcística. La mayor parte de problemas de este ministerio no viene de tener que responder a la pregunta de si exorcizar o no, o si este individuo está poseído o no, sino acerca del ministro mismo que, con los años de ejercicio, posee o cree poseer carismas especiales. Para que se vea la extensión de este aspecto señalado, sirva como ejemplo el caso de dos países, cuyos nombres silenciaremos:

> En el decenio 2000-2010, en [una nación europea] se contaban ocho sacerdotes trabajando en este campo. De estos ocho,

> dos ejercían sin permiso de sus obispos, aunque no en rebeldía. De entre todos, dos creían tener dones extraordinarios. Un tercero era de la Renovación Carismática. Un cuarto ejercía con colaboradores que creían poseer carismas especiales. Y un quinto dirigía regularmente los casos hacia una mujer que más bien era una maga y que cobraba por consulta[460].
>
> En [una nación de Latinoamérica], eran dos los exorcistas más famosos antes del año 2010. Uno tenía dones extraordinarios (especialmente de curación) y el obispo le apoyaba, su santidad era *vox populi*. El otro comenzó a tener mensajes divinos (o eso afirmó) y sus predicaciones se volvieron progresivamente más inaceptables. Al cabo de unos cuatro años de ejercicio, tuvo que ser apartado incluso de la diócesis, enviándolo a otro país[461].

Estadísticamente, resulta insoslayable la cuestión de que un cierto número de ministros, en el ejercicio de este ministerio, con el paso del tiempo, afirmarán, haber desarrollado carismas extraordinarios. Los problemas de discernimiento, para el obispo, que genera este hecho son innegables. Pero tampoco podemos descartar todo este campo de un plumazo, afirmando que es falso cualquier supuesto carisma. Es cierto, como se quejaba el Padre Amorth que *el racionalismo y el naturalismo lo han invadido todo; las manifestaciones extraordinarias, los milagros* (…) *no son acogidos con gratitud, sino con desconfianza, con condenas sin examen, o por lo menos con tremendas molestias*[462]. Condenarlo todo por sistema, siempre es un error. Hay que discernir caso por caso.

Lo que es malo es el afán por lo extraordinario en el ministro. Afán que llega a formar una unidad con el ministerio tal como es llevado a cabo por algunos. Y así, de tanto en tanto, hallamos sacerdotes que trabajan con videntes que realizan prácticas que, por lo menos, rozan lo mágico. Se puede pensar que el mal proviene por la falta de formación. Pero observamos que si un presbítero cae en prácticas desviadas, no será su formación teológica la que le preservará de ello. El Padre Amorth señalaba:

---

460 Arch.Per., n.72, pg 43.

461 Arch.Per., n.100, pg 52.

462 Gabriele Amorth, *Narraciones de un Exorcista*, San Pablo, Bogotá 2002, 3ª impresión, pg 122.

> E incluso un experto como monseñor Corrado Balducci en sus tres libros aconseja, para poner remedio al maleficio, recurrir a un mago, aunque se prevea que hará otro maleficio (véase, por ejemplo, la obra *Il diavolo,* Piemme, pg 326). Es un error imperdonable en un autor tan meritorio en otros apartados de sus volúmenes[463].

El desarrollo del ministerio exorcístico a nivel nacional, en el país antes mencionado (aunque mantenido en el anonimato),contó con muchos problemas, a pesar de que la formación teológica era buena en casi todos los exorcistas. Para ser más precisos, en todos esos sacerdotes, menos en uno:

> De estos ocho sacerdotes, sin duda, tres o no tenían dones o, en cualquier caso, ejercían inadecuadamente su ministerio. A dos, por esta razón, se les cesó fulminantemente del ministerio tras varios avisos. Y a un tercero se colocó a su lado un exorcista joven para que, con la excusa de ayudarle, le vigilara y pusiera orden en su labor[464].

El ejemplo concreto de esa nación resulta perfectamente aplicable a cualquier otro país. Sin duda que un presbítero con la mejor preparación académica que crea poseer carismas extraordinarios, puede enfrentarse a su obispo con la misma determinación de un laico visionario. Hoy día, nos podemos encontrar en este tema del exorcismo, con situaciones muy similares a las que describía Jossa en su obra analizando la situación de los ambientes cristianos de la Siria occidental entre el siglo I y el II:

> En estos grupos los profetas eran la principal autoridad de referencia, que se encontraban en abierta confrontación con «presbíteros inicuos y pastores opresores». (...) La autoridad en la comunidad viene ejercitada por los profetas a los que Dios se les revela[465].

Ahora bien, si resulta claro que una comunidad de iluminados se encaminará inevitablemente hacia la destrucción, la solución tam-

463 Gabriele Amorth, *Habla un exorcista*, Planeta, Barcelona 1997, pg 88.

464 Arch.Per., n.72, pg 43.

465 Giorgio Jossa, «Sul problema del profetismo cristiano», en Anna Carfora, *Profeti e profezia: figure profetiche nel cristianesimo del II secolo*, Il Pozzo di Giacobe Editrice, Trapani 2007, pg 10.

poco está en el otro extremo, el del total escepticismo. El extremo de un racionalismo parece ofrecer todas las seguridades, pero no nos olvidemos de que es contrario a la misma naturaleza de la Iglesia. Tanto el pueblo de la Antigua Alianza como el de la Nueva están construidos, entre otras cosas, sobre el fundamento de los profetas. Baste referir un texto clásico de Joel referido al tiempo post mesiánico: *Y sucederá que después de esto, derramaré mi Espíritu sobre toda carne; y vuestros hijos y vuestras hijas profetizarán, vuestros ancianos soñarán sueños, vuestros jóvenes verán visiones* (Jl 3, 1).Por eso podemos citar una expresión feliz de M. B. Durante al hablar de Ignacio de Antioquía, cuando afirma que él *desarrolla una eclesiología fundada sobre el pneuma*[466]. Ese es el camino, el único, para mantener el *ordo Ecclesiae* sin traicionar a Cristo.

El presente apartado no tiene la pretensión de ofrecer los criterios para discernir si un carisma es o no verdadero, sino que se plantea esta entera cuestión únicamente desde una perspectiva eclesiológica. No vamos a ofrecer criterios para discernir el don de acuerdo a las reglas de la Teología Espiritual, sino que vamos a intentar encuadrar el entero asunto dentro de la eclesiología. Cosa muy necesaria, pues, como se va a mostrar en esta obra, tanto por parte de pastores como de los laicos, la entera cuestión a menudo se halla desenfocada ya desde el principio, aun sin surgir problema alguno. Desenfoques que se hacen más evidentes cuando surgen conflictos.

Discernimiento del carisma en sí: relación entre eclesialidad y veracidad a nivel institucional

Hay un texto de Von Balthasar que supone un texto perfecto para enmarcar el tema:

> Está fuera de toda duda que los grupos de oración carismáticos, que agrupan a millones de católicos y se extienden por todo el mundo, significan un resurgimiento auténtico en la Iglesia, especialmente cuando son dirigidos por guías espirituales jui-

466 Maria B. Durante, «Erma, un profeta a Roma», en Anna Carfora, *Profeti e profezia: figure profetiche nel cristianesimo del II secolo*, Il Pozzo di Giacobe Editrice, Trapani 2007, pg 50.

ciosos; el Concilio (LG 12, 2) lo ha reconocido explícitamente. Un criterio esencial para la autenticidad de estos grupos será que se inserten en la Iglesia y, más concretamente, en la comunidad parroquial que los incluye, y que las fecunden[467].

Hagamos algunas reflexiones acerca de este texto:

a. *Está fuera de toda duda...* El obispo puede supervisar el ejercicio Movimiento de la Renovación Carismática. Pero acerca de la eclesialidad del Movimiento, la Iglesia ya ha emitido su juicio. Desgraciadamente, muchos pastores no han asimilado este movimiento como una *aportación específica a la extensión del reino de Dios y a la edificación de la comunidad cristiana*[468]. De ahí que los juicios de algunos pastores (tanto párrocos, como obispos), en realidad, no son acerca del *modus procedendi*, sino del movimiento en sí, cuando eso ya es una *res iudicata*.
b. *Que se inserten en la Iglesia*...Debe buscarse como un bien la inserción en la Iglesia de todo lo carismático. Eso no lo pone en duda nadie. Pero los pastores deben recordar que también un eremita que se retira a una cueva en un desierto, está insertado en la Iglesia. ¿Se halla menos insertado ese eremita que el obispo? Evidentemente, no. Muy a menudo, esta nota de la inserción en la Iglesia, se usa como excusa para imponer las propias ideas a un grupo laical.
c. *La comunidad parroquial que los incluye...* La afirmación de Von Balthasar es verdadera. Ahora bien, la integración o no en un concreto organigrama eclesial no prejuzga la veracidad de un carisma. La visibilidad de esa integración no es el criterio absoluto. Y de ninguna manera se puede imponer el marco parroquial como único modo de ejercicio de ningún carisma.

El tema de la relación de la parroquia con los grupos de oración carismática ha supuesto una continua fuente de tensiones en muchas diócesis. Pero no podemos olvidar que la parroquia,

---

467 Hans Urs von Balthasar, *El espíritu de la verdad*, Ediciones Encuentro, Madrid 1998, pg 388.

468 Benedicto XVI, *Discurso a la Renovación Carismática Católica*, 31 de octubre de 2008.

según el Código Derecho Canónico, es definida, esencialmente, como una *determinada comunidad de fieles*[469], no como un cauce jurídico indispensable, salvo para los pocos casos en que así está marcado por el Derecho. Podemos insistir en la conveniencia de que un fiel esté ligado a su parroquia. Pero después de insistir en ello, hay que recordar que, a nivel jurídico, la Iglesia no ha querido obligar a que la institución de la parroquia sea el cauce *sine qua non* del ejercicio de la eclesialidad. Es no es así ni para la vida de piedad, ni para el derecho de asociación, ni para el ejercicio de los carismas. Únicamente encontramos la salvedad hecha por el mismo Derecho para ciertos sacramentos como el bautismo, la unción de los enfermos y otras funciones[470]. De forma que no se puede hablar de una verdadera obligación en aquello que vaya más allá de lo marcado por la Ley.

El párroco es el pastor propio de la parroquia que se le confía[471]. Y, por tanto, él tiene una verdadera obligación de vigilar para que, en los términos de su parroquia, todo se desarrolle de un modo adecuado, y de advertir a los fieles que se separen de lo que no es recto; también en el campo de lo carismático o del tema de las oraciones de liberación. Si a un párroco le llega la noticia de que se están realizando oraciones de liberación en el término de su parroquia, tiene obligación de investigar. Y tiene derecho a que esos fieles le faciliten la información que solicite. Pues los parroquianos (aunque no acudiesen nunca a su templo) deben entender que el párroco está eclesialmente asistido por un título especial a inquirir qué sucede en el territorio de su parroquia.

No hace faltar dedicar espacio a explicar que todo grupo de oración debe ser eclesial. El tema de la obediencia y los lazos de comunión aparecen explicados en otras partes de esta obra. Tenemos que convenir en que la *parroquialidad* es un criterio de seguridad eclesial. Pero de ningún modo es un criterio, por sí mismo suficiente, para desechar a un grupo de fieles que se reune para orar. Esto debería ser evidente y parecería que no merece

469 «La parroquia es una determinada comunidad de fieles constituida de modo estable en la Iglesia particular, cuya cura pastoral, bajo la autoridad del Obispo diocesano, se encomienda a un párroco, como su pastor propio». CIC, canon 515 § 1.

470 CIC, canon 530, canon 1108 y canon 1003 § 2.

471 CIC, canon 519.

una mención en esta obra, pero buena parte de los problemas que se producen en todos los continentes, provienen de un entendimiento deficiente por parte de los pastores del derecho de reunión de los fieles, e incluso de su derecho a asociarse con algún fin. Derecho de asociación que no se otorga, sino que se posee[472].

Relación entre eclesialidad y veracidad a nivel individual

Vamos a analizar ahora en qué sentido se debe entender la eclesialidad, en qué sentido no se debe entender y, habiendo dejado claro eso, veremos cómo aplicar esto desde la jerarquía.

En qué sentido se debe entender la eclesialidad

La Congregación para la Doctrina de la Fe en 1978 emitió una serie de normas para proceder al discernimiento de las presuntas revelaciones, estas normas se pueden aplicar perfectamente para aquella situación en la que hay que discernir un supuesto carisma exorcístico. En esas normas se incluían, entre los criterios positivos, por ejemplo, las cualidades personales del sujeto, como *su sinceridad y docilidad habitual hacia la Autoridad eclesiástica*[473]. Entre los criterios negativos se mencionaban, también como ejemplo,*actos gravemente inmorales cometidos por el sujeto o sus seguidores durante el hecho o con ocasión del mismo*[474]. El mismo documento explicaba: *debe notarse que estos criterios, tanto positivos como negativos, son indicativos y no taxativos, y deben ser empleados cumulativamente, es decir, con cierta convergencia recíproca*[475].

---

472 La traducción española del CIC, canon 215, comienza así: «los fieles tienen la facultad de (...) reunirse». Pero el texto latino usa una expresión incluso con más fuerza: «Integrum est christifidelibus, ut libere condant atque moderentur consociationes ad fines caritatis vel pietatis, aut ad vocationem christianam in mundo fovendam, utque conventus habeant ad eosdem fines in communi persequendos».

473 Congregación para la Doctrina de la Fe, *Normas sobre el modo de proceder en el discernimiento de presuntas apariciones y revelaciones*,25 de febrero de 1978, I.

474 Congregación para la Doctrina de la Fe, *Ibidem*, I.

475 Congregación para la Doctrina de la Fe, *Ibidem*, I.

Resulta patente el paralelismo en el modo en que deben ser usados los criterios de la Congregación para saber si alguien es usado como instrumento de lo alto, con respecto a los criterios del *Ritual Romano* para discernir si alguien está endemoniado. Pues el Ritual concluía, tras enunciar unos pocos signos, que *cuando más signos concurren, mayores son los indicios*[476]. Con cierta frecuencia se niega expeditivamente que alguien tenga un carisma basándose únicamente en que ese carisma no concuerda con una nota que aquel que enjuicia considera que resulta imprescindible. Este modo de proceder recuerda al de aquellos sacerdotes que se niegan a reconocer que alguien esté poseso por el hecho de que el poseso no conozca cosas ocultas, o levite, o hable lenguas desconocidas, y cosas similares. Resulta patente, por tanto, que existe un gran paralelismo entre el discernimiento razonable de un poseso y de un místico. Pues en ambos casos se trata de descubrir la presencia de lo invisible, a través de lo visible.

La eclesialidad, ciertamente, es una de las notas que acompañan a un carisma auténtico. Pero esta nota requiere un discernimiento cuidadoso. Para comprenderla quizá resulte más fácil comenzar explicando su reverso: la antieclesialidad. Pues la antieclesialidad facilitaun discernimiento de carácter negativo con gran seguridad, ya que Dios no se puede contradecir. Estamos seguros de que cuando un supuesto mensaje divino es contrario a la fe, el mensaje es falso y la persona no tiene un don. Y así, por ejemplo, cuando Joseph Smith (fundador de los mormones) afirmó que el Padre y el Hijo le dijeron: *que todas las denominaciones religiosas estaban creyendo en doctrinas incorrectas, y que ninguna de ellas era reconocida por Dios como su Iglesia y Reino*[477], supimos, por el mismo contenido del mensaje, que su carisma no era verdadero.

Dígase lo mismo cuando un supuesto mensaje de lo alto resulta flagrantemente antieclesial; como en el caso de Clemente Domínguez, el fundador de la iglesia del Palmar de Troya. Por ende, esto se puede aplicar a la nota de la honestidad de vida en alguien que afirma ser un instrumento de Dios. Pues la constatación de la corrupción moral de una persona, nos aleja de pensar que

---

476 *Rituale Romanum*, Titulus XI, caput I, praenotanda 3, Editio Típica Vaticana 1925.

477 Duane S. Crowther,*Prophecies of Joseph Smith*, Horizon Publishers, Springville 1983, pg 21.

ella tenga un carisma. Un ejemplo de este tipo de inverosimilitud es el del vidente William Kamm, sentenciado dos veces por delitos sexuales[478].

Por lo tanto, la ortodoxia, la eclesialidad y la santidad son criterios para discernir. Cuanto más santo sea el portador de un carisma, más fácil, deberá ser el discernimiento de la verdad o no de un carisma. Aunque, de hecho, cuanto más santo sea alguien, mayor suele ser la inquina del demonio, y más suele esforzarse el Maligno en sembrar las dudas. Justo es reconocer que, a lo largo de la Historia, el error de los obispos en el discernimiento de los carismas de los santos, no ha sido algo que se haya dado como excepción. Error que, a menudo, se excusa como fruto de la prudencia. Obviando el hecho de que desde Juana de Arco al Padre Pío, esas medidas administrativas no constituían cautelas, sino verdaderos juicios acerca de la persona y sus carismas, aunque esos juicios se ocultasen bajo la fórmula protocolaria del *non constat de supernaturalitate.*

Hemos mencionado a estos dos santos simplemente como meros ejemplos. Pero hay que hacer notar que Juana de Arco fue condenada por un tribunal eclesiástico en el que estaban presentes no solo el Obispo Cauchon, sino también *el obispo de Thérounne, así como Henry Beaufort, cardenal de Winchester*[479]. Y que uno de sus principales interrogadores fue Jean Beaupere que *entre 1412 y 1413 fue rector de la Universidad de París*[480]. En el caso del padre Pío la condena procedió de una instancia de la Santa Sede: *La suprema Congregación del Santo Oficio, encargada de la integridad de la fe y de las costumbres,* (...) *declara que la sobrenaturalidad de esos hechos no ha sido comprobada*[481]. Sirvan estos dos botones de muestra, para comprobar lo simplista que resulta la extendida afirmación de que todos estos problemas con los carismas, proceden de falta de formación.

478 CathNews, noticia del 27-agosto-2007: http://www.cathnews.com/article.aspx?aeid=5754

479 Marina Warner, *Joan of Arc*, Oxford University Press, Oxford 1981, pg 92.

480 Marina Warner, *Joan of Arc*, pg 37.

481 Decreto de la Congregación del Santo Oficio, 6 de mayo de 1923. Citado en Yves Chiron, *El padre Pío*, pg 176.

Pero dejando aparte los errores jerárquicos, por lo dicho antes queda claro que el portador de un carisma que realizase afirmaciones contra la fe, o que atacase a la Iglesia, o que promoviese la desobediencia, quedaría desacreditado sin necesidad de examinar *per se* el carisma que afirma tener. Dios no se va a hacer la guerra a sí mismo. Dios concede los carismas para edificar a la Iglesia, no para atacar a la Iglesia. Por tanto, sin mayores inquisiciones se puede descartar, por ejemplo, *el caso de una señora con supuestos carismas exorcísticos y que ayudaba a un exorcista, que le dijo a otro sacerdote que era la reencarnación de San Juan Evangelista. Hecho de esta reencarnación conocido por sus supuestas revelaciones*[482].

En algunas situaciones, aun sin entrar en el fondo del caso, el obispo tendrá que mirar por el bien común, por encima de si un carisma es verdadero o no:

> Un ministerio fundamental del obispo es orquestar los diversos carismas y ministerios de las personas de su comunidad, orientándolos hacia el servicio y hacia una mayor unidad. Al igual que el director de una sinfonía, el obispo es el punto clave para la coordinación de muchos dones complementarios[483].

El obispo debe mirar el bien común del rebaño. Por eso, habrá escenarios particulares en los que el obispo tendrá que tomar una decisión acerca del ejercicio de un carisma exorcístico, sin entrar en el discernimiento del carisma en sí mismo. Pero las razones para la prohibición deberán ser verdaderamente objetivas.

Estos escenarios particulares se pueden dar y se dan, pero sería una actuación contra la justicia (y profundamente inmoral), el que un obispo falazmente se amparara (para prohibir) en la actuación prudencial del *pro bono Ecclesiae*, considerándose así eximido del juicio sobre un carisma. La prohibición prudencial *pro bono Ecclesiae* sin entrar en el fondo del asunto, nunca debe convertirse en un parapeto episcopal. Pues con la excusa de buscar la paz eclesial, se estaría despreciando la acción del Espíritu Santo. El gobierno episcopal debe fundamentarse en un juicio de

482 Arch. Pers., n.73, pg 44. Otro caso es el del sacerdote que creía convertir a los demonios en sus exorcismos, cfr. Arch. Pers., n.29, pg 21.

483 Morris Pelzel, *Eclesiologia: La Iglesia como comunión y misión*, Loyola Press, Chicago 2005, pg 51.

discernimiento, y no regirse por un acto de prohibición universal cada vez que aparezca un caso, alegando la excusa del bien de la paz del rebaño.

En qué sentido no se debe entenderla eclesialidad

El que un carisma exorcístico siempre tendrá que tener la nota de la eclesialidad, no significa que un carisma no pueda darse, por ejemplo, en un presbiteriano. Presbiteriano que puede colaborar en el equipo de oración de un exorcista católico. Alguien puede ser un sacerdote católico, y ser agresivamente antieclesial. Un monje católico puede ser un asceta, vivir en un continuo ayuno, dedicado a interminables horas de oración, y, al mismo tiempo, atacar a los obispos con odio. Dios no iba a conceder un carisma a alguien para que lo ejerza contra la jerarquía.

Siempre va a existir una cierta tensión entre la institución y el carisma, *cuando se considera al carisma en su noción estricta de acción libre del Espíritu Santo*[484]. *Pero tensión no es contraposición*[485]. La nota de la eclesialidad puede prohibir el ejercicio de un supuesto carisma a un presbítero católico, y puede permitir que un episcopaliano lo ejerza dentro de la Iglesia Católica. Alguien puede ser metodista o baptista, y no ser antieclesial; alguien puede ser católico y serlo.

Entender bien esto, nos ayuda a comprender la relación entre honestidad de vida y carisma. Puede darse un carisma de sueños proféticos en una persona en una situación irregular matrimonial. ¿Alguien puede tener un carisma extraordinario y tener esporádicas caídas en el pecado de la pornografía? La respuesta es afirmativa. Ahora bien, Dios sabe que los humanos difícilmente creeremos que alguien es depositario de un carisma, si su vida es una existencia de notable desorden moral. Además, si alguien cargado de vicios fuera depositario de un carisma, lo ejercería según

---

484 Ramiro Pellitero, «La reflexión contemporánea sobre los carismas y su papel en la estructuración de la Iglesia», en José Ramón Villar (ed), *Iglesia, Ministerio Episcopal y Ministerio Petrino,* Rialp, Madrid 2004, pg 52.

485 Ramiro Pellitero, «La reflexión contemporánea sobre los carismas y su papel en la estructuración de la Iglesia», en José Ramón Villar (ed), *Iglesia, Ministerio Episcopal y Ministerio Petrino,* pg 55.

es él como persona: *operare sequitur esse*. De ahí que Dios pueda tolerar ciertas manchas en su instrumento, pero no la corrupción de su mensajero.

Entender la relación exacta que existe entre carisma y honestidad de vida, nos ayuda a entender mejor la relación entre carisma y eclesialidad. Pues observamos en la Escritura cómo Balaam[486] poseía un verdadero don (San Pedro le reconoce en su epístola el don de profecía[487]), y no obstante no pertenecía al Pueblo Elegido. Si la pertenencia a la Iglesia debiera ser criterio absoluto para saber si un carisma es verdadero o no, las cinco sibilas deberían ser sacadas del techo de la Capilla Sixtina. Queda claro que un carisma es verdadero o no, por sí mismo. Pero existe un modo errado de entender esta relación entre la eclesialidad y la posesión o no de un don, que es solo comparable con la errónea identificación entre santidad y veracidad de un don.

Evidentemente, según este criterio, David y Salomón no podrían haber sido instrumentos de la Palabra de Dios dada su vida moral antes, durante y después de haber sido usados para la redacción de salmos, proverbios y otros escritos inspirados[488]. Jonás mismo huye de la orden de Dios y después muestra, incluso, odio por los mismos ninivitas a los que anunció el castigo[489], y la palabra «odio» no resulta excesiva pues deseó su muerte: Pero ni su misma desobediencia a la orden de Dios (al huir), impide que Jonás sea usado como profeta. Del mismo Balaam, San Pedro reconoce su don, pues lo llama *profeta*[490], pero dice que *amó la recompensa de la iniquidad*[491].

Así pues, los obispos al discernir los casos que se les presenten, deben entender que hay una indudable insistencia bíblica en mos-

---

486 Nm 22-24. Entre otras cosas se afirma que «Elohim se llégó a Balaam» y le habló (Num 22, 9). Cosa que sucede varias veces en el relato de esos capítulos, razón por la cual hace varios vaticinios (v.g. Nm 24, 3-9 y Nm 24, 15-24).

487 Lo llama «prophetou» (2 P 2, 15-16).

488 Particularmente significativos 1 Re 2, 8; 1 Re 12, 33 y 1 Re 2. Respecto a la coexistencia del carisma y los pecados en estos reyes, véase Apéndice, nota 16.

489 «Más ello [la conversión de los ninivitas] causó a Jonás profundo disgusto y se enojó» (Jon 4, 1).

490 En Nm 22-24 se reconoce su don extraordinario. Y en 2 P 2,16 lo denomina inequívocamente «prophetou».

491 «Hos misthon adikias egapesen» (2 P 2, 15).

trarnos que un carisma extraordinario es verdadero o falso por sí mismo, sin que sea absolutamente necesario que se dé en una situación de perfecta eclesialidad y perfecta santidad.

Aplicando estos criterios por parte de la jerarquía

Si históricamente el índice de error de la jerarquía al enjuiciar los carismas de los santos ha sido elevado, peor se presenta el discernimiento respecto aquellos individuos que no ofrecen pruebas palmarias de santidad. Discernir la falsedad de un carisma exorcístico resultaría fácil si se incumpliera de forma flagrante alguno de los criterios ofrecidos anteriormente. Pero la existencia de zonas grises, que no son ni blancas, ni negras, hace que la labor resulte complicada la mayor parte de las veces. El sentido común será la mejor ayuda a la hora de discernir acerca de lo invisible. Recordando que si Dios actúa a través de hombres, lo hará ateniéndose al criterio de verosimilitud.

Es función del obispo discernir. *El carisma de discernimiento, tan importante que ha sido denominado «guardián de todos los carismas», recibió mucha atención en la Iglesia primitiva, cuando había que distinguir entre verdaderos y falsos profetas*[492]. El obispo para ejercer su labor, no requiere de ningún carisma extraordinario añadido a su función episcopal. Sería teológicamente inadecuado recusar a un prelado, basándose en esta carencia. San Pablo defendió su autoridad frente a los carismas: *Si uno cree ser profeta o estar en posesión de dones proféticos, debe reconocer que cuanto os escribo es un precepto del Señor* (1 Cor 14, 37-38). Incluso podemos adivinar un eco de esto, cuando en la Didajé, en un ambiente de florecimiento de carismas, se dice: *Los obispos, en efecto, ejercen para vosotros el mismo ministerio de los profetas y maestros. Por eso no los despreciéis, porque son ellos entre vosotros que participan del honor de los profetas y los maestros*[493].

El obispo, por su sabiduría debería ser un verdadero maestro capaz de discernir lo correcto y lo incorrecto en el campo del

492 Domenico Grasso, *Los carismas en la Iglesia: teología e historia*, pg 165.

493 *Didache* 15, 1. Giuseppe Visonà, *Didachè: insegnamento degli Apostoli*, Figlie di San Paolo, Milán 2000, pg 349.

espíritu. Pero no siempre es así. Y no solo se corre el peligro de errar en el discernimiento del carisma *per se*, sino que incluso, inconscientemente, se corre el peligro de que el obispo identifique su propio juicio con el juicio de Dios, basándose en la actuación de la gracia de estado y en que él es el garante último de la comunión en su diócesis[494].

Como escribió García Extremeño: *Si toda la Iglesia es carismática, todos sus miembros, también los ministerios institucionalizados, han de someterse al Espíritu, el cual no se identifica con la Iglesia, está sobre ella y permanece siempre soberanamente libre*[495],

Los muchos conocimientos teológicos de un obispo o de su delegado, de por sí, no aseguran la capacidad adecuada para discernir acerca de las profundidades que pueden tener los dones extraordinarios. Pues acumulación de conocimientos teológicos no es lo mismo que sabiduría. La capacidad de discernir bien es algo que tiene que ver más con una cualidad del alma del que discierne que con la mera erudición teológica. Y así, por mucha formación académica que se tenga, no será fácil ni para un obispo, ni para nadie, saber si alguien que afirma ver demonios, realmente los ve. O si un sacerdote que mueve las manos haciendo en el aire determinadas operaciones, realmente está haciendo algo relevante o aquello no sirve para nada. Son muchas las posibles manifestaciones del exorcista y sus colaboradores, ante las que no resulta fácil saber si uno se encuentra frente a lo sublime, o frente a una psicología dominada por la autosugestión.

Visto lo cual, estrictamente, la función del obispo en este tipo de casos no es necesariamente discernir por sí mismo, sino gobernar. En el cumplimiento de su misión, el obispo puede determinar una comisión de personas capaces para discernir las cosas del espíritu. Y después dictaminar según el entender de esas personas expertas en esta materia. En el caso de que no hubiera acuerdo, no se debe dictaminar, por sistema, en contra. Es necesario llegar primero a un juicio seguro. La falta de acuerdo en una comisión no es signo de que el hecho investigado resulta sospechoso. Existe

494 Sobre esta cuestión de la identificación entre juicio episcopal y juicio de la Iglesia, véase Apéndice, nota 37.

495 Claudio García Extremeño, *Eclesiología: Comunión de Vida y Misión al Mundo*, Edibesa, Madrid 1999, pg 157.

una obligación moral de llegar a un dictamen seguro antes de proceder contra alguien.

Todos los moralistas y maestros de espiritualidad son unánimes al hablar del juicio moral de una acción: *Si permanece en la duda no debe actuar. En el caso que no se sepa si una acción es buena o mala, debe abstenerse de la acción*[496]. Y así lo recuerda la Congregación para la Doctrina de la Fe: *En los casos dudosos que no amenacen en modo alguno el bien de la Iglesia, la Autoridad eclesiástica competente debe abstenerse de todo juicio y actuación directa*[497]. Y la misma Congregación añade otra razón para la abstención de juicio: *Porque puede suceder que, pasado un tiempo, se olvide el hecho presuntamente sobrenatural*[498]. Estas razones de la Congregación son todo un reconocimiento de los propios límites para discernir este tipo de fenómenos. Si no fuera así, la Congregación ordenaría: disciérnase todo hecho en todo sujeto, y con la mayor prontitud. Sin embargo, reconocer esos límites no supone ningún deshonor. Y, precisamente por ello, es preferible, suspender juicio siempre que el orden eclesial no esté en peligro.

Desde un punto de vista realista, hay que reconocer que no pocas curias diocesanas suelen, por sistema, emitir veredictos bastante negativos acerca de estos temas. Y es que cuando algunos miembros de la jerarquía, en ocasiones, ya parten de una posición bastante reacia respecto a la misma potestad ordinaria de exorcizar en el presbítero, no puede ser muy halagüeña la perspectiva de que ellos mismos disciernan la veracidad de un carisma extraordinario exorcístico.

Si muchos clérigos son muy escépticos respecto a los poderes ocultos de las fuerzas demoniacas, mucho más lo serán acerca de los carismas divinos otorgados por Dios para combatir esos mismos poderes infernales. Pero si uno, aun sin experiencia alguna, se aproxima desde la fe de la Iglesia a este campo, le tendrá que parecer lógico pensar que Dios pueda otorgar carismas

---

496 Livio Fanzaga, *El Discernimiento Espiritual*, Caparrós, 2003 Madrid, pg 116.

497 Congregación para la Doctrina de la Fe, *Normas sobre el modo de proceder en el discernimiento de presuntas apariciones y revelaciones*,25 de febrero de 1978, II, n.4.

498 Congregación para la Doctrina de la Fe, *Ibidem*, II, n.4

exorcísticos extraordinarios para combatir acciones demoniacas extraordinarias[499].

Por último, conviene recordar que *el discernimiento es cronológicamente hablando, secundario respecto a la iniciativa del Espíritu*[500]. Existe una errada comprensión de la célebre máxima *nihil sine episcopo.* Máxima de San Ignacio de Antioquía, que en sus cartas[501]tiene un sentido de comunión en la acción eclesial, pero no de identificación entre acción pastoral y obispo. Esa identificación conllevaría no solo un inevitable centralismo, sino, en último extremo, a la consideración del obispo como *radix charismatum,* que nada tiene que ver con el ministerio tal como ha sido expresado por su mismo nombre *episcopós,* supervisor, y entendido por la tradición. De ahí que no tiene sentido la equivocada idea que un carisma no es carisma hasta que lo aprueba el obispo. Tal máxima de San Ignacio sacada de contexto y tomada en su sentido más absoluto (al igual que la máxima *extra Ecclesia nulla salus*), supondría una limitación a la acción de Dios. El Espíritu Santo actúa dentro del orden eclesial, ciertamente. Pero no es el juicio jerárquico el que hace un carisma bueno. La naturaleza del carisma es buena o mala *per se.* Pero, como ya se ha dicho, con más frecuencia de la deseable, se observa una confusión en la comprensión de la nota de la eclesialidad respecto a los carismas.

La práctica del carisma: relación entre jerarquía y fieles

¿Los fieles que han recibido de Dios un carisma exorcístico, tienen derecho a ejercitarlo? La razón nos indica que sí, y así lo afirma el Concilio Vaticano II: *De la recepción de estos carismas, incluso de*

---

499 Una profundización en la confrontación entre la fe en la Iglesia como misterio estático y como misterio dinámico, a la hora de discernir lo extraordinario, puede encontrarse en Apéndice, nota 35.

500 Ramiro Pellitero, «La reflexión contemporánea sobre los carismas y su papel en la estructuración de la Iglesia», en José Ramón Villar (ed), *Iglesia, Ministerio Episcopal y Ministerio Petrino*, pg 52.

501 San Ignacio de Antioquía, *Carta a la iglesia de Filadelfia*, en Robert David Redmile, *The Apostolic Succession and the Catholic Episcopate in the Christian Episcopal*, Xulon Press, 2006, pg 19. San Ignacio de Antioquía, *Carta a la iglesia de Tralles*, en Francis Aloysius Sullivan, *From Apostles to Bishops: The Development of the Episcopacy in the Early Church*, Newman Press, Mahwah (New Jersey) 2001, pg 110.

los más sencillos, surge en cada uno de los creyentes el deber y el derecho de ejercerlos, en la Iglesia y en el mundo, con la libertad del Espíritu Santo, que sopla donde quiere (Jn 3, 8)[502]. Si no existiera este derecho, no se podría de ningún modo hablar de deber. Y si no existiera un deber de hacer lo que encarga el Espíritu Santo (y todo carisma implica un encargo), los encargos del Espíritu Santo quedarían reducidos al nivel de una opción indiferente: sería indiferente seguir o no la moción del Espíritu a ejercitar un carisma extraordinario. Ahora bien, ¿este derecho eclesial se concreta en algún derecho jurídico? Concordamos con Martínez Saez en que la respuesta es no:

> El hecho del derecho y el deber del fiel a ejercer el carisma recibido no da lugar a ningún derecho ni objetivo ni subjetivo en el *christifidelis*, que pueda reivindicar ante ninguna instancia. Pero, por esa misma razón, ningún otro christifidelis puede oponerse al ejercicio de tal carisma, a no ser que existan razones objetivas que hagan evidente su no utilidad o sus consecuencias negativas para la Iglesia[503].

Esta ausencia de juridicidad en el derecho a ejercer ese deber, se debe a que no hay forma de plasmar canónicamente un deber tan genérico. Esto es así ahora y lo será en el futuro, salvo que en el futuro se redacte un canon que sea una mera declaración de intenciones. Por lo tanto, abandonando visiones idílicas de lo que debería ser la práctica de la fe en Jesús, hay que partir del hecho de que desde los mismos comienzos del cristianismo, la relación entre carisma y jerarquía siempre ha sido una relación dificultosa. No podemos pensar ingenuamente que hubo una época ideal en la que todo fue armonía, pues incluso en un siglo como el IV en el que San Atanasio afirma: *sabemos de obispos que todavía obran signos*[504], los problemas entre carisma y jerarquía no eran peque-

---

502 Concilio Vaticano II, Decreto *Apostolicam Actuasitatem*, n.3.

503 Martínez Sáez (AA.VV),*La misión de Cristo y los fieles en el CIC*, Instituto Teológico San Ildefonso, Salamanca 2004, pg 196.

504 «En una carta escrita por Atanasio alrededor del años 354 o 355, el obispo alejandrino afirma que el carisma de obrar milagros todavía se encuentra: «sabemos de obispos que todavía obran signos»».Athanasius, *To Dracontius*, 49:9; PG 25: 533. Tomada la cita y la referencia del libro de Kilian McDonnell (AA.VV), *Christian Initiation and Baptism in the Holy Spirit: Evidence from the First Eight Centuries*, The Liturgical Press, Collegeville (Minnesota, USA) 1991, pg 224.

ños. Aquellos que vean las cautelas episcopales actuales como fruto de una corrupción de los tiempos, ciertamente desconocen todas las disensiones que trajo consigo el montanismo y sus profetas desde una época tan temprana como el año 173.

Hay que aceptar por tanto la inevitabilidad de ese tipo de tensiones entre carisma e institución, y ello por dos razones esenciales. Dos razones a las que la Iglesia tendrá que seguir dando vueltas una y otra vez, no solo en nuestra época presente, sino hasta el fin de los tiempos. Esas dos razones son:

a. **Por parte de la jerarquía**: Porque el encargo de regir, propio de los obispos, no implica que se use bien. Uno puede tener el derecho y el deber de juzgar, de organizar, de permitir o prohibir, y, sin embargo, hacerlo mal. Poseer esa capacidad no implica ejercitar adecuadamente esa capacidad.
b. **Por parte de los fieles**: Porque haber recibido un carisma no exime de la obligación de obedecer a la jerarquía. Uno puede poseer carismas extraordinarios y, al mismo tiempo, no obrar con prudencia, por ejemplo. Existen carismas ordinarios (como el poder de exorcizar en un presbítero) y otros extraordinarios (como el poder exorcístico en un laico), pero la autoridad del obispo, al prohibir algo,está por encima del derecho a ejercer un carisma, ya se trate de un laico o de clérigo, ya posea un carisma ordinario o ya se posea (o se crea poseer) uno extraordinario.

Como concluyó Martínez Saez: *La obediencia determina también la relación entre institución y carisma, en la que se constata el peligro de una absolutización y el peligro contrapuesto de una exagerada interioridad*[505]. La relación será, muchas veces, tormentosa porque el obispo tiene el deber de supervisar, y el fiel siente en su conciencia el deber de ejercitar su carisma. El obispo está convencido de obedecer a Dios al salvaguardar el orden. El carismático está convencido de obedecer a Dios, ejercitando su carisma. Recordemos que aunque el fiel no tenga ningún carisma y todo sea sugestión, siente el deber igualmente. Por el hecho de que objetivamente el fiel cristiano estuviese errado, no significa

505 Martínez Sáez (AA.VV),*La misión de Cristo y los fieles en el CIC*, pg 198.

que sentiría menos esa certeza subjetiva de que debe cumplir con su deber. Si a esto se añade que el obispo puede equivocarse en su discernimiento, nos damos cuenta de que todas las combinaciones son posibles. Y todas se han dado en la Historia.

¿Cómo puede resolverse la colisión entre el derecho del obispo y el derecho del fiel? ¿Entre el carisma episcopal y el don del fiel? La resolución de esta, digámoslo así, ecuación solo puede ser una: ambos derechos no pueden estar al mismo nivel. Si estuvieran al mismo nivel, si ninguno se pudiera superponer al otro, el orden eclesial se quebrantaría inevitablemente. La Historia de la Iglesia sería una sucesión de confrontaciones de voluntades indiferentes. Sería lícito seguir la línea episcopal, sería lícito seguir la línea carismática. Serían, meramente, dos modos lícitos de ver las cosas. En esta hipotética tesitura, correspondería al sujeto el que escogería una forma de enfocar las cosas u otra. Pero como ambas serían buenas, sería subjetivamente indiferente escoger la una o la otra. Como es lógico, eso destruiría el orden de la Iglesia, sumiéndola en una crónica suma de disensiones.

Por eso en el Derecho Canónico la desobediencia tiene un tratamiento esencialmente objetivo, sin entrar en disquisiciones subjetivas: *Debe ser castigado con una pena justa, quien desobedezca al Ordinario*[506]. Cierto que el ordenamiento jurídico de la Iglesia no debe ser concebido solo *como un orden «físico», de efectividad «cuasi-causal», de fuerza, como un orden lógico-organizador*[507]. Pero sin este aspecto objetivo que implica la subordinación de unos derechos a otros derechos, el rebaño de Cristo caería presa de mesías que progresivamente se situarían más alejados de la verdad. Harían su aparición carismas cada vez más aberrantes, cada vez más convencidos de no estar sujetos a nada ni a nadie.

Por eso, ningún carisma, por extraordinaria que sea su naturaleza, está exento de someterse a las disposiciones de aquel que ha recibido la autoridad de regir. Al mismo tiempo hay que recordar

---

506 «Debe ser castigado con una pena justa: (...) Quien desobedezca (...) al Ordinario o al Superior cuando mandan o prohiben algo legítimamente, y persiste en su desobediencia después de haber sido amonestado». CIC, canon 1371.

507 Conviene aclarar que aunque la cita es del Cardenal Rouco, él la planteaba como pregunta, no como afirmación. «¿Cómo hay que concebir el Derecho?, ¿como un orden objetivo o como un orden subjetivo?». Antonio María Rouco Varela, *Teología y Derecho*, Cristiandad, 2003, pg 111.

al poseedor de la autoridad, que el ejercicio de esa autoridad no es incondicional, no está sometido únicamente a la propia voluntad. Cuando algo se prohíbe por parte de la jerarquía, debe hacerse por razones graves y objetivas. Tener que someterse a una prohibición siempre es algo que resulta oneroso para el que recibe esa orden. Recuerde el obispo que *la tentación de la uniformidad, del monolitismo, del concordismo, es antieclesial, precisamente porque transforma la comunión en un monismo*[508]. Cattaneo, desde el Derecho Canónico, hacía las siguientes observaciones:

> La tendencia es al control y a no reconocer como legítima más que la acción promovida oficialmente.(...) Entender la catolicidad de la Iglesia particular significa, entre otras cosas, considerar al Espíritu Santo y sus dones multiformes como elementos esenciales de su vida. Según el can 369 del Código de Derecho Canónico la tarea ministerial del obispo y su presbiterio consiste en congregar la porción del pueblo de Dios «en el Espíritu Santo mediante el Evangelio y la Eucaristía». (...) De ahí que «el olvido del Espíritu Santo como principio de unidad y de diversidad, ha llevado a una concepción unitaria y uniformizadora de la vida eclesial[509].

Pero todas estas cautelas respecto al obispo, no deben hacer perder de vista que un derecho se superpone a otro. Cierto que el peligro de la concepción uniformadora exista. Pero no se piense que el error de un obispo, cuando este error se da, radica siempre en el acto de prohibir, de restringir, de no creer en la existencia de un carisma en una persona. El error jerárquico puede darse tanto por vía de exceso como de defecto. Y así un obispo puede estar convencido de que todos los supuestos carismas de los laicos de su diócesis son buenos y verdaderos, y dejarlos actuar con entera libertad, aunque le lleguen voces que le adviertan de los males que esa situación esté provocando. Esta inoperatividad de la supervisión episcopal resultaría desastrosa. La solución a la prohibición total, no es la completa inhibición de sus funciones como supervisor. Para bien o para mal, el obispo (por sí mismo o a través

508 Jean Marie Roger Tillard, «L'Église de Dieu est une communion», en *Irenikon*, vol.53 (1980), pg 457.

509 Arturo Cattaneo, «La inserción de los movimientos eclesiales en las iglesias particulares»,en *Ius Canonicum*, 38 (1998), pg 571—594.

de otros) tendrá que vigilar, discernir, encauzar, racionalizar y, a veces, prohibir.

Es útil recordar que estas cuestiones espirituales son complejas, y que el obispo deberá, a veces, reconocer con humildad que no está preparado para dar un juicio sobre algunos casos. Del mismo modo que el obispo no se siente incómodo por tener que consultar a un experto en Derecho Canónico cuando surge una duda canónica, no debe sentirse mal por consultar e, incluso, delegar cuando estas materias así lo aconsejen. Recuerde al pedir consejo que para las cuestiones verdaderamente complicadas acerca de materia mística, demoniaca, carismática y, en general, extraordinaria el más adecuado para emitir un juicio no será el más docto, sino el hombre más espiritual.

En ocasiones un simple sacerdote ascético y sin grandes estudios, o una religiosa contemplativa, podrán ser los que ofrezcan un veredicto más seguro. Las vidas de los santos nos muestran innumerables casos en los que muchos clérigos doctos se equivocaron, allí donde un humilde sacerdote de gran vida espiritual descubrió la acción de Dios con toda facilidad. No olvidemos que,con respecto al Padre Pío, allí donde el padre Agostino Gemelli,presidente de la Pontificia Academia de las Ciencias y Rector de la Universidad Católica del Sacro Cuore, se equivocó radicalmente, el sencillo sacerdote don Luigi Orione siempre lo vio claro y le ofreció un apoyo decidido[510]. En materia preternatural y sobrenatural, es la experiencia en las cosas del espíritu la que dota de sabiduría, no la lectura de libros o el trabajo en un ambiente académico.

Además, se observa en no pocos casos un entendimiento errado de lo que es la gracia de estado. Como si ésta confiriera una especie de conocimiento superior. Cuando, en realidad, el recto entendimiento de esta gracia es de otra naturaleza. Es cierto que *todas aquellas personas constituidas en algún grado de dignidad o superioridad, gozan también de la gracia de estado correspondiente*

---

510 Acerca del informe del Padre Gemelli y de la opinión de don Luigi Orione: Yves Chiron, *Padre Pio*, Figliae di San Paolo, Milán 1997, pg 153 (padre Gemelli) y pg 192 (don Luigi Orione).

para mejor cumplir las funciones anejas a su grado jerárquico[511]. O como escribió Lorda: *La tradición cristiana cree que Dios ayuda a toda función que se realiza en beneficio de la Iglesia, por eso se puede hablar de una cierta gracia de estado, en cada tarea*[512]. Pero la gracia de estado es solo una ayuda, la posibilidad de una inspiración si el individuo es receptivo a ella. Y, por supuesto, la gracia de estado no ahorra la necesidad de poner los medios humanos para alcanzar la verdad y llegar a un discernimiento justo.

Un último apunte es conveniente recordar en este apartado. Las decisiones de los actos de gobierno episcopal no deben basarse ante todo en el pragmatismo, sino en el deseo de ser fieles a la voluntad de Cristo. Citaremos a Von Balthasar: *Su unidad* [la de la comunidad] *no reside en la mera conjunción armónica de los carismas personales, en un orden intramundano autosuficiente que se basa en sí* (...), *sino que esta misma armonía tiene que ser obediente al Señor crucificado y resucitado*[513]. Si en todos los campos es necesaria esta obediencia a Cristo, más en este campo tan delicado el obispo debe esforzarse para que toda prohibición esté desprovista al máximo de cualquier subjetivismo opinable.

El fraude de ley

No es infrecuente encontrarse con obispos que creen que existe una ley que establece como preceptivo la existencia de un exorcista en cada diócesis. Sea por esta razón, sea por eludir problemas frente a una instancia vaticana que en el futuro pueda pedir explicaciones frente a una omisión, hay obispos que nombran exorcistas con la intención de cubrir las apariencias, manteniendo, al mismo tiempo, la firme voluntad de que nunca se realice ningún exorcismo[514].

Este cubrimiento de las apariencias ofrece una gran tranquilidad al Ordinario del lugar que no cree ni en la posesión demo-

511 Arturo Alonso Lobo, *Fundamento doctrinal*, 378. Cita tomada de Eugenio Zanetti, *La nozione di «laico» nel dibattito preconciliare*, Editrice Pontificia Università Gregoriana, Roma 1998, pg 278.

512 Juan Luis Lorda, *La gracia de Dios*, Palabra, Madrid 2004, pg 42.

513 Hans Urs von Balthasar, *Ensayos Teológicos*, tomo IV, pg 128.

514 Dos casos concretos de Francia y España en Arch. Pers., n.36, pg 24.

niaca, ni en el exorcismo. Pues sabe que él siempre podrá alegar que ha nombrado un exorcista y lo que sucedió, en tal o cual caso concreto, es que no se vio que ese individuo requiriera de ese ministerio. Evidentemente, esto es un fraude de ley. Se denomina fraude de ley a la acción de mala fe, cuyo fin único es quebrantar la ley, a través de un *comportamiento dirigido a eludir una disposición legal al amparo de otra disposición*[515].

En algunas diócesis, se dispone de forma premeditada que sea un determinado sacerdote el exorcista, con el fin de evitar todo exorcismo y, al mismo tiempo, cubrir las apariencias. Como en todo fraude de ley, se trata de *una acción revestida de legitimidad, en tanto no infringe ni viola ninguna regla*[516], pero a la postre constituye una disposición peor que la mera omisión. Pues, desde el punto de vista canónico, se priva al fiel de fundamento para un recurso ante una instancia superior. El Ordinario que nombrase un exorcista con la intención de que no se realicen exorcismos, uniría a la grave omisión una acción dolosa. Si un Ordinario no creyese en los exorcismos, bastaría con que diera a la Curia instrucción al respecto, afirmando con claridad su postura. Pero nombrar a alguien como exorcista con la instrucción clara de desanimar al fiel a través de un largo camino de pruebas, exámenes psiquiátricos, repetidos una y otra vez, para acabar finalmente en nuevas charlas con el exorcista, supone una acción dolosa.

Intención que se ha visto clara en algunas diócesis en los que un fiel a través de un largo ejercicio de paciencia (que no infrecuentemente dura meses) ha llegado al final del proceso, para recibir una negativa rotunda. En algún caso concreto, esto ha sido así aunque el fiel haya contado con el aval de uno de los más prestigiosos psiquiatras de la nación. Este psiquiatra reconoció (en una conferencia dada a psiquiatras) que cuando contactó él directa-

---

515 «El fraude de ley es un acto tendente a eludir una disposición legal en perjuicio del Estado o de un tercero. (...) Es el comportamiento dirigido a eludir una disposición legal al amparo de otra disposición. No hay pues una vulneración de la regla en cuestión, sino del sentido de la misma a la luz de la consecuencia final». José Antonio Pinto Fontanillo, «La desviación de poder, el fraude de ley y el abuso del derecho», en Ángel Sánchez de la Torre (ed), *Raíces de lo ilícito y razones de licitud*, Dykinson, Madrid 2005, pg 54.

516 José Antonio Pinto Fontanillo, «La desviación de poder, el fraude de ley y el abuso del derecho», Ángel Sánchez de la Torre (ed), *Raíces de lo ilícito y razones de licitud*, pg 53.

mente con los altos cargos del arzobispado, se encontró con que sencillamente *no había voluntad de realizar el exorcismo*[517].

No hay lugar a dudas que la voluntad del legislador en el Derecho Canónico era poner orden, no que su ley sirviera para prohibir de forma absoluta el exorcismo. Eso nunca fue pretendido por la mente del legislador. Poner orden en el hecho, no prohibir el hecho. Tal voluntad de prohibición universal resultaría de carácter directamente antievangélico. Una ley acerca de cómo regular una acción, si es usada para prohibir de forma total y con carácter general esa misma acción, supone un uso de la ley contra el espíritu de la ley.

Este tipo de fraude de ley no tiene fácil solución a nivel canónico. Pues la raíz del problema se halla en una disposición premeditadamente hecha a mala fe: una disposición que busca lo contrario de lo que en apariencia pretende. Está claro que ninguna regulación legislativa podrá evitar la simulación en este campo. Regulación, además, que caería en una casuística inacabable. Viendo las cosas de un modo realista la única vía de solución para el fiel cristiano es apelar al nuncio del país, y que este compruebe (amparado por indicios) si hay un verdadero ministerio o una ficción de este[518].

Hay que hacer notar acerca de la gravedad del fraude de ley, que este tipo de acción es contemplada en el Código de Derecho Canónico una sola vez, al hablar de los letrados eclesiásticos, y que el canon advierte que el abogado que lo cometa *puede ser suspendido de su oficio*[519]. Y eso que negar un exorcismo, a quien tiene derecho a ello, es un acto más grave (pues sus consecuencias son peores), que simplemente sustraer causas a los tribunales competentes como es el tema regulado en el canon que menciona el fraude de ley[520].

---

517 Arch. Pers., n.74, pg 44.

518 Un caso de apelación al nuncio y resultado favorable en el año 2005 en España, en Arch. Pers., n.37, pg 25.

519 CIC, canon 1488, § 1.

520 «Los abogados que, con fraude de ley, sustraen causas a los tribunales competentes para que sean sentenciadas por otros de modo más favorable». CIC, canon 1488, § 2.

El primer problema que se plantea, con cierta frecuencia, es que algún que otro sacerdote afirma que lo que se prohíbe en el *Código de Derecho Canónigo* es usar el ritual, pero que no hay nada escrito acerca de exorcizar a alguien sin usar el ritual. Sin embargo, el Código para nada habla del ritual, y menos usa términos tales como *exorcismo solemne* o *exorcismo público* que podrían dar lugar a una cierta multiplicidad de interpretaciones. El canon reza así: *Sin licencia peculiar y expresa del Ordinario del lugar, nadie puede realizar legítimamente exorcismos sobre los posesos*[521]. Por lo tanto, lo que prohíbe la ley es el exorcismo, añadiendo después *sobre los posesos* (in obsessos[522]), especificación que se hace para dejar claro que no se está refiriendo con este canon al exorcismo bautismal de infantes o al de los catecúmenos, tal como aparecen en sus rituales respectivos. Por tanto, hay que tener claro que un sacerdote no puede exorcizar a un vejado por el demonio. El canon para nada habla del uso o no de un ritual, sino de la acción: *realizar exorcismos sobre los posesos.*

Y no solo eso, sino que la palabra «obsessus» tiene un sentido más amplio que la que se le ha dado en la traducción española del Código de Derecho Canónico. En la traducción autorizada de la Edición Típica del *Código de Derecho Canónico* ha vertido esa palabra como *poseído.* Lo cual no es incorrecto, pero sería más adecuado que «obsessus» se tradujera como «vejado por el demonio». Del latín «obsidere», que significa *sitiar, cercar, asediar.* No todos los asediados (de forma extraordinaria) por el demonio están poseídos por él. Con lo cual, el canon no solo prohíbe los exorcismos sobre los posesos, sino toda persona vejada por el demonio. El canon, por tanto, no prohíbe que el sacerdote haga una bendición sobre esa persona.

Algunos presbíteros se consideran legitimados a realizar un exorcismo por haber pedido el permiso para realizarlo sobre

521 «Nemo exorcismos in obsessos proferre legitime potest, nisi ab Ordinario loci peculiarem et expressam licentiam obtinuerit», CIC, can. 1172, § 1.

522 La traducción de este término de un modo o de otro, tiene consecuencias concretas sobre los grupos de oración de liberación. Por eso, acerca de esta palabra véase el Apéndice, nota 17.

un caso urgente y haber recibido por respuesta el silencio de su obispo. Esto es un error, pues, en la legislación canónica, el silencio de la autoridad se entiende como respuesta negativa[523].

Otro problema que se puede plantear, es que la razón profunda por la que un sacerdote desobedece es que no quiere renunciar a un ministerio que le gusta. Incluso, en ocasiones, hay razones menos rectas todavía que explican esa incapacidad para renunciar: búsqueda de la notoriedad, gusto por lo extraordinario, aparición en medios de comunicación, e incluso sentimientos antijerárquicos. Careciendo de una sana eclesiología, resulta arduo obedecer cuando se está convencido de que la jerarquía se ha corrompido, de que la Iglesia—institución ha traicionado el Evangelio, de que no puedo dejar de luchar contra Satanás por obedecer a un obispo el cual está en las manos del demonio tal como me ha dicho el mismo demonio cuando le exorcicé, etc.

Unas veces, la desobediencia en este campo se debe a razones personales torcidas, en muchos casos subconscientes, pues el presbítero está convencido de obrar por razones más nobles. Y en otros casos la desobediencia se debe a una eclesiología errónea, no pocas veces mal aprendida en el seminario, con afirmaciones del siguiente tenor: los obispos no poseen realmente una autoridad sobre los presbíteros, la relación entre el sacerdote y su prelado debe ser de amistad y solo de amistad, el Derecho Canónico no obliga en conciencia. Enseñanzas similares tienen consecuencias directas en el ministerio del exorcismo, cuando surgen los conflictos.

En la correspondencia con un sacerdote norteamericano, que exorcizó sin nombramiento, hallamos estos razonamientos: *Incluso la Iglesia afirma en su doctrina moral que cada uno está obligado a obedecer a su conciencia por encima de toda otra razón.* (...) *La conciencia es la más alta autoridad por encima de toda ley*

523 CIC, canon 57, § 1 y 2: «Cuando la ley prescribe que se emita un decreto, o cuando el interesado presenta legítimamente una petición o recurso para obtener un decreto, la autoridad competente debe proveer dentro de los tres meses que siguen a la recepción de la petición o del recurso, a no ser que la ley prescriba otro plazo. Transcurrido este plazo, si el decreto aún no ha sido emitido, se presume la respuesta negativa a efectos de la proposición de un posterior recurso».

moral porque es el reino de lo divino[524]. Exactamente lo mismo que escribiría el sacerdote anglicano Michael Lapsley respecto a la obediencia a su obispo (anglicano): *Mi postura era de que la más alta obediencia era a Dios tal como era revelada en mi propia consciencia*[525].

En las denominaciones cristianas carentes de sucesión apostólica, la autoridad de un superior jerárquico normalmente vale lo que vale su autoridad personal. Esto se debe al modo tan anti-instituicional en que se suelen entender los planteamientos de la *Sola Scriptura*. Pero en las iglesias con sucesión apostólica, creemos que existe un poder de atar y desatar que ha pervivido. Para eximirse de la autoridad del obispo, uno debe fundamentar la desobediencia en razones tales como las esbozadas en el siglo X por el monje oriental *Simeón* [el Nuevo Teólogo], el cual *no niega que el poder de atar y desatar haya pasado de Cristo a los apóstoles, de los apóstoles a los obispos y a los sacerdotes, sino que afirma que estos tales ya no pueden ejercitarlo, a causa de su decadencia moral*[526].

Pero, en definitiva, sea cual sea la razón para eximirse de la obediencia, al final se trata de un errado modo de entender qué es lo que supone el vínculo de sometimiento a la autoridad episcopal. Hoy día se pueden encontrar muchas complejas definiciones acerca de la obediencia, que pretenden ofrecer una visión más «actualizada» de ella. Pero la promesa que hemos realizado tanto los clérigos seculares al ser ordenados, como los religiosos al profesar, es de obediencia. Si en el Diccionario de la Real Academia de la Lengua miramos la voz «obediencia», veremos que nos refiere a «obedecer» que significa: *cumplir la voluntad de quien manda*[527]. A su vez la voz «cumplir» significa: *ejecutar, llevar a efecto*. Obsérvese que en tal definición no se habla de la caridad, de la mayor o menor santidad del superior, o de otras condiciones. Lo que se ha prometido en la ordenación es obedecer. Bien es

---

524 *Correspondencia con el autor de esta obra*, 11 de noviembre de 2011. Arch. Pers., n. 32, pg 23.

525 Michael Lapsley, *Redeeming the Past: My Journey from Freedom Fighter to Healer*, Orbis Books, Maryknoll 2012, pg 87.

526 Yannis Spiteris, Eclesiología *ortodoxa: temas confrontados entre Oriente y Occidente*, Secretariado Trinitario, Salamanca 2004, pg 80.

527 Real Academia de la Lengua Española, *Diccionario de la Lengua Española*, 22ª edición, voz «obedecer».

cierto que la obediencia a la que obliga el canon 273[528] del Código de Derecho Canónico es la obediencia canónica:*La obediencia canónica está restringida a esas materias que están prescritas por la ley canónica. Esto está determinado por el estado clerical y el oficio, por un lado, y por la extensión de la jurisdicción episcopal, por el otro*[529].

La desobediencia que nace de motivos personales torcidos, de sentimientos antijerárquicos o de una eclesiología errónea, resulta fácil de resolver a nivel teórico. Aquí no vamos a emplear ningún espacio a repetir una doctrina que para encontrarla tan solo basta remitirse, por ejemplo, a la relación carisma—jerarquía presente en el Nuevo Testamento, o a la Tradición constante reflejada en textos primitivos patrísticos y en pronunciamientos magisteriales. Aunque este tipo de problemas, fáciles de resolver a nivel teórico, suelen ser de muy difícil resolución a nivel práctico, pues no es la teología sino lo personal lo que juega un papel determinante en estas situaciones.

Muy distinto es el caso del sacerdote obediente, piadoso, de gran vida espiritual que se plantea la cuestión no por un motivo torcido, sino como una cuestión de conciencia, que a veces puede llegar a ser muy atormentadora y que en sus líneas generales no infrecuentemente son las siguientes:

a. Aparece un caso cierto de posesión. Un caso acerca del cual, al sacerdote no le cabe duda alguna.
b. El sacerdote lo pone en conocimiento del obispo.
c. El obispo manifiesta abiertamente su posición contraria a la misma existencia de la posesión en general, y se niega de forma rotunda incluso a examinar el caso.
d. Se apela a una instancia extradiocesana (nunciatura, congregación romana) y no se recibe ninguna ayuda.
e. El sacerdote está convencido de que existe un peligro para la vida del poseso. Sea ésta o no una realidad objetiva, subjetivamente lo percibe así.

528 CIC, can 273: «Los clérigos tienen especial obligación de mostrar respeto y obediencia al Sumo Pontífice y a su Ordinario propio».

529 Richard G. Cunningham, «Sacred Ministers or Clerics», en John P. Beal (ed), *New commentary on the Code of Canon Law*, Paulist Press, Mahwah (NJ, USA) 2000, pg 346.

f. No hay posibilidad de viajar a ver otro exorcista. Bien porque la distancia que hay que recorrer,está más allá de lo razonable. Bien porque se trate de un anciano al que no se le puede trasladar con facilidad, o por otras razones.

Una vez expuestas todas las condiciones de un caso de conciencia en el que el presbítero y el poseso han hecho todo lo que podían hacer por la vía institucional, sin obtener resultado alguno, el presbítero se pregunta qué puede hacer. En situaciones así, nos encontramos con que el sacerdote, al llegar al final del camino, se pregunta si no sería lícito usar un poder que está en su mano ante una grave necesidad. La otra cuestión que debemos determinar en este escrito, es si dentro del ordenamiento canónico se puede hacer algo en un caso circunscrito por las citadas circunstancias. Vamos a intentar responder a estas dos cuestiones: la cuestión de si se puede quebrantar la ley, y la de si se puede hacer algo dentro de la ley una vez agotadas las vías de recurso a instancias superiores.

La vía intermedia

El canon 1172 prohíbe exorcizar sobre personas con influencias demoniacas, esto implica que lo que se prohíbe es el exorcismo, sea este ritual o no, pero no prohíbe orar por la persona u orar con la persona. Es decir, el canon no prohíbe orar sin exorcizar. Ninguna ley rezar en compañía de esa persona el rosario, el via crucis, salmos, etc. El poder de Dios no está atado a los rituales ni a las fórmulas. Cuando todos los caminos están cerrados, Dios puede liberar a alguien sin necesidad de realizar ningún exorcismo, realizando únicamente oración de súplica. En la oración de súplica, ni siquiera es necesario mencionar la necesidad específica que padece ese sujeto, Dios ya la conoce.

En un caso como el antes mencionado, en el que todos los caminos estén cerrados, el párroco le puede decir al sujeto que van a reunirse una vez a la semana a orar, mejor junto con la familia del poseso, todos juntos. Y una vez reunidos se puede rezar el rosario, leer salmos, cantar canciones religiosas, hacer novenas, recitar las letanías de los santos, etc. Con eso, y únicamente con eso, puede bastar para que alguien quede liberado de cualquier posesión por fuerte que ésta sea. Pues repitiendo la tradicional máxima de que *Dios no está atado a los sacramentos*[530], menos lo estará a la realización ritual de los sacramentales. Los sacramentos *producen ex opere operato la gracia que Cristo Salvador ha querido ligar a ellos*[531]. Pero el que Dios haya querido ligar unos efectos a unos medios concretos, no significa que Dios haya querido ligar su acción únicamente a esos medios. Exactamente lo mismo es válido para los sacramentales.

Nos encontramos con una gradación para lograr cualquier efecto espiritual de Dios: el sacramento, el sacramental, la oración. Y aunque el sacramento es por sí mismo más noble que el sacramental, se puede lograr algo (como la liberación de un poseso) a través de un sacramental y no de un sacramento (que en sí mismo es más noble). Es cierto que el sacramento *per se* es un acto sagrado más excelso, pero aunque alguien pueda liberarse del demonio a través de la recepción de la Eucaristía, lo cierto es que ese no es el fin propio de ese sacramento y sí que lo es del sacramental del exorcismo. Por otra parte, Dios puede no conceder la liberación de alguien a través de la recepción continuada de un sacramental, y un buen día por la sola voluntad del Altísimo, Dios puede conceder la liberación en una sencilla reunión de oración.

Si uno va a ayudar a un miembro de una familia a través de mera y simple oración, conviene que el sacerdote deje claro desde el principio que solo están reunidos para orar por las necesidades de esa persona, pero que no van a realizar exorcismo alguno. Siempre es completamente aconsejable que de forma expresa se deje claro ante los familiares cuál es la naturaleza de esa reunión de oración, y que no tiene un carácter exorcístico.

Si ante las oraciones, canciones o lecturas, el poseso mostrara reacciones (gritos, furia, agitación violenta), los presentes seguirán con sus oraciones no prestando atención a tales reacciones. Si fuera necesario sujetarle, se le sujetará. Pero todos proseguirán sus oraciones sin preguntar cosa alguna al demonio, sin darle

---

530 «Deus (...) cuius potentia sacramentis visibilibus non alligatur». SANTO TOMÁS DE AQUINO, *Summa Theologiae*, pars III, quaest. 68, art.2

531 *Código de Derecho Canónico*, Consejo Episcopal Latinoamericano del CELAM, Eunsa, Pamplona 2002, nota al canon 1166, pg 758.

órdenes, sin dirigirse al demonio para nada. Se seguirá de esta manera, semana tras semana, hasta producirse la liberación.

A este modo de proceder lo denominaremos en esta obra *vía intermedia*. Llamándola así no porque sea una especie de exorcismo menor, sino porque se trata de algo intermedio entre el hacer exorcismo y el no hacer nada. Al mismo tiempo el que obra así no está haciendo algo intermedio entre la obediencia y la desobediencia, sino que no desobedece ni a ninguna ley canónica, ni a ningún precepto del obispo. Y eso aunque esté haciendo algo que le constase que no es del agrado de su obispo. Hacer algo que no es del agrado del obispo, no es desobedecer.

Si este proceder llegara a oídos del Ordinario e inquiriera qué está sucediendo, se le dirá que se reúnen a orar semanalmente con la familia, sin omitir en las explicaciones ninguna información que el Ordinario requiera. Nada habrá que ocultar, pues nada se hace que resulte ilícito, se trata tan solo de un sacerdote orando con una familia. En el caso verdaderamente improbable de que se produjera una prohibición incluso de estas oraciones por parte del Ordinario, el sacerdote podrá solicitar que la prohibición le sea comunicada por escrito[532]. Y posteriormente el sacerdote tendrá derecho a remitirla a la Congregación del Clero, poniendo en antecedentes a la Congregación en la misma carta de todo aquello que ha precedido a esa prohibición.

Pero en tanto en cuanto no le llegue la carta con la prohibición del Ordinario (carta que, insistimos, el sacerdote debe haber dejado claro que la solicita[533]), el sacerdote podrá continuar con sus oraciones con esa familia. Pues canónicamente se tiene derecho a pedir que las prohibiciones sean dadas por escrito, y a no darse por enterado hasta la recepción de esa orden escrita. O por usar términos canónicos, la prohibición no surte efecto hasta el momento en que *haya sido intimado mediante documento legítimo, conforme a*

532 CIC, canon 37: «El acto administrativo que afecta al fuero externo debe consignarse por escrito; igualmente su acto de ejecución, si se realiza en forma comisoria».CIC, canon 51: «El decreto ha de darse por escrito y, si se trata de una decisión, haciendo constar los motivos, al menos sumariamente».

533 En un caso así, debe manifestarse que se exige la carta, porque si no el Ordinario podría pensar que el sacerdote le va a obedecer. Sería moralmente ilícito por parte del sacerdote no obedecer por el hecho de no haber dado la orden con las formalidades canónicas, y no manifestar al mismo tiempo que se exije ese documento escrito.

derecho[534]. Haya dicho lo que haya dicho de palabra el Ordinario, las oraciones podrán continuar hasta ese momento en que se le notifique de forma oficial, pues no será extraño que el Ordinario, finalmente, nunca llegue a redactar la carta que le ha pedido su presbítero. Es lógico que se sienta una cierta aprehensión a poner sobre el papel de un modo oficial, algo que posteriormente pueda ser usado de modo formal en un recurso ante la Santa Sede.

Si un obispo prohibiera a un sacerdote el mero hecho de orar junto a una familia, el obispo debería poseer razones objetivas y graves para emitir tal prohibición. Ya que orar, tanto a solas como en grupo, es un derecho. La prohibición de tal derecho y el recurso a la Congregación del Clero podrían provocar el que, si la Santa Sede lo considera justo, se imponga la retractación de forma oficial de la orden injusta. Mientras tanto, habría que obedecer la orden expresa del obispo.

La vía intermedia aquí expuesta no supone ni un exorcismo ni la oración de liberación, puesto que no vamos a pedir a Dios que libere a esa persona de ningún influjo demoniaco. La familia se reúne únicamente para rezar plegarias normales, en las que para nada se menciona ningún influjo demoniaco. Esta oración del sacerdote con la familia no presupone *per se* juicio alguno acerca del estado del individuo allí presente. Por otra parte, esa reunión familiar deberá tener un carácter excepcional y privado. Si un sacerdote comenzara a recibir casos y más casos (ya sea en la iglesia o en sus casas, ya fuera uno a uno, o formando un grupo), entonces sí que estaríamos hablando de un verdadero ministerio público. Ministerio que hay que realizar en unión con el obispo. Pues como recordó la Congregación para la Doctrina de la Fe:

> El ministerio del exorcistado debe ser ejercitado en estrecha dependencia del Obispo diocesano, y de acuerdo con el can. 1172, la Carta de la Congregación para la Doctrina de la Fe del 29 de septiembre de 1985 y el *Rituale Romanum*[535].

---

534 CIC, canon 54 § 2: «Para que pueda exigirse el cumplimiento de un decreto singular, se requiere que haya sido intimado mediante documento legítimo, conforme a derecho».

535 Congregación para la Doctrina de la Fe, *Instrucción sobre las oraciones para obtener de Dios la curación,* 14 de septiembre de 2000, artículo 8 § 1.

Obligación que todavía resulta eclesialmente más imperiosa en el caso de que esas oraciones espontáneas no se realizaran de forma privada, sino de un modo público, aunque tuvieran lugar en un domicilio particular.

Hay una diferencia radical entre un hecho excepcional con todas circunstancias antes descritas (y que se acoge a la vida intermedia) y un ministerio de liberación, aun realizado este de un modo modesto. Este tipo de distinciones son necesarias, pues no es lo mismo el caso de conciencia de un sacerdote atormentado por una situación concreta que ha surgido, y el caso de un sacerdote que desea ejercer este ministerio habitualmente con la bendición o no de su obispo. Este segundo tipo de sacerdotes suelen buscar todos los resquicios para ejercer una función que no les ha sido encomendada.

Existe una diferencia clara entre la vía intermedia y la oración de liberación. El n. 3 de la *Instrucción sobre el Exorcismo* de la Congregación para la Doctrina de la Fe dice:

> Por fin, por las mismas razones, los Sres. Obispos son solicitados a velar para que —aún en los casos que parezcan revelar algún influjo del diablo, con exclusión de la auténtica posesión diabólica— personas no debidamente autorizadas no orienten reuniones en las cuales se hagan oraciones para obtener la expulsión del demonio, oraciones que directamente interpelen los demonios o manifiesten el anhelo de conocer la identidad de los mismos[536].

Lo cual nos indica que, con toda razón, son tres los elementos a los que se debe prestar atención según la Congregación para la Doctrina de la Fe:

a. Que las personas estén debidamente autorizadas
b. Que la reunión esté orientada a obtener la expulsión del demonio
c. Que las oraciones directamente interpelen a los demonios o se les hagan preguntas

El sacerdote que realiza la oración constreñido en la vía intermedia, debe evitar totalmente lo que la Congregación prohíbe en

536 Congregación para la Doctrina de la Fe, *Instrucción sobre el Exorcismo,*29 de septiembre de 1985, n.3.

la oración de liberación. Debe dejar claro a la familia que están reunidos no para hacer un exorcismo, sino para pedir ayuda al Señor, sea cual sea el tipo de ayuda que necesite; sin necesidad de explicitar en las oraciones nada demoniaco. Habiéndose reunido para orar, no se requiere autorización de nadie.

Como se ve, existen diferencias sustanciales entre la vía intermedia y la oración de liberación en el modo de hacerlas. Existen diferencias sustanciales tanto *in modo* como *ecclesialiter*. Eclesialmente hablando son dos realidades completamente distintas. La vía intermedia es una forma de resolver un problema de conciencia en una situación muy concreta. La oración de liberación es un ministerio que posee repercusiones eclesiales, aunque se realice en domicilios particulares. La vía intermedia acaba en sí misma, empieza y acaba en el caso que ha surgido. La oración de liberación posee una tendencia ínsita a ejercerse como un ministerio continuado que se expande entre la gente que oye hablar de él. Por eso, tanto eclesialmente como en sí mismas consideradas, son dos formas distintas de abordar una misma cuestión.

Conviene dejar constancia de que en distintas diócesis no pocos sacerdotes fieles y celosos, cuando se plantean estas situaciones y el obispo les sugiere que se olviden del asunto sin ofrecer ninguna solución, los sacerdotes rechazan no solo el orar por estos fieles sino aun recibirlos de nuevo. Esta actitud resulta especialmente patente con ciertas espiritualidades concretas que insisten mucho en la obediencia. Los fieles van a ellos precisamente por observar que se trata de presbíteros píos. Y se sorprenden de que tras la consulta al obispo, les cierren enteramente las puertas de cualquier tipo de ayuda. Esta respuesta no es correcta e implica una cierta visión farisaica de la Iglesia. El fiel no encuentra en ellos una imagen de Cristo Buen Pastor, sino un ministro que antepone el cumplimiento de los deseos del obispo por encima de los gritos de la conciencia. Obsérvese que no estamos diciendo que el sacerdote tenga que desobedecer al obispo. Pero una cosa es la desobediencia, y otra actuar cruelmente con el fiel únicamente por atender a los deseos episcopales. Ni se debe desobedecer con la excusa de la caridad ni con la excusa de la obediencia se debe dar un portazo en el rostro del fiel que pide ayuda.

> Junto con «evitar el mal», ha de estar preocupado por «llevar a cabo el bien». En este sentido, la moral cristiana no es tanto una moral «negativa del evitar», cuanto una moral «activa del actuar»[537].

Si el obispo ordena algo, hay que obedecerle. Pero si el obispo solo ha manifestado un deseo y su voluntad de no hacer nada, no siempre seguir un deseo del obispo, será hacer la voluntad de Dios. Aquí las palabras de Von Balthasar cuando escribió que la obediencia intraeclesial *no es huida de la responsabilidad hacia el proteccionismo de la pura ejecución de mandatos*[538].

En una obra como ésta, en la que tan machaconamente se ha insistido en la sacralidad de los vínculos de obediencia, en la necesidad de someterse al ordenamiento jurídico, al mismo tiempo hay que recordar que *el Derecho Canónico ha de servir a la caridad de la cual es función; de tal modo que fuera de una ordenación a la caridad, el Derecho Canónico como tal no existe*[539]. Querer aferrarse a la manifestación de un deseo episcopal, para dar la espalda a alguien, es una apariencia de obediencia. Es tomar la obediencia como excusa. Supone querer anestesiar la conciencia con la excusa de la ley. Cuando, en realidad, *el valor supremo al que debe someterse la ley como su fin es la caridad entendida en toda su amplitud y que es la que realmente hace que una conciencia sea virtuosa*[540]. Si antes hablábamos de fraude de ley, en estos casos podríamos hablar de fraude de conciencia.

Las tendencias antijuridicistas que vienen de los años 70, han hecho que tengamos que defender repetidamente la bondad del mismo concepto de ordenamiento canónico en la Iglesia. Esa defensa ha provocado que no prestemos tanta atención al hecho de que también se puede desobedecer a Dios sin salirnos del camino marcado por la obediencia a la ley. Como decía Arza: *Una ley que solo pretenda la realización del orden jurídico y, al mismo*

---

537 Aurelio Fernández, *Teología Moral: Curso Fundamental de la Moral Católica*, Palabra, Madrid 2010, pg 88.

538 Hans Urs von Balthasar, *Ensayos Teológicos*, tomo IV, pg 125.

539 Valentín Ramallo, *El Derecho y el misterio de la Iglesia*, Università Gregoriana Editrice, Roma 1972, pg 377.

540 Antonio Arza, «Derecho Penal en la Iglesia», en Wilhem Bertrams (AA.VV), *Investigationes Theologico-canonicae*, Universita Gregoriana Editrice, Roma 1978, pg 26.

tiempo, no busca la realización de la caridad, sería un obstáculo a la misma, una contradicción con la naturaleza del Derecho Canónico[541]. Repetimos que la vía intermedia no es una vía intermedia entre la obediencia y la desobediencia, sino entre el hacer el exorcismo y no hacer nada. La vía intermedia, en muchos casos, no será una posibilidad, sino que constituirá un verdadero deber de conciencia para el pastor.

Como se observa, frente al caso extremo de conciencia antes planteado la respuesta taxativa de unos es: la vía jerárquica y solo la vía jerárquica. La respuesta tajante de otros es: la caridad y solo la caridad. Para unos la mera voluntad del obispo, manifestada como mero deseo, está por encima de todo. Para los otros, la caridad está por encima de la ley. La vía intermedia también corre por en medio de tal dicotomía, sin faltar ni a la obediencia ni a la caridad. Sin menospreciar ni a la jerarquía (la cual existe por voluntad de Dios), pero sin menospreciar a Dios (que está por encima de la jerarquía). Creemos haber mostrado cómo hay una vía intermedia que puede resolver este tipo de situaciones aparentemente sin salida, una vía que satisface las necesidades de la ley y las de la caridad, una vía acorde con la obediencia a Dios y al obispo.

Aunque, canónicamente hablando, insistimos en que si el obispo prohibiera acciones comprendidas en esta vía intermedia, habría que obedecer. Desde luego será algo muy improbable, pero la potestad de gobierno sobre actos externos está por encima de cualquier opinión personal acerca de esos actos externos. Está por encima, pero queda el derecho a recurrir ante la autoridad competente, en este caso las congregaciones romanas.

Los comentaristas canónicos son unánimes en considerar que la autoridad episcopal no abarca todos los campos: *Las áreas que no están directamente conectadas con el gobierno de la diócesis, no se hallan inherentemente dentro del ámbito de la jurisdicción episcopal*[542].Es cierto que *los asuntos privados no están sujetos a la dirección episcopal*[543], pero también es cierto que el rezo por este

541 Antonio Arza, «Derecho Penal en la Iglesia», en Wilhem Bertrams (AA.VV), *Investigationes Theologico-canonicae*, pg 26.

542 Richard G. Cunningham, «Sacred Ministers or Clerics», en John P. Beal (ed), *New commentary on the Code of Canon Law*, pg 346.

543 Richard G. Cunningham, «Sacred Ministers or Clerics», en John P. Beal, *Ibidem*, pg 346.

tipo de personas, aunque sea en sus casas, no se puede considerar un asunto personal, sino una actividad ministerial. De la cual debe juzgar el obispo y a la que hay que someterse, quedando el derecho al recurso. Repitiendo, de nuevo, que, contrariamente a lo que creen algunos, el recurso no suspende la validez de la prohibición[544]. Y, por supuesto, esta vía intermedia no ampararía la situación de un sacerdote que va de casa en casa, orando por un número creciente de casos. El que el hecho sucediera en un ámbito privado, el hogar de una familia, no significa que no estuviéramos ante un verdadero ministerio, no encomendado por el obispo. Ante esa situación, el obispo tendría pleno derecho en su labor de supervisar a tomar las decisiones que creyera convenientes.

Creemos que queda patente la diferencia entre un caso de conciencia al que un pastor quiere ayudar, y un verdadero ministerio ejercido sin encargo de la autoridad, aunque sea realizado a través de oraciones privadas.

Casos de conciencia

Hemos analizado hasta ahora qué hacer en un caso extremo perfecto: grave necesidad del poseso, negativa episcopal a examinar el caso, agotamiento de la vía de los recursos. Pero hasta ahora ha quedado sin resolver la cuestión moral de si es lícito el exorcismo en esta situación. ¿Un caso extremo perfecto justificaría moralmente pasar por encima del camino jurídico del canon?[545]

Hemos preferido dejar para este momento la respuesta, y antes exponer cuál es la solución a la situación descrita. Lo hemos hecho, para que se vea que la alternativa no es exorcismo/no-exorcismo,

---

544 Para iluminar esto, véase en Apéndice, nota 18. La doctrina canónica que se aplicaría en el caso de recurso ante la cesación del oficio de exorcista es la de CIC, canon 143, § 2. En la misma nota del Apéndice, aparece el comentario al decreto de la Signatura Apostólica en el caso de un Superior General cesado que intentó no obedecer un decreto, mientras no se resolviera su recurso ante la Signatura. Supremo Tribunal de la Signatura Apostolica, Prot. n. 41422/08 CA, 18 de junio de 2009.

545 Este tipo de casos de ningún modo son infrecuentes. Solo en España en el año 2012, tenemos constancia de dos transgresiones a la obediencia acerca de este ministerio por parte de presbíteros «en razón de la necesidad», como argumentó uno de ellos. Arch.Per., n.75, pg 44.

obediencia/desobediencia. Como se ha expuesto previamente, hay una vía dentro de la obediencia, una forma para lograr de Dios la obtención de la liberación sin recurrir al exorcismo. Lo cual nos aporta mayor serenidad ahora para afrontar la respuesta al conflicto de conciencia planteado.

El drama subjetivo

La cuestión, por tanto, de modo objetivo ya no es elegir entre ser culpable ante Dios por omisión o ante el obispo por desobediencia. Gracias a la vía intermedia, el sacerdote no tiene que escoger entre someterse y que alguien muera, o no someterse y que alguien viva. Pero cierto es que, sin conocer esa posibilidad de la vía intermedia, la encrucijada es percibida subjetivamente en los casos más extremos como algo atormentador que oprime su conciencia al máximo. Pues el sacerdote entiende que su omisión constituiría un pecado grave. No hace falta insistir en que en el plano objetivo no existe omisión culpable en estos casos. Pues como dice Santo Tomás de Aquino: *La omisión no tiene otro objeto sino el bien debido, al que uno está obligado*[546]. De manera que, cuando uno recibe de forma expresa la orden de dejar de hacer un acto de caridad, la caridad no está por encima de la obediencia.

Sirva como ejemplo de estas situaciones el caso de un sacerdote secular norteamericano recién ordenado, de mentalidad y tendencia tradicional, y que, a causa de comenzar un proceso de ayuda a un caso de posesión, entró en el conflicto de conciencia descrito, y en el plazo de dos años terminó por abandonar el ejercicio del sacerdocio. Dejando el sacerdocio, acabó por buscar ayuda para la persona en cuestión en el seno de distintas confesiones protestantes. Este sacerdote resolvió las tensiones internas producidas por esta situación, rompiendo con la obediencia y dando rienda suelta a todo tipo de pensamientos contra el episcopado. Proceso cuya evolución se observa en unalarga serie de cartas, que van de su época en que era fiel a la Iglesia a su estado ya consumado de

546 *Summa Theologica*, pars II-II quaest. 79, art.3 ad 2.

ruptura eclesial[547]. Sus cartas van procediendo desde la petición de ayuda, pasando a una creciente crítica a la jerarquía, decantándose poco a poco hacia el desencanto respecto a la Iglesia como un todo y, finalmente, al rechazo formal de la entera institución.

Esas cartas nos muestran cómo, una vez que se ha decidido romper con la obediencia canónica, el único modo en que se pueden superar las barreras teológicas que impone la estructura dogmática de la Iglesia, es imponerse a sí mismo la seguridad de que existe una corrupción jerárquica integral que justifica la ruptura de la comunión. Como escribió Von Balthasar: *La hora de la prueba (...) para los cristianos, puede presentarse un día como prueba de ruptura de la obediencia a la Iglesia*[548].Y así percibió en su alma este sacerdote norteamericano el conflicto. Y, al final, tanto él como otros sacerdotes llegan a un estado mental de ruptura con lo que ellos consideran mera organización. Se arriva a una conclusión, como la expresada con violencia verbal por Ojea cuando escribió: *en la Iglesia romana la organización devoró el mensaje cristiano*[549].

Intelectualmente se recorre paulatinamente este camino teológico como un modo subconsciente de recuperar la paz psicológica. Se pasa de considerar el exorcismo como una de las grandes expresiones de la mediación de la Iglesia, a considerar que el único camino adecuado es la relación directa con Dios con exclusión positiva de toda mediación eclesial. Se pasa de creer el exorcismo como la gran prueba de la verdad del poder espiritual que se transmite en la Iglesia, a considerar a la Iglesia como el obstáculo para el ejercicio del poder subyacente en el mensaje cristiano.

Y cierto es que puede suceder (y ha sucedido) que un obispo pudiera prohibir incluso la solución intermedia y hacerlo de malos modos, enfadado y humillando al sacerdote. Estas situaciones siempre conllevan un verdadero tormento pues, en estos casos extremos, se plantea la gran dificultad que expresó Von Balthasar al escribir sobre la obediencia: *¿Cómo puede una voluntad humana individual representar, ni siquiera de lejos, la volun-*

547 Cf. Arch.Per., n.1-6, pg 3-7.

548 Hans Urs von Balthasar, *Pneuma e institución*, Encuentro, Madrid 2008, pg 131.

549 Gonzalo Puente Ojea, *Fe Cristiana, Iglesia, Poder*, Siglo XXI de España Editores, Madrid 2001, pg 300.

tad divino—humana y trinitaria trascendente?[550] En situaciones verdaderamente extremas e injustas, el mismo Von Balthasar que plantea la dificultad, ofrece al presbítero la única solución: *La obediencia eclesial solo se puede ejercitar de un modo verdadero como pasión, junto a Jesús*[551].Ratzinger insistió en esta idea: *La obediencia eclesiástica no es positivista, no se trata simplemente de una autoridad formal. Consiste en aquello que* (...) *personifica a Cristo obediente*[552]. Si la situación descrita se plantease en toda su radicalidad e injusticia, solo quedaría inmolar la propia voluntad, vivir esa circunstancia como una participación en la Cruz. Y eso que a la presión sobre la conciencia del presbítero habrá que añadir las llamadas frecuentes, a veces diarias, y desconsoladas del individuo que sufre el problema.

La resolución objetiva

A. Son casos graves por su propia naturaleza

Hay que hacerle entender al presbítero que la ley canónica respecto al exorcismo se redactó a sabiendas de que todo caso de posesión supone una circunstancia grave. El sacerdote no puede alegar para la desobediencia que ese es un caso grave, pues todos los casos de esta naturaleza lo son. La única diferencia es que unos revisten más gravedad y otros menos; pero siempre son casos en los que existe una grave necesidad de ayuda, y una grave obligación jerárquica de ayudar. Y aun así, el legislador usó su poder de atar y desatar para imponer sobre las conciencias de los ministros, la ilicitud de la acción. Por eso, a la pregunta si es lícito saltarse el molde jurídico, la respuesta es negativa.

Por lo cual, debemos afirmar que aquí no se puede hablar de la cesación de la obligación de la ley a causa de las graves consecuencias de ésta, porque se ha de suponer que el que redactó el canon sabía que las consecuencias de la posesión siempre son graves, y aun así impuso la prohibición y que ésta solo pudiera ser

550 Hans Urs von Balthasar, *Ensayos Teológicos*, tomo IV, pg 128.

551 Hans Urs von Balthasar, *Ensayos Teológicos*, tomo IV, pg 114.

552 Joseph Ratzinger, *Convocados en el camino de la fe: La Iglesia como comunión*, Cristiandad, Madrid 2004, pg 172.

levantada por el Ordinario del lugar. De forma que, repetimos, al caso de conciencia antes planteado de si lícitamente se puede desobedecer al canon 1172 por caridad, la respuesta que hay que dar es negativa.

B. La salvación de las almas y la *epikeia*

Es cierto que, como recuerda el Código de Derecho Canónico, *la salvación de las almas debe ser siempre la ley suprema en la Iglesia*[553].Pero el obispo prohibiendo puede buscar el bien, beneficio y provecho de las almas, frente a un presbítero totalmente inadecuado para el ejercicio del exorcismo y que ve demonios por todas partes. El bien de las almas se salvaguarda unas veces permitiendo, otras veces prohibiendo. De lo contrario, el bien de las almas debería forzarnos a derogar todos los cánones que prohíben cualquier cosa.

Otra objeción que se puede plantear es que, como enseña Santo Tomás de Aquino, la obediencia a la ley debe incluir el concepto de *epikeia*:

> No fue posible establecer una ley que no fallase en un caso concreto. (...) Por tanto, en estas y similares circunstancias sería pernicioso cumplir la ley a rajatabla; lo bueno es, dejando a un lado la letra de la ley, seguir lo que pide la justicia y el bien común[554].

Pero también es verdad que aquí no estamos hablando de un caso cuyas circunstancias excepcionales hacen que el mismo sujeto que posee la autoridad (el Ordinario del lugar) si conociera esas circunstancias, hubiera dado permiso para hacer una excepción a la ley. Y así el Aquinate escribía:

> Se juzga sobre una ley cuando se dice que está mal redactada. Pero quien dice que la letra de la ley no debe ser aplicada en tal circunstancia, no juzga de la ley, sino de un caso bien concreto que se presenta[555].

---

553 CIC, canon 1752.

554 Santo Tomás de Aquino, *Summa Theologica*, pars II-II, quaest.120, art.1, respondeo.

555 *Summa Theologica*, pars II-II, quaest. 120, art 1, ad 3.

Por eso aquí no cabe la *epikeia*, pues de lo que se trata es de la voluntad contraria del que ostenta la autoridad, frente al deseo del súbdito que quiere hacer algo. Al final, lo que se dirime aquí es qué voluntad debe prevalecer, si la del obispo o la del presbítero. Y la legislación es clara, debe prevalecer la del obispo.

Por eso, los conflictos personales respecto al canon que regula el exorcismo, aunque muchas veces se presenten en toda su crudeza de sufrimiento personal, no son (en realidad) un conflicto entre caridad y ley, sino (en definitiva) un conflicto entre cómo resolver una situación concreta y la decisión de la autoridad apostólica. Entre una necesidad determinada y una orden específica. En situaciones de esta índole, hay obligación de salvaguardar los vínculos esenciales que mantienen la comunión.

Creemos, honestamente, que la voluntad de Jesucristo en estos casos sería que se preservase el orden eclesial. Hablamos, por supuesto, desde el punto de vista objetivo. Jesucristo bien puede permitir una percepción subjetiva errada para ayudar a alguien.

La *epikeia* para este canon se hubiera podido aplicar razonablemente hace siglos en lugares de misión, donde la comunicación con el obispo resultaba imposible. O en una situación de persecución contra la Iglesia en la que se careciera de cualquier autoridad jerárquica durante mucho tiempo. Planteada la *epikeia* de otra manera, sería una puerta de atrás por la que el canon quedaría anulado por vía *de facto*.

Para el exorcismo en su relación con la jerarquía, encontramos en el Evangelio enseñanzas que, aparentemente, nos llevarían a conclusiones distintas. Jesucristo enseña la necesidad de la obediencia, del orden eclesial, de la autoridad jerárquica:

> En verdad, en verdad os digo: el que no entra por la puerta en el redil de las ovejas, sino que escala por otro lado, ese es un ladrón y un salteador (Jn 10, 1).

Pero por otra parte también enseña la *epikeia*:

> ¿Quién de vosotros, si su asno o su buey cae en algún pozo, no lo sacará inmediatamente, aunque sea en día de reposo? (Lc 14, 5).

Pero en el caso del buey caído o el de David y sus hombres comiendo los panes de la proposición[556]se aplica la *epikeia*, porque la ley general no preveía un caso con tales circunstancias. Ya hemos visto que ese no es el caso del canon que prohíbe los exorcismos sin licencia.

C. El límite de la obediencia es el pecado

Aquí no se puede aplicar que el límite de la obediencia es el pecado, y que este tipo de omisión (por parte del presbítero) constituiría un pecado. No se puede aplicar, porque el acto de no realizar un exorcismo, en sí no es intrínsecamente desordenado. Santo Tomás de Aquino escribe: *Nadie está obligado a lo imposible. Por consiguiente, nadie peca por omisión en no hacer lo que no puede.* (...) *No hay omisión, con tal que haga lo que pueda*[557]. Si el obispo no manda algo intrínsecamente malo, hay que obedecer. Aunque eso no significa que no se haga lo que se pueda, en este caso la vía intermedia.

D. Si no fuera así, se destruiría todo el orden canónico

Si resolviéramos esta cuestión moral de forma contraria a lo expuesto, lo que vale para el exorcismo, valdría para todos los casos que se puedan plantear para el resto del Derecho Canónico. La voluntad de este modo ya no estaría sujeta al ordenamiento canónico, sino a la consideración de si es justa o no la orden del superior. Eso supondría el fin de la sujeción de una voluntad a otra voluntad (esto es la obediencia), pues el elemento objetivo (la obligación del vínculo de obediencia) quedaría sometido al elemento subjetivo, es decir a mi consideración acerca de si la orden lesiona o no la caridad. Si el carácter obligatorio de una ley se supedita a que se haga buen uso o mal uso de ésta por parte de la autoridad, su carácter obligatorio cesaría.

En el fondo, tanto el que manda como el que se resiste a obedecer, creen tener razón. La disputa de algún modo debe resolverse,

---

556 «Pero él les dijo: ¿No habéis leído lo que hizo David, cuando él y los que con él estaban tuvieron hambre;cómo entró en la casa de Dios, y comió los panes de la proposición, que no les era lícito comer ni a él ni a los que con él estaban, sino solamente a los sacerdotes?» (Mt 12, 3-4).

557 Santo Tomás de Aquino, *Summa Theologica*, II-II q. 79 a. 3 ad 2.

y ese tipo de disputas han quedado resueltas desde los mismos comienzos de la Historia de la Iglesia: en materia canónica, la voluntad del presbítero no se puede imponer a la del obispo; la ley debe prevalecer. La ley es ley, porque obliga. Por eso, por triste que sea a veces, la ley con su prohibición prevalece frente al uso incorrecto que se haga de ésta.

Conclusiones

A pesar de todas las consideraciones que se puedan objetar, la obediencia al canon y al obispo, suponen, en definitiva, obediencia a la capacidad de atar y desatar de los Apóstoles y sus sucesores. Lo que nos encontramos aquí es un conflicto entre el juicio del obispo frente al juicio del presbítero. Si resolviéramos esta cuestión teórica afirmando que la omisión del exorcismo es un pecado, también Jesucristo habría pecado de omisión al no comenzar su ministerio exorcístico antes. Él pudo haber liberado a muchísimas personas en grave necesidad si hubiera abandonado Nazaret años antes para empezar su vida pública. Pero incluso Él se sometió a la voluntad del Padre[558]. Para ese canon no se aplica la *epikeia*, salvo en las dos situaciones de la índole explicada: ausencia de jerarquía o imposibilidad de comunicarse con ella. Con los sacerdotes con particulares problemas para entenderse con sus obispos en este campo, los que les ofrezcan consejo deben enfocarlo todo hacia un entendimiento más profundo del porqué de la obediencia. Ratzinger escribió:

> No obedezco a un Jesús que yo u otros imaginamos a partir de la Escritura; entonces obedecería solo a mis propias ideas preferidas y me adoraría a mí mismo en la imagen de Jesús creada por mí.Eso no es así. Obedecer a Cristo significa obedecer a su cuerpo, a Él en su cuerpo. (...) Solo de esta forma [en la obediencia] llegará a ser real el rechazo de la autodivinización[559].

558 Para el caso de un sacerdote subjetivamente convencido de buena fe de que tiene una obligación en conciencia de desobedecer a su obispo, véase una profundización sobre el tema en Apéndice, nota 36.

559 Joseph Ratzinger, *Convocados en el camino de la fe: La Iglesia como comunión*, Cristiandad, Madrid 2004, pg 173.

Si el presbítero tiene autoridad sobre los espíritus impuros, el obispo la tiene sobre el presbítero. De ahí que la decisión del obispo, aunque fuera errada y culpable, habrá sido permitida por la Providencia Divina, y bajo esta perspectiva hay que aceptar el hecho. Aquí se hace necesario recordar los conceptos teológicos de voluntad antecedente y consecuente en Dios:

> La voluntad antecedente —que es la que tiene Dios de algo en sí mismo o absolutamente considerado, sin tener en cuenta las circunstancias que lo rodean— será condicionada y frustrable. En cambio, la voluntad divina consiguiente —que es la que tiene Dios sobre una cosa con todas sus circunstancias—, es absoluta e infrustrable[560].

Dios podría querer (con voluntad antecedente) que esa persona fuera exorcizada. Pero, de hecho, Dios quiere (con voluntad consecuente) que no sea exorcizada aquí y ahora. Bien porque ahora no es todavía el momento decidido por Dios, bien porque articulará otros medios de liberación. La misma bondad divina que otorga a la Iglesia el poder del exorcismo, es la que determina que aquí y ahora no se administre.

Algunas cuestiones jurídicas

Recuerde el presbítero que el ordenamiento canónico es claro en cuanto a que la obligación de la obediencia no queda suspendida por ninguna apelación a una autoridad más alta. Al mismo tiempo, es cierto que la obediencia al obispo no es ilimitada en cuanto al ámbito. Pues la estricta obediencia queda confinada dentro de los límites del ejercicio ministerial del presbítero y de los deberes que el estado clerical le impone.

A este respecto, aducimos aquí tres citas extraídas de una comunicación del Pontificio Consejo para los Textos Legislativos titulada *Elementos para configurar el ámbito de responsabilidad canónica del Obispo diocesano*, y en la que se hacen estas afirmaciones:

---

560 Eudaldo Forment, *Historia de la Filosofía Tomista en la España Contemporánea*, Ediciones Encuentro, Madrid 1998, pg 22.

> Sin embargo, tal vínculo de subordinación entre los Presbíteros y el Obispo está limitado al ámbito del ejercicio del ministerio proprio, que los Presbíteros deben desarrollar en comunión jerárquica con el propio Obispo. Sin embargo, el Presbítero diocesano no es un mero ejecutor pasivo de las órdenes recibidas del Obispo. Ciertamente goza de una legítima iniciativa y de una justa autonomía.
>
> El vínculo de subordinación canónica entre los Presbíteros y el Obispo diocesano (cfr. can 273) no genera un modo de sujeción generalizada, sino que se limita a los ámbitos del ejercicio del ministerio y a los derechos generales del estado clerical.
>
> El Presbítero diocesano goza de un espacio de autonomía decisional sea en el ejercicio del ministerio que en su vida personal y privada.[561]

Por eso la vía intermedia, antes propuesta, entra perfectamente dentro de la obediencia. Ahora bien, ¿qué sucede si un obispo prohíbe incluso esa vía intermedia? Un sacerdote que se reúne a rezar el rosario en una casa con una familia, ¿está ejerciendo una labor ministerial? A nuestro entender, sí. Pues aunque se trata de una oración privada en un espacio privado y en un entorno familiar, forma parte de una labor pastoral, no de la vida privada del presbítero. Y, por tanto, forma parte del ministerio y está sujeta a las posibles prohibiciones que quiera emitir el obispo.

Sin embargo, por poner un ejemplo hipotético, la orden dada por un Ordinario prohibiéndole a un presbítero que cuando esté a solas (sea en su propia casa, sea en la iglesia) rece el rosario, por ejemplo, con la intención de que Dios libere a esa persona, sería nula de propio derecho. No sería un acto de desobediencia, puesto que ese campo está fuera de la jurisdicción de su autoridad episcopal. Las oraciones privadas que un sacerdote rece estando completamente a solas, caen enteramente fuera de la autoridad episcopal. Sería como si un obispo ordenara a un presbítero que en su casa no viera la televisión después de la cena o no leyera novelas francesas del siglo XIX. Jurídicamente hablando, este tipo de órdenes serían nulas por sí mismas, sin necesidad de esperar ninguna resolución de una instancia superior. Ignorar completa-

561 Pontificio Consejo para los Textos Legislativos, «Nota sobre los elementos para configurar el ámbito de responsabilidad canónica del Obispo diocesano», en *Comunicaciones*, n.36 [2004], pg 33—38.

mente una orden nula no supone acto alguno de desobediencia. Ejemplo de esto, sería el caso de un obispo que diera órdenes en un estado patológicamente alterado[562].

Como hemos visto, el ámbito de la capacidad episcopal para emitir órdenes válidas, no es ilimitada. Pero consideramos que el acto de rezar el rosario con una familia por parte de un sacerdote, es un acto ministerial y que no puede considerarse un acto estrictamente privado. Pues el presbítero no se halla en esa casa por formar parte de esa familia, sino que ha ido allí por ser un ministro ordenado y con un fin muy concreto, ayudar a una persona con una influencia demoniaca.

Si el sacerdote se reúne desde hace tiempo con su propia hermana a rezar el rosario en su casa, eso es una acción privada y ese acto no cae bajo la autoridad del obispo. Si el sacerdote va a una casa a rezar el rosario porque la hija sufre una influencia demoniaca, ese acto posee un carácter de acto ministerial. No cambiaría la consideración de esa acción el hecho de que el sacerdote manifestase a su obispo que va a rezar el rosario a esa casa sin que tenga que ver nada la situación que sufre esa persona.

Como se ve, la misma acción en el mismo lugar con el mismo número de personas, eclesialmente tiene una naturaleza diversa. Si no fuera así, el presbítero que quiere ejercer este ministerio con la expresa prohibición de su obispo, podría recorrer cada día varias casas rezando rosarios con la intención de que las personas fuesen liberadas. Podría dedicar varias horas de cada jornada a esta tarea. Nadie negaría que eso constituye un verdadero ministerio: realizado por un ministro sagrado y con un fin específico. Tampoco cambiaría la consideración acerca de la naturaleza de esa acción el mayor o menor número de las personas presentes. Ni que decir tiene que se puede ejercer un verdadero ministerio sacerdotal, con independencia de que se realice en iglesias o en casas privadas, o de que se hagan unas u otras oraciones[563].

Al sacerdote, le guste o no, cuando está fuera de su propio ámbito familiar o de amigos, está representando a la Iglesia. Su

---

562 Aunque muy inusual, consta el cese de un obispo por sufrir una enfermedad mental, que le conducía a patológicos episodios de ira. Véase Arch.Pers., n.76, pg 45.

563 Véase la casuística a que da lugar la relación entre oraciones de liberación, ámbito privado y autoridad episcopal, en Apéndice, nota 76.

representatividad no está constreñida a un horario de trabajo, pudiendo, fuera de esas horas, realizar actividades espirituales sobre otras personas a título completamente personal. De ahí que Garza al tratar esta cuestión escribiera: ¿Cuál es la diferencia teológica entre la acción pública y la acción privada? Me parece que ninguna. Las públicas adquieren una cualificación particular que las vuelve oficiales; las privadas no[564]. Eso es todo. Cuando a un exorcista se le retiran las licencias, busca por todos los medios poder seguir realizando ese ministerio basándose en cualquier subterfugio legalista. Subterfugios de nulo valor canónico, pero que sirven para alcanzar el propio convencimiento de que uno no está desobedeciendo.

¿Esto significa que no existen actos privados en un sacerdote? Será la recta razón la que determinará el carácter privado o no de un acto. La razón indica con claridad, por ejemplo, que normalmente el peinado de un sacerdote es algo relativo a su esfera privada de libertad. Pero podemos encontrarnos con un caso extremo de peinado que conlleve una repercusión eclesial que obligue al Ordinario a intervenir. Y así Cunningham en su comentario al Código de Derecho Canónico, escribía: *En casos extremos en los que hay un peligro de genuino escándalo, puede el obispo imponer obediencia canónica sobre un clérigo para modificar su aspecto externo*[565]. Por eso, es la recta razón la que nos indica donde empieza y donde acaba el ámbito de la capacidad episcopal para prohibir, donde empieza el acto ministerial y donde acaba el acto privado. La conclusión de lo anterior es también que debe quedar claro que si el Ordinario de un lugar prohíbe a un sacerdote incluso la vía intermedia, el presbítero debe obedecer. Aunque tiene el derecho a hacerlo únicamente desde el momento en que reciba esa prohibición por escrito: *Para que pueda exigirse el cumplimiento de un decreto singular, se requiere que haya sido intimado mediante documento legítimo, conforme a derecho*[566].

De todas maneras, que no le parezca al lector que este tipo

---

564 Luis Garza Medina, *Significado de la expresión «Nomine Ecclesiae» en el Código de Derecho Canónico*, Editrice Pontificia Università Gregoriana, Roma 1998, pg 6.

565 Richard G. Cunningham, «Sacred Ministers or Clerics», en John P. Beal (ed), *New commentary on the Code of Canon Law*, pg 346.

566 CIC, canon 54 § 2.

de situaciones aquí descritas acerca de los límites de la autoridad episcopal, como si fueran extremos meramente teóricos. Por poner solo un ejemplo:

> El caso de una mujer que fue atendida por tres sacerdotes alrededor del año 2004. Los tres dictaminaron que estaba posesa. La hermana se opuso al exorcismo, y amenazó al obispo con interponer una denuncia ante los tribunales civiles. El obispo prohibió a los tres sacerdotes no solo el exorcismo, sino incluso todo contacto con la persona por la que estaban orando. En una carta provista con número de registro en la cancillería diocesana, el obispo prohibía no solo todo tipo de oración por ella, sino también todo contacto, expresamente prohibía también a los tres sacerdotes hablar por teléfono con ella. Los sacerdotes obedecieron[567].

Consultados varios canonistas[568] acerca de si tal orden fue válida, una orden que incluye la prohibición de las conversaciones telefónicas, su opinión fue afirmativa. La razón que esgrimieron los expertos era que un obispo puede dar a un clérigo prohibiciones de acciones concretas aparentemente personales si tales prohibiciones tienen una relación directa con el bien de la diócesis. Como pena expiatoria está claro que el Ordinario puede imponer a un sacerdote, por ejemplo, *la prohibición o mandato de residir en un determinado lugar o territorio*[569]. Y así en el caso del padre Tomislav Vlaši se le prohibió todo contacto con una determinada comunidad (la asociación *Kraljice mira potpuno Tvoji-po Mariji k Isusu*), pero se hizo tras todo un proceso canónico. Proceso que concluyó con una sentencia en la que fue condenado a toda una lista de prohibiciones por parte de la Congregación para la Doctrina de la Fe[570].

El caso aportado de la prohibición de mantener conversaciones telefónicas, es un ejemplo de lo complejas que pueden ser las relaciones entre potestad de jurisdicción, ámbito personal y ministerio del exorcismo.

---

567 Arch. Pers., n. 34, pg 23.

568 Los nombres de estos canonistas y sus respuestas en Arch. Pers., n. 35, pg 24.

569 CIC, canon 1336 § 1.

570 Congregación para la Doctrina de la Fe, Decreto del 25 de enero de 2008, prot. 144/1985.

Defensa del actual criterio legislativo restrictivo

Aunque existen voces que defienden un cambio legislativo que permita que el exorcismo pueda ser realizado sin necesidad del permiso del obispo, hay que recordar que sin la ley actual (canon 1172) con no poca frecuencia serían los clérigos más inadecuados los que ejercerían el exorcismo en cada diócesis. Sin duda serían precisamente los sacerdotes que ven demonios en todas partes o aquellos que buscan la fama o aquellos codiciosos de gratificaciones económicas, los que más ambicionarían el ejercicio de esta labor. Si el ejercicio de este ministerio fuera libre, el fiel que precisa de este ministerio, no tendría medios para saber quién puede ser el mejor exorcista entre los presbíteros de la diócesis. Mientras que el obispo está situado en una posición eclesial óptima para saber quién es el más adecuado.

La primera constancia de restricción episcopal la encontramos alrededor del año 416 en la Carta al Obispo de Gubbio[571]. Pero el que esta carta sea el primer texto sobre el tema que poseemos, no significa que no existiera algún tipo de legislación previa que no ha llegado hasta nosotros. Es más, la carta da por supuesta la necesidad del permiso del obispo: *nam eismanus imponenda omnino non est, nisi episcopus auctoritatem dederit id efficiendi.* Luego esa misma carta dirigida a un obispo en concreto es la prueba de que existieron algún tipo de decisiones previas de carácter universal o particular que no conocemos y que supusieron los pasos intermedios para llegar a la situación en que se da por supuesto la necesidad del permiso. Luego no se puede afirmar que existió libertad de ejercicio del exorcismo hasta el siglo V, sino que se debe decir que nos consta que en el año 416 ya existía una limitación al ejercicio, bien universal o regional.

Durante los primeros cuatrocientos años de historia de la Iglesia no tenemos constancia de cánones limitadores del ejercicio del exorcismo, pero después esa situación de libre ejercicio se abandonó. La misma Iglesia, después de una experiencia de siglos, entendió que era preferible implantar un cierto control. Es cierto que al principio no existía todavía ley canónica alguna al respecto, pero eso no significa que su ejercicio fuese totalmente irrestricto. Porque incluso

571 Inocencio I, Papa, *Carta a Decencio, obispo de Gubbio.* PL 20, 557-558.

en esas épocas anteriores al siglo V, no solo el ministerio del exorcismo, sino todo ministerio eclesial, era ejercido bajo la supervisión del obispo del lugar. De forma que, incluso sin ley al respecto, el obispo podía designar a alguien para que se encargara de este ministerio, así como prohibirlo a aquel que no lo ejerciese de forma correcta. Por todo lo cual se ve que, en cierto modo, nunca ha existido el ministerio del exorcismo ejercido de un modo irrestricto, siempre se ha hallado bajo la supervisión de la jerarquía.

Es más, la misma existencia de la orden menor del exorcistado indica que no todos hacían exorcismos, solo algunos. En referencia al ejercicio del ministerio en los siglos III y IV cabrían dos posibilidades:

a. Quizá el exorcismo lo llevaban a cabo indiferentemente los sacerdotes, diáconos y los exorcistas (laicos con la *missio* de encargarse de ese ministerio). Recordemos que había presbiteros y diáconos casados, lo cual hacia que subjetivamente no se percibiera de forma tan notable la diferencia entre el ministro que ejercía ese ministerio y aquellos ministros dotados del sacramento.
b. Quizá el exorcismo lo llevaban a cabo solo y exclusivamente los designados para tal ministerio, ordenados con el sacramento del orden o no. De forma que esa orden menor supusiera una especialización de algunos laicos para realizar esa función. Si era así, en ese grupo de exorcistas se incluiría entre ellos de forma habitual a algunos presbíteros o diáconos también dedicados de forma especializada a esta labor.

¿Por qué se ha afirmado que existen esas dos posibilidades concretamente en el ministerio en el siglo III y IV? La razón es porque en el siglo I y II seguro que el exorcismo se ejercía de un modo no institucional, no legislado, con entera libertad (bajo la autoridad del obispo); así nos lo atestiguan varios textos, como este de San Justino:

> De hecho muchos de los nuestros, esto es, muchos cristianos, han curado, y aún ahora curan, tanto a endemoniados en todo el mundo y en nuestra misma ciudad, exorcizándolos en el nombre de Jesucristo, crucificado bajo Poncio Pilato, debilitan-

do y expulsando a los demonios que los poseen, mientras todos los otros exorcistas, encantadores y suministradores de filtros, no han logrado sanarlos[572].

Mientras que la carta del Papa Inocente I a Decencio, obispo de Gubbio (año 416), nos muestra que el criterio se vuelve restrictivo. Entre esos dos extremos temporales (entre los textos patrísticos de los dos primeros siglos, y la carta al obispo de Gubbio), tenemos otra carta del año 251, la carta del Papa Cornelio I a Fabio, obispo de Antioquía,que nos muestra el desarrollo del ministerio como algo organizado e institucionalizado a través de la orden menor del exorcistado en Roma, cuando el Papa Cornelio escribe en una carta: *Que en ella* [en Roma] *hay* (...) *cincuenta y dos* [ministros] *entre exorcistas, lectores y ostiarios*[573].

En la época de San Cirilo (siglo IV) en la iglesia de Jerusalén, todavía se requería de este ministerio con amplitud. Porque para el periodo de catequesis para recibir el bautismo, Ferguson escribe:

> Durante el periodo de cuarenta días, se realizaban exorcismos. Cirilo insta a los candidatos a ser asiduos en la asistencia a las catequesis y a recibir los exorcismos con fervor (Procat. 9;13—14; Cat. 1.5). Los exorcismos eran realizados individualmente y precedían a las charlas catequéticas[574].

Pero tenemos indicaciones de que estos exorcismos catecumenales se van reduciendo. Si alrededor del año 200, Hipólito nos refiere que los catecúmenos debían asistir aun exorcismo diario[575], en el siglo IV se continuaban realizando verdaderos exorcismos sobre los catecúmenos, pero en mucha menor proporción que en épocas anteriores. Ferguson hablando de los *Cánones de Hipólito*, del siglo IV, escribe acerca del canon 19:

---

572 San Justino, *Apología*, II, cap. VI.

573 Cornelio I, Papa,*Carta a Fabio, obispo de Antioquía.* Carta incluída en Eusebio de Cesarea, *Historia Eclesiástica*, I, 6, 43. Cita tomada de Enrico Cattaneo, *I ministeri nella Chiesa antica: testi patristici dei primi tre secoli*, pg 177-178.

574 Everett Ferguson, *Baptism in the early church*, Wm. B. Eerdmans Publishing Co., Michigan 2009, pg 476.

575 Hipólito, *Tradición Apostólica* 20, 1, tomado deStuart George Hall, *Doctrine and Practice in the Early Church*, Wm. B. Eerdmans Publishing Co., Londres 2003, pg 18.

Es una larga regulación de la preparación para el bautismo, el bautismo mismo y la actividad post-bautismal. En vez de los exorcismos diarios de la *Tradición Apostólica*, los *Cánones de Hipólito* refieren solo un escrutinio final y un exorcismo[576].

El Ritual Gelasiano del siglo VIII refleja asimismo esta clara tendencia a la disminución del elemento exorcístico en la iniciación de los catecúmenos, que se mantiene solo durante tres domingos de Cuaresma[577].De forma que contamos con tres referencias temporales que nos indican el proceso que va de la espontaneidad, al desarrollo institucional, para acabar finalmente en lo excepcional y restrictivo. A raíz de esos documentos podemos establecer tres etapas en el desarrollo eclesial de este ministerio. Fases que nos permiten entender por qué hemos llegado finalmente a la ley actual que prohíbe. Razonablemente podemos deducir que las etapas fueron las siguientes:

1ª etapa: Siglos I y II. Ninguna restricción canónica en el ejercicio de este ministerio. Tampoco cabía otra posibilidad, las comunicaciones eran difíciles y ello no se prestaba a la posibilidad de pedir permisos. Los textos patrísticos dan esa impresión de no restricción, e incluso mencionan a los laicos realizando exorcismos. Resulta impensable que existieran cánones acerca del tema, en una época en la que incluso el ritual de la misa no era estaba constituido por un texto escrito, sino que cabía la improvisación y espontaneidad. Si existía tal libertad incluso en la celebración de la misa, mucho más en el ejercicio del exorcismo.

2ª etapa: Siglos III y IV. Ya encontramos el orden de los exorcistas en Roma, y al menos se está formando en el resto de iglesias radicadas en núcleos urbanos populosos. Eso supone un ministerio institucional, no un ejercicio personal libre. Ministerio que se pudo dar con una doble variante:

a. Lo ejercían indistintamente tanto los sacerdotes, diáconos y exorcistas.
b. Lo ejercían exclusivamente los designados por el obispo para este ministerio. Esto significaba que este servicio eclesial lo ejercían el grupo de los laicos con esa orden menor y

576 Everett Ferguson, *Baptism in the early church*, pg 466.

577 Cfr. Everett Ferguson,*Baptism in the early church*, pg 768.

algunos (solo algunos) clérigos de grado superior especializados en este campo.

Es muy razonable pensar que en esta 2ª etapa, se pasara de la *fase a* a la *fase b.* Que se pasara de una época en la que todos los presbíteros (junto con los clérigos menores exorcistas) podían ejercer el exorcismo, se pasara de hecho a una fase en la que se considerara una actividad especializada, sin que todavía estuviera formalmente prohibida al resto. Parece claro que debía haber bastantes casos de personas influenciadas, a juzgar por la importancia que tiene el exorcismo en los ritos de iniciación de los catecúmenos en Jerusalén como hemos visto en San Cirilo.

3ª etapa: Del siglo V en adelante, desde la Carta al Obispo de Gubbio en adelante. Hay muchos menos casos (como hemos visto por la reducción de la práctica exorcística catecumenal) y, probablemente, ya se tiene experiencia de abusos de clérigos en este campo. Se decide, por tanto, restringir el ejercicio a aquellos designados por el obispo. Tanto la disminución de los casos, como la necesidad del permiso, van a ir conduciendo a que la orden menor del exorcistado pase a ser un ministerio nominal, sin ejercicio efectivo, y finalmente a que se reduzca a un paso más de tránsito hacia el sacramento del orden. ¿Por qué se restringió el permiso? Sin duda, la sociedad se estaba cristianizando y los casos decrecían. Pues al cristianizarse la población se practicaban muchos menos ritos mágicos, había un menor contacto con prácticas esotéricas, con lo cual se daban muchos menos casos de posesión.

Dado que con estos elementos podemos reconstruir bien el desarrollo del ejercicio del exorcismo en los primeros cinco siglos, desarrollo por otra parte lógico, vinculado a las circunstancias concretas, entendemos el porqué de la legislación restrictiva que se generó y que hemos heredado. Al principio, ese ejercicio no podía ser legislado restrictivamente tanto por el número de casos más numeroso, como por la imposibilidad de comunicaciones rápidas con otras poblaciones. La necesidad de providencias canónicas para el ejercicio de este ministerio, carecía de razón de ser, porque la comunidad en cada ciudad con sede episcopal era pequeña y el obispo ejercía una vigilancia continua sobre su pequeño rebaño.

La restricción sobre el ejercicio del exorcismo en los dos primeros siglos no se basaba en la ley (indudablemente cánones sobre el ministerio no existían), sino en el buen juicio del que presidía jerárquicamente esa iglesia. Pero esto no significa ejercicio del exorcismo sin restricción, pues ciertamente si algo no le parecía bien al obispo, lo diría; y si era necesario lo prohibiría. De forma que el exorcismo libre de cánones existió. Pero como carisma no sujeto a la jerarquía nunca existió.

Y en cuanto la Iglesia se hace más grande, cuando los cristianos de las mayores urbes son muy numerosos, se institucionaliza este ministerio, como nos consta ya el año 252 en Roma. Como hemos visto, la institucionalización implica especialización. Lo cual aboca ya hacia un criterio restrictivo. En esa institucionalización podemos fácilmente entrever un deseo de la autoridad de distinguir entre los exorcismos eclesiales y aquellos no eclesiales. Y más en una época con una no desdeñable presencia de clérigos vagos[578].

Mientras que, sin duda, en las pequeñas sedes episcopales de pocos habitantes, esa institucionalización del ministerio como orden menor, seguro que era desconocida. Parece más que razonable pensar que en el campo exorcizaba el ministro itinerante que se encargase de visitar esos núcleos, y en la ciudad se encargase de ello elel ministro que quisiera tomar sobre sí esa obra de caridad.

Por eso el obispo de Gubbio, aún a la altura del siglo V, en su ámbito geográfico umbro desconoce si este ministerio se puede practicar libremente o si ya hay normas. Si duda, la carta de lo que es signo es de que allí en esa zona, el ministerio se ejercía de modo libre, pero que ya habían llegado noticias de que no era así en otros lugares. En esta tercera etapa, resulta evidente que la disminución de los casos no permite el mantenimiento de ese ministerio con la amplitud de los siglos pasados, de ahí que va quedando limitado su ejercicio a aquellos pocos clérigos que el obispo determine.

Cuando hoy día algunos claman por un retorno al ejercicio del exorcismo en un modo enteramente libre, lo que algunos quieren decir con eso, es un ejercicio no sujeto a la jerarquía. Y, como creemos haber mostrado, esa realidad nunca ha existido en la Historia

578 «Ya desde el siglo V, los clérigos eran ordenados de modo absoluto. Otros abandonaban la iglesia a la cual estaban adscritos, sin encontrar otra, creándose el fenómeno de los clérigos vagos». Rubén Cabrera López, *El derecho de asociación del presbítero diocesano,* Gregorian University Press, Roma 2002, pg 112.

de la Iglesia. Podríamos decir que el actual canon 1172 lo único que hace es determinar un cauce canónico para que se exprese la voluntad episcopal. Pues con canon o sin él, la voluntad episcopal se va a manifestar prohibiendo o permitiendo. El canon 1172 lo único que hace es determinar que esa voluntad se manifieste *ante factum*, y no *post factum*. Cosa que en una materia tan delicada, parece razonable.

Problemas con los laicos

No rara vez nos encontramos con fieles que manifiestan su mayor devoción y sometimiento a la figura del Santo Padre, pero su desprecio respecto a su propio obispo porque ha tomado una decisión con la que no solo discrepan, sino que no aceptan. Todos estos fieles tan obedientes a la autoridad lejana y soberbios con la autoridad cercana, saben de memoria el pasaje de Jesús concediendo el poder de atar al apóstol Pedro[579]. Pero casi ninguno de ellos recuerda que Jesús les concedió el poder atar y desatar también a los Apóstoles[580].

Los pastores de la Iglesia no solo enseñan, también gobiernan. El *Código de Derecho Canónico* deja constancia de la obligación de someterse a sus mandatos:

> Los fieles, conscientes de su propia responsabilidad, están obligados a seguir, por obediencia cristiana, todo aquello que los Pastores sagrados, en cuanto representantes de Cristo, declaran como maestros de la fe o establecen como rectores de la Iglesia.[581]

El fiel cristiano tiene una verdadera obligación en conciencia de obedecer. Como dijo Pío IX: *Nadie está en la Iglesia de Cristo, nadie permanece en ella, a no ser que reconozca y acepte con obe-*

---

579 «Tú eres Pedro (...) y todo lo que atares en la tierra será atado en el cielo, y todo lo que desatares en la tierra, será desatado en el cielo» (Mt 16, 18).

580 «En verdad, os digo, todo lo que atareis sobre la tierra, será atado en el cielo, y todo lo que desatareis sobre la tierra, será desatado en el cielo» (Mt 18, 18).

581 CIC, canon 212 § 1.

diencia la autoridad y poder de Pedro y sus sucesores legítimos[582]. Hasta un autor tan beligerante como Leonardo Boff escribía en 1981: *Quiero insistir en que no se discute sobre la legitimidad de la autoridad en la Iglesia; dicha autoridad existe y es querida por Dios*[583]. El problema para muchos fieles cristianos es el reduccionismo que se les ha inculcado, de considerar a la autoridad dentro de la Iglesia como una mera instancia de poder. Bourgeois lo expresa así:

> Considerar la estructura jerárquica en la Iglesia solo como una instancia de poder, cuya fuerza institucional obra en la dirección de una inercia conservadora o reaccionaria, de un replegamiento doctrinal asegurador y de un fijismo unívoco fuera de la Historia, mientras la «base», el Pueblo de Dios, es el lugar del surgir espontáneo de los carismas y de la vida del Espíritu Santo (...) Esta dualidad es el resultado de un análisis insuficiente y, sobre todo, no permite acceder a una verdadera comprensión de la Iglesia como sacramento[584].

La autoridad dentro de la Iglesia es servicio. Servicio para bien de todo carisma, y con más razón para el ministerio de la liberación. MacNutt dio expresión al sentido común al escribir: *La razón para la precaución de la Iglesia es real: no cualquier zelote testarudo (headstrong zealot) debería ejercer el ministerio de liberación. Cierta supervisión y autoridad son necesarias*[585]. A este respecto, hay que recordar que ningún carisma es otorgado para ser ejercido por encima del poder de atar y desatar que tiene la jerarquía. Los carismas que existen en la Iglesia son muchos y variados, pero el poder apostólico se extiende a todos ellos sin excepción.

Dios no concederá nunca a ningún fiel el privilegio de no tener que someter el ejercicio de ningún carisma a los legítimos pastores, porque eso supondría la destrucción del mismo orden que Jesucristo ha impuesto en la Iglesia. Dios da los carismas a

582 Pio IX, *Acta Apostolicae Sedis* 20 (1928), 15. Tomado de Patrick Granfield, «Iglesias y comunidades eclesiales: historia analítica de una fórmula», en José Ramón Villar, *Iglesia, Ministerio Episcopal y Ministerio Petrino*, Rialp, Madrid 2004, pg 87.

583 Leonardo Boff, *Iglesia: carisma y poder*, Sal Terrae, Maliaño 1982, pg 85.

584 Daniel Bourgeois, *La pastorale della Chiesa*, Jaca Book, Milán 2001, pg 53.

585 Francis MacNutt, *Deliverance from Evil Spirits*, Baker Publishing Group, Grand Rapids 2009, pg 142.

quien quiere y como quiere. Pero no existen carismas exentos de la obediencia a la jerarquía. En vano examinaremos la Historia de la Iglesia en busca de algún tipo de dispensa divina de este tipo. Nunca se ha dado tal cosa.

La idea de que hay que obedecer al obispo cuando este tiene razón, supone un grave error eclesial. La obediencia que decide cuándo obedecer y cuándo no, no es obediencia. Además, como ya se ha dicho, la obligación de la obediencia no queda suspendida por ninguna apelación a una autoridad más alta.

Al hablar de los presbíteros en esta obra, se ha mostrado que la obediencia al propio obispo no es ilimitada ni está incondicionada de forma absoluta, la misma doctrina vale para los laicos. La obediencia de los laicos a su obispo se desarrolla dentro de los márgenes establecidos por el ordenamiento jurídico de la Iglesia. Ahora bien, delimitar este campo de la autoridad episcopal en términos canónicos no resulta fácil. Es preferible, como siempre se ha hecho, apelar al buen sentido de ambas partes.

No obstante, hay que tener en cuenta, que no es que los sacerdotes deban ser más obedientes que los laicos. Ambos deben ser igualmente obedientes al obispo. Lo que sucede es que los clérigos poseen una especial obligación. *La obligación de obediencia no liga solo a los clérigos. (...) Aunque los clérigos están ligados por «una especial obligación»*[586]. Por eso en el Código de Derecho Canónico de 1983, *el canon* [212] *reproduce el del Código de 1917, excepto por la eliminación de las palabras «especialmente los sacerdotes»*[587].

Aun así, el ámbito de la obediencia canónica es diverso en el clérigo y en el laico. Por ejemplo, un obispo puede prohibir a un sacerdote que está bajo su autoridad que vaya a rezar a la casa de una familia en la que un miembro que sufre influencias demoniacas. Pero si un obispo prohibiera a un laico que fuera a rezar el rosario a la casa de un amigo suyo a pedir por su liberación, eso constituiría una orden nula. La autoridad episcopal para emitir órdenes no llega hasta ese campo. En un caso así, la orden es inválida *per se*, y desde el primer momento no requiere obedien-

586 Robert J. Kaslyn, «The People of God», comentario al canon 273, en John P. Beal, *New commentary on the Code of Canon Law*, pg 344.

587 Robert J. Kaslyn, *Ibidem*, en John P. Beal, *New commentary on the Code of Canon Law*, pg 344.

cia alguna. Dígase lo mismo si un obispo ordenara a un laico la prohibición de llamadas telefónicas a un poseso, como se dio en la situación antes explicada de los tres sacerdotes. Sería nula la orden de un obispo que prohibiera a un laico el acompañar a un poseso en una peregrinación a un santuario, para pedir su liberación.

Los casos que se han mostrado son extremos y será difícil que algún obispo haga jamás algo similar, pero si se han expuesto este tipo de situaciones, es para que se vea que el poder de jurisdicción no es ilimitado, siendo el laico portador de ciertos derechos inalienables. Otra razón por la que en esta parte de la obra han sido analizadas relaciones eclesiales situadas al extremo de lo posible, es porque las resoluciones de estos problemas nos ofrecen luz para saber resolver las situaciones intermedias. No obstante lo referido, en la vida cotidiana, las relaciones se suelen desenvolver dentro de la cordialidad y de una visión amable y razonable de las cosas.

No en vano, San Pablo advierte que el obispo debe estar dotado de dieciséis características. Y enseña que el obispo *es necesario* que sea *amable* (amable, razonable[588]).La palabra «epieike» suele traducirse por *amable* o *razonable*, pero su significado tiene que ver con *epikeia* de la que hablaba Santo Tomás de Aquino[589].Es la virtud del obispo que se puede definir como la capacidad de no ser excesivamente estricto, cuando no hay que serlo[590]. Esto es importante referido al tema de la oración de liberación. Pues si un obispo, al llegar a una diócesis, encuentra que las cosas se están haciendo en el campo de la liberación de un modo razonable y de buena fe, hay que evitar el aplicar las leyes de un modo abrupto y destemplado. No sea que haciendo eso se imponga la ley, para lograr justo lo contrario de lo que pretendía esa ley. No es excepcional el caso de un arzobispo católico que, al llegar a su sede (una de las principales del mundo), anuló de un plumazo los permisos

---

588 «Dei oun ton episkopon (...) einai (...) epieke» (1 Tim 3, 2—3). Algunos textos traducen por «conviene», pero se usa el verbo «ser necesario».

589 *Summa Theologica*, pars II-II, quaest. 120, art. 1.

590 Este adjetivo *epieike*, referido al obispo, se suele traducir por *amable o moderado*. Pero su sentido es mucho más profundo e interesante, pues proviene de *epi* (sobre) + *eikos* (razonable). Para entender el adjetivo *epieike*, hay que comprender qué concepto sea la *epieikeia*. El cual, aunque se suele traducir por *equidad* o *justicia*, de un modo más exacto se define como «justicia más allá de la ordinaria justicia», dicho de otro modo «ser verdaderamente justo yendo más allá de las estrictas normas, para guardar el espíritu de la ley».

a los ocho exorcistas de su archidiócesis, exorcistas con una larga experiencia[591]. Frente a ese modo de actuar, resulta un sermón en sí mismo la exégesis de la palabra epieike usada por San Pablo respecto al gobierno de los obispos:

> Mucho antes de que el Nuevo Testamento usara la palabra *epieikeia*, esta palabra ya tenía una gran historia en los escritos griegos de ética. (...) La palabra reconoce que hay ocasiones en las cuales un acierto «legal» puede llegar a ser un error «moral». Aristóteles discute *epieikeia* en su Ética a Nicómaco. Dice que *epieikeia* es lo que es justo y algunas veces mejor que la justicia[592].

Barclay nos ofrece una reflexión luminosa tras su exégesis de este término bíblico. Una reflexión en la que resulta imposible decir más con menos para el enfoque del gobierno episcopal, cuando al llegar un obispo a una diócesis, se encuentra con el ministerio de oración de liberación ya funcionando:

> Lo fundamental y básico de la *epieikeia* es que se remonta hasta Dios. Si Dios se aferrara a sus derechos, si no nos aplicara otras normas que las de la ley, ¿Dónde estaríamos?[593]

Y esa reflexión se aplica para el obispo celoso que quiere «poner orden». Porque resulta inaceptable la postura del que se ampara en la ley para anular definitivamente el ministerio. La norma se creó para realizar bien este servicio eclesial, no para su destrucción, ni para hacer su ejercicio odioso a aquellos que ya lo estaban realizando de un modo espontáneo, pero adecuado, *extra legem*, pero no *contra legem*.

Lo relativo al cauce jurídico que debería darse a los laicos con un carisma especial, ya ha sido tratado en la presente obra en el apartado titulado *La gracia del bautismo, los carismas y el pentecostalismo* (cap I, 2.1.1), y a él nos remitimos. En relación a esto, permítasenos un apunte histórico que nos ofrece el profesor Sluhovsky en su excelente estudio sobre el exorcismo:

---

591 Cf. Archivo Personal, n.101, pg 52.

592 William Barclay, *Palabras Griegas del Nuevo Testamento*, Casa Bautista de Publicaciones, El Paso 1977, 9ª edición 2002, pg 73.

593 William Barclay, *Palabras Griegas del Nuevo Testamento*, pg 73.

> Este esfuerzo regulatorio fue parte de una delimitación más amplia de las fronteras entre lo sagrado y lo profano, y entre lo natural, lo preternatural y lo sobrenatural que tuvo lugar en el siglo XVI, antes del Concilio de Trento. La Iglesia inició una campaña sistemática para controlar todas las actividades que tenían que ver con lo milagroso y lo sobrenatural. El esfuerzo reformador tuvo como objeto no solo la clericalización del exorcismo, sino también la reforma del clero mismo[594].

El citado profesor Sluhovsky, muestra como la «clericalización del exorcismo» ocurrida en el siglo XV y XVI, tuvo por objeto acabar con toda la charlatanería y todas las prácticas materiales que acabaron por acompañar el exorcismo en tantos laicos, así como frailes que por su cuenta lo practicaban. Sin ese esfuerzo de la jerarquía, ahora tendríamos un exorcismo más devaluado, un acto carente de prestigio. Por eso, los laicos deben entender que no hay alternativa al control episcopal.

El carisma abandonado a sí mismo conllevaría la aparición de las formas más aberrantes de oración de liberación. No solo aparecerían todas las versiones exaltadas de exorcismos realizadas por pastores evangélicos fanáticos no sometidos a ninguna autoridad que su propio entender, sino que aparecerían otro tipo de exorcismos mezcla de cristianismo con superstición. Un ejemplo de ello lo encontramos en las regiones donde se ha dado el exorcismo popular unido al fenómeno del tarantismo:

> Se pensaba que [el tarantismo] era causado por la mordedura de una tarántula, la cual causaba la posesión. Aunque la enfermedad se manifestaba por largos estados de depresión, se creía que la mordedura de la tarántula podía causar que el paciente danzara salvajemente. El ritual terapeutico, repetido anualmente, hacía que el paciente danzara hasta quedar exhausto[595].

Un ejemplo de este tipo de prácticas exorcísticas colectivas practicadas por laicos lo tenemos en Fraga (Huesca, España). Se trata de una práctica mezclada con elementos completamente aje-

594 Moshe Sluhovsky, *Believe not every spirit: possession, mysticism, & discernment in early modern Catholicism*, University of Chicago Press, Chicago 2007, pg 62.

595 Mariko Namba y Eva Jane Neumann, *Shamanism*, edición de los autores, Santa Barbara (California) 2004, pg 250.

nos a lo que debe ser un exorcismo. En 1937 tuvo el último episodio de este modo hacer las cosas:

> Este [el poseído] se colocaba bien en el patio de su casa, bien en la calle. Lo importante era que acudiera el máximo número de vecinos a cantar y a bailar alrededor del enfermo, acompañados de guitarras y otros instrumentos. En compensación, la familia del atarantado ofrecía un banquete a los asistentes, consistente en aceitunas, vino y embutidos[596].

Consideramos que la mera descripción de estas pseudoprácticas de liberación es suficiente, para comprender como la consideración de lo que es el exorcismo se nos puede escapar de las manos. Si no existe un control episcopal, podemos pasar del puro concepto bíblico de exorcismo, a rituales folclóricos que nos alejarían cada vez más de la realidad transmitida por los Sinópticos.

596 María Tausiet, «La Fiesta de la Tarántula: júbilo y congoja en el Alto Aragón», en *Dialectología y Tradiciones Populares,* vol. LXIV, n.2, , julio-diciembre 2009, pg 70.

VI

Concentración del ministerio

Aceptada la necesidad de poder ofrecer este servicio eclesial que es el exorcismo, queda por resolver la cuestión de la medida y modo de organizar este ministerio. Justo es reconocer, que el ministerio puede ser organizado de muy diversas maneras. Antes de afrontar el tema de la concentración diocesana de este ministerio, creemos conveniente decir unas palabras acerca del ideal, a menudo repetido, de un retorno a la simplicidad de los primeros tiempos.

La idea del retorno a la praxis post-apostólica

Como ya se ha mencionado varias veces en esta obra, existe toda una corriente de opinión que considera que la práctica del exorcismo debe ser dejada al libre albedrío de cada sacerdote, sin ninguna restricción canónica. Los defensores de la «libertad exorcística» consideran que hubo un tiempo feliz en que la completa libertad de los carismas nacía de la inexistencia de leyes. Y que esa situación es la que hay reproducir en la actualidad. Los que están a favor de esta postura, desconocen que en la era postapostólica *algunos de los registros más tempranos que tenemos sobre la vida de esas iglesias son de carácter canónico*[597]. No solamente la juridi-

597 James A. Coriden, *Introduction to Canon Law*, Burns & Oates, Londres 2004, 2ª ed., pg 11.

cidad aparece desde el mismo comienzo[598], sino que además esos textos *reflejan los conflictos y disputas que atribularon a las iglesias locales*[599]. Sea por la aparición del montanismo, el mesianismo y el donatismo, sea por razones internas de las comunidades, lo cierto es que *el hecho indudable es que la profecía del cristianismo primitivo entró en una situación de crisis, confusión y conflicto*[600].

Esa idea de la ajuricidad como sinónimo de la libertad, suele obviar el hecho de que la autoridad carismática por sí misma resulta fuertemente vertical y difícilmente cuestionable. Doy por supuesto que en un escenario de debilitamiento de la supervisión episcopal, el exorcismo y la dirección carismática formarían una unidad cada vez más fuerte. Doy por descontado de que la completa ausencia de autoridad episcopal daría lugar a un proceso en el que, en la práctica del exorcismo, la Teología sería sustituida por una especie de «línea directa con Dios». O dicho de otro modo, la objetividad de la Teología sería combatida por la subjetividad de la directa comunicación de los videntes. Hablando de la época del Pastor de Hermas y Justino, escribe Hvidt: *Fue en este periodo de la historia de la Iglesia que ocurrió la compleja transición de una vertical autoridad carismática, a una autoridad más horizontal que es la que se ha prolongado en la historia*[601].

Frente a la postura de completa no restricción, creemos haber mostrado (que no demostrado) en la presente obra razones para tres afirmaciones esenciales:

a. Que los laicos, ni por el mero hecho del bautismo, ni por el hecho de tener fe,poseen el poder de exorcizar. Resulta, por tanto, razonable afirmar que los laicos carecen del poder de exorcizar. Lo cual no obsta para que, como excepción, haya habido laicos dotados de tal carisma.
b. Que, desde muy pronto, la Iglesia vio la conveniencia de pasar de un ejercicio no organizado de este ministerio, a

598 Por ejemplo, la *Didajé* es, entre otras cosas, una colección anónima de instrucciones disciplinares, y fue escrita alrededor del año 100.

599 James A. Coriden, *Introduction to Canon Law*, pg 11.

600 Victor Masalles, *La profecía en la asamblea cristiana*, Editrice Pontificia Università Gregoriana, Roma 2001, pg 343.

601 Niels C. Hvidt, *Christian Prophecy:The Post-Biblical Tradition: The Post-Biblical Tradition*, Oxford University Press, Nueva York 2007, pg 189.

limitarla a un número determinado de personas. Grupo que inicialmente fue de laicos, presbíteros y clérigos a los que se les habían conferido órdenes menores, y que con el pasar del tiempo ese grupo fue conformado solo por presbíteros.

c. Que el ejercicio irrestricto de este tipo de oraciones suele atraer precisamente a las personas menos indicadas para ello. Bien sea porque éstas (presbíteros o laicos) se encuadran en una mentalidad demonocéntrica, bien porque se realice por razones no rectas: codicia material o afán de protagonismo.

Los laicos que, en el principio de la Iglesia, ejercieron este ministerio, probablemente realizaban oraciones de liberación (las llamaran como las llamaran) por carecer de carisma alguno; otros laicos, los menos, sí que realizaron un verdadero ministerio exorcístico.

Por todo lo cual, enmarcándonos en la tradición eclesial que hemos recibido, consideramos que el ministerio del exorcismo debe permanecer limitado en cuanto a los presbíteros que lo desempeñen. Del mismo modo, el ministerio de liberación conviene que esté limitado a un grupo de oración especializado; o a varios grupos si las dimensiones de la diócesis así lo aconsejan. Las razones que se van a ofrecer a favor de la concentración del ministerio del exorcistado, valen para liberación, como se va a ver.

Concentración diocesana

Dos modos de organización

Ahora bien, aun ateniéndonos estrictamente al canon 1172, caben dos posibilidades de organizar este ministerio en una diócesis, dos posibilidades bastante diversas, cada una con sus ventajas e inconvenientes. Dos opciones a las que nos vamos a referir varias veces y a las que vamos a denominar como la opción del *numerus irrestrictus* y la del *numerus restrictus*:

a. **Numerus irrestrictus**: Es el criterio por el cual se concedecon liberalidad el permiso de exorcizar a todos aquellos presbíteros dignos que lo soliciten. Obsérvese que se concede no a todos los presbíteros, sino a todos los que sean dignos[602] de recibir tal permiso cada vez que surja una necesidad.

b. **Numerus restrictus**: Es el criterio por el cual existe la voluntad de restringir el permiso de exorcizar a un solo presbítero o a unos pocos. Más o menos clérigos, pero siempre con la determinación de que sea un número lo más restringido posible.

La ventaja de una concesión generosa de este permiso, es que el ministerio del exorcismo pasa a ser una fuente de catequesis personal para el sacerdote y los laicos que le ayuden. La experiencia demuestra que el exorcismo constituye un estímulo de santificación para todos los sacerdotes que lo ejerzan, aunque esto suceda una sola vez en la vida. Otro aspecto positivo del *numerus irrestrictus* es que ningún sacerdote quedará oprimido por el trabajo que supone atender a gran número de posesos o personas con influencias demoniacas. Sino que cada individuo afectado será atendido con el interés y la frescura que el presbítero suele dedicar al atender el primer caso de esta naturaleza que se le presenta. Mientras que cuando en la diócesis existe un único exorcista, el ministerio acaba siendo percibido por los fieles como la posesión de un poder peculiar de naturaleza personal. Mientras que en el *numerus irrestrictus* la dimensión eclesial queda más clara; destacándose no tanto el ministro, como la dignidad del sacramento del orden.

Por otro lado, la ventaja del *numerus restrictus* es que la experiencia se acumula en un solo clérigo. Y como decía el Padre Amorth: *Uno no llega a ser exorcista solo, sino con grandes dificultades y al precio de inevitables errores a costa de los fieles*[603]. Por más que el ministro quiera ser fiel a los consejos del ritual, por más que no quiera salirse de lo que allí está escrito, se producirá una cierta experimentación, un proceso de aprendizaje, que no se puede hacer más que a costa de los sujetos a los que el exorcista va a atender.

No afirmamos con esto que la eficacia del exorcismo que va a recibir un poseso, será mejor con un exorcista experimentado, que con uno que va a realizar el exorcismo por primera vez. Y

602 «El Ordinario del lugar concederá esta licencia solamente a un presbítero piadoso, docto, prudente y con integridad de vida», CIC, canon 1172 § 2.

603 Gabriele Amorth, *Narraciones de un exorcista*, San Pablo, Bogotá 2002, pg 9.

no lo afirmamos, porque frecuentemente se observa que el entusiasmo, la devoción, la seriedad con la que emprende un exorcismo el sacerdote cuando lo practica por primera vez es muy notable. Mientras que cuando el exorcista realiza este ministerio de forma semanal desde hace años, no resulta fácil sustraerse a una cierta rutina. En ese sentido nos parece que, usualmente, el fervor compensa la falta de experiencia.

Pero hay una razón por la cual la experiencia del sacerdote experimentado resulta insustituible por ningún otro elemento, y este es el conocimiento para discernir los casos. Y es que esos conocimientos que solo los dan los años de experiencia, resultan irreemplazables por la buena voluntad. El ritual de exorcismo lo puede llevar a cabo cualquier presbítero ornado de prudencia y de una cierta vida espiritual. Deberá limitarse a seguir las rúbricas y a actuar con sensatez. Pero qué duda cabe que la competencia adquirida tras, por ejemplo, una década de ejercicio del exorcismo de forma semanal, le ofrece una experiencia formidable a la hora de abordar de enjuiciar si alguien padece o no un problema cuya causa es demoniaca.

Aun así, incluso el exorcista sabio puede equivocarse. El psiquiatra Colin A. Ross advirtió:

> Esas pruebas [invocación del nombre de Jesús, exorcismos] proporcionan diagnósticos falso-positivos en los casos de desorden disociativo. Ya que una personalidad alterada con una temática demoniaca reaccionará a tales pruebas en la manera prescrita culturalmente, justamente como se supone que lo haría un demonio[604]
>
> Aunque los pacientes con el desorden de múltiple personalidad están diagnosticados, por definición, como poseyendo más de una personalidad, en realidad no es así. Las diferentes «personalidades» son componentes fragmentados de una única personalidad, que están anormalmente personificados, disociados unos de otros[605].

Esta advertencia no debe ser minusvalorada. Incluso el más experimentado exorcista puede equivocarse. Pero los problemas

---

604 Colin A. Ross, *The Osiris Complex: Case Studies in Multiple Personality Disorder*, University of Toronto Press, Toronto 1994, pg 126.

605 Colin A. Ross, *The Osiris Complex: Case Studies in Multiple Personality Disorder*, introducción, pg IX.

para este ministerio provienen tanto de olvidar esta cautela, como de tenerla presente de un modo desaforado. Y así no resulta infrecuente, que esta cautela sea la única que saben los recién nombrados exorcistas si tienen una tendencia racionalista.

De ahí que el procedimiento para discernir en el exorcista neófito resulta con frecuencia un acto que tiene más de inquisitorial, que el de un padre que acoge al hijo necesitado. Y es que aunque la necesidad del que acude sea meramente psicológica y no demoniaca, merece ser atendido con hospitalidad y cariño.

Philippe Madre[606] acertadamente escribía: *El ministerio (...) comienza por tomar los medios concretos para acoger (a través de uno u otro de los miembros del equipo) a las personas atormentadas. Y esto con una mirada cristiana de compasión hacia ellas. De lo contrario, sería mejor renunciar a asumir esta clase de ministerio*[607]. Resulta triste pero necesario advertir con toda claridad, que en no pocas diócesis sería mejor que el obispo no hubiese nombrado a nadie para recibir los casos, habiéndose convertido esta recepción en un proceso burocrático que solo sirve para exasperar a los fieles.

Uno puede imaginarse cómo reciben a esos fieles los exorcistas oficialmente nombrados para este ministerio en ciudades de millones de habitantes que, al ser entrevistados por los medios de comunicación, tratan de locos a aquellos que reciben y se ufanan de no haber realizado ni un solo exorcismo en doce[608] o catorce años[609]. Suele haber una relación directa entre falta de *entusiasmo episcopal* acerca de este ministerio, y el proceso psicoanalítico-inquisitorial, a la hora de recibir a estas pobres personas, por parte de aquellos nombrados sin la más mínima intención de ejercer el exorcismo. *En nombre de esta «misericordia hospitalaria»*,

606 Dado que este autor, médico, diácono casado, y autor de varios libros espirituales, especialmente sobre sanación, es citado varias veces en esta obra, creemos que es justo mencionar que son muchos los portales de noticias eclesiales, que dieron la noticia de que fue reducido al estado laical después que un tribunal eclesiástico de la archidiócesis de Toulouse lo declarara culpable (20 de mayo de 2010) de abusar de su posición espiritual para cometer pecados sexuales. Sirva esta nota para dejar constancia de ello.

607 Philippe Madre, *Curación y exorcismo: ¿Cómo discernir?*, San Pablo, Bogotá 2007, pg 265.

608 Arch.Per., n.8, pg 12

609 Arch.Per., n.9, pg 12.

una persona con problemas y que cree estar atormentada por el Maligno, debe poder sentirse acogida sin ser juzgada[610].

Frente a esta mala praxis que procede de una equivocada visión teórica, hay que esforzarse en crear un verdadero ministerio espiritual, acogedor y profesional. Eso no se crea en un día, se forma con el tiempo. El criterio del *numerus restrictus,* ciertamente, favorece esa profesionalidad. Pero ambas opciones, ambos criterios, tanto el del *númerus restrictus* como el otro, tienen sus ventajas y sus inconvenientes. Sea cual sea la opción que se prefiera, los obispos deben tener mucho cuidado respecto a quién otorgan el permiso para ejercer este ministerio. Pues jamás debe ocurrir que se realice el ritual de exorcismo sobre alguien que, en realidad, padeciera una enfermedad mental. Lo cual si saliese a la luz pública, daría lugar a un gran desprestigio de la Iglesia. No importa que se realice este ministerio fructuosamente en cien casos, bastará un solo error en este campo, para que los medios de comunicación se echen encima con saña.

De ahí que convenga que el discernimiento se realice por parte de alguien que ofrezca la máxima seguridad. Y eso solo se logra a base de años de experiencia. Los sacerdotes que en la Iglesia han alcanzado ese nivel de conocimientos que los convierte en garantes de la autenticidad de los fenómenos genuinamente demoniacos, deben ser considerados como un bien precioso. Máxime cuando esos conocimientos, por su propia naturaleza, no se pueden adquirir en ningún centro académico del mundo.

Concluyendo, aun siendo lícita una concesión liberal del permiso de exorcizar a muchos presbíteros, consideramos que el criterio del *numerus restrictus*es el que ofrece mayores garantías. No solo porque permite la especialización, sino especialmente porque es el único modo para evitar errores que, de darse, provocan consecuencias muy graves para la credibilidad de la Iglesia. En una sociedad como actual en la que los medios de comunicación son tan hostiles, creemos que resulta más prudente que prevalezca el criterio de la seguridad, tanto para bien del sujeto como para bien de la Iglesia en general. El mejor modo de servir al ministerio del exorcismo, será cuidar la calidad de los exorcismos y no multipli-

---

610 Philippe Madre, *Curación y exorcismo: ¿Cómo discernir?*, pg 265.

car su número. Dejando claro, eso sí, que el que necesite de este ministerio tiene derecho a recibirlo. Y que su número, por tanto, vendrá determinado por la necesidad.

Si hasta ahora hemos ofrecido como razón a favor *numerus restrictus*, la calidad del servicio prestado *per se*, hay otra razón mucho menos espiritual, pero que debe tenerse en cuenta: la facilidad para vigilar este ministerio. Ya no digamos nada si esas prácticas se realizan sobre menores de edad. Tengamos presente que se realizó un estudio para analizar el tema del maltrato a niños, por causa del exorcismo y la brujería en el Reino Unido,desde el año 2000 al 2005. *Se identificaron setenta y cuatro casos de abuso claramente ligados a acusaciones de posesión y brujería*[611]. Hasta ahora, la Iglesia Católica se ha visto exenta de escándalos que combinen estos dos elementos: niños y erróneas prácticas exorcísticas. Pero como se ve, por lo que observamos en otras confesiones, el tema de los abusos practicados con excusa del exorcismo, no debe ser minimizado de ninguna manera y la supervisión episcopal ha de ser continúa.

De ahí que el criterio restrictivo se podría mantener lícitamente, aunque solo se sustentara sobre la base de una razón práctica: únicamente se puede mantener una vigilancia episcopal si es sobre unos pocos lugares y grupos. Pues hay que reconocer las limitaciones de la supervisión episcopal. Ésta no se puede ejercer si el ministerio se puede practicar en todas las parroquias, en cualquier momento, por cualquier ministro. Ya no digamos nada, si este ministerio pudiera ser realizado por cualquier grupo de laicos católicos en cualquier lugar, incluyendo casas privadas. El tema es muy serio, pues cuando hablamos de abusos, no estamos hablando de cosas sin importancia. A veces, incluso, esto significa *golpes, hambre o aislamiento*[612]. Un pastor acusado por la muerte de un menor en un exorcismo en Milwaukee, dijo durante el juicio: *Mi iglesia va a hacer exactamente lo que la Palabra de Dios nos dice que hagamos*[613]. El caso de Daniel Corogeanu, sacerdote

---

611 Eleanor Stobart, «*Child abuse linked to accusations of Possession and Wichcraft*», en Jean S. La Fontaine, *The Devil's Children: From Spirit Possession to Witchcraft*. Ashgate, Surrey 2009, pg 151.

612 Eleanor Stobart, *Ibidem*, en Jean S. La Fontaine, *The Devil's Children: From Spirit Possession to Witchcraft*, pg 151.

613 Shawn Francis Peters, *When Prayer Fails: Faith Healing, Children, and the Law*, Oxford University Press, Nueva York 2008, pg 210.

ortodoxo rumano es un ejemplo de como dentro de iglesias con jerarquías episcopales vigilantes, pueden darse aberraciones de este tenor. Este sacerdote exorcizó a Maricica Irina Cornici, novicia de veintitrés años en un convento del noreste de Rumanía. Lo que sucedió queda reflejado las siguientes líneas:

> La Policía dijo que a la monja de veintitrés años de edad se le negó el agua y la bebida durante ese tiempo. La cual estaba atada y encadenada a una cruz. Una toalla había sido introducida en su boca para sofocar cualquier grito[614].

Como se ve, todas las precauciones son pocas, en un campo en el que hay ministros que pierden la cabeza. Podemos congratularnos de que el criterio restrictivo usado hasta ahora, ha producido sus frutos. Ninguno de esos casos involucró a la Iglesia Católica. Y eso que 20 de los 38 casos estudiados en el Reino Unido, en el informe antes citado, eran de familia cristiana[615]. Cosa que no puede decirse de otros grupos cristianos que no se someten a jerarquía alguna por encima de la propia comunidad. Como se ve, la libertad del ministerio tiene su precio. Y, evidentemente, no es lo mismo que se hunda la reputación de un pastor evangélico independiente, que el que se haga un daño a la reputación de la entera institución de la Iglesia Católica. La protección de los que piden ayuda (niños, adultos, enfermos mentales), la reputación de la Iglesia y el evitar el pago de indemnizaciones[616], ofrecen una base más que suficiente para no cambiar el actual criterio normativo.

Que el criterio del *numerus restrictus* era el mejor modelo organizativo para un ministerio tan delicado, es la conclusión a la

---

614 BBC, http://news.bbc.co.uk/2/hi/europe/4107524.stm [18 de junio de 2005].

615 Eleanor Stobart, *Child abuse linked to accusations of Possession and Wichcraft*, Department for Education and Skills, Research Report RR750 (Crown Copyright 2006, ISBN 1 84478 735 4), pg 13.

616 Si la proposición de ley *Exorcism of Children (Prohibition) Act 2001*, presentada a la Cámara de los Comunes del Reino Unido, hubiera sido aprobada, realizar un exorcismo a un menor de dieciseis años (aun con el consentimiento y presencia de sus padres), hubiera supuesto una multa automática que hubiera podido llegar a las 5.000 libras y la posibilidad de hasta seis meses de cárcel. Eso solo por realizar el exorcismo, sin que ningún daño se hubiera causado. La ley puede consultarse en House of Commons, Publications & Records, sessions 2000-2001, Bill as presented to the House of Commons on 15th February 2001. http://www.publications.parliament.uk/pa/cm200001/cmbills/033/2001033.htm#2 [18-diciembre-2012]. Esta ley es citada en el Reino Unido como la Exorcism of Children (Prohibition) Act 2001.

que llegó también la Iglesia a mediados del siglo III[617], restricción que se hizo obligatoria (regional o universalmente) a principios del siglo V[618].

La idea de la especialización implica ofrecer un mejor servicio a los fieles que lo requieran, aunque sea para sentenciar con auténtica autoridad: usted no está poseso. Incluso en esos casos, los que se acercan a la Iglesia en busca de una respuesta, no se quedan tranquilos hasta que alguien dotado de autoridad no les da una respuesta que ellos consideran definitiva. Y para lograr ese dictamen seguro no les importa emprender un largo viaje, pues aunque son muchos los sacerdotes de una diócesis, los laicos perciben muy bien quién está dotado de esa autoridad y quién no.

A favor del criterio de la especialización y, por tanto, de la restricción nos encontramos, asimismo, con otros muchos detalles que, aunque puedan parecer menores, después en la práctica no lo son. Esas pequeñas ventajas consisten en que la especialización permite conformar un equipo de laicos que ayuden al sacerdote de forma habitual. Pocas cosas son tan útiles a un buen exorcista, como un grupo de colaboradores con experiencia, no solo para el desarrollo del exorcismo, sino para discutirlo, recibir distintas opiniones, así como para ayudar en muchas cuestiones materiales necesarias: traer y llevar al poseso si no tiene él quien lo haga, inmovilizarlo durante la sesión de un modo efectivo, aprender a sujetarlo fuertemente pero sin que se le haga daño al poseso, limpiar rápidamente el lugar si se han producido vómitos o derramamiento de otras inmundicias sin que eso interrumpa la sesión, etc.

Un grupo fijo de laicos que sepan guardar secretos permite mantener la discreción respecto a las sesiones. La especialización permite también buscar y preparar un lugar que resulte óptimo para el ejercicio de esta misión: un lugar en el que los gritos no se escuchen fuera del templo, un lugar que no interrumpa actividades pastorales, etc.

El equipo de colaboradores debería, asimismo, constituir un permanente grupo de observadores imparciales y experimentados

---

617 Ya vimos, anteriormente, la carta datada en el año 215 del Papa Cornelio al obispo Fabio, en la que se mencionaba el orden de los exorcistas existente en la Iglesia de Roma. CORNELIO I, PAPA,*Carta a Fabio, obispo de Antioquía.*

618 Carta del Papa Inocencio I a Decencio, obispo de Gubbio, datada alrededor del año 416. PL 20, 557-558.

de la labor del exorcista. Los cuales si llevan ayudando muchos años, pueden cumplir la función de advertir al sacerdote de cualquier desviación que observen. De forma que si la desviación fuera grave y no se remediara, ellos pudieran poner sobre aviso al Ordinario del Lugar. El aspecto fiscalizador de un grupo experimentado supone otra medida más de seguridad en el ministerio. El exorcista o el vicario episcopal encargado de supervisar este ministerio (si lo hay) deberían hacer conscientes al grupo de esta misión de observación y vigilancia. Lo ideal es que los laicos hayan sido aleccionados, de forma expresa, acerca de esta faceta de su labor, y que el exorcista, al ser nombrado, acepte esta situación como una medida razonable y lógica.

Por supuesto que, en cualquier grupo, siempre hay personas que se vuelven problemáticas con el tiempo, o surgen enfrentamientos personales incluso entre individuos de magnífica valía. El exorcista, dialogando con el grupo, podrá remover a aquel integrante que vea que no se ajusta al trabajo en equipo. Pero toda acusación razonable merece ser investigada. Pues cuando un problema grave surge en este ministerio, suele dar señales de alarma antes de que aflore de un modo más público y escandaloso.

Este criterio de la especialización de ningún modo significa que sea mejor que solo haya un exorcista en la diócesis. Siempre es preferible que se nombren a varios sacerdotes para este ministerio, como se hace en bastantes archidiócesis[619]. Una de ellas cuenta, incluso, con un colegio de doce presbíteros[620]. En incluso en este caso, dadas las dimensiones de esa archidiócesis, eso no significa que se aparten del criterio aquí enunciado del *numerus restrictus*. Resulta interesante observar, no obstante, que algunas diócesis han comprobado ya que el número múltiple de los exorcistas, no de por sí les ha hecho constituir un equipo, sino, por el contrario,

619 Número de exorcistas por diócesis: Roma 6, Turín 6, París 2. Todas las diócesis de España sumaron 3 hasta el año 2013. Después en Madrid se nombraron 8. La isla de Sicilia 20. En toda Italia unos 100. Estos datos son válidos en la fecha de redacción de esta nota, en el año 2013.

620 Archidiócesis de Milan, desde noviembre de 2012. Dato que contrasta con la inexistencia de exorcistas de la Archidiócesis de Nueva York en el periodo que va desde el año 2000 al 2009.

una suma de individualidades. Trabajando de forma enteramente aislada y sin voluntad de contacto entre ellos[621].

A pesar de todo, el que, al menos, sean tres los exorcistas diocesanos, permite que entre ellos se puedan intercambiar conocimientos, discutir los casos y corregirse fraternalmente entre sí si se observa una praxis no correcta en alguno de los presbíteros. El que formen un equipo, no significa que los tres tengan que estar presentes en cada exorcismo, pero será muy beneficioso el que los casos pasen de unos a otros con cierta facilidad en orden a obtener una segunda opinión. La búsqueda de segundas opiniones, lejos de verse como un signo de desconfianza, debe verse como un modo de obtener apreciaciones diversas y enriquecedoras para los presbíteros miembros de un equipo exorcístico. Muy por el contrario, la cerrazón a admitir pareceres en disenso, la terquedad en el modo de defender los propios juicios, deberán verse como una degeneración del ejercicio del ministerio. El ejercicio colegial de esta labor diocesana minimizará estas rigideces que aparecen con los años.

Este equipo exorcístico evitará asimismo lo que ha sucedido continuamente a lo largo de la Historia: por más que se acumulara la experiencia en un santo exorcista, cuando este moría se perdían todos esos conocimientos y el ministerio desaparecía de la diócesis, o el que era nombrado para tomar el relevo tenía que partir de cero. Un equipo exorcístico diocesano permite una continuidad. Bien es cierto, que lo aquí expuesto es el modo ideal de organizar las cosas, pero en la práctica observamos el ejercicio continuado de este ministerio se da únicamente en aquellas personas que han sido llamadas por Dios para una vocación tan específica.

Aunque los rituales litúrgicos y el Derecho Canónico puedan ofrecer la sensación de que el ejercicio del ministerio se ha operado a lo largo de los siglos de un modo automático (existe la necesidad, se pone el remedio), la Historia de la Iglesia nos muestra que el exorcismo como ministerio habitual solo ha sido ejercido por ministros que han sentido una especial llamada a ello. Sin estas características de naturaleza enteramente personal, la voluntad del obispo resultará insuficiente, para evitar que el sacerdote se canse y realice esta labor cada vez con menos interés y dedicando progresivamente menos tiempo.

621 Ése es el caso de dos grandes archidiócesis europeas con 4 exorcistas en una y 6 la en otra y en la que la colaboración entre ellos es nula.

La ausencia de exorcistas en cada diócesis durante los siglos pasados, fue la razón de la existencia de santuarios que se convirtieron en centros exorcísticos en Francia[622], España[623] y otros lugares[624]. La fama de cada uno de esos lugares probablemente nació de algún exorcista que convirtió el lugar en un centro de atracción para las personas necesitadas de este ministerio. La misma existencia de estos santuarios nos muestra indirectamente que en el medievo la práctica exorcística no estaba tan generalizada como la mentalidad popular actual cree respecto a esa época.

Un tercer modelo organizativo

Ahora bien, el *numerus restrictus* no podrá aplicarse en lugares de misión, donde las distancias hagan que resulte oneroso desplazarse cada semana a gran distancia. La experiencia actual, en conformidad con los relatos de siglos pasados, nos muestra que no pocos casos se prolongan durante varios meses. El Padre Amorth lo dice meridianamente claro en sus libros que para obtener la liberación *se necesitan muchos exorcismos, a menudo practicados durante años*[625], y ésa es la experiencia de todos sus colegas.

Pedir a una familia que traslade a un poseso cada semana más allá de una hora de ida, más otra hora de vuelta, no es razonable. Una hora de distancia en un viaje debe considerarse un máximo que

---

622 Por ejemplo, en Francia hubo varios santuarios que fueron centros exorcísticos: Notre Dame de Ardilliers (cerca de Saumur), en el norte de Francia Notre Dame du Liesse, Notre dame du Calvaire de Beth-Aram (Bétharrem, en Gascoña), Notre Dame de Bon Encontre (Agenais, Aquitania). Acerca de los santuarios mencionados, véase Moshe Sluhovsky, *Believe not every spirit: possession, mysticism, & discernment in early modern Catholicism*, University of Chicago Press, Chicago 2007, pg 57.

623 La Catedral de Jaca, la Ermita de San Roman en Ponzano (Huesca), San Zoilo de Carrión, por citar algunos. En el Monasterio de Santo Domingo de Silos, uno de cada cuatro hechos extraordinarios consignados en los archivos de esa abadía, tiene que ver con el exorcismo. Acerca de este último y su muy documentada actividad, véase Anthony Lappin, *The medieval cult of Saint Dominic of Silos*, Maney Publishing, Leeds 2002, pg 151.

624 En Italia, por ejemplo, la Basílica de San Pedro del Vaticano o San Geminiano en Módena. Moshe Sluhovsky, *Believe not every spirit: possession, mysticism, & discernment in early modern Catholicism*, pg 65.

625 Gabriele Amorth, *Habla un exorcista*, Planeta, Barcelona 1997, pg 31

no debe rebasarse[626]. En una situación así hay dos elementos: El bien de la diócesis, salvaguardado a través de la seguridad que ofrece la especialización de ministerio, y el bien del sujeto que pide ayuda.

El bien de la diócesis no debe protegerse colocando una carga intolerable sobre las espaldas no solo del sujeto que pide este servicio a la Iglesia, sino de las cuatro o cinco personas que tendrán que acompañar al miembro poseso de la familia. Al fin y al cabo, el ministerio del exorcismo es un servicio de ayuda a los fieles, no una concesión graciosa por parte de la autoridad o una especie de privilegio. Las cautelas pueden convertir la ayuda en un oneroso yugo. Esas cautelas (previas al exorcismo o durante el exorcismo) pueden, de hecho, anular el ministerio.

¿Cómo solucionar tal problema? Un camino de solución es una tercera vía entre el *numerus restrictus* y el *irrestrictus*: el *numerus commixtus*. El criterio del *numerus commixtus*es aquel por el que un obispo decide que el discernimiento de los casos en su diócesis los realice un solo especialista o unos pocos, pero que el permiso para realizar el exorcismo se conceda al sacerdote adecuado más cercano al lugar de residencia del poseso. Este camino tiene sus ventajas, ya que se evita el cansancio de un solo sacerdote, se ofrecen la oraciones en un lugar próximo a la residencia del poseso, además lo que resulta difícil es discernir, después se trata solamente de proseguir con un ritual. Es en la fase de discernimiento donde se debe extremar la precaución.

Como se ve, el *numerus commixtus* no es un camino intermedio entre la concentración del ministerio en un solo exorcista, o la dispersión del ministerio entre muchos presbíteros. No es una cuestión de cantidad de exorcistas, sino que se trata de una tercera vía distinta de las dos precedentes: la diferenciación ministerial entre discernimiento y realización del ritual.

De ahí que el criterio del *numerus commixtus*antes ofrecido (discernimiento por parte de un especialista, exorcismo por parte de un ministro próximo) sea una buena solución para resolver el problema de las distancias. Aspecto este de las distancias que se torna un problema capital en la mayoría de los exorcismos; y esto no solo en lugares de misión. Pero también hay que advertir

626 Acerca de por qué no debe rebasarse este límite, véase Apéndice, nota 38.

que este tercer camino, aun siendo una buena solución, es menos preferible a la situación en la que el especialista se encarga tanto del discernimiento como del seguimiento del entero proceso del exorcismo. Muchas veces, la observación del poseso durante el exorcismo, así como la evolución del caso a lo largo de las semanas, ofrecen datos inestimables acerca de cómo proceder y qué aconsejar a un individuo. Por lo cual, aun resultando razonable, en algunos lugares, la separación de discernimiento, exorcismo y acompañamiento espiritual, conviene que estos tres elementos se realicen formando un todo unitario allí donde sea posible.

Lejos de pensar que el proceso de exorcismo supone una secuencia automática de oraciones, que se realiza de un modo impersonal y carente de toda subjetividad, muy por el contrario, el discernimiento-exorcismo-acompañamiento supone una especie de magma en evolución que ofrece la posibilidad de muchos cambios en el sujeto por el que se ora, y que requiere en cada fase de nuevos discernimientos. Ciertamente, se puede hablar de un *discernimiento evolutivo*[627]. Philippe Madre escribía:

> No basta con formular el nombre de uno o varios espíritus malos, ejerciendo autoridad sobre ellos en nombre de Cristo para que desaparezcan espontáneamente. (...) Este mismo discernimiento evolutivo evaluará, al final del exorcismo, si la persona necesita un acompañamiento transitorio en el orden de la curación interior[628].

Esta idea del acompañamiento espiritual (y a veces psicológico) que debe ir unida al exorcismo, es más adecuada que la concepción casi *ex opere operato* del ritual que no requiere de nada más. Si bien es cierto que algunos casos el exorcismo es breve y casi automático, pero en muchos otros no.

Centralización interdiocesana

Una posibilidad que ya ha ocurrido en algún lugar, es que los obispos de una provincia eclesiástica, hayan decidido de común

627 Philippe Madre, *Curación y exorcismo: ¿Cómo discernir?*, pg 251

628 Philippe Madre, *Curación y exorcismo: ¿Cómo discernir?*, pg 250-251.

acuerdo derivar todos los casos a un solo exorcista, absteniéndose de nombrar ellos mismos exorcistas cuando han surgido los casos[629]. Esta medida no resulta negativa dada la situación actual. Resulta preferible que haya un exorcista en cada provincia eclesiástica a que no haya nadie. Constituiría claramente un adelanto hacia la atención pastoral de esta necesidad. Ahora bien, hay que recordar que imponer un viaje largo para cada sesión, resulta un abuso por parte de la autoridad. Cada obispo debe recordar que, a nivel eclesial, estamos hablando de un derecho del fiel. El pastor no puede decidir si da curso a su petición, sino que tiene obligación grave de atender su súplica. Si nos parecería cruel que a un catecúmeno rodeado de parroquias cercanas, se le exigiera un viaje de más de una hora cada semana, durante dos años, para prepararse al bautismo, lo mismo se puede aplicar al poseso. Y eso que el catecúmeno se encontraría en un estado psicológico normal para realizar esos largos desplazamientos, mientras que el poseso no.

Recuerde el obispo que existe una verdadera exigencia de que provea de este ministerio al que lo necesite. No estamos hablando de una conveniencia, si no de una verdadera obligación *sub gravi* que pesa sobre la conciencia del obispo. De manera que organizar este ministerio por provincias eclesiásticas, ciertamente sería un gran paso adelante, pero de forma objetiva no se cumpliría con la obligación personal que tiene el obispo de atender las necesidades de su diócesis en esta materia.

En Sicilia, las diócesis tienen sus propios exorcistas y, además, han organizado una cierta estructura supradiocesana de ayuda en este ministerio:

> Sería deseable que toda Conferencia Episcopal Regional, como ha sucedido en Sicilia, nombrase un obispo o un sacerdote de su confianza para la formación específica y permanente de los exorcistas. De este modo se podría evitar que cada uno de ellos sea dejado solo para que se las arregle como mejor pueda y

629 Dado que los obispos decidieron que tal medida se mantendría en secreto, no consignamos aquí el nombre de la provincia eclesiástica. Pero los datos se pueden encontrar en Arch. Pers., n.38, pg 25.

que deba siempre comenzar desde cero y, por tanto, como autodidacta con riesgos mayores de eventuales errores[630].

La experiencia de Sicilia resulta útil, en la medida en que tal cosa se realice del modo que lo han hecho ellos. Esto es, como un ofrecimiento de intercambios y formación, pero evitando la creación de estructuras supradiocesanas que comporten una jerarquía en este ministerio. Y eso por tres razones:

a. **La verdad jurídica.** En la Iglesia siempre ha existido la relación jerárquica presbítero-obispo, y obispo-Papa, mientras que entre los mismos exorcistas nunca ha existido una jerarquía interna, ni a nivel diocesano, ni a nivel de la Iglesia universal. El ligamen del exorcista siempre ha sido y debe continuar siendo el ligamen entre un presbítero y su obispo.
b. **La variedad de praxis.** Hay sacerdotes que practican el exorcismo más centrados en la adoración eucarística que en ritual alguno. Otros que prefieren una celebración comunitaria frente a la individual. Hay carismáticos que oran en lenguas buena parte del tiempo, otros que rezan la Liturgia de las Horas como parte del exorcismo. Los hay que imprimen al exorcismo un carácter profundamente mariano, constituyendo buena parte de la sesión el rezo de rosario tras rosario con interrupciones para conjurar al demonio. Otros sacerdotes intercalan el exorcismo de largos momentos de oración personal silenciosa. El ritual supone una ayuda eclesial para la realización del exorcismo. Sin que necesariamente el ritual deba ser un camino *sine qua non* para la realización del mismo exorcismo.
c. **El realismo**. Si la experiencia demuestra que relación jurídica y eclesial entre un párroco y su vicario parroquial, muy a menudo, no es idílica en el mundo real. Así también hay que darse cuenta de que una jerarquía de exorcistas sería implantar esa relación (con todos sus problemas asociados) entre presbíteros que trabajan en lugares distintos y, por ende, de forma necesariamente independiente.

---

630 Fra Benigno, *Dalla filosofia all'esorcismo*, Edizioni Rinnovamento nello Spiritu Santo, (nota: el nombre completo del autor no viene mostrado en ninguna página del libro), Roma 2006, pg 74.

El ser humano tiende a imponer sus propios modos de pensar, esto es un hecho, también en el clero. Cualquier tipo de organización supradiocesana al que se le dote de autoridad de unos sobre otros, supondrá *de facto* la imposición de modos personales de hacer y entender el exorcismo. Por todo lo cual, cuando se reúnen los exorcistas de varias diócesis, estos deben estar unidos bajo la figura eclesial de la comunión, no de la subordinación entre ellos. En este campo, una eclesiología de comunión será el mejor modo de preservar una teología plural.

La creación de un equipo diocesano de exorcistas será una realidad muy beneficiosa. En el cual, alguna vez, puede ser útil la existencia de un coordinador, de un *primus inter pares*[631]. Pero debe evitarse, en lo posible, la creación de una especie de jerarquía de diocesana. Ya que, con jerarquía o sin ella, los exorcismos se van a seguir realizando de forma independiente, dado que tienen lugar en lugares diversos. La independencia seguiría existiendo como consecuencia de la naturaleza del mismo acto. La jerarquización solo añadiría conflictos de tipo personal, a unos actos que son independientes de por sí.

Hay que tener en cuenta también, que estamos tratando de una labor que tiene mucho de paternal (en lo que tiene de relación personal con el poseso) y que tiene mucho de arte (en su realización concreta). La irrupción de un tercero entre el exorcista y el poseso, debe hacerse por motivos verdaderamente justificados y que respondan a la veracidad de las relaciones jerárquicas diocesanas

Existe una tendencia humana a considerar que si existe una estructura humana con distintos oficios y jerarquías, el exorcismo estará mejor organizado. La estructura ofrece una sensación de confianza. Sin embargo, los mismos abusos individuales se pueden cometer exista esta estructura jerarquizada o no. La legítima diversidad en el modo de obrar que conlleva la espiritualidad de cada sacerdote, las diversas (pero correctas) formas de entender el mismo hecho del exorcismo, quedarían reducidas a una versión normalizada fruto del consenso. Y a veces la originalidad, la «disidencia» respecto a la praxis común, proviene de una acción determinada del Espíritu en ese pastor. La estructura jerárquica,

---

631 Acerca del paralelismo entre los arciprestes y la figura de un *primus inter pares* entre los exorcistas, véase Apéndice, nota 77.

por su propia dinámica, tiende a la creación de un ejercicio del exorcismo como punto medio comúnmente aceptado.

El exorcismo debe regirse por unas reglas mínimas marcadas por los *praenotanda* del ritual. Con eso, escogiendo bien a los ministros, creando equipos que trabajen en común con espíritu de colaboración, y supervisando el ministerio por parte del obispo, se evitarán los problemas tanto cuanto es posible en una materia como ésta. La centralización, por el contrario, generará incesantes conflictos de carácter personal. El carácter jurídico *sui generis* del exorcismo, es un reflejo de su propia realidad eclesial[632].

El análisis de la eclesiología de este ministerio nos lleva a ofrecer en síntesis estas conclusiones:

a. Frente a la universalidad del permiso para exorcizar, la concentración diocesana es lo más conveniente. No supone ninguna traición al Evangelio y en nuestra época resulta una necesidad. Esto es válido para el ministerio del exorcismo y para los grupos de liberación.
b. Existen tres modelos organizativos legítimos, como se ha expuesto. Creemos que, objetivamente, el mejor es el del *numerus restrictus*.
c. Ofrecer estructuras supradiocesanas de ayuda, encuentro y formación resultará siempre positivo. Pero superando la tentación de una centralización de la praxis. La variedad de praxis, dentro de los límites de lo razonable y de la obediencia al Ordinario, es no solo legítima, sino que supone un enriquecimiento de este ministerio.
d. No solo hay que evitar la tentación de imponer una unificación de la praxis, sino también hay que evitar la tentación de crear jerarquías autoritativas supradiocesanas en este ministerio.

632 Para abundar un más en el tema del juridicismo en torno al exorcismo, véase Apéndice, nota 19.

VII

Exorcismo y ecumenismo

Al hablar de celebraciones ecuménicas, la mentalidad popular ve a la jerarquía eclesiástica como un obstáculo. Esa mentalidad considera que cuanto más se permita hacer, siempre es mejor. Se tiene la idea de que permitir más, es señal de mayor apertura, de mayor primacía del amor. Y que no permitir algo, es signo de estrechez, de legalismo. Eso sería indudablemente así, si no tuviéramos una Verdad que custodiar. Desde el momento que somos depositarios de un conjunto de verdades que preservar, estamos obligados a estudiar cuidadosamente hasta dónde podemos llegar sin traicionar esa Verdad. Y en un segundo lugar, pesa la responsabilidad de considerar, hasta dónde resulta conveniente llegar sin lesionar el servicio a esa Verdad. El primero es un juicio que hace referencia al sistema de verdades que profesamos, y tiene que ver con la dogmática. El segundo es un juicio prudencial que tiene que ver con el arte de gobernar. Si un determinado modo de obrar produce más perjuicios que beneficios a la extensión y preservación de la Verdad, entonces ese obrar debe ser impedido. Smyth, al respecto, escribía: *Las voces culturales dominantes niegan todo límite* [al ecumenismo] *y exageran el papel de la voluntad. Los mensajes, tanto abiertos como subliminales, insisten en que cada dificultad puede ser vencida*[633].

---

633 Geraldine Smyth, «Jerusalem, Athens, and Zurich - Psychoanalytic Perspectives on Factors Inhibiting Receptive Ecumenism», en Paul Murray, *Receptive Ecumenism and the Call to Catholic Learning*, Oxford University Press, 2008 Nueva York, pg 289.

Debemos reconocer que, sin querer, en materia de ecumenismo, nosotros los eclesiásticos podemos sentir la tentación de querer ser vistos como los representantes de la bondad frente a la inflexibilidad y la rigidez. Resulta incuestionable que, en algunos sacerdotes, algo hay de excesiva complacencia en la propia capacidad casi ilimitada para la tolerancia, que, en el fondo, esconde la consideración de sí mismo como autorreferencia, frente a una jerarquía y una Tradición a la que se considera como recluida en sus propias estructuras conceptuales. Smyth, de nuevo, hablando sobre el ecumenismo escribía: *En este punto, aparece la noción de narcisismo, asociada con la grandiosidad de la referencia a uno mismo y la negación de los límites*[634].

La racionalidad de los criterios ecuménicos, la racionalidad de lo que se permite y no se permite en este campo, depende de la racionalidad del mismo mensaje que tratamos de preservar. No podemos entender la religión como una especie de magma difuso en el que podemos hacer, pasar por alto, cortar y unir lo que queramos. *Barth asignó el nombre de «religión» a la tendencia humana a confundir Creador y criatura*[635]. La advertencia de este autor protestante no es válida en el sentido radical que él le confería, pero resulta una advertencia valiosa en el sentido de que no debemos nunca olvidar que Dios es Dios, y que nosotros no podemos menos que acercarnos a las cosas sagradas con un sentimiento de humilde y reverente aproximación. Sería muy fácil desarrollar perspectivas ecuménicas en el ministerio del exorcismo, si creyéramos que la religión es un mero obstáculo entre Dios y el alma. San Pablo hablaba de un *gnoseos Theou*, «conocimiento de Dios»[636]. La religión con todos sus ritos es el modo de transmisión de un *gnoseos Theou*, que no puede reducirse a mero sentimiento.

Hemos hecho estas observaciones, quizá como ofrecimiento de una disculpa de antemano por las siguientes páginas. Pues vamos a llevar la evaluación de las posibilidades ecuménicas, al límite de

634 Geraldine Smyth, *Ibidem*, en Paul Murray, *Receptive Ecumenism and the Call to Catholic Learning*, pg 289

635 Joseph L. Mangina, *Karl Barth: The Ecumenical Promise of His Theology*, Ashgate, Burlington 2004, pg 14.

636 «Oh profundidad tanto de las riquezas de sabiduría (sophias) y conocimiento (gnoseos) de Dios» (Rm 11, 33). Cf. Rm 15,14.

lo posible. No todo lo que aquí se expondrá, será prudente permitirlo. Pero queremos reflexionar acerca de dónde se hallan los mismos márgenes de lo no permisible en las relaciones entre ecumenismo y ministerio del exorcismo. Después será obra del legislador y de la autoridad determinar hasta donde conviene llegar. Pero, insistimos, todas estas posibilidades se han evaluado no desde una perspectiva relativista, sino desde una escrupulosa atención a los *thesauroi tes gnoseos*[637], «tesoros de conocimiento» (por usar otra expresión de San Pablo) que hemos recibido en la Iglesia Católica. Estas páginas intentan llegar al mismo límite de lo posible sin dañar esos tesoros. Pues hay acciones que, aun realizadas con buena intención, dañan los tesoros recibidos. De lo contrario, la lucha de los Macabeos hubiera sido una acción meramente nacionalista, o Ananías, Misael y Azarías hubieran acabado en el interior de un horno por un errado concepto extremista de la religión.

Para el ojo neófito del no creyente, quizá no haya tanta diferencia entre honrar al gobernante e, incluso, incensar a la congregación de cristianos en la misa, y la orden de Nabucodonosor de que *al oír el son de la trompeta, de la flauta, del tamboril, del arpa, del salterio, de la zampoña y de todo instrumento de música, os postréis y adoréis la estatua de oro que el rey Nabucodonosor ha levantado* (Dan 3, 4-5). Pero hay razones objetivas por las que hay cosas que no se pueden hacer jamás. Debemos, por tanto, ser muy cuidadosos en comprender donde están las barreras absolutas, y en dilucidar donde comienza lo inconveniente y termina lo beneficioso. No podemos confundir a Dios con la criatura, incluso aunque algunas de esas criaturas, a veces, sean *administradores de los misterios de Dios*[638]. La criatura debe acercarse a la religión (con todo lo que ésta contiene) con espíritu de reverencia, no como dueño y señor.

Antes de comenzar, hay tres conceptos que van a ser frecuentemente utilizados en esta parte de la obra. De ahí que para evitar repetición de explicaciones, los denominaremos de la siguiente manera:

---

637 Thesauroi tes gnoseos (Col 2, 3). «La fragancia del conocimiento de Él (osmen tes gnoseos autou) que se hace manifiesto a través de nosotros» (2 Cor 2, 14).

638 Pablo escribe en la Carta a los Corintios que es uno de los «servidores de Cristo y uno de los «oikonomus misterion Zeou»» (I Cor 4, 1).

Circulatio intra Ecclesiam: Llamaremos así a la circulación de fieles católicos en busca de un ministro exorcista católico, buscándolo bien entre los ministros autorizados dentro de una diócesis, bien entre los ministros autorizados de distintas diócesis.

Circulatio ad Ecclesiam: Llamaremos así la recepción de fieles no católicos que piden a ministros de la Iglesia Católica la recepción del exorcismo o de oraciones de liberación.

Circulatio extra Ecclesiam: Llamaremos así a los fieles católicos que en el campo de los problemas relativos al demonio, buscan ayuda espiritual fuera del seno de la Iglesia, dirigiéndose a otras confesiones cristianas.

Sea dicho de paso, aunque un exorcista tuviera permiso general para exorcizar en todos los casos, en el actual ordenamiento jurídico, debería consultar con el Ordinario del Lugar el caso de un excomulgado que solicitara estas oraciones. La razón está en que el actual Código prohíbe recibir sacramentales[639], pero no añade la cláusula que existía en el Código de 1917. Por supuesto que el obispo no solo puede dar permiso para exorcizar en un caso de este tipo, sino incluso permiso general para exorcizar a todos los excomulgados que se presenten[640].

La recepción de casos de otras confesiones

El que la Iglesia Católica ore por casos de posesos no católicos es un hecho perfectamente aceptado por la Iglesia desde siempre. Y así el Código de Derecho Canónico de 1917 decía: *Los exorcismos realizados por los ministros legítimos pueden ser hechos no solo sobre los fieles y los catecúmenos, sino también sobre los acatólicos y excomulgados*[641].Consecuencia de esta realidad, es la indicación del actual ritual de exorcismos que en sus *Praenotanda* dice: *En los casos que afecten a una persona no católica, y en otros más difíciles, llévese el asunto al Obispo diocesano, quien por prudencia*

639 «Se prohíbe al excomulgado (...)celebrar los sacramentos o sacramentales y recibir los sacramentos», CIC, canon 1331 § 1.

640 Sobre el exorcismo de excomulgados, véase Apéndice, nota 40.

641 CIC 1917, canon 1152.

puede pedir parecer a algunos expertos, antes de tomarla decisión acerca del exorcismo[642].

La única razón para tener que consultar los casos de la *circulatio ad Ecclesiam*, son los posibles conflictos que el ejercicio de este ministerio puede ocasionar con otras confesiones. Démonos cuenta de que, por ejemplo, en Rusia, cualquier acción, como abrir una parroquia, es entendido por algunos clérigos como un acto de agresión contra la Iglesia Ortodoxa. Para entender lo cautelosamente que hay que proceder con el clero de algunos lugares, baste leer lo que escribía el Padre Artem, sacerdote ortodoxo, en un periódico: *Moscú no es una Babilonia para cultos secundarios. Para congregaciones protestantes que parecen lobos salvajes arrojándose hacia aquí, o católicos que como ladrones usan sus miles de millones para tratar de ocupar un nuevo territorio*[643].

Frente a esta mentalidad que mueve todas sus influencias, para que los políticos retiren visados a misioneros o se nieguen permisos de apertura para nuevos templos, resulta manifiesto que hay que actuar con suma prudencia. En cualquier caso, si se va a ejercer este ministerio sobre un no bautizado en la Iglesia, de ningún modo se le tiene que exigir la fe católica como condición. Si el poseso no es de fe cristiana, ni siquiera se le puede exigir la fe en Cristo para comenzar el proceso de liberación. El modo lógico de proceder será hablar con esta persona, para ver qué hay en su vida de pecado que haya que corregir, y después pedirle fe genérica en Dios, pedirle que ore. Fe y arrepentimiento bastarán para poder seguir adelante con el ritual. Exigir sobre su conciencia ya sea el bautismo, ya sea la adscripción a la fe católica, significaría olvidar que *la conciencia es la norma suprema, que siempre se ha de seguir*[644]. Por acercarle a Cristo, por el bien de su alma, *no se le puede forzar a nadie a obrar contra su conciencia*[645].

En el ejercicio del ministerio del exorcismo es fácil caer en el error de confundir la lucha contra el pecado y la invitación a la fe,

642 Congregación para el Culto Divino,*De exorcismis et supplicationibus quibusdam*, Praenotanda, n.18.

643 Katja Richters, *The Post-Soviet Russian Orthodox Church: Politics, Culture and Greater Russia*, Routledge, Nueva York 2013, pg 40.

644 Joseph Ratzinger, *El Elogio de la Conciencia*, Palabra, Madrid 2010, pg 9.

645 Concilio Vaticano II, Decreto *Dignitatis Humanae*, n.3.

con la imposición de condiciones para que el demonio salga. Sirva como ejemplo de este tipo de extralimitaciones sobre la conciencia ajena, el caso de un exorcista que impuso a una persona el que vendiera su coche porque se lo había regalado la persona con la que había convivido antes de forma marital sin estar casada.

> El exorcista le reiteró la exigencia de vender ese automóvil, como condición necesaria para que saliera el demonio. A pesar de la oposición de la persona que sufría las vejaciones del demonio, una mujer sin muchas posibilidades económicas, el coche fue vendido, y la posesa no quedó liberada[646].

Este es un ejemplo del ejercicio del ministerio con imposición de acciones opinables sobre los sujetos a los que uno atiende. El ejercicio del ministerio exorcístico debe luchar contra el pecado del alma, pero debe ser extremadamente cuidadoso con la libertad de ese mismo sujeto. ¿Cómo no van a exigir creer en la Iglesia Católica algunos exorcistas, cuando, de hecho, están exigiendo todo tipo de medidas concretas opinables que, de ningún modo se pueden imponer sobre ninguna conciencia en nombre del Evangelio? Y así, algunos exorcistas, si se quiere seguir con el exorcismo, conminan a la destrucción de cuadros, muebles, ropas, por creer que están maleficiados. Esto mismo incluye, a veces, la exigencia del abandono del trato con una amistad o vecino. Y a estas personas desesperadas no se les dice esto como consejo: *Si no acepta esto, no me haga perder el tiempo*[647], fue lo que le dijo un experimentado y anciano exorcista a una mujer. Desde esta errada mentalidad impositiva, ¿cómo no se va a imponer, además, la fe en la verdadera Iglesia? Desde la mentalidad de que cualquier pequeño obstáculo basta para que el exorcismo no tenga éxito, ¿cómo no va a ser un obstáculo el carecer de la verdadera fe? Y así, tantas veces, el exorcista impone, exige y conmina. Y como normalmente tiene mucho trabajo, lo hace con el tono del que está recordando que si no se someten le están haciendo perder el tiempo[648].

---

646 Arch. Pers., n. 41, pg 26.

647 Arch. Pers., n.77, pg 45.

648 Acerca de las exigencias del exorcista sobre el poseso como medio subconsciente de exoneración de responsabilidad, véase Apéndice, nota 78.

Nuestro respeto a las conciencias debe ser universal, incluyendo a aquellos que no creen en Jesucristo. Lo normal será que el que se acerque a pedir exorcismo, crea en el poder de Jesús. Pero podría darse el caso de un no cristiano que, no creyendo en Cristo, creyera sin embargo en el poder sacerdotal. Puede parecer extraño, pero por ejemplo puede darse el caso de un animista en África que no conoce nada acerca de Jesucristo, y sin embargo cree que los sacerdotes católicos tienen un cierto poder misterioso, bien por historias que haya escuchado, bien por relatos que haya leído fragmentariamente. A veces, desconociéndolo todo acerca de la fe cristiana, un hinduista, por ejemplo, puede tener confianza en la fama de santidad de un sacerdote católico en concreto.

La liberación de esa persona puede ser una magnífica preparación para que comience un proceso que acabe con su conversión. Pero la conversión al cristianismo no puede jamás ser una exigencia previa para ejercer este poder sacerdotal tan *sui generis*. Ésta es una característica, entre otras, que marca la diferencia entre un sacramento y un sacramental[649].

Algún obispo concreto ha manifestado sus reservas a la idea de que un sacerdote suyo atendiera a todos los casos de los ortodoxos rumanos inmigrantes en su diócesis[650]. Como si este tipo de praxis supusiese algún tipo de desviación. De ningún modo se debe albergar escrúpulos por ello, muy por el contrario supone un verdadero reconocimiento de las cualidades del clero católico por parte de los hermanos separados. Del mismo modo, en aquellos lugares como la India, si este ministerio recibiera a un gran número de paganos, eso supondría una magnífica forma de acercamiento a la fe católica. Y, cuando menos, un reconocimiento del poder de los sacerdotes cristianos sobre los demonios.

Un magnífica muestra de esta *circulatio* la encontramos en Egipto, donde es muy reconocido el sacerdote copto Makari Yunan, que ora desde hace más de treinta años por musulmanes y cristianos en la Iglesia de San Marcos de El Cairo. Incluso webs islamistas se hacen eco del incontestable hecho del poder de este sacerdote: *El padre Makary Yunan se ha convertido en un especia-*

649 Acerca de por qué Dios no instituyó el exorcismo como sacramento, véase Apéndice, nota 39.

650 Arch. Pers., n.39, pg 25.

lista en exorcismos cuyos poderes admiran tanto cristianos como musulmanes[651].Cuando los periodistas les preguntan a algunos musulmanes acerca de este sacerdote, ellos contestan con toda candidez: «*Es normal que los musulmanes y los cristianos vengan a la iglesia*», *dice Nour, un joven musulmán.* «*Los musulmanes vienen a ser sanados por el sacerdote.* Él es muy amable. *Nos sana cuando lo necesitamos*»[652].

Algunos podrían alegar que Jesús primero pedía la fe antes de realizar el milagro, y que por tanto para recibir el efecto del poder de Jesús primero hay que creer en Él. Ésa argumentación es cierta, pero admite excepciones.

> **La relación fe-acción de Dios**: Escierto que en las Escrituras, y no solo en los Evangelios, aparece continuamente la relación entre fe y milagro. Así es en el caso de la hemorroisa (Mc 5, 25-34), de la cananea (Mt 15, 21-28), los ejemplos son innumerables. Son ejemplos en los que la fe es condición para la acción de Jesús. Y por el contrario vemos que la falta de fe es obstáculo para la acción de Jesús. Lo vemos cuando Jesús fue a Nazaret: *Y no podía hacer allí ningún prodigio* (...) *Y estaba sorprendido de su falta de fe* (Mc 6, 5-6).
>
> **Excepciones**: Sin embargo, aun reconociendo que en esos casos Jesucristo ligó el milagro a la fe, vemos que en el caso del siervo Malco fue curado de su herida en la oreja sin necesidad de pedirle de forma previa la fe[653]. En el Antiguo Testamento, vemos el caso del eunuco Naamán, del cual solo nos consta que se dirige a Israel **únicamente** por la fama del profeta Eliseo[654]. Y así solo tras su curación, es cuando Naamán afirma: *Ahora sé que no hay Dios en toda la tierra sino en Israel*[655]. El milagro como resultado de la compasión de Jesús, y no como condición

651 Artículo titulado «Un sacerdote copto lucha contra Satán en el Cairo» en *Web Islam*, http://www.webislam.com/noticias/51822—un_sacerdote_copto_lucha_contra_satan_en_el_cairo.html [18-4-2008].

652 Artículo titulado «Cairo priest exorcizes muslim and christians», Daily News Egypt, 21 de marzo de 2008: http://www.dailystaregypt.com/article.aspx?ArticleID=12635 [21-3-2008].

653 Jn 18, 10-11. La acción es inmediata, no cabe espacio para diálogos.

654 «Dijo ella a su señora: Ah, si mi señor pudiera presentarse al profeta que hay en Samaría, pues le curaría de su lepra» (2 R 5, 3).

655 2 R, 5, 15. Obsérvese en la afirmación «ahora sé». Luego antes no lo sabía.

previa de la fe, aparece en la liberación de los endemoniados de Gerasa, o cuando resucita al hijo de la viuda de Naim[656].

Conclusión: Como vemos, hay una relación entre la fe y la acción curadora de Dios, en la mayor parte de los casos. Pero, por lo que aparece en otros pasajes de las Escrituras, no se puede excluir que, en algunos casos, la acción de Jesús constituyera un acto gratuito de su voluntad en orden a que la persona obtenga la fe.

Hemos dedicado un cierto espacio a explicar esta relación entre la fe y la acción de Dios, para que se entienda que el exorcista no debe ser exigente con los infelices individuos que se lleguen a él solicitando ayuda. Para algunos ya supondrá toda una violencia con sus ideas y preconcepciones, el mero hecho de tener que acudir a un sacerdote. El exorcista no debe exigir nada. El ministro de Cristo debe predicar el Evangelio y obrar con el poder de Dios, para que las almas se acerquen a su Creador. Pero identificar la acción de expulsar demonios con la necesidad de ser exigente, supone un entendimiento imperfecto del mensaje de salvación mesiánico. Esto vale para lo moral (situaciones matrimoniales irregulares, vicios, obligación de ir a misa), pero peor será si esa exigencia se traslada hasta llegar a imponer la fe,

Los casos en los que Dios ha concedido la liberación a pesar de las pocas disposiciones del que se ha acercado a este ministerio, son numerosos. Valga este como muestra:

> Una chica de unos diecisiete años llegó a mí, acompañada de su hermano, dejándome bien claro ella que ni creía en la Iglesia ni en los curas. Oré por la chica, que ofreció todas las manifestaciones de tener un mal espíritu dentro. Comencé mis oraciones seguro de que íbamos a tener un largo caso de catequesis y oración que se prolongaría durante meses. Cual fue mi sorpresa al ver que todo acabó en cuatro minutos. Ella quedó liberada. Me encontré con su hermano cinco años después. Con temor le pregunté si su hermana había sufrido algún problema demoniaco después de su liberación. La respuesta feliz fue que no, absolutamente ninguno. En ese caso veo claro que Dios sabía que esa chica no podía dar más de sí, y no se lo pidió. Dios se

---

656 Lc 7,11-17. Sin duda, la escena evangélica fue más larga. Pero en el texto solo consta que al ver a la madre: «el Señor se compadeció de ella».

limitó a ayudarle para que ese acto extraordinario de liberación le sirviera para acercarse a Dios[657].

El exorcismo de un no católico ciertamente supone una *communicatio in sacris*. Pues este término se refiere a las *cosas sagradas*, lo cual no solo se limita a los sacramentos sino que se extiende también a otros *bienes sagrados*[658]. La legitimidad de esta *communicatio* queda consignada a nivel jurídico. Primero de todo porque la indicación antes citada del praenotanda admite su licitud al preceptuar: *llévese el asunto al Obispo diocesano.* Y segundo porque el *Código de Derecho Canónico* incluso admite la eventualidad de que un ministro católico administre a un cristiano no católico los sacramentos de la penitencia, Eucaristía y unción de los enfermos.

> Canon 844 § 3: Los ministros católicos administran lícitamente los sacramentos de la penitencia, Eucaristía y unción de los enfermos a los miembros de Iglesias orientales que no están en comunión plena con la Iglesia católica, si los piden espontáneamente y están bien dispuestos; y esta norma vale también respecto a los miembros de otras Iglesias que, a juicio de la Sede Apostólica, se encuentran en igual condición que las citadas Iglesias orientales, por lo que se refiere a los sacramentos.
>
> § 4: Si hay peligro de muerte o, a juicio del Obispo diocesano o de la Conferencia Episcopal, urge otra necesidad grave, los ministros católicos pueden administrar lícitamente esos mismos sacramentos también a los demás cristianos que no están en comunión plena con la Iglesia católica, cuando éstos no puedan acudir a un ministro de su propia comunidad y lo pidan espontáneamente, con tal de que profesen la fe católica respecto a esos sacramentos y estén bien dispuestos.

---

657 Arch. Pers., n.40, pg 26.

658 «En Derecho Canónico se denomina *communicatio in sacris*, o comunicación en las cosas sagradas, o más expresamente comunión en los sacramentos, a la posibilidad de que cristianos de diferentes confesiones y denominaciones puedan participar conjuntamente de los sacramentos y otros bienes sagrados, como los templos y lugares sagrados y demás». Pedro María Reyes Vizcaíno, «La communicatio in sacris en el código de derecho canónico», en *Ius Canonicum*, http://www.iuscanonicum.org/index.php/derecho—sacramental/48—los—sacramentos—en—general/65—la—communicatio—in—sacris—en—el—codigo—de—derecho—canonico.html[25 de Diciembre de 2008].

Queda claro, pues, que la *circulatio ad Ecclesiam* no plantea ningún problema teológico ni disciplinar. Como recordaba Oliver en su obra canónica sobre las asociaciones ecuménicas: *El obispo tiene que cuidar de todos en su diócesis.* (...) *Tiene que proveer a las necesidades* (...) *de aquellos que residen dentro de los límites de su jurisdicción*[659]. Esta humanidad que el obispo diocesano debe tener hacia los cristianos no católicos está recordada en el Código de Derecho Canónico[660], como también está consignada de forma expresa la solicitud que ha de tener hacia los no bautizados[661]. Por todo lo cual, el obispo no debe negar el exorcismo a un no cristiano por el hecho de no ser cristiano. Tal denegación se tendrá que deber a razones de otra índole. Razones que deben ser graves, para tener que negar el poder de Cristo a alguien que tiene tanta necesidad de él.

Pero imaginemos una diócesis donde, por ejemplo, los ortodoxos realizaran de forma habitual exorcismos. Y el obispo católico decidiera (para evitar fricciones) que los sacerdotes católicos remitiesen a los exorcistas ortodoxos los casos de fieles ortodoxos. Pues bien, si un fiel ortodoxo no fuere atendido por su propio pastor, o el exorcismo con su propia confesión religiosa no resultara fructífero, la obligación moral de ayudar al prójimo persistiría en su pleno vigor para el obispo católico. Omitir la ayuda, tendría la misma calificación moral que, teniendo pan, dejar de dar ese pan al hambriento que no es católico por el hecho de no ser católico.

Si bien es cierto que omitir un exorcismo no es un acto intrínsecamente malo y que, por tanto, podrían darse situaciones verdaderamente inusuales y extremas en las que la omisión fuera moralmente lícita[662], lo cierto es que en el devenir habitual de los acontecimientos, la obligación de atender a estas personas obliga

---

659 James M. Oliver, *Ecumenical Associations: Their Canonical Status with Particular Reference to the United States of America*, Gregorian University Press, Roma 1999, pg 59.

660 «[El obispo diocesano] debe mostrarse humano y caritativo con los hermanos que no estén en comunión plena con la Iglesia católica, fomentando también el ecumenismo tal y como lo entiende la Iglesia». CIC, canon 383 § 3.

661 «[El obispo diocesano] considere que se le encomiendan en el Señor los no bautizados, para que también ante ellos brille la caridad de Cristo, de quien el Obispo debe ser testigo ante los hombres». CIC, canon 383 § 4.

662 Un ejemplo de caso en el que la omisión resultaría lícita en Apéndice, nota 21

sub gravi siguiendo las reglas habituales de la teología moral acerca de la omisión de actos. La doctrina de Santo Tomás de Aquino no deja lugar a dudas: *Ya que la voluntad queriendo y actuando es capaz de impedir el no querer y el no actuar. Este no querer y no actuar se le imputa como proveniente de la voluntad*[663].

Y no está de más recordar no solo que si la posesión demoniaca es un mal grave, la omisión del exorcismo de este mal implica pecado mortal, sino que además es un mal que en algunos casos puede llevar a la muerte del poseso. La afirmación de que la posesión puede provocar la muerte, no es un exceso nuestro, lo afirma el Evangelio en el caso del padre que trae a su hijo a Jesús y le dice que *muchas veces le echa en el fuego y en el agua, para matarle*[664]. En el campo ecuménico que nos ocupa, es cierto que *pro bono pacis* se puede redirigir a alguien a su propia confesión, pero si retorna a llamar a la puerta de la Iglesia Católica, la obligación de atenderle recae sobre la conciencia del obispo bajo pecado mortal.

Obsérvese que si esta cuestión moral la resolvemos equivocadamente, otorgando licitud a la denegación del exorcismo, el mismo criterio valdría para cualquier tipo de petición dentro de la misma Iglesia Católica. El criterio de la objetividad moral del acto, pasaría a ser sustituido por el criterio de la conveniencia que, con toda lógica, podría aplicarse a todos los campos. La calificación moral de la omisión de un acto que provoca grave daño a un fiel de la Iglesia ya no se regiría por la objetividad del acto mismo, sino por criterios ajenos al acto en cuestión. La pregunta ya no sería ¿es lícito?, sino ¿conviene? Ese cambio de verbo del ser al convenir, supone una traslación de la objetividad a los personales criterios subjetivos. Alguno, incluso, podría preguntarse si conviene que existan exorcismos en la Iglesia Católica[665].

No dedicamos un apartado a la *circulatio intra Ecclesiam*, porque las mismas razones que moralmente obligan a recibir los casos de no católicos que se presenten, son igualmente válidas para los católicos necesitados de este ministerio. Pero es bastante frecuente encontrarse con diócesis donde se ha prohibido de forma expresa

---

663 Santo Tomás de Aquino, *Summa Theologiae*, pars I-II, quaest. 6, art. 3.

664 «Para destruirle» (Mc 9, 22): «Hina apolese auton».

665 Acerca de la relación entre el *status* jurídico—eclesial de un no católico y el derecho a recibir un bien espiritual, véase Apéndice, nota 20.

esta *circulatio intra Ecclesiam*[666]: si eres de otra diócesis, no puedes pedir este servicio en esta diócesis. El derecho del feligrés a pedir una segunda opinión, a cambiar de exorcista y, por supuesto, a buscar el ministerio porque no lo encuentra en su diócesis de residencia, no puede ser denegado bajo la excusa de que existe una organización administrativa que lo impide (un acuerdo entre diócesis sobre este punto), ni como un modo de hacer presión a otros obispos para que nombren exorcistas (como también ha sucedido[667]). La concesión del exorcismo al sujeto que tiene necesidad de ello, no es (jurídicamente hablando) una concesión graciosa por parte de la autoridad, sino un verdadero derecho, de acuerdo al canon 213: *Los fieles tienen derecho a recibir de los Pastores sagrados la ayuda de los bienes espirituales de la Iglesia*[668].

El envío de casos a exorcistas de otras confesiones

Ha quedado claro que no existe ningún problema en la *circulatio ad Ecclesiam*, lo que ahora se plantea es si allí donde no haya exorcistas católicos, un fiel católico podría acudir a exorcistas pertenecientes a iglesias ortodoxas. Tras examinar la recepción, ahora analizamos el envío.

Envío a ministros ortodoxos

Lo primero que hay que dejar claro a los fieles católicos, es que deben dirigirse a buscar ayuda en este campo a los pastores católicos. Aquí nos planteamos únicamente el caso de un fiel católico que ha puesto todos los medios para conseguir ayuda de su propio obispo, y no la logra. En esos casos excepcionales en los que hay una grave necesidad y ya se han agotado todos los recursos den-

666 Los nombres de las diócesis aparecen en Arch. Pers., n.43, pg 27.

667 Las razones concretas que ofrecieron los obispos en cada diócesis se encuentran en Arch. Pers., n. 43, pg 27.

668 La salvaguarda de ese derecho viene ratificada por otro texto del CIC, el can. 221 § 1 que dice: «Compete a los fieles reclamar legítimamente los derechos que tienen en la Iglesia, y defenderlos en el fuero eclesiástico competente conforme a la norma del derecho».

tro de la diócesis es cuando se plantearía si es lícita una *circulatio extra Ecclesiam*.

A nivel canónico hay que decir que así como no hay problema en que un ministro católico exorcice a un no católico, por el contrario no hay documento alguno que contemple la posibilidad inversa. Hay tres textos que serían los más cercanos a esta cuestión. El primer texto del *Código de Derecho Canónico* es el siguiente:

> En caso de necesidad, o cuando lo aconseje una verdadera utilidad espiritual, y con tal de que se evite el peligro de error o de indiferentismo, está permitido a los fieles a quienes resulte física o moralmente imposible acudir a un ministro católico recibir los sacramentos de la penitencia, Eucaristía y unción de los enfermos de aquellos ministros no católicos en cuya Iglesia son válidos esos sacramentos[669].

De lo cual se infiere que, en ciertas ocasiones, bajo ciertas circunstancias, es lícito acudir a un ministro no católico en busca de algunos bienes espirituales. Los otros textos más próximos a esta cuestión, son dos fragmentos del *Decreto sobre las Iglesias Orientales Católicas*:

> La *communicatio in sacris* que perjudica la unidad de la Iglesia o incluye formalmente la adhesión al error o peligro de errar en la fe, de escándalo y de indiferentismo, está prohibida de la ley divina. Pero la praxis pastoral demuestra que, por cuanto toca a los hermanos orientales, se pueden y deben considerar varias circunstancias de personas individuales, en las cuales no se lesiona la unidad de la Iglesia, ni hay peligros que evitar, mientras que la necesidad de la salvación y el bien espiritual de las almas constituyen una necesidad seria. Por esto la Iglesia Católica, según las circunstancias del tiempo, del lugar y de las personas, ha usado todos los medios de la salvación y el testimonio de la caridad entre los cristianos, por medio de la participación de los sacramentos y otras funciones y cosas sagradas. (..) Igualmente, puestos los mismos principios, por una justa razón está permitida la *communicatio in sacris* en las cele-

669 CIC, canon 844 § 2.

braciones, cosas y lugares sagrados entre católicos y hermanos orientales separados[670].

Como se ve, los textos no mencionan de forma expresa la posibilidad del exorcismo, pero parece razonable afirmar que el espíritu del documento lo incluye. Sin duda, esta cuestión queda sujeta a un futuro desarrollo disciplinar por parte de la Iglesia. Pero aun dejando claro que aún existe una indeterminación jurídica sobre el tema, exponemos las razones a favor y en contra para la permisión de esta peculiar *communicatio in sacris.*

Razones a favor de permitir en algunos casos la *circulatio extra Ecclesiam*:

a. De acuerdo a los criterios enunciados en ambos textos precedentes (el *Código de Derecho Canónico* y la *Declaración sobre las Iglesias Orientales*), esta acción no lesionaría la unidad de la Iglesia, se realizaría por una sería necesidad, y el fiel se acogería a lo contemplado por esos textos relativos a las *funciones, celebraciones y cosas sagradas.*
b. Si hemos admitido el criterio de la *communicatio in sacris* en un sentido (el de la recepción), parece lógico que no haya problemas en admitirla en el otro (el del envío). Si el problema para impedirlo fuese la falta de comunión eclesial, el mismo problema subsistiría en el otro sentido, el de la recepción. Y ya se ha visto que este está expresamente permitido por la Iglesia en los *praenotanda* del Ritual de Exorcismos de 1998[671].

Razones en contra y sus contraargumentaciones:

a. Se puede objetar que esto supone un serio peligro para la fe.
Contraargumentación: ¿Pero hay menor peligro para la fe en el hecho de recibir el sacramento de la unción de los enfermos de un sacerdote ortodoxo? Además, si ese es el obstáculo, en el caso de que tal peligro para la fe no exista, cesaría la razón que impediría acudir a ese ministro.

b. Se puede objetar que esto puede suponer un importante trasiego de fieles católicos hacia los sacerdotes ortodoxos en busca de este bien espiritual.
Contraargumentación: ¿Pero existe un peligro mayor que con el

670 Concilio Vaticano II, *Decreto sobre las iglesias orientales católicas*, n.26 y n.28.

671 Congregación para el Culto Divino, *De exorcismis et supplicationibus quibusdam*, Praenotanda n.18.

> sacramento de la penitencia o el de la Eucaristía? Habrá siempre menos posesos que personas necesitadas de, por ejemplo, esos dos sacramentos. Y ya se ve que no se ha producido un gran trasvase de fieles desde 1983, cuando se concedió permiso para recibir esos sacramentos en las condiciones prescritas por el canon 844.

En la opinión del autor de esta obra, si se permite recibir esos tres sacramentos de mano de un ministro de una iglesia oriental, no parece que puedan obstar mayores problemas para recibir este sacramental con las mismas condiciones impuestas en el canon 844 § 2 para esos sacramentos. Si se puede recibir lícitamente una cosa sagrada que es mucho más santa y que hace una referencia más profunda a la eclesialidad, con mayor razón se podrá recibir este sacramental[672].

Envío a ministros protestantes

Una vez que se admite la posibilidad de que bajo ciertas condiciones un católico se dirija a un presbítero oriental ortodoxo, queda la cuestión de si por las mismas razones se podría admitir la posibilidad que también un fiel, bajo ciertas circunstancias, se pudiera dirigir a un ministro protestante. Lo primero que hay que tener en cuenta es que aunque *es mucho más fuerte lo que nos une que lo que nos divide*[673], no podemos olvidar que *los clérigos en la tradición protestante* (...) *no son sacerdotes, sino ministros, servidores de la gente para enseñar y mantener la disciplina*[674]. Por lo tanto, carecen de *potestas* sobre los demonios. Pero también es cierto, que Dios puede escuchar las súplicas hechas con fe por un grupo de protestantes, para otorgar liberaciones. Y Dios puede servirse de forma usual de algunas comunidades llenas de ardor evangélico, para otorgar el don de la liberación:

> Por consiguiente, aunque creamos que las Iglesias y comunidades separadas tienen sus defectos, no están desprovistas de

672 Véanse algunos ejemplos concretos de sacramentales lícitamente recibidos por un fiel católico de un ministro ortodoxo en Apéndice, nota 23.

673 Juan Pablo II, Encíclica *Ut Unum sint*, n.20.

674 Madeleine Gray, *The Protestant Reformation*, Sussex Academic Press, Brighton 2003, pg 90.

sentido y de valor en el misterio de la salvación, porque el Espíritu de Cristo no ha rehusado servirse de ellas como medios de salvación, cuya virtud deriva de la misma plenitud de la gracia y de la verdad que se confió a la Iglesia[675].

Ciertamente la situación eclesial de estos grupos es muy diversa a la de las iglesias orientales. Pero, como enseñaba Juan Pablo II: *Las relaciones entre los cristianos no tienden solo al mero conocimiento recíproco, a la oración en común y al diálogo. Prevén y exigen desde ahora cualquier posible colaboración práctica en los diversos ámbitos*[676].Este es el espíritu que debe enmarcar la cuestión acerca de si podemos colaborar en el tema del exorcismo.

Nótese que el *Código de Derecho Canónico* otorga al Ordinario del lugar la posibilidad de dispensar de la forma canónica del matrimonio. De forma que un católico pueda recibir el sacramento del matrimonio ante un ministro ortodoxo, pero también ante uno protestante[677].

Los criterios que se aplicarían para la licitud del hecho *per se* de la *circulatio* con los protestantes serían los mismos que con los ortodoxos. En estas comunidades protestantes no existe el sacramento del orden, pero consta que existen personas o grupos que oran con verdadera eficacia en orden a la liberación de malos espíritus. Esto no debería sorprendernos, pues *de entre el conjunto de elementos o bienes con que la Iglesia se edifica y vive, algunos, o mejor, muchísimos y muy importantes pueden encontrarse fuera del recinto visible de la Iglesia católica*[678].

Volvamos la vista atrás, antes hemos explicado las razones por las que a un católico en caso de seria necesidad le es lícito recibir el fruto espiritual, por ejemplo, del sacramento la penitencia de un sacerdote ortodoxo, reexaminemos las razones de nuevo:

---

675 Concilio Vaticano II, Decreto *Unitatis Redintegratio*, cap I, n.3.

676 Juan Pablo II, *Ut Unum sint*, n.40.

677 «Si hay graves dificultades para observar la forma canónica, el Ordinario del lugar de la parte católica tiene derecho a dispensar de ella en cada caso, pero consultando al Ordinario del lugar en que se celebra el matrimonio y permaneciendo para la validez la exigencia de alguna forma pública de celebración; compete a la Conferencia Episcopal establecer normas para que dicha dispensa se conceda con unidad de criterio». CIC, can. 1127 § 2.

678 Concilio Vaticano II, *Unitatis Redintegratio*, cap I, n.3.

a. Porque el sacramento de la penitencia es válido entre ellos. La misma regla valdría en el caso del exorcismo protestante, pues entre los protestantes también se dan casos de exorcismos eficaces. No estamos diciendo que todos los grupos protestantes hagan exorcismos, ni que todos los grupos realicen exorcismos efectivos. Solo afirmamos que se dan casos de exorcismos válidos en el campo protestante.
b. Porque la obligación de recibir la penitencia dentro de la Iglesia Católica, no supone una necesidad absoluta. Su recepción fuera de ésta no supone la negación de ningún elemento vinculante a la eclesialidad. La misma regla valdría en el caso del exorcismo protestante, pues la recepción de estas oraciones no implica por sí mismo romper el vínculo con la Iglesia Católica.
c. Porque se puede recibir la penitencia si se evita el peligro de errar en la fe, de escándalo y de indiferentismo. En el caso del exorcismo protestante, esta última condición requiere un análisis más detallado que vamos a realizar más adelante.

Si ésas son las razones por las que se permite tal acción con los ortodoxos, y ciertamente no parece haber otras razones, entonces, del mismo modo eso valdría para recibir lícitamente el fruto espiritual de las oraciones de liberación o exorcísticas de un grupo colectivo protestante o de un ministro de esa comunidad, pues se observa que esas oraciones logran su fin, no vemos que tal acción esté unida de forma absolutamente necesaria a la comunión eclesial, y el peligro de indiferentismo se puede evitar. Está claro que se trata de una acción en la que se recibiría el poder de Cristo (a través de la oración) sin negar en ningún momento la verdad acerca de la Iglesia Católica. A esto se añade que estamos hablando de casos excepcionales sometidos a una situación de grave necesidad.

Por supuesto que existe un diferente status eclesial entre las iglesias orientales y las comunidades protestantes. Existiendo una mayor cercanía sacramental, jerárquica, de fe e incluso ritual con las *iglesias hermanas*. El cardenal Kasper explicaba que *el concepto de iglesias hermanas solo era aplicable a la relación con las iglesias que tuvieran un episcopado válido, y que, por tanto, no se podía aplicar a las comunidades nacidas de la Reforma*[679].La con-

679 Walter Kasper, *Caminos de unidad: perspectivas para el ecumenismo*, Cristiandad, Madrid 2008, pg 128.

tinuidad apostólica ofrece un status diverso, frente a unas *comunidades eclesiales* (...) *que no son iglesias en sentido propio*[680]. Pero la razón por la que se permite esa *communicatio* con los orientales se basa esencialmente en la lógica del ser eclesial, no en un mero voluntarismo de los obispos de la Iglesia Católica.

La razón suprema para la *communicatio* no es la similitud con la estructura eclesial de la Iglesia Católica. Sino si poseen o no un bien espiritual que puedan compartir. La objetividad debe regir la valoración de los criterios para la *communicatio* en este ámbito protestante. Y en este campo vemos que hay grupos protestantes que poseen un bien espiritual —el exorcismo— y que lo pueden compartir. Luego estos criterios expuestos llevan a afirmar la licitud *in genere* de esta *circulatio.*

Los grupos de católicos y las iglesias orientales no católicas, allí donde conviven, tienen una conciencia muy clara de las razones de su propia pertenencia eclesial y, por lo tanto, no hay excesivo peligro de que sean muchos los individuos que pasen de un grupo al otro. Ahora bien, parece justo observar que no ocurre así en la relación de los católicos con grupos evangélicos y similares. En el caso de permitirse en general la *circulatio extra Ecclesiam*, ésta produciría resultados muy distintos, por ejemplo, en los católicos rusos que entre los católicos latinoamericanos.

En Latinoamérica existe una política proselitista muy vigorosa por parte de los grupos evangélicos. Política proselitista unida a un sentimiento fuertemente anticatólico, que haría difícil no poner en peligro la fe de los católicos que se aproximaran a esos ministros a recibir este tipo de ayuda. Específicamente, además, podemos suponer que en Latinoamérica se produciría un trasiego importante de católicos en busca de este tipo de oraciones.

Y así, aunque teológicamente no se vea ningún peligro en buscar una ayuda espiritual ante una grave necesidad en aquel que pueda proporcionarla, eclesialmente esto puede conllevar consecuencias que merecen ser valoradas. No podemos obviar que *la práctica proselitista de los misioneros protestantes incluye el rebautismo, lo cual niega a la Iglesia Católica cualquier status eclesioló-*

---

680 Congregación para la Doctrina de la Fe, Declaración *Dominus Iesus*, 6-agosto-2000, n.17.

gico[681]. *El pentecostalismo autónomo es poco amigo de la tolerancia y el ecumenismo. Existe un arraigado sentimiento de exclusividad en las soluciones de los problemas que afectan a los fieles y en lo concerniente al camino que lleva a la salvación eterna*[682]. ¿Acercarse a ellos, no supone un grave peligro espiritual? Objetivamente, sí.

Valorando las cosas de un modo realista, ¿qué se puede esperar, en muchos casos, de unos fieles católicos que se dirijan a grupos evangélicos en busca de un bien espiritual? Resulta obvio qué se puede esperar de permitir que se dirijan a grupos que, como afirmaba Campbell, *niegan que la Iglesia Católica Romana es una iglesia cristiana*(...) *y que la denominan como la Babilonia del Apocalipsis*[683]. La instrumentalización del exorcismo para que abandonen la fe católica, desgraciadamente ésta es la respuesta a esa pregunta.

Ahora bien, no es lo mismo que un caso, uno solo de un católico, sea atendido en una pequeña y aislada localidad de Suecia por un fervoroso, espiritual y ecuménico pastor luterano, que un trasiego importante de casos en Brasil hacia pentecostales agresivamente anticatólicos. Y es que la diferencia entre estos dos tipos de protestantismo resulta evidente incluso para ellos mismos. Y así uno de estos autores protestantes reconocía: *Aunque los reformadores retaron a la estructura jerárquica del catolicismo romano, los protestantes simplemente suplantaron esas estructuras con la «doctrina correcta»*[684].

Hay que reconocer que se pueden encontrar pastores luteranos alemanes, evangélicos noruegos o metodistas norteamericanos que no instrumentalizarán el exorcismo para el proselitismo, y que buscarán solo ayudar al hermano en necesidad. Pero que eso mismo será muy difícil encontrarlo en los grupos pentecostales de España o Italia, donde el anticatolicismo es virulento en esos grupos. Como se ve, una cosa es permitir a un católico a que vaya a un pastor protestante a que le quite el demonio, y otra cosa

---

681 Hans-Jürgen Prien, *Christianity in Latin America*, Brill, Danvers 2013, pg 388.

682 Ari Pedro Oro, «El pentecostalismo autónomo brasileño», en Jean Pierre Bastian,*Evangélicos en América Latina*, Abya-Yala, Quito 1995, pg 85.

683 William M. Shea, *The Lion and the Lamb: Evangelicals and Catholics in America*, Oxford University Press, Nueva York 2004, pg 111.

684 Karl-Wilhelm Westmeier, *Protestant Pentecostalism in Latin America: A Study in the Dynamics of Change*, Associated University Presses, Crambury 1999, pg 20.

es permitir que vaya a alguien cuya primera condición será que abandone la Iglesia Católica.

Este campo es tan multimorfe y cambiante, que no aconsejamos un desarrollo disciplinar en la Iglesia Católica. Pues cualquier desarrollo normativo que admitiera, aun dejando claro que como excepción, la *circulatio extra Ecclesiam* con los protestantes, tendría consecuencias muy negativas de migración de fieles. Y cualquier desarrollo que la prohibiera, prohibiendo unos pocos casos individuales generalizaría una sensación subjetiva colectiva de que el clero católico no quiere hacer lo que debe y que, además, cierra la puerta hacia la solución a los que la necesitan. Tal prohibición lo que provocaría es que las personas sometidas a situaciones tan estresantes, se vieran en la tesitura de tener que elegir entre no recibir la ayuda y seguir siendo católicos, o recibir la ayuda pero abandonar la Iglesia Católica. A pesar de lo delicado del tema, consideramos que es más prudente no emanar normas, y dejar que este tipo de dudas individuales se resuelvan no de un modo legislativo, sino por la vía moral: confesonario, petición de consejo a un sacerdote, o la propia conciencia.

El recurso a la propia conciencia no se ha de ver como una renuncia a obtener de forma objetiva la respuesta a qué es lo que hay que hacer. Y más cuando *la conciencia no constituye una facultad independiente e infalible*[685]. Sino que se ha de contemplar, en ocasiones, como la más prudente medida pastoral para aquellos casos cuya complejidad de circunstancias no aconsejen emanar nuevas normas de tipo general. En esos casos, complejos, llenos de circunstancias, seguir la propia conciencia *es un acto de juicio moral que se refiere a una opción responsable*[686], y nada hay de malo en ello.

Normalmente, en cuestiones relativas a ecumenismo, el *discernimiento va hecho bajo la guía del obispo local*[687]. No hay duda alguna de que es a los obispos a los que corresponde *dirigir entre los*

---

685 Congregación para la Doctrina de la Fe, *El don de la verdad: sobre la vocación eclesial del teólogo*, Palabra, Madrid 1993, pg 55

686 Congregación para la Doctrina de la Fe, *El don de la verdad: sobre la vocación eclesial del teólogo*, pg 55.

687 Walter Kasper, *L'ecumenismo spirituale*, Città Nuova, Roma 2007, pg 13.

católicos el movimiento ecuménico[688]. Se les *encomienda a los obispos(...) para que la dirijan prudentemente*[689]. El problema es que justamente, en estos casos, se plantea la posibilidad de esta *circulatio,* precisamente ante una situación de continuada omisión episcopal.

Los amantes de la seguridad hubieran preferido que en este apartado de la obra hubiésemos manifestado una prohibición absoluta de que un católico reciba un exorcismo de manos de un ministro protestante. Pero para que se vea lo complicado que sería legislar en este campo que de la *circulatio extra Ecclesiam*, imaginemos, por ejemplo, el caso de una cena familiar en la que el cuñado es un pastor evangélico, y en la mesa se habla abiertamente de los problemas extrañísimos que está padeciendo la hermana de su mujer. Acabada la cena, el cuñado propone que todos se unan en una breve e informal oración por ella, allí mismo en el salón. Todos acceden. Al final, la oración se transforma en un verdadero exorcismo que se prolonga durante una hora.

Aunque este ejemplo es hipotético, hemos conocido de primera mano casos casi idénticos a este. Sobre todo en países donde estas realidades se aceptan con toda naturalidad. En un caso así, ¿se debería imponer sobre la conciencia del fiel católico la idea de que ha cometido un pecado grave, un pecado contrario a la comunión eclesial? ¿Podrá haber una ley tan juiciosa en su redacción que logre calificar moralmente la infinidad de casos y circunstancias que se pueden dar? Mucho nos tememos que la respuesta es no. *La ley dispone por vía general y no prevé los casos accidentales*[690]. Y ya hemos visto que según sea el pastor, el acto de acudir a él podría ser lícito o ilícito.

Para la canonística eclesiástica valen las palabras de Sánchez Cámara: *El Derecho es orden y regularidad, sencillez y unidad,*

---

688 «Corresponde en primer lugar a todo el Colegio de los Obispos y a la Sede Apostólica fomentar y dirigir entre los católicos el movimiento ecuménico».CIC, can. 755 § 1.

689 «Este Sacrosanto Concilio advierte con gozo que la participación de los fieles católicos en la acción ecuménica crece cada día, y la encomienda a los Obispos de todo el mundo, para que la promuevan con diligencia y la dirijan prudentemente».Concilio Vaticano II, *Unitatis Redintegratio*, cap. I, n. 4.

690 Aristóteles, *Política*, III, n.10. Tomado de R. Carré De Malberg, *Teoría general del Estado*, Fondo de Cultura Económica, México D.F. 1998, pg 276.

actividad enérgica. El exceso de legislación es signo de debilidad[691]. Dar normas y leyes basándonos en un juicio acerca del criterio que siga cada confesión protestante sobre el exorcismo, resulta complejo en *un contexto caracterizado por una alteración del status legal de la autoridad en la cristiandad protestante*[692]. *El protestantismo convencional no es una iglesia, sino un conglomerado no muy firmemente ligado de denominaciones afiliadas*[693]. Lo que es válido hoy, puede no serlo en un plazo brevísimo de tiempo.

Por eso, como criterio general, resulta preferible por un lado no permitir este tipo de *circulatio extra Ecclesiam* con los protestantes, pero por otro no conviene manifestar la prohibición de forma legislativa. Pues hay que evitar ofrecer la imagen de que ni se quiere hacer ni dejar hacer. De un modo subjetivo eso sería mal percibido por la población en general. Para el común de los bautizados siempre existirá una cierta dificultad en entender por qué no se quiere permitir la solución de un mal concreto, por razones de índole eclesial. Todo esto siempre será entendido por los implicados como un fariseísmo que se fija en las razones teóricas, y no en el mensaje de Jesús.

Concluyendo, no hay razones teológicas que *per se* hagan inaceptable de forma absoluta el recurso a la *circulatio extra Ecclesiam* con los protestantes en el campo del exorcismo. Pero existen circunstancias eclesiales que indican que la publicidad acerca de la permisión a este recurso, por muy cargada de matices que se hiciera, provocaría un nada despreciable trasvase de fieles, unido a un grave peligro para la fe de éstos. Difícilmente un pastor protestante aceptará exorcizar a un católico si no renuncia a su fe católica. Asimismo, tampoco resulta aconsejable su prohibición rotunda. Pastoralmente parece mejor enfocar la cuestión por la vida del consejo, que no tratar de encauzar el problema a base de legislación.

---

691 Ignacio Sánchez Cámara, *Europa y sus bárbaros: el espíritu de la cultura europea*, volumen 1, Rialp, Madrid 2012, pg 88.

692 Reinhard Hütter, *Bound to be free: Evangelical Catholic Engagements in Ecclesiology, Ethics and Ecumenism*, Wm. B. Eerdmans Publishing, Grand Rapids 2004, pg 20.

693 Reinhard Hütter, *Bound to be free: Evangelical Catholic Engagements in Ecclesiology, Ethics and Ecumenism*, pg 24.

Envío a ministros anglicanos

Dentro de este análisis merecen juicio aparte los anglicanos. Pues, por sus orígenes históricos, podrían incluirse dentro del protestantismo. Pero, por su evolución posterior, pretenden mantener la apostolicidad así como la fidelidad a la fe de los Santos Padres, lo cual los hace muy próximos al catolicismo. *Desde el comienzo, como una categoríadistinta de la Cristiandad, el anglicanismo ha mostrado dos diferentes caras. Desde el tiempo de la reforma inglesa ha sido un Jano. Una cara ha sido católica y apostólica mientras la otra ha sido reformada y protestante*[694]. Aunque cuando popularmente decimos *anglicanismo* nos estamos refiriendo a una realidad muy amplia que va desde la Iglesia de Inglaterra hasta las muy variadas versiones del episcopalismo norteamericano o africano. Cada comunidad episcopaliana, una a una, deberá ser juzgada según los criterios aquí presentados, bajo la premisa de que sus ordenaciones sacerdotales son inválidas[695], aunque alguna pudiera ser válida por *la participación en algunas ordenaciones episcopales anglicanas de obispos de la Vieja Iglesia Católica de la Unión de Utrecht que están válidamente ordenados*[696]. Por otra parte, como escribía Gaffney, *la Iglesia de Inglaterra, en la que vivió Newman le pareció que se movía en una dirección que era inconfundiblemente protestante*[697]. Este proceso ya patente en el siglo XIX, no ha hecho otra cosa que incrementarse.

Aun así, el juicio sobre la deriva de la Comunión Anglicana es uno, y el juicio sobre sus ministros, a veces, es otro. Por ejemplo, cuando se celebró un encuentro de exorcistas australianos en el año 2011, encuentro organizado por la archidiócesis de Sidney, asistieron dos sacerdotes de la Iglesia Anglicana de Australia.

---

694 Paul F. M. Zahl, *The Protestant Face of Anglicanism*, Wm. B. Eerdmans Publishing Co., Gran Rapids 1998, pg 2.

695 «Pronunciamos y declaramos que las ordenaciones hechas en rito anglicano han sido y son absolutamente inválidas y totalmente nulas». León XIII, *Apostolicae Curae*, n. 36.

696 «Statement of Cardinal Hume on the Ordination of Anglican Bishop Leonard as a Roman Catholic Priest». *The Catholic Resource Network*, declaración de 1994, reproducido en varios sitios, por ejemplo en http://www.ewtn.com/library/ISSUES/LEONARD.TXT [16-diciembre-2011].

697 John Henry Newman, *Roman Catholic Writings on Doctrinal Development*, Sheed & Ward, 1997, Kansas City, prefacio, pg XVI.

> A los sacerdotes católicos presentes, esos sacerdotes anglicanos nos parecieron ministros sensatos, llenos de fe y a los que perfectamente se les hubiera podido enviar un individuo en caso de necesidad provocado por una ausencia absoluta de un exorcista católico. No solo eso. La sintonía con ellos fue mayor, que la que hubiéramos tenido sobre el tema del exorcismo con bastantes teólogos católicos. Sin duda la atención que se podía esperar de esos dos ministros anglicanos, era mejor que la que hubieran recibido algunos fieles en no pocas curias católicas[698].

Si se les hubiera derivado algún caso, ¿hubiera servido el exorcismo de ellos sin el sacramento del orden? Como se ha explicado precedentemente, allí donde no hay otra posibilidad, la oración deprecativa de un grupo de creyentes ciertamente puede ser escuchada por Dios. Esta afirmación puede parecer poca cosa, pero lo cierto es que a veces logra de Dios la liberación. Y aun en los casos en los que solo logre un debilitamiento del demonio que veja a la persona, no es eso poca cosa en una situación de máxima desesperación.

Lo dicho aquí para los anglicanos, ¿sería válido para el grupo eclesial conocido como los Viejos Católicos[699]? Los veterocatólicos a diferencia de los episcopalianos, suelen establecerse en territorios de mayoría católica y en clara competencia con la jerarquía católica. Las relaciones con las denominaciones religiosas no son iguales si éstas tratan de vivir su fe pacíficamente, frente a aquellas cuya vida eclesial está muy centrada en el ejercicio de una oposición a la Iglesia Católica. Habrá que valorar cada grupo de los veterocatólicos, caso por caso.

Envío a ministros de confesiones cristianas problemáticas

Pensemos que existe un pulular de grupos tales como la Fraternidad de San Pío X, así como una serie de pseudoiglesias católicas nacionales, tales como la Iglesia Nacional Colombiana (que se presenta

698 Arch.Pers., n.78, pg 45.

699 En Holanda conocidos como Oud-Katholieke Kerk. Los grupos derivados por todo el mundo son muy diversos y reciben distintos nombres. Por ejemplo, en Estados Unidos son conocidos como Old Catholic Church, mientras que en Austria reciben el nombre de Altkatholische Kirche.

como una iglesia exactamente igual a la católica, solo que independiente), la Iglesia Católica Reformada de Venezuela, la Comunión Ortodoxo-Anglicana, entre otras, además de algunos obispos de rito oriental no canónicos, obispos itinerantes que no son reconocidos por las iglesias ortodoxas tradicionales.

La *circulatio* hacia ministros de este tipo debe ser totalmente prohibida a los católicos. Pues en la *communicatio in sacris* no solo se tiene en cuenta la validez de los sacramentos (o la efectividad del exorcismo, en el caso de la *circulatio*), también se tienen en cuenta otros factores, a veces, de difícil formulación teórica. Pero no es lo mismo el Patriarca de Constantinopla, que un sujeto que ha recibido la ordenación episcopal del rito ortodoxo y que se establece por su cuenta en un país de Latinoamérica sin ser reconocido por ningún otro obispo oriental. De esta manera, pululan un cierto número de obispos que se establecen en una ciudad e intentan ejercer su ministerio eclesial, apelando al hecho de haber logrado una supuesta ordenación episcopal de otro obispo en igual situación de ilegitimidad canónica.

Muchos de estos obispos irregulares no prosperan, pero otros sí, consolidando un cierto número de fieles a su alrededor. Y de este modo, actualmente, hay un cierto número de las, así llamadas, iglesias ortodoxas no canónicas[700], así como sujetos que se autodenominan obispos católicos o episcopalianos en situación, igualmente, irregular.

Sin pretender ser obispos, hay quienes se presentan como sacerdotes y ejercen,incluso, una especie de ministerio exorcístico itinerante de fiabilidad más que dudosa. Alguno de ellos ha pasado por cinco incardinaciones consecutivas (incardinaciones a iglesias no canónicas), acabando en la Iglesia Católica Liberal Occidental[701]. Evidentemente, poner a los fieles en manos de estos ministros sería un acto completamente irresponsable.

En teoría, si nos atenemos meramente a la doctrina, a los católicos nos unirían más cosas con la Iglesia Católica Palmariana (la secta del Palmar de Troya) que con la Iglesia Ortodoxa de Moscú.

700 Sobre este tema de las iglesia ortodoxas no canónicas, especialmente los veterocalendaristas y el exorcismo, véase Apéndice, nota 41.

701 Muy famoso es el caso de Andrés Tirado Perez que se presenta como exorcista internacional, realizando charlas y exorcismos por toda Latinoamérica. Véase Apéndice, nota 42.

Pero existe un concepto tan difícil de expresar como la *seriedad*, cuya carencia nos puede impedir cualquier tipo de *communicatio* con un determinado grupo, por cercanos que sean a nosotros en su doctrina. En otros casos no es la *seriedad*, sino su particular status. Y así un grupo lefebvrista por supuesto que reviste una gran seriedad (seguridad doctrinal, carácter cierto del sacramento del orden, vigilancia jerárquica de ortodoxia y costumbres), pero otras características del grupo lo convierten en una realidad extremadamente dañina para las personas que fueran enviadas allí. Sin ninguna duda, normalmente será menos dañino para la eclesialidad intracatólica, permitir que un católico vaya a un pacífico pastor luterano danés, que permitir que se dirija a un grupo lefebvrista.

De forma que son los pastores de la Iglesia Católica los más adecuados para determinar en cada caso la licitud o no de esta *circulatio*. No es lo mismo una familia católica aislada que vive en Rusia rodeada de ortodoxos, que un católico español que siente el impulso de dirigirse a un obispo thucista[702]. Pero pensemos en el caso de un fiel católico con una terrible posesión en la que peligra su vida y que está en una localidad de pocos cientos de habitantes en Alaska, sin ningún sacerdote católico y con solo un sacerdote lefebvriano que está allí visitando a su familia. El fiel, en semejante situación extrema, podría consultar por teléfono a un conocido suyo sacerdote, acerca de la licitud de permitir que le exorcice ese sacerdote tradicionalista allí presente. Parecería contrario a los dictados de la razón el que la contestación siempre debiera consistir en que el bien de la eclesialidad debe prevalecer sobre cualquier otro bien. Como escribió el Cardenal Ratzinger: *La Iglesia no existe para sí misma, sino para la humanidad*[703].

Son los pastores católicos los que deben conocer las razones profundas que permiten como excepción la *communicatio in sacris*, para entonces permitir o no los casos de *circulatio extra Ecclesiam* respecto al exorcismo. Pues del mismo modo que un fiel católico, en peligro de muerte, podría recibir la unción de los

702 En el mundo hay varios obispos cuya línea episcopal proviene de las ordenaciones del obispo católico vietnamita Ngo Dinh Thuc, que desde 1981 fue realizando distintas ordenaciones episcopales sin mandato de la Santa Sede.

703 Joseph Ratzinger, *Convocados en el camino de la Fe*, Cristiandad, Fuenlabrada 2004, pg 296.

enfermos incluso de un sacerdote que ha abandonado el sacerdocio y cualquier práctica religiosa, cabe pensar en alguna situación verdaderamente límite en la que una conciencia bien formada pudiera admitir la posibilidad de alguna excepción en este campo. La lógica y no el voluntarismo es lo que avala la prohibición y la permisión.

El *Código de Derecho Canónico*, en el caso de peligro de muerte, dice que cualquier sacerdote debe escuchar la confesión del que la pida[704]. Y eso es así sin entrar a valorar ninguna consideración acerca del status eclesial de ese sacerdote, o incluso si está excomulgado. Así también el exorcismo en casos excepcionales podría recibirse de un ministro que pertenece a un grupo antieclesial (como los lefebvrianos) o de un ministro digno que pertenece a un grupo sin entidad eclesial. Como el caso de una persona aislada en una pequeñísima isla del Pacífico, en la que hubiera un sacerdote (bueno y de recta intención) perteneciente a una rama cismática dentro del veterocatólicismo, y no hubiera ningún sacerdote más. En casos extremos de este tipo, la consulta telefónica a un sacerdote bien formado, podrá resolver los problemas de conciencia al respecto.

Como se ve, se pueden dar y se dan dos elementos: situaciones extremas y relaciones peligrosas con grupos antieclesiales. El juicio debe realizarse ponderando ambos elementos con mucho cuidado. Por todo lo cual, tal acción debe ser juzgada por un sacerdote católico de recta conciencia y bien formado, porque son tantas las consideraciones que entran en juego, que se resisten a una formulación teórica que admita todas las circunstancias.

Si la *circulatio ad Ecclesiam* (la recepción) se basa en la caridad, la *circulatioextra Ecclesiam* (el envío) plantea peligros graves. No se pueden resolver estos casos de conciencia bajo un criterio o dos, sino que debe considerarse la cuestión como un todo en el que entran muchas más consideraciones que la mayor o menor cercanía doctrinal de un grupo. A veces puede ser «más sano» permitir que un católico vaya a un determinado grupo anglicano, que no a un ministro de una iglesia cismática dotada de una doctrina más católica.

---

704 «Si urge la necesidad todo confesor está obligado a oír las confesiones de los fieles; y, en peligro de muerte, cualquier sacerdote».CIC, can. 986 § 2.

Ya Kasper hablando del ecumenismo escribía algo que es muy simple, pero que es la verdad: *Lo que es oportuno en algunos contextos puede no ser apropiado en otros. Lo que es útil en algunos lugares, puede ser contraproducente en otros*[705]. Y todo esto sin olvidar, desde el principio, que la *circulatio extra Ecclesiam* es algo*per se* siempre desaconsejable. Pudiéndose permitir (con las debidas cautelas) únicamente como mal menor y cuando no hay, de hecho, otra solución, pues *la communicatio in sacris simboliza la unidad de la Iglesia*[706]. Si en estas páginas nos internamos en estos enrevesados vericuetos de los casos extremos, es únicamente porque la eclesialidad existe para el bien de la persona, y no al revés. Pero solo después de entender el bien que supone la comunión plena intraeclesial, y la necesidad de preservarla, es cuando no debemos olvidarnos de que *el Espíritu Santo mora dentro de las partes fragmentadas del Cuerpo de Cristo*[707].

Vanderwilt escribía muy acertadamente: *Recibimos la Sagrada Comunión*[eucarística] *con otros a través de la participación en la Iglesia, el Cuerpo eclesial de Cristo.* (...) *Visto como un todo, la comunión* [eclesial] *se refiere a la manera en la que Cristo une a su pueblo consigo mismo en la Iglesia*[708]. Como se ve, todo este capítulo radica en la tensión entre la necesidad de la comunión eclesial como expresión de unidad, y la realidad de la gracia existente en otras comunidades.

Envío a personas pertenecientes a confesiones no cristianas

El hecho objetivo externo es evidente, en el ámbito de todas las religiones se han realizado rituales exorcísticos. Pero la primera cuestión que hay que dirimir es si los exorcismos no cristianos

705 Walter Kasper, *L'ecumenismo spirituale*, pg 13.

706 L. Jager, *Il decreto conciliare sull'ecumenismo*, pg 44-45.Citado enGiulio Sembeni, *Direttorio ecumenico 1993: sviluppo dottrinale e disciplinare,* Editrice Pontificia Gregoriana, Roma 1997, pg 117, nota 12.

707 Reinhard Hütter, *Bound to be free: Evangelical Catholic Engagements in Ecclesiology, Ethics and Ecumenism*, pg 5.

708 Jeffrey T. Vanderwilt, *Communion with Non-Catholic Christians,* The Liturgical Press, Collegeville 2003, pg 22.

albergan alguna eficacia. Como se ha visto antes, incluso dentro del ámbito de las confesiones cristianas, la respuesta a esta pregunta tiene un enfoque diferente si hablamos de iglesias con sucesión apostólica o si se trata de comunidades protestantes. El exorcismo de los ordenados *in sacris* supone una *potestas* inherente a la sacramentalidad de su condición. Mientras que la oración de liberación de los laicos cristianos implica la capacidad intercesora realizada bajo el nombre de Jesús. En este segundo tipo de ministros, los ministros protestantes, estamos hablando del poder de la oración y de la fe en la intercesión de Jesucristo ante el Padre, cosa de por sí buena (sea cual sea la denominación confesional) y que de ningún modo podemos decir que no produzca frutos.

¿Pero qué soporte teológico podría tener un exorcismo no cristiano? Los exorcismos de los ministros no cristianos no tienen otra base sustentadora que la capacidad de orar al Padre por parte de cualquier hijo de Dios. Capacidad de orar a la que, en contadas ocasiones, excepcionales, se le puede unir un carisma de naturaleza personal[709].

La cuestión de la eficacia de los exorcismos no cristianos

Que los dones extraordinarios pueden darse fuera del ámbito judeocristiano, es un hecho que aparece enseñado de forma expresa en la Biblia. Como ejemplo de tal misteriosa realidad, está el personaje de Balaam que aparece en el Libro de Números[710]. De forma más imprecisa aparecen los *magoi*[711]del Evangelio de San Mateo. Podemos encontrar apertura teológica hacia la presencia de carismas en los no cristianos, en la aceptación por parte de todos los autores antiguos del carisma profético en las sibilas

709 Para abundar más en el tema de la diferencia cuantitativa o cualitativa de la eficacia de los exorcismos cristianos frente a los exorcismos no cristianos, véase Apéndice, nota 43.

710 Nm 22-24. Un estudio detallado de este personaje y los versículos citados, aparece en José A. Fortea, *Exorcística*, Dos Latidos, Zaragoza 2007, pg 56-57.

711 De este misterioso número indeterminado de hombres venidos del Oriente, solo sabemos que eran magos (magoi), que supieron que iba a nacer el Mesías y que fueron advertidos por un sueño para no retornar a Herodes. Cf. Mt 2, 1-12.

mencionadas por la tradición patrística[712]. Un análisis en profundidad del misticismo en la tradición sufí o en el monacato budista escapa al propósito de esta obra, pero no debe extrañarnos que allí donde se practique la oración y la vida ascética puedan aparecer algún tipo de dones extraordinarios.

Por supuesto que hay exorcistas que negarán de forma absoluta la posibilidad del exorcismo no cristiano. Y así el Padre Amorth a esta cuestión respondía: *Fuera del cristianismo no hay exorcismos. Siempre es necesario hacerlo en el nombre de Jesús*[713]. Pero que en el judaísmo existen exorcismos, auténticos exorcismos, queda atestiguado por el mismo Evangelio, cuando Jesús dice: *Y si Yo expulso demonios por* [el poder de] *Belcebú, ¿por quién vuestros hijos expulsan* [demonios]*?* Mt, 12, 27. Jesucristo da por supuesto que individuos no pertenecientes al grupo de sus discípulos verdaderamente expulsaban demonios[714].

Dos son, por tanto, los fundamentos para suponer la posibilidad de la eficacia del exorcismo no cristiano. Uno universal, la capacidad de orar a Dios, otro personal, la existencia de individuos con carismas exorcísticos. Estos dos fundamentos son la base para que poder construir una reflexión acerca del exorcismo no cristiano y la posibilidad de una *circulatio.*

Juan Pablo II usaba la expresión ya clásica de los «semina Verbi» al hablar de las religiones no cristianas: *Es también el Espíritu quien esparce «las semillas de la Palabra» presentes en los ritos y culturas, y los prepara para su madurez en Cristo*[715]. Si esas semillas han sido sembradas, no se limitan a «estar», sino que tienden a «obrar». Toda semilla tiene ínsita una tendencia a obrar.

---

712 Son varios los escritores eclesiásticos de los primeros siglos que hacen referencia al hecho de que algunas mujeres paganas tuvieron el don de la profecía. Solo por citar algunos autores: Lactancio, *Divinarum Institutionum*, libro VII; San Teófilo de Antioquía, *Ad Autolycum*, libro II, cap. XXXVI; San Agustín, *De civitate Dei*, lib 18, cap. 23. Con independencia de lo que cada uno pueda pensar acerca de la veracidad o no de los datos históricos que nos han llegado acerca de estas figuras, lo que nos importa aquí es que los Santos Padres y la tradición cristiana posterior no consideraban un hecho imposible el que existieran este tipo de carismas fuera del grupo de los profetas hebreos y del ámbito del cristianismo.

713 Entrevista personal del autor con el Padre Amorth, 25 de enero de 2012.

714 Acerca de por qué ese versículo implica necesariamente la existencia de exorcismos fructuosos en el judaísmo, véase más extensamente Apéndice, nota 24.

715 Juan Pablo II, *Redemptoris Missio*, III, n.28.

La mayoría de los teólogos siempre se refieren a estas semillas reduciéndolas a su dimensión de epistemología teológica. Pero es ortodoxo reconocer que algunos no cristianos, bajo la acción del Espíritu, han desarrollado verdaderos carismas.

Si también hubo no cristianos que exorcizaron, ¿el exorcismo cristiano es más poderoso o no? *La divina pedagogía del diálogo no consiste solo en palabras, sino también en obras. Las palabras manifiestan la «novedad cristiana», la del amor del Padre, del cual las obras dan testimonio*[716]. Esto implica que el exorcismo cristiano debe dar testimonio de que la verdad plena ha sido revelada, debe dar testimonio, también, de que su poder proviene del que posee todo poder. Además, la *potestas* exorcística ya no se da únicamente como carisma inusual, sino que se concede generosamente a través del sacramento del orden. Tanto en cantidad (de exorcistas) como en potencia, la *potestas* exorcística en la Nueva Alianza conviene que sea sustancialmente mejor que el exorcismo que ya existía como excepción.

La licitud de una posible circulatio

Solventada, pues, la cuestión de la posibilidad de la eficacia de un exorcismo no cristiano, queda por resolver la cuestión de la licitud. En ausencia de un presbítero o de una comunidad cristiana que haga oración de liberación, si hay un hombre de Dios no cristiano afamado por su heroica vida espiritual, y si ese hombre no realiza ningún acto mágico, sino que se limita a orar a Dios, bajo todas esas condiciones, no habría razón para afirmar la radical ilicitud de esa *circulatio.*

Al analizar esta cuestión teórica de la licitud, no estamos afirmando que un católico puede buscar en los anuncios de un periódico o en Internet a un exorcista de otra religión, como si fuera ésta una opción indiferente. Evidentemente no. Sino que nos limitamos a afirmar, con certeza, que hay hombres del espíritu fuera del cristianismo; y que, sin duda, ha habido y hay casos

---

716 Comisión Teológica Internacional, *Textos y documentos*, volumen I, Documentos 1969-1985. Documento titulado «Christianity and the World Religions», Ignatius Press, San Francisco 2009, capítulo IV, n.117, pg 186.

de carismas entre aquellos que nunca han conocido el Evangelio. Admitidos estos presupuestos, las conclusiones acerca de la licitud surgen sin necesidad de grandes razonamientos.

Recordemos que Melquisedec que no era cristiano, era *sacerdote del Dios Altísimo*[717]. Este personaje misterioso, que no pertenecía al Pueblo Elegido, recibió el diezmo de Abraham. La Escritura afirma que él *permanece como sacerdote para siempre*[718]. Luego si es para siempre, eso incluye la Nueva Alianza. Luego existe un sacerdocio que ni es sacramental ni dependiente de ninguno de los dos Testamentos, y que persiste hasta el fin de los tiempos. Dicho de otro modo, los pueblos que no han conocido la Revelación, no están desasistidos de estos hombres de Dios que, por su santidad o carismas, están llamados a ejercer un papel de intermediación entre la Divinidad y los hombres.

Melquisedec *recibió los diezmos de Abraham y bendijo al que tenía las promesas. Es indiscutible que la persona que bendice es superior a la que recibe la bendición*[719].Aquí encontraríamos un refrendo a la licitud de esta *circulatio.* Hasta podríamos decir que Abraham fue el primero en realizar esta *circulatio ad extram.* La bendición de Melquisedec estaba revestida de un poder *quasi sacramentale,* tomada esta palabra en su sentido de «sacramental», no de «sacramento».Y no podemos afirmar que su bendición era un sacramental, únicamente, porque en la Nueva Alianza éstos son *signos sagrados que* (...) *significan efectos* (...) *que son obtenidos a través de la intercesión de la Iglesia*[720]. Técnicamente hablando, la bendición de Melquisedec no actuaba a través de la intercesión de la Iglesia, luego no era un sacramental.

717 «Este Melquisedec, rey de Salem y sacerdote del Dios Altísimo, salió al encuentro de Abraham, que regresaba de derrotar a los reyes, y lo bendijo. Abraham, a su vez, le dio la décima parte de todo» (Hb 7,1).

718 «Hiereus is to dienekes» (Hb 7, 3). «Dienekes», en realidad, significa *continuo.* No es lo mismo afirmar que él tiene un sacerdocio eterno que continuo. Existe en la segunda palabra un matiz que refuerza el argumento expresado de que se trata un sacerdocio ejercido de forma continuada, no de un mero carácter sacerdotal que permanece en la persona.

719 «Es bendecido» (Hb 7, 6-7): «eulogeitai».

720 Paul Haffner, *The Sacramental Mystery*, Crownwell Press, Leominster 1999, pg 23.

Pero, en cuanto al efecto, era igual a un sacramental. Porque *los sacramentales se puede decir que obran «quasi ex opere operato»*[721], y así obró la bendición de Melquisedec. De lo contrario, Abraham no se hubiera molestado en recibir la bendición de alguien (que a efectos de *potestas*) era igual a él. Sin *potestas*, la bendición de Melquisedec hubiera sido una mera manifestación de intenciones, una mera oración dirigida a Dios. Es cierto que *los sacramentales no obran con la eficacia intrínseca de los sacramentos. Pero su poder no depende simplemente de la disposición subjetiva de la persona que lleva a cabo el particular rito*[722].

Por eso, técnicamente hablando la bendición de Melquisedec no era un sacramental, pero era un *quasi sacramentale*. Y, en cuanto al efecto, obró como un sacramental, aunque su efectividad no proviniese de la intercesión de la Iglesia. Entender esto es muy importante a la hora de abordar la comprensión de los exorcismos fuera de la fe cristiana.

Si el mismo Abraham, nuestro padre en la fe, recibió un sacramental de alguien ajeno al Pueblo Elegido, también un bautizado podría recibirlo de un hombre de Dios no perteneciente a la Nueva Alianza. Interesante que Abraham sea el *elatton* (menor) y Melquisedec sea el *kreittonos* (mejor)[723]. Tampoco es despreciable la nota de que se diga expresamente que carece de genealogía[724], porque el sacerdocio levítico se basa en el linaje, lo mismo que el sacerdocio católico. El sacerdocio levítico se basa en un linaje de la carne, y el apostólico se basa en un linaje sacramental, que da lugar a una verdadera genealogía de transferencia del sacramento del orden. Melquisedec, por tanto, sería un ejemplo pertinente de que la potencia del poder exorcístico carismático puede ser superior al institucional sacramental.

721 Paul Haffner, *The Sacramental Mystery*, pg 23.

722 Paul Haffner, *The Sacramental Mystery*, pg 23.

723 Respecto a las palabras «menor» y «mejor» de Hb 7, 7b (to elatton hypo tou kreittonos eulogeitai), creemos que se pueden extraer muy interesantes consecuencias para el campo de los exorcistas no cristianos, consecuencias que explicamos con más amplitud en Apéndice, nota 44.

724 «Él cuya genealogía no es contada» (Hb 7, 6):«ho me genealogoumenos».

El Concilio Vaticano II enseña que también los no cristianos se hallan *bajo el influjo de la gracia*[725]. Por tanto, en ellos actúa la gracia, y la gracia no conoce límites. El único límite que conoce la gracia divina es la propia resistencia humana. Si el no cristiano es heroicamente generoso, su santificación puede ser superior a la de un místico cristiano. ¿Por qué los ascetas no cristianos que han muerto al mundo y a sus pasiones deberían estar condenados a una santidad de segundo grado?

Claro que una cosa es preguntarse a nivel teórico si resulta lícita esta *circulatio*, y otra muy distinta es percatarse después de que hay que tener en cuenta de que, en el mundo de lo concreto, estamos hablando de una realidad heterogénea en grado sumo. Realidad que puede consistir, por solo citar algunos ejemplos, en un rabino judío que ora por los posesos con salmos y oraciones dirigidas a Dios, sin añadir ningún elemento contrario a la fe cristiana; o en el imán de una mezquita que ora a Alá con suras de alabanza extraídos del Corán; o en el monje budista que recita mantras y realiza ritos que simbolizan rechazo de los espíritus y purificación del alma. Estas realidades multiformes pueden ser protagonizadas por individuos de recta intención que viven de la fe, o por individuos que mezclan la fe con intereses como el dinero o con errores mágicos mezclados en su fe monoteísta.

De ahí que la respuesta teórica general puede tornarse dificultosa cuando tratamos aplicarla al caso concreto. Pero al mismo tiempo que no estamos avalando el indiferentismo, hay que afrontar esa cuestión y dar una respuesta teórica. Sabiendo que se trata de una realidad tan multiforme que resulta imposible ofrecer una valoración única acerca de todos esos ministros, sus ritos y formas de orar.

Y al intentar dar una respuesta a esta cuestión, no está de más recordar que si existe un exorcismo no cristiano con capacidad de alguna eficacia, entonces no sería lógico que el teólogo católico fuera más estricto en el acto de prohibir que Dios mismo en

---

725 «Quienes, ignorando sin culpa el Evangelio de Cristo y su Iglesia, buscan, no obstante, a Dios con un corazón sincero y se esfuerzan, bajo el influjo de la gracia, en cumplir con obras su voluntad, conocida mediante el juicio de la conciencia, pueden conseguir la salvación eterna». CONCILIO VATICANO II, Constitución Dogmática *Lumen Gentium*, n.16.

el acto de otorgar[726]. Si un don viene directamente de Dios, no podemos declararlo impuro por no pertenecer el sujeto al Pueblo de Dios. Aquí viene totalmente al caso estos dos pasos de Hechos de los Apóstoles:

> Pedro tomó la palabra, y dijo:Ahora comprendo que en realidad para Dios no hay favoritismos, sino que en toda nación él ve con agrado a los que le temen y actúan con justicia (Hch 10, 34-35).Por segunda vez insistió la voz del cielo: Lo que Dios ha purificado, tú no lo llames impuro(Hch 11, 9).

La palabra *impuro*(koinou) es todo un sermón respecto al tema tratado. Porque «koinoó» (etimológicamente proviene de «koinos», común) significa: *hacer sucio, manchar, desecrar, tratar lo sagrado como común u ordinario.* Referido al tema que tratamos arriba, no podemos (por querer hacer resplandecer al cristianismo) tratar como algo sucio, los carismas de Dios entregados a los no cristianos. La intención de los que quieren degradar los carismas no cristianos es buena, pues solo buscan exaltar a Cristo, exaltando al cristianismo. No se dan cuenta de que al hacer eso, están haciendo de menos los dones de Dios entregados al resto de la Humanidad no cristiana.

Exorcismo politeístico

Los dos primeros puntos que hay que dirimir para que se pueda dar una *circulatio* excepcional pero lícita, es si el exorcismo de ese ministro no cristiano es un exorcismo monoteísta o politeísta, si está basado en la oración o en la magia. Solo los exorcismos basados en la oración al único Dios verdadero, y en los que no interviene la magia, podrían ser lícitos y eficaces. Únicamente si los modos que se emplean son lícitos, habrá posibilidad de que sea eficaz. Y si es eficaz, será lícito para el cristiano acudir a él; pues Dios obrará a través de ese ser humano. Cierto que en la Iglesia Católica hay exorcismos eficaces pero ilícitos, por falta de permiso

726 Estrictamente hablando, el exorcista desconocido de Mc 9, 38, no solo no pertenecía al grupo apostólico, sino que tampoco pertenecía a la Iglesia por el hecho de que no existía. De ahí que sus exorcismos no ocurrían «ex opere operantis Ecclesiae», sino directamente en el nombre de Jesús, sin intermediación alguna de la Iglesia.

del Ordinario. Pero fuera del ordenamiento canónico nunca hay exorcismos ilícitos. Luego si Dios de forma clara y nítida actúa a través de un individuo, es señal de que tiene la aquiescencia divina.

Repasando las principales denominaciones religiosas, permítasenos unas breves anotaciones:

a. **Islam:** La primera cuestión que se plantea es si Alá es Dios. *Es el Alá tal como está revelado en el Corán, idéntico al Alá tal como está revelado en la biblia árabe. La respuesta es obviamente no.* (...) ¿Las referencias de Alá y Dios son al mismo Ser? Claramente sí[727]. Es cierto que los opositores a esta identificación ontológica apelarán a que *la palabra Allah tal como es usada por los musulmanes esta ahora ligada a una particular comunidad religiosa que se aferra al texto del Corán como sagrado y profético*[728]. Pero resulta evidente que los musulmanes adoran a un Ser personal, Todopoderoso, Creador, Padre de los hombres y que es el Bien Sumo. Por lo tanto, adoramos al mismo Dios. El Concilio Vaticano II sobre este punto no manifestó ninguna duda, al afirmar: *los musulmanes, que, confesando adherirse a la fe de Abraham, adoran con nosotros a un Dios único, misericordioso, que juzgará a los hombres en el día postrero*[729].
b. **Budismo**: Es cierto que el budismo que se ha extendido en Occidente, es el budismo ateo. De ahí que son muchos los que afirman que en el budismo no existe el concepto de Dios. Pero esto no es así a nivel popular en Asia. Ya *en el siglo X, el proceso de personificación* [del Dharma] *se llevó más lejos, desembocando en el concepto de Adí, o Buda Primordial eternamente iluminado. El segundo aspecto del Dharma es el «Cuerpo Autoexistente». Esta es la naturaleza última de la realidad*[730]. De ahí que no resulta erróneo afirmar que hay monjes budistas claramente centrados en la fe en la futura unión (nirvana) con un Ser Trascendente único y perfecto. Aunque también haya otros seguidores que practiquen un

727 Timothy C. Tennent, *Theology in the Context of World Christianity*, Zondervan, Grand Rapids 2007, pg 33.

728 Timothy C. Tennent, *Theology in the Context of World Christianity*, pg 33.

729 Concilio Vaticano II, Constitución Dogmática *Lumen Gentium*, n.16.

730 Peter Harvey, *El Budismo*, Cambridge University Press, Madrid 1998, pg 154.

budismo sin divinidad alguna. Mientras que otros creen en un budismo en el que pululan un panteón de divinidades. A ellos se les pueden aplicar las palabras del Concilio Vaticano II: *Ni el mismo Dios está lejos de otros que buscan en sombras e imágenes al Dios desconocido, puesto que todos reciben de Él la vida, la inspiración y todas las cosas, y el Salvador quiere que todos los hombres se salven*[731].

c. **Hinduismo**: Incluso en una religión tan evidentemente politeísta como el hinduismo, algunos de sus fieles pueden vivir esas creencias mitológicas insertadas en una fe esencialmente monoteísta. Es decir, considerando a Brahman como el Dios sobre todos los dioses, y al resto de deidades como una corte de ángeles o seres superiores. Desde luego, aunque hay varias versiones en sus cosmogonías, pero generalmente se considera que *el más alto Brahman es el impersonal, incognoscible e indescriptible Brahman de los Upanishads. Él es la base de toda la realidad que subyace detrás de todas las apariencias*[732]. Por eso podemos encontrarnos con gurús hindúes perfectamente politeístas. Y con sadhus (ascetas que siguen el camino de la penitencia y la austeridad para obtener la iluminación) que son esencialmente monoteístas.

d. **Animismo**: Valga lo dicho acerca del hinduismo, para las innumerables versiones del animismo. Pues para algunos animistas sus creencias pueden hallarse subordinadas, de hecho, a la fe en un Espíritu Superior bueno y todopoderoso. Dentro del animismo podríamos hallar a personas de las que el Concilio Vaticano II habló, al referirse a quienes no tienen un conocimiento expreso de Dios, pero que *se esfuerzan en llevar una vida recta, no sin la gracia de Dios*[733]. Sin duda es posible encontrar en África curanderos que sean esencialmente buenos y oren por este tipo de personas en-

---

731 Concilio Vaticano II, Constitución dogmática *Lumen Gentium*, n.16.

732 Joseph P. Schultz, *Judaism and the Gentile Faiths: Comparative Studies in Religion*, Associa-ted University Presses, East Brunswick 1981, pg 79.

733 «Y la divina Providencia tampoco niega los auxilios necesarios para la salvación a quienes sin culpa no han llegado todavía a un conocimiento expreso de Dios y se esfuerzan en llevar una vida recta, no sin la gracia de Dios. Cuanto hay de bueno y verdadero entre ellos, la Iglesia lo juzga como una preparación del Evangelio y otorgado por quien ilumina a todos los hombres para que al fin tengan la vida». Concilio Vaticano II, Constitución dogmática *Lumen Gentium*, n.16.

demoniadas, aun usando un cierto nivel de superstición en las prácticas aprendidas en su tradición. Otra cosa distinta será ver qué efectividad tienen esas prácticas de liberación. Pero el hecho es que, frente a una inmensa mayoría de curanderos animistas que usan mera magia, existe un pequeño número de curanderos esencialmente buenos.

Con esto no estamos diciendo que muchas personas no vivan en un perfecto politeísmo. Tampoco estamos afirmando que muchas creencias no sean degradaciones de la religión, las cuales alejan de Dios más que acerquen. No, no estamos diciendo que todo sea bueno, ni que todo lo aparentemente exorcístico funcione. Tan solo queremos afirmar que la fe en un Dios único y todopoderoso está muy inserta en la naturaleza humana. Y que podemos encontrarnos con manantiales de agua saludable, donde menos lo podíamos pensar, porque son muchas las personas de diversas religiones que, de hecho, creen en Dios, aunque piensen que también existen otros dioses menores.

Ni hay que condenar todo de un plumazo (como si todo fuera poco menos que demoniaco), ni hay que caer en una cierta candidez a la hora de dar pautas generales (como si todo fuera poco menos que una variante del cristianismo). Fuera del cristianismo, ni todo es bueno y verdadero, ni todo es ineficaz o demoniaco.

Para que se vea lo imposible que es ofrecer un juicio global, si nos fijamos en el ámbito budista no serán las mismas prácticas exorcísticas, si nos fijamos en los rituales de los eunucos de la dinastía Ming en China[734], o el de los sacerdotes sintoístas de Japón[735] o en el de las danzas exorcísticas de los monjes del Tíbet, por citar algunos lugares. Y eso sin tener en cuenta las versio-

734 «El Celestial Maestro Daoista era admitido en las más sagradas cámaras del palacio [del emperador de China] para las ceremonias de exorcismo (...). los eunucos que estudiaban con los Maestros Celestiales también realizaban rituales de exorcismo, que a menudo duraban tres días y tres noches. Pero que, a veces, se prolongaban durante una semana entera sin interrupción». Shih-Shan Henry Tsai, *The Eunuchs in the Ming Dynasty*, State University of New York Press, Albany 1996, pg 55.

735 «Desde el comienzo del shintoísmo se acentuaron (...) los exorcismos ejecutados por los kannushi (sacerdotes) y las miko (sacerdotisas)». Lopez Gay, *El catecumenado en la misión del Japón del siglo XVI*, Universidad Gregoriana, Roma 1966, pg 203, nota 57.

nes que han existido y existen del budismo esotérico[736]. Lo cual hace imposible ofrecer un juicio unitario que sirva para todo el budismo. Los Yamabushi, por ejemplo, son presentados por los misioneros del siglo XVI como *grandísimos hechiceros(...) cuyo oficio ordinario es echar los demonios de los cuerpos de los hombres, pronosticar las cosas futuras, rezar sobre los enfermos (...) e invocar los demonios para causar mal a alguien*[737]. De forma que un cristiano que acude en busca de ayuda, puede encontrarse desde un ascético monje budista esencialmente monoteísta[738], hasta un practicante del tranta que practica un budismo ateo y que lo único que busca es ganancia material.

Aunque nos hemos fijado en el budismo, las mismas variantes podemos encontrarlas en el resto de las grandes espiritualidades religiosas; incluido el cristianismo. Incluso en el cristianismo podemos encontrar exorcistas en distintas confesiones que siguen el Evangelio en toda su pureza, frente a una gradación que llega finalmente a las versiones más heréticas de ministros que buscan únicamente el beneficio personal. Las diferencias son radicales y, muy frecuentemente, la mayoría de los laicos difícilmente podrán distinguir al hombre del espíritu del que no lo es. Es en este contexto de gradaciones, dones carismáticos, visionarios por un lado, y santos por otro, donde se hace necesaria la guía de los pastores de la Iglesia Católica.

Gradación del juicio moral

Aunque el mundo de los ministros exorcistas no cristianos es una realidad multimorfe, se puede afirmar que existe una razonable gradación acerca del juicio moral con respecto de la persona a la que uno puede dirigirse para recibir un exorcismo. La gradación completa sería la siguiente:

---

736 Ya los misioneros japoneses observaban en el siglo XVI: «El pico Haguro (...) ha sido el centro espiritual de los bonzos budistas llamados Yamabushi o shugenja, que se distinguen por sus prácticas misteriosas y esotéricas». Lopez Gay, *El catecumenado en la misión del Japón del siglo XVI*, pg 200, nota 43.

737 Lopez Gay, *El catecumenado en la misión del Japón del siglo XVI*, pg 205.

738 «Al Cuerpo de Dharma se le otorga un aspecto semi-personalizado, por lo que es similar al concepto de Dios de otras religiones».Peter Harvey, *El budismo*, pg 154.

Exorcista católico: Es el presbítero que cuenta con el permiso de su obispo para exorcizar. Cualquier fiel de la Iglesia se puede dirigir a él de forma lícita.

Laicos católicos: Si se trata de laicos que realizan oraciones de liberación con el permiso de su obispo, la acción es plenamente eclesial y, por tanto, lícita. Existe una obligación moral de no dirigirse en busca de este ministerio a aquellos grupos católicos que no realicen este ministerio en dependencia del obispo del lugar. En los casos de necesidad, uno podría dirigirse a este tipo de grupos, mientras no hayan sido expresamente repudiados por el obispo. No cabe duda de que son muchos los grupos que obran sin permiso del obispo, pero sin su prohibición. Moralmente hablando, el recurso a estos grupos para el exorcismo sería lícito en los casos en que existan estas dos circunstancias: la omisión (la diócesis ni siquiera quiere examinar un caso de supuesta vejación demoniaca) y la indeterminación (el grupo no ha recibido ni permiso ni prohibición del Ordinario del lugar)[739].

Presbítero ortodoxo: A él se equipara cualquier presbítero de una iglesia con sucesión apostólica pero que no está en comunión con la Iglesia Católica. Aplicando las reservas del canon 844 del *Código de Derecho Canónico*, moralmente sería permisible acudir a ellos con todas las condiciones, cautelas y reservas antes expuestas para estos casos excepcionales[740].

Ministro protestante: Sea una persona la que ora, sea un grupo reducido, o incluso una entera comunidad la que ora, resulta lícito recurrir a ellos en casos extremos, pero bajo el permiso y la guía de un sacerdote católico que cuide a la persona para que la fe no sufra detrimento. Y teniendo en cuenta, desde el principio, que tal recurso deberá restringirse al máximo. Para la licitud será sumamente conveniente pedir permiso a un sacerdote católico y atenerse a su respuesta. Pues además de las reservas que se piden en el canon844, hay que entender que será muy difícil no poner en peligro la propia fe. Las implicaciones eclesiales de esta práctica, su generalización, los abusos a que puede dar lugar, podrían motivar algún tipo de prohibición general por parte de algún obispo diocesano, o de los obispos

739 Existen casos de laicos ejerciendo *de facto* el ministerio del exorcismo con pleno permiso de su obispo. Arch.Pers., n.42 , pg 26.

740 El sacerdote copto Makari Yunan, del que antes se ha hablado, sería un ejemplo de este tipo de ministro completamente aceptable.

de alguna conferencia episcopal, prohibiciones a las que habría que someterse.

Ministro no cristiano: En caso de no haber otra posibilidad, se podría acudir a un ministro no cristiano que exorcize simplemente orando al único Dios verdadero, por ejemplo un rabino, o un musulmán, o un asceta monoteísta que no realizara ningún acto mágico. Pero no se podría acudir a un ministro no cristiano que realizara el exorcismo invocando a entidades desconocidas, a falsos dioses o realizando ritos supersticiosos. En este caso, todavía más que en el anterior de un ministro cristiano, el fiel cristiano conviene que lo consulte a un sacerdote católico y que se atenga a lo que le diga. Y esto no solo para preservar la fe, sino para mantener ese acto dentro del orden eclesial. Pues el que un católico pida un exorcismo a un santo rabino no es un acto estrictamente personal sin trascendencia eclesial.

Brujo: Ningún cristiano, ni tampoco los no cristianos, bajo ningún concepto pueden acudir a una persona que usa la magia. La prohibición es absoluta, sin que quepa excepción en ninguna circunstancia. Y eso aunque el pseudoexorcista use elementos católicos, como es el caso de la santería. *A pesar de la frecuente presencia de símbolos católicos en la santería* (...), *la santería es esencialmente un culto africano*[741]. Por debajo del recurso a un brujo, el último escalón de esta gradación sería el recurso a un satanista. Alguien que para sacar al demonio, recurre a un sujeto que adora al demonio de forma expresa, supondría una acción máximamente desordenada. En el plano objetivo sería un pecado muy grave, solo atenuado por la desesperación que pudiera sufrir el sujeto.

Esta lista no constituye un elenco de posibilidades indiferentes, a las que uno puede acceder si se tiene un problema demoniaco, sino que se trata de una gradación acerca del juicio moral con que los pastores deben enjuiciar las acciones de los fieles. Juicio que las más de las veces se ofrece *post factum* y en el ámbito penitencial. Los confesores han de dejar claro indubitablemente que los católicos solo deben recurrir a sus legítimos pastores en busca de ayuda, esto es, a los sacerdotes autorizados para hacer el exorcismo. Pero, aun así, la cuestión teórica había que abordarla, y ello solo se puede hacer a través de la gradación antes mostrada.

741 Jonathan Z. Smith, *Relating Religion: Essays in the Study of Religion*, The University of Chicago Press, Chicago 2004, pg 380.

No se piense que esta gradación es una cuestión meramente teórica, pues diferentes clases de acciones ecuménicas espontáneas, populares, siempre se han dado. Incluso en materias tan poco previsibles como el culto de los santos:

> En Palestina como en otros lugares, judíos y musulmanes veneraron a personas santas en los mismos lugares con devoción y convicción. Guardas musulmanes y judíos trabajaban juntos en santuarios de Irak. (...) En Damasco, musulmanes, judíos, cristianos y zoroastristas visitaban la tumba de un santo musulmán medieval para hacer súplicas allí. Tales escenas son, lamentablemente, impensables hoy día[742].

Exactamente el mismo fenómeno se dio en el norte de África, especialmente en Tunez. Schreier hablando de Algeria, escribió:

> Santuarios dedicados a hombres santos, peregrinaciones y leyendas de santos realizadores de milagros, caracterizaron el judaísmo norteafricano tanto como el islam. (...) Estas prácticas judías se superpusieron a las prácticas locales musulmanas, y hay muchos otros lugares de peregrinación que son simultáneamente judíos y musulmanes[743].

Como se ve, la vida tiende al ecumenismo. Y eso no debe verse como una perversión de la pureza de la fe. El mayor inconveniente en el tema del exorcismo, en cuanto a la licitud, es que entre los ministros no cristianos (aunque no sean propiamente brujos) nos encontramos, muy a menudo, con ritos que son supersticiosos, con doctrinas subyacentes al acto mismo exorcístico que no son compatibles con la fe católica. Si como dijo Pío XII, *la sagrada liturgia está íntimamente unida con aquellos principios doctrinales que la Iglesia propone como parte integrante de verdades ciertísimas*[744], cuánto más importante es recordar esto si uno participa en una ceremonia religiosa fuera de la Iglesia. Pues son muchos los ritos que contienen una doctrina ínsita, incompatible con las enseñanzas del Evangelio.

---

742 Josef W. Meri, *The Cult of Saints Among Muslims and Jews in Medieval Syria*, Oxford University Press, Oxford 2004, pg 3.

743 Joshua Schreier, *Arabs of the Jewish Faith: The Civilizing Mission in Colonial Algeria*, Rutger Press, USA 2010, pg 16.

744 Pío XII, *Mediator Dei*, n.61.

Por todo lo cual, se debe advertir a los católicos que, como norma general que casi no tiene excepciones, no deben recurrir a ministros no católicos, pero mucho menos a ministros no cristianos. Dirigirse a este tipo de ministros a modo de prueba, supone una experimentación que tiene una calificación moral grave. Esto no será así, por ejemplo, si se consulta a un sacerdote católico y este le dice que la fama de santidad de ese otro ministro es indudable y conocida por todos, y que nada hay en sus prácticas que sea reprobable.

La desesperación que padecen los individuos necesitados de este ministerio, suele ser muy fuerte. Pero, aun así,recurrir a exorcistas no cristianos supone un acto que *in genere* se ha de calificar como pecado mortal, pues se trata de un acto que atenta indirectamente a la fe que profesamos en el Evangelio. Decimos que atenta *indirectamente*, porque no se niega directamente la fe. Pero normalmente en muchos de esos exorcismos uno se va a someter pasivamente a un acto incompatible con la adhesión a la doctrina cristiana. No es un acto de apostasía[745], pero sí un pecado contra la fe.

Cuando recurrimos a un ministro cristiano no católico, en el fondo, estamos recurriendo al poder que Cristo puede otorgar a sus seguidores, con independencia de los problemas que pueda haber respecto a la eclesialidad de ese ministro. Pero cuando recurrimos a un ministro que no invoca al único Dios verdadero, eso, desde luego, supone implícitamente reconocer como verdadera, en cierta medida, a esa falsa religión, así como admitir que puede poseer un poder que no se halla en el cristianismo. Por eso, la calificación moral del recurso a ese tipo de exorcista politeista (o exorcista similar) siempre es grave, sin importar la necesidad que aqueje al poseso que solicita esa ayuda.

Habiendo expresado este criterio con claridad, resulta necesario admitir que puede darse la existencia de individuos no católicos que ayudan a las personas oprimidas por el demonio únicamente con oraciones dirigidas a Dios y sin mezclar en ellas ninguna práctica supersticiosa. Por poner un ejemplo, existe el caso de algunos rabinos que se limitan a orar con salmos y a dirigir plegarias a Dios. Si una persona en una situación de grave necesidad, hallara un rabino que fuera un hombre edificante, lleno

745 «Apostasía es el rechazo total de la fe cristiana», CIC, canon 751.

de caridad, que admitiera la posibilidad de orar también por los cristianos, un hombre bueno y justo que fuese bien conocido por los sacerdotes católicos de una localidad. ¿Debería prohibirse de forma radical acudir a este rabino allí donde el obispo del lugar de ningún modo quiere nombrar un exorcista en ningún caso? ¿Supondría un atentado con la fe o contra la comunión eclesial acudir a él? Evidentemente no. Lo que sucede es que estos casos aun pudiendo darse, serán una cantidad ínfima frente a la multitud de ministros no cristianos a los que no se debe ir en absoluto.

En el caso de un rabino exorcista, por ejemplo, la teología subyacente en sus ritos no coincidirá plenamente con la católica. Pero una teología diversa, no deslegitima su invocación al único Dios. En el judaísmo, el proceso de exorcismo es diverso respecto al del cristianismo. Ya que tienen *la noción de que los agentes que poseen son almas desprovistas ya de cuerpo*[746].Y porque *una invasión como el «ibbur» (impregnación) es bastante distinta de la idea de una dominación o toma de poder que la palabra «posesión» implica»*[747]. Pero independientemente de la doctrina teológica subyacente, si los medios que usa el rabino consisten en la súplica a Dios, la recitación de salmos, hacer sonar el shoffar (el cuerno ritual) y la petición de ayuda a los ángeles, nada malo hay en ello.

Aunque ni siquiera que el ministro sea monoteísta y crea en la Torah, nos ofrece plena seguridad. Pues incluso entre ellos, la impurificación con elementos mágicos puede darse. Y así en el *Shosahn Yesod ha-Olam* un escrito rabínico del siglo XVI encontramos elementos mágicos en sus ritos exorcísticos. Elementos de este tenor:

> El exorcista debe conjurar ángel apropiado para la tarea, porque cada día tiene su propio ángel que debe ser llamado para que la operación tenga éxito. (...) En los vasos que se usaban mucho, se escribía sobre ellos, después se borraban las palabras y se llenaban con aguas de manantial, las cuales se volvían turbias

746 Jeffrey Howard Chajes, *Between Worlds: Dybbuks, Exorcists, and Early Modern Judaism*, University of Pensilvania Press, Filadelfia 2003, pg 13.

747 Matt Goldish, *Spirit possession in Judaism: cases and contexts from the Middle Ages to the present*, Wayne State University Press, Detroit 2003, pg 10.

con los restos de haber borrado lo escrito. La poción se daba al poseído para que la bebiera[748].

Pero casos desviados como este (por otra parte numerosos) no deberían conducirnos a una descalificación global del exorcismo no cristiano, porque entre los mismos exorcistas católicos, podemos encontrar abundantes pruebas de que se han dado esas mismas corrupciones en la práctica del exorcismo. Y así Menghi en su *Flagellum daemonum*, una obra *que llegó a ser de lectura obligatoria en algunas diócesis*[749], aconsejaba:

> El uso de fuego y azufre para fumigar al demonio (y a la persona que era poseída por él). (...) [En el cuarto exorcismo indicaba que] había que quemar una imagen pintada del demonio específico que ocupaba el cuerpo poseído. (...) Una sección entera de la compilación trataba sobre las virtudes de las hierbas naturales, piedras y otras sustancias[750].

Y Menghi es tan solo una muestra de la larga lista presbíteros católicos que, a lo largo de la Historia, acabaron bordeando la magia en sus prácticas exorcísticas. Cualquiera que conozca bien la historia del exorcismo, habrá de reconocer que indudablemente se han dado casos de exorcistas no católicos que han realizado su labor exorcística desde la pureza y simplicidad de la súplica a Dios sin añadir ningún elemento extraño, frente a casos de ministros católicos (con todos los permisos episcopales) que incluyeron prácticas completamente erróneas e inadecuadas.

Por eso, este apartado de la presente obra puede parecer que alberga una visión excesivamente benigna respecto a otras realidades exorcísticas que las cristianas. Pero no hace falta salir del campo católico, para tener que reconocer los propios desmanes en este ministerio. Todas estas incorrecciones exorcísticas (tanto entre ministros cristianos como no cristianos) constituyen una razón más para mantener el criterio legislativo restrictivo tanto

---

748 Jeffrey H. Chajes, *Between Worlds: Dybbuks, Exorcists, and Early Modern Judaism*, pg 66.

749 Moshe Sluhovsky, *Believe not every spirit: possession, mysticism, & discernment in early modern Catholicism*, University of Chicago Press, Chicago 2007, pg 79.

750 Moshe Sluhovsky, *Believe not every spirit: possession, mysticism, & discernment in early modern Catholicism*, pg 83.

intraeclesial (respecto al nombramiento de exorcistas) como extraeclesial (respecto a la *circulatio*), que se ha defendido en la presente obra. La norma es que *circulatio interna* debe restringirse únicamente a los ministros designados por la jerarquía, la *circulatio externa* debe prohibirse; aunque en esto último pueda haber excepciones muy inusuales en su número.

Al mismo tiempo, que defendemos ese criterio restrictivo que se traduce en esta dúplice norma sobre la *circulatio* interna y externa, la doctrina aquí desgranada lo que expone es la posibilidad de la mística fuera del ámbito de los seguidores de Jesús. La oración y la ascesis conducen a la intimidad con Dios. La intimidad con Dios conduce a la mística, y la mística conlleva carismas.

Las vidas de estos hombres santos, si se hallan excesivamente alejadas de nosotros en el tiempo, no permiten un acercamiento históricamente fidedigno, como es el caso de antiguos monjes budistas que fueron famosos por sus exorcismos. Pero resulta innegable, a lo largo de los siglos, la existencia de un cierto número de místicos sufíes, por ejemplo, entre los cuales incluso hubo santas mujeres. *La influencia que estas mujeres santas ejercieron tanto durante sus vidas como después de sus muertes, está mejor probada por el hecho de que los teólogos musulmanes se opusieron al movimiento sufí, y denunciaron tanto a estas mujeres santas como al culto que se sabe que se les dió*[751]. En el campo judío se puede citar como muestra, el caso del rabí tunecino Chayim Chouri de Beersheba, fallecido en 1955, hombre con gran fama de santidad. *Tan grande es esta fama, que cada año, en primavera, una gran multitud se reunía para tomar parte en la peregrinación a su tumba*[752]. *Alrededor de 1980 se reunían anualmente unas 15.000 o 20.000 personas cada año*[753].

Podría pensarse que la santidad es un concepto muy distinto, dependiendo de la religión. Pero en el Norte de África, especialmente, el culto judío-musulmán de las tumbas de los santos coincidía, porque ambas comunidades estaban de acuerdo en consi-

751 Margaret Smith, *Rabi'a The Mystic and Her Fellow-Saints in Islam,*Cambridge University Press, Nueva York 2010, pg 3.

752 Alex Weingrod,*The Saint of Beersheba*, State University of New York Press, Albany 1990, pg 1.

753 Dale F. Eickelman, *Muslim Travellers: Pilgrimage, Migration, and the Religious Imagination*, University of California Press, Berkeley 1990, pg 218.

derar que*la santidad es usualmente concedida a una persona de excepcional sabiduría, devoción y compasión. Alguien que es gran asceta y que ayuna durante largos periodos*[754]. Especialmente en el Norte de África, a lo largo de los siglos se tuvo que dar este tipo de *circulatio* en ambos sentidos en el campo exorcístico[755]. Y esta *circulatio* se dio, del mismo modo que se dieron las peregrinaciones a las tumbas de santos reverenciados tanto por musulmanes y judíos. Esa práctica de las peregrinaciones continuó durante siglos, hasta que el fundamentalismo se impuso en el siglo XX. Barriendo unos puentes ecuménicos que habían sido construidos con tanto esfuerzo sobre la base del reconocimiento común de la santidad.

Conclusiones

Como norma general hay que enseñar claramente que acudir a un ministro no cristiano en busca de liberación de malos espíritus, tiene *in genere* una calificación moral grave. Hacerlo supone un pecado mortal en cuanto atenta indirectamente contra la fe. La gravedad del acto se puede afirmar rotundamente. Fuera del cristianismo, en ese tipo de búsqueda y experimentación, lo que más frecuentemente se encontrarán los fieles católicos será una mezcla de Nueva Era, santería, mezclas de gnosticismo y filosofías orientales. No basta con que el ministro diga que él cree en Dios. Ya la *Summa Teológica* se planteaba: **¿Puede haber algo pernicioso en el culto al verdadero Dios?** Y el Aquinate respondía: *Una cosa puede manifestarse con palabras, y del mismo modo puede expresarse con hechos. (...) Si con tal culto exterior se expresa algo falso, en este caso el culto será pernicioso*[756].

Por tanto, no basta la fe en Dios del ministro, para que su exorcismo sea adecuado. Dada esta abundancia de posibilidades, los pastores no pueden hacer otra cosa que advertir a sus fieles con criterios claros y sencillos, dejando para la Teología (como aquí

754 Issachar Ben-Ami,*Saint Veneration among the Jews in Morocco*,Wayne University Press, Detroit1998, pg 150.

755 Consta de forma explícita que el rabi Raphael Anquawa estaba especializado en exorcizar demonios.Issachar Ben-Ami,*Saint Veneration among the Jews in Morocco* , pg 62.

756 Santo Tomás de Aquino, *Summa Theologiae*, pars II-II, quaest. 93, art.1, respondeo.

se ha hecho) las disquisiciones de detalle. El mensaje que se debe transmitir a los fieles en la pastoral, de forma nítida, es que no se puede acudir a este tipo de ministros. El fiel católico debe dirigirse a sus pastores propios para buscar bienes espirituales. Una oveja del Rebaño de Cristo no debe ir a pastores extraños a alimentarse de pastos desconocidos. Una cosa es que la Iglesia anime a la *investigación de los tesoros de la espiritualidad humana, de la cual no carecen los miembros de esas religiones* [no cristianas][757]. Y otra cosa es animar a que los fieles beban de fuentes en las que lo impuro está mezclado con lo puro.

Téngase en cuenta de que incluso dentro del ámbito de los presbíteros de la Iglesia Católica la dirección eclesial que se ha defendido en estas páginas, es la de un criterio jurídico restrictivo. Esto es, no se debe ir a cualquier presbítero en busca de este ministerio, sino exclusivamente a aquel escogido por el obispo y preparado para ello. Si esto es así dentro de la Iglesia, cuánto más estrictos habrá que ser respecto a la posibilidad de permitir que alguien se dirija a un ministro no cristiano. Sería contradictorio mantener el criterio restrictivo dentro de los ministros de la Iglesia, y abrir la mano de la permisión fuera de ésta. Ahora bien, este juicio general de la licitud admite excepciones, en cuanto que no se trata de un acto intrínsecamente desordenado. Si existiera una imposibilidad absoluta, si el acto fuera intrínsecamente malo, Abraham debería haberse negado a recibir un sacramental de Melquisedec.

Pero las excepciones deberán limitarse a aquellos individuos cuya santidad, tanto de la persona como de los métodos exorcísticos, esté fuera de duda. Sin que exista ninguna ley escrita, el sentido eclesial del fiel debe llevarle, además, a consultar con un sacerdote católico acerca de la licitud o no de acudir a un ministro no católico.

La oración en común con exorcistas de otras confesiones

Quedaría ahora analizar la posibilidad de que exorcistas de distintas confesiones se reunieran a orar juntos en buena armonía,

757 Juan Pablo II, Carta encíclica *Redemptor Hominis*, I, n.6.

bien como un hecho puntual, bien formando un equipo estable. Así como los distintos escenarios anteriormente analizados de *circulatio* no son meramente teóricos sino que ocurren en nuestras sociedades cosmopolitas, así también debemos entender que esta nueva posibilidad, que ahora planteamos, se acabará dando. Existe el caso de un laico ortodoxo que durante años ayudó a un exorcista en su equipo[758]. Este laico se limitó a hacer oraciones privadas, en estricta obediencia al sacerdote católico. Su presencia era una asistencia orante, de intercesión, que no planteaba problemas teológicos. Pero ¿resulta algo así trasladable a la labor de los ministros?

Para empezar, la posibilidad de que, en una ceremonia de exorcismo católico, un presbítero ortodoxo pueda hacer las lecturas o viceversa (que un sacerdote católico haga ciertas lecturas de las Escrituras en un exorcismo ortodoxo),resulta ya perfectamente lícita en la actual legislación. Pues el *Directorio para la aplicación de los principios y normas sobre el ecumenismo,* determina:

> Durante una celebración litúrgica sacramental en una Iglesia oriental, los católicos pueden hacer lecturas, si se les invita a ello. Se puede invitar a un cristiano oriental a hacer lecturas en celebraciones semejantes en las iglesias católicas[759].

Prueba de la amplitud de miras del citado directorio, es que no solo se da permiso para que el católico intervenga, sino que tal cosa se aconseja. De ahí que si en una celebración litúrgica oriental está presente un católico y los anfitriones le proponen participar haciendo una lectura, la Iglesia le aconseja que acepte esta amable invitación:

> En las celebraciones litúrgicas que tienen lugar en otras Iglesias y Comunidades eclesiales se aconseja a los católicos que participen en los salmos, responsorios, himnos y gestos comunes de la Iglesia que les ha invitado. Pueden leer una lectura, o predicar, si se lo proponen sus anfitriones[760].

---

758 Arch. Pers., n.45, pg 28.

759 Pontificio Consejo para la Unidad de los Cristianos, *Directorio para la aplicación de los principios y normas sobre el ecumenismo,* año 1993, nº 126.

760 Pontificio Consejo para la Unidad de los Cristianos, DAE, n.118.

Esa invitación es signo de acogida en el mutuo reconocimiento de ser seguidores de Cristo. La postura lógica debe ser la aceptación de esa acogida. Fijémonos en otro elemento del Directorio que puede ofrecer luz respecto al ecumenismo en el exorcismo, y es lo que se permite con respecto al matrimonio:

> Un ministro católico puede estar presente y tomar parte en una ceremonia de matrimonio celebrado adecuadamente, entre cristianos orientales o entre dos personas una de las cuales es católica y la otra un cristiano oriental, en una iglesia oriental, si ha sido invitado por la autoridad de la Iglesia oriental, y actúa conforme a las normas que se dan más abajo para los matrimonios mixtos, allí donde se apliquen[761].

Si la Iglesia da estas directrices para actos que implican la celebración de un sacramento, no se ve ningún obstáculo insalvable para que la autoridad eclesiástica pueda permitir la participación de un ministro católico en un exorcismo ortodoxo o viceversa. Si se permitiera esto con los ortodoxos, el criterio esencial con los protestantes sería el mismo. Pues el criterio esencial es claro: la participación en el acto exorcístico no hace referencia ineludible a la eclesialidad. Pero el criterio accidental de la conveniencia no debe ser infravalorado.

La necesidad del permiso de la autoridad eclesiástica, se debe a que (a pesar de los permisos del Directorio) permanece el requerimiento canónico de la *licencia peculiar y expresa*[762] para las acciones exorcísticas. Lo mismo es válido para las oraciones de liberación, pues este ministerio, realizado en la forma que sea, debe ejercerse *en estrecha dependencia del Obispo diocesano*[763].

En la participación en un exorcismo de un presbítero católico con un presbítero ortodoxo, estamos uniendo en una acción a dos ministros que se hallan en una situación sacramental homogénea. Mientras que si la participación se realiza con un ministro protestante, este se halla en una situación sacramentalmente heterogénea respecto al ministro católico.

El ministro católico se halla investido de una *potestas*, mien-

761 Pontificio Consejo para la Unidad de los Cristianos, DAE, n.127.

762 CIC, can. 1172, § 1.

763 Congregación para la Doctrina de la Fe, *Instrucción sobre las oraciones para obtener de Dios la curación,* 14 de septiembre de 2000, artículo 8 § 1.

tras que el ministro protestante posee únicamente capacidad de intercesión. Pero eso no es óbice para asociarlo en esa acción sagrada. Examinemos las vísperas ecuménicas celebradas el 18 de septiembre de 2010 en la Abadía de Westminster. El presidente de esa liturgia fue el arzobispo Rowan William, el cual iba vestido con alba, capa pluvial y mitra. Mientras que Benedicto XVI iba revestido con hábito coral: muceta, roquete y estola. Las vestiduras, en esta circunstancia, no son anecdóticas. El Papa no portaba meras vestiduras clericales, sino que iba revestido del modo en que uno participa en un oficio litúrgico. Mientras que el arzobispo anglicano iba revestido litúrgicamente como presidente de la celebración. En esa ceremonia, detrás de las vestiduras de ambos, subyace una teología acerca de la inserción de un ministro católico de un modo activo en un acto litúrgico presidido por ministros (probablemente) carentes del sacramento del orden[764]. Resulta evidente que tal inserción no supone la ruptura con ningún principio irrenunciable.

Todo esto es sumamente esclarecedor para el caso de un sacramental como el exorcismo. Porque los argumentos que se pueden emplear contra la copresidencia en el exorcismo, son los mismos y no otros que los que se pueden emplear contra esas vísperas ecuménicas. Al final, la única razón que se puede ofrecer en contra, es el peligro de indiferentismo. Ya que no hayamos razones de carácter dogmático, sacramental o eclesiológico que hagan de este tipo acciones conjuntas algo intrínsecamente inaceptable[765].

Hay que reconocer, de todas formas, que esta mentalidad supone un avance notable en la comprensión de las posibilidades litúrgicas, frente a los tiempos que van desde la Edad Media hasta Pío XII, en los que los conceptos de liturgia y eclesialidad formaban una realidad inseparable. Lo cual es verdad, pero una verdad

764 La razón de haber añadido la palabra «probablemente», se debe a (como ya se ha dicho antes) a que alguna ordenación pudiera ser válida. «Statement of Cardinal Hume on the Ordination of Anglican Bishop Leonard as a Roman Catholic Priest». *The Catholic Resource Network*, declaración de 1994, reproducido en varios sitios, por ejemplo en http://www.ewtn.com/library/ISSUES/LEONARD.TXT [16-diciembre-2011].

765 Algunas reflexiones más acerca de este acto ecuménico en concreto, en relación al exorcismo, en Apéndice, nota 22.

que admite matices. Observemos en la definición de liturgia de la encíclica *Mediator Dei*:

> La sagrada liturgia es el culto público que nuestro Redentor tributa al Padre como Cabeza de la Iglesia, y el que la sociedad de los fieles tributa a su Fundador, y, por medio de Él, al Eterno Padre[766].

Definición ésta que se repetía de forma solemne por segunda vez: [la sagrada liturgia es] *el culto público integral del Cuerpo Místico de Jesucristo, es decir, de la Cabeza y de sus miembros*[767]. Se trata ésta de una visión que identificaba la unicidad de la Iglesia con la unicidad del culto oficial y perfecto que era el acto litúrgico, en el que no debía caber nada imperfecto. Cualquier elemento eclesialmente impuro requería ser apartado, por tanto, de una acción que debía ser perfecta. Si se nos permite una comparación veterotestamentaria: introducir cerca el altar de los holocaustos a los filisteos o, incluso, a los samaritanos, hubiera sido entendido como una abominación. La idea del culto perfecto ante un Dios santo parecía exigir la exclusión de cualquier elemento manchado de ilegitimidad. No compartir la misma fe, no insertarse en el *ordo ecclesialis* bajo los legítimos pastores, suponía, en esta mentalidad, una incapacitación *a radice*. Este modo de entender la liturgia no era incorrecto, pero no era completo. El Vaticano II para fundamentar su doctrina sobre el ecumenismo, no precisó negar ni un solo punto de la *Mediator Dei*. Solo fue necesario ir más allá, sin negar ni modificar. Todas las definiciones que relacionan eclesialidad con liturgia son completamente correctas, pero hoy día hemos entendido que el culto perfecto no se resiente, digámoslo así, por incorporar elementos eclesialmente imperfectos. Y que ese Dios santo no solo permite, sino que, incluso, prefiere la inclusión de esos elementos heterogéneos y no sometidos a su orden objetivo.

De hecho, ya en la *Mediator Dei*, al afirmar que *en toda acción litúrgica, juntamente con la Iglesia, está presente su divino Fundador*, Pío XII enseñaba que Jesucristo está presente en la liturgia, no solo*en la persona de su ministro* sino que también *está*

766 Pío XII, Encíclica *Mediator Dei*, 20 noviembre 1947, n.29.

767 Pío XII, *Mediator Dei*, n.29.

presente, finalmente, en las alabanzas y en las súplicas dirigidas a Dios, como está escrito: «Donde dos o tres se hallan congregados en mi nombre, allí estoy Yo en medio de ellos»[768]. Como se ve, la doctrina que permitía fundamentar este tipo de actos mixtos, siempre existió en la teología, aunque no se insistiera en ella. El Vaticano II lo que hizo fue desarrollar esa doctrina.

Como ha demostrado la praxis postconciliar, incluso de los mismos Sumos Pontífices, cabe integrar a los ministros ordenados *in sacris* en un mismo acto de culto litúrgico con los ministros protestantes. El sacerdocio común de los fieles ya ofrece suficiente base para facultar tal acción con toda legitimidad teológica. De hecho, Pío XII afirma en un momento dado: *La liturgia es ejercitada sobre todo por los sacerdotes en nombre de la Iglesia*[769]. La inclusión de ese «sobre todo» se debe entender como que no es verdad que la liturgia únicamente se pueda ejercitar con la presencia del ordenado *in sacris*. Como Kilmartin hacía notar hablando de la *Mediator Dei*: *de un modo muy explícito la entera acción litúrgica es identificada con la obra de Cristo*[770]. Si la eficacia del acto exorcístico se basa en la eficacia de la presencia de Cristo, la presencia de hermanos separados no estorba, al revés, ayudará a pedir ante el gran Intercesor.

Posibilidad de una copresidencia

Hay actos litúrgicos en los que no se podría admitir una copresidencia, porque remiten a una eclesialidad unívoca e ineludible: cómo es el caso, por poner dos ejemplos, del bautismo y del orden sacerdotal. Mientras que hay actos que, por su propia naturaleza, admitirían una copresidencia, como sería el caso de unas vísperas ecuménicas o una ceremonia de oración que sirviera como funeral de estado realizado por varias confesiones tras una catástrofe colectiva. Como se ha visto antes, el problema en el exorcismo no estaría en el hecho de la oración en común, sino únicamente en

768 Pío XII, *Mediator Dei*, n.28 y Mt 18, 20.

769 Pío XII, *Mediator Dei*, n.59.

770 Edward J. Kilmartin, *The Eucharist in the West*, The Liturgical Press, Collegeville 2004, pg 295.

la parte en la que se ejerce el poder del sacramental. Examinemos ahora con más detalle las distintas posibilidades, con un ministro de una iglesia oriental y con un ministro protestante.

Con un ministro ortodoxo

El directorio sobre ecumenismo afirma claramente la existencia de fundamento eclesiológico para poder realizar acciones conjuntas:

> Entre la Iglesia Católica y las Iglesias Orientales que no están en plena comunión con ella existe siempre una comunión muy estrecha en el ámbito de la fe. Además, «por la celebración de la Eucaristía del Señor en cada una de estas Iglesias, la Iglesia de Dios se edifica y crece» y «estas Iglesias, aunque separadas, tienen verdaderos sacramentos, sobre todo gracias a la sucesión apostólica, el sacerdocio y la Eucaristía»[771]. Esto, según la concepción de la Iglesia católica, proporciona un fundamento eclesiológico y sacramental para permitir y hasta fomentar una cierta comunicación con estas Iglesias en el terreno del culto litúrgico, incluso en la Eucaristía, en circunstancias favorables y con la aprobación de la autoridad eclesiástica[772].

La cuestión de si la realización de un sacramental ineludiblemente cabe realizarlo como acto de una sola iglesia, ha quedado resuelta anteriormente en sus grandes líneas generales:

a. Hay actos que no requieren una adscripción eclesial unívoca y expresa, por ejemplo, la bendición de un nuevo hospital con una presidencia conjunta ortodoxa y católica del mismo acto, una ceremonia que constituya un funeral de estado, una celebración de la liturgia de la Palabra de carácter ecuménico con doble presidencia.
b. Hasta el mismo Santo Padre puede participar en el culto de un ministro protestante. Hasta Abraham (padre de Leví) recibió la bendición de Melquisedec.

---

771 Concilio Vaticano II, decreto *Unitatis Redintegratio*, n.15.

772 Pontificio Consejo para la Unidad de los Cristianos, *Directorio para la aplicación de los principios y normas sobre el ecumenismo*, nº 122.

En el tema del exorcismo se puede ir más allá de *una cierta comunicación*, podemos hablar de un acto enteramente conjunto. La mayor parte de las veces, será un ministro el que será invitado a participar en el exorcismo de otro ministro. La existencia de una presidencia clara, muchas veces, tiene sus ventajas organizativas. Pero ha de quedar claro que, incluso, se puede permitir un verdadero acto conjunto y no solamente a la inserción de un ministro en el acto eclesial de otro ministro.

La Iglesia con su poder de atar y desatar posee potestad para permitir un acto de esta naturaleza. No hay obstáculo teológico alguno para impedir que la realización del ritual del exorcismo sea enteramente repartida entre un sacerdote católico y uno ortodoxo. Distribuyéndose no solo las partes previas al acto conjuratorio, sino también realizando alternativamente las distintas fórmulas exorcísticas. La celebración del sacramental como copresidencia (con dos ministros realizando actos conjuratorios sobre el demonio) podría articularse de dos maneras:

a. Bien con un ministro uniéndose al ritual sacramental del otro ministro, el cual haría las funciones de presidente principal.
b. O bien en una copresidencia paritaria del acto, en el cual los dos presidirían a la par la liturgia o reunión de oración.

Y aunque parece más simple a nivel organizativo que el anfitrión que está en su propio templo, use su propio ritual y sea el presidente principal, tampoco plantea grandes problemas organizativos participar del ritual del otro en rango de igualdad a través de la perfecta alternancia de las intervenciones.

Una celebración así, no solo no alberga escollos dogmáticos o imposibilidades de tipo eclesiológico, sino que trasciende el mero hecho del exorcismo, para convertirse en un poderoso signo de unidad. Del mismo modo que la concelebración de la eucaristía entre sacerdotes católicos *manifiesta la unidad del sacerdocio y del sacrificio, así como la unidad del entero Pueblo de Dios*[773], así también un exorcismo ecuménico (sea paritario o no)mostraría esa

773 Enrico Mazza, *The Celebration of the Eucharist: The Origin of the Rite and the Development of its Interpretation*, The Liturgical Press, Collegeville 1999, pg 261.

unidad del sacerdocio entre las iglesias apostólicas, y la unidad de la fe en Jesús entre los ministros protestantes y católicos. Hablamos de cierta unidad, no una perfecta unión. Pero si el exorcismo tiene un efecto sobre el demonio, el exorcismo ecuménico tendría su propia efectividad benéfica sobre las iglesias, que iría mucho más lejos del mero hecho de tratar de expulsar un demonio.

Hay una diferencia notable entre el exorcismo ecuménico en el que interviene un presbítero ortodoxo invitado (o viceversa), y el exorcismo concelebrado. Pues en el exorcismo en el que meramente interviene el presbítero invitado, este solo colabora: leyendo la Escritura, las letanías o suplicando a Dios; quizá como mucho se le permita recitar algún exorcismo. Mientras que en el exorcismo verdaderamente concelebrado se aplica lo que Mazza escribía respecto a la concelebración de la eucaristía: *La concelebración no es una celebración sincronizada colectiva de tantas misas como celebrantes, sino la celebración de una única misa, celebrada en unidad por todos los concelebrantes bajo un único presidente*[774]. Del mismo modo, el exorcismo copresidido formaría una unidad, no sería una mera consecución de exorcismos. Los paralelismos con la concelebración de la misa son indudables: *Es Cristo el que rodeado por sus apóstoles, preside la liturgia eucarística a través del ministerio visible del obispo y los presbíteros*[775].

De todas maneras, aquí hemos insistido en la cuestión genérica del acto en sí. Porque después, al intentar llevarlo a la práctica, nos encontramos con que la concelebración tiene algunos matices diversos entre católicos y ortodoxos. *Para la Iglesia Católica la concelebración manifiesta la unidad horizontal de los concelebrantes que se unen en una única acción sacerdotal. Mientras que para las iglesias orientales, la concelebración es esencialmente una manifestación de la unidad jerárquica o vertical de la Iglesia*[776]. Para muchos presbíteros ortodoxos, hoy por hoy, la cuestión de la presidencia de la liturgia sigue siendo una cuestión de enorme importancia. Pues se aplican criterios jerárquicos de un modo

---

774 Enrico Mazza, *The Celebration of the Eucharist: The Origin of the Rite and the Development of its Interpretation*, pg 261.

775 Enrico Mazza, *The Celebration of the Eucharist: The Origin of the Rite and the Development of its Interpretation*, pg 100.

776 Enrico Mazza, *The Eucharistic Prayers of the Roman Rite*, The Liturgical Press, pg 33.

férreo, incluso entre los mismos presbíteros ortodoxos. Mientras que entre los católicos se insiste más en la unidad del sacerdocio y, muchas veces, un presbítero diverso preside cada día de la semana.

Si una verdadera unidad fraternal no se da previamente entre dos ministros (por ejemplo a través de una relación de amistad durante años), la imposición de este tipo de ceremonias conjuntas, lejos de ser motivo de unidad, se convertirían en campo de batalla de los dos presbíteros: disputas teológicas y tensiones acerca de cuestiones de precedencia. En este campo, la sintonía litúrgica solo podrá darse como fruto de una profunda amistad personal.

Zizioulas explica cómo fue la búsqueda del conocimiento de los «filósofos del logos» en los tres primeros siglos de la Historia de la Iglesia, y cómo fue diverso el enfoque de los obispos hacia esa misma verdad. La aproximación a la idea de verdad por parte de los obispos, se hizo a través de una aproximación eucarística. *En los escritos de Ignacio de Antioquía, está claro que la idea de verdad no es primariamente una cuestión de epistemología, sino que está conectada con lo que podríamos llamar «vida»*[777]. Del mismo modo, este tipo de concelebraciones solo serán posibles si la «vida» precede acto ceremonial. La liturgia, entonces, será expresión de un hecho vital: la unión, amistad y respeto existente entre dos presbíteros exorcistas.

La labor de las presentes reflexiones abrirá el camino teológico para que no se sientan culpables estos presbíteros cuando la vida se abra paso a través de la liturgia. Y para que los obispos no persigan tal ligadura vital como una desviación. Pero primero debe preceder esa amistad, ese contacto consolidado. Si un exorcismo ecuménico se impusiera por parte de la jerarquía a presbíteros no muy entusiastas, el resultado obviamente sería el contrario del deseado. Ya que el exorcismo se convertiría en escenario perfecto para la aparición de conflictos. El resultado sería profundizar en la desunión.

Pero donde esta ligadura de respeto o de amistad ya exista, y dé el paso hacia lo litúrgico, los obispos no deben perseguirlo como una corruptela, sino como un fruto del Espíritu. Las reflexiones anteriores son necesarias, para que todo esto se realice dentro de

777 Jean Zizioulas, *Being As Communion: Studies in Personhood and the Church*, St. Vladimir´s Seminary Press, Crestwood 1985, pg 78.

la verdad y de la obediencia. Pues es necesario primero despejar la vereda teológica, para que la vida se abra paso sin escrúpulos y sin tomar el cariz de actos que se ocultan a la autoridad.

Con un ministro protestante

Podría pensarse que lo ideal sería que el ministro protestante, que carece de la *potestas* del sacramento del orden, se limitase en el ritual católico a realizar cualquier parte previa al acto conjuratorio, incluida la larga oración deprecativa previa a la fórmula exorcística. Podría parecer que lo mejor sería reservar al ministro católico la fórmula conjuratoria. Pero esperar que se diera una situación así, sería bastante irreal.

La primera razón es que la mayor parte de los ministros protestantes no querrían sumarse a un acto de carácter ritual. No nos olvidemos que desde el siglo XVI, *el ritual fue explícitamente rechazado por muchas tradiciones protestantes como formalismo muerto*[778], mientras que otros lo vieron como *una idolatría papista y una superstición vana*[779].La segunda razón es porque la petición de principio de que el ministro protestante no realice los actos conjuratorios, supondría comenzar exigiéndole a él un reconocimiento de que carece del mismo poder que el ministro católico. La mayor parte de las confesiones protestantes siguen la doctrina expuesta por Lutero en *La Cautividad de Babilonia* de que *solo hay dos sacramentos en la iglesia de Dios, el bautismo y el pan*[780]. Dado que los protestantes no creen en la existencia del sacramento del orden, pedir que se reservaran los actos conjuratorios al presbítero, sería implícitamente como pedirles que reconocieran toda la dogmática de la Iglesia Católica.

Así que si el obispo ve la conveniencia de esta particular *communicatio in sacris*, no le quedará otro camino que permitir que toda la celebración tenga el tono de una reunión de oración, en el que

778 Catherine Bell, *Teaching Ritual*, Oxford University Press, Nueva York 2007, pg 119.

779 Catherine Bell, *Ritual: Perspectives and Dimensions*, Oxford University Press, Nueva York 2009, pg 255.

780 Madeleine Gray, *The Protestant Reformation*, Sussex Academic Press, Brighton 2003, pg 44.

tanto las plegarias dirigidas a Dios, como los actos conjuratorios se realicen de un modo espontáneo y no ritual, y además bajo una copresidencia paritaria. De otra manera, difícilmente accederán. Por supuesto que con confesiones que admiten una cierta ritualidad, como los luteranos y, por supuesto, los anglicanos, el uso del ritual no plantearía problemas. Pero para los protestantes, el uso de reliquias y cualquier otro objeto sagrado, será inaceptable. Pues como escribió Muir: *Los protestantes removieron lo sagrado del mundo creado, trasladándolo hacia el único trascendente*[781].

Eso limita el exorcismo a la palabra (la oración espontánea del ministro) y a la Palabra (la de Dios). El exorcismo evangélico o el pentecostal (sin sacramentales, sin ritual, sin acciones tales como las bendiciones que se repiten sobre el poseso, sin reliquias), puede parecer a algunos un exorcismo muy puro. Observemos,de nuevo, esta profunda anotación de Muir:

> La orientación de los reformadores protestantes puede ser resumida en el lema: *finitum non est capax infinitum*, lo finito no puede contener lo infinito. (...) Crearon una nueva metafísica teológica, delineando límites precisos entre el mundo espiritual y el mundo material, quebrando las conexiones profundamente misteriosas entre los dos, que se hacían evidentes en los rituales tradicionales[782].

Efectivamente, el exorcismo protestante no tiene en cuenta que el mismo Jesucristo usó elementos materiales[783] y acciones[784] en sus curaciones físicas. No solo eso, sino que en el caso de la mujer con hemorragias, no fue la palabra de Jesús, sino el contacto con el objeto sagrado (la túnica de Jesús) lo que la curó[785]. El evangelista de forma expresa dice que de Jesús salió una *dynamis*[786] en

---

781 Edward Muir, *Ritual in Early Modern Europe*, Cambridge University Press, Cambridge 2005, pg 203.

782 Edward Muir, *Ritual in Early Modern Europe*, pg 189.

783 «Dicho esto, escupió en tierra, hizo barro con la saliva» (Jn 9, 6a).

784 «Le untó su barro en los ojos, y le dijo: márchate a lavarte a la piscina de Siloé» (Jn 9, 6b-7).

785 «Tocó el borde del manto de Él» (Mt 9, 20-22). «Y Jesús, sabiendo inmediatamente que una fuerza (dynamin) había salido de Él» (Mc 5, 30).

786 Acerca de la relación de este concepto de «dynamis» con la materialidad de los sacramentales, véase Apéndice, nota 46.

el acto de tocar la túnica, como si la *res sacra* contuviera la posesión de una capacidad de eficiencia. Por tanto, los sacramentales (reliquias, santo crisma, etc) y el ritual (bendiciones, aspersión de agua bendita) serían el reflejo actual de ese modo de obrar *gestis verbisque* del Señor, que no se limitó solo al uso de la palabra al obrar milagros. Todo esto aparece en continuidad con el modo de proceder de la Divinidad en el Antiguo Testamento, en el que Moisés golpea con su vara el agua para que se convierta el Nilo en sangre, o el profeta Eliseo sana con sal las aguas de la fuente de Jericó[787].

Este enfoque particular de bastantes grupos protestantes de limitar el exorcismo a la palabra, no debe entenderse como provisto de mayor pureza bíblica. Sino que se trata de un radicalismo basado en la negación como afirmación: añadir lo que no está mandado expresamente en la Palabra es malo, porque esa añadidura supone una impurificación de lo expresamente enseñado en la Biblia que es perfecto y suficiente. Todo lo no bíblico debe excluirse. De manera que el exorcismo del protestantismo radical es el resultado de una teología autolimitada y excluyente que se torna *norma normans.* Los católicos aceptamos que lo que se afirma en las Escrituras es norma, pero sus silencios no pueden convertirse en imperativos negativos. Bien es cierto que esta limitación exorcística es para ellos teológicamente inevitable, dado que carecen de sacramento del orden. Y los sacramentales y el uso de fórmulas rituales de poder, penden ineludiblemente del sacramento del orden.

Como se ve, esta reflexión a la que nos obliga la confrontación con el exorcismo protestante, nos ayuda a comprender mejor la misma esencia de nuestro propio exorcismo. Y, al mismo tiempo, el no negar la efectividad que tienen algunos de sus exorcismos, nos obliga intelectualmente a plantearnos el porqué de ese hecho, y, por tanto, cuál es la esencia del exorcismo, así como los distintos modos que hay de realizar esa misma acción exorcística mandada por el Señor[788].

---

787 Ex 7, 20 y 2 Re 2,19-22.

788 Acerca de qué aporta a la teología católica el análisis del exorcismo protestante, véase Apéndice, nota 45.

No deja de ser interesante observar que las diferencias entre el exorcismo protestante y de las iglesias apostólicas, no radica solo en el modo de proceder a ese acto. Saarinen escribía:

> Ya que es el sacerdote el que lleva a cabo el sacrificio de la misa, podemos hablar de un antropocentrismo católico, ya que es el papel activo del ser humano el que lleva a cabo el sacrificio y haciendo eso da algo sagrado a Dios. (...) El sacerdote católico es un agente o un «otorgador» en un sentido mucho mayor que su colega protestante[789].

Por supuesto que, con razón, ningún teólogo se sentirá cómodo con la expresión «antropocentrismo católico». Pero es cierto que el sacerdote se convierte en *imago Christi*. Lo que Saarinen señalaba respecto a la misa, refleja un profundo cambio de enfoque también para el exorcismo. El ministro protestante, con respecto a la obtención de la liberación de un poseso, no puede hacer otra cosa que lo que haría con respecto a la obtención de la justificación: se trata de «actuar» la fe, para que Dios otorgue. No tiene sentido la idea de proceso, de santificación, de esfuerzo. Ideas católicas conectadas con la noción de mérito. La única santificación válida para un evangélico sería la justificación. Los escollos que plantea esta relectura del cristianismo que es el evangelismo, suelen ser superados por vía práctica, desde hace siglos, por medio de una *catolización del protestantismo*[790], por usar una expresión de Tillich.

Pero la reflexión sobre la doctrina subyacente en el exorcismo protestante, y las conclusiones a las que llegamos, no quitan nada de las dimensiones positivas que posee el exorcismo realizado como acto ecuménico. Pues realizado como colaboración ecuménica, el exorcismo trasciende el mero fin de expulsar al diablo, teniendo una positiva repercusión intraeclesial y extraeclesial. Como dijo el cardenal Kasper: *El ecumenismo de la vida no es solamente «ad extra», para la mejora de los demás. Es «ad intra»para la renovación de la misma Iglesia Católica*[791].

---

789 Risto Saarinen, *God And The Gift: An ecumenical theology of giving*, Liturgical Press, Collegeville 2005, pg 97.

790 Frederick J. Parrella, *Paul Tillich's Theological Legacy: Spirit and Community*, Walter de Gruyter & Co., Berlin 1995, pg 165.

791 Walter Kasper,*Searching for Christian Unity*, pg 181.

Bien es cierto, que una vez que se decidiese la realización de este acto ecuménico, el sacerdote católico tendría que pasar por alto el hecho de que el otro ministro carece de la *potestas*. Pero también el ministro protestante tendrá que pasar por alto el hecho de que el sacerdote pertenece a una confesión que él considera basada en una doctrina no bíblica. La colaboración solo se podrá realizar sobre el fundamento de que ambos ministros deberán efectuar ciertos «sacrificios», sin renunciar ninguno de los dos a su propia teología. El exorcismo en común solo será posible si se trabaja conjuntamente en lo que nos une, y se deja aparte lo que nos separa.

Aun así, y a pesar de que alberguemos la mejor de las voluntades, queda la cuestión de cómo el ministro protestante puede conjurar al demonio careciendo de *potestas*. Este obstáculo se puede resolver atendiendo al hecho de que la Iglesia no puede estar completamente cierta de que ese ministro en concreto carezca de algún tipo de autoridad para dar órdenes a los demonios en base a algún título distinto al del sacramento del orden. El sacerdote católico no puede estar seguro de que ese ministro no posea algún carisma exorcístico de carácter personal. De ahí que su presencia siempre se puede justificar bajo este aspecto.

Alguien podrá afirmar que si el ministro protestante carece de toda efectividad en este campo, ya se verá claramente durante el exorcismo, que el exorcismo dejará patente la autoridad que posee o no posee sobre los demonios. Pero las oraciones siempre atormentan a los demonios. Siempre veremos agitación y furia en los posesos, sea quien que sea que ore. De manera que, usualmente, será muy difícil comprobar la efectividad o no de un determinado ministro.

Consideraciones comparativas

Este tipo de acciones exorcísticas ecuménicas pueden verse como una traición a la verdad por parte de algunos presbíteros católicos, o al menos como una cesión ante otras denominaciones. Pero *en la vida religiosa, dar puede ser entendido como una acción divina.*

Dios es el supremo donador[792]. El Cardenal Ratzinger hablando de las discusiones acerca de la eclesiología en el Concilio Vaticano II, dijo: *El Concilio era consciente de las preocupaciones tanto de la teología tanto ortodoxa como protestante, y las integró en una comprensión católica más amplia*[793]. Esta integración es lo que se debe buscar aquí. Dicho con otras palabras: no se trata de una partida en la que se busca ganar. No se trata de ir engañando al contrincante, para que vaya asumiendo elementos que le lleven a la rendición. Debe ser superada esa mentalidad que instrumentaliza lo que debería ser sincera y gozosa cooperación en el amor. Se trata, en la medida de lo posible, de integrar, de entender que a través del amor al seguidor de Cristo separado de nosotros, nuestra misma comprensión de nuestra misma fe puede volverse más amplia sin perder ni un ápice de ortodoxia. Deseamos la unión, pero si al final de la Historia no lográsemos la unión perfecta, al menos podemos hacer que la desunión sea menos dolorosa. Preferiríamos que se convirtiese, pero si supiésemos con perfecta seguridad que no se va a convertir, no por eso cambiaríamos nuestra colaboración en el amor.

Las dificultades de la colaboración son evidentes, la separación de los cristianos ya es de por sí triste, pero peor sería, que los seguidores de un Cristo nos diéramos la espalda unos a otros. *El aislamiento confesional es lo que hace el cisma de las iglesias «trágico»*[794]. Por eso es tan importante que la Teología faculte «condiciones de posibilidad» para un ecumenismo que se torne acción. Y así Wrobleski escribía al respecto del ecumenismo: *En el caso de la hospitalidad, las condiciones de su posibilidad consisten tanto en las diferentes identidades del anfitrión y el huesped, como de la suficiente posesión de espacio por parte del anfitrión para*

792 Risto Saarinen, *God And The Gift: An ecumenical theology of giving*, Liturgical Press, Collegeville 2005, pg 1.

793 Gerard Mannion (AA.VV), *The Ratzinger Reader: Mapping a Theological Journey*, T&T International, Londres 2010, pg 103.

794 Tillich escribía: «El aislamiento confesional es lo que hace el cisma de las iglesias «tragico». (...) Una auténtica tensión implica proximidad y respeto, de forma que sea posible un reto mutuo y una fructífera discusión». Frederick J. Parrella, *Paul Tillich's Theological Legacy: Spirit and Community*, Walter de Gruyter & Co., Berlin 1995, pg 165.

ofrecer a sus huéspedes[795]. La realidad es que nadie como la Iglesia Católica cuenta con tanto «espacio teológico», para ser hospitalarios con los otros. Algunos eclesiásticos en las iglesias orientales aparecen demasiado constreñidos tanto por sus ritos (que se tornan absolutos), como por el muro invisible de su concepción de la eclesialidad pura e incontaminada.

Mientras que otros (en el lado protestante) tienen poca capacidad de movimiento. Ya que cualquier paso adelante o supondrá colaborar con la Gran Babilonia, o al menos será un avanzar hacia una visión de la fe como religión. Estas concepciones teológicas protestantes les impiden hacer muchas cosas, que para ellos entrarían en colisión con sus principios irrenunciables. Muchas comunidades que reducen la doctrina cristiana al mínimo denominador común entre ellas, se muestran al mismo tiempo extremadamente opuestas a todo acercamiento con los católicos. No por mala voluntad, sino precisamente porque sus principios, aunque pocos, pueden no dejar espacio teológico para ello. Es paradójica esta situación. Porque un minimalismo teológico, una teología reducida a unos pocos elementos doctrinales, ofrecería la sensación de poder ser más flexible. Pero no es así. A veces, cuanta menos doctrina hay en un grupo protestante, mayor es la radicalidad con que se excluye toda colaboración con los que no se adecuen a la perfección a lo que se consideran sus moldes bíblicos. Mientras que, por el contrario, un corpus teológico más elaborado, aunque en teoría debería ofrecer más puntos de fricción, en la práctica muchas veces está dotado de mayor capacidad de tolerancia intelectual. La experiencia demuestra que suele ser más fácil el ecumenismo con comunidades con un sistema teológico más elaborado, como los presbiterianos, los luteranos y, por supuesto, con los episcopalianos, que con grupos basados en menos principios, como los evangélicos o los pentecostales.

Frente a unos y a otros, es la Iglesia Católica la que se muestra en unas óptimas condiciones de flexibilidad para acoger, sin renunciar a la verdad. Cierto que entre los católicos algunos pueden ir demasiado lejos, olvidando que *debemos entender la hospitalidad como constituida por una tensión entre el deseo de ofrecer*

---

795 Jessica Wrobleski, *The Limits of Hospitality* [Reflections on Ecumenism], Liturgical Press, Collegeville 2012, pg 29.

una incondicional hospitalidad (...) y las condiciones limitantes que hacen posible la bienvenida[796]. Siempre hay que recordar que el dogma impone ciertos límites. Pero no debemos ver como una falsedad lograr una cierta unidad litúrgica, aunque no se dé la plena unidad eclesial. Pues como, de nuevo, escribía Wrobleski respecto al ecumenismo: *la hospitalidad busca lograr que el huésped sienta que «pertenece» a la casa o que está en casa*[797]. Y el exorcismo, la oración de liberación, los grupos de oración carismáticos nos ofrecen esa facilidad para crear puentes. Pues como escribía el teólogo pentecostal Amos Yong:

> Es quizá solo desde una perspectiva pneumatológica que podrán ser superadas las dicotomías entre sucesión apostólica y restauración, entre estructuras episcopales y congregacionalistas, entre tradición como pasado y como ha sido concretada en el presente, entre concilios/credos y la proclamación kerigmática[798].

Esta postura puede parecer muy idealista, pero el ecumenismo se basa en el idealismo. Si no fuera desde esa voluntad no pragmática, nadie hubiera tomado sobre sí los esfuerzos que conlleva el movimiento ecuménico.

Conveniencia

Una cosa es analizar si existe algún impedimento teológico para que se pueda dar tal acto eclesial, y otra muy distinta es valorar si la posibilidad de una práctica así con ortodoxos o protestantes es deseable. Aunque el juicio corresponderá a los obispos, permítasenos ofrecer algunas líneas esenciales para valorar la prohibición o permisión de esta posibilidad.
Razones a favor de las celebraciones conjuntas:

---

796 Jessica Wrobleski, *The Limits of Hospitality*, pg 31.

797 Jessica Wrobleski, *The Limits of Hospitality*, pg 31.

798 Amos Yong, *The Spirit Poured Out on All Flesh: Pentecostalism and the Possibility of Global Theology*, Baker Academic, Grand Rapids 2005, pg 151.

a. Si el demonio introdujo la división entre los cristianos, parece especialmente adecuado (y hasta simbólico) que los cristianos se reúnan para luchar contra el demonio.
b. El exorcismo conjunto parece un avance dentro de un proceso en el que de conversar entre nosotros, los cristianos, hemos pasado a orar juntos. Y de orar juntos, habríamos pasado a celebrar juntos un sacramental, como es el exorcismo. Esto supondría un paso adelante, ciertamente. *Este ecumenismo de la vida (...) complementa el ecumenismo espiritual y el ecumenismo de la verdad*[799].
c. Resulta indudable el acercamiento que se produciría entre los pastores de distintas confesiones. Este aspecto personal es insoslayable. Pues como decía, el Cardenal Ratzinger: *Me parece importante reconocer los límites de las «negociaciones ecuménicas» y no esperar más de ellas de lo que ellas pueden dar*[800]. Este trato personal puede unir la teología de las confesiones, de un modo imposible de lograr con meros razonamientos.
d. Muchos no católicos tendrían la prueba de que los católicos no son una iglesia que ha corrompido el mensaje de Cristo, al ver que a través de sus ministros católicos actúa el poder de Cristo, y al ver que sus propios ministros colaboran con los sacerdotes católicos en una acción sagrada.

Este último punto resulta de gran importancia. Que duda cabe que, todavía hoy, hay unos en el oriente que nos ven como *una monarquía papal que ha derribado el antiguo gobierno sinodal*[801]. Mientras que otros fundamentalistas nos ven como *la Iglesia de Caín*[802], por usar las palabras de Lutero. El exorcismo ecuménico sería la prueba de que Jesucristo obra también entre nosotros. Entre todos ellos, se iría abriendo *la idea de la Iglesia no solo*

---

799 Walter Kasper,*Searching for Christian Unity*, pg 181.

800 Joseph Ratzinger,*Church, Ecumenism, and Politics: New Endeavors in Ecclesiology*, Ignatius Press, San Francisco 2008, pg 134.

801 John A. Mc Guckin, *The Orthodox Church*, Wiley-Blackwell, Malden 2011, pg 170.

802 «Así pues, no hay ninguna duda entre nosotros hoy día, de que la iglesia del Papa es la iglesia de Caín». Mark U. Edwards, *Luther and the False Brethren*, Stanford University Press, Stanford 1975, pg 115.

como el Pueblo de Dios y el Cuerpo de Cristo, sino también como «la hermandad carismática del Espíritu»[803]. Ninguna declaración conjunta lograría nunca el efecto de este hecho.
Razones en contra de las celebraciones conjuntas:

a. No porque algo se pueda hacer, reporta beneficios hacerlo. Realizar exorcismos conjuntamente con algunos pastores (sobre todo evangélicos), puede ser el mejor modo de introducirlos en las comunidades católicas para que hagan proselitismo.
b. Este tipo de oraciones conllevan el riesgo de que se impregne más a la población católica de la idea de que es completamente lícito participar de los servicios religiosos de comunidades no católicas. Cuando la norma de la Iglesia solo permite tal cosa *en ciertas circunstancias*[804].
c. A nivel general de toda la Iglesia,se podría facilitar un cierto indiferentismo respecto a la estructura eclesial. Esto es, se propicia la idea de que un ministro protestante y uno católico son sustancialmente iguales.
d. Mientras no se vean las ventajas que reporta conceder alguna permisión en concreto, se tiene que entender que el orden eclesial es un bien en sí mismo. La claridad eclesial en la presidencia de los actos litúrgicos expresan por sí mismas una verdad esencial a nuestra fe: la ortodoxia y la comunión.

El gran peligro del ecumenismo es el indiferentismo. Las razones en contra se pueden recapitular en eso. Pero como recordaba Juan Pablo II: *El diálogo interreligioso es una parte de la misión de evangelización de la Iglesia*[805]. La cuestión no es si evangelizar o hacer ecumenismo. Sino que el ecumenismo forma parte de la proclamación eclesial. En cualquier caso, después de examinar las

803 Amos Yong, *The Spirit Poured Out on All Flesh: Pentecostalism and the Possibility of Global Theology*, Baker Academic, Grand Rapids 2005, pg 151.

804 «En ciertas circunstancias, como sucede durante las oraciones «por la unidad», y en las reuniones ecuménicas es lícito, más aún, es de desear que los católicos se unan en la oración con los hermanos separados». Concilio Vaticano II, Decreto *Unitatis Redintegratio*, capítulo II, n.8.

805 Juan Pablo II, *Redemptoris Missio*, n.53.

razones a favor y las razones en contra, serán indudablemente dos los principios que deberán regir cualquier colaboración.

a. Lo que se puede y no se puede hacer en materia de ecumenismo debe regirse, ante todo, por el ser de las cosas. Es el mismo ser de las cosas el que nos marca límites absolutos a nuestro actuar.
b. Dentro de lo teológicamente posible, son los obispos los que deben juzgar acerca de la conveniencia eclesial de lo concreto. En la presente obra se lleva lo teórico al límite, porque lo que interesa es saber dónde están los límites de lo posible.

Una cosa es la calificación teológica del hecho *per se*, y otra la repercusión de ese hecho en una comunidad concreta. Es cierto que comúnmente los fieles se muestran a favor de este tipo de acciones conjuntas. Pero hay que evitar la falsa concepción de que existe un sano y vital ecumenismo en la base de la Iglesia, que es obstaculizado por la jerarquía episcopal. *Incluso los sociólogos desecharían como una fantasía la noción de que otorgando autonomía a las congregaciones se engendraría una iglesia unida. Lo que ocurriría sería lo contrario. Tal autonomía llevaría inexorablemente a la atomización*[806].

Que se admita la conveniencia de permitir algún exorcismo ecuménico no significa que, a partir de ese momento, todas las celebraciones de este sacramental deberían ser ecuménicas. Si se me permite usar un lenguaje bíblico, un poco de sal cambia el sabor a todo el plato. Lo mismo que el profeta Eliseo saneó el agua malsana de una fuente echando un poco de sal (II R 2, 19-22), así también la amargura que pueda existir en el diálogo ecuménico se puede sanear un poco con este y otro tipo de acciones. No es necesario que haya muchos exorcismos ecuménicos. Unos pocos ya son como esa sal que ayuda a cambiar el sabor.

Al mismo tiempo, está claro que el acercamiento y la colaboración es, hablando en abstracto, un bien. Este tipo de acciones ecuménicas no se han de valorar solo desde el criterio del utilitarismo (qué sacamos en concreto de ello), ni tampoco del proselitismo (colaboremos para que se conviertan ellos), sino que hay

806 Joseph Ratzinger, *Communio: The Unity of the Church*, volumen I, Grand Rapids, Wm. B. Eerdmans Publishing, Grand Rapids 2010, pg 57.

que considerar las cosas a largo plazo. Ratzinger escribía acerca del ecumenismo: *Entrar en el diálogo con el propósito de hacer proselitismo, instrumentalizaría el diálogo y destruiría su profundo significado*[807]. Este tipo de colaboraciones exorcísticas solo darán fruto si se realizan desde un claro idealismo, desde una altura de miras que lleve a esforzarnos en la consecución de lo que es la voluntad de Cristo: el amor y la colaboración entre sus seguidores, un amor que lleve a la unión.

Este ideal ecuménico será visto por algunos como una acción bienintencionada, pero no realista, por los peligros que conlleva. Pero comprobamos que este idealismo de la Iglesia, el idealismo de acoger sin esperar nada a cambio, no ha dado mal resultado hasta ahora. Cuando comenzaron las oraciones ecuménicas con otros ministros y fieles de otras denominaciones, muchos pronosticaron pésimos frutos de esa oración en común. Después de cien años de ecumenismo, podemos concluir que *el camino ha sido fecundo*, que es un camino que ha *surgido por el impulso del Espíritu Santo* y que podemos desear que sea *cada día más amplio*[808]. Vemos que la fe de la Iglesia no se ha diluido tal como muchos vaticinaron. ¿Por qué en el campo exorcístico debería suceder de forma diversa al resto de campos donde la colaboración ecuménica ha dado buenos resultados?

Aunque fueran muy pocos los exorcismos realizados con una presidencia conjunta, la imagen de unidad que ofreceríamos los cristianos (al mundo y a nuestros fieles) sería extremadamente poderosa. Pues no solamente oraríamos en común, sino que obraríamos en común. Qué duda cabe de que el exorcismo copresidido con un pastor protestante u ortodoxo, tendría como finalidad no solo expulsar al demonio, sino sanar las heridas de la división entre las confesiones. El exorcismo pasaría a tener una

---

807 Joseph Ratzinger, *Truth and Tolerance*, pg 120, cita tomada de Gerard Mannion, «Christian Unity and Religious Dialogue», en Joseph Ratzinger (AA.VV), *The Ratzinger Reader: Mapping a Theological Journey*, T&T International, Londres 2010, pg 144.

808 «Damos gracias a Dios que ha apoyado e iluminado el camino hasta ahora recorrido, camino fecundo que el decreto conciliar sobre el ecumenismo describía como «surgido por el impulso del Espíritu Santo» y «cada día más amplio»». Benedicto XVI, Audiencia general, 23-1-2008.

nueva dimensión no menos importante que la ayuda a esa persona poseída en concreto.

Todas estas consideraciones nos llevan a redescubrir la faceta eclesial del acto exorcístico. La dimensión comunitaria de la celebración de la eucaristía está clara, ha sido muy estudiada por los teólogos y así es entendida hoy por los pastores. Pero no está igual de clara para todos, la dimensión eclesial de la celebración del exorcismo. El cual se sigue percibiendo por muchos obispos más bien como un problema y, en cualquier caso, como un asunto personal que «desgraciadamente»requiere la intervención de un ministro. En una de las archidiócesis más grandes de la Iglesia, la respuesta del Canciller a un sacerdote fue: *Haga lo que quiera, que desde aquí no le vamos a decir nada*. O esta otra de un obispo: *Tienes mi permiso, pero yo no quiero saber nada*. En otra diócesis un obispo que no quería nombrar exorcista alguno, le dijo por escrito a un sacerdote: *eso que haces son oraciones privadas sobre supuestos posesos*[809].

El permiso para exorcizar se concede, en ocasiones, con la condición de que se excluya del acto totalmente a la Iglesia como institución. Y así la aquiescencia episcopal al exorcismo pasa por la condición de que el ese acto tenga un carácter de asunto enteramente personal entre el ministro y el poseso. Esto supone un profundo error, cuyas raíces son de naturaleza teológica (la exégesis por defecto de la que hablábamos al comienzo de esta obra) y que supone desconocer la trascendencia eclesial de ese peculiar acto de poder.

Pero si el acto exorcístico, por poco frecuente que sea, posee una trascendencia eclesial, lo que hemos mostrado en los apartados anteriores es que puede tener incluso una importante trascendencia extraeclesial. Si fuese bien encauzada, la labor ecuménica de este ministerio resultaría de gran importancia. Eso sí, precisamente, esa misma dimensión eclesial hará totalmente desaconsejable la copresidencia con grupos no serios o de marcado carácter antieclesial, con independencia de su cercanía teológica y sacra-

809 Más detalles acerca de cada una de estas tres respuestas, en Arch. Pers., n.47, pg 28; n.79, pg 45; n.80, pg 46.

mental a la Iglesia[810]. Pues lograría justamente la instrumentalización del exorcismo como medio para lograr la respetabilidad de un determinado grupo sectario. La colaboración ecuménica no puede incluir a aquellos que San Pablo denomina como *falsos apóstoles, trabajadores engañosos, que se transforman a sí mismos en apóstoles de Cristo*[811]. La ironía de los textos neotestamentarios es que por un lado se honrará la memoria de un sacerdote no cristiano como Melquisedec, y al mismo tiempo arrojará lejos de sus comunidades a estos falsos apóstoles, que compartían la fe en Jesús con él. Este sentido común es el que debe guiar qué grupos son susceptibles de una colaboración, y qué grupos no.

Situaciones todavía más especiales

Para acabar de analizar todas las posibilidades nos queda por examinar la oración de liberación realizada conjuntamente entre grupos de cristianos de diversas confesiones; grupos de bautizados de diversas confesiones sin presencia de sacerdotes. Después, nos quedará por examinarla posibilidad de la oración conjunta con ministros no cristianos.

Oración de liberación entre grupos laicales de diversas confesiones cristianas

El Código de Derecho Canónico no ofrece una definición de «laico», sino que se limita a decir: *Por institución divina, entre los fieles hay en la Iglesia ministros sagrados, que en el derecho se denominan también clérigos; los demás se denominan laicos*[812].El apelativo «laical» parece el más adecuado para hablar de estos grupos no católicos (cuando no hay presentes ordenados *in sacris*), pues

810 Nos referimos a las realidades religiosas de las que hablábamos en esta obra en el apartado 8.2.4 bajo el título *Envío a ministros de confesiones cristianas problemáticas.*

811 San Pablo enseña que son servidores de Satán: «diaconoi autou» [de Satanás]» (2 Cor 11, 15).

812 CIC, canon 207 § 1.

hablar de «bautizados» se presta a confusión ya que también el presbítero está bautizado.

A nivel teórico, resulta claro que no hay incompatibilidad en que los bautizados de distintas confesiones se reúnan a orar por un buen fin. Resolver esta cuestión teológica de laicos orando es mucho más simple que la coordinación de los ministros ordenados *in sacris*, puesto que en una oración de este tipo todos los participantes parten de una situación sacramental esencialmente idéntica: la recepción del bautismo. Sin embargo, el que los laicos se reúnan a orar por este fin resulta más complicado a nivel práctico, pues resultará ardua la labor de armonizar las distintas sensibilidades. Los presbíteros y los pastores de las distintas confesiones cristianas suelen estar mejor formados teológicamente. Lo cual hace que cuando los pastores organizan un acto ecuménico, este se organice de un modo cuidadosamente correcto para todos los presentes y muy meditado en cada uno de los aspectos.

Pero cuando eso mismo se traslada a un número de organizadores (y protagonistas) más extenso, y se realiza con una cierta improvisación, y con la presencia de algún miembro, o varios, no especialmente bien dispuestos hacia los de la otra confesión, eso conduce a que existan no pocas fricciones, La colaboración, muchas veces, no solo no sería fuente de concordia, sino de conflicto. Y eso unido al hecho de que, a menudo, los laicos que lo organicen estarán dotados de buena voluntad, pero no de la teología necesaria para saber dónde están los límites de lo que cada confesión puede aceptar. El laico católico, sin querer, podría ofender las creencias de los otros. O por no ofender, podría traicionar la propia ortodoxia. El peligro existe, aunque no afirmamos que sea imposible de superar.

Supondría, además, cerrar los ojos a la realidad, no percatarse de que algunos laicos católicos comienzan en estos grupos con puntos de partida algo deformados. Como muestra de esta mala disposición de partida, tenemos el errado pensamiento de Kopfermann al escribir acerca de los grupos de oración ecuménicos: *Se debe manifestar con toda franqueza que un grupo de oración, que por principio llega a mostrarse totalmente disponible para con la dirección eclesiástica sin más (...)probablemente morirá*[813]. Es solo un botón de muestra. Pero lo cierto es que no podemos negar el hecho de que un cierto porcentaje de católicos albergan problemas para entender la necesidad de prestar obediencia a los pastores o para entender qué es la Iglesia, a la que consideran meramente como *la comunidad de los hombres que creen en Jesucristo*[814], albergando muchos prejuicios contra la jerarquía o los dogmas. Con lo cual mucho menos les podemos pedir que atinen en cuestiones de detalle en el desarrollo de un ministerio de liberación, si los mezclamos con grupos protestantes. Con puntos de partida deformados, si en un determinado momento el obispo intenta actuar de forma autoritativa, el resultado será bastante previsible.

Por todo lo cual, este tipo de colaboraciones parecen más peligrosas por su capacidad de descontrolarse. Pero si el obispo lo permite y se guardan todas las cautelas, será una actividad tan beneficiosa como la colaboración entre ministros católicos y de otras confesiones cristianas. Aunque habrá que tener mucho cuidado en que las reuniones de oración ecuménicas se conviertan en signo de unidad entre nosotros, y no en ocasión para manifestar enfrentamientos. Por parte de los católicos, el peligro de buscar el enfrentamiento será más inusual que el peligro de negar cualquier cosa por el deseo de ser acogedores. Este tipo de reuniones deben ser exposición de lo que nos une en la fe, no convertirse en ocasión de confundir las conciencias con afirmaciones inconciliables para la fe de los presentes. En cualquier caso, hay que reconocer que se parte de un hecho diferencial: la formación teológica de los ministros, frente a usual carencia de formación teológica de los laicos.

Sin embargo, para que se vea lo complejas e interesantes que pueden ser estas interrelaciones ecuménicas, existe el caso de una mujer católica norteamericana[815] que era invitada muchas veces a predicar en iglesias protestantes. Siempre se condujo en obedien-

813 Aunque Wolfram Kopfermann no es católico, expresa adecuadamente lo que piensan algunos católicos sobre el tema. Wolfram Kopfermann, «Carisma e iglesia», en Heribert Mühlen, *Dones del Espíritu, hoy,*Ediciones Secretariado Trinitario, Salamanca 1987, pg 41.

814 Wolfram Kopfermann, «Carisma e Iglesia», en Heribert Mühlen, *Dones del Espíritu, hoy,* pg 21.

815 Arch. Pers., n.46, pg 28.

cia al sacerdote que era su director espiritual, y sin hacer nada inadecuado. Y, en un momento dado, una pequeña comunidad congregacionalista[816] le pidió si ella estaría dispuesta a ser su pastor. La petición de esa comunidad fue hecha a sabiendas de que ella era una ferviente católica y sin pedirle que renunciase a su fe, les bastaba que les predicase el Evangelio. Ella no aceptó. Pero esto demuestra que la realidad, en ocasiones, va más allá de las posibilidades teóricas que se pueden elucubrar en una obra teológica. Pues si puede parecer extraña la posibilidad de un grupo de liberación ecuménico, más extraño hubiera sido el caso de una pequeña comunidad protestante cuyo pastor hubiera sido una mujer católica[817].

La oración conjunta con ministros no cristianos

Hasta ahora hemos visto que la eclesialidad es un bien que se ha de preservar, pero podemos entender que, por determinadas razones y en algunas ocasiones, puede ser aconsejable orar con otros cristianos. Sin embargo, al hablar de oración en común en el campo que nos ocupa (aunque se trate de oración de liberación, que no es una oración ritual, ni litúrgica), cuando se trata de hacerlo con ministros no cristianos, estamos hablando de realidades heterogéneas. Al orar con otros cristianos, compartimos las enseñanzas de Jesús al respecto, la fe en el poder del Hijo de Dios, y todo ello entendido en el marco más amplio del mensaje del Evangelio. Orar conjuntamente con otros cristianos es posible salvando la

---

816 «Una iglesia congregacionalista, tal como están constituidas actualmente, es una compañía de creyentes profesos en Cristo, voluntariamente asociados entre sí en las Sagradas Escrituras, para el culto público de Dios, la observancia de las reglas cristianas, y para la mutua ayuda y ánimo en la realización de los deberes cristianos, que tienen el poder de elegir a sus propios oficiales». General Conference of the Congregational Churches of Maine, *Manual of Congregationalism*, Thurston & Co., Portland 1848, pg 22.

817 Dados los principios explicados en esta obra acerca de la *circulatio* y la copresidencia, se nos plantea la cuestión acerca de si un laico católico podría lícitamente convertirse en pastor de una comunidad congregacionalista. Para esta cuestión, véase Apéndice, nota 47.

cuestión de la eclesialidad y algunas otras cuestiones menores[818], pero que no afectan a la esencia del exorcismo.

Sin embargo, cuando nos planteamos realizar la misma acción con ministros de confesiones no cristianas, la cuestión ya no implica únicamente a elementos accidentales, sino a la misma esencia de la acción exorcística y a su misma finalidad eclesial. Analicemos qué problemas surgen:

I. **Problemas con la esencia de la acción exorcística**: Habría dos formas de organizar este tipo de oraciones: la colaboración a través de oraciones realizadas de un modo genérico, y la colaboración con alternancias de oraciones independientes:

    a. **Modo genérico**: Alguien podría pensar que en un acto exorcístico con ministros no cristianos, todo se resolvería con invocar a Dios en general, sin entrar en particularidades. Pero en el exorcismo estamos usando el poder de Jesús, y lo hacemos a través de la petición al Padre a través de la intercesión de su Hijo. Anular esta parte del exorcismo,ciertamente, afecta a la misma esencia de la acción. En un exorcismo se puede decidir la omisión de la intercesión al arcángel san Miguel, por ejemplo, y esta omisión sería algo totalmente accidental al exorcismo. Pero omitir a Cristo en una acción de Cristo, ciertamente no es lo mismo. Ya que como enseña la II Carta a Timoteo, Cristo Jesús es *mediador entre Dios y los hombres*[819]. Doctrina ésta de la mediación repetida y recalcada varias veces en la Carta a los Hebreos[820]. ¿Podemos deliberadamente omitir la mediación de Cristo en una acción que se supone que debe dar gloria a Dios?

818 Por ejemplo, en el caso de evangélicos, por poner un ejemplo, serían puntos de conflicto la invocación de la Virgen María, la intercesión de los santos, el uso de reliquias u otros sacramentales, el mismo carácter ritual del exorcismo.

819 «Mesites theou kai anthropon» (1 Tm 2, 5).

820 Hb 8, 6; Hb 9, 15; Hb 12, 24.

b. **Modo independiente**: Alguien podría pensar que la solución radica, entonces, en que cada ministro invoque a la Divinidad bajo sus propias particularidades. Pero hacerlo así, supondría de algún modo que el sacerdote católico avala la teología que conllevan esas particularidades. Ciertamente una cosa es colaborar con un ministro no cristiano en una acción de caridad, por ejemplo, y otra en una oración, sea ésta del tipo que sea. En el primer caso colaboro en una acción en sí misma lícita (v.g. dar alimentos al necesitado), cuya materialidad no tiene inserto ningún aspecto incompatible con nuestra fe. Pero en el segundo caso, la colaboración conforma una acción unitaria cuyos elementos no pueden estar en disconformidad con aquello que profesamos. La oración (cualquier oración) se hace en una fe y es manifestación de esa fe. Al hacer la oración de un modo conjunto, conformamos un acto unitario. Si ese acto unitario ni se hace en la misma fe, ni manifiesta la misma fe, si, además, no estamos de acuerdo en el acto de oración que ha precedido nuestra oración católica, entonces es un acto falso, es un acto que refleja una falsa unidad. Habría una adición de actos de dos confesiones, no una colaboración. Expresar unidad en lo que de ningún modo compartimos, no sería expresión de una verdad.

II. **Problemas con su finalidad eclesial**: La misma verdad que se intenta mostrar por medio del exorcismo, que es una acción de Jesús, quedaría desdibujada. Realizando una oración de liberación con otros cristianos, queda claro que Jesús obra a través de aquellos que creen en Él y en su Palabra. Pero realizando tal cosa con ministros no cristianos se perdería el mismo sentido eclesial que es una de las razones por las que se entregó el poder de exorcizar, esto es: mostrar la prueba de que ha llegado a nosotros el Reino de Dios. Si el exorcismo tiene éxito,

> la gente se preguntaría si eso es para la mayor gloria del Dios predicado por el cristianismo, o para mayor gloria de Shiva o de Buda. La doctrina revelada nos muestra un modo de proceder de Dios muy diferente: *Yo soy Yahveh, ¡ese es mi nombre! No entrego a otros mi gloria, ni mi alabanza a los ídolos* (Is 42, 8). El ecumenismo debe expresar las verdades fundamentales de nuestra fe: *Yo soy el Señor, y aparte de mí no hay otro salvador* (Is 43, 11).

Por todo lo cual, en el caso del exorcismo, tal mezcla, tal colaboración, no debe hacerse con ministros no cristianos. Pues ni el ministro cristiano podría actuar como debe, ni quedaría claro en razón de quién salen los demonios, en el caso de que la liberación sucediera. Por el contrario se ofrecería la sensación de que todas las formas religiosas son igualmente lícitas.

Ahora bien, ¿el acto en cuestión es intrínsecamente malo o podría admitir excepciones? La respuesta es que, hablando en términos absolutos, admite excepciones. En algún lugar del mundo pudiera darse el caso de un ministro no cristiano cuya santidad y dones fuesen manifiestos, ¿se podría hacer alguna acción conjunta en el caso de un ministro no cristiano dotado de esa excepcionalidad? ¿O entramos en el campo de lo intrínsecamente malo por una incompatibilidad absoluta? Teológicamente hablando no existe una incompatibilidad intrínseca. Parece que esta respuesta es contradictoria con lo antes expuesto. Pero fijémonos en el improbable caso de que alguna vez se dé este tipo de colaboración con un ministro no cristiano cuya santidad y dones fuesen manifiestos, sería esa acción prueba y confirmación de la existencia de Dios, del poder de la oración, y signo de que la Iglesia reconoce frutos del Espíritu también entre aquellos que carecen de la fe en el Evangelio. En un caso así, si no usan ceremonias que sean reflejo de una teología incompatible con el cristianismo, se podría realizar un exorcismo a través de alternancia de oraciones cuyos términos fueran aceptables para ambas partes.

Tal situación, por ejemplo, se podría dar entre un rabino y un sacerdote católico. No resulta impensable la posibilidad de una gran urbe, en la que hay un rabino exorcista de ideas liberales, que recibe la petición de un sacerdote interesado en este campo para asistir a sus oraciones rabínicas y aprender sobre el tema. Si no es un rabino liberal difícilmente admitirá a un gentil a sus oraciones. Imaginemos que después de meses de asistir y comentar los casos, se crea una profunda amistad entre ellos. Y, finalmente, un día el rabino le pide al sacerdote que no solo que ore conjuntamente con él, sino también que también ejerza su autoridad sobre los demonios. Como se ve la situación de un rabino y un sacerdote católico resultaría fácil de compaginar. Y es un escenario que no resulta hipotético:

> Un rabino de Israel mantuvo una relación de amistad y admiración con un exorcista de Europa. El rabino tenía en la mayor de las estimas los escritos y enseñanzas de este exorcista. El judío le confesó al exorcista que, a pesar de ser rabino y tener una sinagoga, tenía fe en que Jesucristo era el Mesías. Evidentemente, si el rabino y el sacerdote hubieran vivido en la misma ciudad, la mejor de las colaboraciones se habría podido dar. Colaboración que para nada hubiera obligado al rabino a abandonar su fe judía, ni manifestar públicamente sus creencias[821].

Un obispo no encontraría especiales dificultades eclesiales para poder permitir tal cosa si lo ve conveniente. Tal colaboración sería un precioso testimonio de caridad entre el Pueblo de la Antigua Alianza y el de la Nueva.

Incluso se puede ir un poco más allá en la profundización del sentido teológico de esta colaboración. La comisión vaticana encargada de las Relaciones Religiosas con los Judíos en 1982 emitió una nota en la que se afirmaba: *La permanencia de Israel es un hecho histórico y un signo que debe ser interpretado dentro del designio de Dios*[822]. Si la permanencia del Pueblo de la Antigua Alianza se inscribe en un plan divino[823], eso significaría que la voluntad ideal de Dios no sería meramente la de que ellos se limitaran a ser una mera presencia, sino que lo óptimo sería que los

---

821 Arch. Pers., n.83, pg 46.

822 Pontificio Consejo para la Promoción de la Unidad de los Cristianos, *Nota acerca del modo correcto de presentar a los judíos y el judaísmo en la predicación y la catequesis en la Iglesia Católica*, 6-marzo-1982, VI, n.1.

823 Creemos que esta idea de la permanencia en la Historia del Pueblo de la Antigua Alianza, como parte de un plan divino, merece algunas explicaciones, véase Apéndice, nota 49.

pueblos de las dos alianzas dieran conjuntamente culto a Dios. Un paso más allá consistiría no solo en alabar juntos, sino en colaborar conjuntamente, por ejemplo, en un ritual exorcístico. No hay duda de que esta colaboración exorcística no conlleva ningún problema teológico. Solo habría que trasladar el *modus procendi* usado para alabar a Dios juntamente, al *modus procendi* para el exorcismo conjunto.

Pero pongamos otra situación más compleja. Imaginemos que un sacerdote católico tuviera una amistad íntima con un clérigo musulmán del más alto rango en un país confesionalmente islámico, un país en el que de ningún modo se permite la entrada de misioneros bajo ningún concepto. Imaginemos que este clérigo musulmán conociera, valorara y admirase la labor de tal sacerdote como exorcista, y este le pidiera al ministro católico que oraran juntos de forma habitual por los casos que le vinieran a él en su país. Y que le dijera que, aun siendo este país musulmán y cerrado a toda entrada de misioneros, él —el clérigo musulmán— se encargaría de que se le permitiera entrar y realizar tal labor como excepción. En una situación así, con tan importantes implicaciones misioneras, sería razonable que la jerarquía católica permitiera al sacerdote una colaboración en las oraciones de ese clérigo musulmán, con la salvedad de que colaborara en tanto en cuanto nada de lo que se hiciese fuera contrario a la fe cristiana. Cosa que no sería difícil dado que lo normal será que el clérigo musulmán utilice únicamente versos del Corán donde se alaba a Dios o se habla del poder de Dios respecto a las fuerzas del mal en general. Y esa colaboración sería lícita, incluso, aun teniendo el sacerdote que realizar todas las oraciones dirigiéndolas a Dios y omitiendo toda referencia cristiana que no fuera aceptable para el clérigo musulmán[824].

En unas circunstancias tan especiales, sería lícito a la Iglesia permitir una oración común entre dos clérigos de religiones distintas, sobre la base común de la fe en Dios, y del poder de la oración en orden a expulsar demonios. No solo sería lícito, sino conveniente. Pues la práctica del exorcismo podría cambiar la forma en que muchos musulmanes viesen a la Iglesia. Se instrumentali-

---

824 Acerca de si en circunstancias excepcionales, podría no mencionarse de forma expresa a Jesucristo en un exorcismo católico, véase Apéndice, nota 48.

zaría el exorcismo en orden al anuncio de Cristo. No se mencionaría a Cristo durante el exorcismo, para que a largo plazo Cristo pudiera ser proclamado en ese país musulmán. Este ejemplo puede parecer casi novelesco, pero la petición del ministerio por parte de musulmanes a clérigos católicos, es un hecho que acaece[825]. Como escribía el armenio Chakmakjian: *Los cristianos pueden capitalizar el hecho del respeto del Islam y su Libro* [el Corán] *por Jesús, como uno de los seis profetas de Dios y sobre la base de los pasajes que favorecen a los cristianos*[826]. El Papa Francisco recordó: *Los escritos sagrados del Islam conservan parte de las enseñanzas cristianas; Jesucristo y María son objeto de profunda veneración*[827].

Por ello, si fuera necesaria la no mención de Jesucristo en esos exorcismos, eso no constituiría una negación de nuestra fe, ni una perversión del acto exorcístico. Tengamos en cuenta que tras curar a un sordomudo, a los circunstantes *Jesús les ordenó no decírselo a nadie*(Mc 7, 36). Y, en otra ocasión, hizo lo mismo tras curar a un leproso[828] . Es el mismo Cristo el que por prudencia, consideró que, a veces, era mejor ocultar su misma mediación. Luego sus discípulos pueden hacer lo mismo en ocasiones muy precisas: ocultar a Cristo para favorecer a Cristo.

El que antes hayamos mostrado que se puede exorcizar conjuntamente con un ministro judío, nos resuelve automáticamente esta cuestión acerca de la no mención expresa de la mediación de Cristo. Pues si no es intrínsecamente malo no mencionar de forma expresa esa mediación cuando alabamos con un judío (como cuando exorcizamos con él), esto se podría trasladar al exorcismo conjunto con otro ministro no cristiano que ni siquiera perteneciese a la Antigua Alianza.

En el siglo XVI, el único modo que descubrieron los jesuitas para que se les permitiese residir en Pekín, era hacerlo a través de sus conocimientos matemáticos. Penetración en la corte del empe-

---

825 Arch. Pers., n.81, pg 46.

826 Hagop A. Chakmakjian, *Armenian Christology and Evangelization of Islam,* Brill, Leiden 1965, pg 122.

827 Papa Francisco, Exortación Apostólica *Evangelii Gaudium*, n.252.

828 «Jesús le dijo: Mira, no se lo digas a nadie» (Mt 8, 4), tal indicación de mantener el secreto también aparece en su paralelo Mc 1,43-44. Lo mismo tras curar a un ciego en Mt 9, 30. Igualmente después de varias curaciones que acaecen en Mt 12, 16.

rador que se hizo, incluso, a través de medios que nada tenían que ver con el cristianismo:

> [Matteo Ricci] observó que los chinos estaban más interesados en los aparatos mecánicos que trajo de Europa, que en su religión extranjera. (...) después de veintiséis años en el sur de China, a Ricci se le permitió residir en Pekín solo porque presentó un reloj que daba las horas al emperador Ming[829].

Este episodio demuestra como, en algunos lugares, la mejor estrategia misionera no es comenzar predicando el núcleo de la fe cristiana, sino limitarse al contacto mutuo sobre un campo aceptable para ambos. Si el interés por relojes se convirtió en causa para que se predicara la fe en China, en otro lugar del mundo puede ser el interés por el exorcismo. Desgraciadamente, es fácil para los que desconocen las dificultades de ese acercamiento, que acusen al misionero de haber traicionado la verdad en pro de un falso irenismo:

> Los críticos se quejaban de que Ricci se había limitado a sí mismo a enseñar un puro deismo. No mencionaba ni la Trinidad, ni la Encarnación, ni la Redención[830]. La aproximación acomodacionista de Ricci —Jesús como un sabio virtuoso— no encontró la general aceptación de los cristianos occidentales en China[831].

Y así los ímprobos esfuerzos de los jesuitas en China en el siglo XVI, no fueron comprendidos por aquellos que buscaban una predicación con todas las seguridades del método tradicional. Como sabemos, el decreto papal del año 1705, tendrá como consecuencia no una purificación de esa predicación, sino el que ciento veinte años de trabajo misionero sean reducidos a la nada. Y todo por un entendimiento académico que no supo profundizar adecuadamente en cuáles son los límites teológicos a los que puede llegar la praxis. El entendimiento de los peritos europeos encargados de juzgar la cuestión de los ritos, nada afirmaron que fuera falso. Pero se mostraron incapaces de comprender a los jesuitas en su afán de llegar al límite de lo posible. Los hechos posterio-

---

829 John D. Young,*Confucianism and Christianity: The First Encounter*, Hong Kong University Press, Hong Kong 1983, pg 26.

830 John D. Young,*Confucianism and Christianity: The First Encounter*, pg 28.

831 Jan A. B. Jongeneel, *Jesus Christ in World History*, Peter Lang GmbH, Frankfurt 2009, pg 184.

res demostraron que el camino de los jesuitas había sido no solo correcto, sino también el único posible.

Como se ve, en un mundo con miles de millones de seres humanos tejiendo continuamente innumerables relaciones entre ellos, las situaciones más impensables pueden acabarse dando. Una de las características de nuestra religión, frente a otras de carácter más inflexible, es que nosotros los cristianos podemos adaptarnos a cualquier circunstancia mientras que no se nos pida hacer algo intrínsecamente malo. Otras religiones, por el contrario, no admiten este tipo de flexibilidad en los preceptos que imponen a sus fieles. Existen religiones que exigen de sus miembros el mantenimiento de la materialidad de sus usos de forma irrenunciable, o que incluso exigen todo alejamiento de lo que consideren que se halle contaminado con la heterodoxia. El catolicismo, por el contrario, posee una capacidad de adaptación máxima sin traicionar nuestra fe y el culto debido a Dios.

Visión general conclusiva

Al acabar este apartado, somos conscientes de que para algunos habremos ido demasiado lejos. ¿Pero acaso Dios en el Antiguo Testamento no fue el primero en seguir este camino de la acomodación? En el Libro del Éxodo hay ritos que concretan con tanta precisión lo que debía hacerse, que sin duda debían albergar un significado también preciso para ese pueblo[832]. Luego es lógico pensar que aquello fue tomado de ritos ya preexistentes. Dios mismo es el primero en querer y fomentar el ecumenismo. Pues no crea su culto *ex nihilo*, sino que asume todo lo que es adecuado. Dios en orden a ganar las almas para Dios, no rechazó la estrategia de llegar hasta el límite de lo posible. Adoptó como suyos ceremoniales de religiones ya existentes, leyes bárbaras[833], modos de hablar

832 «Y tomarás todo el sebo que cubre las entrañas, el lóbulo del hígado y los dos riñones, y el sebo que hay sobre ellos, y los ofrecerás quemándolos sobre el altar» (Ex 29, 13).

833 «Si una muchacha virgen está prometida a un hombre, y otro hombre la encuentra en la ciudad y yace con ella, sacaréis a los dos a la puerta de aquella ciudad y los lapidaréis con piedras, de suerte que mueran» (Dt, 22, 23-24).

extremamente antropomórficos[834] o permisiones (que no aprobación) de ciertos actos. El Pedagogo Máximo nos dio ejemplo de cómo Él mismo no rehusó acomodarse, mirando al fin perseguido y sin hacer nada nunca intrínsecamente malo, y con ello Él mismo no consideró faltar al respeto que se debe a su propia gloria.

Todo este apartado sobre el ecumenismo nos muestra cómo desde una faceta de la fe tan pequeña como el ministerio exorcístico, podemos revisar toda nuestra visión acerca de otras confesiones religiosas. Sobre todo, debemos leer este apartado sobre el ecumenismo desde la certeza de que Dios quiso y quiere que haya una sola Iglesia (un solo Dios, una Verdad, una Iglesia), pero quiso (y quiere) permitir las religiones. Desde la perspectiva de una Teología de la Historia positiva e integradora, entendemos que el designio de Dios no deseaba la división religiosa, pero su plan fue permitirla. Luego la Iglesia no desobedece ninguna voluntad divina al distinguir entre el designio primigenio (una sola Iglesia) y el plan subsiguiente (permitir distintas denominaciones religiosas). El cardenal Ratzinger escribía al hablar de la división entre los cristianos:

> Ciertamente, la división es dolorosa, especialmente cuando lleva a la enemistad y a un empobrecimiento del testimonio cristiano. Pero el veneno de la hostilidad está siendo lentamente removido de la división. Y si a través de la mutua aceptación, la diversidad no conduce más a un empobrecimiento, sino más bien a la riqueza nueva de la escucha y la comprensión. Entonces, durante la transición a la unidad, la división puede convertirse en una *felix culpa*, una feliz culpa, incluso antes de ser completamente sanada[835].

Sobre todo, entre nosotros los cristianos, la consecuencia de esta nueva visión supone aceptar como bueno lo que es bueno (una comunidad que cree en Cristo), aunque su origen no fuera bueno (el abandono de la *regula fidei*). El mismo patrón de razonamiento es válido para los no cristianos. Aceptar la bondad de un exorcismo conjunto o de la *circulatio extra ecclesiam* cae como

---

834 «Salió humo y fuego de los agujeros de su nariz [de la nariz de Dios] y su boca devoró carbones encendidos» (Sal 18, 8).

835 Joseph Ratzinger, Church, *Ecumenism, and Politics: New Endeavors in Ecclesiology*, Ignatius Press, San Francisco 2008, pg 135.

una consecuencia lógica de estos presupuestos. La bondad del ecumenismo considerado *in genere* no es fruto de la voluntad que decide, sino de la verdad que se rige por las leyes de la lógica.

Frente a esto, aparece la acritud antiecuménica del tradicionalismo, por ejemplo Lefebvrista, que busca el repliegue de la Iglesia sobre sí misma. Frente a esta mentalidad limitadora y segregadora nos aparece esta otra Teología de la Historia grandiosa, benigna, positiva e integradora. Monseñor Lefebvre escribía: *Ahora está claro que no podemos combinar principios contradictorios. No podemos unir la verdad y el error para formar una cosa, excepto para adoptar el error y rechazar toda o parte de la verdad. El ecumenismo se condena a sí mismo*[836]. Ciertas versiones del antiecumenismo semejan visiones modernas de una especie de visión rabínica del cristianismo. Paradójicamente, hemos mostrado en esta obra como incluso en el Antiguo Testamento, Dios nos enseña a reconocer la presencia de un sacerdocio[837] y de carismas[838] fuera de la estructura institucional creada por Él mismo.

La crítica contra la teología ecuménica de esta obra, se podría condensar en las palabras de Lefebvre: *Si este es el caso, entonces la Iglesia es meramente útil. Ella ya no es más indispensable*[839]. En la queja del arzobispo cismático, comprendemos el desahogo ante tantos abusos ecuménicos como se cometieron en los años 70 y 80. Pero el arzobispo no tiene razón, la Iglesia no es un monopolio. La Iglesia es depositaria de los tesoros divinos, es administradora, es pueblo fundado por Dios. La Iglesia contiene en su seno la verdad sin mezcla de error, y el modo perfecto de adoración. Pero nos equivocaríamos si negásemos a otros hijos de Dios la posibilidad del carisma de profecía o de exorcismo. En esta situación, la presente obra no tenía otra posibilidad que reconocer la verdad de las cosas y extraer las consecuencias lógicas.

---

836 Marcel Lefebvre, *An Open Letter to Confused Catholics*, Fowler Wright Books, Leominster 1986, pg 78.

837 Melquisedec en Gn 14, 18-20 enseñanza explicitada en Hb 7,1-6.

838 Balaam en Nm 22-24, enseñanza veterotestamentaria explicitada en 2 P 2, 15-16.

839 Marcel Lefebvre, *An Open Letter to Confused Catholics*, pg 80.

III PARTE

En el campo de la praxis

Como ya se explicó en la Introducción al comienzo de esta obra, así como en las dos partes anteriores (la dedicada a la parte dogmática y a la eclesiológica) tienen cuestiones claramente delimitadas en esos campos. Mientras que las cuestiones de esta parte de la praxis, se hubieran podido subsumir en las dos anteriores. Ahora bien, nos ha parecido conveniente agrupar todas aquellas cuestiones cuya esencia fuera eminentemente práctica.

IX

La posibilidad del exorcismo comunitario

La inmensa mayoría de los exorcistas realizan los exorcismos sobre una sola persona cada vez. Si en un día reciben varios casos de posesión, sobre cada sujeto se comienza el ritual y se lleva a cabo hasta el final. Volviendo a comenzar los mismos ritos cada vez que otra persona es recibida. Hay exorcistas, muy pocos, que alguna vez han realizado el ritual sobre varios posesos a la vez, defendiendo tal praxis como válida[840]. No obstante otros colegas consideran que practicar el exorcismo así, le quita fuerza al efecto del sacramental en comparación a la oración individual.

Hay que dejar claro desde el principio que cuando en esta obra hablamos de exorcismos comunitarios, nos referimos al exorcismo de varios posesos a la vez, acompañados de sus familiares y el equipo del exorcista. No nos estamos refiriendo a la realización de un exorcismo público.

---

840 De exorcismos comunitarios tenemos constancia histórica, por ejemplo, en las crónicas de los realizados sobre las monjas de Loudum (Francia) en 1634, así como en los exorcismos de Louviers (Francia) en 1647. Vease Robert Rapley, *A Case of Witchcraft: The Trial of Urbain Grandier*, McGill-Queen´s University Press, Quebec 1998, pg 86.

En la Iglesia primitiva los exorcismos podían ser comunitarios, pero no nos consta que fueran públicos. Pues *los catecúmenos eran llevados aparte para someterse a repetidos exorcismos a través de un periodo de instrucción*[841].

Sin embargo, como fundamento de que el exorcismo comunitario es perfectamente posible, se puede mencionar el hecho de que en ciertos lugares y épocas el exorcismo no solo ha sido comunitario, sino incluso público. Sobre todo en los siglos XVI y principios del XVII, y no en los países mediterráneos, sino *en la Europa Transalpina, los exorcismos podían ser espectaculares eventos públicos, presentando épicas confrontaciones entre los demonios que poseían y los clérigos que exorcizaban*[842].Como escribió Rapley:

> En muchos casos, el exorcismo privado de un individuo fue reemplazado por exorcismos públicos, cuidadosamente montados y orquestados, con enormes multitudes asistiendo. En Francia, esto se desarrolló particularmente en áreas donde había una significante población protestante. El principal propósito consistía en probar al mundo que la Iglesia Católica era la verdadera Iglesia, porque Dios le había dado el poder para expulsar demonios[843].

Son muy conocidos los exorcismos de las ursulinas de Loudun(Francia), cuyas *sesiones públicas fueron ruidosas y abarrotadas de gente*[844]. Resulta difícil, hoy día, llegar a una conclusión de hasta qué punto se hizo de estos exorcismos un espectáculo improcedente, o si realmente esa población precisaba de estos actos públicos para regenerar la conciencia colectiva de que se había restaurado el orden de Dios en una situación en la que parecía que el demonio se había adueñado hasta de las cosas más

---

841 Eric Sorensen, *Possession and Exorcism in the New Testament and Early Christianity*, Mohr Siebeck, Tubinga 2002, pg 12.

842 Jonathan Seitz, *Witchcraft and Inquisition in Early Modern Venice*, Cambridge University Press, Nueva York 2011, pg 125.

843 Robert Rapley, *A Case of Witchcraft: The Trial of Urbain Grandier*, McGill-Queen´s University Press, Quebec 1998, pg 102.

844 Robert Rapley, *A Case of Witchcraft: The Trial of Urbain Grandier*, pg 150.

santas, como es un convento. Cantwell,en su estudio sobre *El Rey Lear*, escribió: *Como en el acto I, escena 2, en la que la corte del rey Lear se convierte en un teatro para la representación de la realeza, así en el ritual del exorcismo lo hace la autoridad sagrada*[845]. En nuestra sociedad secularizada, fácilmente podemos caer en la tentación de dar por descontado que algunas de nuestras prácticas inmorales generalmente aceptadas, son razonables. Mientras que algunas de las prácticas de una época en la que todos tenían fe, resultan inaceptables. Para el tema que aquí nos ocupa, baste dejar constancia de que el exorcismo comunitario (y hasta público) no ha sido infrecuente en la Historia. Y esto no solo en el cristianismo, para entender la otrora mentalidad colectiva católica europea resultan luminosas las reflexiones de Kapur respecto al exorcismo colectivo en el ambiente rural indio pagano:

> El exorcismo colectivo subraya la creencia de que un poblado es una única comunidad moral. El comportamiento de cada individuo determina la condición moral de toda la comunidad como un todo. Una disminución de la moralidad de los habitantes de un poblado si va más allá de cierto nivel, amenaza al entero poblado[846].

La cuestión de la eficacia

Mas a pesar de la frecuencia de esta práctica en el pasado y de los exorcistas que practican el exorcismo comunitario en el presente[847], no resulta fácil resolver la cuestión de la mayor o menor eficacia a través de la observación de resultados. No resulta fácil evaluar la mayor eficacia o no de un exorcismo, por un concepto de vital importancia para nuestro razonamiento teológico y al que vamos a denominar como *tempus exorcismi determinatum*. Este

---

845 Robert Cantwell, *Ethnomimesis: Folklife and the Representation of Culture*, University of North Carolina Press, Estados Unidos 1993, pg 30.

846 Tribhuwan Kapur, *Religion and Ritual in Rural India*, Abhinav Publications, Nueva Delhi 1988, pg 117.

847 Este modo comunitario era el modo ordinario de obrar del sacerdote copto Makari Yunan del que ya se ha hablado anteriormente. Otras experiencias de exorcismo comunitario se pueden ver en Arch. Pers., n.48, pg 28.

tempus se define como el tiempo que Dios ha determinado que es necesario, para que un individuo que padece posesión demoniaca, quede completamente liberado.

Este *tempus exorcismi determinatum* es lo que podría denominarse «el tiempo del caso». Resulta claro que cada caso posee su propio *tempus*[848]. De forma que si varios posesos son liberados en pocos días por un determinado exorcista no muy sobresaliente en virtudes, alguien puede objetar con razón que así estaba determinado por la Providencia. Mientras que si un exorcista verdaderamente ascético se alarga muchos meses en la liberación de algunos posesos, se puede objetar que quizá así estaba decidido por el *tempus* que la Providencia había determinado para esos casos. Y tal objeción sería correcta. A la mujer cananita que le seguía a Jesús por el camino pidiéndole la liberación de su hija de un demonio[849], se le hizo esperar más tiempo precisamente porque tenía más fe[850]. La escucha de la petición de esa mujer tenía su propio *tempus*, no era una cuestión de falta de fe. De hecho, de ella dirá Jesús: *Oh, mujer, grande es tu fe*[851]. Luego, paradójicamente, su *tempus* se alargó precisamente porque podía ser probada durante más tiempo en orden a su santificación.

Esta incapacidad para cuantificar la eficacia, es lo que haría que si existieran estadísticas sobre la eficacia, éstas nos ofrecieran resultados completamente inciertos. Los sumandos de cantidades homogéneas ofrecen resultados precisos, pero no así las cantidades heterogéneas. De ahí que en el campo del exorcismo los números no nos ofrecerían claridad acerca de si un método es mejor que otro. Habiendo dejado constancia de las anteriores reservas, nuestra observación directa de ambos métodos en todo el mundo, nos lleva a considerar que ambos caminos son igual de

---

848 Este concepto del «tempus exorcismi determinatum» viene más lárgamente explicado en el Apéndice, nota 25.

849 «Mi hija está malamente endemoniada»: en gr. «zigater mou kakos daimonizetai» (Mt 15, 22).

850 «Sin embargo, Él no le respondía ni una palabra. Y viniendo sus discípulos le imploraron que la despidiera porque les seguía gritando» (Mt 15, 23).

851 Mt 15, 28. Compruébese la paradoja que supone esto contraponiéndolo a Mt 17, 19-20, en que la no expulsión de un mal espíritu por parte de los Apóstoles se debe a «vuestra poca fe».

eficaces[852]. Insistimos en que por el concepto antes explicado del *tempus exorcismi determinatum* resulta especialmente difícil evaluar la eficacia del exorcismo de distintos exorcistas. Pero somos de la opinión de que la concentración del ritual limitándolo a una sola persona, no parece ofrecer un final más rápido.

Pero como este tipo de afirmaciones pueden estar cargadas de cierta subjetividad, parece más objetivo y hasta más sencillo intentar resolver esta cuestión acerca la eficacia de un modo teórico. Resolver este interrogante no tiene un mero interés teológico, pues la respuesta resultará de trascendental importancia práctica en el modo de configurar el ministerio en muchas diócesis.

Para empezar, vemos que caben tres posturas a la hora de responder esta pregunta:

a) **No tiene el mismo efecto**: El efecto de la oración se *divide* entre las personas por las que se ora. Si no fuera así, daría lo mismo rezar un rosario por una persona, que por toda la Humanidad. Incluso la misa, aun teniendo un valor infinito, no es indiferente aplicarla por una sola persona que por una nación entera.
b) **Tiene el mismo efecto**: La oración se dirige a Dios y, por tanto, una misma plegaria puede obtener de Él exactamente los mismos efectos tanto si se pide por una persona como si se pide por un grupo allí congregado.
c) **El efecto no es el mismo pero se compensa**: La plegaria, digámoslo así, se *divide* entre los sujetos por los que se ora. Pero si son varios los que están orando por los posesos, lo que se divide es el conjunto de la oración de todos los congregados entre las personas por las que se ora[853].

A nuestro parecer, las tres tesis contienen una parte de verdad. Es curioso observar, que este interrogante guarda un gran paralelismo, con la cuestión que ya se planteó hace siglos, en el tema de los frutos de la misa aplicados a una o más personas. Y la respuesta no está exenta de ciertas complejidades. A pesar de ello, si

852 Aunque no añaden información relevante, algunos detalles que concretan esta experiencia están consignados en Arch. Pers., n.84, pg 47.

853 Acerca de esta tercera opción, se abunda en más consideraciones en Apéndice, nota 79.

observamos a qué conclusiones ciertas ha llegado la teología respecto a la aplicación de la misa, después estaremos en disposición de hacer una analogía con la aplicación del exorcismo.

Respecto a la misa, la primera certeza que debemos tener en cuenta es que *el sacrificio de la misa, en sí mismo considerado (o sea, prescindiendo de su aplicación a nosotros), tiene un valor absolutamente infinito tanto intensiva como extensivamente*[854]. Por analogía, lo mismo podríamos decir, *mutatis mutandis*, del exorcismo: la plegaria dirigida a Dios en el ritual de exorcismo puede obtener un efecto ilimitado, puesto que pedimos a un Poder Infinito. Si nos atenemos a la *oratio ad quem*, durante el ritual de exorcismo daría lo mismo orar por una persona que por varias.

La segunda conclusión cierta sobre la misa es que *en su aplicación a nosotros, la eficacia impetratoria y satisfactoria de la santa misa es finita y limitada tanto intensiva*[855] *como extensivamente*[856]. La analogía con el exorcismo sigue pudiéndose aplicar: aunque oremos a un Poder Infinito, las acciones de esa omnipotencia respecto a nosotros son limitadas. En el caso de la misa, *la única razón de la limitación o medida del fruto del sacrificio son las disposiciones del sujeto a quien se aplica*[857]. En el caso del exorcismo, a las disposiciones del sujeto, habría que añadir, además, las disposiciones del ministro, así como la mayor o menor intercesión de las otras personas que pidan por ese exorcismo, se hallen físicamente presentes o no en el rito.

Las disposiciones del ministro, del exorcizado y de los que interceden, junto a otros elementos, conforman la voluntad de Dios respecto a la resolución de cada caso. Al hablar de *otros elementos*, nos referimos, por ejemplo, a que Dios tiene en cuenta el bien de las personas que asisten al exorcismo (Dios puede retrasar la liberación un día, para que asista una persona y se convierta), o puede tener en cuenta el bien que el poseso gana con ese sufri-

---

854 Antonio Royo, *Teología Moral para Seglares*, tomo II, Madrid 1984, BAC, pg 180.

855 Cuando este autor usa los términos «intensiva y extensivamente» se debe entender «intensivamente» en cuanto al grado de fuerza de la gracia, y «extensivamente» en cuanto a cuantos individuos llegan esas gracias.

856 Antonio Royo, *Teología Moral para Seglares*, tomo II, pg 181.

857 Antonio Royo, *Teología Moral para Seglares*, tomo II, pg 182.

miento, y prolongar su tiempo de prueba. Y así, aun no habiendo inconvenientes para que Dios hubiese determinado su liberación un determinado día, no obstante, Él puede decidir retrasar la liberación una semana, o un mes, o años, para que se ganen más gracias que redundarán en bien de muchas almas. Luego no solo hay que tener en cuenta las disposiciones, hay designios que se combinan con ellas, y todo esto es lo que configura el concepto de *tempus exorcismi determinatum*. Un *tempus* solo conocido por Dios, pero determinado por razones.

El *tempus* no viene determinado por Dios sin razón alguna. Sino que en la determinación divina se tienen en cuenta todos los elementos. El que esas razones no las conozcamos nosotros, no significa que no existan en su objetividad. Por ejemplo, un elemento que, sin duda, influye en la duración de un exorcismo es la fuerza y poder del demonio que esté dentro del poseso, poder que le permite resistir. De ahí las palabras de Cristo,*esta clase*[858]*no sale con nada si no por oración y ayuno*[859]. Pero poniendo los medios, este elemento prolongará el exorcismo únicamente en tanto en cuanto Dios lo permita. Por grande que sea el poder de ese ángel caído, tendrá que someterse a la decisión de Dios, la cual decidirá el día y la hora de la liberación.

¿Significa esto que el poder de un demonio es indiferente en la duración de un exorcismo? La respuesta es no. Puesto que aunque ningún demonio pueda resistir la omnipotencia divina, de hecho, Dios dispone en este mundo que, ordinariamente, las empresas más difíciles requieran de más esfuerzo. Aunque Dios puede determinar que un poderoso demonio salga con un exorcismo de diez minutos, normalmente las cosas se disponen de manera que los demonios más poderosos requerirán de más esfuerzo expulsarlos.

Recapitulando todo lo dicho, vemos que los efectos de un exorcismo dependen de los designios de Dios, la fuerza de los demonios y las disposiciones de los que oran. Cualesquiera otras circunstancias menores se integran en estos tres elementos. Que todo se recapitula en estos factores, se comprueba en las palabras del Concilio de Trento cuando, al tratar de la justificación, dice

858 «Touto to genos»: «esta clase». Genos: descendencia, familia, raza, clase.

859 Mc 9:29. Lo mismo en Mt 17, 21.

que *el Espíritu Santo reparte a cada uno según quiere y según la propia disposición y cooperación de cada uno*[860]. El texto aunque habla de la justificación se puede aplicar perfectamente a todos y cada uno de los sacramentos[861] y a los sacramentales.

Después de todo lo cual, podríamos concluir que la Tesis A tiene de verdad el hecho de que Dios, de acuerdo a su providencia sobre las cosas de este mundo, ha dispuesto que tengamos que esforzarnos más para lograr cosas de mayor importancia. Cierto que podemos orar una breve plegaria por la conversión de todos los pecadores del mundo, y Dios verdaderamente podría enviarles una poderosísima gracia a todos ellos solo a causa de esa rápida oración. Pero el modo ordinario en que Dios ha determinado su providencia, es que se logren más gracias rezando intensamente durante un año y ayunando por la conversión de una persona, que rezando un avemaría por toda la Humanidad. *Per se* no tendría que ser necesariamente así, pero la Voluntad Divina ha querido, usualmente, unir sus dádivas al esfuerzo. Es decir, la Providencia ha dispuesto que los frutos de su Poder Infinito se distribuyan siguiendo un proceder lógico, que actúa según las leyes del esfuerzo. De ordinario es así, no siempre. Lo mismo vale para el exorcismo, de lo contrario se podría pedir con mucha fe que a través de un único exorcismo universal todos los posesos del mundo quedasen liberados.

Respecto a la Tesis B, tiene de verdad que el Poder de Dios es infinito, que Él no necesita de nuestros esfuerzos para conceder algo, y que por tanto puede otorgarlo basándonos únicamente en la fe. Y es cierto que, en algunos casos, se logra con toda rapidez lo que el mismo exorcista no ha logrado en otros casos empleando en ello más horas y ayunos. Es el mismo exorcista, y los efectos sin embargo pueden ser tan diversos. La razón está en la voluntad de Dios, pues como dice San Pablo: *todas estas cosas las obra un*

860 Concilio de Trento, sesión VI, capítulo 7 (D 799):«Demum unica formalis causa est iustitia Dei non qua ipse iustus est sed qua nos iustos facit qua videlicet ab eo donati renovamur spiritu mentis nostrae et non modo reputamur sed vere iusti nominamur et sumus iustitiam in nobis recipientes unusquisque suam secundum mensuram quam Spiritus Sanctus partitur singulis prout vult et secundum propriam cuiusque dispositionem et cooperationem».

861 Así lo afirma Royo al hablar de los sacramentos en general. Antonio Royo, *Teología Moral para Seglares*, tomo II, pg 33.

mismo y único Espíritu distribuyéndolas a cada uno en particular según su voluntad[862]. En ese versículo las palabras claves, para lo que aquí estamos dilucidando, son *según su voluntad*[863]. La consecuencia de esta tesis es que la oración comunitaria está plenamente justificada. Pues debemos esforzarnos, pero es la voluntad de Dios la que determina finalmente el resultado de un exorcismo.

Respecto a la Tesis C, tiene de verdad que en cada exorcismo se forma una especie de *unitas supplicationum,* unidad de súplicas: formada por los ritos del ministro, las oraciones de los asistentes, los sufrimientos del poseso, y la intercesión de los ángeles y los santos. Aunque sea el ministro el único que se dirige a Dios en voz alta, a Dios le llega esta *unitas.* Y Dios actuará de acuerdo a ella, aunque el ministro solo observe las reacciones del poseso en relación a los signos visibles del rito, y no pueda percibir la eficacia que ante Dios tiene la oración de todos los presentes y los santos.

Conclusiones

Valorando las tres tesis conjuntamente, creemos que el exorcismo comunitario está teológicamente justificado: no tiene por qué ser menos eficaz. ¿Tendría mayor valor espiritual celebrar tres misas en la parroquia o concelebrar en una misa en la catedral que dura dos horas? La única razón que se podría ofrecer para justificar la multiplicación de rituales individuales en un mismo día, sería que el generoso tiempo empleado sería el modo de esforzarse que tiene el ministro por esas almas: la repetición del ritual como un sacrificio personal del ministro[864]. Pero creemos que el exorcismo comunitario expresa mejor el carácter eclesial de ese rito, y el efecto es el mismo. Es el mismo efecto, porque, en definitiva, todo depende de la voluntad de Dios.

---

862 I Cor 12, 11. En el contexto, San Pablo está hablando de ministerios y carismas. Éste es el versículo citado por el Concilio de Trento al hablar de la justificación (D 799), y que se puede aplicar a los sacramentos.

863 Aunque «kathos vouletai», usualmente se traduce como «según su voluntad», en realidad, debe traducirse por «como quiere», del verbo «boulomai». El que se use un verbo (querer) en vez de un sustantivo (voluntad), recalca el aspecto dinámico de su voluntad respecto a nosotros.

864 Este razonamiento se ofrece con más extensión en Apéndice, nota 50.

En aquellos lugares donde las numerosas peticiones de exorcismo se unan a la escasez de ministros, no creemos que quede otra posibilidad que la de recurrir a la oración comunitaria. Pero aunque tuviera pocos casos, el exorcismo comunitario no es un simple remedio ante la falta de tiempo. Teológicamente, el ministro debe ser consciente de que está apelando a la Omnipotencia Divina, y que esa Omnipotencia, al multiplicar los panes y los peces, puede dar de comer lo mismo a veinte personas que a cinco mil.

El examen de las tres tesis anteriores lo que, en nuestra opinión, resuelve es el porqué el exorcismo comunitario sí que sirve para un grupo de posesos, y no mostraría la misma eficacia si se emplease para orar por todos los posesos del mundo. Las razones son las ya expuestas: la Providencia Divina ha dispuesto una relación entre el esfuerzo y los frutos.

La única razón en contra del exorcismo como práctica comunitaria, sería el preguntarse si los gritos de varios endemoniados juntos, no crean un clima que dificulta concentrarse en la plegaria. Pero no creemos que el hecho de los gritos sea un obstáculo para el desarrollo del rito. Pues tal cosa puede percibirse como un inconveniente o como una ayuda para la misma oración, pues el fragor de los posesos puede verse como una manifestación del poder de Dios que está actuando en ese momento sobre ellos. Los gritos de los posesos, su agitación, su furiosa resistencia, son el signo por el que sabemos que ese rito está teniendo efectividad sobre esas personas, y en ese sentido muchos autores hablan del *milagro del exorcismo*[865] y otros del *espectáculo del exorcismo*[866].

Antes hemos dicho que cuantificar la eficacia del exorcismo comunitario frente al exorcismo individual, resulta imposible. Pero, aunque sea imposible establecer parámetros incontrovertibles respecto al nivel de eficacia, la experiencia de la oración de

865 La expresión «milagro del exorcismo» aparece, solo por citar solo algunos, en los siguientes autores: Robert H. Gundry, *Mark: A Commentary on His Apology for the Cross*, Wm.B.Eerdmans Publishing Co., Grand Rapids 1993, pg 329. Sarah Ferber, *Demonic Possession and Exorcism in Early Modern France*, Routledge, London 2004, pg 65. Peter Brown, *Society and the Holy in Late Antiquity*, University of California Press, Berkeley 1989, pg 19. Lana Condie, «The Practice of Exorcism and the Challenge to Clerical Authority», *Access: History*, University of Queensland's History Department, vol 3 (2000), pg 94.

866 Robert Cantwell, *Ethnomimesis: Folklife and the Representation of Culture*, University of North Carolina Press, Estados Unidos 1993, pg 18.

liberación en los grupos carismáticos nos parece que ofrece un balance positivo a favor de la oración por varias personas a la vez.

Además, la eclesialidad del rito de exorcismo queda más patente obrando de este modo: es la comunidad entera la que ora por esos casos. No solo eso, de incidir más en el protagonismo del sacerdote (patente en el exorcismo individual), se pasa a una situación en la que se recalca más al sacerdote como presidente de un acto litúrgico. Y esto a pesar de que el sacerdote realiza exactamente el mismo rito conjuratorio con las mismas fórmulas, y que los laicos obviamente no exorcizan. Pero, aun así, queda mejor expresado ese concepto de la *unitas supplicationum* con un grupo de laicos en torno a cada poseso, que en la situación del exorcismo individual, en la que visualmente se tiene una inevitable impresión de confrontación entre el presbítero y el poseso. Confrontación que no es irreal: el exorcismo también es una lucha entre el presbítero y el demonio. El que aquí hayamos insistido en mostrar el carácter eclesial, comunitario, del exorcismo, no quita nada de lo que el exorcismo tiene de lucha entre el presbítero y el demonio.

De todas maneras, consideramos que el exorcismo comunitario será el único camino pastoral posible para responder a la creciente demanda de este ministerio en la mayor parte de las diócesis. No existe en tal praxis ningún problema teológico y, por el contrario, se refuerza la dimensión eclesial del rito. Desde un profundo amor a las liturgias orientales, creemos que hay algo de verdad en la apreciación de Schmemann: *Estos desarrollos de la liturgia bizantina la hicieron cada vez menos una celebración de toda la Iglesia, y la convirtieron en un acto clericalizado para la satisfacción de las necesidades religiosas individuales*[867]. Por eso, creemos que, del mismo modo, el exorcismo practicado durante siglos como un acto exclusivamente presbiteral y sin gente (apenas con unos pocos que sujetaban), debe ahora dar paso a la opción de realizarse tal como podemos suponer que fue el exorcismo realizado en las primitivas comunidades cristianas. Desde luego, en la Edad Media, muchas veces la comunidad tenía un papel relevante:

867 Alexander Schmemann, *Introduction to Liturgical Theology.*Citado en Hugh Wybrew,*The Orthodox Liturgy: The Development of the Eucharistic Liturgy in the Byzantine Rite,* St Vladimir´s Seminary Press, Crestwood 1989, pg 175.

> La reintegración de los posesos en la comunidad tenía lugar a un nivel local, con la comunidad debatiendo e interpretando el episodio desde su comienzo a su final. Las multitudes corriendo a la iglesia principal o a la plaza del pueblo para presenciar la sanación decidían (...) si el exorcismo estaba procediendo bien[868].

Todos nos damos cuenta de los inconvenientes de un exorcismo público. De hecho, Caciola observa que *en esos exorcismos la gente sugería nuevas técnicas, comentaba acerca de la historia y comportamiento de la víctima, y debatía acerca de si el poseso había quedado sanado o si el exorcista era santo o no*[869].

Pero hay una gran diferencia entre un exorcismo público entendido como un acto realizado ante una multitud, y un exorcismo comunitario en el que a puerta cerrada un grupo de treinta o cuarenta personas de confianza oran por un grupo de posesos. La existencia de la posibilidad de un exorcismo comunitario no quitaría la libertad de poder realizar el exorcismo como un acto esencialmente más privado, siempre que se prefiera. Porque, a veces, el exorcista preferirá orar más en privado, y otras preferirá hacerlo más en comunidad. Las dos opciones son válidas, lo erróneo es descalificar uno de los dos modos.

Siempre hemos escuchado que la liturgia del exorcismo es la oración de la Iglesia. Y que, por tanto, ese ceremonial tiene la eficacia de la Iglesia que ora. *La Iglesia es el Pueblo de Dios* (...). *Al igual que un pueblo no se identifica con sus jefes, tampoco la Iglesia se reduce a su jerarquía*[870]. Sin embargo, a pesar de que todo exorcista reconocería como verdadera esta afirmación, después, en la práctica, el exorcismo es considerado como un acto de poder personal y la liberación como el refrendo de la valía del clérigo. ¿Cómo pensar que se tiene en cuenta la *unitas suplicationum*, cuando los laicos presentes en un exorcismo, tantas veces, son invitados con el exclusivo propósito de sujetar al poseso? En los *praenotanda* del ritual de exorcismos del *Ritual Romano*, solo se menciona a los

---

868 Nancy Caciola, *Discerning Spirits: Divine and Demonic Possession in the Middle Ages*, Cornell University Press, Ithaca 2006, pg 235.

869 Nancy Caciola, *Discerning Spirits: Divine and Demonic Possession in the Middle Ages*, pg 235.

870 Jean Daniélou (AA.VV), *Historia de la Iglesia: Desde los orígenes a San Gregorio Magno*, Ediciones Cristiandad, Madrid 1982, pg 22-23.

laicos para sujetar a las mujeres: *Cuando se exorciza a una mujer, tenga siempre consigo a personas honestas que sujeten a la posesa, mientras es agitada por el demonio.*[871]. Yen el proemio del nuevo ritual de 1999, la presencia de los laicos no tiene mucha mayor relevancia: *Si parece conveniente admitir a la celebración del exorcismo a algunos acompañantes escogidos, se les debe exhortar a que oren con empeño por el hermano atribulado*[872]. Aunque, al menos, se menciona que allí está presente la Iglesia[873].

¿Pero se tiene presente a la Iglesia universal, cuando la presencia de los laicos allí es meramente permitida? Mucho nos tememos que la mayor parte de los exorcistas tienen una mentalidad como la de aquel presbítero que se refiere a la celebración eucarística como a «mi misa» en la que los demás solo son testigos de su buen hacer. Resulta evidente que en siglos pasados *la praxis litúrgica secularmente en uso había terminado por convertir la celebración del culto en una tarea casi exclusivamente clerical, donde los fieles, en el mejor de los casos, quedaban reducidos al papel de meros espectadores*[874]. El redescubrimiento del papel de los laicos ya ocurrido en la misa, debe trasladarse ahora al exorcismo, al menos como posibilidad, no como imposición.

Debe pasarse de la consideración de los laicos como una presencia tolerada porque no queda más remedio, a considerarlos como elemento integrante de la ceremonia, la cual si es en presencia de una comunidad puede llegar a convertirse en una gran ceremonia. Del carácter automático que se cree que posee el ritual, hay que pasar a la consideración de la ceremonia como una *unitas suplicationum.* Esto colaborará a una visión más humilde y realista de lo que es el exorcismo.

---

871 *Rituale Romanum*, titulus XI, caput I, De exorcizandis obsessis a daemonio, praenotanda n.19.

872 *Ritual de Exorcismos*, praenotanda, n.35.

873 «Cuando no está presente ningún grupo de fieles, ni siquiera pequeño, no olvide el exorcista, como lo exige la prudencia y la sabiduría de la fe, que en sí mismo y en el fiel vejado está ya la Iglesia; recuérdese al mismo fiel». Ritual de Exorcismos, praenotanda, n.34.

874 José Luis Gutiérrez-Martín, «La experiencia litúrgica, camino de santidad en el mundo», en Ramiro Pellitero, *Los Laicos en la Eclesiología del Concilio Vaticano II*, Rialp, Madrid 2006, pg 228.

En un exorcismo comunitario, cuantos más posesos hay, más laicos necesariamente tienen que estar presentes. Llega un momento en el que el número de posesos y el número de personas intercediendo por ellos, llevan al sacerdote a reconocer la evidente dimensión eclesial de ese ritual. Entre otras cosas, porque si hay cuatro o cinco posesos, el presbítero tendrá, en muchos momentos, que ir de un sujeto a otro. Quedando el resto del tiempo al cuidado de los ayudantes del presbítero, y rodeado por las oraciones de éstos. Un exorcismo comunitario en el que se reza habitualmente por más de cinco personas, requiere necesariamente que el presbítero organice un equipo de ministros menores, incluso para la recepción antes del exorcismo, así como para la catequesis y el acompañamiento después.

Con razón el exorcista y psiquiatra Madre escribió al hablar de la necesidad del exorcismo para algunos individuos: *Conviene entonces recurrir a «armas espirituales» específicas, cuyo efecto es doble con la ayuda de un acompañamiento espiritual experimentado*[875]. De ningún modo supone una exageración afirmar que el poder de esas armas espirituales se duplica con el acompañamiento. En casi todos los libros se insiste mucho en el acto del exorcismo y en el poder del exorcista, olvidando que el acompañamiento resulta tan importante como el mismo acto de potestad. Pero es un hecho que son mayoría los exorcistas que carecen de tiempo para realizar ese acompañamiento. El exorcismo comunitario obliga a la organización de ministerios menores, no solo de oración, sino también de catequesis personalizada y dirección espiritual.

La abundancia de casos que afirman estar sometidos a influencias demoniacas, podría llevar a ir organizando este ministerio, poco a poco, al modo de las catequesis bautismales de las comunidades primitivas. Pues, en el fondo, también los católicos que llegan al exorcista, muchas veces lo que requieren es de una profunda catequesis. El paralelismo con la catequesis bautismal se ve en que ese proceso desembocaría no en el bautismo, sino en la confesión sacramental de los pecados. La confesión sincera y sentida, muchas veces, dado el alejamiento de la fe de los que se

875 Philippe Madre, *Curación y exorcismo: ¿cómo discernir?*, pg 74.

acercan, no podría producirse sino tras varias semanas o meses de empezar este proceso.

Como se observa, el exorcismo comunitario no debe entenderse como un remedio de menor efectividad que se lleva a cabo obligado por las circunstancias. Sino como una opción perfectamente válida y que tiene sus ventajas. Aunque sería un completo error prohibir el exorcismo individual en favor del comunitario. Pues ambas opciones tienen sus ventajas propias. El exorcismo individual está plenamente justificado, pues no podemos olvidar que el exorcismo esencialmente está constituido por un acto de poder[876]. En el fondo, la misma polémica entre misa comunitaria y misa privada se puede extrapolar al debate entre exorcismo individual y comunitario.

876 «Pero si es por el dedo de Dios que yo expulso los demonios...» (Lc 11, 20). «Pero si es por el Espíritu de Dios que yo expulso los demonios...» (Mt 12, 28).

X

La *materialización* del exorcismo

Un problema que se observa en la praxis de no pocos exorcistas, es la «materialización» del exorcismo. Y es que dentro del ritual del exorcismo, en ocasiones, se pasa de un uso correcto, prudente y mesurado de los sacramentales, a un uso inadecuado que denota una teología en la que la materialidad de los ritos y objetos opacan totalmente la misma esencia espiritual del acto que se está realizando.

Nótese que hemos medido meticulosamente las palabras, para que de ningún modo afirmáramos algo que significase un desdoro de la nobleza de los sacramentales y sus efectos en el ministerio del exorcismo. Su uso está avalado por una tradición continua y la experiencia muestra los buenos frutos que se siguen de su utilización. Los sacramentales no son meramente signos, sino que a través de ellos se obtienen efectos[877]. Pero resulta innegable que algunos ministros han puesto el énfasis del exorcismo no en el poder recibido de Cristo, no en el poder de la oración, sino en determinados objetos que se han de aplicar de un modo muy específico so pena de no obtener el efecto.

877 «Los sacramentales son signos sagrados, por los que, a imitación en cierto modo de los sacramentos, se significan y se obtienen por intercesión de la Iglesia unos efectos principalmente espirituales». En el original latino: «Effectus (...) significantur et (...) obtinentur», CIC, canon 1166.

En un caso, por ejemplo, un vidente laico con supuestos dones indicó al exorcista que la liberación del poseso se produciría al celebrar la misa el día de la Virgen de Fátima, en una capilla determinada y con ciertas personas presentes. Expresamente se especificó, incluso, que para que se produjera la liberación tenía necesariamente que estar otro sacerdote en esa misa, un sacerdote en concreto[878]. En otro caso, el exorcista, un sacerdote de mucho ayuno, oración y vida ascética, hizo el siguiente razonamiento: el demonio está dentro, localizado en un lugar. El óleo bendecido tiene un poder. Luego hay que poner en contacto el óleo con el lugar donde está el demonio. Resultado, con una jeringuilla sin aguja introducía por la nariz aceite bendito mezclado con agua bendecida[879].

Varios sacerdotes, dispersos por el mundo, han razonado del siguiente modo llegando a la misma conclusión: si un sacramental tiene efecto, la mezcla de varios sacramentales tendrá más efecto. Y así han mezclado agua, aceite y sal benditos, indicando al poseso que bebiera una cierta cantidad de ese mejunje durante los exorcismos. En una conferencia nacional de exorcistas, una laica con larga experiencia en un grupo de liberación aconsejaba para protegerse de los ataques de los maleficios, el enterrar una estatua de San José en un punto cardinal de la casa, en el jardín. Y otras tres medallas en los otros puntos cardinales[880].

Otro ejemplo es el de la consulta de una señora, procedente de nuestra correspondencia personal, y del que entresaco las siguientes líneas. Líneas escritas por una señora que había hablado con una supuesta vidente:

> Sugiere, que usted se proteja con misas diarias a su nombre, que use agua bendita y exorcizada de siete iglesias o de una iglesia de cada continente para la sanación del enfermo poseído, usar aceite del Santísimo de los mismos lugares antes descritos, tener cirios benditos de cada lugar de donde se tenga el agua

878 Arch. Pers., n.50, pg 29.

879 Arch. Pers., n.51, pg 29.

880 Arch. Pers., n.85, pg 47.

bendita antes comentada, de esta forma podrán sanar los enfermos[881].

Un último ejemplo, este sacado de las oraciones elaboradas en un grupo de oración de liberación, y que es una muestra de como en esas plegarias de liberación, ellos exigen cortar uno a uno los grados de la masonería en los que hubiera sido iniciado el sujeto por el que se ora. Citamos aquí únicamente lo que hay que decir para renunciar al segundo grado de los treinta y tres que detalladamente aparecen en ese escrito:

> Yo renuncio a los pactos tomados y a las maldiciones envueltas en el segundo nivel o hermano artesano de la masonería, especialmente las maldiciones sobre el pecho, y el corazón. Yo renuncio a las palabras secretas JACHIN y SHIBBOLETH, y todo lo que significan. Corto la dureza emocional, la apatía, indiferencia, incredulidad o falta de fe, e ira profunda de mi y de mi familia. En el nombre de Jesucristo yo oro por sanidad de.... (área del pecho, corazón, y pulmones). También por la sanidad de mis emociones, y oro para que pueda ser sensible a la voz del Espíritu de Dios[882].

La lista de muestras de este tipo se podría alargar sin término. No hace falta insistir que esto supone un desenfoque. Las palabras de San Pablo al hablar de la carne ofrecida a los ídolos, son claras: *Sabemos que un ídolo no es nada*(I Cor 8, 4). Y eso que el Apóstol en la misma epístola afirma *que lo que inmolan los gentiles, lo inmolan a los demonios*[883]. Y, a pesar de todo, el consejo de San Pablo es *comed todo lo que se vende en el mercado sin preguntar nada por razón de la conciencia*[884]. Por supuesto que muchos grupos de liberación no solo harán infinidad de preguntas, sino que además, por el mero hecho de que una carne así hubiese entrado en casa, se hubieran sentido obligados a realizar complejas y largas oraciones de purificación.

---

881 *Correspondencia con el autor de esta obra*, 4 de marzo de 2011.

882 Anónimo, *Oración de liberación para masones y sus descendientes*. No está publicado en forma de libro, más datos sobre su origen en Arch. Pers., n.86, pg 47.

883 «A los demonios», en gr. «daimoniois» (I Cor 10, 20).

884 «Sin preguntar nada», en gr. «meden anakrinontes» (I Cor 10, 25).

Toda esta mentalidad de asedio, de impurificación, de trampas escondidas en todas partes, no se debe a falta de formación teológica, pues afecta igualmente a laicos que a sacerdotes, sino que su causa radica en haber continuado durante años desarrollando y afianzando una praxis concreta basada en supuestos dictados de lo alto, conocida por supuestos dones carismáticos. Lo cual lleva a insistir no solo en la materialidad del sacramental, sino también en el modo concreto en que hay que recitar las oraciones: tienen que ser tal número de avemarías, tal día concreto, rezadas de esta forma, etc, etc. Convirtiéndose el exorcismo en una larga lista de fórmulas para ser usadas cada una de ellas en un tipo de caso determinado. Por eso San Pablo, al dar su directriz respecto a la carne ofrecida a los ídolos, recuerda antes con cierta ironía *todos tenemos conocimiento*[885], y después da su enseñanza definitiva.

Lejos de pensar que ésta es una desviación moderna, se observa que tal modo de obrar es una tendencia que viene de lejos. Y así lo vemos en el mismo título de *La Práctica de Conjurar*de Fr. Luis de la Concepción, cuyo título completo tal como aparece en la portada del libro reza así:

> Práctica de conjurar en que se contienen exorcismos y conjuros contra los malos espíritus, de cualquiera modoexistentes en los cuerpos humanos: así en mediación de supuesto, como de su iniqua virtud, por cualquier modo y manera de echizos. Y contra langostas y otros animales nocivos y tempestades[886].

Y así ya no basta con un ritual de exorcismo, sino que se hace totalmente imprescindible un ritual que contenga todas las fórmulas de los distintos exorcismos. Porque ya no basta exorcizar, sino que hay que exorcizar de un modo determinado. Esta individualización de las fórmulas conlleva largos elencos, cada vez más detallados, lo cual acaba implicando una realización más complicada del exorcismo que va invadiendo progresivamente con su complejidad todos los elementos del acto. Y así podemos concluir que en esta forma de exorcizar, tres son los campos que quedan descentrados:

---

885 «Respecto a las cosas sacrificadas a los ídolos, sabemos que todos tenemos conocimiento (gnosin), y el conocimiento hincha» (I Cor 8,1).

886 Fr. Luis de la Concepción, *Práctica de Conjurar*, Maxtor, Valladolid 2009, edición anastática del libro impreso en Madrid en 1721.

a. FORMULA: Ya no basta la fórmula genérica, se precisa una fórmula precisa. Una fórmula concreta para cada tipo de maleficio, otra para cada tipo de ataque demoniaco (tal como lo dice sentir la víctima), otra para el mal que se perpetra contra cada tipo de bienes materiales. Y, por supuesto, cuando se considera que cuando se pide la protección contra los demonios, resulta esencial especificar frente a qué tipo de demonios estamos pidiendo la protección[887].
b. MODUS: Ya no basta la fórmula por precisa que sea. En un caso, por ejemplo, el exorcista (con bastante experiencia) dijo que para ser liberada la posesa tenía que rezar cien rosarios la primera semana, recibir diez exorcismos y celebrarse una misa en una capilla determinada con ciertas personas presentes (dijo la lista entera de personas con sus nombres) y en la festividad de la Virgen de Fátima[888]. Este tipo de cosas, normalmente, son frutos de supuestos dones que alguien del equipo posee.
c. RES: Por ejemplo, el aceite tiene que estar exorcizado, ya no bastará que esté meramente bendito. O será muy conveniente mezclar agua, sal y aceite exorcizado. Se afirma que se ha comprobado que un crucifijo tiene más poder que una simple cruz, y que un crucifijo de madera era más eficaz que un crucifijo de metal[889]. La lista de objetos más poderosos que otros se haría interminable.

Retornando a la simplicidad

Como se ve, esta materialización del exorcismo es un camino sin fin, que basándose en un punto de partida correcto (la existencia de sacramentales) lo hiperdesarrolla hasta producir una defor-

887 En una reunión nacional de exorcistas de cierto país, la organizadora de aquella serie de conferencias (doctora en psicología y experta en oración de liberación) pasó una oración de protección a todos los sacerdotes allí convocados, para leerla todos juntos al comienzo de las charlas de cada día. En la oración se pedía a Dios la protección contra los malos espíritus del aire, el agua y la tierra. Arch.Per, n. 14, pg 14.

888 Arch. Pers, n. 50, pg 29.

889 Arch. Pers, n. 13, pg 13.

mación, que en ocasiones acaba verdaderamente en una práctica mágica, aunque se realice a través de objetos cristianos. Esta materialización supone un descentramiento. En el exorcismo, el centro debería ser Cristo. Recordando siempre que la efectividad no está en el rito en sí mismo considerado, sino en el poder de la oración dirigida a Dios o del uso del poder recibido de Él. El rito es mera expresión de esa súplica o de esas órdenes. No negamos que el bendecido no posea una efectividad ínsita. Pero frente al uso ortodoxo recibido por la tradición, se puede dar una mentalidad mágica en el uso de esos mismos objetos sagrados. Lo dicho en ningún modo quiere negar que los sacramentales tengan su efectividad propia. No solo no se niega, sino que con toda razón Haffne escribía:

> Los sacramentales no obran con la eficacia intrínseca de los sacramentos. Aunque su poder no depende simplemente de la disposición subjetiva de la persona que lleva a cabo el rito particular. (...) Los sacramentales están asimismo conectados con el poder intercesor de la Iglesia. Por tanto, es posible proponer que los sacramentales obran de un modo más poderoso que el *ex opere operantis.* (...) Los sacramentales puede decirse que funcionan *quasi ex opere operato*[890].

En el modo en el que actúa un sacramental existe una clara semejanza con un sacramento. No en vano el Código de Derecho Canónico habla de que los efectos se obtienen *a cierta imitación de los sacramentos*[891]. El mismo Royo Marín reconoce que en los sacramentales *las consagraciones y bendiciones constitutivas producen efecto por sí mismas (quasi ex opere operato)*[892]. De manera que si el exorcista hace tres cruces de bendición sobre el poseso (como sucedía en el exorcismo del *Ritual Romano*), cada bendición tiene su efectividad. Pero estas bendiciones solemnes del ritual, nada tienen que ver con la *repetición por cincuenta veces de pequeñas cruces sobre la frente durante un exorcismo*[893], como ha ocurrido.

---

890 Paul Haffne, *The Sacramental Mystery*, Cromwell Press, Trowbridge 1999, pg 23.

891 «Sacramentalia sunt signa sacra, quibus, ad aliquam sacramentorum imitationem, effectus praesertim spirituales significantur et ex Ecclesiae impetratione obtinentur». CIC, canon 1166.

892 Antonio Royo, *Teología Moral para Seglares*, pg 84.

893 Arch.Pers., n.52 pg 102.

Con lo cual, no negamos esa efectividad misteriosa propia de los sacramentales, pero ésta se encuadra de un modo prudente, mesurado y armónico recibido por la tradición. La tradición respecto al uso de los sacramentales en la la lucha contra el demonio, debe encuadrarse en la enseñanza de los textos evangélicos. Los cuales textos no son un elemento más en este ministerio, sino la referencia máxima que expresa la voluntad de Cristo en relación al ejercicio del exorcismo. Y la enseñanza de Cristo en este campo está basada, esencialmente, en elementos simples tales como la fe, la oración, el ayuno, el poder apostólico recibido de Él mismo. Olvidar esto, lleva a que algunos sacerdotes insistan en tocar indebidamente el cuerpo de los posesos de ambos sexos, poniendo sus manos en partes inconvenientes del cuerpo. O a que el agua tenga imprescindiblemente que estar exorcizada. O a que *mientras se está orando por un poseso, dos personas tienen necesariamente que estar poniendo sus manos sobre su espalda para proteger al exorcista*[894]. No hay nada intrínsecamente incorrecto en el hecho de que dos personas impongan sus manos así para orar por el exorcista durante el exorcismo. El problema viene cuando esto se impone como práctica obligatoria que todos deben hacer.

Este desenfoque acerca de cómo realizar el exorcismo, afecta necesariamente al modo de entender la acción del demonio. Y así hay exorcismos en los que una persona laica del equipo, de pronto, le decía al exorcista: *ahora que ninguno toque al poseso, sino el demonio dañará al que lo haga*[895].. O en otra ocasión otro laico explicaba a un sacerdote: *durante el exorcismo, nunca hay que mirar a los ojos del poseso, sino el demonio tiene capacidad de influirte*[896].

No obstante lo dicho, a la hora de retornar a la simplicidad evangélica, se debe huir de la tentación de romper con la sana tradición acerca de la conexión entre acción de Dios y signo material. Esta tradición se retrotrae a los comienzos del cristianismo, y

894 Este ejemplo concreto, con más detalles, aparece en Arch. Pers., n.87, pg 47-48.

895 Arch. Pers., n.88, pg 48.

896 Arch. Pers., n.88, pg 48.

proviene incluso de una enseñanza veterotestamentaria[897]. Esto ya se ha estudiado en esta obra, al hablar del exorcismo protestante. Por tanto, a la hora de usar los sacramentales en un exorcismo, el remedio no es caer en el exorcismo protestante. Jesucristo mismo, a veces, unió la sanación corporal a la intervención de elementos materiales. Él no se limitó únicamente al uso de la palabra, sino que su poder obró a través de la intermediación material. E, incluso, algunas veces,determinó que había que proceder de un modo concreto. Como cuando, por citar solo un ejemplo, en el caso de un sordomudo: *metió los dedos en las orejas de él, y escupiendo, tocó su lengua* (Mc 7, 33-34)[898].

El cuidado con que debe ser estudiado el tema de hasta dónde llega lo correcto en el tema de los sacramentales y dónde empieza lo imprudente, se comprueba al saber que en los exorcismos sobre los catecúmenos en tiempos de San Cirilo de Jerusalén mientras eran exorcizados, se les ponía, por ejemplo, un velo sobre la cabeza. Práctica verdaderamente extraña: *Cirilo ofrece pocos detalles pero expresamente menciona una exuflación o expiración sobre la persona en conexión con el exorcismo y afirma que aquellos que eran exorcizados tenían un velo sobre su rostro*[899]. La misma *exsufflatio* ¿de no aparecer en el Evangelio[900] no hubiera podido ser acaso considerada como un acto de reminiscencia esotérica? Hay que reconocer con sinceridad que ciertos actos como el de la exuflación y otros de los profetas[901], son considerados como ortodoxos por el hecho de estar avalados por la autoridad divina. Pero si no fuera así, hubieran sido considerados como muy sospechosos:

---

897 Por citar únicamente dos muestras entre tantas: Eliseo y Naamán: «Ve y lávate siete veces en el Jordán, y tu carne volverá aser como antes era», 2 Re 5, 10. La resurrección de un cadáver que fue arrojado en la tumba de Eliseo y que volvió a la vida, al tocar los huesos del profeta, 2 Re 13, 21.

898 En el caso del sordomudo de la Decápolis: «metió los dedos en las orejas de él, y escupiendo, tocó su lengua. Y levantando los ojos al cielo, gimió, y le dijo: Efata, es decir: Sé abierto», Mc 7, 33-34.Otro ejemplo de relación entre signo material y acción divina lo encontramos cuando Jesús hace barro con su saliva, lo pone en los ojos de un ciego y le indica que se vaya a lavar a la piscina de Siloé (Jn 9, 6-7).

899 Everett Ferguson, *Baptism in the early church*, Wm. B. Eerdmans Publishing Co., Michigan 2009, pg 476.

900 «Sopló sobre ellos y les dijo: Recibid el Espíritu Santo» (Jn 20, 22-23).

901 Nm 27, 21; Nm 5, 11-28.

Por ejemplo, Elías resucitó a un joven colocándose sobre su cadáver de un modo muy preciso: *entonces subió y se acostó sobre el joven, y puso la boca sobre su boca, los ojos sobre sus ojos y las manos sobre sus manos, y se tendió sobre él; y la carne del joven entró en calor* (2 Re, 4, 33-34). Además, tuvo que hacerlo tres veces[902]. ¿No bastaba la oración sin necesidad de tenderse encima? Indudablemente, en este pasaje Dios quería mostrar esa relación entre lo material y lo espiritual en determinados modos de oración. La necesidad de hacerlo tres veces todavía refuerza más la licitud de la repetición de actos en los exorcismos rituales.

Ahora bien, el criterio debe ser el de retornar siempre a la simplicidad de la esencia evangélica, pero al mismo tiempo recordando la efectividad propia de los sacramentales (son un signo, pero no son solo un signo) y la posibilidad de usar éstos en modos complejos huyendo siempre de ofrecer una impresión mágica. Hay siempre que recordar la espiritualidad de las liturgias orientales que tienden a usar los sacramentales de un modo lo más ritualizado posible. Lo cual no es incorrecto bajo la continua vigilancia de una sana teología cristocéntrica que permanentemente contiene los excesos y reprueba las desviaciones. Por tanto, los avisos aquí consignados contra las desviaciones, ni deben hacer caer en un exorcismo protestantizado, ni ver con desconfianza el sano uso que de los rituales y sacramentales hacen las iglesias orientales.

Quizá lo que nos ayude a comprender la esencia de la materialización del exorcismo, es que responde a un mecanismo psicológico. Cuando las sesiones se suceden y no se produce la liberación, existe un impulso instintivo a hacer algo, a probar nuevas cosas. En una segunda fase se construye y desarrolla toda una pseudociencia basada en las propias teorías y experimentos. Y así, en una tercera fase, el exorcista que ofrece a sus exorcistas discípulos un *corpus* de acciones concretas, de supuestas conexiones entre problemas específicos y sus remedios a través de objetos, fórmulas y modos de hacer. Este cuerpo desarrollado de prácticas ofrece la sensación de poseer una ciencia, un dominio sobre un campo oscuro en el que raramente alguien sabe algo. De ahí que los llamamientos a la simplicidad son vistos por sus protagonistas,

---

902 «Entonces se tendió tres veces sobre el niño, y clamó al Señor: Oh Señor, Dios mío, Te ruego que el alma de este niño vuelva a él» (1 R 17, 21).

como producto o como fruto del racionalismo (si el que le llama la atención es un obispo) o como consecuencia de la poca experiencia (si las advertencias proceden de un colega exorcista). El proceso de hacer algo más complejo del exorcismo no lo convierte a este en una ciencia, pero tiene al menos la apariencia de ésta. Y eso produce seguridad y confianza en uno mismo.

Ante esto, no hace falta insistir que una y otra vez debemos retornar a las simples enseñanzas evangélicas en este campo del exorcismo, reconociendo que es un misterio en el que hay que obrar a través de la fe, y que no estamos ante una especie de farmacopea exorcística en la que todo consiste en aplicar las adecuadas acciones para obtener las reacciones específicas. Aun sin llegar a ser un acto mágico, cuánto más nos apartemos de la simplicidad evangélica, más corremos el riesgo de alejarnos del acto cristocéntrico que supone este acto de autoridad sagrada. En cierto modo, existe una dicotomía por un lado entre la pureza de la fe (autoridad/oración) y el modo (objeto/procedimiento) por el otro. Pero la solución no estriba en anular toda presencia del objeto y el ritualismo del modo. Se trata de una dicotomía complementaria, no excluyente, en todo muy semejante a la dicotomía entre la adoración espiritual y la veneración de imágenes. La solución no está en la iconoclastia.

Reparemos en la evolución que existe entre la Última Cena de Jesús, y la misa tal cual la celebramos en los rituales actuales. Podemos observar la misma evolución entre el exorcismo de Jesús y el exorcismo litúrgico de nuestro tiempo. Ni la misa actual, ni los exorcismos, deben ser despojados necesariamente de su carácter ritual, ni de los objetos que acompañan a ambos actos. Pues esos ritos y objetos son expresiones parciales del núcleo mistérico alrededor del cual giran ambos actos, tanto la misa como el exorcismo. El paralelismo es claro, el error en el exorcismo comienza, allí donde en la celebración de la misa comienzan los errores.

XI

Exorcismo y psiquiatría

Tratar este tema en toda su amplitud y detalle, requeriría ya de por sí una tesis doctoral. Pero un estudio mucho más amplio, al final, nos conduciría a las siguientes conclusiones que vamos a ofrecer aquí. Sin entrar en un análisis pormenorizado, permítasenos presentar esas conclusiones sintetizadas. Puesto que el panorama general que se ofrece en este trabajo, quedaría incompleto si no nos detuviéramos en los problemas que se pueden dar en la relación entre estos dos campos: exorcismo y psicología, o entre acción demoniaca y naturaleza humana.

Un recorrido por la praxis de distintos exorcistas y grupos de oración de liberación nos ofrece claramente dos extremos viciosos en la colaboración entre el ministerio del exorcismo y la labor de los psiquiatras:

1. **El psicologismo**: El exorcista centra su ayuda a los casos no tanto en la oración, como en hablar con la persona. Las sesiones en las que el exorcista trata de averiguar traumas y problemas psicológicos se alargan. A veces, tras una hora de una especie de psicoanálisis, se realiza una oración liberatoria de dos o cuatro minutos.
2. **El antipsicologismo**: El exorcista cree que todas las enfermedades mentales y que todos los desórdenes psicológicos tienen su origen en el demonio. Y que, por tanto, expulsando

al demonio y sanando la vida moral, la enfermedad desaparecerá. De ahí que la oración se vea como el único remedio para todo, y se desaconseje continuar con cualquier medicación o seguir acudiendo al médico especialista.

Esta cuestión no ha sido colocada en la primera parte dedicada a las cuestiones dogmáticas, porque cuando hablamos del psicologismo no estamos hablando aquí de exorcistas que no crean en la existencia del demonio, sino de exorcistas que creyendo en la existencia de la posesión y en el exorcismo, de hecho, han desarrollado una praxis de este ministerio basada casi exclusivamente en los medios humanos. O, por el otro extremo, no hablamos de exorcistas que preguntados nieguen la posibilidad de la enfermedad mental. Sino que hablamos de exorcistas que, de hecho, siguen una praxis en la que toda patología es tratada con medios meramente espirituales. Tanto el psicologismo como el antipsicologismo, ejerciendo el ministerio dentro de la misma fe, dentro del mismo marco de verdades reveladas, lo hacen en la práctica de maneras radicalmente distintas. Modos diversos no porque crean en un dogma diverso, sino porque parten de una antropología diversa.

El psicologismo

Hay que dejar claro que el psicologismo es un defecto más propio de sacerdotes que de laicos involucrados en grupos de liberación. El psicologismo supone un modo de aproximación al entero fenómeno de la posesión, y admite muchos matices. Pero no estamos hablando de la negación del fenómeno producida por una exégesis inadecuada, sino de aquellos exorcistas que abordan este problema desde la fe en la acción del demonio, pero reduciendo al mínimo posible la acción demoniaca, e hipertrofiando todas las consideraciones psicológicas. Esto se observa en algo tan cuantificable como el poco tiempo que se dedica a la oración con el individuo afectado, frente a las larguísimas sesiones de charla con él. Hay un episodio que, aunque anecdótico, ilustra esta mentalidad:

> En una reunión de sacerdotes, un presbítero le preguntó al obispo sobre el origen sobrenatural o no de los estigmas del padre Pío. El obispo respondió: *Ya sabéis que no se sabe donde acaba lo místico y empieza lo psicológico*[903].

Ese obispo creía que la fuerza de la sugestión, podía generar los estigmas. Si eso pensaba de algo tan físico como eran esas heridas profundas, cuánto más se podía pensar que la psique humana podía ser la verdadera causa de todo el fenómeno de la posesión. Acerca de la citada anécdota episcopal hay una contrarréplica que proviene directamente del padre Pío de Pietrelcina: *Le acusaron de ser víctima de la autosugestión. A lo cual el Padre Pío respondió: «Ve a un campo y concéntrate en un toro por varios días, y ya verás como comienzan a crecerte los cuernos»*[904].

Tal modo de proceder, exigiendo informes psiquiátricos, se debe a que, con mucha frecuencia, los obispos al nombrar un exorcista, priman los títulos académicos frente a la vida espiritual. Cuando está claro que el hombre espiritual tiene un conocimiento más consustancial con todo aquello que es de naturaleza espiritual. Sin embargo, a muchos obispos el prestigio académico les ofrece la falsa idea de que esa característica supondrá mayor seguridad en el juicio. Pero el Ritual de Exorcismos únicamente aconseja: *Esta licencia solo debe ser concedida a un sacerdote piadoso, docto, prudente y con integridad de vida y preparado para este oficio específicamente*[905].

No es lo mismo el conocimiento del mundo del espíritu a través de la propia experiencia interior, que el conocimiento de la Teología a través de la vida académica. Por todo esto, con mucha frecuencia, se observa que no pocos exorcistas diocesanos en realidad de lo que ejercen es de psiquiatras improvisados; y más concretamente de psicoanalistas sin título. En este tipo de exorcistas, se da una clara tendencia a pensar que todo (sea un disturbio demoniaco, una patología mental o simplemente un vicio

---

903 Arch. Pers., n.103, pg 52.

904 Ericjon Thomas, *Mystical Darkness: The Dark Night in the Life of Padre Pio*, Xlibris, USA 2011, pg 11.

905 Congregación para el Culto Divino, *De exorcismis et supplicationibus quibusdam*, praenotanda n.13.

recurrente) se puede explicar como fruto de un trauma reprimido. Esta forma de ver las cosas queda expresada en las palabras de Mischo: *Estos enfermos son constreñidos erróneamente a aceptar que los impulsos disociativos que padecen y reprimen, han de ser definidos como «espíritus» o «demonios»*[906]. No hace falta insistir en que los mismos parámetros psiquiátricos, aplicados a los más reconocidos místicos de la Iglesia, de haber sido examinados por estos profesionales, habrían sido calificados como enfermos.

Bajo la aparente objetividad del ropaje técnico, se llegan a conclusiones peregrinas como la siguiente presentada por un famoso psiquiatra: *H. Moller, situándose en la misma perspectiva de Morel, resalta el hecho de que el misticismo de Europa occidental tiende a florecer entre las mujeres durante los períodos de falta de hombres debida a la emigración*[907]. ¿Realmente estos profesionales se hallan capacitados para juzgar acerca de fenómenos del mundo espiritual? ¿Piensan los pastores de las almas, que este tipo de erróneos esquemas no se hallan muy difundidos entre los psiquiatras? Están tan difundidas, que sin duda contaminan el trabajo de no pocos sacerdotes creyentes. De ahí que René Chenesseau, a pesar de creer en la posesión y el exorcismo, afirmase: *Con la evolución de las ciencias humanas, el exorcista no puede casi nunca alcanzar una verdadera certeza para practicar el exorcismo*[908].

Se alegará que el problema se resuelve buscando a profesionales de la psiquiatría que sean cristianos. Pero hay que recordar lo que acertadamente escribía el psiquiatra Domínguez Morano al estudiar el tema de la mística:

> El que toda una determinada psiquiatría, psicología clínica y psicoanálisis hayan querido ver en los estados místicos una variante más o menos camuflada de conflictos psíquicos no resueltos, no responde a un hecho arbitrario o a un capricho malintencionado. Admitiendo que concurre toda una serie de variables epistemológicas e ideológicas innegables para influir

906 Johannes Mischo, «La possessione diabolica: sulla psicologia delle reazioni irrazionali.», en Walter Kasper (ed), *Diavolo, demoni, possessione*, pg 152.

907 Carlos Domínguez Morano, *Experiencia mística y psicoanálisis*, Sal Terrae, Maliaño 1999, pg 17.

908 René, Chenesseau, *Diario di un esorcista*, Nova Millennium Romae (sic), Roma 2007, pg 352.

esos puntos de vista, hay que reconocer también que la propia fenomenología de la experiencia mística se ofrece ella misma como una invitación, a veces bastante fuerte, para llevar a cabo interpretaciones en ese sentido[909].

Y si el juicio equivocado sucede en los grandes profesionales de la psiquiatría, ya no digamos nada si el juicio recae en manos de un clérigo, cuyo único contacto con esta parte de la medicina es haber leído unos cuantos libros de divulgación sobre el tema. Hay que hacer notar que cuando uno no ha estudiado psiquiatría de un modo académico, se muestra una clara inclinación a reducir todo a traumas e impulsos reprimidos, por ser ésta una noción freudiana la que se presta a la divulgación. Mientras que el ejercicio profesional de la psiquiatría, muestra que la etiología de las patologías es una realidad mucho más compleja y variada. Sin embargo, para los que simplemente se han asomado a unas cuantas obras sobre el tema, el haber comprendido las nociones esenciales freudianas, les ofrece la falsa sensación de haber descubierto los mecanismos profundos de la mente y sus enfermedades.

Algunos sacerdotes no se quedan ahí, sino que, incluso, pueden sentir la tentación de mostrar su propia genialidad a base de teorías estrambóticas. El presidente de la asociación de exorcistas de un determinado país sorprendió a todos los exorcistas reunidos en una conferencia internacional, cuando en su ponencia explicó que: *después de muchos días de investigación, descubrimos que todos sus disturbios se debían a una descompensación de energía, que se resolvió aplicándole acupuntura en el lóbulo de la oreja*[910]. No hace falta decir, que la sorpresa entre los exorcistas presentes fue mayúscula. Este sacerdote (que además era coordinador de un equipo de ocho exorcistas en su inmensa archidiócesis) aun creyendo en la existencia del demonio, llegó a la conclusión de que las energías tenían un importantísimo papel en este tipo de casos. Conclusiones que provenían de haberse introducido en el campo de la acupuntura, donde le explicaron que la esencia de las enfermedades de todo tipo solía estar en la descompensación de las energías.

---

909 Carlos Dóminguez Morano, *Experiencia mística y psicoanálisis*, pg 17.

910 Arch. Pers., n.29, pg 52.

De forma que si el exorcista es un experto en parapsicología, sus tesis parapsicológicas suelen ser el modelo que explica el mecanismo profundo de estos disturbios. Si cree ser un experto en psicología, lo explica todo a través de la psicología; aun otorgándole un cierto papel a la acción demoniaca. Si practica la acupuntura u otras terapias orientales, la raíz del problema creerá que está en la descompensación de energías. La lista de desviaciones en este ministerio dependientes de los propios paradigmas del exorcista, sería muy larga. Cada uno de ellos está convencido de haber descubierto el marco teórico correcto que explica los disturbios demoniacos. Pero este tipo de «originalidades» se alejan de la sencillez de los esquemas evangélicos.

Sin caer en estos extremos, a la mayor parte de las personas que llaman a cualquier diócesis para ser atendidas por un exorcista, invariablemente se les exige en la primera cita que sean vistas por un psiquiatra designado por la diócesis. Cuyo informe resulta definitivo para seguir adelante o no con el proceso de discernimiento. En casi todas las curias diocesanas creen que este informe es preceptivo por el mismo Derecho Canónico. Si bien, para ser precisos, únicamente encontramos la siguiente indicación al respecto, que se halla en el ritual de exorcismo:

> El exorcista, consultados expertos en cosas espirituales y, en cuanto sea posible, expertos en ciencias médicas y psiquiátricas que tengan conocimiento de cosas espirituales, juzgará prudentemente la necesidad de usar el rito del exorcismo, a través de una diligente investigación, guardando[911] siempre el secreto de la confesión.[912]

De la lectura del ritual, se desprende que es necesario consultar. Pues cuando se redactó el ritual se creyó que habría pocos casos, y que, por lo tanto, se deberían realizar meticulosas diligencias previas. Pero esta errónea concepción de principio (la posesión como fenómeno rarísimo y puntual) queda salvada por el resto de la redacción de ese praenotanda, cuando dice que es el exorcista el que *juzgará prudentemente la necesidad de usar el rito de exor-*

---

911 La edición típica reza así: «secreto confessionis semper servato». Luego la traducción española se presta a un doble sentido al colocar un gerundio.

912 Congregación para el Culto Divino, *Ritual de Exorcismos*, praenotanda, n.17.

cismo[913]. Entre otras cosas, porque como señalaba Fra Benigno, un experimentado exorcista capuchino: *el experto en medicina o en psiquiatría puede también encontrar la presencia de una patología, pero esto no excluye a priori y de manera absoluta que no pueda haber en concomitancia una eventual actividad extraordinaria del maligno*[914].

Dado que pueden coexistir patología y posesión, queda pendiente por responder en qué ayuda el informe del psiquiatra al discernimiento del exorcista. Está claro que un individuo pueda necesitar simultáneamente la ayuda de un psiquiatra y de un exorcista. La experiencia ha demostrado que un exorcista con años de ejercicio de este ministerio, siempre tendrá un discernimiento más seguro, que un psiquiatra que no esté dotado de conocimientos especializados en este campo. A este respecto, ese mismo reconocido exorcista capuchino afirmaba con gran sentido común:

> Resulta impensable afirmar que no se deba hacer un exorcismo sobre una persona, si antes no se ha consultado con el experto antes citado. Es como si se pidiese a un psiquiatra que no procediera a realizar una diagnosis y una terapia sin haber consultado antes con el exorcista. Este último tiene criterios que le permiten de alcanzar la certeza sobre una eventual acción extraordinaria del maligno[915].

La palabra adecuada, repetida una y otra vez, por los que han obtenido una vasta experiencia a través del ministerio, es «certeza». Certeza moral que es distinta de la certeza física (si dejo caer algo cae al suelo), la certeza lógica (o necesidad) y la certeza absoluta. Gozzelino apoyaba la misma afirmación:

La Iglesia continúa practicando el exorcismo (…) *cuando se da una fundada probabilidad de posesión diabólica*[916].

De algún modo, existe un notable paralelismo entre el discernimiento de los fenómenos místicos y los demoniacos. ¿Cómo se

---

913 Congregación para el Culto Divino, *Ritual de Exorcismos*, praenotanda, n.17.

914 Fra Benigno, *Dalla filosofia all´esorcismo*, Edizioni Rinnovamento nello Spiritu Santo, (nota: el nombre completo del autor no viene mostrado en ninguna página del libro), Roma 2006, pg 69.

915 Fra Benigno, *Dalla filosofia all´esorcismo*, pg 69.

916 GiorgioGozzelino, *Angeli e demoni*, San Paolo, Milán 2000, pg 229.

puede saber si alguien sufre un problema mental o realmente le está hablando Dios? Santa Teresa de Jesús escribía al respecto de la confusión entre enfermedad y misticismo:

> Que son unas hablas con el alma, de muchas maneras; unas parece vienen de afuera, otras de lo muy interior del alma, otras de lo superior della, otras tan en lo exterior, que se oyen con los oídos porque parece es voz formada. Algunas veces, y muchas, puede ser antojo, en especial en personas de flaca imaginación o melancólicas, digo de melancolía notable; de estas dos maneras de personas no hay que hacer caso (...) sino oírlas como a personas enfermas[917].

La Santa deja constancia del problema, reflexiona sobre algunas señales, pero al final a las místicas se las distingue de las melancólicas por el sentido común. ¿Cómo distinguir entre ese *embebecimiento sabroso que carece de pena de la oración de quietud*[918]de la quietud, recogimiento y ensoñaciones de la melancolía? No hay una evidencia definitiva, absoluta e incontrovertible para poder probar un fenómeno que es esencialmente interno como es el de la mística. Lo mismo vale para los fenómenos demoniacos. La inmensa mayoría de los místicos ni van a levitar en el aire, ni van a ofrecernos profecías, ni van a expandir olores a perfumes.

No pocos obispos temerosos de tener que autorizar un exorcismo por primera vez, piden al psiquiatra que les ofrezca una conclusión científica si quiere que el exorcismo sea autorizado. Tal conclusión científica no existe. La posesión siempre será un juicio basado en la certeza razonable. No se puede ir más allá de esa certeza, y tal cosa es suficiente. La praxis de que el informe psiquiátrico sea el que determine si alguien va a recibir o no el exorcismo, supone un error de tendencia psicologista.

Supone un modo errado de abordar la cuestión, pensar que la psiquiatrización del exorcismo, es la prueba de que se realiza el ministerio de un modo más serio. Es un error pensar que un mayor intervencionismo de profesionales de la salud mental antes, durante y después del proceso propiamente espiritual del exorcismo, mejorará el servicio que la Iglesia ofrece a sus fieles.

---

917 Santa Teresa de Jesús, *Las moradas*, Sextas Moradas, capítulo 3, n.1.

918 Santa Teresa de Jesús, *Las moradas*, Sextas Moradas, capítulo 2, n.2.

En cualquier caso, la presencia habitual de psiquiatras creyentes durante los exorcismos, no será fácil, primero de todo por problemas de agenda. Es evidente que se le puede pedir a un psiquiatra que venga una vez a un exorcismo, pero no a todas las sesiones durante semanas y meses; y eso multiplicado por el número de casos que atienda un exorcista.

El antipsicologismo

Este es un vicio que se da con mayor frecuencia en los laicos, sin ser privativo de ellos. Asimismo tal tendencia se halla mucho más acentuada en los grupos evangélicos y de tipo pentecostal, frente al modo en que lo enfocan las confesiones cristianas dotadas de una organización jerárquica más centralizada. Hay que contar, además, con el hecho de que en Estados Unidos hay una cierta presencia de un radical movimiento anti-psiquiátrico, *un movimiento sociopolítico que rechaza la metodología, prácticas médicas y las asunciones que subyacen en la psiquiatría*[919]. Szasz con extremismo escribió:

> He mantenido desde hace largo tiempo que las enfermedades mentales son enfermedades falsas (nondiseases) y que las relaciones psiquiátricas coercitivas son como las relaciones de trabajo coercitivas (esclavitud) o las relaciones sexuales forzadas (violación)[920].

Sin llegar a tales extremos, no es raro encontrarse con laicos carismáticos o pentecostales para los que toda enfermedad psiquiátrica no es otra cosa que una influencia demoniaca. En otros grupos, los laicos que practican oraciones de liberación, a veces olvidan que hay casos en los que las influencias demoniacas pueden coexistir con una patología de carácter psicológico. Aunque hay sujetos que únicamente padecen de influjos demoniacos, hay otros en los que el influjo demoniaco coexiste con una enfermedad mental. Normalmente, por más que se realice un cuidadoso

---

919 Thomas Szasz, *Anti-Psychiatry*, Syracuse University Pres, Syracuse (Nueva York) 2009, prefacio, pg IX.

920 Thomas Szasz, *Anti-Psychiatry*, prefacio, pg IX.

y prolongado examen, resultará imposible determinar si el influjo demoniaco es la causa de la enfermedad, o la patología precedió al influjo demoniaco.

Sea cual sea el origen de estas interacciones, hay sujetos que padecen una problema mixto, demoniaco y psicológico, y que tendrán que recibir ayuda tanto del exorcista como del psicólogo o el psiquiatra. De ahí que no se deba considerar como una falta de fe en esos casos, el uso tanto de la oración como de los fármacos. El caso de Anneliese Michel, acaecido en 1975-76 en Alemania, es un ejemplo claro de la interacción del campo natural y el preternatural[921]. Un caso este, en el que la salud física debió restablecerse (con un internamiento hospitalario forzoso) antes de proseguir con los exorcismos. En casos así, es necesaria la prudencia del ministro para saber reconocer los límites de la propia actuación sacerdotal.

Esta idea de la presencia mixta de lo demoniaco y de una patología mental, podría dar la impresión de que se trata de un concepto moderno, no presente en la mentalidad de los antiguos exorcistas. Pero eso no es así, el mismo Cura de Ars era sabedor de la posibilidad de esta posibilidad:

> Pregúntele un día, refiere el señor Dufour, misionero de Belley, qué pensaba de una persona que parecía presa de furor en presencia de un sacerdote o de un crucifijo. Me respondió: Hay algo de nervios, algo de locura y algo del Bellaco. Bellaco era el mote con el que habitualmente el Cura de Ars nombraba al demonio[922].

Por tanto, reducir, como algunos hacen, todo lo psicológico a una invisible acción demoniaca, supone no haber entendido que la psique puede enfermar por sí misma sin necesidad de ninguna causa espiritual. Incluso personas de gran vida interior puedan enfermar en su mente. En realidad, puede enfermar la psique, que es algo inmaterial (como en el caso de las fobias), o puede enfer-

---

921 Sobre este caso, entre otros libros, se puede leer *The Exorcism of Anneliese Michel*, de Felicitas D. Goodman (Doubleday & Company, Inc., Garden City, New York 1981). Pero no nos detenemos aquí en hacer consideraciones más extensas acerca de Anneliese Michele, porque se trata de un caso antológico que posteriormente será analizado de un modo más detenido en esta misma obra.

922 Francis Trochu, *El cura de Ars*, Palabra, Madrid 2005, pg 291.

mar el cerebro que es un órgano material (como probablemente sucede en el caso de la esquizofrenia).

Por todo lo cual, hay que evitar reducir universalmente todo a una sola causa y un solo remedio. Un ejemplo de problema mixto lo encontramos en el siguiente caso muy bien estudiado durante varios años:

> La chica de veintitantos años dio muestras claras de una posesión diabólica. Tras varios exorcismos, unos siete de una duración de hora y media, quedó liberada. Llevó una vida normal, llena de alegría y optimismo. Un año después, se alejó de la gracia y vivió en adulterio durante muchos meses, abandonando toda oración y asistencia a misa. Bastantes meses después, de nuevo volvió a dar síntomas de posesión, la dejó su amante y ella cayó en la depresión. Tras un largo proceso de evolución en el que finalmente se arrepintió de sus pecados, fue exorcizada y quedó liberada en una sola sesión de una hora.
>
> Pero,en esta segunda etapa, fue evidente que en ella subsistía de base un trastorno bipolar. Aunque, tras la liberación, su situación mejoró de forma radical, la tendencia depresiva continuó. El exorcista les indicó que el remedio no consistía en realizar otro exorcismo, además no había ya en ella ningún signo de presencia demoniaca, sino que lo que precisaba era de un psiquiatra que atendiera la enfermedad que subyacía, aunque sobre esa enfermedad se hubiera superpuesto una posesión, de la que ya había sido liberada. Y así, la vida de esta chica prosiguió con un cambio sustancial (se había liberado y no dio más signos de posesión), pero la enfermedad continuó su curso normal como en cualquier otra persona[923].

Como se ve, el exorcista debe entender que en algunos individuos se superpone lo natural y lo preternatural, la causalidad interna y la influencia externa. También para el exorcismo vale el gran axioma tomístico: *gratia non tollit naturam, sed eam suponit*[924].Y que, por tanto, en no pocos casos, la labor del psicólogo o del psiquiatra no supone una injerencia, ni una falta de fe del exorcista en su propia labor. Sino un reconocimiento de la

923 Arch. Pers., n.53, pg 30.

924 Santo Tomás de Aquino, *Summa Theologiae*, I, quaest. 1, art.8, ad 2.

autonomía de ambas esferas y de la posibilidad de interacción entre ambas.

Según la definición clásica de Santo Tomás de Aquino, lo *sobrenatural es lo que excede a toda naturaleza*[925]. La palabra latina que usa Santo Tomás, «excedens», significa *lo que excede, lo que va más allá*. Siguiendo esta definición, lo preternatural de origen demoniaco es lo que excede a la naturaleza humana. La posesión demoniaca no anula la naturaleza humana, sino que se inscribe en ella. «Excedens» frente a «substituens», esos son dos conceptos claves a la hora de entender el fenómeno del que estamos hablando. Entre no pocos autores cristianos que abordan el tema de la posesión, en el fondo, subyace la idea de una sustitución, de una anulación de la naturaleza humana. Una cosa es que una personalidad demoniaca emerja a través de un ser humano. Personalidad que puede emerger, es decir, manifestarse, hablar a través del poseso. Y otra muy distinta, es que ese ser personal demoniaco posea de forma absoluta, total y perfecta, reduciendo a la nada el ego unido a esa naturaleza humana.

No afirmamos que no pueda haber casos excepcionales, en que Dios no permita una posesión más perfecta durante un tiempo determinado. Un ejemplo de caso completamente inusual:

> Este chico de doce años era un curioso caso de endemoniado, en el que el espíritu se manifestaba a través de él de una manera muy constante. Durante un par de semanas se comportó todos los días, a muchas horas del día, como un perro. Comía como un perro del plato, andaba a cuatro patas, no podía ir al colegio. Si se le tomaba en brazos, encogía las patas como si fuera un perro. Lamía cosas del suelo y no podía hablar, limitándose a ladrar. Después de doce sesiones de exorcismo, quedó totalmente liberado, sin que volviera a sufrir posesión. Tampoco le quedó ningún trauma, ni ningún problema psicológico. Durante los más de cinco años que seguí el caso después de su liberación, el chico estaba completamente normal[926].

Pero esos casos al estilo del endemoniado geraseno que*vaga entre tumbas, desnudo, sin domesticar, deshumanizado, viviendo*

---

925 «Qui est (...) supernaturalis, excedens omnem (...) naturam». Santo Tomás de Aquino, *In Divinis Nominibus*, quaest. 11, art. 3

926 Arch. Pers., n.89, pg 48.

como una bestia[927]no son usualmente los casos que llegan a los exorcistas. No vamos a negar que el proceso de degradación de la virtud de la fortaleza, de la prudencia, a través del pecado, aparece como el proceso paulatino de superposición de una voluntad por otra, de la voluntad demoniaca sobre la humana. La voluntad del endemoniado por causa de la perfecta entrega al pecado, aparece como el proceso de anulación del propio yo frente a las pasiones. La voluntad debilitada se convierte en juguete del tentador. Del mismo modo que el proceso de santificación es un proceso, en el que al final se puede afirmar: *ya no soy yo el que vive, sino que Cristo vive en mí*[928].Pero a pesar de ambos procesos (de perversión/demonización[929] y de santificación/divinización) llevan a esos extremos, no debemos perder de vista el sustrato natural que permanece y en él se inscribe tanto la acción demoniaca como la mística.

Los extremos son éstos, pero en algunos exorcistas las formas de entender y explicar la posesión van más allá de los escuetos y sobrios relatos evangélicos, para caer en una especie de anulación de la naturaleza humana. Dando la sensación, de que el cuerpo humano del endemoniado sea un mero traje del que se reviste el demonio. De ahí que algunos exorcistas entiendan el exorcismo como una liberación en la que el poseso es meramente espectador de esta batalla entre el presbítero y el demonio. Desestimando la parte natural, la parte que el yo del poseso puede realizar para ayudar a su liberación.

Aun manteniéndose dentro de la fe ortodoxa, el psicologismo y el antipsicologismo muestran una cierta analogía con el arrianismo y el docetismo. *El docetismo reduce la carne de Cristo a pura apariencia. (...) La fe en la divinidad de Cristo corre el riesgo de hacer olvidar la realidad de su humanidad*[930]. Del mismo modo, algunos exorcistas corren el riesgo de olvidar la naturaleza

927 Clinton Wahlen, *Jesus & the Impurity of Spirits in the Synoptic Gospels*, Mohr Siebeck, Tubinga 2004, pg 153.

928 En la simplicidad de esta afirmación griega, vemos la esencia anversa de la posesión: «Zo de ouketi eo Ze de emoi Christos»: «No vivo más yo, sin embargo, en mi vive Cristo» (Gal 2, 20).

929 Recordemos que el verbo que se usa en los Sinópticos para hablar de los posesos es «daimonizomai», cuya traducción sería «endemoniar»

930 José Antonio Sayés, *Señor y Cristo: curso de cristología*, Palabra, Madrid 2005, pg 209.

humana con sus leyes, reduciendo la enfermedad mental a una consecuencia de lo espiritual.

Es como si el psicologismo fuera más allá de la correcta medida en la insistencia en lo humano. Es como si el antipsicologismo insistiera más allá de lo justo en el aspecto preternatural en su relación con lo natural. Lo cual plantea interesantes cuestiones en ese intento de entender hasta donde llega lo humano y hasta donde llega lo extrahumano, sea esto sobrenatural o preternatural.

Un último apunte hay que añadir al hablar del psicologismo. Y es que, cuando se producen posesiones grupales, la tentación de calificar a todos esos casos como un fenómeno de histeria colectiva es mucho mayor. Hubo posesiones colectivas en los conventos de Loudun o Louviers, hubo grupos de atarantados en España y en Italia. El fenómeno se dio por toda Europa a lo largo de la Historia, incluso en Rusia:

> Esta posesión se manifestaba en el fenómeno de las aulladoras[931], usualmente eran mujeres que caían en gritos, trances y otros tipos de conducta inquietante durante las ceremonias religiosas. De acuerdo a Cristine Worobec, el número de estos incidentes permaneció constante o incluso se incrementó durante el siglo XIX. La posesión popularmente se creía que se debía a propias caídas espirituales o a haber sido hechizado. Estas aulladoras se reunían a menudo en monasterios con la esperanza de ser sanadas o de recibir un exorcismo[932].

Resultaría simplista reducir todo esto a un fenómeno de contagio. Estos casos grupales deben ser examinados siempre, individuo a individuo, para llegar a una conclusión. Pero teniendo claro que el fenómeno de la posesión grupal es perfectamente posible. Aunque la tentación en psiquiatras y eclesiásticos sea mayor para despreciarlo todo como mera histeria colectiva.

---

931 «Shriekers»en inglés del verbo «to shriek» que significa: chillar, aullar, gritar. Traducción de los términos rusos «klikushestvo, klikushi».

932 Scott M. Kenworthy, *The Heart of Russia: Trinity-Sergius, Monasticism, and Society After 1825*, Oxford University Press, Nueva York 2010, pg 200.

XII

El ministro como problema

Dudamos si incluir este apartado en esta obra, puesto que no es un problema teológico. Pero nos pareció que la visión de conjunto que se ofrecía aquí, quedaba más completa analizando de un modo somero los problemas con los ministros. Dado que al tratar distintas cuestiones teológicas, los conflictos posibles con los obispos aparecen en muchos momentos de esta obra. Por la presencia de este apartado, consideramos, incluso, la posibilidad de cambiar el nombre de la entera obra a *Problemas de la Práctica del Exorcismo*. Finalmente, optamos por conservar el título. Hecha esta aclaración proseguimos.

Entre los presbíteros se tiene una muy clara la idea de la objetividad del bien que se recibe en un sacramento, aunque el ministro sea indigno. Pero respecto al exorcismo, en parte debido a lo mucho que se pueden prolongar los exorcismos, no se tiene esa misma concepción de la objetividad del ministerio. El poder del sacramento del orden, queda eclipsado como si todo dependiera de la santidad del presbítero. Creemos firmemente que los Apóstoles quedaron *revestidos del poder de lo alto*[933], pero no tenemos esa misma fe respecto a los que participan (en cierto grado) de ese mismo poder.

Ya hemos dicho que ciertamente la vida espiritual del exorcista influye poderosamente en este sacramental. Pero, de ningún

933 «Hasta que seais revestidos (endisesze) de gran poder (ex hipsous dinamin)» (Lc 24, 49).

modo, hay que menoscabar el carácter objetivo del sacramento del orden, sea como sea el sacerdote. *El sacerdote podrá ser infiel, pero cada vez que actúa en nombre e Cristo y la Iglesia, hace de las acciones sacramentales lo que son en su objetividad y eficacia. Y ello porque todo lo que se realiza a través de él no deriva de sí mismo, sino que son don de Dios y un acto de Cristo y la Iglesia*[934].

Santo Tomás de Aquino escribió: *Incluso la oración del sacerdote pecador es fructífera, no solo las que pronuncia en la misa, sino del mismo modo todas aquellas que recita en los oficios eclesiásticos. En las cuales él personifica a la Iglesia*[935]. Todo sacramento administrado en sí mismo es esencialmente igual, sea quien sea que lo administre, y sea cual sea el sacramento. Pero no nos olvidemos que hasta en el fruto de la misa influye la santidad del sacerdote. El mismo Santo Tomás reconoce: *Sin duda la misa del sacerdote que es mejor es más fructuosa*[936].

Recordadas estas dos verdades (la de la santidad subjetiva y la de la objetividad de la *potestas* que depende del sacramento), hay que afirmar, en honor a la verdad, que la mayor parte de los exorcistas realizan bien este ministerio hoy día, y así ha sido a lo largo de la Historia. Pero a pesar de la rutina de algunos, y de las originalidades inadecuadas de otros, el ministerio se mantiene dentro de la corrección en la inmensa mayoría de los casos.

En principio, la práctica del exorcismo debería santificar al ministro. El problema se produce cuando el ejercicio de este ministerio se convierte en ocasión de que el presbítero se corrompa. Esto no es lo usual. Se trata de incidencias esporádicas. Pero su número es suficiente, como para que, desgraciadamente, debamos afirmar que los problemas con los exorcistas no son infrecuentes. Quizá esta incidencia sea un signo más de que en este campo se trabaja con el mundo de los demonios. Los cuales tientan tanto a la mente como a las pasiones. Examinemos con más detalle dónde se producen estas deformaciones de la práctica exorcística.

---

934 Carlo Rocchetta, *Los sacramentos de la fe: Sacramentología Bíblica Especial*, tomo II, Secretariado Trinitario, Salamanca 2002, pg 256

935 «En las cuales, él personifica a la Iglesia» (in quibus gerit personam Ecclesiae). Santo Tomás de Aquino,*Summa Theologiae*, pars III, quaest. 82, art. 7, respondeo.

936 «Missa melioris sacerdotis magis est fructuosa». Santo Tomás de Aquino,*Summa Theologiae*, pars III, quaest. 82, art. 7, respondeo.

Observamos que los problemas respecto a la praxis del ministro, parecen derivar de dos grandes campos esenciales muy distintos y, por tanto, configurar dos familias: pues unos proceden del modo en que se realizan las cosas, y otros de los problemas prácticos que tienen un carácter moral. Vamos a enumerarlos todos ellos, antes de detenernos en cada problema con más detalle:

A. **En cuanto al modo**

a. **Experimentación**: El sacerdote dedica progresivamente menos tiempo a orar y más a experimentar. Observando cómo reacciona el poseso si se realiza una determinada operación: si la reacción es mayor si se aplica el óleo en una determinada parte del cuerpo, qué sucede si se hacen las cruces de una manera o de otra manera, y así sucesivamente.
Consecuencias: El ministro cae en la materialización. Las cosas deben hacerse de un modo muy preciso. De la fe en el poder de Cristo se pasa a la seguridad del modo. De ahí viene la soberbia: Yo sé cómo hacer. Tú (sacerdote, exorcista, poseedor de una *potestas*) no lo sabes, porque no estás revestido de mi experiencia, de mi conocimiento (gnosis).

b. **Conversación con demonios**: El sacerdote confía más en su capacidad para «conocer» al enemigo en orden a expulsarlo, que en la eficacia del sacramental. Unos sacerdotes se muestran interesadísimos en conocer el mundo de los demonios, otros tratan de convertirlos. El resultado es que el exorcismo se transforma en conversación.
Consecuencias: El ministro cae en teorías extrañas acerca del mundo del infierno, de sus jerarquías y de cómo entran en los hombres. Cada vez se siente más seguro de su conocimiento del enemigo.

c. **Carismas**: Los supuestos carismas propios o ajenos se adueñan del proceder del rito. Al final, todo depende de las visiones, mensajes o lo que siente el sujeto dotado de esos dones.

Consecuencias: Las decisiones se toman basándose no en presupuestos racionales. Incluso el mismo hecho de exorcizar o no a alguien, se determina a través de lo que dictamine alguien con supuestos dones.

B. **En cuanto al ministro**

a. **Inconvenientes de la notoriedad**: Todos aquellos problemas que provienen de la fama, del deseo (al principio recto) de querer instrumentalizar este ministerio para hacer apostolado.

b. **La relación entre ministerio y remuneración**: La complicada relación que surge entre un acto sagrado y la necesidad de sustento, cuando un laico o algunos religiosos de pequeñas congregaciones tratan de vivir en exclusiva de este ministerio.

c. **El control de las pasiones**: La última cosa que uno podría pensar que se infiltrase en un buen ministro dedicado a tal delicada labor, es el desorden de las pasiones sensuales o afectivas. Pero lo cierto es que estadísticamente no podemos obviar que esto es un problema que sucede. El tema deber ser abordado, para ver cómo puede ser prevenido.

d. **El ego del ministro**: Este es otro elemento de corrupción que la práctica ha demostrado no ser inusual. Precisamente, la rectitud, la vida ascética, la práctica de la oración, no eximen de caer en esta trampa del espíritu.

e. **La ruptura de la eclesialidad**: Un cierto número de exorcistas van disminuyendo el nivel de obediencia a su obispo, para finalmente establecerse por su cuenta fuera de la Iglesia.

La distinción de los problemas en estas dos grandes familias (en cuanto al modo y en cuanto al ministro) articula el esquema en cuanto a la procedencia de los problemas. Aunque siempre nos podemos preguntar: ¿la experimentación procede de un error teórico?, o ¿es la experimentación la que va cambiando el esquema teórico? El uso de falsos carismáticos ¿procede de un error teórico?, o ¿es el trato con esas personas el que va cambiando el modo de entender el exorcismo?

En nuestra opinión, los exorcistas cambian su forma de pensar por la práctica y no al revés. La experiencia demuestra que los exorcistas que han errado, normalmente lo han hecho no a causa de errores teóricos iniciales. Sino que ha sido la praxis, la que ha acabado deformando la teoría. El psicologismo, por ejemplo, es un error de naturaleza puramente teórica. Mientras que la materialización del exorcismo (procedente de la experimentación) es un error de praxis, aunque en una segunda etapa eso llegue a teorizarse de algún modo. Por tanto, para evitar los problemas, no se debe incidir tanto en buscar a alguien con un determinado tipo de formación. Sino en buscar un presbítero que sea un determinado tipo de persona. Tras tantas reflexiones, después de tantas tristes experiencias, llegamos a la misma y exacta conclusión del Código de Derecho Canónico, que ordena que solo se conceda la licencia al presbítero *dotado de piedad, ciencia, prudencia e integridad de vida*[937]. En el ministerio del exorcista, cuando la *gnosis* (conocimiento) lleva a despreciar la *dinamis* (poder, *potestas*[938]), entonces se cumplen las palabras de San Pablo cuando dijo que *el conocimiento hincha*(I Cor 8, 1). Entonces, como equivocadamente enseñaba Malachi Martin[939], se considera que *el exorcista es la pieza central de cada exorcismo. De él depende todo.* De la acción divina en el exorcismo, pasamos a verlo cada vez más como algo humano.

En la primera familia de problemas, el desarrollo de una praxis equivocada va cambiando los esquemas teológicos, esquemas errados que son causa de una praxis más errada todavía. De este modo, se pervierte el modo adecuado en que debería funcionar este ciclo: la praxis debería ser causa de mayor experiencia, la mayor experiencia mejorar el conocimiento teológico teórico, el mayor conocimiento debería mejorar el modo de hacer las cosas. Frente a este ciclo adecuado, se da la perversión del ciclo: la prác-

937 CIC, can. 1172 § 2.

938 Acerca de esta relación entre «dinamis» y «gnosis» en el exorcismo, véase Apéndice, nota 80.

939 Malachi Martin, *Hostage to the Devil*, Reader´s Digest Press, New York 1976, pg 10. Cita tomada de Francis MacNutt,*Deliverance from Evil Spirits: A Practical Manual*, Chosen Books, Grand Rapids 2009, pg 280.

tica como causa de una progresiva deformación del modo de realizar el exorcismo.

Los problemas que provienen de la primera familia (en cuanto al modo) ya han sido suficientemente estudiados en su vertiente teológica a lo largo de esta obra. Mientras que los problemas morales merecen que nos detengamos en ellos.

Inconvenientes de la notoriedad

La mayoría de los exorcistas que en los últimos años han aparecido en los medios de comunicación, lo han hecho con permiso de sus obispos, su presencia mediática ha sido atinada y prudente, y los frutos se han mostrado positivos. Qué duda cabe de que el renacimiento del ministerio exorcístico en Italia se debe a la continua aparición del padre Gabriele Amorth en los medios. Ahora bien, algunos exorcistas sienten un impulso morboso a aparecer en los medios de comunicación, que les resulta muy difícil de resistir. Y les resulta difícil resistirlo, porque creen que deben llevar a cabo una concienciación de la sociedad acerca de las amenazas de Satanás. Este tipo de sacerdotes tienen una concepción mesiánica de su labor, la cual está acompañada de la convicción de que la jerarquía está ciega ante las asechanzas del Enemigo.

Pero a los mismos exorcistas les resulta muy fácil percibir quienes de sus colegas están realizando esta labor en los medios de un modo equilibrado y quienes no. No se trata de una cuestión de reglas teóricas, sino que hay una percepción intuitiva que lleva a sospechar que algunos exorcistas pasan de una legítima labor de concienciación a convertirse en centro de lo que debería ser una labor catequética. Un caso típico fue el de un sacerdote perteneciente a cierta congregación religiosa dedicada al apostolado, dedicó durante cinco años una intensa labor en los medios comunicación de Estados Unidos hablando del exorcismo.

> Un religioso que vivía solo en Roma, en un apartamento alquilado, sin vida de comunidad, se presentaba como exorcista, aunque apenas ejerció este ministerio, si es que alguna vez lo ejerció. Su labor en los medios de comunicación y sus conferencias sobre el exorcismo le ocupaban todo su tiempo, íntegra-

mente. Tiempo empleado en repetir una y otra vez un discurso demonocéntrico cuyo valor pastoral era nulo y que, por el contrario, estaba acompañado de negativas características acerca de como presentaba la figura del demonio a los fieles. Las quejas acerca de su codicia de dinero (con numerosos indicios de que no lo entregaba a su congregación) y otros aspectos muy negativos, motivaron que finalmente (tras muchos años en esa situación) sus superiores le ordenasen que retornara a una de las casas de su congregación. Abandonando, desde ese momento, su dedicación a los medios de comunicación[940].

Otro caso que se engloba en este apartado es el del ex-jesuita Malachi Martin. En no pocos artículos se le presenta como un experimentado exorcista y experto en este campo. No sabemos si ejerció tal ministerio. Pero lo que resulta seguro es que pronto se halló fuera de la obediencia a la Iglesia, dedicado únicamente a escribir y a aparecer en los medios de comunicación. En los cuales, mostraba una tradicionalista y desfigurada visión apocalíptica de la situación eclesial. Como es congruente con esa visión eclesial, la apreciación que ofrecía de la acción del demonio había abandonado los términos del Evangelio, para internarse en lo hiperbólico. De sus libros, tomamos esta cita como muestra de su estilo: *El exorcista en cada exorcismo arriesga literalmente todo lo que es valioso para él. (...) Y no importa cuál sea el resultado. El contacto siempre es en parte fatal para el exorcista*[941]. El estilo teatral, el maximalismo en la acción posible del demonio sobre el mundo, y una cierta tendencia hacia el tradicionalismo (y, por ende, una visión crítica de la jerarquía de la Iglesia), son connaturales al estilo de estos exorcistas amantes de las entrevistas en los medios.

La vigilancia del obispo resulta esencial para evitar este tipo de desviaciones cuando empiezan. Pero sería, al mismo tiempo, un error pensar que el exorcista deba necesariamente ser una figura secreta y oculta. Gramolazzo, Presidente de la Asociación Internacional de Exorcistas, en una entrevista recordaba: *El exorcista con su apostolado lleva a la fe personas poseídas, vejadas u*

940 Arch. Pers., n.63, pg 36.

941 Malachi Martin, *Hostage to the Devil*, pg 10. Cita tomada de Francis MacNutt,*Deliverance from Evil Spirits: A Practical Manual*, pg 280.

obsesionadas por el demonio, pero fundamentalmente el exorcista es un catequista[942]. Y en otro momento de la entrevista, de nuevo, volvía a reiterar esta afirmación: *El papel del exorcista no se reduce a expulsar demonios, sino que su tarea es la de anunciar el Evangelio*[943].

Por la desviación de unos pocos, sería frustrante para los exorcistas el que fueran reducidos todos ellos al silencio. Pues sentirán un legítimo deseo de proclamar el anuncio de las páginas del Evangelio referidas al exorcismo, como algo vivo hoy día. La idea del secretismo en torno a este ministerio es moderna, pero resulta ajena a la praxis del ministerio especialmente en la Iglesia primitiva. Pues es uno de los signos, como dijo Jesús, de que *el reino de Dios ha llegado a vosotros* y son *señales que acompañarán a los que han creído*[944].

La normativa del Código de Derecho Canónico es muy genérica a la hora de abordar la relación entre los clérigos y los medios de comunicación:

> Compete a las Conferencias Episcopales dar normas acerca de los requisitos necesarios para que clérigos o miembros de institutos religiosos tomen parte en emisiones de radio o de televisión en las que se trate de cuestiones referentes a la doctrina católica o a las costumbres[945].

Pero este carácter genérico del canon está buscado a propósito para no poner cortapisas a la acción episcopal cuando tengan que atajar la presencia de un presbítero en los medios. De hecho, las conferencias episcopales en todos los países, después lo que han hecho es abstenerse de dar normas vinculantes subsiguientes y limitarse a recordar que es el obispo diocesano el que posee plena potestad de dar normas en este campo. Se equivocaría, por tanto,

---

942 Giancarlo Gramolazzo, Presidente de la Asociación Internacional de Exorcistas, entrevista concedida a la agencia de noticias Zenit, http://www.zenit.org/es/articles/exorcistas—italianos—constatan—la—desinformacion—mediatica—sobre—su—verdadero—papel [22-10-2005].

943 Giancarlo Gramolazzo, *Ibidem*, declaraciones del 22—10—2005.

944 «Pero si yo expulso los demonios por el Espíritu de Dios, entonces el reino de Dios ha llegado a vosotros» (Mt 18, 28). «Y estas señales acompañarán a los que han creído: en mi nombre echarán fuera demonios, hablarán en nuevas lenguas» (Mc 16, 17).

945 CIC, canon 831 § 2. Véase también el canon 386, § 1, y el canon 392, § 2.

el clérigo que viera en su falta de concreción un aval a su libertad de aparecer en los medios contra las órdenes expresas de su obispo. Pues el mismo Código recuerda: *En el ejercicio de la predicación, además, todos deben observar las normas emitidas por el obispo diocesano*[946].Ello se debe a que el obispo en su diócesis es *el moderador de todo el ministerio de la palabra*[947].

De ahí que el obispo se encontrará canónicamente con las manos libres para poder prohibir enteramente a un clérigo la presencia en los medios. Pero, creemos, que se equivocaría el obispo que hiciera eso como medida de precaución, y no por razones objetivas y graves que tengan que ver con ese clérigo en concreto. Prohibir como medida de precaución, en el fondo, supone prohibir la predicación a gran escala. Es como decir: puedes predicar a pequeña escala, pero no me fío de que lo hagas ante mucha gente. En el fondo esa prohibición lo que viene a decir con otras palabras es: no me fió de ti. Eclesiológicamente hablando, la prohibición total a un ministro, en cualquier campo pastoral, debe ser respuesta a un abuso personal, nunca debería ser usada como medida de precaución[948]. El sacerdote no es un mero mensajero del obispo, no es mero delegado. No debemos olvidar,incluso, que en la parroquia el párroco es pastor propio, como reconoce el mismo Derecho Canónico[949]. Es decir, el párroco no es una mera extensión del obispo, sino que posee una legítima autonomía y habla con voz propia[950].

La relación entre ministerio y remuneración

De los sacerdotes que pecan de codicia material en el ejercicio del ministerio del exorcismo, normalmente no se puede afirmar que

---

946 CIC, canon 772 § 1. El parágrafo § 2 de este canon, tiene la misma redacción que la del antes citado canon 831 § 2.

947 «Totius ministerii verbi in eadem sunt moderatores». CIC, canon 756, § 2. «Moderator» del verbo «moderor, moderari»: guíar, controlar, regular, gobernar.

948 Como éste es un problema que se da con frecuencia en la relación entre obispos y exorcistas, se profundiza algo más en Apéndice, nota 51.

949 CIC, canon 515 § 1 y canon 519.

950 Acerca de la legítima autonomía del exorcista frente al obispo que lo ha nombrado, véase Apéndice, nota 81.

practiquen formalmente la simonía. El pecado de simonía es algo muy preciso, como explica Santo Tomás de Aquino: *Pedir cualquier cosa como precio por algo espiritual, con la intención de comprarla o venderla*[951]. Si un sacerdote afirmara claramente que solo realizará el exorcismo si se le paga, eso ciertamente sería pecado de simonía. El Código de Derecho Canónico ordena: *Quien celebra o recibe un sacramento con simonía, debe ser castigado con entredicho o suspensión*[952]. Se sobreentiende que lo establecido de modo canónico para un sacramento, vale, moralmente hablando, para cualquier sacramental. El comentario al canon 1380 de la Universidad de Navarra explica sucintamente esta ley: *La doble figura delictiva está en celebrar o recibir un sacramento con pacto simoníaco, es decir, con la intención deliberada de comprar o vender el sacramento por un precio temporal, sea cual fuere el contenido, valor o cantidad del precio*[953].

Pero aunque no se llegue al extremo de un pecado formal de simonía, hay formas de ejercer el ministerio que claramente se aproximan a ello. Por ejemplo, existe un sacerdote en México que cobra por consulta[954]. También nos consta, porque lo comprobamos personalmente, que este mismo sacerdote, a pesar del mucho trabajo que tenía tanto en su parroquia, como recibiendo casos de su archidiócesis, no tuvo ningún inconveniente en estar dispuesto a realizar un viaje de 7.500 kilómetros para atender a una sola persona, cuando se le dijo que se trataba de una persona acaudalada[955]. Es difícil entender esta disponibilidad como celo pastoral, cuando ese sacerdote carecía de ese mismo celo para atender los casos que en la propia diócesis solicitaban su ayuda. Eso sin con-

951 Santo Tomás de Aquino, Summa Theologica, II-II, quaest. 100, art.2, ad 4. Para precisar con más detalle qué es y qué no es simonía en el tema del exorcismo, véase Apéndice, nota 27.

952 CIC, canon 1380. Can. 727. § 1. La definición del Código de Derecho Canonico de 1917 es más descriptiva: «Studiosa voluntas emendi vel vendendi pro pretio temporali rem intrinsece spiritualem, ex. gr., Sacramenta, ecclesiasticam iurisdictionem, consecrationem, indulgentias, etc., (...) est simonia iuris divini».

953 Código de Derecho Canónico, Ediciones Universidad de Navarra, Pamplona 2002, pg 892.

954 Arch. Pers., n.65, pg 37.

955 Arch. Pers., n.92, pg 49.

tar con que aquel viaje obviaba el hecho de que carecía de permiso para exorcizar fuera de su propia diócesis[956].

En otro caso, un sacerdote colombiano[957] no tuvo ningún problema en desplazarse a otro país acompañado por cuatro miembros de su equipo, por las mismas razones monetarias. Hay que hacer notar que el desplazamiento a otro país por parte de ese equipo, se realizaba únicamente cuando esos viajes suponían la obtención de limosnas que se consideraran adecuadas al esfuerzo. El grupo se había constituido civilmente como una fundación. Si ese sacerdote se hubiera establecido como exorcista en una diócesis, no le hubiera faltado trabajo. Pero prefería atender a muchas menos personas, pero pudientes, si éstas le pagaban los viajes y le daban limosnas.

Este segundo sacerdote carecía de toda autorización para el ministerio, incluso en la misma diócesis donde residía. La excusa para ejercer este ministerio sin permiso, consistía en escudarse en el hecho de que no usaba el ritual y que, por tanto, se trataba de oraciones de liberación. Él insistía en que tales oraciones no requerían permiso de obispo alguno. Afirmación que, como ya hemos visto en esta obra, no es cierta. El status eclesial de este sacerdote era complicado. Había abandonado una congregación religiosa y en vez de incardinarse en una diócesis, se había embarcado en la creación de un grupo de liberación. Dado que el grupo se autofinanciaba con las donaciones de los casos que atendía, tampoco consideraba una urgencia la obtención de aprobación diocesana alguna.

Sabemos con detalle cómo actúa este equipo en concreto, porque en aras de una supuesta profesionalidad el sacerdote siempre redacta un informe en cada caso que atiende. Informe que le envía al interesado después de ser atendido. De forma resumida, su modo de proceder es el siguiente, citamos las palabras de ese mismo informe que nos envío el mismo exorcista directamente:

> El primer día nos dedicamos a escuchar con calma, todo el problema para así poder elaborar un plan de trabajo. Ese mismo día se procedió a renovar las promesas matrimoniales de los

956 *Correspondencia con el autor de esta obra*, del 29/04/11 al 23-10-2011.

957 Conocemos bien a este sacerdote, porque le hemos tratado personalmente y hemos mantenido correspondencia con él. Su identidad y la de su fundación se hallan en Arch. Pers., n.93, pg 50.

padres de la niña, para poder utilizar a los padres como instrumento en este proceso de liberación[958].

En el segundo día, las cuatro personas pertenecientes a la fundación se dedicaron a orar. En las mismas palabras usadas por el sacerdote, lo que hicieron fue:

> En la misma Eucaristía procedemos a romper la maldición, pronunciada por una tía bruja de una ex—empleada de la familia. En el tercer día se hizo ruptura de varios maleficios hechos por un chamán, cuyo objetivo era causar un desequilibrio síquico y emotivo. También rompimos los conjuros, pactos, consagraciones, hechos por otro chamán distinto que tenían como fin causar la agresividad de la niña en general. En el día cuarto se procedió a bendecir la casa de la familia y de los abuelos de la niña, en la cual se encontró bastante contaminación espiritual. (...) En el último día procedimos a quitar los últimos residuos de contaminación espiritual residente en la niña[959].

Este sacerdote viajaba a un país, oraba por la persona durante unos pocos días, y cuando se marchaba les explicaba a la familia que los problemas que continuaban en la persona ya no eran disturbios demoniacos, sino un problema de naturaleza psicológica. Todo esto, se revestía de profesionalidad a través de informes escritos. Y así, en uno de los casos que atendieron, se concluyó poniendo en el informe:

> Nuestro veredicto final es que la niña ha sido liberada totalmente del influjo espiritual que dio origen al trastorno mental y conductual, pero obviamente no alcanzó la mejoría que a lo mejor sus padres esperaban, ya que ahora toca empezar todo un proceso pedagógico complejo que deben hacerlo profesionales de la conducta, para que la niña logre recuperar los ocho años en los que su mente ha sido estancada por las ataduras espirituales, lo cual calculo durará mucho tiempo hasta poderse lograr una mejoría total[960].

---

958 Hemos preferido relegar el nombre de la fundación, así como del sacerdote, al *Archivo Personal*. Donde se adjunta el informe que esta fundación redactó. Arch. Pers., n.66, pg 40.

959 Arch. Pers., n.66, pg 39-40.

960 Arch. Pers., n.66, pg 40.

En otro caso, este en México, un arzobispo permitió a un laico lleno de celo, muy espiritual, ejercer el ministerio de liberación[961]. Se permitió de un modo oficial, derivándole todos los casos que llamaban a la diócesis. Ningún sacerdote quería ejercer este ministerio y, por el contrario, este laico mostraba el más virtuoso de los intereses por ayudar a esas personas. El mayor problema desde el principio radicaba en que él estaba casado y con una hija. Y aunque recibía un sueldo de la archidiócesis por atender a esas personas, le parecía insuficiente para que en el futuro ella pudiera cursar estudios en la universidad, como así nos lo dijo personalmente. Como la archidiócesis había hecho público su nombramiento para este ministerio y le había respaldado completamente, eso le otorgó una indudable fama que fue incrementándose. Al cabo de un año comenzó a viajar, por su cuenta, a Estados Unidos para atender algún caso que así se lo solicitó, y de este modo aumentar sus ingresos. Cuatro años después, decidió establecerse completamente por su cuenta, rompiendo el vínculo de obediencia con el arzobispo. La misma archidiócesis que públicamente le había encargado este ministerio de la liberación, tuvo que ordenar que se leyera una carta en todas las parroquias advirtiendo que ya no realizaba el ministerio por cuenta de la Iglesia.

Actuaciones de este tipo muestran la necesidad (ya vista desde los primeros siglos) de que este ministerio se halle estrechamente supervisado por el obispo. Pocas cosas supondrían una peor corrupción del ministerio que el que quedara en manos de exorcistas ambulantes, que se desplazan en la medida que las personas pueden pagar esos servicios. El ministerio de ser un motivo apologético para creer, se transformaría en una continua ocasión de escándalo.

Además, es bueno que los laicos que realicen con permiso de la diócesis el ministerio de liberación, no trabajen a tiempo completo en ello. Sino que vivan de su propio trabajo. Eso evitará la ansiedad de tener que preocuparse por cómo mantendrán a sus familias. No es lo mismo mantener a un clérigo célibe que debe vivir de un modo austero que mantener a una familia. Lo cual plantea además el problema añadido de determinar cuál debe ser

---

961 Arch. Pers., n.94, pg 50.

el nivel de ingresos cuando el laico considera que su nivel de especialización, estudios y prestigio ha crecido, y que eso debe conllevar un aumento de ingresos. Tentación ésta a la que se suele ceder apelando a la preocupación por el futuro de los hijos, a la necesidad de pagar su educación en la universidad y consideraciones por el estilo

Es muy difícil compaginar un ministerio enteramente espiritual (por el que no se pide nada) con la vida de un laico que debe vivir de ese ministerio. No digo que sea imposible, pero sí que plantea dificultades. Además de que después se plantean muchos problemas menores: ¿por qué debe cobrar el que dirige esas oraciones, y no los colaboradores del equipo? Si cobra un laico por realizar este ministerio, la experiencia demuestra que acabará dedicándose a tiempo completo a este ministerio, abandonando otros apostolados y tareas que estuviera realizando. Cuando, en realidad, esta dedicación exclusiva no es buena ni siquiera para los sacerdotes. Pues, incluso para el clero, el exorcismo debe ser un elemento más de su labor pastoral, no su única labor. Dedicar a laicos para este ministerio en una diócesisa tiempo completo, plantea inconvenientes que creemos son dificilísimos de resolver.

Aún así, a pesar de todo lo dicho, si un obispo decidiese dedicar un laico a tiempo completo o parcial de forma remunerada para este ministerio, sería posible canónicamente. Simplemente se le aplicaría el marco general del canon 230[962]. Aquí nos hemos limitado a mostrar las dificultades. Pero admitiendo que su status genérico canónico no diferiría, por ejemplo, del de un laico al que se le encomendase la cura pastoral de una parroquia[963].

Aunque para los laicos con familia los peligros son mayores, hay que admitir que para algunos sacerdotes no resulta fácil resis-

962 «Los laicos que de modo permanente o temporal se dedican a un servicio especial de la Iglesia (...) tienen derecho a una conveniente retribución que responda a su condición, y con la cual puedan proveer decentemente a sus propias necesidades y a las de su familia, de acuerdo también con las prescripciones del derecho civil; y tienen también derecho a que se provea debidamente a su previsión y seguridad social y a la llamada asistencia sanitaria». CIC, canon 230 § 2.

963 «Si, por escasez de sacerdotes, el Obispo diocesano considera que ha de encomendarse una participación en el ejercicio de la cura pastoral de la parroquia a un diácono o a otra persona que no tiene el carácter sacerdotal, o a una comunidad, designará a un sacerdote que, dotado de las potestades propias del párroco, dirija la actividad pastoral». CIC, canon 517, § 2.

tirse a la tentación de considerar que todas las limosnas que se le dan como agradecimiento por este ministerio son propiedad personal suya. Lo lógico es que un sacerdote viva del sueldo que le ha fijado la diócesis. Y que todas las limosnas que se le entregan por este ministerio, sean entregadas sin excepción a la diócesis si se trata de un sacerdote secular. Si se trata de un sacerdote religioso, deberán entregarse a la congregación.

De lo contrario, y con razón, el sacerdote que se dedica al apostolado o que atiende el confesionario buena parte del día, podrá preguntarse por qué trabajando las mismas horas, él recibe únicamente el sueldo establecido, y el otro sacerdote, sin embargo, recibe muchos más ingresos. Ambos realizan una labor para la Iglesia y encargada por la Iglesia, ambos trabajan las mismas horas y con el mismo celo, y uno es remunerado de manera llamativamente superior. No se ve por qué el exorcista debería quedarse con el dinero de las limosnas por el exorcismo, y el otro sacerdote no puede quedarse con las limosnas procedentes de su trabajo parroquial. De ahí que sea necesario que el obispo deje claro este tipo de aspectos materiales desde el principio, al encargar el ministerio.

El Código de Derecho Canónico, al hablar de las funciones del párroco, añade: *Aunque otro*[distinto del párroco] *haya realizado una determinada función parroquial, ingresará en la masa parroquial las ofrendas recibidas de los fieles en tal ocasión*[964]. Esto significa que, sea el párroco, sea otro clérigo, en principio, las limosnas dadas por una acción espiritual realizada en una iglesia deben integrarse en la denominada «massa paroecialis». Es cierto que en ese canon se añade después: *A no ser que, respecto a las limosnas voluntarias, conste la intención contraria de quien las ofrece.* Pero esa cláusula se añadió porque, de lo contrario, al sacerdote le sería imposible jamás lícitamente recibir limosna personal alguna en el ámbito de su labor parroquial. Sin esa cláusula, el sacerdote *de facto* se hubiera convertido en sujeto no apto para recibir ayuda

964 CIC, canon 531. Vale la pena advertir que: «Este canon se refiere a las ofrendas dadas con ocasión de la administración de funciones parroquiales. No trata de los estipendios de la misa». El mismo comentario a ese canon añade: «Los derechos de estola dados a los párrocos (y a cualquier otro clérigo) pertenecen a la parroquia, no al párroco». John A. Renken, «Parishes, Pastors, and Parochial Vicars» en John P. Beal, *New commentary on the Code of Canon Law*, pg 703.

económica de ningún tipo puesto que casi siempre se mueve en medio de la realización de ese tipo de funciones.

Pero obraría de un modo errado (en lo teórico) y reprobable (en lo moral) el que usara esa cláusula para quedarse con las limosnas, con la excusa de que *me lo han entregado a mí y no han dicho expresamente: «esto es para la parroquia».* Por supuesto que el dinero se lo han entregado los fieles (v.g. tras el bautizo)diciéndole «le doy esto», pero se lo han entregado como representante de la Iglesia. No hace falta decir expresamente «esto es para la parroquia». El sacerdote recibe un sueldo por todo su trabajo sacerdotal considerado como un todo. Por eso, lo lógico es que las limosnas por el exorcismo vayan a la diócesis o a la congregación religiosa.

Otro campo en el que se puede entremezclar el lucro material con lo espiritual, es la mezcla de la práctica de la psicología con la oración. Son varios los casos que se podrían poner aquí como ejemplo. En uno de ellos, una psicóloga creyente, fervorosa, atendía los casos en su consulta. En muchos casos, ella llegaba a la conclusión de que la persona necesitaba oraciones de liberación respecto a los espíritus, y oraba por esos individuos. Con el tiempo esta psicóloga nos consultó acerca de si era correcto su modo de proceder. Le dijimos que no podía mezclar ambas cosas. En la consulta se debía tratar todo lo psicológico y únicamente lo psicológico; y se podía cobrar por ello. Pero las oraciones había que hacerlas en un grupo autorizado de oración, y no se podía cobrar nada por ello. Mezclar ambas cosas, supondría que con razón la persona no sabría si le estaba pagando por el trabajo humano (como psicóloga) o por las oraciones, pues ambas cosas estarían unidas. Es cierto que la voluntad firme de esa psicóloga era no cobrar nada por el generoso tiempo dedicado a la oración en la consulta, y solo cobrar por su labor profesional. Pero, de hecho, la parte de trabajo humano y de oración se hallaban unidas. Casos como este de psicólogos que van derivando su labor meramente humana, hacia las oraciones se van dando con más frecuencia. Ambas labores deben ser completamente distinguidas. Y ambas labores tienen sus lugares diversos de actuación: la consulta privada y la iglesia. Si no se realiza esa distinción, los pobres no podrían recibir las oraciones.

Recapitulando todo lo dicho de un modo sumario:

a. El sacerdote debe entregar a la diócesis o a la masa parroquial todas las limosnas dadas con ocasión de este ministerio.
b. Bajo ningún concepto debe permitirse el ministerio de exorcismo (o liberación) ambulante. Escaparía a la vigilancia de los pastores y sería fuente inagotable de escándalo por su aspecto remunerativo. La *circulatio intra Ecclesiam* de los fieles no se puede prohibir. El ministerio ambulante de los ministros no se debe permitir.
c. Los laicos no conviene que se dediquen a este ministerio en exclusiva, ni de forma remunerada. Los laicos deben tener su propio trabajo del que se mantengan. Y dedicarse a la oración de liberación en la armonía de una vida de oración comunitaria armoniosamente variada, y en estrecha dependencia del obispo.
d. Nunca se debe pedir tasa alguna con la excusa de que la persona a la que se atiende debe entender que una cosa es la oración (por la que no se cobra) y otra el tiempo empleado en una asesoría que es trabajo humano. Dado que ambas facetas estarían unidas, en el fondo el ministerio se recibiría solo por parte de quien paga.

En un decreto de 1991 sobre los estipendios de las misas, la Congregación para el Clero recordaba: *Desde el momento en que la materia toca directamente el augusto sacramento, cualquier apariencia de lucro o de simonía causaría escándalo*[965]. Lo mismo vale para el ministerio del exorcismo y la liberación. La manifestación divina del poder de expulsar de demonios, un acto tan radicalmente espiritual, debe ser protegido por la autoridad apostólica no ya de la simonía, sino incluso de toda apariencia de lucro. El exorcismo es siempre una manifestación de la acción divina, cosa que no son los sacramentos, puesto que actúan invisiblemente. Aquel que quiera mezclar una ganancia humana con un acto tan espiritual, debe recordar las palabras de Pedro a Simón el Mago: *No hay para ti parte ni lote en este asunto. En verdad que tu corazón*(kardia) *no es recto* (eutheia) *ante Dios*[966]. Si el obispo

965 Congregación para el Clero, Decreto *Mos Iugiter,* 22 de febrero de 1991.

966 Hch 8, 21. El episodio simoniaco se expone en Hch 8, 18-21.

observa que alguien no va a realizar este ministerio rectamente, es decir con un «kardia eutheia», no debe tener parte en él.

El control de las pasiones

Podría parecer que un exorcismo es el entorno menos adecuado para caer en tentaciones lujuriosas. Y eso es así durante el momento de oración que supone el ritual, pero no en cuanto al ministerio globalmente considerado con todas las conversaciones posteriores que, a menudo,tienen lugar a solas. Conversaciones personales en las que las mujeres pueden ser especialmente vulnerables a la solicitación del sacerdote. Vulnerables por la dura situación psicológica que están atravesando y por el agradecimiento que pueden sentir hacia ese sacerdote. Ésta es una razón más a favor de la disposición del antiguo ritual de exorcismos que decía que el exorcista *conviene que sea de edad madura*[967].

Pero no solo fuera del ritual de exorcismo, sino incluso dentro del tiempo dedicado a este tipo de oraciones se han dado casos de actos ilícitos. Resumimos en sus partes esenciales el caso de una mujer, que es un perfecto ejemplo de cómo lo espiritual y lo carnal pueden ser mezclados sin solución de continuidad. Se trata del caso de una mujer que consulta a un médico por una inflamación en uno de sus ovarios.

> Acudí a un médico que es consagrado a la Iglesia. (...) Él hace la parte médica y la parte espiritual de sanación con oración. (...) Después de esto, comenzó a orar y me toco los pies y [en ese momento, la mujer tuvo una manifestación de influencia demoniaca con movimientos que no podía controlar] (...) El médico seguía orando todo el tiempo hasta que descansé, él me explico que tenía un espíritu de lujuria[968].

La mujer siguió acudiendo a la consulta de ese médico, así como a las reuniones de sanación y liberación que dirigía. La con-

967 «Hunc praeterea maturae aetatis esse decet, & non solum officio sed etiam morum gravitate reverendum». *Rituale Romanum*, Editio Princeps de 1614, Edizione Anastatica Libreria Editrice Vaticana, Città del Vaticano 2004, pg 206.

968 Arch. Pers., n.58, pg 33.

fianza era total, porque a él lo consideraba *un hombre de fe y muy lleno del Espíritu Santo.* En una de las veces que él le recibió en su consulta, ocurrió lo siguiente:

> El médico me explicó que había que descargar esa parte, porque la parte espiritual es una cosa, pero la parte carnal y fisiológica es otra. (...) Comenzó la oración y yo sentía como si el dolor me partiera en dos, entonces ataqué al médico con golpes y mi cuerpo se trasformó. Era como si sintiera furia, deseos desordenados. Luego me calmé. (...)Cuando reposaba [de las crisis de furia] me explicaba que habían salido muchos demonios sexuales, pero que había uno que estaba donde más me dolía muy pegado a la pelvis, y que tenía que poner de mi parte que me abriera al Espíritu Santo para poder sacarlo, porque era un espíritu viejo y horrible. (...) Cuando él comenzó la oración yo sentía que me habían metido un gancho que halaban tan duro que yo gritaba del dolor, y el médico oraba en lenguas muy fuerte[969].

Y entonces está mujer describe cómo se produjo el abuso físico, que no tiene sentido transcribir aquí. Como se ve, para que el médico-exorcista pudiera realizar este tipo de acciones, tuvo que ofrecerle a la mujer toda una justificación teórica. Pues en estos casos la persona por la que se ora, siente la confrontación entre la ley moral y la práctica exorcística. La justificación teórica, por tanto, resulta esencial. Aunque esas teorías justificativas suelen provocar dudas, y así esta mujer finalmente decidió contactarnos:

> La duda que tengo es: para sacar esos espíritus de lujuria, masturbación, sexo oral, encarnados en uno ¿es necesario tener un orgasmo para acabar de sacarlos en una oración de liberación? La pregunta es porque estoy confundida. Aunque tengo que decir que el médico en ningún momento es morboso, ni intenta hacer nada contra una. Él siempre esta mirándolo a una como a los ojos, y orando, o cierra los ojos y ora. Y, además, siempre es muy bien vestido y con su bata de médico, no veo ninguna malicia ni mala intención. Él me dijo que había que descargar, porque tenía mucha carga sexual, y eso me podría traer problemas de quistes o masitas en el vientre, porque los hombres eyaculan en la noche dormidos, porque esa es su naturaleza, pero las mujeres no tienen cómo[970].

969 Arch. Pers., n.58, pg 33-34.

970 Arch. Pers., n.58, pg 33.

Ante situaciones como ésta, cualquier confesor deberá insistir con firmeza a la persona para que se ponga en conocimiento del obispo hechos de esta naturaleza: bien la misma persona que sufrió esta situación, o bien que se le autorice al confesor a hacerlo. Cada víctima de este proceder piensa que pudo ser el único caso. El único modo de saberlo, es comunicarlo al obispo. La víctima, por sí misma, no tiene medios para averiguar la frecuencia de este tipo de conductas lujuriosas. El único que podrá hacer algo es el obispo, pero únicamente si las víctimas deciden comunicárselo[971].

Si bien, no hay ley canónica que obligue al penitente a realizar esta denuncia. Existe esa obligación moral en cuanto la víctima no sabe la extensión que el abuso de un sacerdote (o un laico) puede tener con otras mujeres. Esa obligación de denuncia no existiría si hay elementos que claramente indican que se trató de una caída excepcional y que el sacerdote se ha arrepentido sinceramente. Esa certeza moral se puede tener cuando la caída ha tenido un carácter marcadamente sentimental, cuyas características indican con certeza que no había más mujeres, y el sacerdote ofrece signos de sincero arrepentimiento.

Pensemos que, en la legislación vigente, no existe obligación de la denuncia ni siquiera en la solicitación durante el sacramento de la confesión[972]. Y creemos que es lo más conveniente, pues no

971 Sea dicho de paso, la mujer del caso del médico nos escribió después: «Referente al caso que le comenté, ya está en manos de un buen sacerdote, ligado al magisterio de la Iglesia, él habló con el médico a quien le mencioné y él está en un proceso de sanación con este sacerdote, reconoció, que se le salió de las manos, y que no debía hacer una oración de liberación solo». Correspondencia con el autor de esta obra, 29-10-2011.

972 El CIC se limita a decir al tratar el crimen de la solicitación: «El sacerdote que, durante la confesión, o con ocasión o pretexto de la misma, solicita al penitente a un pecado contra el sexto mandamiento del Decálogo, debe ser castigado, según la gravedad del delito, con suspensión, prohibiciones o privaciones; y, en los casos más graves, debe ser expulsado del estado clerical». CIC, canon 1387. Por su parte el documento *Modificaciones a las Normas de los Delitos más graves* (aprobado el 21 de mayo de 2010 por Benedicto XVI), dice al tratar esta cuestión: Art. 4, 2: [Es delito grave] «la solicitación a un pecado contra el sexto mandamiento del Decálogo durante la confesión o con ocasión o con pretexto de ella, de la que se trata en el can. 1387 del CIC y en el can. 1458 del Código de Cánones de las Iglesias Orientales, si tal solicitación se dirige a pecar con el mismo confesor». Antes no era así, pues en 1962, por parte de la Congregación del Santo Oficio se publicó la Instrucción *Crimen sollicitationis* sobre el modo de proceder con este delito. Esta instrucción estuvo vigente hasta el año 2001, y en ella se obligaba al penitente a denunciar en sede eclesiástica el delito de la solicitación en la confesión.

parece lo más prudente resolver las cuestiones morales a base preceptos jurídicos. ¿Se debe denunciar al clérigo que es claro que pecó contra el sexto con un adulto una sola vez? Consideramos que no existe tal obligación moral. Bastan las leyes morales (sin necesidad de añadir imperativos legales) para saber cuándo hay verdadera obligación de denunciar y cuando no[973].

El caso de este médico lo hemos examinado con mayor detenimiento porque es un prototipo del modo de proceder de los sacerdotes exorcistas y de los laicos que hacen oración de liberación y que han caído en este pecado durante el ejercicio del ministerio exorcístico o liberatorio. Y vemos que el punto de transición entre la pura oración y el acto pecaminoso, es siempre la falsa necesidad que sienten algunos de tener que poner las manos sobre cada vez más partes del cuerpo del poseso. No son pocos los sacerdotes que están erróneamente convencidos de que como sus manos están consagradas deben ponerlas encima de distintos lugares del cuerpo para ver donde se produce mayor reacción. De vez en cuando, se observa cómo algunos exorcistas cansados de las largas sesiones de exorcismo, van poniendo la mano en distintas partes del cuerpo, para probar la reacción que eso produce. Lo inadecuado de esta práctica ha quedado, en lo teológico, ya explicado en esta obra al hablar de la materialización del exorcismo.

En otro caso, acaecido en Estados Unidos y que acabó con una demanda ante los tribunales, la mujer afirmaría: *El ponía sus manos, con o sin el crucifijo, sobre mi pecho, sobre mi útero, piernas, cuello, estómago* (...) *durante las sesiones de oración, para desatar a los demonios y para sanar esas áreas*[974]. Otras veces, la excusa por parte de otros ministros puede ser la necesidad realizar una especie de masaje o de ungir determinadas partes[975].

El caso más grave que hemos conocido de abusos de este tipo dentro del exorcismo, se dio en un exorcista europeo que de forma sistemática todas las veces que atendió a mujeres, durante al menos un año, realizó este tipo de tocamientos inadecuados[976]. En

973 Acerca de la conveniencia del actual ordenamiento jurídico sobre el tema, hay algunas otras consideraciones en Apéndice, nota 28.

974 Arch. Pers., n.60, pg 35..

975 Así también en el último caso referido. Arch. Pers., n.61, pg 36.

976 Arch. Pers., n.59, pg 35.

el caso de este último sacerdote, se vio con claridad que la ejemplar y notable vida espiritual y ascética de ese ministro no eximen al obispo de vigilar y supervisar la actividad en este ministerio. Si en ese sacerdote europeo destacaba una notabilísima vida ascética y de oración, en el caso del norteamericano Padre Tom Euteneuer (radicado en Florida y Presidente de Human Life International) lo que destacaba era su celo pastoral y su vida ejemplar. A raíz de que una mujer decidiera denunciarle ante los tribunales, el Padre Euteneuer hizo una declaración pública en los medios de comunicación, antes de abandonar su ministerio de exorcista, de la que entresacamos estas útiles afirmaciones para otros exorcistas:

> Las situaciones en las que la oración o el cuidado pastoral tuvieron lugar sin estar presente ningún asistente. Fueron situaciones excepcionales en las que creí que era necesario actuar rápidamente para ayudar a la persona afligida, aunque no fuese con el debido protocolo. Estas excepciones a la norma no fueron hechas nunca con la intención de estar a solas con una mujer vulnerable[977].

Sea dicho de paso, tanto este sacerdote como el anterior se sometieron con plena obediencia a sus obispos respectivos. Estas caídas muestran la sabiduría contenida en los *praenotanda* para el exorcismo del Ritual Romano, que decía: *el que exorciza a una mujer tenga siempre consigo a personas honestas*[978]. Tanto el exorcista que comienza su ministerio, como el laico que realiza oración de liberación, conviene que estén al tanto de que objetivamente existe este peligro en la praxis. Y que, desde el principio, deben hacer propósito de evitar el trato personal imprudente fuera del exorcismo, y jamás exorcizar a solas. Especialmente, deben evitar orar por liberación sin nadie presente con la excusa de la urgencia, por creer que si omiten esa ayuda la posesa puede quitarse la vida. Y eso que casos los puede haber muy urgentes, sirva este de ejemplo:

---

977 La declaración fue entregada a la prensa el 31-1-2011. Aparece íntegramente en Life Site News, http://www.lifesitenews.com/news/statement—of—fr—thomas—euteneur—setting—the—record—straight/ [3-2-2012].

978 *Rituale Romanum,* Editio Típica Vaticana 1925, praenotanda n.19, título XII, capítulo I, pg 270.

> Una mujer entra en trance en un centro comercial. Los agentes privados de seguridad del lugar la llevan a un lugar aparte, fuera de la vista de la gente. Se llama al exorcista de la diócesis, porque los mismos agentes creen que aquello no es un caso de enfermedad mental. De hecho, los agentes de seguridad con miedo la tienen vigilada en un lugar amplio y cerrado, pero no se atreven a reducirla. El exorcista llega, la reconoce como una de las personas que atiende. Les dice que él se hace cargo de ella y se la lleva del lugar; sin orar en ese momento por ella. Esta mujer, a pesar de su estado, obedece al exorcista. En trance esta mujer no se podía valer por sí misma, y ella vivía sola, sin ningún familiar. El exorcista cuando fue a recogerla iba acompañado en todo momento por una persona de su equipo. Y después, acompañado por esa tercera persona, decide orar por la posesa un rato. Finalmente, ya en un estado normal, esta mujer puede ser llevada a su hogar, donde se la dejó sin entrar en su hogar[979].

El acierto de este sacerdote fue el dirigirse al lugar acompañado. De forma que todo lo que hiciera, contaba con un testigo. Ayudó a la persona en trance, atendió la petición de los miembros de seguridad, y oró por ella pero no en ese lugar público. Todos estos pasos realizados a solas, podrían haberle conllevado grandes problemas. ¿Y si hubiera sido imposible ir con alguien? Lo mejor hubiera sido aconsejar a los miembros de seguridad que si no se calmaba en un tiempo razonable, llamaran a los servicios médicos de urgencias. Cuando no se puede calmar a alguien en ese estado, no queda muchas veces otro remedio que un breve ingreso hospitalario como si se tratase de un enfermo mental más. Puede parecer que esta medida es muy insensible. Pero serán mayores los problemas que vendrán de querer realizar esa caridad a solas. La demanda judicial presentada ante los tribunales contra el Padre Euteneuer es de 5,3 millones de dólares[980]. Pues se alega un acoso

---

979 Arch. Pers., n.95, pg 50.

980 Palm Beach Post, título de la noticia: «Lawsuit claims exorcist priest, supervised at the time by Diocese of Palm Beach», sexually assaulted woman, http://www.palmbeachpost.com/news/news/crime—law/suit—claims—exorcist—priest—sexually—assaulted—wom/nPhG9/ [28-junio-2012].

sexual repetido durante dos años sobre una persona que psicológicamente no estaba sana[981].

Estas medidas de precaución pueden parecer que contradicen la primacía de la caridad en nuestro actuar. Pero, dicho sea de paso, no resulta descabellado afirmar que Jesús mismo pudo haber seguido medidas parecidas de prudencia. Pues, en el episodio de Jesús con la Samaritana, los discípulos habían ido al pueblo a comprar comida, y cuando vuelven Juan comenta: *Y volvieron sus discípulos y se maravillaron de que estuviera hablando con una mujer a solas*[982].

Recapitulando, observamos que los actos inadecuados de este tipo, a menudo, surgieron a través del trato personal que tenía lugar fuera del exorcismo. O si tuvieron lugar durante las oraciones, fue bajo la excusa de la conveniencia de poner la mano sobre el cuerpo de la persona.

Después de todo lo explicado, nos parece que podemos llegar a varias conclusiones:

1. Tanto los exorcismos como las oraciones de liberación siempre se deben realizar con más personas estando presentes, jamás a solas. Sea cual el peligro que para la vida de la persona parezca que existe.
2. No hay que dejarse engañar por la falacia de que la mano debe ser colocada en cualquier lugar donde el poseso sienta dolor. La mano puede estar consagrada, pero la materialización del exorcismo es un error como ya se ha explicado en otras partes de esta obra.
3. Los abusos tampoco deberían llevar a que se prohíba imponer la mano fuera de la cabeza. Si se impusieran prohibiciones de un modo formal, eso daría lugar a una casuística y a unos escrúpulos que no tienen ningún sentido. Basta con advertir de los pésimos resultados que ciertas prácticas han provocado.
4. De ningún modo conviene tener trato a solas, fuera de la iglesia o de lugares prudentes, con mujeres por las que se

981 Daily Mail, título de la noticia: Disgraced former priest accused of repeatedly molesting woman during two—year exorcism, http://www.dailymail.co.uk/news/article—2165820/Disgraced—priest—Thomas—Euteneuer—repeatedly—molested—woman—2—year—EXORCISM.html [28—junio—2012].

982 «Kay ethaumazon hoti meta gynaikos elalei oudeis» (Jn 4, 27).

esté orando. Hacerlo supone aceptar los riesgos de relaciones sentimentales.

El ego del ministro

Nada resulta peor para el orgullo del exorcista que considerarse portador de una ciencia especial o de unos dones particulares. Citemos tres ejemplos concretos de exorcistas que cayeron de un modo evidente en este defecto, pero que se mantuvieron en la obediencia:

> **Caso 1**: Ya nos hemos referido anteriormente a una diócesis, en la que habiendo un equipo de exorcistas, un exorcista no cesó de criticar ante el obispo, la curia diocesana y ante todos los laicos que pudo a los otros dos exorcistas. Lo llamativo era el afán que tenía de ejercer en solitario este ministerio, a pesar de que siempre se quejaba de no tener tanto tiempo como para poder atender a todas las personas que le llegaban[983].
>
> **Caso 2**: En una provincia eclesiástica donde había cuatro exorcistas, uno se negó tajantemente a reunirse con sus colegas: no lo consideraba necesario, no tenía nada que aprender. Ni siquiera una sola vez aceptó asistir a una reunión. Tampoco, ni como excepción, permitió el que los otros exorcistas fueran a ver cómo oraba por otros casos para aprender de su experiencia, a pesar de que expresamente alguno le pidió asistir a alguna de sus sesiones[984].
>
> **Caso 3**: La soberbia le llevó con los años a volverse cada vez más crítico respecto a todos sus compañeros sacerdotes y a la jerarquía eclesiástica. Le parecía que él era de los pocos que estaba en la verdad. Se aferraba a sus opiniones tercamente en cualquier tema y, en sus sermones, criticaba al clero de un modo cada vez más agrio[985].

Si examinamos con más detención estos tres casos europeos, hay que hacer notar que el primero estaba conectado con el tema del uso inadecuado de carismas, el segundo con una extrema

---

983 Arch. Pers., n.55, pg 32.

984 Arch. Pers., n.51, pg 29.

985 Arch. Pers., n.31, pg 21.

materialización del exorcismo, y el tercero con la convicción de estar dotado de dones místicos. Los tres fueron amonestados por sus obispos sin lograr nada. Al cabo de varios años, todos ellos fueron apartados del ministerio exorcístico.

Un signo de que la soberbia ha entrado en el espíritu de un exorcista, es cuando este cada vez va descuidando sus obligaciones parroquiales, para dedicarse más y más al exorcismo. Cuando el obispo trata de hacer comprender al sacerdote que hay un desenfoque en su vida, la respuesta es siempre la misma: el obispo no comprende este campo, el obispo no sabe de estas cosas. Esta conciencia mesiánica, este considerarse investido de una misión, es lo que provoca en ellos que el exorcismo sea una acción cada vez más sutilmente centrada en uno mismo.

La ruptura de la eclesialidad

En el apartado anterior, hablábamos de tres exorcistas con una mala praxis, que finalmente se sometieron a la orden del obispo de dejar este ministerio. Pero en otros lugares los exorcistas han preferido abandonar la comunión eclesial, antes que someter su voluntad a la de la autoridad superior. Exponemos dos casos concretos:

El primer caso se trata de un joven presbítero norteamericano, que nunca recibió el permiso episcopal para ejercer el exorcismo. Pero lo realizó por su cuenta y se involucró sentimentalmente con la mujer a la que estaba tratando de ayudar. En una de sus últimas cartas, escribió: *He dejado la Iglesia Católica y me he casado con la aprobación de Dios. El Señor nos ha encargado a ambos una importante misión, que muchos no entenderán*[986]. Esa misión que surgió a raíz de la práctica exorcística y los mensajes que aparecieron durante las sesiones. La misión implicaba concienciar a la gente *acerca de las profecías concernientes al futuro de la Iglesia*[987]. Temaeste que se repetirá en varias de las misivas que enviará a distintos eclesiásticos.

---

986 Arch. Pers., n.6, pg 7. *Correspondencia con el autor de esta obra,* 11 de marzo de 2011.

987 Arch. Pers., n.6, pg 7.

Lo que le sucedió a este joven sacerdote no está exento de una cierta lógica interna: Si exorcizo contra la obediencia, en el fondo, pongo el bien de una persona por encima de la mediación eclesial, mediación concretada en las órdenes del obispo. Posteriormente, a causa de los mensajes divinos, siguiendo esa misma lógica, habrá que poner el bien de la gente por encima de la mediación de toda la Iglesia. El razonamiento es coherente. El error radica en separar «bien de la persona» de la «mediación eclesial». El bien de la persona debe pasar por la mediación eclesial. De lo contrario, una vez que hemos prescindido de las órdenes del obispo, bien podemos prescindir de las de la entera Iglesia.

Al final de este proceso, la belleza inherente al acto santo de someter la propia voluntad a la de un sucesor de los Apóstoles queda reducida a elementos meramente humanos. Hans Küng, refiriéndose a un episodio concreto de su vida, escribió respecto a la obediencia: *Aquí uno puede ver qué* significa *ser servido por obediencia en la Iglesia Católica, no la obediencia a Dios o a la propia conciencia, sino a un señor obispo*[988]. Si tanto ese joven exorcista como el teólogo alemán tuvieran razón, deberían preguntarse cuál es entonces el contenido de la obediencia al obispo. O incluso, ¿por qué la propia conciencia debería someterse a Dios?

El segundo ejemplo de ruptura es el del obispo Enmanuel Milingo. En la caída de este prelado concurrieron más elementos que el mero ejercicio del exorcismo. Esencialmente podemos resumirlos en la tensión interior que le generaba no poder ejercer su ministerio carismático. Monseñor Milingo, en el año 2001, tras un encuentro con Juan Pablo II, regresó a la comunión de la Iglesia por un tiempo, y en esa época, arrepentido de su primera desobediencia, escribió acerca de las razones de su primera defección:

> Aquí es necesaria una premisa: por algunos años había confiado firmemente que mi condición en la Iglesia Católica mejorase, digamos que en el periodo que va de 1973 al 2000. Prácticamente me había estado prohibido celebrar misas de liberación en toda Italia, o casi. (...) Llegué a un punto de exasperación tal que debía absolutamente encontrar el modo de salir de aquella situación insoportable que me enloquecía y que dañaba incluso

988 Hans Küng, *Disputed Truth*, volumen II, Continuum International Publishing Group, Nueva York 2008, pg 478.

mi salud. Debía romper el asedio. (...) Si en la Iglesia no podía predicar más en ninguna parte, debía encontrar un modo de continuar desempeñando mi misión en otro lugar[989].

Consideramos que su abandono se debió ante todo a la tensión interna que sintió durante años, ante una situación que aceptó externamente, pero no internamente. A eso le podemos unir una escasa formación teológica y una cierta falta de sentido común que le llevaron a realizar claras excentricidades en su etapa católica[990],Normalmente se le suele presentar como objeto de una persecución eclesial que no es comprensiva con los carismas. Pero objetivamente subyacían en él las carencias personales ya mencionadas, que motivaron una caritativa insistencia de la Curia Vaticana para que limitase su ministerio público.

Su caso ofrece dos valiosas enseñanzas para todos los exorcistas. Lo que, a veces, se presenta como una injusticia, es fruto de la prudencia: los exorcismos deben realizarse, pero no siempre deben ser realizados por el ministro que lo desea. Todo exorcista al que se le retira el ministerio, se considera a sí mismo el mejor preparado para esa función. La cuestión no es, por tanto, que los posesos deben ser ayudados, sino que tenga que ser necesariamente alguien en concreto el que realice los exorcismos.

La segunda enseñanza que se deriva de la historia de Monseñor Milingo, es la necesidad de que la obediencia externa sea acompañada de la sumisión interna. Esa sumisión interna no implica estar convencido de que toda orden episcopal es la decisión más correcta. Sino que se debe aquietar el alma, entendiendo que la voluntad de Dios se manifiesta a través de la orden episcopal. Quizá Dios con voluntad antecedente quiere que este ministro siga exorcizando porque es el mejor y porque las acusaciones con-

---

989 Emmanuel Milingo, *Il pesce ripescato dal fango*, San Paolo 2002, Cinisello Balsamo (Italia), pg 34-35.

990 Como ejemplo de excentricididades, fue filmado, y así apareció en los medios, bailando y cantando sobre un escenario con una banda de música rock. Hay que hacer notar que bailaba vestido con sotana filetata, pectoral y fajín. Como ejemplo de imprudencias en su ministerio episcopal en Zambia, sirva esta muestra:«En su primer mensaje de Pascua en 1970, que fue transmitido por radio y televisión, criticó públicamente la política de la Iglesia en Angola y Mozambique. (…) Su discurso provocó fuertes reacciones entre los eclesiásticos, incluyendo los obispos». Gerrie Ter Haar, *Spirit of Africa: The Healing Ministry of Archbishop Milingo of Zambia*, C. Hurst & Co., Londres 1992, pg 11.

tra él son calumnias. Pero con voluntad consecuente Dios quiere que ahora este ministro no exorcice. Del mismo modo que hay una grandeza en el hecho de la lucha entre el exorcista y el Diablo, también hay grandeza espiritual en la relación entre el obispo y el exorcista. El ministerio exorcístico se inserta en la relación eclesial obispo-presbítero, y no al revés.

En palabras del teólogo protestante Volf al explicar la eclesiología de las iglesias ortodoxas: *El obispo como «alter Christus» media la presencia de Cristo y asegura la catolicidad de la iglesia local. Por otra parte, como «alter apostolus» conecta todas las iglesias locales en el tiempo (apostolicidad) y en el espacio (conciliaridad)*[991]. O según la tradición patrística reconocemos al obispo, por indigna que sea su persona, como un *alter Christus* y como un *alter apostolus*, o si no le veremos como el obispo-señor del que hablaba Hans Küng. El exorcista debe preguntarse, por más reconocimiento que tenga y por buenas que sean sus relaciones con su obispo, si está ejercitando su labor *in nomine Christi et Ecclesiae* o en su propio nombre.

Resulta interesante que en el ministerio del exorcismo, a diferencia del ministerio de la predicación, de la confesión u otros muchos otros servicios eclesiales, el sacerdote sufre la tendencia a colocarlo por encima de la misión global que ha recibido al ser consagrado con el sacramento de orden. Es un hecho que para algunos exorcistas el ministerio exorcístico no forma parte de la *missio episcopi*, sino que el ministerio se impone sobre la misión. El ministerio no se inserta en la *missio*, sino que el ministerio anula las otras facetas de la misión, llevándose todo el tiempo que se debería ocupar en otras facetas. El sacerdote está imbuido de que en los exorcismos actúa con la autoridad de Cristo, pero no acepta que el obispo en sus mandatos también actúa con la autoridad de Cristo.

En los seminarios de África, se debe insistir especialmente en explicar con profundidad la teología y espiritualidad de esta relación obispo-presbítero, porque en ese continente resulta especialmente fácil consolidar un grupo disidente dedicado a este ministerio que haya abandonado la comunión con la Iglesia. No faltan ejemplos de líderes de grupos cuyas divergencias con los obispos

---

991 Miroslav Volf, *After Our Likeness: The Church As the Image of the Trinity*, Wm. B. Eerdmans Publishing Co., Grand Rapids 1998, pg 131.

han culminado en la excomunión de sus fundadores, como es el caso del padre Anozie en Nigeria.

> [En Nigeria] Los más notables ejemplos son los dos cismas más grandes en la Renovación Carismática: [la así llamada] el Movimiento de Renovación Carismática —ahora una iglesia independiente— y el Watchman Catholic Charismatic Renewal Movement. Estos dos grupos han producido muchos otros grupos, demasiados para ser contados. Usando las palabras «católico» y «carismático» han engañado a gente que no sospecha nada[992]

Para acabar, si tuviéramos que hacer un listado de los exorcistas que hemos conocido en profundidad, directamente, y que han corrompido gravemente su ministerio, este sería el elenco que nos permite tener una idea general de los problemas que les hicieron caer:

Exorcista 1: soberbia que le llevó a la desobediencia y al abandono de la comunión con la Iglesia.
Exorcista 2: sexo.
Exorcista 3: problemas con carismas que le llevaron a ser un visionario
Exorcista 4: su soberbia y su carácter visionario forzaron a su apartamiento del ministerio tras
muchos años.
Exorcista 5: sexo.
Exorcista 6: visionario y sexo
Exorcista 7: dinero y teorías extrañas.
Exorcista 8: Rezaba unos pocos minutos por cada caso de los muchos que le llegaban cada
semana. Pero encaminaba a la mayoría de los casos que le llegaban a una vidente esotérica, la cual cobraba por sus servicios.
Exorcista 9: codicia por el dinero.
Exorcista 10: extrema codicia de dinero y una creciente egolatría que rozaba lo patológico[993].

Este listado deja aparte a los laicos que ejercen oración de liberación, pero que se ven afectados por las mismas causas de corrupción del ministerio.

---

992 Damian Ọnwụegbuchulam Eze, *The Eucharist as Orikọnsọ: A Study in Eucharistic Ecclesiology from an Igbo Perspective*, Peter Lang GmbH, Frankfurt 2008, pg 90-91.

993 Más detalles sobre cada uno de los integrantes de este elenco en Arch. Pers., n.67, pg 41.

XIII

Otras cuestiones

Después de haber tocado en esta parte temas que tienen una eminente relación con la praxis, deberíamos decir algunas palabras acerca de dos asuntos que no resultan menores: si resulta deseable establecer una cierta unidad de praxis y cómo hacer para discernir los carismas que Dios pudiera conceder específicamente para el ministerio del exorcismo.

Uniformidad de praxis

Después de haber expuesto en esta obra algunos de los abusos y deformaciones a los que puede dar lugar la práctica del exorcismo, se puede llegar a la conclusión de que la mejor forma de solucionarlos sería unificar de algún modo su ejercicio bajo unos criterios fijos e iguales en todas partes. Honestamente consideramos que ese es un camino errado. Lo primero de todo, porque la unificación de praxis necesariamente implica desarrollo de las normas, reglamentos y directorios. En el fondo, esa unificación, si no ocurre de forma espontánea, conlleva un desarrollo legislativo.

Roccasalvo, en su obra sobre las iglesias orientales, escribió: *Catolicismo es a menudo identificado con uniformidad*[994].

994 Joan L. Roccasalvo, *The Eastern Catholic Churches*, The Liturgical Press, Collegeville 1992, pg 6.

Desgraciadamente, esta identificación mental subyace en algunos presbíteros católicos de forma inconsciente. En los cuales existe una tendencia a ver la diversidad como una forma de desorden. *La diversidad no debe ser simplemente tolerada, sino que debe ser bienvenida. Ser completamente católico significa ser completamente universal*[995]. Sin duda, en la Iglesia hay que fomentar una teología de la libertad. Bien es cierto que *sin una teología de la ley, no existe base para una teología de la libertad*[996].

San Pablo enseñó que *hay diversidad de carismas*[997]. Legítimamente se podría añadir que hay diversidad de modos de ejercer un mismo carisma. Ante los abusos, la reacción primaria consiste en pensar que la multiplicación de leyes y el aumento del nivel de detalle al que desciendan las normas, implicará necesariamente una disminución de los problemas. Pero no hay que olvidar que el clérigo que es imprudente o desobediente, lo seguirá siendo a pesar de todas las leyes. Pues esas dos cualidades —la de la imprudencia y la desobediencia—,son enteramente autónomas con respecto a la abundancia y extensión de los textos legislativos.

El exorcismo por su propia naturaleza requiere de un exorcista que se pueda adaptar a las circunstancias no ya de cada caso, sino incluso de cada sesión. Cada individuo poseído es un caso único, que debe recibir socorro del modo más acomodado a sus peculiaridades. La multiplicación de las normas impondrían un corsé, y un corsé bastante teórico, como no podría ser de otra manera. El modo de prevenir problemas consiste en esmerarse en hallar un presbítero lleno de prudencia y vida espiritual, y después darle libertad para que, del mejor modo posible, procure al individuo necesitado la ayuda del consejo, de la catequesis, de la dirección espiritual y, sobre todo,del poder de la oración unida a la autoridad recibida de Cristo. Punto este último punto es el que constituye el núcleo de este ministerio y que puede ser multiforme. Pues diferente será el exorcismo efectuado por un benedictino que rea-

---

995 Joan L. Roccasalvo, *The Eastern Catholic Churches*, pg 6.

996 Reinhard Hütter, *Bound to Be Free: Evangelical Catholic Engagements in Ecclesiology, Ethics and Ecumenism*, Wm. B. Eerdmans Publishing Co., Grand Rapids 2004, pg 135.

997 1 Cor 12, 4. Como si el texto paulino quisiera reforzar esta pluralidad, no dice «variedad», sino «variedades de carismas» (diaireseis de charismaton eisin).

liza un exorcismo lleno de ritualidades litúrgicas en una abadía y llevadas a cabo con la máxima solemnidad, al exorcismo que consiste en oraciones comunitarias ruidosas de una iglesia copta rebosante de casos tanto de cristianos como de musulmanes. Será distinto el exorcismo de un monje al que se le encarga un solo exorcismo en toda su vida, del exorcismo de un sacerdote de la Renovación Carismática que ejercita este ministerio varias veces a la semana.

En el desempeño de este ministerio, lo mejor será que el obrar provenga de la prudente valoración de los hechos, y no que sea fruto de la mera y automática obediencia a la ley. Por lo tanto, evitar problemas será el resultado no de la creación de un cuerpo rígido de leyes y normas (toda ley y norma es rígida por su propia naturaleza), sino de las buenas cualidades que ornen al ministro[998].

Aun si se escogiera el camino de una legislación detallada en una labor como ésta, la ley siempre andará por detrás de la realidad. Pues el exorcista se verá repetidas veces inmerso en problemas de conciencia, impelido una y otra vez a dispensarse del cumplimiento de tal o cual norma. Parece preferible que si la Iglesia cree que debe decir algo, es mejor que lo diga por vía de consejo, que por la vía del mandato.

Un autor, Scanlon, desde posiciones liberales, hacía el siguiente análisis de la historia de la evolución del poder episcopal: *Los criterios para establecer el contenido auténtico de la fe, se convierten en jurídicos* (...). *El ideal del convencimiento como resultado de la sustancia proclamada del Evangelio cede a un ideal organizativo de obediencia*[999]. Evidentemente, nosotros no defendemos la visión liberal de Scanlon. Por el contrario, creemos que la institución episcopal ha permanecido esencialmente invariable a lo largo de la Historia. Pero en su crítica podemos hallar algo de verdad para el campo del que hablamos: la teología sobre el exorcismo no debería ser establecida a base de reglamentos. El ideal del convencimiento unánime de los exorcistas sobre esa misma teología sub-

998 Una lectura exegética de las cualidades del ministro, expuestas por el canon 1172, § 2, se halla en Apéndice, nota 26.

999 Michael J. Scanlon, «Catholicism and Living Tradition: The Church as a Community of Reception», en Patrick J Howell (AA.VV), *Empowering Authority: The Charisms of Episcopacy and Primacy in the Church Today*, Sheed & Ward, Kansas City 1990, pg 4.

yacente en su ministerio, se logrará (si se logra) con el transcurso de las generaciones, no por vía de la obediencia que impone un esquema organizativo, bajo el espejismo de que lo organizado es más racional. No debemos engañarnos, aunque no se use la palabra «ley», las normas y directorios, en el fondo, consisten en una visión teológica que se impone sobre otra.

Por eso en la relación de la Teología del Exorcismo con respecto a la juridicidad, defendemos un minimalismo jurídico. Minimalismo que no debe aplicarse únicamente a las grandes cuestiones, por ejemplo al cómo se debe realizar el exorcismo, o al por qué de los exorcismos indefinidos. Sino que también se aplica respecto a aspectos menores. Un ejemplo básico de como la ley resulta insuficiente para arreglar los problemas que existen en este campo es el siguiente. Hay voces que piden que se cree una ley por la que se obligue a que los obispos nombren un exorcista en cada diócesis. En las diócesis con obispos carentes de interés por este ministerio, eso conllevaría que se cubrieran los puestos con sacerdotes con nulo celo pastoral en este campo. La ley se cumpliría externamente, cierto, pero *de facto* la necesidad de exorcistas seguiría siendo la misma que ahora. Los fieles acudirían a esos exorcistas, con el único resultado de perder el tiempo y, lo que es peor, recibiendo consejos inútiles, así como gastando dinero en encargar informes psiquiátricos. Es preferible que cuando un fiel vaya a un exorcista, sea porque ese sacerdote realmente es un exorcista que le puede prestar ayuda, y no una ficción jurídica. Haya pocos o muchos exorcistas, siempre es preferible la veracidad, a una ley cuyo fruto a la larga sería el debilitamiento de la confianza en la figura del exorcista, por la multiplicación de exorcistas sin interés.

Si esa ley se creara y, al cabo de unos años, se observara que no cumple en la mayor parte de los casos el fin que pretendía, se podría tratar de arreglar la situación creando una nueva ley que les obligara a presentar informes de los casos atendidos. Lo cual llevaría a estos exorcistas sin interés a crear informes sin falsedades, pero artificiales. Informes creados *ex profeso* para salvar las apariencias, en los que cualquier tipo de atención al fiel y de oración por este, se contaría como caso atendido y resuelto. Si se percibiera de nuevo la inefectividad de esta segunda ley, se podría intentar crear una tercera ley que llenase las lagunas de la segunda. Este camino no tendría fin. Lo que es un ministerio fresco, dispensador de gracia, realizado con interés, se transformaría, en un acto que debe cumplir una serie establecida de protocolos con la vista puesta en poder rellenar un informe.

Una legislación detallada acerca del exorcismo, conllevaría la toma de posición en materias teológicas en las que se dista mucho de haber llegado a un consenso. Sería bastante fácil cometer algún error, incluso en materias concretas en las que hoy damos por supuesto su certeza, y que el tiempo nos demostrase lo contrario. Cualquier norma de praxis en este campo supondrá siempre la imposición de una teología concreta. Es preferible, en todo caso, orientar sin vincular. Entendiendo que el mero hecho de orientar, supone saber de forma segura qué es cierto y qué no lo es.

Después de veinte siglos de Historia, parece más sensato dejar que sean las voces de la Teología las que guíen el quehacer de este servicio a los fieles, y no la voz imperativa de la ley general o la autoritativa de los obispos. Las voces privadas de los teólogos poseen la capacidad de hablar con libertad y descender a detalles, sin necesidad de empeñar el prestigio de la autoridad jerárquica, ni de la romana, ni siquiera de las Conferencias Episcopales. *Los obispos* (...) *son los doctores y maestros auténticos de la fe*[1000], por tanto, deben evitar por todos los medios utilizar medios autoritativos para imponer una teología concreta en materia opinable. Pues como deja claro el Código de Derecho Canónico: *los obispos* (...) *no gozan de la infalibilidad en el enseñar*[1001].

Si, a día de hoy, existe ese vacío en cuanto a ordenanzas detalladas, es porque se ha entendido que esta materia era más multiforme y compleja que la celebración de un bautismo, por ejemplo. ¿Veinte siglos de vacío legislativo y reglamentador acerca de este ministerio, no nos está queriendo decir algo? La jerarquía, cuando sea interpelada, lo que debe hacer es reconocer que el ministerio debe realizarse, pero que el crédito episcopal no puede implicarse más allá del reconocimiento de las exactas palabras contenidas en el Evangelio acerca de este campo: esto es, la existencia del demo-

---

1000 «Episcopi (…) sunt fidei doctores et magistri», CIC, canon 753.

1001 «…sive singuli sive in conferentiis Episcoporum aut in conciliis particularibus congregati, licet infallibilitate in docendo non polleant, CIC, canon 753.

nio, la existencia de la posesión, la conciencia del poder exorcístico entregado por Jesús a los Apóstoles, y una serie de pequeños detalles expresamente mencionados en las páginas evangélicas. Los obispos no pueden quedarse por detrás de las afirmaciones del Evangelio, pero tampoco ir más allá.

Que el ministerio se conserve con la espontaneidad y frescura que recuerda a los primeros tiempos, es preferible a intentar que todo esté racionalizado, unificado y, encima, administrado por un cierto número de sacerdotes que hicieran esto exclusivamente por obligación. A nuestro entender, la Ley está bien como ésta. La legislación actual permite al obispo poner orden en esta materia con una entera libertad en su propia diócesis, y al mismo tiempo permite que el poder de liberar de los demonios se pueda ejercitar sin otras trabas que las que exponga en cada circunstancia la prudencia del obispo. Tanto para el presbítero como para el obispo, la legislación actual les permite la máxima libertad, mientras uno se mantenga subordinado al otro. Procediendo en este marco, *no hay contradicción entre el ideal moderno de autonomía y el de autoridad de la tradición católica*[1002]. En la Iglesia es posible poseer simultáneamente la máxima autonomía legítima, y la más absoluta obediencia al obispo.

Los dones en relación al exorcismo

En esta obra ya hemos abordado el tema de los carismas, pero lo hemos hecho en su vertiente eclesial. Ahora conviene que tratemos el tema del carisma en cuanto a su método de discernimiento. Aspecto este, eminentemente relacionado con la práctica, pues responde a la pregunta sobre el *hacer.* Los carismas relacionados con el exorcismo pueden ser variados:

> Hay laicos que dicen ver los demonios, otros afirman recibir como revelación qué hay que hacer para expulsarlos, otros

1002 Michael J. Scanlon, «Catholicism and Living Tradition: The Church as a Community of Reception», en Patrick J Howell (AA.VV), *Empowering Authority: The Charisms of Episcopacy and Primacy in the Church Today*, pg 4.

reciben el conocimiento del origen de la posesión, otros deben colocar su mano sobre una parte concreta del poseso[1003].

Si el carisma lo tiene el exorcista, no habría ningún problema. Simplemente debería limitarse a usarlo de un modo prudente en el ejercicio del ministerio que se le ha encomendado. Pero rarísimamente un exorcista goza de un don extraordinario de este tipo. Normalmente son los laicos los que afirman poseer estos dones. El Cardenal Levada, al hablar de las revelaciones privadas, decía: *Es una ayuda que se ofrece pero que no es obligatorio usarla*[1004]. Esto es cierto, pero solo hasta cierto punto. ¿Dios va a conceder un carisma para que después sea indiferente si usarlo o no? En el caso de los carismas, el desprecio del don supondría el desprecio de Aquel que ha concedido el don. Todo carisma extraordinario se otorga para que sea usado. Según la doctrina de Santo Tomás de Aquino: *Dios nada hace en vano. Actúa por su intelecto, y así siempre tiene un fin a la vista.* (...) *como una flecha que no vuela en vano, pues ha sido lanzada por un arquero hacia una diana determinada*[1005].

Si Dios concediera dones exorcísticos, para que los presbíteros resolvieran el asunto con un sencillo «evitemos los peligros de su uso, puesto que no son necesarios», estaríamos, en el fondo, negando la capacidad de Dios para intervenir en los ministerios que realizamos en su nombre. Y esta obligación moral de no despreciar lo que viene de lo alto, no vale solo para el exorcista, sino también para el obispo. El obispo que obrara de un modo pragmático para no crearse problemas, olvidaría la enseñanza paulina de que los apóstoles son *siervos de Cristo y administradores de los misterios de Dios*[1006], no dueños. No ya el presbítero exorcista, sino el mismo obispo debe limitarse discernir, no a dejar como nulas

---

1003 Arch. Pers., n.90, pg 49.

1004 Congregación para la Doctrina de la Fe, *Normas sobre el modo de proceder en el discernimiento de presuntas apariciones y revelaciones*,25 de febrero de 1978, prefacio, n.3. El prefacio es de 14 de diciembre de 2011.

1005 Santo Tomás de Aquino, *De coelo*, cita tomada de Patrick Boyde, Dante Philomythes and Philosopher: Man in the Cosmos, Cambridge University Press, Cambridge 1981, 2ª ed. 2007, pg 207.

1006 «Hos hyperetas (siervos) Christou kay oikonomus (administradores) mysterion Theou» (I Cor 4, 1).

aquellas consignas que han sido dadas directamente por el Dueño de la Casa.

El exhaustivo estudio realizado por Goodrich de la palabra «administrador» en San Pablo, nos ofrece valiosa información para el tema aquí tratado acerca de los carismas extraordinarios. Es cierto que *allí donde usualmente un dueño no residía, al administrador (vilicus) se le otorgaba prácticamente completa autoridad sobre todo el personal*[1007]. Pero también es cierto, trasladándolo a la lógica eclesial, que la anulación del don concedido por el Dueño de la Casa (Dios) a un siervo inferior, no corresponde a lo que debe hacer un administrador en su relación con el señor (kyrios) y un siervo inferior. Este razonamiento, aunque simple, es axial. Pues nos ofrece la aproximación exacta que debe existir en la jerarquía respecto a los carismas extraordinarios. Desde luego, en una sana teología, como escribió Müller, *el poder de la jerarquía de ninguna manera se trata de un dominio (kratein) sobre otros en nombre de Dios*[1008].

En el campo del exorcismo y los carismas, cualquier otro razonamiento que añadamos por razón del bien de la Iglesia o de la prudencia, no puede oscurecer la naturaleza de la relación entre el *kýrios* y el *diakonos*. Los límites y contornos de la relación entre el obispo y el laico, se inscriben en esa otra relación entre el señor, el administrador y el resto de los servidores de la casa: el administrador no debe anular las concesiones directas entre el *kyrios* y los siervos de menor rango.

El discernimiento de los carismas no es un acto indiferente, sino que está sometido a la verdad de las cosas. Dios sabe a quién le otorga un carisma extraordinario, y las circunstancias eclesiales en las que realiza tal otorgación. Luego esa concesión conlleva la voluntad divina de que se ejercite, de lo contrario sería un acto divino vano e, incluso, un acto divino imprudente. Lo cual es distinto que *a posteriori* el sujeto se haga indigno para el ejercicio de ese carisma. Pero una cosa es la corrupción posterior del que recibió el don del señor de la casa, y otra muy distinta que un

1007 John Goodrich, *Paul as an Administrator of God in 1 Corinthians*, Cambridge University Press, Cambridge 2012, pg 80.

1008 Gerhard L. Müller, «Lumen Gentium, ¿Dos eclesiologías opuestas en la constitución sobre la Iglesia?, en José Ramón Villar, *Iglesia, Ministerio Episcopal y Ministerio Petrino*, Rialp, Madrid 2004, pg 28.

rango intermedio imposibilite su ejercicio como medida preventiva. El acto de la «otorgación» supone una «afirmación» por parte de Dios.

Sin embargo, a pesar de nuestra visión positiva de los carismas, el presbítero que se dedique al exorcismo como ministerio estable, comprobará cuántas personas se le acercarán ofreciéndole sus servicios en el campo de la lucha con el demonio; y no pocas de estas personas afirmando poseer dones.¿Cómo discernir si un laico goza de un don exorcístico dado que el don es invisible? El sacerdote en estos casos no debe ni negar la posibilidad, ni caer en la credulidad, ha de suspender su juicio. Para empezar hay que reconocer que el exorcista ejerce la atracción de un imán, para muchos sujetos que padecen paranoias. Un cierto tanto por ciento de estos individuos parecerá que son completamente sensatos. No hay que olvidar las palabras de Dörr: *Hablar de racionalidad en el delirio suena a paradoja. (...) y sin embargo, los clásicos hablaban de «locura razonante» para referirse a la paranoia, y en cierto modo con razón, pues se observa en ella una capacidad de análisis y de raciocinio*[1009].

Para complicar el tema, al sacerdote exorcista se le acercan no solo individuos con enfermedades mentales, sino también personas sanas pero con una gran capacidad para autosugestionarse. Hay sujetos mentalmente sanos, pero que arropados por un entorno grupal favorable (usualmente grupos carismáticos),sufren un proceso de reforzamiento psicológico en esa convicción de hallarse investidos de dones extraordinarios. El sacerdote no ha de tener miedo a faltar a la caridad por suspender su juicio: únicamente se debe creer en aquellas cosas que razonablemente deben ser creídas.

Este campo, al mantenerse dentro de lo invisible, posee de por sí características que hacen muy difícil conocer la verdad. Desde el primer momento hay que dejarle claro a este tipo de individuos, que existe el deber racional de una suspensión del juicio mientras no concurran pruebas claras, como no puede ser de otra manera. Y que dado que no se puede discernir la veracidad o no de un don

---

1009 Otto Dörr, *Psiquiatría antropológica: contribuciones a una psiquiatría de orientación fenomenológico-antropológica*, Universitaria, Santiago de Chile 1995, 2ª ed. 1997, pg 102.

sino a través de un largo periodo de tiempo, se le aconseja que regrese a su lugar de residencia y que allí se someta a las directrices de su director espiritual, si lo tuviere, o de otro sacerdote con conocimiento de las cosas del espíritu.

Si la persona que afirma tener un carisma vive cerca del exorcista, el modo más prudente de obrar no será incluir a esa persona directamente en el equipo de laicos que ayudan al exorcista. Si no que el exorcista le puede aconsejar que venga a su parroquia (o a la iglesia donde trabaje el exorcista), y que vaya a esa iglesia a hacer oración, a participar de los actos litúrgicos, a insertarse en los grupos que conforman la vida comunitaria normal de la parroquia. Con el paso de las semanas y de los meses, observando a la persona, charlando con ella, el exorcista se irá forjando una idea general acerca de su estado mental, de su vida de oración y de sus virtudes, si es alguien que busca llamar la atención, si es alguien que, por el contrario, desea pasar desapercibido, si se trata de un sujeto equilibrado y razonable, etc. Un sacerdote puede estar seguro de la devoción, ascetismo y espiritualidad de una persona, pero al mismo tiempo comprobar que la personalidad de ese sujeto resulta extraña. Para estos casos, volvemos a citar a Dörr:

> Otro argumento que nos hace dudar de la simple identificación entre delirio e irracionalidad es la existencia de casos donde lo afirmado en el delirio es una verdad —como ocurre en algunas celotipias, donde la infidelidad existe realmente— y no obstante el sujeto está «loco», algo hay en él extravagante, excéntrico, exaltado que hace que el observador no tenga dudas en sentir primero y luego en certificar, que esa persona está enferma[1010].

Por lo tanto, el presbítero más que prestar atención a la posibilidad de que un carisma sea auténtico —el mundo de lo posible es infinito—, deberá estar atento a la impresión de normalidad o no que le produce el sujeto. No hay que centrarse solo en que lo que dice parezca cargado de sensatez. Sino que hay que juzgar el carisma como parte de un todo, en el que el sujeto nos ofrece indi-

---

1010 Otto Dörr, *Psiquiatría antropológica: contribuciones a una psiquiatría de orientación fenomenológico-antropológica*, pg 102.

cios acerca de la mayor o menor posibilidad de un fenómeno que es invisible. Tampoco basta con la típica afirmación del sacerdote: «pongo mi mano en el fuego de que él no me está mintiendo». Dörr escribió:¿Es que nos está mintiendo, vale decir, falseando una realidad? En ningún caso, por cuanto al mentir pertenece esencialmente la plena *conciencia de falsedad y una intención precisa al servicio de la cual se encuentra la mentira*[1011].

Como consecuencia de estas dificultades connaturales al proceso de discernimiento, la Congregación para la Doctrina de la Fe, al hablar de los criterios para discernir apariciones y revelaciones, recordó muy atinadamente: *La aprobación eclesiástica de una revelación privada indica esencialmente que su mensaje no contiene nada contrario a la fe y a las buenas costumbres; es lícito hacerlo público, y los fieles pueden dar su asentimiento de forma prudente*[1012].

Si tras un examen sereno y prolongado en el tiempo, el presbítero no observara ningún dato negativo en el sujeto con un supuesto carisma y, por el contrario, el caso ofrece todos los indicios de ser verdadero, en el momento que se vea oportuno, después de semanas o meses, se le puede invitar a asistir a las sesiones de exorcismo. Pero dejándole claro que se le invita a asistir únicamente para ayudar con su oración personal, no para el ejercicio de carisma alguno. Debe explicársele que en las sesiones no ha de decir nada, ni hacer nada especial. Se sentará en un asiento a rezar el rosario u otras oraciones similares, o como máximo ayudará a sujetar al poseso. Se limitará a hacer únicamente lo que el sacerdote le indique.

Durante esas sesiones, si la persona con un supuesto don, considera que tiene algo que revelar al exorcista, se lo dirá en privado y no delante de todos. Con el transcurso de las semanas, el sacerdote tendrá una idea general, progresivamente más nítida y segura acerca de ese individuo considerado globalmente, aunque todavía carezca de juicio cierto acerca de sus supuestos dones. Con el tiempo, el exorcista podrá permitirle a esa persona que le

1011 Otto Dörr, *Psiquiatría antropológica: contribuciones a una psiquiatría de orientación fenomenológica-antropológica*, pg 135.

1012 Congregación para la Doctrina de la Fe, *Normas sobre el modo de proceder en el discernimiento de presuntas apariciones y revelaciones*,25 de febrero de 1978, prefacio, n.3. El prefacio es de 14 de diciembre de 2011.

diga cosas concretas durante las sesiones de exorcismo o imponer la mano en alguna parte del poseso, etc. (Nunca jamás permitiendo que nadie coloque sus manos en alguna parte deshonesta.) Y aun en esta fase, el exorcista observará todo y discernirá, sin dar por sentado que la persona goce de don alguno. Hay casos en los que ni siquiera los meses, sino solo los años llevan a la completa seguridad de juicio.

Nunca insistiremos suficientemente en que por más que una persona afirme tener un don, o le diga que ve los demonios, o que sabe lo que hay que hacer para debilitar al demonio, etc, el sacerdote no debe dejar de suspender su juicio hasta que tenga una prueba definitiva de que estamos en presencia efectivamente de una *gratia gratis data*. Todo será opinable e inseguro, mientras ese supuesto don no haya ofrecido una prueba objetiva. Una prueba cuyo acierto no esté sujeto a la mera probabilidad.

Hay individuos a los que el sacerdote tendrá que permitir solo el asistir y orar privadamente (esto es, sin hacer nada especial) durante años, por carecer de la prueba que supondría el sello definitivo de la acción de Dios. Nunca hay que impacientarse por el paso del tiempo y la falta de signos inequívocos acerca de si algo es del Cielo o no. Cuando Dios quiere dar una prueba, la da. La falta de argumentos negativos, no implica que el que dice tener un don lo tenga. El hecho de que la persona que posee supuestos dones diga siempre cosas razonables y atinadas, no es prueba alguna de poseer un don extraordinario. La seguridad proviene de las pruebas, no de la acumulación de indicios no negativos.

Pongamos un ejemplo de estas situaciones. Un sacerdote, supuestamente con dones místicos, en un retiro iba bendiciendo a las personas que en fila pasaban a recibir su bendición. El sacerdote que no hablaba inglés, le dijo a una persona a través del intérprete: *El padre* [que le había bendecido]*quiere que te diga que la Virgen dice que Ella estaba contigo en la rectoría, y que sufrió contigo. No estabas solo*[1013]. El sacerdote dijo estas palabras y solo estas, como si las hubiera recibido de forma mística. El impacto subjetivo que provocó esta afirmación en el interlocutor fue grande. Pero objetivamente tal afirmación resulta muy genérica y no supone una

1013 Los datos de este sacerdote e información complementaria aparece en Arch., Pers., n.56, pg 32.

prueba. Si Dios concede un don, es lógico que nos ofrezca signos claros para saber que ha concedido un don. La experiencia nos muestra que ese tipo pruebas se dan muy rara vez[1014]. Y que,muy a menudo, conviene suspender el propio juicio respecto a un individuo no como una medida transitoria, sino de forma indefinida.

Si resulta un error creer por la mera acumulación de hechos poseedores de múltiple interpretación, tampoco es razonable afirmar que solo se debe creer a alguien cuando uno tiene una evidencia absoluta. Pocas veces una prueba irrebatible ha sido el signo por el que Dios ha dado a conocer a sus profetas en el Antiguo Testamento. Hasta los tribunales civiles admiten como prueba para condenar a alguien, elementos razonables que no son pruebas directas:

> La prueba es directa cuando no exige proceso de razonamiento alguno para concluir, desde la prueba, la proposición fáctica; si el jurado cree en la autenticidad de la prueba, la proposición resulta probada sin más. Este es el caso, por ejemplo, del vídeo que muestra a un sujeto igual al acusado entrando al banco con un M16 en la mano[1015].

Una prueba directa de la acción de Dios sería la vara de Aarón que reverdece, retoña y produce almendras[1016]. Una prueba directa de un don exorcístico sería que el sujeto con solo tocar a los posesos, éstos quedaran liberados al momento. Pero esto son excepciones en la Historia de la Salvación. Normalmente, de un modo tan patente no suelen manifestarse ni los dones místicos, ni los dones exorcísticos. No se le puede pedir a un cristiano que se ofrece para ayudar, evidencias que ni siquiera los profetas hubieran podido ofrecer. Basta con que se den indicios suficientes, claros y razonables:

1014 Un ejemplo de este tipo de pruebas subjetivas fulminantes se da en el primer encuentro de Natanael con Jesús: «Le dijo Natanael: ¿De dónde me conoces? Y Jesús le dijo: Antes que Felipe te llamara, cuando estabas debajo de la higuera te vi. Respondió Natanael: Rabbí, Tú eres el Hijo de Dios; Tú eres el Rey de Israel» (Jn 1, 48-49).

1015 Andrés Baytelman, y Mauricio Duce, *Litigación penal: juicio oral y prueba*, Fondo de Cultura Económica, México D.F. 2005, pg 401.

1016 En Nm 17, 1-8, o la mano Moisés que se vuelve leprosa y es sanada (Ex 4, 6-7), su vara que se transforma en serpiente (Ex 4, 2-5), el sol que retrocede tras predecirlo el profeta (2 R, 20, 9-11), o los tres jóvenes salvaguardados del fuego en mitad del horno (Dn 3, 19-27).

> La prueba indiciaria (o circunstancial, o indirecta) es aquella que, para demostrar una proposición fáctica, no le basta dar por auténtica la pieza probatoria, sino que requiere la mediación de razonamiento judicial, por lo general bajo la forma de una inferencia lógica. Así ocurre cuando acreditamos que la huella dactilar del acusado está en el arma homicida: el juez todavía requiere inferir la conclusión de que «entonces el acusado lo hizo», y justificar dicha inferencia[1017].

Después de leer una larga bibliografía sobre espiritualidad y discernimiento, carismas, y tratados de mística, creemos que para explicar el valor de las pruebas, la explicación más nítida es la que se ofrece en los libros de Derecho Penal. Por eso, el sacerdote debe entender que las pruebas indiciarias son suficientes. Puede parecer que aceptar indicios razonables para llegar a una conclusión, es una actitud imprudente. Pero hay que recordar que hasta las mismas pruebas directas serían insuficientes si uno se pone a cuestionarlo todo. Ese cuestionamiento de todo por sistema ya no sería fruto de la razón, sino del subjetivismo con la excusa de la razón. Basta y es suficiente llegar a una certeza razonable: *Es preciso que entre ellos* [los hechos indiciarios] *y su consecuencia* (...) *exista una armonía que descarte toda irracionalidad en la génesis de dicha convicción*[1018]. No se puede exigir la evidencia, porque ni la misma evidencia satisfaría una mente siempre dispuesta a encontrar una contra-argumentación. Baytelman y Duce, al hablar de las pruebas directas, explicaban en el ejemplo del video del atracador entrando en un banco:

> Por supuesto, eso deja a salvo otras proposiciones fácticas que este video no alcanza a probar de manera directa (...): «el banco fue efectivamente robado», «la fecha del robo fue tal», «el acusado robó el banco», «el M16 era un arma verdadera», «el acusado fue quien robó el banco y no su hermano gemelo»[1019].

Esto evidencia que cualquier prueba puede ser problematizada con una cantidad inagotable de argumentos. Sirva como muestra,

---

1017 Andrés Baytelman, y Mauricio Duce, *Litigación penal: juicio oral y prueba*, pg 401.

1018 Ministerio de Justicia e Interior de España, *Diccionario índice de jurisprudencia penal 1989-1992*, tomo VI, n.13.676, pg 6260.

1019 Andrés Baytelman, y Mauricio Duce, *Litigación penal: Juicio oral y prueba*, pg 401.

el caso de un periodista que tras ver un exorcismo, explicó en su redacción lo que había sentido. Uno de los escépticos que le escuchaban, le preguntó que cómo estaba seguro de que no le habían introducido alguna sustancia en el vaso de agua que bebió. Aquel vaso de agua que había bebido, bastó para que el testimonio de ese observador no fuera creído[1020]. En otros casos, la evidencia siempre se puede negar apelando a la sugestión, a la alucinación, a la histeria colectiva o mediante teoremas de probabilidad.

Por eso no se le puede exigir una evidencia irrefutable a alguien que afirme poseer un carisma. A veces se podrán tener pruebas razonables, pero rara vez evidencias irrefutables. Esas pruebas, a veces los indicios, nos llevarán a una conclusión. Pero siempre debemos admitir la propia limitación para conocer estas cosas. *La racionalidad de una creencia es una cosa, la objetividad es otra muy diferente*[1021]. El discurso aparentemente racional no siempre es verdadero. Cuántos sacerdotes se han equivocado admitiendo en sus equipos a personas sugestionadas por su propia imaginación.

Dado que un mal discernimiento produce tantos errores posteriores, debemos insistir en la necesidad de no tener prisa. La cuestión del discernimiento de dones es una de las cuestiones que más consultas suele producir entre exorcistas. Recapitulando, el discernimiento se debe llevar a través del método gradual antes descrito, y no como resultado de la concordancia automática con un cierto número de criterios. En orden a la economía de palabras, al discernimiento de lo extraordinario por la vía del método gradual antes descrito, lo denominaremos en esta obra *methodus gradualis.* Este método se sintetiza en los tres pasos siguientes:

1. **Aproximatio**: La persona va a orar a la parroquia donde trabaja el exorcista. Esto es, a la parroquia, convento o iglesia donde trabaja el exorcista. Está presente en ese templo tanto para sus oraciones personales, como para las comunitarias. Lo que le permite al exorcista tener un contacto diario con ese sujeto. La persona se inserta en la vida parroquial en alguno de sus diversos grupos de apostolado y caridad, de

1020 El hecho concreto supondría explicar la historia, Arch. Pers., n.57, pg 33.

1021 John Earman, *Hume's abject failure: the argument against miracles*, Oxford University Press, Nueva York 2000, pg 72.

forma que el individuo entra en contacto con muchos más parroquianos, experimentados, que ejercen sin saberlo un discernimiento sobre el recién llegado.

2. **Collaboratio**: El sacerdote le invita a colaborar con oraciones personales (rezando el rosario, por ejemplo) en su equipo exorcístico o en un grupo de liberación. Se trata de una colaboración a través de la oración normal. Podrá colaborar en sujetar al poseso, en organizar los elementos materiales de la capilla antes o después del exorcismo. El afán, la ansiedad o no por intervenir, serán aspectos que serán observados atentamente. También se observará si la persona apenas colabora en los aspectos materiales, como traer o llevar sillas, limpiar la capilla, cuando el sacerdote se lo pide. Hay sujetos que tienen tal estima de la dignidad de sus dones, que no consideran que tienen que colaborar con aspectos más humildes del exorcismo. El «divismo», la gran consideración de uno mismo, son muy malos signos.

3. **Examinatio**: Se le permite, alguna vez, ejercer su supuesto don *ad experimentum*. Pero el exorcista sigue observando todo, sin emitir juicio. El equipo entero, advertido, está atento para discernir de un modo comunitario la introducción de un nuevo miembro. Uno de los errores más comunes, es que la introducción de un nuevo miembro la decide solo el sacerdote por su cuenta. Se ofrece al grupo como un hecho dado. La *receptio* debe ser discutida entre todos, pues lo que uno no lo vea, lo verá otro.

A veces, por parte de un obispo se le solicita al exorcista que discierna la veracidad o no de un don de una que persona vive lejos y a la que solo va a poder ver una vez, o muy pocas. Ante peticiones de esta índole únicamente se puede ofrecer en un informe la impresión general acerca de qué nos ha parecido ese individuo. Pero hay que dejar claro que en esas circunstancias no es posible ofrecer un veredicto definitivo. Lo cual requeriría un contacto personal (no a distancia), frecuente y en un entorno grupal, que permita ver como interactúa ese sujeto.

El mismo Cura de Ars tras haber conocido a uno de los videntes de La Salette, a través de una sola visita, se equivocó en su juicio acerca de la veracidad de estas apariciones y desde el día siguiente *no quiso ya poner su firma sobre la imagen de La Salette*[1022], si bien años después cambió de opinión. Ese error en un sacerdote como el Cura de Ars acerca de un vidente, nos muestra la dificultad de dar un veredicto definitivo sobre este tipo de asuntos, aunque el que emita ese veredicto sea un hombre santo y aun místico. Mucho más si el discernimiento se basa solo en los criterios teológicos extraídos de un libro. El error del padre Gemelli respecto al Padre Pío, se puede calificar de antológico[1023], pero el problema es que hubo otros clérigos instruidos que informaron sobre él y también se equivocaron. Los casos actuales en los que, a pesar de tomarse en consideración variados informes, se han producido dictámenes errados son numerosos[1024]. Debemos admitir que los errores de discernimiento en este campo no son la excepción, y que ello se debe a una objetiva limitación epistemológica cuando el objeto son temas de esta índole.

La *aproximatio* no se puede suplir meramente con inteligencia por parte del exorcista. Recuerde el pastor que lo que de ningún modo se puede hacer, es discernir un supuesto don únicamente por lo que dictamine otra persona con otro supuesto don. Así se han dado no pocas situaciones en las que un sacerdote ha aceptado como verdadero el carisma del Sujeto B, a través del Sujeto A (que supuestamente tiene un don extraordinario para discernir carismas), pero sin que nadie haya tenido nunca una prueba de que el Sujeto A tenga realmente este don. De forma que, con el pasar de los años, el Sujeto B (reconocido ya por muchos) a su vez

---

1022 Jean de Fabregues, *El santo cura de Ars*. 6ª ed, Rialp, Madrid 1979, pg 269. El mismo episodio en Francis Trouchou, *El cura de Ars* Ediciones Palabra, Madrid 2005, pg 441-451.

1023 El mismo Padre Gemelli emitió un juicio completamente desfavorable acerca de los estigmas del padre Pío de Pietrelcina. Cfr. Bernard Ruffin, *Padre Pio*, Our Sunday Visitor, Huntington 1991, pg 178-179.

1024 Un ejemplo de esto, es el caso de una vidente y estigmatizada que recibió un juicio negativo de un cardenal y toda una serie de prohibiciones subsiguientes, pero que varios decenios después los frutos y su santidad de vida forzaron un cambio público de actitud de ese mismo prelado. Los datos concretos pueden verse en Arch. Pers., n.54, pg 30.

discernirá si el Sujeto C tiene un don. La sucesión de errores, de este modo, no solo se prolonga en el tiempo, sino que además se apuntala a sí misma. Y así cuando alguien quiera poner en duda la veracidad de los dones de alguien, estará confrontándose a todo un grupo compacto de personas que afirman tener dones, grupo que se apoyará a sí mismo.

Discernir los dones de alguien a través de los dones de otro, acaba creando una especie de línea de sucesión de legitimidad. Sabemos que los dones del Sujeto C son verdaderos, porque así lo afirmó el Sujeto B. El cual sabemos que tiene dones porque así lo determinó el Sujeto A. Este tipo de líneas de legitimidad acaban formando una especie de todo unitario. Poner en duda los dones de alguien sería entendido como un ataque contra el grupo entero. El pastor deberá explicar pacientemente que dudar legítimamente acerca de la posesión de unos dones no es un ataque del Maligno (siempre es entendido así), sino que ellos mismos, los miembros de ese grupo, deben ser los primeros interesados en que sus dones sean discernidos de la manera más rigurosa y objetiva posible dentro de un campo que en ocasiones ofrece verdaderas limitaciones para llegar a conclusiones definitivas.

> Un ejemplo parecido de esto se dio en una diócesis con un equipo de tres exorcistas. Dos laicos con supuestos dones convencieron a uno de los tres exorcistas de la veracidad de sus dones respecto al exorcismo. Ambos laicos se apoyaron mutuamente en cuanto a ratificar la veracidad de los carismas respectivos. Tal apoyo no surgió ni de un plan premeditado, ni de la existencia de mala fe. Dos exorcistas advirtieron a su colega de que ambos laicos carecían de verdaderos dones. Entonces, los dos laicos se encargaron, mensaje a mensaje, visión a visión, de ir desacreditando a los dos exorcistas que no creían en ellos. El exorcista crédulo logró, tal como había deseado, quedarse como exorcista único de la diócesis. Con los años, los mensajes de los videntes fueron progresivamente haciéndose más aberrantes. Llegó un punto en el que el obispo tuvo que apartar del ministerio al exorcista, que nunca admitió haber pecado de credulidad[1025].

Ésta es una muestra de cómo los falsos videntes cierran filas entre sí, y cómo tienden a desacreditar a aquellos que muestran

1025 Arch. Pers., n.55, pg 32.

una aproximación crítica hacia sus supuestos carismas. Y todo como resultado no de un acuerdo premeditado, sino como una defensa subconsciente de sus propios presupuestos. *Este es un aspecto notablemente irracional de la conducta fanática, ya que no presta atención a las cualidades más o menos valiosas que pueda poseer el obstáculo, sino que solamente se atiende a su efecto obstructor*[1026]. El gran peligro de los exorcistas encargados de discernir, es que estos videntes normalmente les halagan con profecías acerca de los grandes planes de Dios tiene para ellos. Pero cuando por fin ellos, u otros sacerdotes, intentan poner orden, los videntes tienen una reacción complemente destructiva contra el honor de esos sacerdotes: nos atacan porque están corrompidos. Por eso, una vez más, insistimos en las ventajas de que el discernimiento de esta materia se haga en equipo, a través del diálogo y de la confrontación de puntos de vista diversos. Los males de asentar en un grupo exorcístico a un fanático, serán siempre las reacciones eclesialmente destructivas de ese sujeto al ser cuestionado. Como escribía Javaloy, será *la agresión indiferenciada hacia cualquier tipo de obstáculo que se cruce en el camino*[1027].

Con todo lo expuesto anteriormente, de ninguna manera queremos quitar brillo al tesoro que supone para la Iglesia la otorgación divina de los dones extraordinarios en general, y de los carismas exorcísticos en particular[1028]. Resulta patente que en esta obra se ha hecho una defensa del hecho carismático exorcístico cuando hablamos de lo general, aunque acompañado de extrema prudencia cuando hablamos de lo concreto. Cautelas, precauciones y suspensión de juicio que pueden parecer excesivas, pero que se deben a la experiencia. En nuestra propia experiencia, hemos visto cómo se nos han acercado numerosas personas con supuestos dones. De entre todas ellas, algunas han podido ser examinadas de un modo prolongado en el tiempo y satisfactorio para llegar a un discernimiento. De entre todas ellas, a nuestro juicio,

1026 Federico Javaloy, *Introducción al estudio del fanatismo*, Edicions Universitat de Barcelona, Barcelona 1984, pg 105.

1027Federico Javaloy, *Introducción al estudio del fanatismo*, pg 105.

1028 La exposición de las diversas categorías de dones de naturaleza exorcística resulta ajena a la temática de la presente obra. Tal exposición puede hallarse en José A. Fortea, *Exorcística*, Dos Latidos, Benasque 2011, pg 109-111.

se verificó que cinco sujetos estaban dotados con uno u otro tipo de don exorcístico. Esas cinco personas colaboraron con diversos exorcistas durante años con gran fruto. Pero el resultado, a largo plazo, fue el siguiente:

> Una acabó cayendo en extrañas teorías incompatibles con la fe católica. Otra abandonó bruscamente el ministerio con profunda aversión hacia todos y cada uno de los varios exorcistas con los que colaboró. Otra, profundamente soberbia, abandonó la religión durante un largo tiempo, cayendo en la depresión. Otra dejó toda ayuda a los exorcistas, para crear un consultorio en su domicilio particular[1029].

Como se ve, la posesión de dones extraordinarios con mucha frecuencia resulta ocasión de graves desviaciones personales. No estamos diciendo que alguna vez, como excepción, alguna persona con carismas exorcísticos se corrompa. Sino que hay que reconocer que la proporción estadística de casos que acaban mal, ofrece un resultado bastante preocupante. La experiencia común de los exorcistas coincide. Fijémonos que el único lugar del Nuevo Testamento donde se habla con extensión de los dones extraordinarios es en la I Carta a los Corintios. Y, como observó Njiru,*en la discusión de Pablo en I Corintios, uno puede fácilmente descubrir que el contexto incluye la voluntad de resolver un problema ya existente*[1030]. El único remedio posible son la prudencia y la constante vigilancia. Recordando que el discernimiento no acaba en comprobar la veracidad o no de un carisma. Sino que esa vigilancia debe continuar, ya que un carisma que hoy se usa bien, mañana puede ser, si no corrompido, al menos impurificado con elementos humanos.

1029 Arch. Pers., n.91, pg 49.

1030 Paul Kariuki Njiru, *Charisms and the holy spirit's activity in the body of Christ: an exegetical study of 1 Corinthians 12, 4-11 and Romans 12, 6-8*, Editrice Pontificia Università Gregoriana, Roma 2002, pg 310.

IV PARTE

En el campo de la legislación

En esta obra dedicada a los problemas de la práctica del exorcismo, esta última parte va a estudiar cuál sería el posible desarrollo jurídico frente a esos problemas. En este sentido, esta última parte constituye una especie de conclusión jurídica a la obra. De forma que se trata de una colofón natural al repaso realizado.

Lo que no es esta parte, es una recopilación jurídica de la legislación canónica ya existente. Primero porque no es el tema de esta obra, y segundo porque la legislación eclesiástica al respecto del exorcismo ya ha sido examinada a lo largo de las páginas anteriores en cada momento que ha sido necesario. Ahora es el momento de analizar los posibles desarrollos de la ley civil y canónica en relación con este ministerio. Era lógico que teniendo delante de nosotros el panorama completo de la problematicidad del exorcismo, diésemos el paso de tratar de ver cuáles podrían ser los mejores cauces jurídicos para tratar de encaminar las desviaciones.

Realizar esta tarea se muestra muy conveniente, dada la inmejorable perspectiva que nos ofrece una visión global, y no simplemente la situación coyuntural que se planteará en el futuro al intentar resolver tal o cual abuso concreto que surja a raíz de un gran escándalo. En la Iglesia, normalmente, hay que evitar legislar a golpe de coyuntura. La Ley debe generarse desde la perspectiva panorámica más amplia posible. La urgencia de las situaciones coyunturales no suele ser buena consejera para la creación de una legislación duradera.

Como hemos dicho, esta última parte jurídica, en cierto modo, es una conclusión de todo el desarrollo teológico anterior. Dado que la Teología subyace en el Derecho de la Iglesia, podemos afirmar que existe toda una teología sobre el exorcismo fundando los cauces canónicos que existen ya ahora. Los cauces canónicos vigentes en nuestra época nos parecen enteramente adecuados, tanto a nivel teológico como práctico. Si bien el aparato jurídico tiene algo de maquinaria, y como toda maquinaria permite ciertas mejoras.

Puesto que este capítulo trata la relación del exorcismo con el Derecho Canónico, nos ha parecido que para que esa relación se mostrase del modo más completo posible, se debía abordar también el campo del Derecho Civil en relación con el exorcismo. En el futuro, será imposible abordar la legislación canónica sobre el exorcismo, sin tener en cuenta las implicaciones jurídicas civiles que tiene esta actividad eclesial. Por eso, aquí la parte dedicada al Derecho Civil completará la labor de cartografía de la problematicidad del exorcismo. Estas implicaciones civiles del exorcismo nos mostrarán hasta que punto es conveniente mantener uno de los criterios que hemos defendido en esta obra: el criterio restrictivo.

XIV

Posibles conflictos de jurisdicción entre la potestad civil y la eclesiástica

Hemos dividido esta parte en dos secciones. La primera sección estudia el ámbito eclesiástico sometiéndose lícitamente a la legislación civil. La segunda sección estudia el ámbito civil invadiendo el ámbito de lo eclesiástico.

El ámbito de lo eclesiástico sometido lícitamente a la judicatura

El caso de Anneliese Michel

El exorcismo de Anneliese Michel(realizado en Alemania entre 1975 y 1976), y el posterior juicio que tuvo lugar, es un caso perfecto para analizar lo intrincadas que pueden ser las relaciones entre el poder espiritual y la Ley Civil. Creemos que el mejor modo de analizar estas relaciones es exponer este caso y después extraer las conclusiones pertinentes para las situaciones similares que puedan surgir en el futuro.

Los hechos

Dos sacerdotes bávaros realizaron 67 sesiones de exorcismo a Anneliese Michel, una chica de veinticuatro años en Leiblfing (Baviera)[1031]. Los exorcismos tuvieron lugar entre el 24 de septiembre de 1975 y el 30 de junio de 1976. Anneliese moriría durante la noche, entre el 30 de junio y el 1 de julio de 1976. No falleció durante el exorcismo, ni inmediatamente después,sino en algún momento durante la noche que siguió a la última sesión. La chica, a nuestro parecer, estaba verdaderamente poseída y el demonio le impedía comer. Si ella se forzaba a sí misma a comer, vomitaba lo comido. Cosa que no debe parecernos extraña a la posesión, dado que en los Evangelios queda constancia de un chico al que el espíritu le causaba el estar mudo[1032] y que intentaba matarlo arrojándolo al fuego[1033].

Así pues, la alimentación de esta chica alemana era muy escasa, claramente por debajo de lo necesario para vivir. Anneliese murió no a causa del exorcismo, sino de inanición. El estado de malnutrición era tan evidente que el médico que acudió a certificar la muerte, se vio en la obligación de poner en conocimiento de las autoridades la situación en la que encontró el cadáver. Esto motivó que se le practicara la autopsia y fue la razón del posterior juicio contra los sacerdotes y la familia, que tuvo lugar entre el 30 de marzo de 1978 y el 21 de abril de 1978, fecha en la que se dio a conocer el veredicto.

Téngase en cuenta de que tanto Anneliese como los padres de ésta, no querían que su hija fuera ingresada en un hospital, lo cual hubiera conllevado, sin duda, su internamiento en una institución mental durante un tiempo no breve. Pero el hecho probado de que Anneliese no quisiera ir al hospital, sino que se le practicara el

---

1031 Todos los datos acerca del caso de Anneliese Michelle, y que aquí relatamos de un modo sumario, han sido tomados de varias fuentes de las cuales destacamos *The Exorcism of Anneliese Michel*, de Felicitas D. Goodman (Doubleday & Company, Inc., GardenCity, New York 1981), así como del libro *Prawdziwa historia egzorcyzmów Anneliese Michel*, de Lawrence LeBlanc y José Antonio Fortea (Polwen, Radom 2010). Este último libro (en el momento de la redacción de la tesis)solo ha sido publicado en polaco, así que todas las citas se harán de la versión inglesa de la obra (no publicada), cuyo título es*Anneliese Michel: A true story of a case of demonic possession.*

1032 «Teniendo un espíritu mudo» (Mc 9, 17). Cf. Mc 9, 25

1033 «Y a menudo lo arroja al fuego y a las aguas para destruirlo» (Mc 9, 22).

exorcismo, y el hecho del decidido consentimiento de sus padres a la decisión de su hija, no sirvieron para evitar que la sentencia fuera condenatoria. La sentencia afirmaría:

> «En mayo de 1976, como muy tarde, Anneliese ya no poseía la capacidad de decidir ni cuidar de su propia supervivencia. Las sesiones de exorcismo agravaron su condición. Los acusados deberían haber buscado ayuda médica». El tribunal dijo que si Anneliese hubiera recibido tratamiento médico y hubiera sido forzada a comer, incluso quizá una semana antes de su muerte, su vida hubiera podido ser salvada. La sentencia pues afirma que la ayuda médica debió haber sido buscada, incluso aunque ellos hubieran estado convencidos de que el problema era espiritual[1034].

Lo cual llevó al juez a condenar a los dos sacerdotes que practicaron los exorcismos, así como a los padres de Anneliese:

> Los cuatro acusados fueron sentenciados a seis meses en prisión. Esta sentencia fue suspendida por tres años de libertad condicional. El padre Alt fue condenado a pagar 4.800 marcos, y el Padre Renz 3.600 marcos. También se les condenó a pagar las costas del juicio[1035].

Los padres de Anneliese no fueron condenados ni a prisión ni a pagar ninguna multa, pues se consideró que ya habían sufrido suficiente con la muerte de su hija y el posterior proceso judicial. Años después *ninguno de los acusados dudaba de lo correcto de su actuación*[1036].

Análisis del fallo judicial

Lo primero que hay que dejar claro es que ninguno de los investigadores tuvieron duda de que los padres y los sacerdotes actuaron

---

1034 Lawrence LeBlanc y José A. Fortea, *Anneliese Michel: A true story of a case of demonic possession*, pg 99.

1035Lawrence LeBlanc y José A. Fortea, *Anneliese Michel: A true story of a case of demonic possession*,, pg 100.

1036 Linda Dégh, *Legend and belief: dialectics of a folklore genre*, Indiana University Press, Bloomington 2001, pg 20. Basándose en la entrevista de Ursel Kolbe, *Badische Zeitun* (14 de abril de 1978).

de buena fe, tratando de hacer lo que creyeronque era más beneficioso para Anneliese. Sus padres, Josef y Anna Michel, así como el Padre Renz y el Padre Alt, eran personas íntegras que actuaron lo mejor que supieron de acuerdo a sus conciencias. Pero resulta objetivamente claro que cuando la salud de Anneliese comenzó a estar en peligro, ellos deberían haber buscado ayuda médica. En este caso los padres y los sacerdotes creyeron que la situación de la joven solo se podría resolver a través de la oración. Estaban convencidos de que la liberación estaba próxima. Y que una vez que Anneliese fuese liberada de esos demonios, podría volver a comer con normalidad y se repondría físicamente. Pero, a pesar de esta convicción subjetiva, lo correcto objetivamente es que Anneliese debería haber sido ingresada en un hospital cuando su salud comenzó a correr peligro.

Pero hay que recordar a todos los exorcistas del futuro que ésa es la diferencia entre un delito doloso y culposo. Bajo este segundo encuadramiento, en los códigos penales de todo mundo, *se penan causaciones de resultados que se pretenden evitar*[1037]. Como atenuante hay que concordar con Goodman en que *ellos estaban tratando con una situación en la que las directrices no están escritas en ningún sitio*[1038]. Pero como recuerda un jurista como Figari:*Los actos culposos se les imputan a los individuos cuando se presenta el elemento moral deducido de la previsibilidad*[1039]. Nuestra posición sobre la sentencia del juez alemán ya la expresamos en nuestro propio libro sobre este caso, cuando concluimos acerca del veredicto:

> Reflexionando sobre esta historia hay que admitir que la razón natural dictaba que Anneliese debería haber sido llevada a un hospital. Errar en eso, fue un error cometido de buena fe, sin deseo de dañar, teniendo en mente únicamente el bien de Anneliese. Pero, a pesar de todo, supuso un error tanto bajo las pautas que deben regir un exorcismo, como bajo las normas que rigen la Ley. Al juez se le pidió que emitiera un veredicto de

1037Ruben Enrique Figari, *Casuistica penal: doctrina y jurisprudencia*, Ediciones Jurídicas Cuyo, Mendoza 1999, pg 139.

1038Lawrence LeBlanc y José A. Fortea, *Anneliese Michel: A true story of a case of demonic possession*, pg 114.

1039Ruben Enrique Figari, *Casuistica penal: doctrina y jurisprudencia*, pg 140.

acuerdo a los hechos objetivos. Y claramente aquello constituyó una negligencia de acuerdo a la Ley. El juez no podría haber dado otro veredicto, no tenía alternativa. *Dad al César lo que es del César.*

Así como esos dos sacerdotes tuvieron la obligación de expulsar a los demonios de esa persona poseída, así también el juez tuvo el deber de determinar si se dio una acción punible en lo que pertenece a la obligación de proteger el bien físico de ese sujeto. Si el juez hubiera sentenciado la inocencia de ellos, eso hubiera supuesto legitimar que basado en creencias religiosas uno puede ser negligente del cuidado físico de un tercero incapaz, hasta llegar a la muerte[1040].

Remarquemos, una vez más, que ni el consentimiento de la propia persona que recibe el exorcismo, ni el decidido consentimiento de los padres, liberan a los sacerdotes del deber de hacer aquello que según el sentido común debe hacerse cuando la vida de una persona está en peligro por omitir un auxilio debido.

Quizá un ejemplo hipotético puede arrojar alguna luz sobre esto. Un abad en un monasterio sabe que uno de sus monjes rehúsa alimentarse, porque afirma haber recibido un mensaje divino que le ha comunicado que no morirá aunque no coma. ¿Qué debería hacer el abad? La actuación apropiada del abad sería esperar un periodo de tiempo razonable para que se probase o no la autenticidad del supuesto mensaje. Si después de un tiempo razonable la situación física del monje es tal que resulta evidente que está poniendo en peligro su vida, el abad debe informar a las autoridades civiles apropiadas, para que puedan intervenir en su ayuda[1041].

Creemos que este ejemplo ofrece una luz clarificadora sobre lo que debe o no debe hacer una autoridad religiosa en relación a temas demoniacos, místicos o de supuestas revelaciones. La recta razón, el sentido común, la prudencia natural deben regir sobre otras consideraciones. Los que tenemos fe, creemos que pueden darse casos milagrosos en que la voluntad de Dios se impone

---

1040 Lawrence LeBlanc y José A. Fortea, *Anneliese Michel: A true story of a case of demonic possession*,, pg 114.

1041 Lawrence LeBlanc y José A. Fortea, *Anneliese Michel: A true story of a case of demonic possession*, pg 114-115.

sobre las leyes de este mundo. Por eso resulta adecuado otorgar un espacio razonable de tiempo para observar si existe una determinación especial divina sobre un determinado sujeto.

En el Libro de Daniel el jefe de eunucos ofreció un tiempo con una alimentación insuficiente a Daniel, Ananías, Misael y Azarías, cuando Daniel le pidió un tiempo de prueba con esa alimentación para no contaminarse con alimentos impuros[1042]. Lo mismo se podría decir para casos como el de Teresa Neumann o Catalina Emmerick, que gozaban del fenómeno místico de la inedia, la *habilidad del cuerpo para sobrevivir sin comida y, a veces, sin bebida*[1043]. Estos casos místicos nos ofrecen luz en nuestro modo de manejar los casos de acción demoniaca. Un tiempo razonable es lógico concederlo, antes de derivar un individuo hacia los profesionales de la salud. Pero una vez agotado el margen de lo razonable, el sentido común debe regir cualquier situación de intersección entre el mundo de lo espiritual y de lo material.

Respecto al tema de Anneliese Michel, la conclusión a la obra antes citada continuaba diciendo:

> Como resulta evidente en el caso de un monje que ayuna y en el caso de un poseso que no se alimenta, los temas religiosos y legales forman una intersección. Cuando tratamos acerca del bien espiritual, eso es una competencia de las autoridades religiosas. En el caso de Annelise, esas autoridades religiosas decidieron realizar un exorcismo. Pero cuando por acción u omisión la supervivencia física de una persona está objetivamente amenazada, entonces eso pasa a ser competencia de la Ley Civil. El juez debe juzgar basado en los hechos, no en las intenciones o creencias; ni tampoco en si Anneliese sufría o no posesión[1044].

Como era de esperar, la opinión pública alemana de 1978 se dividió. Estos dos sacerdotes para unos eran culpables, para otros eran dos héroes. La conclusión final del caso y su posterior juicio se condensan en las siguientes consideraciones:

1042 «Te ruego que hagas la prueba con tus siervos por diez días, y nos den legumbres a comer, y agua a beber» (Dn 1, 12).

1043 Pamela Rae Heath, *Mind-Matter Interaction: A Review of Historical Report. Theory and Research,* McFarland & Company, Jefferson 2011, pg 27.

1044 Lawrence LeBlanc y José A. Fortea, *Anneliese Michel: A true story of a case of demonic possession*, pg 115.

> Resulta difícil encontrar un caso como este, en el que lo espiritual y lo físico, lo religioso y lo legal, estén tan interrelacionados. Se trata de un caso complicado, pero del que se pueden aprender valiosas lecciones. Anneliese se sacrificó a sí misma y entró en el Reino de los Cielos como una mártir. Su familia se unió a su sacrificio, sufriendo con ella y animándola durante el tiempo que ella portó esta cruz.
>
> Los sacerdotes hicieron todo lo que estuvo en su mano para liberar a Anneliese de su posesión. Pero la decisión de no buscar atención médica, fue un error de juicio. Al final, el tribunal otorgó un veredicto correcto y una sentencia leve considerando las circunstancias de este caso. Creo en la posesión demoniaca, creo en la buena fe de los sacerdotes. Pero como juez yo hubiera emitido la misma sentencia.
>
> De lo contrario, cualquier guía religioso podría hacer cualquier cosa sin ningún límite, basado en la libertad de credo. Y así siempre podría decir: *mi credo me permite obrar así*. La Ley debe emitir veredicto basado, ante todo, en el sentido común. Son los hechos los que son objeto del juicio de un tribunal, no las creencias ni las intenciones que intervienen en esos hechos. En este caso, un error llevó a la negligencia, una negligencia que condujo a la muerte[1045].

Lo cierto es que en la jurisprudencia la exención de culpa basándose en el concepto de «error moral» se halla muy restringido. El Tribunal Supremo de los Estados Unidos razonó al respecto, que un entendimiento amplio de ese concepto judicial: *Socavaría seriamente la ley penal, porque permitiría que cada uno que violó la ley fuera excusado de la responsabilidad criminal, solamente porque según su propia conciencia ese acto no era moralmente equivocado*[1046]. Nosotros los creyentes católicos no deberíamos oponernos a este concepto de neutralidad objetiva de la Ley que no admite excepciones basadas en creencias religiosas. Al revés, el propósito de aquellos que creemos en la racionalidad del Derecho, debe ser lograr un sistema legal lo más universal posible. Repetidas sentencias exculpatorias del error moral crearían

---

1045 Lawrence LeBlanc y José A. Fortea, *Anneliese Michel: A true story of a case of demonic possession*, pg 115.

1046 Gary B. Melton (AA.VV), *Psychological Evaluations for the Courts*, The Guilford Press, Nueva York 2007, pg 215.

jurisprudencia. Y por vía de jurisprudencia la sociedad autorizaría conductas contrarias a la razón. *Autorizar positivamente un error moral es presentarlo como objeto de un derecho de la persona. Y que las leyes den derecho a hacer el mal sería ir contra lo que debe ser el objeto de las leyes: el bien común*[1047].

Otros casos actuales

Hemos dedicado más tiempo al juicio de los exorcistas de Anneliese, porque es el caso de muerte durante un proceso de exorcismo sobre el que más se ha escrito. Pero examinemos a continuación otros dos casos, uno acaecido en la Iglesia Ortodoxa y el último en ámbito protestante.

En el campo ortodoxo:

Daniel Corogeanu, sacerdote ortodoxo rumano. Este sacerdote exorcizó a Maricica Irina Cornici, novicia de veintitrés años en un convento del noreste de Rumanía. Lo que sucedió queda reflejado las siguientes líneas:

> La Policía dijo que a la monja de veintitrés años de edad se le negó el agua y la bebida durante ese tiempo. La cual estaba atada y encadenada a una cruz. Una toalla había sido introducida en su boca para sofocar cualquier grito[1048].
>
> La primera autopsia concluyó que la monja había muerto por deshidratación, malnutrición y falta de oxígeno, como afirmó en su momento la agencia estatal de noticias Rompres. Otra novicia del monasterio, Iustina Galca, dijo a la BBC que las monjas no habían dado ni siquiera agua a Sor Cornici durante ese tiempo. Cuando se le preguntó si las monjas habían tratado de protestar contra el trato que se le daba a esa mujer, contestó que todas tenían que obedecer al sacerdote.

1047 Alfonso Aguiló, *Libertad y tolerancia en una sociedad plural*, Palabra, Madrid 2011, pg 94.

1048 BBC, http://news.bbc.co.uk/2/hi/europe/4107524.stm [18 de junio de 2005].

La Iglesia Ortodoxa condenó el incidente como algo «abominable», y excomulgó al Padre Daniel, además de excomulgar también a cuatro monjas del monasterio. Los cinco acusados, que se consideran inocentes de asesinato, están en libertad bajo fianza pendientes de juicio. Pueden enfrentarse a condenas de hasta veinte años en prisión si son considerados culpables[1049].

El padre Corogeanu sin arrepentimiento afirmó que fue necesario realizar aquello de ese modo. Hay que recalcar que este sacerdote actuó no solo sin el conocimiento de la Iglesia ortodoxa en cuanto a este exorcismo, sino sin ni siquiera permiso para realizar este ministerio. Una vez más se muestra cómo el control institucional evita que el exorcismo se convierta en campo abierto para poner en práctica todo tipo de teorías que, como en este caso, se muestran letales. El sacerdote fue sentenciado en primera instancia a catorce años de prisión. Pero el Tribunal Supremo rebajó la pena a siete, considerando su acción un homicidio involuntario. Las tres monjas del convento fueron condenadas finalmente a cinco años de prisión, la superiora a seis años.

En el campo protestante:

Ray Anthony Hemphill, Milwaukee (Wisconsin, Estados Unidos). Los hechos ocurrieron la noche del 22 de agosto de 2003. El mejor resumen de lo que sucedió lo encontramos en el texto oficial de la sentencia del Tribunal de Segunda Instancia del Estado de Wisconsin, pues contiene una descripción de los hechos que ponemos a continuación:

> El 22 de agosto de 2003, tuvo lugar una sesión para tratar de «curar» a Terrence. Era una tarde muy calurosa. Varios miembros de la congregación, incluyendo a la madre de Terrence, sujetaron los brazos y piernas de Terrence mientras Hemphill apoyaba su rodilla sobre el pecho de Terrence, como fue testificado por una persona. Él también se tumbó sobre el pecho de Terrence, como Hemphill declaró a la policía. El oficio religioso duró aproximadamente de una hora y media a dos horas. Terrence luchó por liberarse durante la mitad del oficio, pero des-

1049 BBC, http://news.bbc.co.uk/2/hi/europe/4269312.stm [21 de septiembre de 2005].

pués dejó de hacerlo. Cuando Hemphill se levantó, los miembros descubrieron que Terrence no respiraba.

Cuando se vio que los intentos para que volviera a respirar fueron ineficaces, se llamó al 911. Cuando el Departamento de Bomberos llegó, Hemphill dijo primero que Terrence había estado corriendo alrededor con otros chicos y que había caído inconsciente. Después, Hemphill dijo que Terrence estaba orando, cuando cayó inconsciente. Al intervenir la Policía, Hemphill admitió haberse puesto encima del pecho de Terrence en un intento de prevenir que se moviera o hiriera a alguno. El forense certificó que la autopsia reveló que la causa de la muerte fue una «asfixia mecánica debida a compresión, compresión prolongada de su pecho que impidió su respiración»[1050].

En primera instancia, el jurado había encontrado culpable a Hemphill, y fue sentenciado a dos años de prisión, cinco meses de confinamiento, y siete años y cinco meses de supervisión[1051]. Hemphill apeló la sentencia en segunda instancia y el veredicto fue confirmado.

Otros casos han sido verdaderamente aberrantes. EnPawtucket (Rhode Island), en 1996, la prensa se hizo eco de este pseudoexorcismo que llegó a los tribunales. Entresacamos únicamente este momento como muestra: *Mientras los familiares miraban todo y rezaban, un hombre realizó punciones en el esófago de su suegra. Después metió dos crucifijos por su garganta durante un exorcismo, afirmó la policía hoy*[1052]. Otro caso que llegó a los tribunales fue el de un exorcista coreano que en Nueva Zelanda produjo la muerte de una mujer. Muerte que se produjo porque*le presionó el estómago, su pecho y la garganta para sacarle los espíritus a través de su boca.* Durante el juicio se demostró que aquella mujer *tenía tres fracturas en sus costillas y en un hueso del pecho* Fue condenado a seis años de prisión[1053].

1050Court of Appeals of Wisconsin, sentencia 2006 WI App 185Case No.: 2005AP1340-CR.

1051Court of Appeals of Wisconsin, *Ibidem*.

1052*The New York Times*,http://www.nytimes.com/1996/04/03/us/woman—wounded—by—crucifixes—in—exorcism.html [3-abril-1996].

1053*Aenjournal*, http://www.aen.org.nz/journal/2/2/Kavan.html [9-2-2012].

No hace falta decir que este tipo de hechos (a pesar de alguna excepción estadísticamente irrelevante) son inexistentes en el ámbito de la iglesia católica, ortodoxa y anglicana, así como en aquellas iglesias protestantes que muestran un control jerárquico parecido a las anteriores. Démonos cuenta que las muertes durante un exorcismo han sido, por lo menos, unas treinta en los últimos veinte años si contamos todas las confesiones religiosas, cristianas o no.

Conclusiones

Las consecuencias civiles y penales que indudablemente puede conllevar este ministerio, nos obliga a reflexionar acerca de la legislación canónica del exorcismo. Reflexión en la que llegamos a ciertas conclusiones.

Conclusiones canónicas en relación a la ley civil

Cuando en esta obra hemos defendido una especial vigilancia del Ordinario del Lugar sobre este ministerio y un criterio legislativo restrictivo, lo hemos hecho no por un afán legalista de control, sino desde el conocimiento de las dimensiones de los abusos que tienen lugar bajo la cobertura del exorcismo en las confesiones congregacionalistas carentes de estructura jerárquica. El exorcismo se presta como ningún otro ministerio a poner en práctica todo tipo de teorías acerca del demonio. Estadísticamente esto supondrá siempre un cierto número de actuaciones aberrantes.

Aunque hemos ofrecido estos casos como ejemplos descriptivos de cómo puede suceder la muerte en el ámbito del exorcismo, la lista podría alargarse. No obstante, los casos expuestos son suficientes para inferir que la supervisión y restricciones canónicas de la Iglesia Católica, aunque son vistas por muchos como una mera traba antievangélica, implican una verdadera defensa de las mismas personas que acuden en busca del ministerio, y una defensa del ministerio en sí mismo, frente a ministros que lo harían caer en el descrédito.

Por lo tanto, la primera conclusión que se desprende de estos casos lamentables, es que el criterio de supervisión episcopal del ministerio en general (esto incluye la oración de liberación), y el criterio restrictivo en cuanto al nombramiento del ministro, resultan adecuados. Y esto, queremos decirlo de forma expresa, incluye las oraciones de liberación, sin importar el método de oración empleado, el número de personas presentes, o cualquier otra circunstancia. Pues lo que hay que vigilar es el hecho, sin caer en excusas juridicistas para excusarse del cumplimiento de la Ley. Por eso la norma es genérica hablando del «ministerio del exorcistado»:

> El ministerio del exorcistado debe ser ejercitado en estrecha dependencia del Obispo diocesano, y de acuerdo con el can. 1172, la Carta de la Congregación para la Doctrina de la Fe del 29 de septiembre de 1985 y el *Rituale Romanum*[1054].

Si no incluimos en el criterio restrictivo la oración de liberación, ésta se convertirá en la «puerta de atrás» para entrar en el ministerio del exorcismo. ¿Cómo realizar exorcismos sin permiso? Bajo la excusa de que lo que realizamos son oraciones de liberación. Como nos decía un exorcista al que el obispo le retiró, acertadamente, la licencia para el ministerio: *Solo nos reunimos a orar.* Aunque, después, admitió que alguna vez hacía alguna cosa más, *por razón de la emergencia*[1055]. La oración de liberación forma una unidad con el entero ministerio de ayuda a los posesos y personas que sufren influencias. Y, por tanto, debe caer bajo la misma consideración jurídica en el ordenamiento canónico. Pues esas oraciones de liberación bastan para se puedan dar todas las conductas aberrantes antes descritas.

Tratar de burlar la ley apelando a que no se usa el ritual de exorcismo o tretas similares, supone un error jurídico. Algunos sacerdotes se amparan para realizar exorcismos en la falsa concepción jurídica de que lo que hacen es oración de liberación, cuando en

---

1054 Congregación para la Doctrina de la Fe, *Instrucción sobre las oraciones para obtener de Dios la curación*, 14 de septiembre de 2000, artículo 8 § 1.

1055Arch. Pers., 104, pg 52.

realidad el canon 1172 prohíbe *proferir exorcismos*[1056], sin mencionar para nada el modo, y mucho menos el aspecto ritual. Resulta esencialmente indiferente respecto al canon si se usan unas fórmulas o si se realizan oraciones espontáneas. Tampoco uno se puede excusar en que alguien, en realidad, no está poseído. Porque el canon habla de personas asediadas por el demonio, en latín *obsessos*[1057]. Como se ve, es usado un término genérico que no se refiere únicamente a los posesos, sino también a las personas «asediadas por el demonio». Y ese término es amplio, para que el que ora por estos casos no pueda excusarse en base a esa consideración.

Otros se amparan en la falsa distinción entre exorcismo privado o público, distinción que completamente inexistente en el canon citado. Por el contrario, esas *oraciones de liberación privadas* (a veces en un domicilio, a veces con solo un par de testigos) son las que se prestan a peores abusos, como ha quedado fehacientemente expuesto en la presente obra. La experiencia nos demuestra que los peligros en las oraciones de liberación son mayores, cuanto menor sea el número de personas presentes durante la oración.

Es cierto que un texto legislativo restrictivo será usado por algunos ordinarios para omitir el bien. Pero el legislador debe tener en cuenta que siempre será preferible la omisión de un bien, a la comisión de un mal, y más cuando este mal frecuentemente implicará un gran escándalo. El criterio restrictivo es causa, sin duda, de lamentables omisiones en este campo, pero el criterio de absoluta libertad sería causa cierta de múltiples acciones negativas. Estadísticamente, de nuevo, podríamos estar seguros de que un cierto número de ellas entrarían, incluso, dentro del campo penal.

De todas maneras, hay que recordar que el criterio restrictivo es respecto a «quién» debe realizar el exorcismo. No respecto al «qué». Dicho con otras palabras, cuando un exorcismo es preciso, se debe hacer, hay una obligación moral. Insistimos, el criterio restrictivo es respecto al ministro, no respecto al objeto regulado. El exorcismo debe realizarse tantas cuantas veces sea necesario. Sin ninguna duda que limitar indebidamente el número de exor-

1056 «Nemo exorcismos in obsessos proferre legitime potest, nisi ab Ordinario loci peculiarem et expressam licentiam obtinuerit», CIC, canon 1172, § 1.

1057 «Obsessus» participio del verbo *obsidere*, que significa «asediar». Etim. ob + sedere.

cismos o de exorcistas, o incluso reducirlos a cero, es el mejor modo de que comiencen a surgir exorcistas (sacerdotes y laicos) ajenos a cualquier control. Cuando por no nombrar exorcistas, los laicos comienzan a ejercer de exorcistas por su cuenta y surgen lamentables incidentes constitutivos de delito, el obispo será inocente de esos abusos ante la ley civil (él no dio ningún permiso), pero ante Dios será moralmente culpable de esos mismos abusos. El mejor modo de acabar con los abusos es organizar de un modo eficaz, prudente y evangélico el ministerio del exorcismo. Un buen ministerio, serio y desempeñado por ministros santos y prudentes, resulta el mejor modo de desincentivar el surgimiento de exorcistas espontáneos.

Conclusiones jurídico-civiles

A los ministros ordenados les debe quedar claro que aunque la esfera de lo espiritual y la esfera de lo civil son independientes, la judicatura no invade el campo de lo religioso cuando juzga acerca del hecho de si durante un exorcismo se ha quebrantado una ley justa. Porque la legislación debe ser una expresión de la razón, y el juez no puede juzgar las convicciones personales o colectivas de una institución, pero sí que puede y debe juzgar si se ha quebrantado el orden justo que impone la razón. *La razón es lo que hace posible distinguir lo correcto de lo equivocado*[1058]. La Ley se basa en la razón, no en la conciencia. Si se basara en la conciencia de cada uno, no existiría la Ley.

La conciencia y la Ley son independientes, pero en casos como los antes mencionados, la esfera de la Ley Civil debe imponerse sobre cualquier creencia u ordenamiento canónico sin excepción alguna. Muchos sacerdotes católicos no pondrán ninguna objeción a que se juzgue a un mal ministro protestante, pero se indignarían ante un presbítero católico llevado ante un tribunal como si fuera una invasión. Eso es un prejuicio. ¿Podríamos tolerar por un momento el principio que el libre ejercicio de la religión significa *solo el libre ejercicio de la «verdadera» religión, y que los jueces*

1058 Aleksander Peczenik, *On Law and Reason*, Springer, Lund 2009, pg 177.

y jurados están dotados de autoridad para decidir qué fe religiosa es la verdadera y cuáles son las falsas?[1059]Evidentemente no.

Durante un exorcismo, el ministro (sea musulmán, cristiano o budista) deberá preguntarse si según el recto entendimiento natural está cometiendo alguna acción punible. Independientemente de que el ministro esté convencido de la veracidad de una revelación divina. *Aristóteles creía que el Imperio de la Ley tenia no tenía que ser otra cosa que «el imperio de la razón»*[1060].Así que la Justicia debe estar regida por el principio de la razón, con independencia de los distintos credos que integran el Estado.

La idea de que como ambas esferas, la civil y la eclesiástica, son independientes, y que deben por tanto ser esferas estancas, y que la Iglesia Católica debe hallarse exenta del orden que es la ley civil, supone un error. Son independientes, pero en ocasiones las competencias de ambas pueden solaparse. Y en caso de conflicto, tratándose de leyes justas, debe imponerse el Derecho Civil, esto significa que debe imperar el orden neutral de la razón, no el arbitrario de la conciencia de cada uno. La Iglesia, que siempre ha creído en la racionalidad de la Ley, debe ser la primera en reconocer este orden de cosas en el ámbito jurídico. Otras religiones no cristianas imponen sus propios ordenamientos legislativos internos sobre cualquier otra autoridad, incluso en lo civil:

> El Corán, en contraste con las ambigüedades del Nuevo Testamento, contiene muchas prescripciones detalladas para la vida diaria y para los asuntos políticos y económicos. (...) No existe una clara y definida distinción entre la ley secular (como en Occidente y en su desarrollo autónomo de la ley civil)[1061].

1059Harry W. Jones, *Church-State Relations: Our Constituional Heritage*, 182. Citado enRonald Bruce Flowers, *That godless court?: Supreme Court decisions on church-state relationships*, Westminster John Knox Press, Louisville 2005, pg 29.

1060 Sandra Day O'Connor, «Fair and Independent Courts» en *Georgetown Law Journal*, http://www.georgetownlawjournal.org/issues/pdf/95-4/oconnor.pdf [2 de abril de 2011], pg 897. Conferencia dada en el Georgetown University Law Center, Hart Auditorium,Washington, D.C, el 28 de septiembre de 2006.

1061Jan-Erik Lane and Hamadi Redissi, *Religion and politics: Islam and Muslim civilization*, Ashgate, 2009 Cornwall, pg 51.

Incluso no pocos cultos cristianos de carácter minoritario consideran que cualquier jerarquía secular del mundo tiene algo de diabólico por estar corrompida, idea muy extendida entre las comunidades que predican un evangelismo apocalíptico. Este tipo de grupos no reconocen de ningún modo a la autoridad civil por considerarla corrompida. Esta idea central acerca del poder civil se puede sintetizar en la siguiente frase de Jacques Ellul: *Hay una radical oposición entre la majestad de Dios y los poderes y dominaciones de la tierra*[1062]. Ello se debe a una concepción protestante acerca de la «natura corrupta» del ser humano. *Así encontramos la misma relación que se halla entre el poder político y el «diabolos». La confirmación de esta idea de que la bestia es el Estado, puede ser encontrada en el hecho de que al final del Apocalipsis la Gran Babilonia (esto es Roma) es destruida*[1063].

Frente a esta visión de pesimismo escatológico basada en la consideración de la *natura corrupta*, la Iglesia Católica siempre ha defendido la existencia de ambas esferas, su independencia y el primado de la razón en los casos de intersección de ambas esferas. De ahí se desprende que si un sacerdote por acción u omisión quebranta una ley justa, deberá responder de sus actos sin pretender ampararse en que aquello formaba parte de un exorcismo, y que lo que se está juzgando el tribunal es el exorcismo en sí mismo.

Hay que recordar a los obispos y a los exorcistas que el hecho de que una muerte suceda no durante el exorcismo sino fuera de él, no exime a los ministros de la responsabilidad en la que hubieran podido incurrir. Pues con toda justicia se puede considerar el exorcismo como un proceso. Anneliese Michel murió por la noche, fuera del exorcismo. Y por ello la acción u omisión de las acciones debidas para mantener su bienestar físico o mental son una necesidad que impone la razón, y que justamente salvaguardan las leyes. Si bien, corresponderá a la Justicia determinar el grado de responsabilidad de los actos que se realizaron o se omitieron para mantener la salud. Pues el exorcista puede ser responsable por comisión u omisión:

1062 Jacques Ellul, *Anarchy and Christianity*, Wm. B. Eerdmans Publishing Co., Grand Rapids 1991, pg 71.

1063 Jacques Ellul, *Anarchy and Christianity*, pg 72.

a. **Comisión delictiva**: Sería el caso, por ejemplo, de un exorcista que abusara sexualmente de una persona cuyas capacidades mentales estuvieran claramente disminuidas. Sería el caso (ya ha ocurrido) de un exorcista que considerase que el demonio saldrá a través del dolor del cuerpo del poseso.

b. **Omisión delictiva:** Sería el caso, por ejemplo, de Anneliese Michel. O el de un exorcista que ante un anciano que se queja del corazón durante un exorcismo advirtiendo a los presentes que está sufriendo un infarto, ordenara a los presentes que no llamaran al médico, por considerar que es una treta del demonio para interrumpir el exorcismo.

Evidentemente, no implica la misma responsabilidad jurídica vivir con la persona afectada (el poseso) y ser, por ejemplo, su padre, que ser un sacerdote que ve al poseso una vez al mes, en un proceso que se prolongase durante años. La verdadera razón legal de una condena o una absolución radicará en el concepto de responsabilidad que dicta el sentido común.

Una última consideración. A raíz de los casos de pederastia, algunos obispos albergan una imprecisa sensación de que resultarán imputables ellos mismos si no ponen en conocimiento de las autoridades cualquier queja de contenido delictivo que llegue hasta ellos. Como se ve, la doctrina jurídica respecto a la pederastia puede trasladarse a los problemas delictivos que ocurran en el campo del exorcismo. ¿Qué decir de todo esto? Para empezar, hay que tener en cuenta que *la relación entre el Obispo diocesano y sus presbíteros, bajo el aspecto jurídico, es irreducible* (...) *a la relación de trabajo dependiente entre el dador del trabajo y el trabajador dependiente*[1064].Se trata de una relación más parecida a la de un padre con un hijo. Muestra de ello es el modo en el que la legislación eclesiástica aborda genéricamente las acciones escandalosas (siempre que no sean actos delictivos en el foro civil) a un nivel intraeclesial:

1064 Pontificio Consejo para los Textos Legislativos, Nota sobre los elementos para configurar el ámbito de responsabilidad canónica del Obispo diocesano, *Comunicaciones*, n.36 [2004], pg 33-38.

> Cuide el Ordinario de promover el procedimiento judicial o administrativo para imponer o declarar penas, solo cuando haya visto que la corrección fraterna, la reprensión u otros medios de la solicitud pastoral no bastan para reparar el escándalo, restablecer la justicia y conseguir la enmienda del reo[1065].

Sin embargo, aunque este es el espíritu general, cambia la cosa si se trata de delitos civiles. Cada vez que el obispo tenga sospecha de una acción que pueda ser constitutiva de delito, me refiero a actos que no son de pederastia,deberá estudiar qué dice la legislación y jurisprudencia de cada país, para atenerse escrupulosamente a la Ley[1066]. Recordando que el obispo tiene obligación de someterse a la Ley, pero tampoco tiene obligación de ir más allá si algo no es sensato ni justo[1067]. De lo contrario, estaríamos, *de facto,* convirtiendo al obispo en una especie de fiscal general de la diócesis.

El ámbito de la potestad civil invadiendo competencias eclesiásticas

Analizamos ahora el escenario que se produciría si un individuo que ha sido exorcizado algunas veces y que opta por no seguir yendo al sacerdote, decide ponerse en manos de un psiquiatra. Y el psiquiatra centra su acción sobre el paciente en la idea de que no está poseso de ninguna manera, y que el sacerdote hizo muy mal al exorcizarle pues creó esa falsa convicción en él. Y finalmente, tras varios meses, logra animar al paciente para que presente una querella contra el sacerdote que le exorcizó, alegando que su acción le provocó un daño psicológico objetivo. En esta obra que analiza los problemas que pueden provenir de la práctica del exor-

---

1065 CIC, can 1341.

1066 Por poner un solo ejemplo, en el Estado de Michigan, existe una ley (Child Protection Law (CPL), 1975 PA 238) que impone el deber a cierto personal de las escuelas de informar de cualquier sospecha creíble de abuso sexual en menores. Pero esa misma ley que obliga penalmente a los que ejercen ciertas funciones en la escuela, no obliga a los que ejercen otras funciones en ese mismo centro educativo.

1067 En este campo del exorcismo se aplicarán las mismas reglas de la Ley Civil que se emplean para la pederastia. Véase Apéndice, nota 29.

cismo, esta situación es una de las peores que puede tener que afrontar un obispo. De ningún modo se piense que este apartado tiene un interés meramente teórico. Basten los siguientes datos de litigación en Estados Unidos para hacerse una idea de lo delicada de esta relación entre psiquiatría, legalidad y exorcismo:

> En los años 80, la posibilidad de que un psiquiatra fuera demandado durante el periodo de un año era de 1 psiquiatra cada 25 psiquiatras. Y así el índice de frecuencia se duplicó [respecto a los años 70]. Durante 1995, sin embargo, la incidencia se incrementó a aproximadamente a 1 psiquiatra cada 12 (American Psychiatric Association 1996).En algunos estados, los psiquiatras son demandados en una proporción de 1 cada 6 cada año[1068].

Este aumento de las demandas judiciales, especialmente en el mundo anglosajón, muestra un incremento preocupante, al que las diócesis necesariamente deben atender al escoger a los ministros del exorcismo. Por triste que sea, es imposible prescindir de este elemento como si no existiese. Norton Rose Fullbright, una de las más importantes firmas jurídicas del mundo ofrecía en el año 2013 las siguientes cifras en el Reino Unido:

> Más de una cuarta parte de los negocios esperan más litigación en el próximo año (un incremento del 26%). Casi una tercera parte de las compañías que se defienden en los tribunales en el Reino Unido, esperan un incremento del 32% comparado con el 20% de incremento en 2011. Y en Estados Unidos se espera un 25% de incremento de litigación en las compañías, comparado al 33% de incremento en 2011. Éstas son las previsiones del incremento en el número de disputas legales a las que tendrán que hacer frente sus compañías en los próximos doce meses[1069].

Los presupuestos de las grandes compañías tienen en cuenta es sus partidas este índice de incremento. Por triste y lamentable que

---

1068 Robert I. Simon y Daniel W. Shuman, *Clinical manual of psychiatry and law*, American Psychiatric Publishing, Arlington 2007, pg 4.

1069 Norton Rose Fullbright, http://www.nortonrosefulbright.com/news/93070/fulbright—jaworski—2012—litigation—trends—survey—more—litigation—predicted—and—increasing—regulatory—activity—is—here—to—stay—uk—press—release [26-febrero- 2013].

sea la Iglesia deberá tenerlo en cuenta también. Esta mentalidad litigadora, sin duda, afectará cada vez más la labor de los exorcistas. Abordamos esta cuestión, dividiéndola en los siguientes puntos:

1. Cuáles pueden ser las tesis del querellante contra la Iglesia
2. Cuáles pueden ser los argumentos de las resoluciones judiciales
3. Cuál puede ser el futuro desarrollo jurídico del Estado sobre esta cuestión
4. Cuál debería ser la política de la Iglesia ante este problema legal

Tesis del querellante contra la Iglesia

Exponemos ahora los posibles argumentos del querellante contra la actuación de la Iglesia en el campo del exorcismo. Son tesis tan universales que servirán para cualquier país y contra cualquier institución religiosa. El querellante puede ser una persona particular o el ministerio público. Pues cualquier fiscal puede presentar la querella, apelando a la necesidad de velar por la salud pública de los ciudadanos.

Responsabilidad civil personal

La tesis de la acusación alegará contra la Iglesia que el exorcismo hizo daño a la persona concreta que ha puesto la denuncia, pues la convenció de que tenía un demonio dentro, lo cual es imposible, afirmarán. O si no la convenció de estar poseída, pues ya tenía esa convicción al dirigirse a ese sacerdote, al menos, la labor del exorcista reforzó tal idea. Y dado que es imposible que tenga un demonio, el sacerdote es culpable de provocar un desequilibrio mental en el denunciante. Y, por tanto, la acusación defenderá que el concepto de responsabilidad legal se puede aplicar en este caso.

La fiscalía puede añadir la siguiente línea de argumentación: Nada hay de objetable en que una persona en la plena posesión de sus facultades acuda a alguien para pedir el perdón de sus pecados o cualquier otro fruto espiritual de una acción sacerdotal. El Estado no entrará en dilucidar si ese fruto espiritual se produce o no. Legalmente nada hay objetable en esa acción, pues se trata de una persona que conscientemente toma esa decisión libre. Pero, en el caso del exorcismo, la fiscalía podría defender la tesis de que se trata de una persona que no está en la plena posesión de sus facultades mentales, y que pide un servicio que mentalmente le perjudica.

Ante una argumentación de este tipo, la más nítida defensa de la Iglesia consistirá en este razonamiento jurídico:

a. Para saber si el ministro le inculcó la idea de que esta persona estaba poseída sin estarlo, resulta necesario saber si existe la posesión.
b. Dado que este tribunal es incompetente para saber si existe la posesión, no es posible probar la tesis sobre la que se fundamenta la demanda.

Aun así, en algunos países, resulta razonable pensar que habrá jueces que se limitarán a considerar al sacerdote imputable si el informe de un psiquiatra forense afirma que existe conexión causal razonable. Para que se produzca la condena *debe haber una estrecha conexión causal razonable entre la conducta del médico y el daño alegado*[1070]. Sobre todo en las sociedades secularizadas occidentales, los tribunales no centrarán el proceso en las cuestiones religiosas, sino en la *relación de causalidad entre la conducta (negligente) activa o pasiva del demandado y el resultado dañoso producido*[1071]. Y en ese campo los únicos que tendrán algo que decir serán los psiquiatras forenses.

La jurisprudencia acerca de la causalidad y la responsabilidad es, en esencia, la misma en todos los países, y ello aunque

---

1070Robert I. Simon y Daniel W. Shuman, *Clinical manual of psychiatry and law*, pg 5.

1071Al respecto, existe una sentencia del Tribunal Supremo de España: «Siempre será requisito ineludible la exigencia de una relación de causalidad entre la conducta (negligente) activa o pasiva del demandado y el resultado dañoso producido» -sentencia de 3 de mayo de 1995 (RJ 1995, 3890). Abogacía General del Estado, *Manual sobre responsabilidad patrimonial sanitaria de la administración*, Aranzadi, Cizur Menor 2009, pg 402.

la relación entre el denunciante y el denunciado se haya dado en ausencia de ningún documento escrito. Pues se daría una responsabilidad extracontractual si el juez considera que se da una relación de causalidad en el perjuicio provocado por un exorcista y el exorcizado[1072]. Ya que tal circunstancia extracontractual de ningún modo exime de la responsabilidad civil. El artículo 108 del Código Civil español afirma que las obligaciones nacen, *además de la ley y los contratos, de los actos y omisiones ilícitos en que intervenga cualquier género de culpa o negligencia*[1073]. La ley es prácticamente la misma en los ordenamientos jurídicos de todos los países.

En una archidiócesis de Estados Unidos[1074], se exigía a cada persona a la que atendía el exorcista, que firmara un documento que eximía de cualquier responsabilidad a la archidiócesis. Tal documento resulta completamente inútil, pues es inválida la renuncia de un ciudadano a acometer acciones legales si cree que en su caso se ha quebrantado el supuesto contemplado por alguna ley.

Un documento firmado en un hospital, antes de una operación o la prueba de un medicamento, puede ser la prueba de que a este individuo se le advirtió de que podía existir un efecto adverso al tomar ese medicamento, o de que no se aseguraban resultados, o que había un grave peligro para su vida en una determinada operación quirúrgica. Pero ningún ciudadano puede renunciar al amparo de la ley. Ningún ciudadano puede renunciar al derecho de recurrir a los tribunales.

Un documento en el que alguien renunciara a querellarse contra la diócesis, en el fondo supone un documento en el que un ciudadano renuncia a la protección que le ofrecen todas las leyes; y, por tanto, es inválido. La Constitución Española, como todas las constituciones occidentales, reconoce un derecho inalienable: *Todas las personas tienen derecho a obtener la tutela efectiva de los*

1072«Prescindiendo de disquisiciones puramente teóricas, lo bien cierto es que el Tribunal Supremo [de España] ha exigido cumplida prueba de la relación de causalidad existente como requisito de la existencia de responsabilidad extracontractual, prueba cuya carga incumbe al demandante y perjudicado». Abogacía General del Estado, *Manual sobre responsabilidad patrimonial sanitaria de la administración*, pg 402.

1073Ricardo Juan Sánchez, *La responsabilidad civil en el proceso penal*, Editorial La Ley, Las Rozas 2004, pg 32.

1074 Arch. Pers., n.68, pg 41.

Jueces y Tribunales en el ejercicio de sus derechos e intereses legítimos, sin que, en ningún caso, pueda producirse indefensión[1075]. El artículo de la Constitución lo deja muy claro: *en ningún caso.* Un documento de ese tipo provocaría la completa indefensión del que lo firmara. Aunque parezca sorprendente, en un congreso nacional de exorcistas, uno de los ponentes aconsejó a todos los exorcistas que hicieran firmar un documento de exención de responsabilidades a todos los sujetos a los que se atendiera en este ministerio[1076].

Si un profesional de la medicina hace firmar a un paciente que ha sido advertido de los riesgos que para su vida tiene una determinada práctica médica, el documento será la prueba de que el paciente sabía acerca de esos riesgos y dio su consentimiento. El documento solo es prueba de que fue advertido de los posibles efectos adversos. Pero el documento no exime de toda responsabilidad a su médico, haga este lo que haga. Un paciente que por escrito eximiera de toda responsabilidad a su médico, incluso expresamente mencionando que renunciaba a toda demanda hiciera este lo que hiciera, siempre podría posteriormente recurrir al amparo de la Ley. Ese documento sería nulo de pleno de derecho. *Un acto que no produce efectos, se entenderá que es ineficaz de pleno derecho, sin necesidad de declaración judicial*[1077].

Para aquellos exorcistas que se sientan seguros por el mero hecho de haber requerido la firma de un papel en el que se dice que quedan exentos de responsabilidades, han de saber que, por ejemplo en España, el Decreto por el que se regulan los ensayos clínicos con medicamentos consta de catorce páginas[1078]. Si hasta los documentos firmados por individuos que se prestan a la experimentación con medicamentos, en caso de una querella están sujetos a una futura supervisión judicial a través de especialistas médicos que juzguen la actuación de su colega, queda totalmente claro que un documento de una diócesis en la que el sujeto otor-

---

1075*Constitución Española*, artículo 24, n.1.

1076Arch. Pers., n.96, pg 51.

1077 Fernando Alarcón Rojas, *La ineficacia de pleno derecho en los negocios jurídicos*, Universidad Externado de Colombia, Bogotá 2011, pg 15.

1078Real Decreto 223/2004, 6 de febrero de 2004, BOE, núm. 33, pg 5429-5433.

gue a la Iglesia una exención total de responsabilidades es un documento inválido por la misma naturaleza de lo que en él se contiene. Sería equiparable a un trabajador que al aceptar un trabajo renunciara a querellarse por cualquier motivo contra su jefe.

De ahí que desaconsejamos vivamente a las diócesis que se abstengan de hacer firmar ningún documento a las personas que atiendan en este campo del exorcismo. Pues *la ineficacia de pleno derecho* (...) *se identifica con la inexistencia,* (...) *es una figura inútil,* (...) *no produce efectos*[1079]. La firma de documento alguno por parte del poseso, no solo no evitará las acciones legales que pudieran sobrevenir, sino que además les pondrá sobre aviso a todos y cada uno de los atendidos, de que pueden apelar a los tribunales. Teniendo en cuenta de que un cierto número de estas personas que se acercan a este ministerio, sufren algún tipo de desequilibrio mental, exigir la firma de cualquier documento es una de las acciones menos acertadas que puede aconsejar un servicio jurídico diocesano. Pues se trata de una medida equivalente a advertir a todos por escrito que si estiman que han sido perjudicados, pueden acudir a los tribunales.

Si desde la misma acogida de lo primero que hablamos es de tribunales y aspectos legales, se produce un completo desenfoque de la cuestión en la persona ayudada. Y eso será así por más que expliquemos las clausulas que está firmando. Las personas normales que no saben de leyes, cuando firman un documento legal en el que aparece la palabra *tribunales*, sienten o que se están obligando a algo de lo que después se arrepentirán, o que están renunciando a algo de lo que después también se arrepentirán. Y ninguna explicación les quitará esa desagradable sensación. Por lo tanto, hasta en términos de protección jurídica, es preferible que todo lo referente al exorcismo se desarrolle en un marco pastoral y carente de toda formalidad legal. Lo que hay que hacer es que ese miembro de la comunidad cristiana se sienta acogido, querido, comprendido y ayudado.

1079 Fernando Alarcón Rojas, *La ineficacia de pleno derecho en los negocios jurídicos*, pg 15.

Hablando en abstracto, supone un error jurídico (y no menos errado por repetido) considerar que las actividades delictivas de un miembro del clero (a menos que se den en un marco completamente ajeno a cualquier relación ministerial) implican subsidiariamente a la Iglesia. Esto es un error, y así lo recordaba el Pontificio Consejo para los Textos Legislativos:

> La respuesta infiel del Presbítero a las normas del derecho y a las directrices del Obispo sobre el estado y sobre el ministerio sacerdotal no recae bajo la responsabilidad jurídica del Obispo, sino que es propia del Presbítero, el cual responderá personalmente de los propios actos y de aquellos realizados en el ejercicio del ministerio[1080].

Otra cosa completamente distinta sería que se pudiera probar que el obispo había tenido conocimiento cierto de unos hechos delictivos y no hubiera hecho nada. El mismo Consejo Pontificio reconocía este aspecto penal que puede tener la omisión episcopal:

> El Obispo diocesano podría eventualmente tener responsabilidad solo en referencia a su deber de vigilancia, pero con dos condiciones: Cuando el Obispo se desinterese en poner en sí las ayudas necesarias según las normas canónicas (cfr. can. 384)[1081]; Cuando el Obispo, conociendo los actos contrarios y delictuosos cometidos por el Presbítero, no hubiera adoptado los remedios pastorales adecuados[1082].

Estos principios expuestos por el Consejo Pontificio son los que habría que aplicar también para el caso de responsabilidades subsidiarias en el ministerio del exorcismo. Desgraciadamente, los tribunales civiles aplican de forma automática la subsidiariedad. Esto es un error objetivo, pues debería probarse la responsabili-

1080 Pontificio Consejo para los Textos Legislativos, Nota sobre los elementos para configurar el ámbito de responsabilidad canónica del Obispo diocesano, *Comunicaciones*, n.36 [2004], pg 33-38.

1081 CIC, canon 384: «El Obispo diocesano (...) cuide de que cumplan debidamente las obligaciones propias de su estado...».

1082 Pontificio Consejo para los Textos Legislativos, Nota sobre los elementos para configurar el ámbito de responsabilidad canónica del Obispo diocesano, *Ibidem*, pg 33-38.

dad. Pero, hoy día, en casi todos los países se está exigiendo una responsabilidad subsidiaria a la diócesis, allí donde nadie pudo prever nada y, por tanto, no existe una responsabilidad ni moral ni penal en los superiores. No cabe la menor duda de que esta misma doctrina jurisprudencial se aplicará a la diócesis en el caso del ministerio del exorcismo y de las oraciones de liberación.

Responsabilidad penal

Particularmente perjudicial para la imagen de la Iglesia, será tener que defender ante los tribunales a un sacerdote acusado de homicidio involuntario. Imaginemos la situación que se crearía si alguien que estaba siendo exorcizado, atentó contra su vida y se mató, y unas semanas antes había dejado de tomar la medicación (antidepresiva o antipsicótica) al comenzar los exorcismos. Fácilmente un familiar lleno de rabia podría culpar de todo a la Iglesia. En ese caso, el denunciante podría pedir no solo un resarcimiento económico a la diócesis por la muerte de una persona (en razón de una responsabilidad civil subsidiaria), sino que también podría solicitar una responsabilidad penal, que supusiera la pena de prisión para el exorcista, acusándole de homicidio involuntario por imprudencia grave.

En el caso de España, *el homicidio cometido por imprudencia grave es castigado con la pena de prisión de uno a cuatro años*[1083]. En el caso de los sacerdotes alemanes Renz y Alt, en el juicio por la muerte de Anneliese Michelle, la Justicia fue muy comprensiva: *Los cuatro acusados fueron sentenciados a seis meses de prisión, que fue conmutada por tres años de probación. El Padre Alt fue condenado a pagar 4800 marcos y el Padre Renz a 3600 marcos*[1084].

Como se observa, en este ministerio del exorcismo la atención pastoral de un solo caso de posesión puede convertirse en un extraordinario quebradero de cabeza para una diócesis y para la entera Iglesia Católica de una nación. Con el exorcismo no se gana

---

1083 Abogacía General del Estado, *Manual sobre responsabilidad patrimonial sanitaria de la administración*, pg 596.

1084 Lawrence LeBlanc y José A. Fortea, *Anneliese Michel: A true story of a case of demonic possession*, pg 100.

dinero, pero se puede perder mucho dinero en indemnizaciones, y se puede sufrir un gravísimo descrédito en los medios de comunicación. Démonos cuenta de que un juez podría determinar que el daño psicológico causado en un exorcismo no es menor que el daño causado a través de un abuso sexual[1085]. Comprendido el peligro real que existe, hay que insistir en la conveniencia en que no sea cualquiera el que haga exorcismos, y que el criterio legislativo restrictivo de la Iglesia se mantenga, y más en una sociedad como la nuestra con un creciente proceso de judicialización en todos los ámbitos.

Algunos obispos han querido solucionar este problema a base de exigir no uno sino varios informes psiquiátricos previos. Hay que ser muy consciente de que cuantos más informes por escrito se pidan para recibir a cada individuo, más pie se dará a que los abogados querellantes encuentren elementos que refuercen sus tesis. Los archivos diocesanos acerca de este ministerio no ayudan para nada al exorcismo en sí, y por el contrario se tornarán siempre en la primera providencia que los querellantes pedirán al juez. Podemos estar seguros de que los tribunales pedirán que se les entreguen cuantos informes consten en poder de la diócesis respecto al individuo atendido. Un simple informe psiquiátrico previo al exorcismo puede tener devastadores efectos, al considerarse una prueba de que la Iglesia sabía desde el principio, que ese sujeto padecía una patología. Una cosa es que un sacerdote ante un tribunal diga: yo no soy psiquiatra, no sabía que estaba enfermo este sujeto. Y otra muy distinta es que el ministerio fiscal le diga al obispo: a usted le constaba por informes profesionales que este sujeto estaba enfermo.

Como se ve, un informe previo psiquiátrico no será de ninguna ayuda para la diócesis a efectos legales, sino al contrario. Pues sea cual sea el estado mental previo de la persona, lo que se juzgará en un juicio es si se ha producido un daño a través de la prác-

1085 Aunque hay variaciones de una diócesis a otra en las indemnizaciones pagadas por los casos de pedofilia, los datos de unas cuantas diócesis, desde el año 2003 hasta el 2007, nos permiten hacernos una idea general acerca de cuánto dinero estamos hablando: Archidiócesis de Louisville: 240 demandantes, 25,7 millones de dólares. Archidiócesis de Boston: 552 demandantes, 85 millones de dólares. Diócesis de Orange: 90 demandantes, 100 millones de dólares. Archidiócesis de Portland: 177 demandantes, 75 millones de dólares

tica del exorcismo. Puesto que muchos psiquiatras consideran que el exorcismo de por sí es contraproducente, el estado inicial del querellante no supondrá ninguna defensa legal frente al querellante. Será difícil que un informe psiquiátrico previo diocesano no ofrezca asideros para argumentaciones de la acusación. Pues, en definitiva, nos encontramos con este dilema siempre a favor del demandante:

a) Si estaba mentalmente sano previamente al exorcismo, ¿por qué ahora no lo está?
b) Si ya sufría una patología psicológica, por leve que sea, ¿por qué comenzaron los exorcismos, si ustedes sabían que estaba mentalmente enfermo?

En cualquiera de los dos escenarios, el informe médico que conste en poder de la Iglesia, elevará el caso a una nueva dimensión: la posibilidad de pedir responsabilidades penales. Es decir, el juicio pasa de la dimensión civil (acusación: su acción indirectamente ha provocado perjuicios que deben ser resarcidos) a la dimensión penal (acusación: usted directamente provocó daños mentales al sujeto que atendió).

En el ámbito de lo civil, el demandante puede afirmar que el sujeto atendido por el exorcista dejó de tomar la medicación por indicación suya, y murió o se le creó un trauma. Pero tanto el querellante como el juez fácilmente reconocerán que el sacerdote no es responsable penalmente, porque él no es psiquiatra y no sabía el verdadero estado mental del fallecido. Pero, incluso en ausencia de informes psiquiátricos previos, el querellante puede sostener que el sacerdote provocó un daño objetivo aun sin saberlo, y que por tanto debe resarcir, eso es lo que da lugar a una indemnización por la vía civil.

Pero quede claro, repetimos, que la existencia de un informe psiquiátrico previo en la curia traslada fácilmente toda la cuestión a la dimensión penal. Pues el demandante puede alegar que el exorcista ha provocado directamente un daño psiquiátrico, daño que se puede probar porque a la curia le constaba que estaba bien antes y ahora está enfermo. O bien la persona atendida ya estaba enferma y el sacerdote la exorcizó a sabiendas de su enfermedad, que consta por el informe presente en los archivos diocesanos.

Por lo tanto, el ministerio del exorcismo cuanto más espiritual sea, mejor. Lo más espiritual es lo más evangélico, e incluso jurídicamente lo más beneficioso. Los archivos diocesanos resultan inútiles para el desempeño del ministerio, contraproducentes a nivel judicial, y siempre constituyen un peligro ante la posibilidad de una fuga de datos. Ya que en caso de fuga de datos, con razón, las personas atendidas podrían pedir una indemnización por los perjuicios sufridos al hacerse públicos esos archivos[1086].

No vamos a detenernos aquí en analizar todos y cada uno de los hechos que durante un exorcismo, pueden tener relevancia penal[1087]. Baste decir que en un ambiente social tan hostil a la Iglesia, como el que se vive en bastantes sociedades secularizadas, toda prudencia será poca. Razón de más para que los obispos alejen la idea de dar permisos generales para que todos sus presbíteros exorcicen y todos los laicos que lo deseen realicen oraciones de liberación.

Argumentos judiciales

En el caso de una querella por haber provocado un daño psicológico en alguien al que se exorcizó, el juez, como primer paso, solicitará que se realice un peritaje psiquiátrico. Con ese informe, el juez tendrá dos posibilidades de actuación completamente diversas:

a. **El principio de la competencia**: La cuestión que aquí se dilucida es saber si este Sujeto A ha producido un daño en el Sujeto B. Dado que la querella versa acerca de un daño psiquiátrico, deben ser los especialistas en este campo los que determinen si la actuación fue perjudicial. Si los especialistas determinan que sí, que se ha producido un daño, el juez dictaminará que, según Derecho, no le cabe otra alter-

1086 Sobre el tema de archivos diocesanos acerca del ministerio del exorcismo y la Ley Civil, hay más aspectos jurídicos que hay que tener en cuenta, véase Apéndice, nota 30.

1087 Para el resto de actos que pueden tener una relevancia penal, véase Apéndice, nota 52.

nativa que exigir que el Sujeto A resarza los perjuicios que su acción ha producido.

b. **El principio de la incompetencia**: El Juez podría determinar que, dado que la materia de la demanda versa esencialmente acerca de un asunto de materia espiritual, resulta imposible juzgar si los actos del Sujeto A fueron errados o no. Declarando así que el tribunal resulta incompetente para responder acerca de ese campo. Como es lógico, los demandantes insistirán en la objetividad del daño psicológico causado. Pero el juez puede mantener la doctrina de la incompetencia, a pesar de los informes forenses.

El principio de la incompetencia del Estado en materia religiosa es compartido por todos los tratadistas y, en justicia, debería bastar para no aceptar ese tipo de querellas que, en el fondo, versan sobre el mismo exorcismo: *En relación a la esfera interna de la fe, la doctrina y el ministerio, todos los estados occidentales reconocen la incompetencia religiosa del Estado, sin importar qué status legal se ha concedido a las iglesias o a las comunidades religiosas*[1088]. No cabe ninguna duda de que *la definición de un ámbito de libertad de las personas lleva consigo un correlativo ámbito de incompetencia del poder*[1089]. Dcsgraciadamente, la tendencia legal de los últimos años en algunos países es claramente intrusiva. Sirva como ejemplo la prohibición de signos religiosos en la escuela pública francesa: *Aunque en Francia a menudo* [la laicidad] *es vista como un principio absoluto* (...) *la laicidad es, en realidad, un concepto social y cultural construido que es constantemente redefinido y remodelado*[1090].

Por eso, suponiendo que el juez considere que es plenamente competente para dilucidar el caso, y que condene al exorcista, resulta interesante observar, que eso no afectaría a los servicios de brujería y magia que se presten (de forma remunerada o no) en ese mismo país. Pues lo que el juez castigará será el hecho de haber

1088 Veit-Michael Bader, *Secularism or democracy?: associational governance of religious diversity*, Amsterdam University Press, Amsterdam 2008, pg 57.

1089 Carlos Soler, *Iglesia y Estado*, Ediciones Universidad de Navarra, Pamplona 1993, pg 263.

1090 Heather Meiers,*Difference and Laicite*, Umi, Ann Arbor (USA) 2008, pg 20.

inculcado una determinada idea en la psicología de la persona a través de un proceso prolongado en el tiempo. En el caso de los brujos, su actuación no tiene testigos: solo está presente el cliente y el brujo. Aun en el caso de que se presentara una querella contra alguno de ellos, sería la palabra del denunciante contra la del denunciado. Y, además, la naturaleza del acto es completamente diversa. En el caso del brujo, se trata de la prestación de un servicio puntual, no de una especie de terapia prolongada en el tiempo con una repercusión psicológica.

Los letrados que defiendan a la Iglesia, pueden estar bien ciertos de lo difícil que les será encontrar a psiquiatras que en un juicio admitan la posibilidad de que el exorcismo sea beneficioso. Incluso los psiquiatras creyentes, si son prestigiosos, se mostrarán reticentes a hacer afirmaciones en público que les marquen profesionalmente de por vida. Por el contrario, los psiquiatras en contra de la práctica del exorcismo se hallarán completamente dispuestos a declarar públicamente de forma rotunda que el mal producido por el exorcismo es objetivo.

Futuro desarrollo jurídico del Estado sobre la cuestión

Hoy por hoy, no parece fácil que los poderes legislativos de las naciones occidentales desarrollen una dirección restrictiva de la práctica del exorcismo. El peligro más a corto plazo se presenta en la vía judicial. Y, especialmente, delicada será la defensa de la Iglesia en el exorcismo de menores de edad. Ante un ministerio fiscal exigente, de poco servirá contar para el exorcismo con el consentimiento de sus padres.

Este panorama puede parecer muy sombrío, pero pensemos que,*durante los últimos años, el Tribunal Supremo* [de los Estados Unidos] *ha estado emitiendo una sentencia al año sobre casos que involucren la relación Iglesia-Estado. A veces, incluso, tres o cuatro*[1091]. Bastará que un solo juez acepte a trámite una querella contra un sacerdote en este campo del exorcismo, para que previsiblemente ese mismo juez obvie la esencia espiritual de todo el asunto

1091 Ronald B. Flowers, *That godless court?: Supreme Court decisions on church-state relationships,* Westminster John Knox Press, Louisville 2005, pg 185.

en la instrucción del proceso, y dé por supuesta la competencia de su tribunal en la materia. Eso supondría el desgaste mediático del prestigio de la Iglesia a través del largo proceso de recursos en todas las instancias. Finalmente, será suficiente una sola condena judicial en un país, para que la inmensa mayoría de los obispos de esa nación, de hecho, no vuelvan a conceder ningún permiso de exorcismo.

Una muestra de este tipo de polémicas teóricas trasladadas al ámbito de lo judicial, lo tenemos en la demanda interpuesta en Italia por la señora Lautsi en 2002 para que se retirara el crucifijo de la pared de una escuela pública donde estudiaban sus hijos. La familia Lautsi llevó su caso al Tribunal Europeo de Derechos Humanos. En 2009, el Tribunal le dio la razón, ordenando la retirada del crucifijo, esgrimiendo la razón de *que el Estado debe inhibirse de imponer creencias religiosas en sus ciudadanos, especialmente sobre los niños jóvenes que son extremadamente vulnerables a la coacción*[1092].

Pero un recurso del Estado italiano, unido a una gran presión popular en ese país y al que se unieron los gobiernos de otros países, hizo que el mismo tribunal el 18 de marzo de 2011 produjera una nueva sentencia que revocaba la anterior. La sentencia dictaba *que la presencia del crucifijo en la escuela pública no era en sí misma suficiente para denotar un proceso de indoctrinación por parte del Estado*[1093]. Los juristas que posteriormente han analizado el fallo determinan que, para el futuro, la jurisprudencia se concluye en que *cada caso debe ser juzgado dentro del contexto de la historia y tradición del país*[1094]. Aunque este veredicto supone ciertamente una victoria de las tesis religiosas frente a las laicistas, también demuestra lo sensibles que son los tribunales a la presión popular. Presión que se puede volver en contra dentro de no demasiados años.

1092 Barbara Bennet Woodhouse, «Religion and Children´s Rights», en John Witte, *Religion and Human Rights: An Introduction*, Oxford University Press, Nueva York 2012, pg 308.

1093 European Court of Human Rights, *Case of Lautsi and others v. Italy*, Sentencia del 18 marzo 2011, Application no. 30814/06, n.71.

1094 Barbara Bennet Woodhouse, «Religion and Children´s Rights», en John Witte, *Religion and Human Rights: An Introduction*, pg 310.

También parece claro que si un tribunal europeo se consideró autorizado para determinar si la mera presencia del crucifijo lesionaba o no los derechos de esa madre, parece sensato esperar que, antes o después, otro tribunal se sienta competente para dirimir la cuestión si una acción mucho más *invasiva* (el exorcismo) sobre un *enfermo* (el poseso) ha provocado algún daño.

Y así, sin necesidad de que el Estado elabore ninguna legislación *ex professo*, la Iglesia se encontrará que el ministerio de exorcismo queda completamente impedido. Si en cualquier país el Poder Legislativo aprobara una ley directamente contra el exorcismo, eso crearía una lógica oposición en la población. Pero por la vía judicial se puede lograr lo mismo, logrando la propia inhibición de la Iglesia. Pocos campos que sean competencia de la Iglesia, son tan fáciles de detener como este del exorcismo por parte del Estado.

Por eso no consideramos probable que se produzca un desarrollo legislativo civil en este campo del exorcismo. Solo si en alguna nación, se produjeran varias condenas judiciales al respecto, entonces es cuando el asunto podría ser objeto de alguna atención por parte del legislador. No tanto con el deseo expreso de prohibir, sino para imponer una serie de cautelas. En cualquier caso, aun en el caso de una legislación civil meramente restrictiva, ese desarrollo legal supondría la intervención de la potestad temporal en una materia espiritual. Sería desastroso que el Estado fuera el que decidiese si permite o no este tipo de prácticas exorcísticas bajo ciertas condiciones, o con la obligación de informes previos, o con la supervisión de determinados especialistas de la salud, o con el deber de evaluar posteriormente los casos, etc. Sería desastroso, porque sería la puerta a través de la cual el Estado podría comenzar toda una línea de actuación jurídica intervencionista en otros campos de la Iglesia. Por ejemplo, inspeccionando los monasterios de clausura para ver cuál es el estado mental de las personas allí recluidas de por vida, la obligación de informes psicológicos previos para aquellos que entren en un seminario, el precepto legal de levantar el celibato a un sacerdote que alegara que tal cosa le supone un peso psicológico imposible de sobrellevar pero obligando a la Iglesia a no excluirle de su puesto laboral, etc.

Incluso en el ámbito de la Unión Europea, la capacidad del Estado para intervenir hoy día en materia religiosa a través de la vía administrativa es mucho más grande de lo que se piensa. Véanse los siguientes ejemplos:

> En algunos estados, la personalidad legal [de una confesión religiosa] se obtiene automáticamente en un periodo de tiempo (...). Pero algunos sistemas legales no fijan ningún límite de tiempo desde que se hace la petición formal para que sea respondida. Algunas veces esto significa que las peticiones se dejan pendientes durante un largo tiempo y la asociación es mantenida en una especie de limbo durante años. En estos casos, la falta de un tiempo fijado para la respuesta funciona como un modo oculto pero efectivo para rechazar aquellas peticiones no deseables, sin tener que hacer frente a las consecuencias de un rechazo explícito[1095].
>
> En Austria, la reforma de 1998 (...) estableció que solo las comunidades religiosas caracterizadas por «una positiva actitud hacia la sociedad y el Estado» pueden ser reconocidas legalmente[1096].

Otro ejemplo palmario de este deseo de intervencionismo tuvo lugar cuando el Gobierno de Cataluña aprobó (con fecha de 20 de noviembre de 2007) que se presentara ante el Parlamento de Cataluña el Proyecto de ley sobre los centros de culto o reunión con fines religiosos[1097]. Resulta llamativo que el Departament d'Afers Religiosos de la Generalitat afirmara en los medios que este proyecto de ley tenía como finalidad *garantizar el derecho de libertad de culto*, y *dar apoyo a las administraciones locales en la facilitación del ejercicio de este derecho*[1098]. Cuando, en realidad,

1095Lars Friedner , *Churches and other religious organisations as legal persons,* Peeters, Lovaina 2007, pg 5.

1096Lars Friedner , *Churches and other religious organisations as legal persons,* pg 8.

1097El Parlament de Catalunya no tiene una web online para consultar los proyectos de ley. Pero la noticia y las declaraciones de miembros de la Generalitat pueden leerse en varios lugares: *ABC*, noticia del 14-9-2011, http://www.abc.es/20110913/local—cataluna/abci—culto—201109131331.html [13—2—2014]. *La Razón*, noticia del 13—9—2011, http://www.larazon.es/noticia/7184—cataluna—frena—por—ley—la—proliferacion—de—mezquitas [13-2-2014].

1098«El proyecto de ley sobre lugares de culto en Catalunya», en *Protestante Digital*, noticia de 13-2-2012, http://www.protestantedigital.com/ES/Ciudades/articulo/6020/El—proyecto—de—ley—sobre—lugares—de—culto—en [13-2-2014].

esa ley hubiera dejado a la entera discrecionalidad de los alcaldes el otorgar o no permiso para abrir un lugar de reunión religiosa o de cerrar los ya existentes. Permisos éstos que, de haberse aprobado la ley, se deberían haber basado en criterios tales como la valoración del arraigo del culto antes de que se construya un nuevo centro. Este es un ejemplo de cómo en un Estado de Derecho como España, donde se contempla la libertad de religión, se pueden anular los derechos de la Constitución y de la Ley Orgánica de Libertad Religiosa de 1980, por vía de un simple reglamento dependiente de una ley regional.

Otro hecho que muestra esta nueva postura del Estado frente a la religión, fue el fallo del Tribunal Superior de Justicia de Andalucía en relación a la demanda de Resurrección Galera en una sentencia (enero 2011) sobre la que no cabe recurso. La sentencia dio la razón a esta profesora de religión católica a la que no se le renovó el contrato en 2001 tras casarse con un divorciado[1099]. Este tipo de decisiones administrativas y judiciales van asentando la doctrina de un cada vez mayor intervencionismo. Frente a este ejemplo, podemos ver el modo radicalmente diverso de abordar en Estados Unidos la misma cuestión:

> El Congreso de Estados Unidos no eximió a las organizaciones religiosas de ser demandadas ante los tribunales por responsabilidad civil por acciones aparentemente discriminatorias a la hora de contratar a alguien. Pero creó dos exenciones específicas para las organizaciones religiosas. La exención de una corporación religiosa, sección 702 del Título VII, exime a una organización religiosa de cualquier responsabilidad civil ante un empleado que la demande por discriminación basada en la religión (discrimination based on religion)[1100]. Esta exención se aplica tanto a los empleados cuyas funciones sean civiles, como

---

1099La sentencia desestimó el recurso interpuesto por el Obispado de Almería contra el fallo del Juzgado de lo Social número 3 de Almería tras el pronunciamiento del Tribunal Constitucional que dio amparo a la profesora. El Constitucional reconoció el pasado mes de abril el derecho de la profesora a no sufrir discriminación por sus circunstancias personales, así como a la libertad ideológica y a la intimidad personal y familiar, y anuló una sentencia de diciembre de 2001 del juzgado de Almería y otra de abril 2002 de la Sala de lo Social del TSJA, que habían desestimado las demandas de la docente contra el Obispado de Almería.

1100Reproducimos la nota a pie de página tal como aparece en el artículo: See42 U.S.C. § 2000e-2(e) (1994).

a los empleados cuyas funciones estén conectadas con la misión religiosa de la organización[1101]. De igual modo, la exención de la escuela religiosa le permite a las instituciones educativas contratar y emplear a personas de una determinada religión[1102].

Los ejemplos antes citados en distintos campos, nos indican que el Derecho estadounidense es más garantista que el europeo (globalmente considerado), pues el europeo muestra una mayor tendencia a la intervención. Un ejemplo paradigmático de ese garantismo norteamericano, incluso en un caso bastante dudoso, lo encontramos en el caso de *Los Estados Unidos contra Ballard,* donde el Tribunal Supremo dejó clara la incompetencia del Estado frente cualquier cuestión de naturaleza teológica:

> Un hombre que decía tener experiencias espirituales extraordinarias (...). Que como resultado de ellas, había llegado a saber el secreto de la buena salud y que podía sanar a personas de enfermedades que los doctores decían que eran incurables. Él y su familia enviaron cartas con estas afirmaciones animando a la gente a enviarle dinero para participar de las sanaciones que la familia de los Ballard les proporcionaría.
>
> El gobierno dijo que los Ballard sabían que lo que decían era falso y les acusó de fraude a través del correo. La cuestión ante el Tribunal Supremo fue si la verdad o falsedad de la teología de los Ballard podía ser presentada ante un jurado. O dicho de otro modo, tenía un tribunal civil o el gobierno el derecho de evaluar las creencias religiosas de una persona o grupo? El Tribunal Supremo contestó con un sonoro «no» en el caso de *Los Estados Unidos contra Ballard*[1103].

Vistos estos ejemplos, no resulta impensable el intervencionismo del Estado en el campo del exorcismo. Si bien no es previsible un crecimiento legislativo específico. Lo que sí que es

1101 El Tribunal Supremo de Estados Unidos mantuvo la constitucionalidad de esta exención en el caso*Corporation of the Presiding Bishop of the Church of Jesus Christ of Latter-Day Saints v. Amos,* 483 U.S. 327 (1987).

1102 Shawna M. Eikenberry, «Thou Shalt Not Sue the Church: Denying Court Access to Ministerial Employees», en*Indiana Law Journal*, volumen 74, issue 1, artículo 16, 1-1-1998, pg 272.

1103 Ronald B. Flowers, *That godless court?: Supreme Court decisions on church-state relationships,* Westminster John Knowx Press, Louisville 2005, pg 28—29. La sentencia del tribunal aparece citada en la obra de Flowers como 322 U.S. 78 (1944).

más posible, es que, más pronto o más tarde, se produzca alguna injustificada condena judicial de algún exorcista en alguna nación occidental. Y una vez que se emitan dos o tres fallos de este tipo en un solo país, existirá un peligro real de contagio a otros sistemas jurídicos de naciones que, ahora mismo, no son hostiles a este tipo de hechos religiosos. Latinoamérica, por ejemplo, no es un terreno beligerante con la práctica de estas realidades espirituales, tampoco África. Pero en Europa sí que fácilmente se puede dar inicio a una línea jurisprudencial en esta dirección intervencionista que, de hecho, provoque la extinción de este ministerio en varias naciones. Y más concretamente será más fácil en los países del sur de Europa con una acendrada tradición de *laicité du combat*:

> Las culturas protestantes plurales están caracterizadas por (…) un notablemente bajo índice de anticlericalismo (...) y una neutralidad más positiva entre las élites intelectuales (...). Mientras que las culturas religiosas monopolísticas tienden a una cortante separación de lo clerical y lo anticlerical, y tienden aun secularismo agresivo entre las élites intelectuales[1104].

Por lo tanto, en regímenes hostiles a la Iglesia o al cristianismo en general, los obispos deben ser especialmente cuidadosos en el manejo de este ministerio. Pues, de lo contrario, se ofrecerá una ocasión óptima para atacar a la Iglesia por vía judicial. Hay que reconocer que la práctica del exorcismo es, jurídicamente hablando, uno de los eslabones más débiles de las actividades de la Iglesia. Esto es, una de las partes más fácilmente atacables en el ámbito judicial; junto con la predicación acerca de la homosexualidad (a la que se puede acusar de homofobia) y la práctica de no admitir mujeres al sacerdocio (que se puede acusar ilegal por ser contraria a las leyes de igualdad de género). Estos tres campos (ministerio del exorcismo incluido) suponen perfectas cabezas de puente con las cuales el Estado puede comenzar la práctica de enjuiciar otros campos de la doctrina y la vida de la Iglesia a la luz de leyes que pretenderán concretar diversos aspectos constitucionales.

1104 Veit-Michael Bader, *Secularism or democracy?: associational governance of religious diversity*, Amsterdam University Press, Amsterdam 2008, pg 64.

Hasta ahora los conflictos judiciales más relevantes han tenido lugar en cuanto al derecho del Estado a prohibir o no el uso del velo islámico en determinados ámbitos, la presencia del crucifijo en escuelas públicas, o el derecho de un empresa o un colegio a exigir que una cruz de un colgante no sea visible[1105]. Aun así, ciertamente se está consolidando una mentalidad jurídica en la que el Estado del bienestar, va considerando cada vez más natural la reglamentación en materia religiosa como en el resto de materias. Como señaló Little al estudiar las sentencias de los tribunales europeos desde un punto de vista estrictamente jurídico: *Ha existido una fuerte inclinación a otorgar al Estado un notable «margen de apreciación» para decidir qué es lo que considera conveniente como una «manifestación de conciencia» o una amenaza al orden público, a la seguridad, a la salud o a la moral*[1106].

El exorcismo constituye un campo jurídico *sui generis*, con sus propios problemas a nivel jurídico, pero muy delimitados en cuanto a la materia de la que trata. Por eso, el verdadero problema para las denominaciones religiosas vendrá, cuando el Estado se pregunte si determinados aspectos de los credos están o no de acuerdo con la Constitución de cada país. Resulta claro que, en un futuro no muy lejano, no se atacará a la religión por ser religión, sino por el capítulo del conflicto de derechos.

Política de la Iglesia

Frente a un solo caso de proceso civil o penal

Las curias diocesanas tienen que ser conscientes de que las actuaciones eclesiales no se pueden regir únicamente por criterios de protección jurídica. Los obispos deben entender que la inacción,

1105En 2006, British Airways prohibió a una de sus empleadas llevar una pequeña cruz al cuello en su trabajo, y en enero de ese mismo año, la Robert Napier School de Gillingham, en Kent (Reino Unido), pidió a una de sus estudiantes católicas que se quitara un colgante con una cruz.

1106David Little, «Religion, Humnan Rights, and Public Reason: The Role and Limits of a Secular Rationale», en John Witte, *Religion and Human Rights: An Introduction*, Oxford University Press, Nueva York 2012, pg 308.

el no hacer exorcismos, en algunas ocasiones puede ser lo más seguro jurídicamente, pero no lo más evangélico. El Evangelio es una ley superior que debe regirnos en todas las situaciones. La entera cuestión no debe plantearse de este modo: ¿qué es preferible la voluntad de Cristo o el bien de la Iglesia?, sino que hay que aceptar que la voluntad de Cristo siempre será lo mejor para la Iglesia, aunque, a veces, suponga tirar piedras sobre el propio tejado. Aunque algunas decisiones conlleven la cruz para la Iglesia, hay que hacer lo que se debe hacer.

Si durante el proceso de exorcismo un sacerdote hizo algo objetiva y claramente punible civilmente, la diócesis debe colaborar con el juez[1107]. Pues en ese caso lo que se juzgaría no es el hecho del exorcismo *in genere*, sino la actuación concreta de un sacerdote que con ocasión de ese ministerio pudo realizar acciones punibles. El caso de Anneliese Michel es un ejemplo de ello. El mismo juez dejó claro que allí no se estaba juzgando el exorcismo: *El juez expuso con claridad que aquel proceso no era un juicio contra el exorcismo. El único punto a considerar, mantuvo el juez, era el hecho de que la chica murió de inanición*[1108].Y el episcopado, consecuentemente, no puso ningún inconveniente a que la judicatura ejerciera su función propia.

Pero si el juicio trata, en el fondo, acerca del exorcismo en sí mismo considerado, la Iglesia debe luchar con todas sus armas jurídicas para obtener la inhibición del tribunal, el sobreseimiento, o la absolución. No cada diócesis en solitario, sino la Conferencia Episcopal debe poner todos los medios a su alcance para ganar ese primer proceso, pues una sola derrota judicial acabaría con el ministerio del exorcismo en todo el país, y abriría puertas para otras intromisiones de la judicatura.

De todas maneras, hay que admitir que, en este campo del exorcismo, la Iglesia se encuentra en una cierta situación de inseguridad jurídica. *Entendemos por seguridad jurídica, no la seguridad por*

1107 La diócesis debe colaborar con la Justicia. Sin embargo, caben excepciones a esta obligatoriedad moral y legal. Véase Apéndice, nota 54.

1108 Lawrence LeBlanc y José A. Fortea, *Anneliese Michel: A true story of a case of demonic possession*, pg 89.

medio del Derecho, (...) sino la seguridad del Derecho mismo[1109]. Pues en este campo no basta con que el Derecho sea positivo, es decir, que se halle establecido en leyes. La seguridad jurídica requiere *que el Derecho estatuido sea un Derecho seguro, es decir, un Derecho basado en hechos y que no se remita a los juicios de valor del juez en torno al caso concreto, mediante criterios generales como el de la «buena fe» o el de las «buenas costumbres»*[1110]. La ley positiva nada establece contra el exorcismo. Pero en una querella la práctica del exorcismo y su carácter perjudicial o no, quedará a expensas de lo que piense el juez sobre el hecho mismo del exorcismo.

Frente a una situación generalizada de ataque legislativo o jurídico

En algún país puede darse no ya un juicio, sino una situación generalizada de ataque al ministerio del exorcismo. Bien por vía legislativa, bien por una sucesión de demandas judiciales que son admitidas a trámite por los tribunales. ¿Existiría algún modo de defenderse cuando todas las apelaciones de la Iglesia han sido desestimadas en la última instancia judicial o constitucional? Ciertamente, no parece que se pueda hacer mucho. Da la sensación de que la única solución posible sería tomar medidas canónicas desde Roma y desde la Conferencia Episcopal para que en ese país concreto el exorcismo quede relegado civilmente a un limbo legal en cuanto a responsabilidades subsidiarias[1111]. Si los fallos judiciales contrarios fueran continuados en un país determinado, el derecho eclesiástico habría que modificarlo en esa nación para que el exorcismo pudiera seguirse practicando a título enteramente personal, pero sin implicar lo más mínimo a la Iglesia como persona jurídica.

Lo que está claro es que ante una situación de persecución jurídica generalizada, hay una postura intermedia entre dos extre-

---

1109 Gustav Radbruch, *Introducción a la filosofía del derecho*, Fondo de Cultura Económica, México DF 2005, 9ª reimpresión, pg 40.

1110 Gustav Radbruch, *Introducción a la filosofía del derecho*, pg 40.

1111 Acerca de cómo relegar canónicamente al exorcismo en una especie de limbo legal, véase Apéndice, nota 53.

mos. Esa postura intermedia creemos que es la más prudente. Los extremos y la postura intermedia serían los siguientes:

EXTREMO DE LA CAPITULACIÓN: Abstenerse de ejercer el ministerio y prohibir de forma radical los exorcismos. Tal medida por parte de la jerarquía resulta antievangélica. El sacramento de la unción de los enfermos no es necesario para la salvación, pero no se dejaría de administrar en un régimen totalitario, aun a costa de sacrificios supremos para los ministros o de la Iglesia como institución.

EXTREMO DE LA RESISTENCIA FRONTAL: Seguir practicando exorcismos como si nada estuviera pasando, e iniciar una confrontación con el Poder Civil. Si la Iglesia tiene suficiente apoyo popular para mantener esta postura, podrá hacerlo. Pero lo normal será que no sea así, y en una confrontación provocaremos reacciones viscerales en el Poder. El aspecto psicológico del que detenta el Poder es muy importante. Nada provoca más la cólera de gobernantes, legisladores o jueces, que el desprecio a sus parcelas de poder.

POSTURA INTERMEDIA: Optar por dejar este tipo de acciones en la oscuridad jurídica. Esto significa apartar las acciones individuales de los sacerdotes del ámbito institucional, relegándolas de propósito al ámbito de lo personal. En una situación así, cada sacerdote que asumiese este ministerio deberá asimismo aceptar su propia responsabilidad personal ante la Ley. Mientras que las disposiciones canónicas hubieran cortado toda posibilidad jurídica de pedir responsabilidades subsidiarias.

Como una mera cuestión teórica se podría plantear si la iglesia católica de un país podría dejar de hacer exorcismos como medida indeseable, pero necesaria para salvaguardar su propia supervivencia. La respuesta a esa cuestión es que ordenar tal medida de modo universal e indefinido entra dentro del campo de autoridad que poseen los obispos, pero sería una medida ilícita. Como orden sería válida y habría obligación en conciencia de obedecer. Ni siquiera una orden de ese tenor (claramente contraria al deseo general de Cristo) eximiría de la obligación de someterse a ella. Pero ese mismo carácter universal de la prohibición mostraría de forma patente su carácter contrario a un mandato también universal de Jesucristo.

Se podría alegar que la realización de exorcismos no forma parte de las funciones imprescindibles para que la Iglesia siga existiendo, y que por una razón superior podría ser suspendida de forma indefinida y universal en un país. Pero también alguien podría contestar (equivocadamente) que tampoco el vínculo de sujeción del presbítero respecto al obispo en cuanto al canon referente al exorcismo, forma parte de la esencia irrenunciable de la Iglesia. Entrando de este modo en disquisiciones cada vez más complejas acerca de la posibilidad o no de suspender el ejercicio de elementos concretos del mensaje evangélico.

La Iglesia se basa en una nueva alianza con Dios. *La alianza es un vínculo, y presupone obediencia y fidelidad*[1112]. La obediencia a un obispo se efectúa en razón de la obediencia a Dios. Sería posible una alianza con Dios sin exorcismo, pero sería imposible una alianza con Dios sin obediencia. Por eso en todos los conflictos entre exorcismo y obediencia, debe primar el vínculo del sometimiento de la propia voluntad.

De todas maneras, no resulta ocioso recordar que en la jerarquía de los elementos que conforman la esencia de la Iglesia, el ministerio del exorcismo no está al mismo nivel que el vínculo de obediencia eclesial. La Iglesia que fundó Cristo, podría subsistir en ausencia total de exorcismos. Mientras que la Iglesia que fundó Cristo no podría subsistir sin el vínculo de autoridad entre obispos y presbíteros. La Iglesia sin el ministerio del exorcismo seguiría siendo sustancialmente la misma. Mientras que la Iglesia sin el vínculo de obediencia no seguiría siendo esencialmente la misma. Este razonamiento, de por sí, resuelve muchos de los problemas de conciencia que se le pueden presentar a un presbítero al que no se le concede permiso para exorcizar a alguien que lo necesita[1113].

1112 Reinder Bruinsma, *The Body of Christ: A Biblical Understanding of the Church*, The Review and Herald Publishing Association, Hagerstown 2009, pg 27.

1113 Acerca del vínculo de obediencia y el ministerio del exorcismo como pertenecientes a la esencia de la Iglesia, véase Apéndice, nota 31.

XV

Desarrollos futuros de la legislación de la Iglesia

Tras repasar los conflictos que se pueden dar entre la esfera jurídica civil y el ministerio del exorcismo, pasamos a estudiar los posibles desarrollos futuros de la legislación eclesiástica respecto al exorcismo. En las pasadas secciones de esta obra, allí donde se ha analizado teológicamente un aspecto del exorcismo, hemos concluido consecuentemente si la legislación actual parecía la más correcta o si había espacio para un cierto desarrollo canónico futuro. Si era lógico concluir cada apartado con esas consideraciones, también parece razonable ahora, al final de la obra, ofrecer un elenco de esas cuestiones jurídicas esparcidas a lo largo de este trabajo. De manera que este apartado resulta de la recopilación de esas conclusiones en cada apartado.

Ante todo, nos parece lo más prudente la defensa del actual criterio jurídico restrictivo y minimalista en la legislación canónica acerca del exorcismo y la oración de liberación. Aunque lo ideal sería añadir un tercer criterio, digamos, «posibilista» que pudiera llevar a la inclusión de realidades no contempladas canónicamente, pero que, como hemos visto, se han dado históricamente y se dan en nuestros días. Exponemos a continuación estos tres criterios por los que, pensamos, se debería regir el ministerio del exorcismo y la oración de liberación. La exposición es sumaria, sin entrar en particularidades que ya han sido explicadas precedentemente en cada capítulo:

Criterio restrictivo: Por todas las razones aportadas en los capítulos precedentes, parece lo más prudente que el ejercicio de este ministerio siga restringido a aquellos a los que el Ordinario del Lugar les haya otorgado tal permiso. Y, del mismo modo, es lo mejor que se mantenga la obligatoriedad de que los laicos deban ejercer el ministerio de liberación en estrecha dependencia con su obispo. La supresión de las trabas canónicas que existen hoy día en este campo, produciría pésimos frutos. El prestigio del exorcismo católico, incluso entre otras confesiones cristianas, se debe en gran parte a la seriedad con que este campo se ha tratado. Seriedad que se ha mantenido gracias a las restricciones canónicas que han existido en el pasado, que son las mismas que existen en el presente.

Criterio minimalista: Hay que evitar un incremento legislativo acerca del exorcismo. Obrar de forma diversa, conllevaría tener que entrar a dirimir cuestiones acerca del *modus procedendi* a la hora de recibir y examinar los casos, de cómo discernir los casos y de cómo practicar el exorcismo. Proliferación que no resolvería ni los problemas teológicos, ni los prácticos, y que, por el contrario, generaría nuevos inconvenientes, teniendo que afinar una y otra vez cada norma. Las normas vigentes en la actualidad se muestran como bien construidas teológica y eclesiológicamente.

Criterio posibilista: La legislación que existe es correcta, pero admite ciertos desarrollos para ofrecer un marco canónico a aquellas realidades, cuya realización sea lícita de acuerdo a la teología. Y así convendría suscitar una reflexión teológica que llevase a una mayor delimitación de lo posible en este campo. Si se llegara a un cierto consenso en el futuro, creemos, que se podrían permitir ciertos cambios en la legislación sobre los diáconos, los laicos y la colaboración ecuménica en este campo.

Este criterio del posibilismo fue corriente en la práctica de la Iglesia primitiva y se mantuvo en los siglos posteriores, al menos a nivel canónico, como muestra el praenotanda del ritual de exorcismo del Ritual Romano, cuando dice que el exorcismo lo puede realizar un *sacerdote, o algún legítimo ministro de la Iglesia*[1114].

1114 «Sacerdos, seu quis alius legitimus Ecclesiae minister».*Rituale Romanum*, Editio Princeps de 1614, Edizione Anastatica Libreria Editrice Vaticana, Città del Vaticano 2004, pg 206.

Puede parecer que el criterio minimalista y el posibilista son contradictorios, pero es solo una apariencia. La legislación en este campo no se debe usar para zanjar cuestiones teológicas (en ese sentido la proliferación canónica sería contraproducente), sino para posibilitar marcos legales a realidades lícitas. En ese sentido no existe contradicción entre el criterio posibilista y el minimalista. Pues no buscamos resolver cuestiones de naturaleza teórica, sino posibilitar caminos a realidades ya existentes. Incluso se puede afirmar que el criterio posibilista se debe regir de acuerdo al criterio minimalista y restrictivo. Cambios que deben realizarse sin prisas, como fruto natural del consenso al que se llegue paulatinamente. Pues el desarrollo canónico avanzará en la medida en que la misma Iglesia en su reflexión teológica vaya comprendiendo mejor este campo. Vamos a ir desgranando con más detalle los cambios legislativos que podrían hacerse en los siguientes campos: laicos, diáconos y ecumenismo.

Legislación sobre los laicos

Respecto a la oración de liberación, no parece que se haga necesario añadir nada más a la actual normativa de la Congregación para la Doctrina de la Fe. Se puede plantear, en todo caso, si sería de desear un documento de la misma Congregación que abordara el tema de los casos especiales de laicos con supuestos dones. Y así se puede considerar la conveniencia de que en un futuro documento, dejando bien clara la necesidad de hacer un buen discernimiento de esos mismos carismas, se pueda permitir a algunos laicos la realización verdaderos exorcismos, realizados éstos no de un modo ritual, sino con oraciones privadas y frases espontáneas. Examinemos las razones a favor y las razones en contra de tal cambio legislativo.

Razones a favor del cambio legislativo a favor de laicos

Recordemos que la posibilidad de que un laico pueda expulsar demonios, viene recogida de forma expresa en el Evangelio:

Maestro, hemos visto a uno que echaba demonios en tu nombre, y se lo hemos querido impedir, porque no es de los nuestros[1115]. Y la enseñanza e incluso mandato[1116] de Jesús es que se permita su acción: *No se lo prohibáis*[1117]. Ese es el hecho, los argumentos favor de este cambio legislativo serían las siguientes:

1. **Razón teológica**: No parece adecuado que Dios otorgue un poder, para que después la autoridad eclesiástica prohíba de forma total y sin excepción ponerlo en práctica. Para prohibir ciertamente se pueden alegar razones eclesiales. Pero esas razones eclesiales ya las tiene Dios en cuenta antes de otorgar un carisma, y a pesar de ello otorga el don.
2. **Concomitancia con la praxis sacramental**: La legislación de la Iglesia no emite una prohibición total y absoluta ni siquiera con el sacramento del bautismo. Además, los laicos pueden incluso celebrar celebraciones de la Palabra en parroquias sin sacerdote, allí donde lo permita el obispo. Pueden asimismo administrar el sacramento de la Eucaristía. Y, no obstante, no hay espacio jurídico para que un laico que haya recibido un carisma especial sobre los espíritus malignos, pueda ejercer tal don concedido por Dios. Aun siendo los ordenados *in sacris* los ministros ordinarios de los sacramentos, la Iglesia permite a los laicos la administración de algunos sacramentos. Parece razonable permitir en este ámbito, lo que se permite en otros que implican misterios más importantes.
3. **La praxis actual continuaría**: Un cambio jurídico que permitiera al obispo tales concesiones, no cambiaría en gran medida la praxis actual de que fueran los presbíteros los que se siguieran encargando del ministerio exorcístico de forma habitual. El permitir que en ciertas ocasiones los laicos pue-

1115Mc 9, 38. El verbo que se usa no es exorcizar, sino «ekballonta» (expulsando). La parte del versículo que siempre se traduce por «no es de los nuestros», dice en el literal griego: «Ouk ekolouthei hemin», es decir, «no nos sigue».

1116Acerca de la prevalencia de la autoridad apostólica (otorgada en Mt 18, 18) frente a la expresa prohibición de Cristo (en Mc 9, 39), véase Apéndice, nota 55.

1117«Me kolyete auton», Mc 9, 39. Aunque es muy frecuente traducir este imperativo como «prohibir», en realidad su significado sería «impedir, obstruir».

dan predicar[1118], no ha cambiado el hecho de que la mayoría de las predicaciones sigan siendo realizadas por ministros ordenados *in sacris*.

4. **Razones históricas**: A favor del cambio jurídico está el hecho de que ya existió tal realidad en la Iglesia en los tiempos en los que hubo laicos que recibieron el ministerio del exorcistado.

Razones en contra del cambio legislativo a favor de laicos

Aun sin negar que existen más poderes que los entregados por vía sacramental, se podría abogar en contra del cambio canónico alguno en favor de los laicos considerados éstos como ministros del exorcismo, por tres razones:

a. **Pueden encuadrarse dentro del actual marco de la oración de liberación**: A favor de no cambiar la legislación, se podría invocar el hecho de que con la *Instrucción sobre el exorcismo* de 1985, se puede dar cauce jurídico a este tipo de casos. Bastará que esa persona ejercite sus capacidades dentro de lo conocido como *oración de liberación*.
b. **Lo extraordinario cae fuera del ámbito legislativo**: El don del exorcismo entregado directamente por Dios, fuera de la vía sacramental, es un hecho extraordinario. Los cánones no legislan lo extraordinario. Cuando tiene lugar un hecho que va más allá de lo especificado en las excepciones con las que cuenta la ley, se debe obrar según la prudencia de acuerdo a lo determinado por el legislador para casos que se salgan fuera de la ordenación canónica.

c. **Problemas eclesiales**: El problema es que una vez que se abriera la puerta jurídica para ello en la Iglesia universal, sería difícil cerrarla a nivel diocesano para los muchos laicos que querrían acogerse a tal posibilidad. Pues aunque se

1118 El CIC, canon 767 determina que la homilía «está reservada al sacerdote o al diácono». Pero el canon 766 admite que «los laicos pueden ser admitidos a predicar en una iglesia u oratorio» bajo determinadas circunstancias.

denegara el permiso, se habría inculcado la mentalidad de que los laicos pueden realizar tal ministerio. Con independencia de lo que diga la Ley, la mentalidad cambiará y después será muy difícil devolver el ministerio a la situación de orden inicial.

Podría alegarse que de acuerdo al mismo Código de Derecho Canónico *el obispo puede dispensar a éstos de las leyes disciplinares tanto universales como particulares promulgadas para su territorio o para sus súbditos por la autoridad suprema de la Iglesia*[1119]. Pero consideramos que un permiso de esta naturaleza (como ya hemos dicho en esta misma obra) tiene que ver directamente con la teología, y que es la Iglesia la que debe avanzar de forma conjunta en su reflexión.

Además el Código de Derecho Canónico reconoce al obispo la facultad de dispensar de la ley bajo ciertas condiciones. Una de las cuales es que hay que tener en cuenta *la gravedad de la ley de la que se dispensa*[1120].Y, evidentemente, no es lo mismo dispensar la edad de la ordenación presbiteral[1121], que dispensar algo que constituye una práctica no prevista en la Iglesia. Y eso sin olvidar que la dispensa es una *relajación de una ley meramente eclesiástica en un caso particular*[1122]. Aquí no se estaría hablando tanto de un caso particular, como de abrir una nueva puerta a un ministerio.

1119 «El Obispo diocesano, siempre que, a su juicio, ello redunde en bien espiritual de los fieles, puede dispensar a estos de las leyes disciplinares tanto universales como particulares promulgadas para su territorio o para sus súbditos por la autoridad suprema de la Iglesia; pero no de las leyes procesales o penales, ni de aquellas cuya dispensa se reserva especialmente a la Sede Apostólica o a otra autoridad». CIC, can. 87 § 1.

1120 «No se dispense de la ley eclesiástica sin causa justa y razonable, teniendo en cuenta las circunstancias del caso y la gravedad de la ley de la que se dispensa; de otro modo, la dispensa es ilícita». CIC, canon 90 § 1.

1121 Dispensa que está contemplada en la misma ley canónica: CIC, canon 1031§ 4.

1122 CIC, canon 90.

Conclusiones

Ponderación de las razones

Creemos que la gran razón para abogar por un cambio jurídico, radica en el hecho teológico de las concesiones de este carisma como don individual. No parece lógico que, hoy día, a diferencia de otras épocas, no exista cauce jurídico alguno para ejercitar de forma plena un carisma que ciertamente Dios ha otorgado a lo largo de la Historia. Mantener la actual posición jurídica de prohibición total en todos los casos, se puede basar solo en el presupuesto de que la posesión de un poder, no da el derecho al ejercicio de este. Pero, por otro lado, parece inadecuado negar en absoluto, siempre y bajo toda circunstancia el ejercicio de un poder a quien lo tiene. El actual marco no niega que Dios pueda conceder un don de este tipo, pero no se ofrece cauce alguno para que pueda ejercerse.

Si no hubiera ningún cambio legislativo y las peticiones hubiera que elevarlas a la Congregación para el Culto Divino, eso significaría implicar la autoridad de la Congregación respecto a individuos concretos, que al cabo de unos años pueden ejercer mal su ministerio. Y la experiencia nos muestra que esto sucede con una cierta frecuencia.

Por el contrario, un cauce normativo que permitiera esta realidad, lejos de ser una autorización universal para que los laicos exorcizaran, lo que lograría es que los laicos entendieran que la Iglesia es receptiva a este tipo de carismas. Y por tanto, paradójicamente, sería un medio poderoso para frenar la aparición de exorcistas espontáneos. Pues ahora el gran argumento que esgrimen estos laicos no sujetos a autoridad alguna, es que la jerarquía no acepta este tipo de hechos excepcionales. La sanción de este tipo de excepciones no provocaría que surgieran más exorcistas espontáneos de los que ya hay ahora, y sin embargo a los que hay les quitaría los argumentos en los que ellos apoyan su legitimidad.

Pero pensemos cómo se puede sentir un laico que tiene el don de exorcizar, que dispone de tiempo para este ministerio, que lo realizaría con verdadera caridad, que ve la necesidad que existe de alguien que se dedique a ello, y que comprueba que en su diócesis no hay ningún exorcista, ni hay ninguna intención de nombrarlo. Hagamos el esfuerzo de imaginar el sentimiento interno de un laico que, en esta situación, al consultar a un sacerdote qué puede hacer él, se le contesta que nada. No es verdad, como hemos visto, que la legislación canónica le cierre el paso a toda labor en este campo. Pero es verdad que la formulación del Código de Derecho Canónico y de la *Instrucción sobre el Exorcismo* respecto a cómo puede colaborar un laico, no son, precisamente, alentadoras. Respecto a este tema, hay que prestar atención a lo que Hoebel escribía al hablar de la relación entre la actual teología del laicado y algunas formulaciones canónicas: *A menudo es el lenguaje más que el contenido real, lo que lo hace aparecer como opresivo, insensible o protector.* (...) *Una teología positiva del laicado no tiene que reinventar la eclesiología, pero debe ciertamente reflexionar acerca del lenguaje que usa*[1123].

Resulta claro que una cierta literatura sobre el laicado está marcadamente inserta en una visión, llamémosla, liberal de la teología. Pero en sus reflexiones, a veces, encontramos elementos valiosos. Por ejemplo, Risley escribía:

> Fink correctamente señala que la diferencia [entre laicos y presbíteros] no debería sugerir una plena o parcial posesión del sacerdocio de Cristo —solo Jesucristo posee esa plenitud—, sino más bien habría que hablar de «diferentes modos de participación» dentro de la identidad sacramental de la entera iglesia con el misterio de Cristo[1124].

Esta afirmación de Risley, aunque matizable, señala algo muy interesante: «diferentes modos de participación». La configuración de un laico al sacerdocio de Cristo (a través de una vida de oración y penitencia), puede ser muy superior a la de un presbítero, un obispo o un Papa. El laico ascético y santo no poseerá la *potestas* de esos grados del orden, pero sí la mucho más valiosa

---

1123Thomas Hoebel, *Laity and Participation: A Theology of Being the Church*, Peter Lang AG International Academic Publishers, Berna 2006, pg 354.

1124Jack Risley, «The Minister: Lay and Ordained», en Donald J. Goergen, *The Theology of Priesthood*, The Liturgical Press, Collegeville 2003, pg 133.

configuración de su entero espíritu con Cristo Sacerdote que ofrece sacrificios espirituales en el altar de su corazón ante la presencia de Dios Padre. El laico, a través de su «modo de participación» en el sacerdocio de Cristo, puede lograr un poder sobre los espíritus malignos superior al de cualquier ministro ordenado. El laico, por más santo que sea, por más carismas que reciba de Dios directamente, nunca se configurará al modo del sacerdocio que se recibe en el sacramento del orden (y, por tanto, con sus poderes), nunca obtendrá una configuración con Cristo Cabeza de la Iglesia como sí se recibe en el sacramento del orden. Pero sí que el alma de un laico puede ser más sacerdotal que alguien que ha recibido el sacramento y que ejerce las más altas funciones dentro de la Iglesia.

Entendida esta realidad, resulta insuficiente la actual formulación canónica que exclusivamente otorga el ministerio exorcístico a un solo «modo de participación» en el misterio de la persona de Cristo. Si la ley canónica debe ser reflejo de la teología, es patente que resulta jurídicamente inadecuado otorgar ese ministerio por vía de dispensa. Porque sería como no reconocer su status teológico dentro de la Iglesia. Siendo la dispensa una otorgación graciosa que debe reducirse lo más posible, como toda dispensa, pues debe prevalecer la ley[1125].

Después de haber ponderado todos los pros y contras de esta cuestión teológica con indudables implicaciones eclesiales, consideramos que resultaría conveniente en el futuro conceder a los obispos la posibilidad de otorgar tales permisos a algunos laicos. Lo lógico es que los laicos hagan oración de liberación no exorcística; es decir, sin conjurar al demonio. Pero si para algún individuo quedara probada la verdadera conveniencia (tanto por el carisma *per se*, como por la prudencia y valía de la persona, como por la situación eclesial que rodea a esa persona) se le podría permitir hacer verdaderas oraciones exorcísticas.

Este cauce jurídico aquí expuesto,aparece como el más recomendable. Permite mantener las mismas enseñanzas eclesiales actuales sobre el ministro del exorcismo, simplemente admitiendo la excepción. Teniendo en cuenta que hoy día la excepción

1125Acerca de ley exorcística y la prevalencia de la voluntad de Dios, véase Apéndice, nota 56.

es un hecho que ya se da en algunos lugares con el asentimiento tácito del obispo. Una nueva norma o una ampliación de la norma actual, clarificarían algo que existe como una realidad efectiva, que produce buenos frutos y que se realiza, ahora, bajo la atenta mirada del Ordinario. El cual obispo no puede dar un permiso formal, aunque otorgue su aquiescencia de forma indubitable a través de otros medios.

Cuestiones formales

Jurídicamente, en cierto modo, estaríamos hablando no de un verdadero cambio de la Ley, sino de una ampliación de ésta. Es decir, la esencia y redacción de la Ley permanecería invariada, añadiendo la posibilidad de la excepción. Se reconocería que los obispos pueden otorgar cautelosamente a los laicos autorizaciones algo ampliadas en este campo de la oración de la liberación, pudiendo llegar al verdadero exorcismo, simplemente eso.

Consideramos que sería conveniente que el laico no utilizara el *Ritual de Exorcismos*, por dos razones: La primera es para que así quedara más clara la distinción entre el acto litúrgico realizado por un ministro con el sacramento del orden, y las oraciones privadas de carácter espontáneo realizadas por un laico. La segunda razón es porque otorgar el permiso para que los laicos usaran el ritual de exorcismos, supondría responder a la cuestión de si los laicos poseen o no el poder de exorcizar por haber recibido el bautismo. Y creemos que esto es algo, como mínimo, opinable.

Como antes se ha enunciado, lo que no sería prudente es que la Ley determinase que los casos especiales fuesen abordados por el camino jurídico de la dispensa por parte de las congregaciones romanas. Es decir, que el obispo pida dispensa a la Santa Sede cada vez que se dé el caso de un laico al que se le pueda encomendar este servicio. Y no es conveniente por dos razones:

> **Por una razón teológica**: Porque pedir una dispensa supone, en el fondo, solicitar la exención a lo que en principio es lo correcto. Y cuando se pide lo ya expuesto, no se está haciendo nada que por su naturaleza sea inadecuado. En Derecho, no es lo mismo que la ley admita una posibilidad, a que se exima de

su cumplimiento. Todo aquello que es correcto y adecuado no debe pedirse como dispensa (por pocas veces que se dé), sino que ya desde el principio ha de ser contemplado como posibilidad de la ley. Por lo menos, una ley bien construida (que ha de ser expresión de la Teología) debería ser así.

Por una razón de prudencia eclesial: La existencia de una dispensa proveniente de la Santa Sede fácilmente ofrecería la sensación al que la ha recibido y al resto de la comunidad eclesial, de que esa persona está investida de un poder especial. Parecería que una dispensa pontificia le coloca en un *status* superior al presbítero, que simplemente ha recibido autorización de su obispo. Y a toda costa se debe evitar tal cosa en un campo en el que las personas que resultan apropiadas para algo ahora, pueden no serlo dentro de dos años o cuatro años. La experiencia demuestra que en este campo la situación de las personas puede cambiar radicalmente en el transcurso del tiempo.

Legislación sobre los diáconos

A raíz de lo expuesto en esta obra, parece que no hay razón dogmática por la que los diáconos no puedan ser ministros ordinarios del ritual de exorcismo. A eso se suman razones de conveniencia por las que algunos obispos podrían autorizarles a ejercer este ministerio, aligerando así el trabajo de los presbíteros. De todas maneras, las razones por las que un diácono puede hacer exorcismos no se basan en la conveniencia eclesial, sino en la misma naturaleza del sacramento que han recibido y que, a nuestro modo ver, les faculta para este ministerio.

Consideramos que convendría que se abriera un tiempo de reflexión teológica, que pudiera llevar, en el futuro, a un cambio del canon 1172 que regula este ministerio en el Derecho Canónico. Bastaría solo incluir la palabra *diácono* en ese canon. Pero hay que reconocer que la inclusión de esa palabra, solo puede hacerse si existe un consenso entre los especialistas acerca del cambio. Pero, insistimos, por el mismo sacramento, consideramos que el diácono debería ser ministro ordinario del ministerio del exorcismo, usando el mismo ritual que el presbítero.

Por otra parte, creemos, que la mejor redacción sería la antigua de los praenotanda del Ritual Romano, que decía que el exorcismo puede ser realizado con licencia del obispo por un sacerdote u otro ministro legítimo de la Iglesia. Allí entrarían los diáconos y, excepcionalmente, los laicos. Sería una redacción sin especificaciones, muy simple y que constituiría un retorno a la canonística primitiva. Incluso los grupos tradicionalistas que más se oponen a los cambios canónicos a favor de los laicos, nada podrían oponer a restauración *expressis verbis* de la legislación medieval.

Legislación sobre la *communicatio in sacris* en este ministerio

En una sociedad cosmopolita como la actual, en la que las distintas confesiones cristianas están en contacto en una misma ciudad por vías de parentesco, de vecindad, de amistad y de tantas otras formas, parece claro que resulta imposible evitar completamente una cierta *circulatio* de los fieles, así como una cierta colaboración de ministros, bien por razones de amistad o de admiración de un ministro respecto al otro[1126]. De hecho, a las reuniones de exorcistas, a veces, ya están asistiendo ministros ortodoxos y anglicanos[1127]. Es más sabio ofrecer un procedimiento canónico a todo aquello que teológicamente se pueda permitir, para que la realidad pueda fluir de un modo que no ofrezca sensación de ilicitud. En la actualidad, la mayor parte de los ministros piensan que toda posibilidad de colaboración está estrictamente prohibida porque se trata de una realidad inaceptable para la Iglesia, cuando esto no es así.

1126 Incluso nos consta que existe una relación de un rabino de Israel con respecto a un sacerdote católico exorcista, que es casi de dirección espiritual. Arch. Pers., n.97, pg 51.

1127 Arch. Pers., n. 78, pg 45.

Últimas consideraciones acerca de la legislación sobre el exorcismo

Sobre el exorcismo in genere

Hay que evitar a toda costa la tentación de resolver las cuestiones teológicas a base de legislación. Algunos sacerdotes se sienten un poco desamparados teológicamente, ante la ausencia de certezas en cuanto a la práctica de este ministerio, en comparación con otros campos de la pastoral sacramental. Y toman ese vacío como una especie de desinterés por parte de la jerarquía. Esa forma de pensar no se ajusta a la realidad, y esos ministros deben entender que hay campos de la Teología en los que sabemos todo lo que la Providencia ha querido que sepamos y únicamente eso.

Querer llenar esos vacíos a base de emanar textos legislativos, constituiría un error. La legislación en materia doctrinal es fruto de la seguridad teológica, y no al revés. En el campo de la Teología, la autoridad de la Iglesia no debe ser empeñada en cuestiones en las que lícitamente quepa la discusión.

Sobre la práctica del exorcismo

Alguien podría alegar que, al menos, se legisle más acerca de las cuestiones prácticas, pues en materia disciplinar no se empeñaría esa autoridad acerca de la doctrina. Pero en este campo la práctica está íntimamente ligada a cuestiones teológicas que distan mucho de estar unánimemente aceptadas por todos, y que incluso podemos llegar a dudar que algún día lo estén. Geffré, dominico muy crítico con el Magisterio, escribió algo muy verdadero:

> Desde los orígenes sabemos que el capital de verdad evangélica que contiene la práctica eclesial desborda el contenido explícito de las confesiones de fe. Y de la misma manera que no hay identidad entre la Iglesia y el Reino de Dios, tampoco la hay entre la confesión de fe dogmática y la Palabra de Dios[1128].

1128Claude Geffré, *El cristianismo ante el riesgo de la interpretación: ensayos de hermenéutica teológica*, Cristiandad, Madrid 1984, pg 100.

De manera que podemos plantear la cuestión no solo como que no se debe imponer una postura, allí donde cabe una lícita discusión sobre cuestiones teológicas. Sino que la cuestión la podemos plantear, incluso, como que el capital de conocimientos de exorcistas verdaderamente santos siempre desbordará el contenido de las regulaciones de cualquier comisión que se constituya para tratar de llegar a un cierto número de certezas. Una cosa es afirmar: *En el Santísimo Sacramento de la Eucaristía se contiene verdadera, real y substancialmente el cuerpo y la sangre juntamente con el alma y divinidad de nuestro Señor Jesucristo*[1129]. Y otra cómo se debe hacer un exorcismo.

Sin embargo, existe una tendencia humana a buscar la seguridad en la emanación de leyes. A causa de esta tendencia, será difícil que las conferencias episcopales no se sientan inclinadas a ir emanando normas sobre la práctica del exorcismo. Pero hay que recordar que todas las normas basadas en fundamentos teológicos opinables, imprimirán una dirección de acción, cuando menos, cuestionable. No cabe duda que cuatro o cinco comisiones teológicas interdisciplinares no podrán resolver en unas cuantas reuniones, interrogantes que no se han dirimido en veinte siglos. Evidentemente no tiene sentido construir normativamente sobre fundamentos no firmes. En este ministerio poseer abundancia de textos normativos ofrecería una falsa sensación de seguridad. Como escribió Santo Tomás de Aquino: *En aquellas cosas que no pertenecen a la necesidad de la fe, les fue lícito a los santos opinar de maneras diversas, igual que nos es lícito a nosotros*[1130].

En la práctica del exorcismo hay que evitar el centralismo legislativo, pero sin renunciar a la vigilancia episcopal. Valgan las palabras de Möhler para enfocar la entera situación de la pluralidad teológica respecto a la práctica de este ministerio:

> El teólogo de Tubinga, J. A. Möhler, expresó una ley fundamental de la comunidad delos creyentes, en la Iglesia, («La unidad en la Iglesia», 1825). Según él, hay que evitar dos extremos

1129Concilio de Trento, sesión XIII, canon 1.

1130Santo Tomás de Aquino, *In II Sententiarum*, d.2, q.1, a.3.

que proceden del egoísmo: «el extremo donde cada uno quiere ser todo, y el extremo donde uno quiere ser todo»[1131].

El primer extremo supondría el reconocimiento de que no podemos alcanzar la verdad en materia exorcística, de que no existe una teología sobre este ministerio. El segundo extremo nace de una cierta soberbia intelectual que usa la ley, no las razones de la Teología, para imponer su punto de vista allí donde hay diversas posibilidades lícitas. En cuanto a esta urgencia de llegar a la verdad en cuestiones teológicas exorcísticas a través de la vía jerárquica, conviene recordar las palabras de Jedin sobre el Concilio de Trento:

> La mayoría aplastante del Concilio —escribe Jedin describiendo el inicio de las discusiones sobre el esquema del pecado original— compartía el punto de vista de los legados (pontificios), que se mantuvo durante todo el Concilio: en Trento no se debían decidir disputas de escuela entre católicos, sino definir las doctrinas controvertidas entre protestantes y católicos[1132].

Hasta ahora, la Iglesia no ha emanado casi ningún documento legislativo acerca del exorcismo, pero son los mismos exorcistas reunidos en congresos los que, a veces, se han quejado de no tener materiales seguros que procedan de las conferencias episcopales. Lo ideal es que, por un medio u otro, se les provea de materiales procedentes de autores privados, congresos e, incluso, comisiones de la Conferencia Episcopal, pero carentes de un refrendo episcopal nacional que de tenerlo provocaría, de hecho, una limitación para el futuro desarrollo teológico. Siempre sería muy desagradable para un autor tener que desautorizar una determinada afirmación colegial del episcopado de una nación.

1131 Heinrich Fries, «Die Einheit des Glaubens und die Vielfalt der Theologie», en *Catholica*, n.27 (1973), pg 30.

1132 Huber Jedin, *Historia del Concilio de Trento*, Pamplona, 1972, t.2, p.163. Cita tomada de José L. Illanes, *Sobre el Saber Teológico*, Rialp, Madrid 1978, pg 73.

ÁMBITOS DE FUTURO DESARROLLO JURÍDICO: SÍNTESIS

A modo de síntesis ofrecemos los distintos ámbitos donde puede darse un desarrollo canónico en el futuro:

Cambios en el Código de Derecho Canónico: Si se llegara un acuerdo teológico respecto al cambio legislativo en relación al status de los diáconos en el exorcismo, sería conveniente hacerlo en el mismo canon 1172 del Código de Derecho Canónico. Pues se trata de un cambio importante que tiene repercusiones en la misma comprensión de lo que es el primer grado del orden sacerdotal. Convertir al diácono en ministro ordinario del exorcismo, es una medida de tal entidad que merece un cambio en el canon, no un mero decreto de una Congregación. Y si se realizara ese cambio, habría que plantearse incluir en el canon a los laicos para así redactar un canon definitivo. Creemos que la mejor redacción es la antes citada del praenotanda del Ritual Romano. Pero una posible redacción, alternativa, del canon 1172 dividido en tres parágrafos podría quedar así:

1. Sin licencia peculiar y expresa del Ordinario del lugar, nadie puede realizar legítimamente exorcismos sobre los posesos.
2. El Ordinario del lugar concederá esta licencia a un presbítero o diácono piadoso y prudente[1133].
3. En casos especiales, esta licencia podrá ser concedida a algún laico.

Normas de la Congregación para la Doctrina de la Fe: Sería conveniente que antes de cambiar el canon 1172, se apruebe un documento normativo que incluya esos cambios y explique la teología que subyace en la adición de las nuevas normas. Solo tras años de prueba, habiendo escuchado el parecer de los obispos que hayan incorporado esos cambios, se podría proceder si se ve conveniente, al cambio del canon. Sería deseable, posteriormente, no caer en la proliferación de normas menores; lo cual complicaría la labor de los obispos. Las desviaciones que se observen en este ministerio sería preferible encauzarlas a través de afirmaciones positivas. Por lo menos, hasta que se asiente una doctrina común aceptada por obispos, teólogos y exorcistas.

1133El actual canon 1172, § 2, en nuestra opinión, no debería ser reformado, sino completamente eliminado. Véase Apéndice, nota 57.

Normas de la Congregación para el Culto Divino: Respecto al asunto de la *communicatio in sacris* en este ministerio, bastará que la Congregación para el Culto Divino emita unas consideraciones generales acerca del tema, recordando que es a los obispos a los que les compete decidir en cada caso qué es lo más adecuado respecto a la *circulatio extra Ecclesiam* o los exorcismos conjuntos con otros ministros. En realidad, esas consideraciones serían una explicitación de la legislación actual, no un verdadero cambio del esquema normativo actual.

También puede ser positivo que la Congregación aprobase un ritual para la oración de liberación. Un ritual que fuese opcional y que delinease con sobriedad la naturaleza de esas oraciones. *La liturgia no es plegaria privada ni el culto divino practicado por los individuos, sino el culto divino de la Iglesia*[1134]. Dar una entidad litúrgica (como opción) a la oración de liberación, transformaría la oración por las personas con supuestas influencias demoniacas, en un acto de culto oficial de la Iglesia.

Las Conferencias Episcopales: En el campo de la *communicatio in sacris*, las conferencias episcopales podrán recordar principios generales o dar consejos. Pero normalmente convendrá que se abstengan de emitir disposiciones generales, porque siempre el obispo de cada diócesis gozará de una visión más concreta y cercana de las circunstancias.

Resulta discutible que las Congregaciones Romanas o las Conferencias Episcopales se ocupen de dar una ritualidad oficial obligatoria a la oración de liberación realizada por los laicos. La no ritualidad actual permite la adaptación de las plegarias a las distintas espiritualidades, caracteres de los pueblos, y tradiciones locales. Pensemos lo distinta que será la oración de liberación realizada por monjes en una abadía benedictina (más seria y solemne), en comparación a una oración de liberación realizada por un grupo carismático en África (más llena de vitalidad y con instrumentos musicales). Eso sin contar con lo distinto que es ya de por sí la oración de liberación realizada de forma comunitaria, a la realizada en una pequeña capilla donde solo se hallan el sacerdote y los familiares de la persona por la que se ora. La uniformidad ritual constituiría un empobrecimiento de una realidad mul-

1134Josef A. Jungmann, *Las leyes de la liturgia*, Centre de Pastoral Liturgica, Barcelona 1999, pg 5.

tiforme. Aun así, no se puede negar que un ritual (de uso opcional) podría suponer una guía valiosa para muchos grupos: tanto en lo teológico, como en el mismo desarrollo de esas oraciones.

Al defender en este apartado la postura de la variedad, no estamos cayendo en un error paralelo al de aquellos que piensan que siempre es mejor que no se emanen leyes, para que así no se limite la libertad. Como escribía Del Pozo: *En la concepción «diaconal» de la Iglesia, el «ius» tiene una función ulteriormente servidora de la misión eclesial*[1135]. Del mismo modo que el *ius* es un bien, la ritualidad litúrgica es otro bien. Pero, en este campo de la oración de liberación, creemos que la ritualidad, si es obligatoria, constituirá un *ius* por vía litúrgica. De la unión entre *ius* y *ritualitas* obligatoria en esta materia, no vemos cómo el ministerio se pueda escapar de la casuística que requiera continuas nuevas iluminaciones oficiales.

Emanar un ritual obligatorio para la oración de liberación, supondría tener que incluir distintas variantes, y a su vez distintas indicaciones en cada variante, según fuese evolucionando el caso en cada sesión. Frente a eso, es preferible dejar las cuestiones relativas a la praxis en manos de la prudencia. Tal ha sido hasta ahora la tradición, incluso dentro del ámbito litúrgico exorcístico. Liturgia que siempre se ha considerado maleable por su naturaleza *sui generis*.

El que la oración de liberación se mantenga como una realidad flexible y no ritualizada, sitúa a la Iglesia en una situación de mayor ventaja jurídica frente a querellas en el foro civil. Ya que si las plegarias de liberación se articulan al modo de una oración abierta, pública, en la que se ora también por gente enferma, por gente con problemas mentales, por individuos con adicciones, etc, entonces la Iglesia evita el tener que hacer una valoración oficial sobre cada caso sobre el que se ora. El obispo no estará, de este modo, involucrado en haber emitido juicio alguno acerca de si ésa persona está o no está posesa, ni siquiera si padece o no un influjo demoniaco. El obispo nunca habrá ofrecido un juicio concreto sobre nadie que haya pasado por esas oraciones comunitarias de liberación en las que se ora por todos, sea cual sea el problema que tengan.

1135 Massimo del Pozzo, *La Dimensione Giuridica della Liturgia*, Giuffrè Editore, Roma 2008, pg 28.

Alguien puede objetar que la oración de liberación, si se realiza como un acto no litúrgico, tendrá menos efectividad que si articula dentro de la oración oficial de la Iglesia. Pero como recordó Jungmann: *Cuando el obispo de una iglesia antigua celebraba el culto dominical en medio de sus fieles, no disponía de decretos ni rúbricas ni aun de libros; sin embargo, observaba un orden, el que surgía de naturaleza misma de la Iglesia y que había sido dado por ella*[1136]. Por eso, puede haber unas oraciones de liberación que tengan claramente una naturaleza de oración privada, y otras que se constituyan como verdaderos actos comunitarios de culto a Dios, aunque formalmente no respondan a un ceremonial oficialmente constituido. No hay que olvidar que *el sacerdote tiene la representación del divino Redentor y* (...) *representa también a Dios ante su pueblo*[1137]. De forma que la característica formalmente litúrgica o no de la oración de la liberación no debería considerarse como algo sustancial a ese mismo acto de intercesión y poder, sino como algo accidental[1138].

Pero, aunque la ritualización daría lugar a oraciones de liberación más bellas y organizadas, no podemos negar las ventajas jurídicas de mantener la no ritualidad de la oración de liberación. En una reunión de oración de liberación difusa, el mismo sacerdote ministro de esas plegarias, sin son muchos los presentes, a menudo, no habrá expresado en ningún momento juicio alguno sobre el estado de cada persona. Limitándose a aconsejar: si tienes alguna necesidad, ven al grupo y oraremos por ti. En este modo de obrar una demanda civil tiene poco a lo que asirse. Por más que exista mala voluntad en el abogado demandante, se hallará ante una realidad demasiado difuminada y borrosa. Realidad poco nítida que se deberá a que algunos de estos encuentros, en verdad, serán una mezcla de liberación, sanación y adoración; mezcla, no confusión.

Este modo de obrar que podemos llamar *liberatio difussa* es justo la forma contraria de proceder al modo que se considera

---

1136Josef A. Jungmann, *Las leyes de la liturgia*, pg 6.

1137Pío XII, Encíclica*Mediator Dei*, n.55.

1138Acerca de la accidentalidad o no del carácter liturgico del exorcismo, véase Apéndice, nota 58.

serio, científico, con evaluaciones psiquiátricas previas e informes presentados por escrito. La *liberatio difussa* no por constituir una mezcla deja de ser una oración encaminada a expulsar los malos espíritus que oprimen a un individuo. Y, por tanto, se halla sujeta a la supervisión episcopal con tanta obligatoriedad como si se segregaran los momentos liberatorios con total nitidez, frente a los momentos en que, por ejemplo,se pide por la sanación física.

Conclusión

La esencia de todas las cuestiones

¿Resultaría posible condensar todos los capítulos, todas las secciones, en tres o cuatro líneas esenciales? Si hubiera que hacerlo, diríamos que el problema del exorcismo es el factor humano. El exorcismo en sí es un don perfecto, un misterio de la acción de Dios. Los problemas provienen del hecho de que un poder tan espiritual, tan espectacular, tan visible, es manejado, no pocas veces, a través de las debilidades humanas. El concurso de las debilidades personales y de los errores intelectuales, disminuyen la luz para la Iglesia que debería partir del ejercicio de ese don. Si todos los exorcistas hicieran uso de este tesoro viviendo una intensa vida de oración y ascetismo, bajo la influencia silenciosa, pero real, del Espíritu Santo, este Espíritu les reconduciría una y otra vez, para no abandonar el recto camino o, mejor dicho, los rectos caminos de este ministerio.

Pero este ministerio no se entregó para ser ejercido exclusivamente por santos. De ahí que por las debilidades (intelectuales y morales) inherentes a los ministros, resulta innegable que, estadísticamente, se dan no pocos problemas entre los exorcistas. Resulta comprensible, trabajan con el demonio. El demonio es una fuente de causalidad. No estamos hablando de una energía, sino de una persona. Los exorcistas mantienen una lucha con esas individualidades angélicas corrompidas, con esos seres personales. Seres personales que, aunque invisibles, se defienden y atacan.

Se defienden en el exorcismo, atacan con la tentación. Pero si los exorcistas siempre serán fuente de un cierto número de problemas, el exorcismo en sí mismo no es un problema, es un regalo divino para el mundo. Es una muestra más de que el poder que Jesucristo entregó a los Apóstoles, no se reduce a los sacramentos.

Algunos cristianos creen en el exorcismo, pero con el menor entusiasmo posible. Incluso, cuando surge el tema, se sienten obligados a hacer alguna afirmación desdeñosa. Afirmación desdeñosa que esconde una inconsciente soberbia: *Yo no soy como ellos, soy más racional. Soy más listo, me dejo engañar menos, soy más objetivo, mi opinión es la verdad sobre este tema.* El exorcismo no es un estorbo en las páginas del Evangelio, ni en la vida actual de la Iglesia. Este ministerio no es el dulce consuelo apologético de las almas simples. Nosotros los clérigos tenemos que ser obedientes al mensaje que salió de la boca del Redentor, tenemos que escuchar, somos discípulos. Preservamos su mensaje, no somos sus dueños.

El factor humano antes del exorcismo (los prejuicios del clero), durante el exorcismo (la debilidad del ministro) y después del exorcismo (el juicio negativo de los demás, los problemas con el obispo), suponen elementos que deben ser tenidos en cuenta cuando hablamos del ejercicio de este don celestial. Un ejercicio puro y perfecto de este ministerio no es siempre lo más habitual. El factor humano interviene en mayor o menor medida en gran número de casos.

Subterfugios teológicos

Tampoco podemos consolarnos con trampas intelectuales. Algunos que, de hecho, no creen en el exorcismo, consienten teóricamente en admitir la posesión y el exorcismo, pero bajo la condición de que se cambie la semántica de los conceptos; eso es juego sucio teológico. Lo que hacen algunos es creer, sí, pero en lo que yo quiero. Qué era el exorcismo, lo conocemos muy bien por la literatura exorcística judía anterior y posterior al siglo I, confirmada por los relatos exorcísticos cristianos de los primeros siglos, y vivida como una tradición viva e ininterrumpida hasta nuestros días. Cambiar, como se ha hecho por parte de algunos, la exégesis interpretativa a mitad del siglo XX, es querer nadar y guardar la ropa. Es aceptar meterse en el río, pero a condición de que «río» signifique otra cosa.

No nos engañemos, lo difícil es creer en la Encarnación. Una vez aceptado semejante «exceso», creer que existen espíritus demoniacos es un asunto menor. Una vez que creemos que existe un mundo de espíritus, creer que algunos puedan interactuar con nosotros de maneras diversas, no conlleva especiales dificultades metafísicas.

El ministerio del exorcismo existirá hasta el fin de los tiempos, pero existirá denostado y admirado. No podemos pensar que el racionalismo imperante es una moda pasajera. Ya en la época de Jesucristo nos queda constancia de la lectura saducea de las Escrituras. Una lectura «ilustrada» que no creía en los ángeles, ni en la inmortalidad del alma, ni en otros aspectos «arcaicos». La lectura racionalista de las Escrituras ha sido un elemento siempre presente en cada generación. Los exorcistas serán la prueba viviente de uno de los aspectos mistéricos de nuestra Fe. La fe no se reduce a un mero pelagianismo, no es mero conocimiento.

Pero la virtud frente al saduceísmo teológico no consiste en creer como perteneciente a la Fe, lo que no pertenece al *depositum fidei*. Es decir, la virtud no consiste en caer en una especie de fariseísmo que va añadiendo más y más elementos, tomados éstos como verdades incuestionables y a los que hay obligación de ofrecer asentimiento. Los fariseos de la época de Jesús habían adjuntado innumerables añadiduras a las Escrituras, ofreciéndolas como absolutamente incuestionables. Algunos exorcistas, al núcleo esencial de la fe acerca del exorcismo, han añadido todo un *corpus* que se presenta también como incuestionable. Si no crees en el *corpus* agregado eres un hombre de poca fe. Frente al reduccionismo saduceo la virtud no consiste en la expansión farisaica. La mente que busca conocer la verdad, se encuentra con el racionalismo de unos creyentes en un extremo, y con la credulidad de otros creyentes en el otro.

La virtud contra el racionalismo no se halla en un «exceso de fe». La reacción saludable contra ese exceso de fe no consiste en un movimiento pendular hacia el racionalismo, como si este constituyera la versión más pura de la fe. La solución es muy sencilla:

debemos creer lo que se debe creer. No somos nosotros los que decidimos qué pertenece al *depositum fidei*.

Una solución nunca permanente

El sacerdote nombrado exorcista, además de estos peligros intelectuales, tendrá que sortear los peligros morales que se añadirán al ejercicio del ministerio: soberbia, resistencia al obispo, afán de notoriedad, etc. El ministerio es bello, pero en el ministro del exorcismo tiene que existir una continua voluntad de purificación. Cristo entregó este poder a los hombres, y los hombres han de esmerarse en no enturbiar este don. Debe existir en los exorcistas la voluntad de desempeñar esta tarea como quiso Jesús que se realizara: en toda su grandeza y en toda su sencillez. Conocer la voluntad de Cristo, ésa es la cuestión.

La postura de esta presente obra es que tanto cuanto más regresemos a la simplicidad evangélica, más brillará en toda su espiritualidad este poder. En el exorcismo, cuanto más resaltemos la parte humana del ministro, su técnica, cuanto más reduzcamos el exorcismo a una especie de farmacopea de remedios específicos, más eclipsado quedará Cristo actuando a través de nosotros. Retorno a lo esencial, ese debe ser el criterio áureo. La simplicidad del Evangelio como el camino más seguro para este ministerio. El problema es el factor humano. El retorno a lo esencial es la solución.

Pero no nos engañemos, por más que purifiquemos el ministerio, siempre los humanos tornaremos a añadir más y más elementos extraños sobre este misterio. Obsérvese que el peligro no está en rodear al misterio de un *corpus* teológico. Resulta evidente que esta misma obra trata de crear una teología sobre el exorcismo. El peligro está en el exorcista (a veces dotado de pocos conocimientos teológicos) que se aferra, como un fariseo a su preceptos extrabíblicos, a su versión de cómo funciona este ministerio, de cómo debe realizarse. *Esto es así y punto*. Esta versión fidéistica de los conocimientos exorcísticos, no constituye una verdadera teología. Reconocer los límites de lo que objetivamente y realmente se puede conocer es necesario aunque uno diga con orgullo: llevo muchos años ejerciendo.

Debemos ser humildes. Debemos arrodillarnos ante el Altísimo que nos ha concedido un cierto conocimiento acerca del mundo de los demonios. El buen conocimiento del Mal nos debe llevar a Dios.

Post Scriptum: Un apunte personal

Por último, creo que me puedo permitir tres párrafos de contenido personal justo al final de la obra. El lector, en la lectura de las páginas precedentes, no podrá captar lo que ha supuesto esta obra para mi vida. Redactar esta obra, ha implicado venir a vivir a Roma durante cuatro años. Mi trabajo en esta obra ha significado para mí el descubrimiento de Roma. El retorno a la vida comunitaria en una residencia eclesiástica, fue como una especie de retorno al seminario. Una vuelta a ese espíritu de cuando con diecisiete años comencé la vida de seminarista. Han sido cuatro años en los que diariamente he paseado hasta la Basílica de San Pedro del Vaticano, para piadosamente rezar allí al Apóstol Pedro. Años en los que he tratado de sumergirme en la rica vida litúrgica de la Urbe, tratando cada domingo de concelebrar en una nueva basílica, de asistir a la liturgia de otro rito oriental.

Paseos y más paseos. Puedo afirmar que ésta ha sido la ciudad de mis peregrinaciones. Diario deambular en el que llegué a conocer el laberinto del centro de Roma como la palma de mi mano. Paseos, oraciones, liturgias fastuosas y una estancia que me han llevado a amar más al sucesor de Pedro en toda su concreción histórica actual. Amar más a Pedro, y amar más a esa extensión de él que denominamos Santa Sede.

Mi estancia en esta ciudad en la que escribo estas últimas líneas, me hizo comprender la realidad espiritual que subyace tras el aspecto humano e incluso material de la ciudad de Roma, magnífico pedestal del Vaticano. Las piedras de esta ciudad se convirtieron para mi alma en una diaria predicación acerca del Reino de Dios. La realización de mi tesis doctoral se convirtió para mí en un regalo inesperado en mi vida, un regalo transformante, un regalo pletórico de regalos insertos en él. La Ciencia de Dios como ciencia que nos diviniza, que nos hace más semejantes a Él.

Apéndice

En esta obra, hemos reservado las notas a pie de página para aquellas referencias bibliográficas o brevísimas explicaciones directamente relacionadas con el cuerpo del texto. Mientras que aquí hemos agrupado aquellas explicaciones que suponían una aportación en relación al tema general, pero que hubieran supuesto un *ex cursus* respecto al argumento tratado en el cuerpo del texto. Es decir, estas notas del final de la obra explican algo que aparecía en el cuerpo del texto, pero que su desarrollo suponía ya un alejamiento del tema que es el objeto de esta obra. En la mayor parte de los casos, estos *ex cursus* son breves. Solo en unas pocas notas hemos pensado que hubiera sido de lamentar no desarrollar de forma más extensa el tema iniciado en el *corpus* de la obra, por el mero hecho de que se alejase del tema preciso que se trataba.

No se debe pensar que aquí se hayan relegado cuestiones de menor importancia. Las siguientes notas, a veces, contienen verdaderos hallazgos teológicos. Pero de haber tratado de desplegar la cuestión en el cuerpo del texto del que provenían, hubiera detenido enteramente el razonamiento del que surgieron. Estas notas deben leerse como glosas (en unos casos) o ramificaciones (en otros) pendientes del cuerpo del texto del que provienen. Por lo cual no deben leerse como temas que son desarrollados de forma completa y sistemática. Leer todas las notas seguidas ofrecerá una distorsionada visión de lo que, en realidad, son razonamientos que emanan del cuerpo del texto de esta obra.

En esta sección faltan unas pocas notas que fueron trasladadas a una obra que trata el tema escatológico. Como el sistema de referencias en esta obra era complicado, hemos preferido dejar la numeración con algunos saltos en vez de renumerar las notas de toda la obra.

Nota 1:
La ausencia de exorcismos en el Evangelio de San Juan

A diferencia de los Sinópticos, el evangelio joaneo no menciona exorcismo alguno. Ahora bien, el cuarto evangelio sí que habla acerca del demonio. Y no solo eso, sino que por el mismo texto de San Juan, deducimos que este tema le produjo problemas a Jesús en su ministerio de predicación. Lo colegimos del hecho de que en cuatro ocasiones el texto joaneo menciona que los enemigos de Jesús lo consideraban a Él mismo un endemoniado. Cuando Jesús dice que Él y Dios son una misma cosa, los judíos enojados exclaman: *Tienes un demonio* (Jn 7,20). En otro paso, cuando Jesús le enseña que Él viene de Dios, repiten: *¿No decimos con razón que estás endemoniado?* (Jn 8,48). Cuando Jesús afirma que quien lo escucha no morirá jamás, el comentario de sus adversarios es: *Ahora estamos seguros de que tienes un demonio* (Jn 8,52). Tras su discurso del Buen Pastor, muchos decían: *Tiene un demonio y está loco; ¿por qué le escuchan?* (Jn 10,20).

Fruto de estas acusaciones, quizá el Evangelista Juan pensase que era preferible no insistir más en un tema que ya había sido suficientemente tocado en otros evangelios, pues es posible que la redacción de Juan tuviera ya las versiones sinópticas delante. Insistir, de nuevo, en Jesús como exorcista hubiera facilitado que sus detractores asimilasen la figura de Jesús a la de otros exorcistas ambulantes. Si el tema demoniaco se menciona en Juan, será para dejar clara la doctrina sobre la figura de Satanás. Pero parece clara la decisión de San Juan de no volver a tocar un tema problemático y ya expuesto.

Nota 2:
Relación entre el exorcismo y desconocimiento de Dios (Mt 7, 22-23), en relación al exorcismo como signo de la llegada del Reino de Dios (Lc 11, 18-20)

Mateo (Mt 7, 22-23) deja claro que se pueden hacer signos extraordinarios y estar en una situación de no amistad con Dios. Mientras que Lucas (Lc 11, 18-20) enseña que Jesús propone sus exorcismos como signo de que ha llegado el Reino de Dios. Ya para comenzar, resulta difícil entender la postura de Mt 7, porque todos los signos allí expuestos —la profecía, la expulsión de demonios y las obras de poder[1139]—, proceden directamente de la aquiescencia de Dios. La única solución para que esas obras se hicieran fuera de la benevolencia de Dios, sería obrar esos signos por una fuerza que no sea la de Dios. Pero dado que se excluye que obraran por el poder de Satanás, puesto que ellos expresamente alegan en su defensa ante Jesús que lo han hecho *en tu nombre*, luego queda claro que no se está refiriendo este paso a los servidores de las Tinieblas que obran por el poder de las tinieblas. Sino que se trata de hombres que han realizado obras buenas en nombre de Jesús. Así que el versículo podría indicar que tales obras (profecías, exorcismos y algunas obras extraordinarias) se pueden realizar en virtud de un carisma que se posee. Y que una vez que ese don se tiene, no se retira aunque la persona se desvíe.

Este tipo de explicación estaría de acuerdo con la mentalidad bíblica de que las bendiciones (tanto las personales como las colectivas) no se retiran una vez dadas. A la bendición se puede añadir una maldición por haber cometido un pecado, pero la bendición permanece. Si bien encontramos pasos en los que la bendición se otorga de un modo condicional: *si andas en mis caminos...* (I Re 3, 14). Pero es distinta la bendición como bienes que vienen del Cielo, a la bendición que consiste en la otorgación de la posesión de un carisma.

Nos parece que esta explicación del carisma, como posesión verdadera, explicaría las palabras de Mt 7, 22-23. Ahora bien, ¿cómo entender que en Lc 11, 18-20 se presenten los exorcismos

---

1139«Dunameis» en el original griego; «poderes» sería la traducción literal.

cómo signo de que ha llegado el Reino de Dios? ¿Pueden ser los exorcismos un signo, si ellos pueden ser realizados por alguien fuera de la benevolencia de Dios? *Alejaos de mí los que obráis la iniquidad*, Mt 7, 23. «Iniquidad» es *anomian* en el original griego, en una traducción literal sería *sin ley*. ¿Los exorcismos son signo de que ha venido el Mesías o de que ha venido alguien que incluso puede ser desconocido de Dios? Ciertamente, esto plantea un problema interpretativo en los signos de Dios.

En nuestra opinión, el mensaje tanto del paso de Mateo como el de Lucas combinados nos ofrecen un mensaje más profundo que por separado. Y el mensaje es que los signos son muestra del poder de Dios, pero que deben ser discernidos. Es el discernimiento el que nos hace llegar a la conclusión de que alguien es un instrumento de Dios, de que alguien está siendo usado por Dios. Su vida, sus palabras, sus hechos, formando un todo, nos darán la respuesta a la pregunta de si alguien merece ser escuchado.

El sistema para conocer la verdad, parece subjetivo, pero no hay otro: hasta las personas de los mismos profetas del Antiguo Testamento debían ser discernidas. Pero la subjetividad del juicio personal del que escucha, queda compensada por la objetividad de los hechos del profeta acompañados de la honestidad de vida de ese mismo instrumento divino. En Jesús, esos hechos, esos signos, eran tan incontestables, tan evidentes, que no resultaba lícito negarse a la aceptación de que el Reino de Dios había venido. En otros servidores menores los hechos eran menores (en el Antiguo Testamento) y serán menores (en la Historia de la Iglesia) pero siempre habrá indicios suficientes para conocer la verdad.

Aun así, también el texto de Lucas muestra la ambivalencia de los signos, o dicho de forma más completa, la ambigüedad acerca de la posibilidad de la causa benigna o maligna del poder desplegado en los signos. Pues Jesucristo no niega que esos exorcismos se pudieran realizar por el poder de Belcebú. *Si Satanás está dividido contra sí mismo...* (Lc 11, 18). Luego admite la posibilidad de un poder demoniaco en lucha con otro poder demoniaco, admite que Satanás se pueda revestir de ángel de luz, usando las palabras paulinas. Por eso, no rechaza examinar ese argumento y ver si es cierto en su caso. Y en el versículo siguiente lo vuelve a repetir: *si Yo por Belcebú expulso demonios...* (Lc 11, 19). Es decir, Él mismo admitiendo que sus signos son grandiosos, no rechaza el que sean discernidos para entender si su origen es divino o maléfico. La respuesta de Jesús (*entonces vuestros hijos ¿por quién los expulsan?*, Lc 11, 19) lo que viene a decir es que a unos exorcistas sí que les creen justos por hacer la misma obra que hace Él. No rechaza la pregunta acerca del origen causal, no rechaza la necesidad de discernir el origen de los signos. Simplemente les echa en cara que con unos usen una medida y con Él otra.

Como se ve, ambos pasajes, el de Lc y el Mt, se complementan. Mostrándonos en Mt hasta dónde puede llegar la complejidad del discernimiento, por la existencia, incluso, de carismas propios, no satánicos, pero en un sujeto indigno. Y, por otro lado, en el caso de Lc llegando al caso máximo de Cristo y reafirmando la doctrina de la necesidad de discernir. El mensaje de ambos pasajes es verdaderamente profundo: los signos son ambivalentes, su origen puede ser múltiple, todo debe ser discernido.

Nota 13
Posibles traducciones de «Líbranos del mal» (Mt 6, 13)

No quiero desaprovechar la ocasión para hacer algunas reflexiones acerca de la traducción del versículo *líbranos del mal* (*alla rusai hemas apo tou ponerou*, Mt 6, 13; *apo tou ponerou*, Lc 11, 4). La palabra «tou ponerou» puede ser leída tanto en su forma masculina como neutra. De manera que tanto la versión *líbranos del mal*, como *líbranos del maligno*, están incluidas en la literalidad del texto. Del mismo modo, el texto canónico al desconocer las mayúsculas admite otras dos traducciones: *líbranos del maligno* (sea este un humano o un demonio) o *líbranos del Maligno* (el maligno por antonomasia que es el *Diabolos*). Así que el mismo versículo se puede traducir como líbranos del mal, líbranos del [que es] malo, líbranos del Maligno. Escribir «mal» con mayúscula no añade mucho semánticamente a la cuestión que debatimos, simplemente señalaríamos el carácter genérico de lo que ya está contenido en la palabra con minúscula. Solo implicaría señalar el carácter no concreto de esa petición. Mientras que el carácter personal o no de esta petición sí que es una cuestión más importante.

No se puede afirmar que ese paso se esté refiriendo indudablemente a Satanás. Imponer esa lectura única supondría limitar el significado de esa expresión a una sola interpretación. Cuando, por más que analicemos el contexto, no hallaremos la seguridad de que allí esté hablando del *Diabolos*. El texto evangélico muy bien puede estarse refiriendo al que nos hace daño de un modo genérico. Siguiendo el estilo de los salmos, bien podemos leer esas palabras como una petición dirigida al Señor para que nos libre de los planes del hombre maligno. Y perfectamente también puede referirse al mal no humano. *Líbranos del mal* contiene la lectura de «líbranos de las enfermedades, de las desgracias, de los accidentes».

Dado que las cuatro posibilidades —mal y Mal, malo y Maligno— están contenidas en el original, es preferible traducir por «líbranos del mal». Pues «mal» es más genérico que «maligno». Si traducimos por «maligno», estamos cercenando una parte del significado. Semánticamente, el «mal» dado su carácter abstracto incluye a los «malignos». Conceptualmente el mal incluye a las personas que hacen el mal. De ahí que en una conversación sobre otros temas se puede afirmar «ellos son el Mal», pero no se puede afirmar «el Mal es el maligno». En la primera frase no hay ninguna incorrección filosófica, pero en las otra sí: pues no todo mal genérico está incluido en un individuo maligno. De ahí que la frase se debe traducir por «líbranos del mal».

Queda claro que el texto debe traducirse por la lectura más amplia, frente a la más restrictiva. Ahora bien, surge una cuestión subsiguiente: cabe preguntarse si es preferible traducir *ponerou* por «mal» con minúscula o con mayúscula. Esto ya es más opinable. Pero nuestra opinión es que conviene que se vierta con minúscula. De lo contrario, acotamos la palabra al metafísico y supremo. En el texto griego, sin mayúscula, no se zanja el asunto de si, al pedir, nos referimos al Mal o al mal. Si es con minúscula,también se admite esta lectura: «Líbranos del mal que nos aflige a cada uno. Líbranos del mal que, a cada uno, más nos atormenta».

La mayúscula ya supondría una toma de posición. Del mismo modo que traducir por «líbranos del malo» no implica una toma de posición y así, también podemos estar pidiendo ayuda frente a cualquier persona mala (de nuestra familia, del trabajo) que nos hace sufrir.

Mientras que, al hablar del III Reich, repetimos frases como: «El nazismo es el Mal». En este caso, no queremos decir que en el nazismo no concurren muchos males, sino que es una materialización del mal metafísico, allí la traducción con mayúscula es necesaria. En ese caso sí que sería incorrecto escribir: «El nazismo es el mal». ¿Es a esto a lo que se refiere Jesucristo cuando nos enseña a que pidamos ser librados del mal? ¿Quería que pidiéramos protección solo frente al Mal? De nuevo, consideramos que el contexto no permite afirmar de forma segura una cosa frente a la otra. Dado que en este caso «mal» es un término genérico, pero más neutro de matices que «Mal», creemos que las palabras griegas del Padrenuestro deberían traducirse por «líbranos del mal».

El exegeta en caso de duda ante una bifurcación en la que cualquier palabra cambia de sentido por ponerle o no la mayúscula, debe preferir la palabra común a la palabra engrandecida por la mayúscula. Pues, de lo contrario, supondría imponer una lectura concreta a ese texto. Hay casos en la Escritura en los que la necesidad de verter una palabra con mayúscula resulta evidente. Pero si esa necesidad no resulta evidente, debe verterse la palabra sin matices añadidos.

Jesús podría haber precisado su pensamiento con infinidad de determinantes y adjetivos, pero prefirió usar esa expresión genérica. Jesús dijo precisamente eso, cuando podía haber dicho otra cosa. Él no nos enseñó a pedir solo fuésemos librados del Maligno, sino también de los males físicos, de las personas malas, de los demonios y de su Caudillo. ¿Para qué pedir ser librados de un solo mal (el Diablo), cuando podemos pedir ser librados de todo tipo de mal? Ésta es, en nuestra humilde opinión, la mente de Jesús al recitar esa parte de la oración.

Añadidura a la nota 14:Años después de escribir esta nota, he cambiado algo de opinión. El versículo precente a líbranos del mal dice así: Y no nos conduzcas hacia de la tentación. Pues bien, este contexto de tentación parece indicar que deberíamos preferir la traducción por «Maligno». Cierto que no toda tentación procede de los demonios. Pero, en esa mentalidad de la época de Jesús, la tentación normalmente, en todos los textos, va unida a la acción del tentador. Es decir, resulta más natural entender esas dos líneas como la acción buena del Antitentador (Dios) y la acción mala del Tentador (el Diablo). El padrenuestro acabaría con una doble petición complementaria. Si la línea precedente se refiriera al Bien, justo sería traducir la segunda parte como Mal. Pero si la línea precedente habla del Antitentador, parece justo traducir la segunda parte como el Maligno. Desde un punto de vista meramente linguístico, lo que he dicho en la nota 14 es verdad. Pero, desde un punto de vista de la mentalidad, parece más lógico pensar que hable de Dios y del Maligno.

Nota 15
La diferente influencia de la teología católica y protestante respecto a los exorcismos

Obsérvese que si en el Cielo la recompensa es igual para todos, como sostienen muchas confesiones protestantes, ¿entonces para qué sufrir en la tierra? Da lo mismo lo que uno padezca en la tierra, no por eso se va a recibir más premio, según esta visión escatológica. Este pensamiento destruye la ascesis. Por eso el monacato desapareció en todas las confesiones protestantes. Y resulta lógico, pues bajo esos presupuestos será suficiente con vivir una vida según los Mandamientos de la Ley de Dios. Lo que un individuo haga de más, no obtendrá más premio en el Cielo. Los heroísmos no recibirán mayor remuneración eterna. Esta concepción vacía de finalidad la idea de una posesión indefinida. Pero vacía de finalidad incluso el hecho de que un caso de posesión se prolongara durante varios meses. ¿Qué sentido tendría por parte de Dios dilatar el sufrimiento? El obstáculo para la liberación radicaría siempre y únicamente en el sujeto poseso o en el que realiza el exorcismo. Si el exorcista tiene plena fe en Cristo Jesús, y el poseso también, debería producirse la liberación.

Esta concepción protestante vacía asimismo de razón el que una sola sesión tenga que dilatarse. ¿Para qué Dios permitiría que se necesiten varias horas orando por un poseso? ¿Qué se gana con ello? La santificación se entiende como mera justificación, sin grados. Desde este entendimiento de la santificación como un mero tener o no tener fe, estar o no estar justificado, el alma del poseso no se va a beneficiar más, sufra más o sufra menos. El alma del ministro tampoco va a ganar nada ni para esta tierra ni para el Cielo, tanto si está dos horas exorcizando, como si está solo cinco minutos.

Además, otro elemento en contra de la prolongación del exorcismo en el ámbito protestante está el problema de qué más puede hacer el exorcista en el exorcista, una vez que no se produce la liberación tras varias sesiones. El sacerdote católico puede proseguir recitando fórmulas, acercando reliquias, pidiendo la intercesión de los santos, etc. Pero el ministro protestante, después de haber improvisado plegarias a Dios, después de haber conjurado al demonio, después de haber leído algunos textos de la Biblia, ¿qué puede seguir haciendo? Después de un tiempo razonable en que el ministro ha dado la orden de que saliera el demonio y ha leído algunos textos bíblicos, el exorcismo protestante caería en una mera repetición, en una clara constatación de que la fe no está produciendo aquí y ahora el efecto que se suponía: la liberación inmediata. Si se prolongase el exorcismo, estaríamos pasando de la fe a las obras. Ya no bastaría la fe, habría que «hacer cosas» durante un tiempo.

Es curioso que incluso el exorcismo supone una ratificación de la visión católica de la relación entre la fe y las obras. Y el exorcismo infructuoso, curiosamente, es la prueba máxima de que el concepto católico de santificación es el correcto, y no el de Lutero, Calvino o Zwinglio. Resulta indudable que en el mundo evangélico el exorcismo es visto como una confrontación entre la fe (fe personal) y el Mal. Mientras que en el ámbito católico, de hecho, tiende a ponerse más el acento en el exorcismo como una confrontación entre la santidad y el mal: la santidad del ministro, la santidad de las cosas que se emplean (las reliquias, los sacramentales, las imágenes), la sacralidad de las fórmulas del ritual, el carácter venerable de los santos a los que pedimos la intercesión. Durante el exorcismo católico, por la misma dinámica de la sesión, se produce una confrontación del mundo demoniaco con la santidad a través de los elementos presentes en el exorcismo: la santidad del exorcista, las reliquias, las oraciones, los sacramentales, la Eucaristía, la intercesión. Mientras que en el exorcismo protestante, una vez que se ha dado la orden con fe al demonio para que salga, no queda espacio teológico para proseguir con una especie de lucha. O basta la fe pura, o si no estamos entrando en el entendimiento de la fe tal como se practica en el campo teológico católico.

Nota 16
Coexistencia del carisma de la inspiración y los pecados en el Rey David y Salomón

David fue un hombre que quiso hacer la voluntad del Señor durante su vida. No se le niegan a este rey su fe, su denodado esfuerzo en cumplir la voluntad del Señor, su respeto a Saúl por ser un ungido del Señor, y otras muchas virtudes. Por sus virtudes fue un ejemplo, pero aun él se halla lejos de la vida que la Nueva Alianza nos propone en el Evangelio. Y aun así, a pesar de la objetividad de sus pecados, Dios no le retiró sus carismas: carisma de inspiración para la escritura de sus salmos, inspiración que incluye las profecías acerca del Mesías. Sin hacer un elenco de los pecados de ese rey, baste recordar que David, justo antes de morir, entre sus últimas disposiciones, da la orden de que su lugarteniente Joab (1 R 2, 5) y Semeí (1 R 2, 8) sean ejecutados por hechos lejanos en el tiempo. La muerte de Joab se puede considerar que es totalmente justificable según los criterios de justicia de la época. Pero la de Semeí expresamente se dice en el texto que se debe únicamente a que le maldijo y humilló muchos años antes.

A pesar de los muchos pecados de David, este se esforzó por seguir los caminos de Dios, intentó serle fiel y se esforzó en ello. Pero acerca de Salomón, el juicio de Dios es negativo, cfr. 1 R 12, 33. Y no se puede decir que Salomón fue al principio bueno (y que solo entonces lo usó como instrumento) y que después se corrompió. Pues aunque al final de su vida su corrupción moral le llevó a la misma idolatría, ya el mismo principio de su reinado da comienzo con un baño de sangre. La muerte de su hermano Adonías (1 R 2) resulta especialmente difícil de justificar incluso ateniéndonos al texto bíblico; y eso a pesar de que el mismo texto bíblico es decididamente favorable al partido de Salomón entre los pretendientes al trono. Jeroboam, un servidor de Salomón, tuvo que huir para salvar la vida (1 R 11, 40) a causa de una profecía de Ahiyyah de Silo (1 R 11, 29).

Y, por supuesto, una lectura crítica del Libro de Reyes da a entender que la visión de este libro es decididamente benévola respecto a estos reyes, y que muchos episodios han quedado silenciados. Y así, tras mostrarnos un reinado modélico de Salomón, observamos en 1 R 12, 4 que las tribus no estaban contentas con él tras su muerte: *Tu padre endureció nuestro yugo, más tú ahora aligera la dura servidumbre de tu padre y el pesado yugo que impuso sobre nosotros.* Por eso, si algo deja claro el Antiguo Testamento es que la existencia de algunos pecados (incluso graves) no es condición absoluta para negar la veracidad de un carisma.

Nota 17

Significado del término «obsessus a demonio»

El término original *obsessus* en el CIC, canon 1172, es un término que designa algo más amplio que el de, propiamente, la posesión diabólica. Por tanto, quedan prohibidas por este canon los exorcismos sobre personas con influencias demoniacas, y no solo por los posesos. No es, por tanto, adecuada la traducción española de la Edición Típica latina, que ha vertido «obsessus» en su sentido de *poseso, endemoniado o energúmeno.* Esta interpretación puede parecer que quedaba relativamente confirmada en el praenotanda del *Ritual Romano* acerca de los signos por los que alguien es un *obsessus a demonio*, signos que son todos ellos de posesión. Pero es solo una apariencia de confirmación, pues allí solo se ofrecen signos de la acción demoniaca en una persona, sin entrar en más disquisiciones.

Ya que la traducción literal *asediado por el demonio,* carece del uso histórico y la tradición que acompaña al término latino «obsessus». La traducción más adecuada de este término en el canon debería ser «oprimido por el demonio». Sin duda «estar oprimido» o «estar asediado» por el demonio significan, en definitiva, lo mismo.

Para evitar no solo problemas con una u otra traducción, sino también diferentes interpretaciones, posteriormente, la carta de la Congregación para la Doctrina de la Fe de 1985, *Instrucción sobre el Exorcismo*, determina la necesidad del permiso del Ordinario del lugar, tanto en los casos de posesión, como en los de influjo demoniaco, al preceptuar que *en los casos que parezcan revelar algún influjo del diablo*, las personas debidamente autorizadas podrán orar por ellas siguiendo las pautas de esa misma instrucción.

Nota 18
El recurso a la Santa Sede del exorcista removido de un ministerio permanente

Incluso si un exorcista nombrado oficialmente, de forma indefinida y con permiso general fuera removido de su función, quedaría suspendido de su oficio aunque recurriera. Pues el Código especifica que en el caso de un oficio con potestad ordinaria (no es el caso del oficio de exorcista), la potestad ordinaria queda suspendida a pesar de la interposición de un recurso contra la privación del oficio. CIC, canon 143, § 2.

> Canon 143 § 1. La potestad ordinaria se extingue por la pérdida del oficio al que va aneja. § 2. A no ser que el derecho disponga otra cosa, la potestad ordinaria queda suspendida cuando legítimamente se apela o se interpone recurso contra la privación o remoción del oficio.

Otro caso lo encontramos cuando el 14 de mayo de 2008 el Prefecto de la Congregación para los Institutos de vida consagrada y para las Sociedades de vida apostólica cesó al Rvdo. P. Daniel Zavala Arévalo del cargo de Presidente general interino de la asociación Lumen Dei. El citado sacerdote presentó un recurso ante la Signatura Apostólica, y consideró que seguía en su puesto mientras no se resolviera el recurso entre él y el decreto del Prefecto de la Congregación para los Institutos de vida consagrada, y que mientras tanto no tenía que asentir al decreto del citado Prefecto. La Signatura Apostólica le contestó el 18 de junio de 2009 que: *como el recurso carece de fuerza suspensiva, incumbe al recurrente y a todos los interesados la obligación de asentir no solo al acto impugnado, sino también de mandar su ejecución o al menos no impedir su ejecución.* SUPREMO TRIBUNAL DE LA SIGNATURA APOSTÓLICA, Prot. n. 41422/08 CA, con fecha del 18 de junio de 2009.

NOTA 19
EL JURIDICISMO EN EL ÁMBITO DEL EXORCISMO

Existe una interesante relación entre miedo y estructura que tiene que ver con profundas razones subconscientes de la psicología humana. Precisamente por los temores a posibles problemas provenientes de la práctica del exorcismo, los Ordinarios fácilmente sentirán la tentación de poner orden a través de la regulación de este ministerio. La multiplicación de leyes ofrece la sensación de que todo está más atado. El miedo a los errores queda resuelto ante la creación de una estructura, primero jurídica, después organizativa. Dentro de una hipotética creciente dinámica regulatoria, resulta evidente que las leyes de nada servirán si cada exorcista ejerce su ministerio aisladamente. De forma que el juridicismo únicamente se podrá consumar de forma satisfactoria a través de una cadena organizativa dotada de autoridad de mando: exorcista, exorcista—jefe diocesano, exorcista—jefe nacional.

El juridicismo posee ínsita esta tendencia interna a la creación de una estructura formada por personas, que puedan comprobar que se lleva a cabo lo marcado por la ley. La jerarquía de exorcistas conllevaría, a su vez, el desarrollo de reglamentos internos. Esto ofrecería una sensación de seguridad a los obispos: la jerarquía de exorcistas, la regulación de procedimientos, una mayor abundancia de normas genéricas para afrontar el ministerio. Pero hablamos de una mera sensación, porque al final cada exorcismo se realiza de forma independiente por un sacerdote.

Con el tema de la pedofilia, bien se ha comprobado en los últimos años, que la jerarquía intermedia que existe en cada diócesis, por sí misma no ha servido para evitar los abusos sexuales que se han dado en las parroquias. Esto nos enseña una clara lección. Lección que podemos aplicar a este ministerio del exorcismo.

Pero es difícil sustraerse a esa inclinación humana de vencer los temores a través de la ley. Tratar de resolver los temores a los problemas que puede provocar el exorcismo a través del recurso a la creación de un corpus jurídico. Los países anglosajones son especialmente inclinados a generar normas. La sensación de que *hay que hacer algo*, usualmente se resuelve a través de un modo legislativo. Sobre todo, cuando surge un problema que tiene trascendencia en los medios, se reúnen los obispos, los obispos crean una comisión, la comisión sugiere unas cuantas medidas, y las medidas son aprobadas por los obispos como norma. Muy a menudo, en no pocos temas eclesiales, la solución es mucho más sencilla, y consiste en hacer las cosas bien con las normas ya existentes. Pero cuando hay un escándalo y se comparece ante los medios de comunicación, admitir que simplemente se van a hacer las cosas mejor, suena a no hacer nada. Por eso la tendencia no es a la simplificación, sino a la creación de nuevos entes, a la proliferación legislativa.

La mayor parte de los problemas (por no decir casi todos) provienen de que el obispo no nombró al ministro adecuado y no ejerció la vigilancia debida. La creación de entes y normas nuevas ante un escándalo es un modo de decir: *Yo no tuve la culpa, no existían los medios adecuados para abordar esta situación*. Este modo de proceder se aplica frecuentemente a muchos problemas eclesiales. Una mentalidad juridicista, acostumbrada no a la pastoral, sino a las reuniones curiales y que desea que todo se tramite a través de informes oficiales, suele sentir una indefinible incomodidad ante todo aquello que obra a través de los cauces de la simplicidad evangélica.

Nota 20

La relación entre el status jurídico-eclesial de un no católico y el derecho a recibir un bien espiritual

La omisión de una acción que provoca grave daño por parte de quien tiene obligación de realizar tal acción, supone un pecado grave. El hecho de que un poseso ni siquiera pertenezca al rebaño de Cristo, no rebaja en nada la gravedad del pecado. ¿La pertenencia o no a la grey diocesana supone un título por el que se pueda tener mayor derecho jurídico o moral a este auxilio del Poder de Cristo? Indudablemente no: La exigencia moral proviene del estado mismo de la persona y de las consecuencias que conlleva la omisión episcopal. Resultando, a estos efectos, indiferente el *status* jurídico de ese sujeto.

Incluso dentro de la Iglesia, nos podemos preguntar como cuestiones teóricas: ¿Tienen más derecho al exorcismo unos fieles frente a otros? ¿Tendría más derecho al exorcismo un obispo que estuviera poseído que un simple fiel? ¿Tendría más derecho a recibir alimentos (provenientes de la caridad de la Iglesia) el obispo en una situación de hambre generalizada? La respuesta es no. Aunque él ejerza una determinada función en la Iglesia, no por eso tiene más derecho a ese pan.

En algún lugar del mundo, alguien podría apelar a la imposibilidad material de atender a todos los que piden exorcismos y oración de liberación, por disponer únicamente de un sacerdote en un lugar de misión y acudir a él muchos casos. Pero ni siquiera eso supondría tener que elegir, porque siempre se podría recurrir a un exorcismo comunitario.

Nota 21
Cuándo la omisión del exorcismo resultaría lícita

Como la omisión de un exorcismo no es un acto intrínsecamente malo, ciertamente podemos imaginar a nivel teórico situaciones en las que lo adecuado sería la omisión de tal acto. Pero se trata de escenarios muy irreales, que difícilmente se darán a lo largo de la Historia. Por ejemplo, si en un país el exorcismo es ilegal, y un sacerdote determinado sabe que le vigilan estrechamente, veinticuatro horas al día, y que están esperando a que realice un exorcismo para meterle en la cárcel, en un caso así la prudencia podría dictar la suspensión de todos los exorcismos. Como se ve, la licitud de la omisión se daría únicamente en casos

Nota 22
La liturgia realizada por ministros carentes del orden sacerdotal

Resulta interesante observar como, en la mentalidad popular, el acto litúrgico es un acto que viene íntimamente unido al orden al sacerdotal. No obstante, unas vísperas ecuménicas aun realizadas exclusivamente por un ministro sin sacramento del orden, constituyen un acto auténticamente litúrgico. Aunque no se halle en ellas la presencia de ningún ministro ordenado *in sacris*. La acción litúrgica está basada sobre el sacerdocio de Cristo a través del sacerdocio común de los fieles. Esto es importante para el exorcismo, pues Benedicto XVI no tuvo problema en integrarse en unas vísperas ecuménicas, presididas por un ministro que posee (probablemente) solo el sacerdocio común de los fieles. Del mismo modo, un sacerdote católico tampoco debería tener escrúpulos en participar de un acto exorcístico copresidiéndolo con un ministro protestante.

La unión que vale para glorificar a Dios, vale también para luchar contra el demonio, aunque cualitativamente los dos ministros (católico y no católico) sean diversos en cuanto al sacramento del orden. Es cierto que hay diferencias cualitativas entre ellos, pero también las hay en la celebración de la misa, en la cual laicos, diáconos y presbíteros intervienen en una misma acción de acuerdo a su grado. La acción conjunta en un único acto, acción realizada por diversos sujetos con distintos grados de sacerdocio, se da también en el seno de la Iglesia. Por lo tanto, en el caso del exorcismo, esto no plantearía problemas teológicos.

Nota 23
Ejemplos de sacramentales lícitamente recibidos por un fiel católico de un ministro ortodoxo

La cuestión de si la recepción de un exorcismo por parte de un fiel católico, está vinculada de forma irrenunciable a su celebración en la Iglesia Católica, remite a su vez a la cuestión de la recepción de sacramentales. Lo que valga para un sacramental, valdrá para el exorcismo. Y vemos que en un acto ecuménico, un patriarca ortodoxo que presida la celebración puede dar la bendición a todos los presentes, obispos católicos incluidos, y tal acto es una acción sacramental. Del mismo modo, cuando se dispensa de la forma canónica en la celebración de un matrimonio con un cónyuge ortodoxo, el contrayente católico recibirá todas las bendiciones y plegarias de un ministro ortodoxo. Esa dispensa de la forma canónica en la celebración del matrimonio, por tanto, incluye el permiso para la recepción de un sacramental durante esa liturgia ortodoxa.

Nota 24
La existencia de exorcismos fructuosos en el judaísmo

La traducción literal deMt, 12, 27 es: *Y si Yo expulso demonios por* [el poder de] *Belcebú, ¿por quién vuestros hijos expulsan* [demonios]*?* Jesucristo da por supuesto que individuos no pertenecientes al grupo de sus discípulos verdaderamente expulsaban demonios. La argumentación de Jesús es la siguiente. 1º Decís que Yo expulso demonios por el poder del demonio. 2º Fijaos en vuestros exorcistas que no pertenecen al grupo de mis seguidores, ellos ciertamente expulsan demonios, y no lo hacen por mi poder, luego ellos son la prueba de que Dios actúa a través de ellos. 3º Y cuando ellos expulsan demonios, concluís que es por el poder de Dios. Cuando Yo expulso demonios, concluís que es por el poder del demonio. 4º Vuestra acusación es incorrecta por dos razones. La primera razón, porque a la misma acción le atribuís arbitrariamente causas diversas. Segunda razón, porque si estuvierais en lo cierto eso significaría que el infierno está dividido y enfrentado. Si fuera así, Jesús con el poder de los demonios estaría actuando contra los demonios.

Todo este pasaje evangélico demuestra, por tanto, que Jesús da por supuesto que hay exorcistas judíos realizando verdaderos exorcismos, puesto que la argumentación se basa precisamente en eso: en mostrar la falacia de que ante la misma acción se adjudica arbitrariamente a una causa diversa.

Nota 25
Concepto del *tempus exorcismi determinatum*

El *tempus exorcismi determinatum* es el concepto que se define como el tiempo que Dios ha determinado que es necesario, para que un individuo que padece posesión demoniaca, quede completamente liberado. Ese *tempus* queda determinado en una medida concreta de días, de semanas o meses suponiendo que tanto el poseso como el ministro hagan todo lo posible para que se produzca la liberación. De forma que en la medida en que tanto el ministro como el poseso sean más negligentes en su acción, en esa misma medida la duración concreta del exorcismo se prolongará. Es cierto que la duración de un caso depende de la Voluntad de Dios. Pero la Voluntad de Dios usualmente tiene en cuenta el esfuerzo humano.

Cada caso de posesión e influencia demoniaca posee su propio *tempus*, pero la negligencia provoca que la duración de forma efectiva de una posesión se prolongue más allá de lo que hubiera sido el tiempo mínimo necesario. Como se ve, el *tempus* es un concepto que está en relación con la duración concreta de una posesión hasta su final. Pero que, aunque esté en relación, son dos realidades que no coinciden exactamente. De hecho, el *tempus* se trata de un concepto que contiene más elementos de los expuestos hasta aquí, pues influyen en ese *tempus* no solo el poseso y el ministro, sino también las personas que ayudan durante las sesiones y las personas que interceden a distancia sin estar presentes en la posesión. En la duración de ese *tempus* influye hasta la situación personal del poseso: Dios puede ver que no es conveniente prolongarlo más allá de cierto momento, porque ya no sería una ayuda para el individuo, sino una ocasión de desesperación o, al menos, de desesperanza. En otros casos, el *tempus* viene determinado por la Voluntad de Dios, que permite que alguien siga poseso hasta que una persona asista al exorcismo, pues Dios sabe que lo que ser testigo de ese acto de la Iglesia, puede ser la ocasión definitiva para su conversión.

Como se ve, se trata de un concepto este del *tempus* en el que intervienen muchísimos más elementos que la mera acción del poseso y el ministro. Pero dado que a veces es un mismo exorcista el que ora por diversos sujetos que tienen el mismo parecido y una semejante vida espiritual, y sin embargo la duración del proceso de exorcismo hasta la liberación es distinta, queda patente que cada caso de posesión posee su propio *tempus*. En este concepto que resulta de tan compleja combinación de causas y efectos, intervienen también elementos como el poder del demonio que posee a esa persona (diferente este poder en cada demonio) o las razones eclesiales (el bien que hace al Cuerpo Místico ese sufrimiento aceptado con amor).

Por eso los exorcistas ejemplares no deben desanimarse ante la duración de un caso. Ni los exorcistas noveles e inexperimentados dotados de poca vida espiritual, deben enorgullecerse preguntándose de qué desconocidas virtudes estarán dotados, para haber liberado en una o dos sesiones a alguien, por el que un santo sacerdote oró durante muchas sesiones. Tal vez, el inexperimentado sacerdote oró en la etapa final de ese proceso, cuando ya estaba próximo el *tempus* determinado para el fin de ese caso. Eso puede suceder perfectamente aun en aquellas sesiones en las que no se percibiera ningún tipo de debilitamiento en el espíritu maligno.

Un último ejemplo puede servir para entender este concepto. Un reino puede no ser muy fuerte, pero Dios sabe que durará todavía cuatro generaciones. Mientras que Dios puede saber que un imperio poderoso tiene decretado su colapso en un par de años. Del mismo modo, un demonio más débil puede tener un *tempus* largo porque así ha sido determinado por la permisión de Dios. Y otro demonio mucho más fuerte puede tener un *tempus* de permanencia breve. Se trata de un concepto este que depende del concepto de Destino. El cual destino está fijado por la voluntad de Dios de un modo dual, con lo quiere positivamente y con lo que permite.

El *tempus exorcismi determinatum* es una realidad que *quoad nos*[1140] es dinámica. Es decir, Dios puede determinar que si una persona recibe el mensaje de conversión que le ofrece el exorcista y se santifica con su posesión, llevando una ferviente vida de oración y ascetismo, esa posesión durará dos años y cuatro meses. Ahora bien, imaginemos que esa persona, a mitad de camino se

---

1140Quoad nos: en relación a nosotros.

desanima, abandona la vida de la gracia y vive mal durante un año, después se arrepiente y vuelve al buen camino. Quizá Dios vea que la persona está tan desanimada que si le exigiera el *tempus determinatum* que había en el plan ideal, ahora se desesperaría. De ahí, que se determina por parte de Dios que en un mes quede enteramente liberada. Es un ejemplo de cómo había un *tempus determinatum* ideal, y como después el *tempus determinatum* ha variado adecuándolo a la medida de las fuerzas del sujeto. De ahí que aunque el *tempus* esté determinado, es una realidad dinámica. Bien es cierto que *quoad Deum* es invariable. Porque Dios ya conocía desde siempre lo que iba a suceder con todos los detalles de su devenir histórico, y el tiempo que estaba determinado que iba a necesitarse de forma efectiva era solo uno desde el principio en la mente de Dios.

Este concepto de *tempus exorcismi determinatum* nos ayuda a entender porque hay casos que parecen no acabar. Pero entender este *tempus* como designio dinámico, nos da la seguridad de que Dios no exigirá esa «medida» pase lo que pase, aunque se hunda la persona. Por otra parte, este concepto dinámico del *tempus exorcismi determinatum* nos hace comprender que existe un *tempus* ideal absoluto (si la persona y el ministro hicieran todo perfectamente con la mayor devoción y ascetismo) y un *tempus* relativo, que tiene en cuenta las debilidades, cansancios y desánimos que van a apareciendo. El tiempo está determinado, pero se define en relación a la situación cambiante del individuo, situación de la persona que puede sufrir cambios cualitativos.

Como se ve, el concepto de *tempus* es necesario para entender por qué los exorcismos no acaban en un par de minutos. Sin ese concepto sería incomprensible por qué teniendo un poder divino, no se produce el fruto de la fe en el momento. Pero al mismo tiempo que explica el porqué no se produce la liberación instantánea en la mayor parte de los casos, hay que admitir que se trata de un concepto complicado, pues es el resultado de muchos factores. Al tratarse de factores cambiantes, eso provoca que el *tempus* sea dinámico. De lo contrario sería una determinación ciega, y hasta cruel en algunos casos. Pero es dinámica en relación a nosotros. Pues vista esa determinación desde la omnisciencia de Dios, está completamente fijada en el tiempo a lo que efectivamente sucederá de hecho. Todo esto nos lleva a comprender que existe un *tempus* ideal absoluto, y un *tempus* relativo que es el adecuado a la persona con sus circunstancias de debilidad.

La exposición hecha del *tempusexorcismi determinatum* ha obviado una cuestión que de haberla introducido, hubiera complicado notablemente la comprensión del concepto. Esa cuestión obviada es ¿qué significa que un exorcista o el fiel hagan todo lo posible? Dicho de otro modo, ¿cuánto duraría un exorcismo si el exorcista se alimentara a pan y agua todos y cada uno de los días desde el primero en que recibió el caso, si durmiera sobre una tabla, si dedicara todo su tiempo libre a la oración, si realizara las más acerbas penitencias? ¿Realmente hay un límite a este «hacer todo lo posible»? La respuesta es no, no hay límite. Por eso, cuando antes hemos dicho «en el caso de que un exorcista haga todo lo posible», nos referíamos a poner todos los medios espirituales que de modo común un buen exorcista pone. Aun sabiendo que ésta es una afirmación bastante difusa.

Ahora bien, no se piense que necesariamente un sacerdote que fuera una cima del misticismo, acabaría con las posesiones en una breve y única sesión. Porque incluso San Juan de la Cruz debió exorcizar durante meses a una monja posesa. Lo cual es la prueba fehaciente de que, aunque la santidad es un elemento esencial para abreviar un exorcismo, realmente existe un *tempus exorcismi determinatum*, sea como sea de santo el exorcista.

Nota 26
Una lectura exegética de las cualidades del ministro expuestas en el canon 1172, § 2

El *Código de Derecho Canónico* indica las cualidades que deben ornar al que reciba licencia para llevar a cabo el exorcismo: *Haec licentia ab Ordinario loci concedatur tantummodo presbytero pietate, scientia, prudentia ac vitae integritate praedito* (CIC, can. 1172, § 2). Obsérvese que esas cualidades se piden no solo para el que vaya a ejercer este ministerio de forma habitual, sino que dice *haec licentia* (...) *concedatur tantummodo*, es decir, son cualidades que se piden incluso para el que se va a encargar de un solo caso de posesión.

Estas cualidades no revisten mayor complicación a la hora de su interpretación. La única que puede admitir posibilidades diversas es la *scientia*, ¿qué quiere decir el Código cuando pide que esté dotado de ciencia? No cabe la menor duda que la ciencia óptima de la que debería estar dotado el exorcista, es la del conocimiento de la materia exorcística. Pero el legislador sabía cuán pocos están dotados de esa ciencia, y por tanto no es esto lo que puede pedir como requisito necesario para otorgar la licencia. Además si tal hubiera sido su voluntad precisa, hubiera especificado con algún adjetivo esa palabra. Sin duda se usa la palabra *scientia* deliberadamente de un modo amplio, para referirse también a la ciencia teológica o a la ciencia en materia espiritual, sin descartar la ciencia en materia psiquiátrica.

La ciencia teológica es importante para evitar que el exorcista acabe realizando acciones contrarias a la teología durante el exorcismo. Por vía de la experimentación se puede llegar a claras desviaciones. La materialización del exorcismo de la que hemos hablado anteriormente es un buen ejemplo. Mientras que un buen teólogo tendrá claro por qué caminos no debe comenzar a discurrir el exorcismo. La ciencia teológica también evitará que el exorcista acabe creyendo lo que dicen los demonios. Un buen teólogo basado en su ciencia podrá a menudo discernir qué elementos pueden ser valiosos, y cuáles son dignos de no ser tenidos en cuenta para nada. La ciencia en materia espiritual, conocida no por vía académica, sino como fruto de una vida de oración y ascetismo, otorga un conocimiento de las realidades del espíritu, realidades todas ellas que se encuentran conectadas entre sí.

Cuando el Código dice que el exorcista esté dotado de ciencia, eso se puede referir por tanto a la ciencia exorcística (que sería la mejor), a la ciencia teológica (que otorga un juicio equilibrado y permite evitar desviaciones) o a la ciencia en materia espiritual (que concede un conocimiento profundo de las realidades del espíritu). La ciencia en materia psiquiátrica también puede suponer una cierta ayuda. Pero el sacerdote con conocimientos médicos pero que no ejerce, siempre estará en un nivel muy inferior frente al profesional médico cuyo trabajo diario se desenvuelve en esta materia.

NOTA 27
SIMONÍA Y EXORCISMO

El Código de Derecho Canónico dice: *Quien celebra o recibe un sacramento con simonía, debe ser castigado con entredicho o suspensión.* CIC, canon 1380. El comentario al canon 1380 de la Universidad de Navarra se limita a explicar: *La doble figura delictiva está en celebrar o recibir un sacramento con pacto simoníaco, es decir, con la intención deliberada de comprar o vender el sacramento por un precio temporal, sea cual fuere el contenido, valor o cantidad del precio*[1141].El objeto del delito es algo muy preciso. Esto es así, para evitar problemas de conciencia que hubieran provenido si se hubieran hecho especificaciones. Porque una cosa es el delito de simonía, y otra distinta los comportamientos cercanos a la simonía. Una cosa es el delito, otra el pecado. Hay sacerdotes que pecarán de acciones muy cercanas a la simonía, aunque formalmente no lo sean.

Santo Tomás de Aquino en la *Summa Theologica*, al tratar este tema, se encuentra con evidentes dificultades teóricas para distinguir entre la perfecta venta de un bien espiritual (simonía), y el dinero tasado que se recibe «con ocasión de» el acto espiritual (los así llamados antiguamente *derechos de estola*). En el momento en el que se exigen unas tasas, surgen dificultades, por bajas que sean esas tasas, y por más que estén autorizadas por la autoridad eclesiástica. Dificultades que se pueden superar de un modo teórico, y así lo hace el Aquinate y todos los comentaristas posteriores. Pero es difícil no ofrecer una apariencia de simonía, en tanto en cuanto que aunque no hablemos de un precio.

Cuando se da la situación de que si se ofrece un dinero mínimo determinado se recibe un acto espiritual, y si no se recibe el dinero, no se otorga ese acto espiritual, entonces, busquemos las justificaciones que busquemos, se está dando un acto simoníaco.

Dejando aparte cuestiones teóricas, constituiría un acto simoníaco en el campo del exorcismo si el sacerdote le dijera a alguien: *Hacerte el exorcismo te va a costar tanto dinero.* Mientras que una praxis impropia de un sacerdote, pero no canónicamente simo-

---

1141 CÓDIGO DE DERECHO CANÓNICO, Ediciones Universidad de Navarra, Pamplona 2002, pg 892.

níaca, sería el caso de un sacerdote que quisiera cobrar algo por el tiempo empleado en las consultas previas al exorcismo. El sacerdote podría escudarse en que él no cobra por la oración que hará después, sino que solo cobra el tiempo de trabajo en atender a esa persona. Estrictamente hablando, tal modo de obrar no constituiría simonía, pero sería un acto indigno del espíritu sacerdotal. Si ese mismo sacerdote incluyera en el precio las consultas y la oración formando una unidad, eso sí que sería simonía. Pues en el precio no se distinguiría entre la labor humana y el bien espiritual.

Técnicamente no constituiría pecado de simonía, si el sacerdote (que cobra las consultas y solo las consultas, no la oración) se negara a realizar el exorcismo en el caso de que alguien no quisiera pasar por las consultas previas que suponen un pago monetario. Es cierto que no se cobraría por el exorcismo, pero se cobraría por el exorcismo por medio interpuesto, que vendría a ser lo mismo. Aunque técnicamente no constituiría un acto de simonía, pues el sacerdote siempre podría excusarse en que él cobra su tiempo de trabajo, no por la administración del sacramental. Como se ve, de ningún modo, ninguna diócesis, debe caer en este tipo de mercadeo completamente indigno de personas sagradas que quieren realizar la labor que realizaron los Apóstoles. *Lo que habéis recibido gratis, dadlo gratis.* No se debe cobrar ningún tipo de tasa por las consultas previas. Exigir, por pequeña una tasa, supone dar comienzo a un camino en el que la verdad espiritual del exorcismo quedará progresivamente cada vez más oculta. Lo mejor es dejar un cepillo y que cada uno deje allí anónimamente lo que desee. Dando ese dinero a la diócesis.

Nota 28
Conveniencia del actual ordenamiento jurídico sobre la solicitación *ad turpia*

¿Hay obligación moral de denunciar ante la autoridad eclesiástica al clérigo que ha solicitado a alguien contra el sexto mandamiento? Cuando hay motivos razonables para estar seguros de que se trata de una sola y única caída contra el sexto mandamiento, y ese pecado ha sido con un adulto, hay que recordar que toda denuncia contra un clérigo conlleva un coste personal para el sacerdote que cayó. La desmoralización que se produce en un presbítero cuando sabe que es culpable y que su culpa ha llegado a ser conocida por el obispo, tiene un efecto de por vida.

La denuncia de lo oculto no tiene otra razón de ser que el evitar nuevas caídas. Si se tiene la certeza razonable (sin necesidad de que sea perfecta) de que el pecado estuvo limitado a una persona (es decir, que no se trata de una conducta repetida con otras personas) y que el sacerdote sinceramente se ha arrepentido, no parece un acto de prudencia hacer pagar al sacerdote el precio de la pérdida de ilusión, de desmoralización, de sentirse estigmatizado en la Curia, de vivir para siempre con el peso de la idea de que ya no confiarán en él nunca más. El sentido de la denuncia de lo oculto que hace relación a un clérigo, no es otro que evitar la repetición de ese mal en el futuro. Pero no se hace para restablecer el orden eclesial objetivo a través de la punición.

Por eso nos parece acertada la evolución jurídica de la Iglesia al respecto, incluso respecto al gravísimo pecado de la solicitación en el sacramento de la penitencia. A partir del año 2010, con el documento *Modificaciones a las Normas de los Delitos más grave*s, se apela a que se extreme la vigilancia para evitar los pecados, pero no se imponen cargas canónicas ni a la conciencia del clérigo, ni a su cómplice. En el Código de Derecho Canónico de 1917, existía una norma (la instrucción *Crimen Sollicitationis*, del año 1961) que obligaba al cómplice a denunciar al clérigo en sede eclesiástica si la solicitación había tenido lugar en la confesión. La instrucción completaba lo preceptuado por el canon 2368 § 2 del Código de 1917, entonces en vigor. Canon que castigaba la omisión de esta obligación, ni más ni menos que la excomunión *latae sententiae*. La cual no podía ser remitida si no se denunciaba al confesor que había cometido ese pecado. Sabiamente, la Iglesia retiró tal peso sobre las conciencias. Todos sabemos las locuras que pueden llegar a ser cometidas por la fuerza de las pasiones sexuales desatadas. Pero parece lógico pensar que habitualmente las cadenas invisibles canónicas no serán suficientes para contener esas pasiones. Por el contrario, los mandatos de antaño que se formularon para evitar los pecados, pueden convertirse en trabas para restablecer la vida de la gracia con la confesión. Hay cómplices que preferirán morir con su secreto, antes que pasar por la vergüenza de la denuncia. Por eso nos parece que, aunque la anterior legislación estaba cargada de buenas intenciones y teóricamente se hallaba justificada, la actual legislación es más humana y razonable.

Cada vez que se produce algún tipo de escándalo, siempre hay alguien que pide más leyes, queriendo hacer del corpus jurídico una extensión de la ley moral. Gran error, pues las pasiones pasan por encima de las leyes. Aquel que en un momento dado está dispuesto a la pérdida de la bienaventuranza eterna, será difícil que sea detenido por la redacción de un determinado canon.

Todos estos razonamientos, ya lo hemos dicho al principio, se refieren a los pecados ocultos con adultos. Evidentemente, no son válidos en el caso de delitos sexuales con menores. Ya que en esos casos siempre se ha de presuponer, al menos, una tendencia, que implica un riesgo objetivo de nuevas caídas futuras. Por eso, no solo toda caída cierta en esta materia con menores, sino incluso toda sospecha razonable, debe ser siempre puesta en conocimiento de la curia diocesana. Esta obligación no nace esencialmente del Derecho, sino del mismo ser de las cosas, es decir, del peligro que se corre de que siga haciendo daño a inocentes. No solo la fuerza que esta tendencia tiene, sino sobre todo la indefensión de las víctimas (que difícilmente denunciarán), obligan en conciencia a la denuncia de este tipo de casos. Pero, repitámoslo una vez más, no hay ninguna obligación moral de denunciar ante el obispo al sacerdote que cayó una vez con un adulto, cuando se tiene la certeza razonable de que aquello fue una excepción. Cosa distinta sería si tal conducta se está repitiendo más veces con más personas.

Nota 29

La obligación o no del obispo de denunciar al exorcista ante la ley civil

El obispo no tiene obligación jurídica de denunciar ante las autoridades civiles al ministro culpable de una grave comisión u omisión, en cualquier materia, excepto allí donde la legislación civil o canónica le obligara a ello, otra cosa es la obligación moral.

Es cierto que la Ley obliga, a todo ciudadano,a denunciar cualquier delito del que tenga conocimiento. Pero la misma Ley hace diversas distinciones en cuanto a la obligación de esta acción. En algunos casos, eximiendo completamente de esta obligación de denuncia. Y así la mayor parte de los códigos penales eximen de la obligación de denunciar a los padres, ascendientes, cónyuge, hermanos, hijos y otros descendientes del autor de un delito. La relación entre el obispo y un sacerdote no es como la relación entre un contratador y su contratado. Con esta apreciación, no estoy eximiendo al obispo ni de la más mínima de sus obligaciones legales ni de sus obligaciones morales. Pero es una apreciación que debe ser tenida en cuenta.

El obispo sería culpable moralmente, si conociendo con razonable certeza que un sacerdote está realizando el ministerio (cualquier faceta del ministerio, exorcístico o de otro tipo) de un modo que provoca daños (daños no delictivos) a las personas que acuden a él, y no hiciera nada y no lo removiera de tal ministerio. Esto es una responsabilidad moral, aunque legalmente no tuviera ninguna implicación.

Pero si al obispo le consta la gravedad objetiva de daños penalmente punibles que se repiten y no hace nada, él mismo se haría legalmente responsable de esa omisión. Tal conclusión es de sentido común.

De todas maneras, considero que son erróneos ciertos aspectos del camino que algunos países han seguido al abordar jurídicamente ciertos delitos eclesiásticos. Habrá que acatar la Ley, pero hay enfoques que no los considero justos. La legislación no debería convertir, de forma automática y obligatoria, al obispo en una especie de cadena de transmisión para las denuncias de los ciudadanos por infundadas que estas denuncias sean. Si un ciudadano quiere denunciar algo por la vía penal, es ese ciudadano el que puede dirigirse a la Justicia Civil. Pero parece lógico que si un ciudadano pone en comunicación algo ante el obispo y no ante la Justicia, es porque su deseo es que se ponga remedio a algo por otros caminos que no son los del foro civil. Aun en este caso de que la denuncia se haga por vía eclesiástica y no civil, el obispo tendrá que actuar de acuerdo a la ley del país y a la ley canónica. Pero parece lógico pensar que es el testigo de un delito el que debe encargarse de denunciar el hecho ante las autoridades civiles y no un tercero situado entre la supuesta víctima y el supuesto culpable.

Este traslado de la responsabilidad tiene implicaciones indudables: si fue por miseria moral que algunos obispos no hicieron lo que debían hacer en casos de pedofilia, ahora esa misma miseria moral será un acicate para «cubrirse las espaldas» frente a futuras peticiones de responsabilidad. Es decir, la no distinción clara entre la vía civil y la eclesiástica conlleva a que las investigaciones no puedan hacerse con la serenidad necesaria y a que lo «razonable» sea siempre optar por la posición más segura para el obispo. Además, el problema de «cortar por lo sano» es que siempre se puede cortar un poco más.

Nota 30
Los archivos diocesanos acerca del ministerio del exorcismo y la Ley Civil

Los archivos diocesanos sobre el ministerio del exorcismo resultan extraordinariamente peligrosos. Inútiles para el ministerio, perjudiciales en caso de querella, y siempre constituyen un riesgo ante la posibilidad de una fuga de datos. Pensemos que, aunque únicamente el listado de las personas atendidas sin ningún otro dato apareciera en un medio de comunicación, eso daría pie a una querella. Tal cosa es así con la legislación actual de casi todos países. Aunque materialmente ningún documento saliese fuera de la curia, solo la información, el juez puede interrogar al obispo (u otra autoridad eclesiástica) acerca de si el listado es auténtico. A los oficiales de la curia solo les quedaría la alternativa que callar o reconocer que sí. En cualquiera de los dos casos se podría, con razón, condenar a la diócesis por los daños que ha producido el no haber protegido sus datos.

La diócesis tiene libertad para crear o no un archivo acerca de los casos de posesión atendidos. Pero una vez creado, si lo requiere un juez, tendría que entregarlo. Destruirlo en mitad de una investigación (o poco antes) constituiría, claramente, una civilmente acción punible.

Y repárese en que será usual que en esos archivos, en la parte del historial donde se trate lo que se cree que condujo a la posesión, fácilmente constarán datos relativos a pecados o acciones de naturaleza muy personal. Datos todos que quedarían en conocimiento del juez y todos aquellos que incautarán o tuvieran acceso a ese material.

Por todo lo dicho, vemos lo errada que fue la política de una determinada archidiócesis de Estados Unidos en la que, por consejo de algunos abogados, se llegó a la conclusión de que cuanto más se hiciera todo (al respecto del exorcismo) de un modo oficial y por escrito, más protegidos quedarían en caso de una querella. Justamente es al revés. Cuanto más se realice todo de un modo espiritual y simple, menos tendrán a qué asirse los abogados querellantes. Por otra parte, un archivo de este tipo resulta muy poco útil para la formación de los futuros exorcistas de la diócesis. Ya que cualquiera que quiera prepararse en este ministerio, aprenderá más presenciando la labor de un exorcista durante unos cuantos días, que con la lectura de informes, por más numerosos que sean.

Nota 31
El vínculo de obediencia y el ministerio del exorcismo como pertenecientes a la esencia de la Iglesia

La Iglesia podría seguir subsistiendo sin ministerio del exorcismo. Pero sería erróneo afirmar que el exorcismo no pertenece a la esencia de la Iglesia. Pues todo lo que nos enseñó Jesús y quedó consignado en los Evangelios, pertenece a la esencia de la Iglesia. Por el mero hecho de que los Evangelios son, por sí mismos, la esencia de la Iglesia. Podríamos pensar que sin el exorcismo, la Iglesia seguiría siendo esencialmente la misma. Pero nos podemos preguntar si una Iglesia que no escuchara la voz de Cristo, ¿seguiría siendo la misma? Siguiendo el criterio no ya de la esencia, sino del minimalismo esencial, ¿acaso la Iglesia no podría seguir existiendo sin ayudar a los pobres? Finalmente, lo correcto es afirmar que en la jerarquía de elementos que conforman la esencia de la Iglesia, el ministerio del exorcismo no está al mismo nivel que el vínculo de obediencia eclesial.

Nota 32
Subsistencia del poder exorcístico, y transmisión del poder exorcístico apostólico

En una primera redacción habíamos escrito que formaba parte del objeto esencial de nuestra fe *la transmisión del poder exorcístico.* Pero cambiamos la redacción, porque dejaba fuera ciertas verdades de indudable contenido dogmático. Pues la presencia del poder exorcístico (expresión que resulta más genérica) es verdad de fe que incluye la presencia histórica de ese poder en Jesús, la transmisión de ese poder a sus Apóstoles, y la subsistencia de ese poder en la Iglesia. Las palabras han sido cuidadosamente escogidas, téngase en cuenta que en la Iglesia no todos han tenido ese poder por transmisión. Es decir, no todo poder exorcístico proviene de la transmisión de Jesús a sus Apóstoles. Cierto que en los sacerdotes existe una *potestas* que se ha transmitido de generación en generación a través de la ordenación sacerdotal. Pero nos consta que ha habido otras personas que han gozado de un poder exorcístico que no provenía de esa transmisión apostólica, sino de una otorgación directa por parte de Dios. Como ha ocurrido en el caso de todos los laicos que han tenido tal poder, entre los cuales se cuenta Santa Catalina de Siena. Por eso, la redacción preferible era la de que ese poder subsiste en la Iglesia, sea por transmisión (transmisión sacramental), sea por otorgación (otorgación directa de Dios).

Nota 33
Acerca si el Sumo Pontífice tiene un mayor poder exorcístico, y otras cuestiones complementarias acerca del poder sobre los sacramentales

Para completar el tema tratado en el cuerpo del texto, añadimos los siguientes puntos:

a. Sostenemos que en los tres grados del orden existe una potestad sustancialmente unitaria respecto al poder sobre los sacramentales, aunque con accidentales adiciones en cada grado del orden.

b El sacramento del bautismo es el mismo lo administre un laico, un presbítero o un obispo. Ahora bien, dado que la otorgación del sacramento va acompañada de otras oraciones y sacramentales, es nuestra opinión que se conceden más gracias accidentales si el bautismo es conferido por un presbítero a través del entero ritual, que si lo confiriera un laico aun añadiendo algunas oraciones suplementarias. Del mismo modo, creemos, que el mismo entero ritual del bautismo conferirá más gracias accidentales si lo confiere un obispo que si lo confiere un presbítero. De forma que ese ritual, o el de la confirmación o el de la unción de enfermos, o cualquier otro, no es indiferente que lo realice un obispo a que lo realice un presbítero. Desde esta perspectiva, hasta una mera bendición episcopal debería ser portadora de más bendición que la de los grados inferiores. Pero esto es algo opinable. La otra postura es que es Jesús quien bendice a través de ellos, y que es la misma bendición en los tres grados.

c ¿Tiene mayor poder exorcístico el Sumo Pontífice? Aunque el Sucesor de Pedro sea un obispo en cuanto al grado del orden, por las oraciones que él recibe de toda la Iglesia, consideramos que él confiere más gracias en cada sacramental. Dadas todas las oraciones que recibe de toda la Iglesia, su persona se convierte como un canal por donde discurren más gracias que a través de un obispo normal. En él se contiene una gran eficacia espiritual porque en él se concentran las oraciones de toda la Iglesia.

d La relación entre *potestas unitaria* esencial y aumento accidental de esa potestad sobre los sacramentales, se podría comparar a un planeta con más o menos satélites. El planeta es la potestad sobre los sacramentales que se recibe en el primer grado del orden. Y manteniéndose ese planeta idéntico, se reciben más satélites en cada nueva efusión de gracia que es cada nueva ordenación.

e Como consecuencia de esta doctrina teológica sobre los sacramentales, un modo de proceder que sugerimos aquí para los casos en los que no se logra la liberación, es que tras una larga sucesión de exorcismos, podría establecerse un exorcismo más solemne realizado por tres presbíteros o más. Si tras ese exorcismo tampoco quedase liberado ese individuo, se continuaría con los exorcismos del exorcista, y al completarse un año de haber empezado, sería el obispo el que realizaría el exorcismo. Y así, sin cambiar lo afirmado antes, también es cierto que, de forma excepcional, sería muy conveniente que el obispo realizara una sesión, una sola sesión visualmente muy solemne y ceremoniosa, sobre aquel individuo o individuos en los que sus presbíteros no hubieran podido lograr la liberación. Tal práctica como excepción no supondría un gran gasto de tiempo, y sería una catequesis acerca de la plenitud del sacerdocio. En nuestra opinión, este modo de proceder que supone una transición del exorcismo de un exorcista, al exorcismo de varios venerables presbíteros, acabando en un exorcismo episcopal, podría suponer el final de algunos casos. No solo por su simbolismo eclesial, sino también porque siendo uno el poder de exorcizar, tampoco hay que desdeñar la eficacia de elementos accidentales en esa *potestas*. Elementos accidentales como es el primero el exorcismo con varios ministros especialmente reconocidos por su vida venerable, y finalmente en un exorcismo realizado por un sucesor de los Apóstoles.

f Todo lo dicho, aunque lo sostenemos como verdadero, no es óbice para que un simple y humilde sacerdote (por la santidad de su persona) pueda en una bendición otorgar más bienes espirituales que su obispo o que el Sumo Pontífice. La posible adición de elementos accidentales en cada grado del sacramento del orden es un elemento a tener en cuenta; pero no es el único elemento. Ciertamente la santidad o los carismas personales pueden convertir la bendición de un presbítero en algo más poderoso que la bendición del Romano Pontífice.

Nota 35
La confrontación entre la fe en la Iglesia como misterio estático y como misterio dinámico, a la hora de discernir lo extraordinario

En el fondo, lo que subyace en algunos miembros de la jerarquía es una mentalidad deformada *a radice*. Esto es lo que explica un índice de error tan alto en el discernimiento de los carismas extraordinarios y de los hechos místicos. El error en algunos miembros de las curias diocesanas no está en el discernimiento que han hecho de tal cual carisma, sino de la comprensión misma del misterio de la Iglesia, como un misterio estático. Para esta mentalidad la Iglesia es una cuadrícula y su labor como prelados consiste en gestionar, predicar y administrar sacramentos. Cualquier intervención extraordinaria rompe el orden de esa cuadrícula cartesiana. Cada intervención extraordinaria, mística o demoniaca, implica una confrontación con lo desconocido, con aquello que no entra en nuestros esquemas, en el fondo es una distorsión. Para algunos esa confrontación supone siempre un problema, porque en sus esquemas racionalistas *eso sería muy raro que acaezca aquí y ahora. Y aun en el caso que se dé, no deja de tener muchos riesgos y problemas*. La negativa teórica a la posibilidad ni mucho menos es total. Pero la negativa existe de hecho aunque sea por la razón de la prudencia, por la necesidad superior de mantener el orden eclesial.

Pero ellos mismos son conscientes de la contradicción interna que albergan: no creen que se dé (ni lo extraordinario carismático, ni lo místico, ni lo demoniaco), pero su fe les obliga a creer que se da. Para mantener la fidelidad a la tradición recibida, pero no cambiar el punto de vista, se orquestan diversos medios intelectuales: *Se dio en la etapa fundacional de la Iglesia, pero no se da en el presente; se da en el presente, pero en su medida más pequeña; se da (tanto lo místico, como lo demoniaco), pero muy mezclado con lo psicológico.*

Este tipo de prelados creen en el misterio de la Iglesia, lo cual incluye creer en los milagros de Jesús, en sus exorcismos, en todos los signos extraordinarios que acompañaron a los Apóstoles y que aparecen en Hechos de los Apóstoles, etc. Pero, en la práctica, no creen que eso pueda ocurrir aquí y ahora. Es decir, se cree en todo el contenido del misterio de la Iglesia, que incluye exorcismos, éxtasis, milagros, don de profecía, de curación. Pero se cree como algo pasado o únicamente cuando esté «muy aprobado» por la Iglesia, como es en el caso de los santos canonizados.

El resultado de esto, es que de hecho se coloca bajo la losa de la prohibición todo por sistema, mientras se investiga la veracidad del hecho. Investigación que consiste en dejar pasar el tiempo, o en pedir la opinión de profesores igual de racionalistas que el obispo que les pide su opinión. Así no es de extrañar que los resultados de las comisiones suelan ser unánimes, para tranquilidad del obispo. El índice de errores de juicios jerárquicos, de esta manera, es altísimo como prueban las causas de canonización.

Desde esta posición, negadora o minimizadora, la capacidad de discernimiento resulta muy difícil realizar un buen discernimiento. La vida de los santos, desde comienzos de la Edad Media, supone una frecuente confrontación entre la irrupción de lo extraordinario y esta mentalidad que se presenta bajo falsa la apariencia de la prudencia.

En el fondo, algunos obispos consideran que han sido colocados en ese puesto para mantener el orden de la Iglesia como misterio estático: conservar, proteger, preservar, el dogma, el orden, la prudencia, el Derecho. Mientras que en los grupos carismáticos y similares, por poner otro extremo, prima la vida, la irrupción del Espíritu, la libertad de Dios para hacer lo que quiera, la espontaneidad. Como es lógico hay que conjugar ambos aspectos, estático y dinámico, en el Misterio de la Iglesia. Por un extremo mal entendido, llegamos a la burocracia. Por el otro extremo mal entendido, llegamos a la anarquía.

No pasa nada porque insistamos mucho en el aspecto estático del Misterio de Cristo (dogma, orden, Jesucristo es el mismo ahora y siempre, etc), ni porque insistamos mucho en el otro aspecto. Se puede insistir todo lo que se quiera en un aspecto o en el otro, o en los dos a la vez, mientras se haga del modo correcto. El dogma es algo completamente estático, el Derecho también es estático. El Derecho puede cambiar, pero una vez cambiado es estático. Hay que reconocer que la irrupción de lo místico supone siempre la posibilidad de una distorsión en el orden eclesial: puede ser una ayuda al orden (si viene de Dios), o todo lo contrario si todo es falso.

Se puede ser un buen canciller o un eficaz ecónomo sin tener conocimiento alguno de la acción extraordinaria del Espíritu. Se puede servir a la Iglesia toda una vida sin esa experiencia extraordinaria del Espíritu. Del mismo modo se puede propagar el fuego del Espíritu sin apenas conocer dogmas ni leyes. Se puede propagar ese fuego, aun teniendo objetivos errores eclesiológicos de buena fe. Estos dos extremos suceden. Hay curiales, profesores y pastores radicados en una visión estática de la Iglesia y otros en una dinámica. Hay exorcistas radicados por su procedencia en una tendencia y otros en la otra. La solución no está en el término medio. El exorcista puede profundizar más y más en su propia tendencia, mientras lo haga del modo adecuado. Un modo que está abierto y no es excluyente del otro modo.

Nota 36
La percepción subjetiva de una obligación en conciencia de desobedecer al obispo

La presente obra ha dejado bien claro que siempre hay que obedecer al obispo. ¿Pero cuál puede ser el juicio moral respecto a un sacerdote que, enteramente convencido de tener que desobedecer al obispo, le ha desobedecido frontalmente y ha realizado exorcismos sobre alguien? Si esto no se ha realizado por razones torcidas, sino bajo el convencimiento subjetivo de que existía un deber en conciencia de hacerlo, ¿cuál será la respuesta de Dios el día del Juicio? Parece que la respuesta que vamos a dar, va a ser obvia. Pero creemos que en esa misma obviedad, como se verá, podemos obtener más luz respecto al modo de enfocar todo este tema.

Para responder a esta pregunta, debemos retrotraernos a otra historia. El jesuita Isaac Jogues (nacido en 1607, fallecido en 1646), predicó el Evangelio en la misión de los hurones en Canadá. Fue apresado y torturado por iroqueses. Le cortaron los dedos de las manos, para después con fuego cauterizar las heridas. El Padre Mucio Vitelleschi, General de la Compañía de Jesús, a ruegos de los jesuitas franceses, de la Reina y el Rey de Francia, logra del Sumo Pontífice, la dispensa necesaria para que Isaac Jogues pueda en adelante celebrar la Misa. Por aquel entonces, sus manos mutiladas eran un impedimento canónico. El Papa Urbano VIII concederá esa dispensa y escribirá en el mismo documento: *Sería indecoroso que un mártir de Cristo no pueda beber su Sangre. Sus manos mutiladas no pueden ser una carga para él.*

Pues bien, en el Juicio Final de un exorcista como el antes descrito, Cristo podría decir ante toda la Humanidad: «Lo que hicisteis a uno de estos hermanos míos pequeños a mí me lo hicisteis. Sería indecoroso que Yo condenase a quien me ayudó, cuando nadie quiso ayudarme. Sería indecoroso que Yo, Juez Supremo, condenase como delito el mismo acto de socorro al mismo Juez que ahora juzga». ¿Habrá, acaso, alguien en el Cielo que entendiese que Jesús condenase a quien ayudó a Jesús?

Nota 37
La identificación entre juicio episcopal y juicio de la Iglesia

Hay tres elementos: juicio episcopal, juicio de la Iglesia y juicio de Dios. Si un obispo excomulga a un fiel, el obispo puede afirmar: la Iglesia te ha excomulgado. En otros casos el obispo podrá afirmar: a través de mí (un obispo) la Iglesia te concede una parroquia, o un ministerio, o te impone una prohibición. Esta afirmación también es verdadera. Porque cada uno de esos actos no son actos personales, sino institucionales.

Si alguien es excomulgado justamente, el juicio del obispo es el juicio de Dios. Pero si alguien es excomulgado injustamente, el juicio del obispo no sería el juicio de Dios. Constituiría un acto eclesial, pero injusto.

De manera que debemos distinguir entre el juicio de la cosa en sí misma, y el juicio eclesial. El juicio eclesial acerca de personas concretas, no tiene por qué coincidir con el juicio de Dios. Es labor de un buen y sabio obispo esforzarse no solo para que su propio juicio coincida con el de Dios, sino para que su propio juicio se identifique cada vez con más perfección con el de Dios.

En cualquier caso, el obispo debe ser humilde para entender que su juicio podrá ser eclesialmente definitivo en su diócesis (lo que haya determinado, deberá obedecerse), pero que no solo puede ser errado en cuanto al hecho en sí juzgado, sino que además no afecta para nada al carácter bueno o malo del hecho en sí mismo considerado. Si el excomulgado hizo un acto bueno de buena fe, sin haber sido advertido de la amenaza episcopal, y posteriormente es excomulgado, el juicio episcopal no cambia lo más mínimo la bondad del acto sobre el que ha sobrevenido un juicio *a posteriori*.

Esto es una muestra de que el obispo no tiene dominio sobre la verdad, solo puede esforzarse en conocerla. Su carácter episcopal no le priva de la posibilidad del error. Un signo claro de no estar juzgando bien, se observa cuando el que ejerce el episcopado reacciona mal al disenso manifestado de forma eclesialmente adecuada. El obispo debería ser el garante último en su diócesis de la pureza de la fe. De ahí, algunos prelados dan un paso más allá considerando al obispo como el que posee la verdad; la verdad *in genere* sobre cualquier tema diocesano. No se formula de un modo teórico y formal esta percepción, pero algunos así lo consideran en la práctica.

En el tema del exorcismo, especialmente, se observa como la opinión episcopal acerca de la verdad, en el fondo, se halla sacralizada. Y no estamos refiriéndonos aquí al campo de la obediencia, sino al campo de la verdad en relación al oficio episcopal.

Nota 38
Por qué no conviene que el poseso tenga que hacer más de una hora de viaje hasta la iglesia para recibir un exorcismo

En una obra como ésta en la que, además de lo teórico, se busca que los exorcistas no caigan en defectos prácticos, creemos que es conveniente señalar la importancia de ser puntuales. En nuestras ciudades con tráfico, y más si vienen del área metropolitana, un desplazamiento de una hora para ver al exorcista será de lo más normal. Un desplazamiento de una hora puede parecer que no es demasiado. Pero hay que darse cuenta que a esas dos horas de viaje (de ida y de vuelta), hay que sumar la sesión de ritual del exorcismo (normalmente una hora, y en ningún caso menos de media hora), los prolegómenos antes de que comience el ritual (ya que no será llegar a la iglesia y comenzar el ritual) que fácilmente serán de, al menos, veinte minutos. Los consejos finales del sacerdote al acabar conllevarán el empleo de unos diez minutos, y eso yendo rápido. Como se ve, asistir a un exorcismo significará el empleo de tres horas y media. Y eso suponiendo que no haya esperas de ningún tipo y que la sesión dure una hora. Como se ve, asistir a un exorcismo suponen casi cuatro horas, para las tres o cuatro personas que, a menudo, acompañan al poseso,

El exorcista que lleva muchos años en este campo y que tiene muchos compromisos en la agenda, inconscientemente puede dejarse llevar de la falta de puntualidad (bastante hago con recibirlos y dedicarles tanto tiempo) o de fiar las citas a su memoria, dejando abandonados a los fieles alguna que otra vez. Esto, cuando sucede, suele deberse al pensamiento de que uno les está haciendo ya un gran favor, como para que encima se quejen de haber empezado una hora más tarde. Otras veces se excusará de que ese día tenga tanto trabajo y apenas pueda atenderles. Cuando en realidad, la razón verdadera es haber puesto más actividades (parroquiales o no) a una hora en la que ya uno se había comprometido. El ministro, que no tiene que desplazarse a ningún lado, usualmente, no advertirá el sacrificio que es para la familia y amistades haber perdido buena parte de la mañana o de la tarde viniendo de lejos. Permítasenos consignar este recordatorio tan burdo en una obra dedicada a altas cuestiones teológicas. Pero es que en algunos presbíteros, ciertamente se obra un cambio psicológico imperceptible para el propio exorcista. Del ministerio para ayudar, se pasa al ministerio como pedestal sobre el que uno se coloca sin apercibirse de ello. Cuando uno empezó muchos años antes, uno decía: estoy aquí para ayudarle. Con los años, uno pasa a considerar: tiene usted mucha suerte de que le pueda atender, y haciendo un esfuerzo voy a dedicarle algo de mi precioso tiempo.

Nota 39
Acerca de por qué Dios no instituyó el exorcismo como sacramento

¿Por qué el exorcismo no es un sacramento? Tres elementos integran un sacramento: un signo externo, la gracia que produce y la institución divina. El exorcismo podría tener como signo externo la mera fórmula, como en el caso del matrimonio o la penitencia. El exorcismo causa gracia interna, no solo expulsa al demonio. Pero tampoco sería un problema muy grande si no la causara, porque el efecto esencial del sacramento del matrimonio es el vínculo, no conferir gracia. Y el efecto esencial de la penitencia es el perdón de los pecados, no conferir gracia. No pasaría nada si Dios hubiera instituido un sacramento cuyo efecto esencial fuera expulsar al demonio. La tercera nota también podría encajar en el tercer elemento de un sacramento. Pues la potestad de realizar exorcismos la otorgó Cristo, luego el exorcismo es evidentemente de institución divina.

Ahora bien, el exorcismo no es un sacramento porque Jesucristo no lo quiso instituir como tal. Lo cual significa que no quiso que este poder fuera la octava columna en el modo de otorgar la gracia a través de signos sensibles. Fue su voluntad la que no hizo de él un sacramento. Aunque resulta completamente lógico que eso fuera así. Tampoco hizo un sacramento de la curación de enfermos. Si Jesús hubiese hecho del exorcismo un sacramento, ese hecho hubiera centrado demasiada atención en el demonio a lo largo de la Historia de la Iglesia. Si hubiera sido un sacramento, habría atraído un exceso de interés eclesial, convirtiéndolo en una especie de *sacramento oscuro*, por usar la expresión de David Kiely y Christina McKenna en su obra *The Dark Sacrament*. Vistas estas razones, se comprende que el status del exorcismo no como un sacramento, no se debe a una decisión arbitraria, sino que había razones de peso, que indican que era más sabio hacer del exorcismo lo que es: una potestad.

Porque Cristo no quiso hacer de él un sacramento, vemos que no le otorgó un signo concreto. Se puede decir que es la fórmula. Pero se puede hacer un exorcismo orando en silencio, ungiendo, acercando imágenes sagradas, o rezando el rosario. No hay un solo signo a través del cual obligatoriamente se tenga que ejercer la potestad exorcística. Insisto, sería posible un exorcismo en silencio. Por otra parte, el exorcismo puede otorgar una gracia, sí. Pero la potestad exorcística solo expulsa al demonio. La gracia, si se concede, viene acompañando al acto de expulsión. Es decir, la concesión de gracia para el alma viene durante el exorcismo como una decisión divina independiente del acto de expulsar al demonio. Aunque se dé una concomitancia de la gracia y la expulsión, no hay un solo signo a través del cual se otorguen ambas cosas. Porque Jesucristo no quería hacer del exorcismo un sacramento, no dejó ni un signo obligatorio para ese acto, ni lo unió a una gracia, sino que se limitó a otorgar un poder genérico.

¿Podría haber hecho del exorcismo un sacramento si hubiera querido? Sí, pero entonces el sacramento del exorcismo (por tanto su fórmula) hubiera debido actuar *ex opere operato*, es decir, hubiera tenido que obrar de forma siempre automática e inmediata. El sacramento del exorcismo no se hubiera podido alargar en una sesión a través de repetición alguna. De lo contrario, se traicionaría el carácter del *ex opere operato*.

Como se ve, hubo una gran sabiduría en no hacer del exorcismo un sacramento. Haberlo hecho, dado que hubiera seguido existiendo el exorcismo como carisma de los laicos, hubiera significado desdibujar el significado de lo que es un sacramento. Hacer del exorcismo un sacramento, hubiera tenido implicaciones muy graves eclesiológicas, y todas para mal. Resultaba más sabio definir una línea nítida de división entre el *ex opere operato* y las múltiples posibilidades de otros canales de la gracia, de otras mediaciones. Aunque resulta claro que la potestad presbiteral de exorcizar a través de un ritual, es un hecho enteramente paralelo al *modus procedendi* de los sacramentos: un obrar ritual, a través de fórmulas, en el que se actúa un poder recibido por el sacramento del orden. Ciertamente, el paralelismo resulta tan innegable que, en un cierto sentido, se puede decir que es un elemento complementario a los sacramentos. Como si Dios hubiera querido que, a través del exorcismo, se hiciera visible y manifiesta la misma potestad que actúa (para otros fines) en los siete sacramentos.

Nota 40
Sobre el exorcismo de excomulgados

Si miramos a lo que, en esencia, supone una excomunión, llegaremos a la conclusión de que un excomulgado no debería recibir exorcismo alguno de la Iglesia, sea ésta una excomunión *feren-*

dae sententiae o *latae sententiae*. Pues, en ambas penas, existe la voluntad de la Iglesia de dejar claro que ese individuo se ha hecho indigno de recibir bienes espirituales de la Iglesia. El excomulgado ha sido estigmatizado por el pastor con la autoridad apostólica, para que la enormidad de la pena canónica le haga recapacitar, y también haga consciente al resto de la comunidad de la gravedad del acto cometido.

Según una concepción estricta de la excomunión (la concepción paulina), en la excomunión existe la intención de la Iglesia de dejar claro que la Iglesia rompe todos sus lazos externos con aquel que se ha hecho indigno de permanecer dentro de ella. Con la excomunión uno ha sido expulsado y estigmatizado. Se ha colocado un muro invisible de separación entre esa alma y su madre la Iglesia. Sea que consideremos la excomunión dentro de una visión más estricta o más limitada a los mínimos fijados por la ley canónica, queda claro que la esencia del acto de excomunión es apartar de los bienes espirituales. Si uno decidiera primar la misericordia, qué razón habría para que pudiera recibir, por ejemplo, unos sacramentos y no otros, qué razón habría para recibir unos sacramentales y no otros. Si vamos aplacando el rigor de la excomunión, ¿qué razón habría para no aplacar del todo la entera pena canónica?

Estas consideraciones vienen de considerar la esencia de la excomunión, de entender la razón de ser de su aparente crueldad. Estas consideraciones son verdaderas, ahora bien las razones a favor de la mitigación también son válidas. Una vez que se ha dejado claro el mensaje que se pretendía con la excomunión, ¿no se logrará más mostrando algo de misericordia? Sin negar lo primero (el rigor), ¿por qué no mostrar también lo segundo (la compasión)?

En nuestra opinión, es preferible este segundo camino. Es decir, después que la pena ya ha hecho todo su efecto y el individuo no ha retornado a la comunión, es mejor añadir misericordia a la excomunión, manteniendo los efectos de la excomunión en el mínimo exigido por la letra de la ley canónica. Por eso, el excomulgado, de acuerdo al canon 1331, puede asistir a ceremonias religiosas (aunque no participar activamente) y puede recibir sacramentales, es decir, bendiciones y exorcismos.

Si consideramos la excomunión en sí misma, la excomunión implica exclusión. Pero, desde luego, no existe el peligro de escándalo en que un excomulgado reciba exorcismos. Pues todos verán como algo lógico que se exorcice a alguien así. Y el exorcismo puede tener efecto sobre un excomulgado, sean los pecados que tenga. Una cosa son los pecados que tenga, y otra el poder del demonio para resistir dentro de ese cuerpo. Aunque ambas cosas estén relacionadas más o menos según los individuos.

Si un excomulgado es exorcizado, en principio, eso ayudará a que retorne a la Iglesia. Pues el sujeto, al menos, orará y conservará una cierta vida espiritual. Así como mantendrá un cierto contacto con los ministros de Dios, lo cual facilitará su regreso al seno de la Iglesia.

De acuerdo al canon 1331 a un poseso se le puede permitir la asistencia a un exorcismo colectivo o a una oración de liberación colectiva, dígase lo mismo respecto a recibir esas oraciones de forma individual. Aunque lo lógico es que el presbítero comunique esa petición o situación al obispo, por si este tuviera algo que decir.

Nota 41
Seriedad de las iglesias ortodoxas veterocalendaristas y veterocatólicas

Algunas de estas comunidades no canónicas cuentan solo con poco más de un centenar de fieles alrededor de un obispo. Pero, por ejemplo, en Grecia, además de la Iglesia Ortodoxa oficial está la Iglesia Ortodoxa Vetero-Calendarista que cuenta con un millón de fieles. Esta iglesia vetero-calendarista (que también existe en Rusia), aun no siendo una iglesia dentro del orden canónico-ortodoxo más extendido, es una iglesia seria. Como se ve, hay que examinar caso a caso la situación de cada iglesia, sin que se pueda dar una norma general basándose en exclusiva en el orden canónico de las iglesias ortodoxas. Este es un ejemplo de una iglesia no canónica con sucesión apostólica que es seria. Y, por lo tanto, un sacerdote católico podrá permitir el envío de algún fiel a un sacerdote ortodoxo vetero-calendarista.

En algunos casos también se podría enviar a alguien a un sacerdote veterocatólico. Sobre todo en Europa, donde sus posturas son similares a las de la comunión anglicana. Pero, en Latinoamérica, las iglesias veterocatólicas normalmente se hallan completamente faltas de seriedad y en abierta competencia con la Iglesia Católica.

Nota 42
Un caso notorio que se presenta como exorcista internacional, realizando charlas y exorcismos por toda Latinoamérica

El caso de Andrés Tirado Pérez es un ejemplo de exorcista itinerante, al que de ningún modo se le podría derivar caso alguno por parte de ningún sacerdote católico. Toda la información sobre él puede encontrarse en http://www.padreandrestirado.co/ [17-enero-2013]. Él mismo en su *curriculum* explica que recibió el presbiterado en la Iglesia Católica Apostólica Antigua (sin especificar el lugar), de allí se incardinó en la Iglesia Católica Antigua de Denver. Después se incardinó en la Iglesia Católica Primitiva y Ortodoxa de rito sirio-bizantino. Posteriormente se incardinó en la Iglesia Liberal Católica Ortodoxa de Palma de Mallorca. Finalmente se incardinó en la Iglesia Católica Liberal Occidental con sede en España y Finlandia.

Nota 43
La diferencia cuantitativa o cualitativa de la eficacia de los exorcismos realizados por ministros cristianos frente a los exorcismos realizados por ministros no cristianos

Cualquier eficacia del exorcismo no cristiano se basa en la intercesión ante Dios y en la posesión, por parte de algunos individuos, de carismas exorcísticos. La eficacia no puede venir de ningún otro lado. Ahora bien, estos dos medios no son poca cosa. En el cristianismo nos encontramos con los dos mismos medios. Solo que la oración de petición se hace en la fe en Jesús y a través de su intercesión. Y el poder de exorcizar se entrega generosamente a muchos individuos a través del sacramento del orden. Con lo cual, al abordar la cuestión de la eficacia del exorcismo cristiano y el no cristiano, deberemos evitar dos extremos erróneos. Considerar que el exorcismo no cristiano no vale para nada, lo cual sería negar el poder de la intercesión y la capacidad de Dios para otorgar dones. Y considerar que el exorcismo cristiano simplemente es algo más eficaz que el exorcismo no cristiano.

El exorcismo cristiano no es una mera añadidura de mayor poder exorcístico a algo que existiera de forma natural. Los seres humanos por sí mismos carecen de poder exorcístico. Jesús lo concede de forma general a los setenta discípulos y a los Apóstoles. Pasamos del no tener, al tener. Incluso es lógico pensar que el poder exorcístico de los Apóstoles y de los grandes santos cristianos fue superior a cualquier otro carisma exorcístico de los no cristianos. Pues resulta razonable pensar que Dios quisiera dejar claro por los efectos, la diferencia sustancial que se da entre pertenecer o no a la verdadera religión que Él fundó.

Y así, por poner un ejemplo paralelo con otro carisma, se dio profecía antes de Cristo, pero parece que la profecía de los Apóstoles y de los más grandes místicos de la Nueva Alianza, debiera ser superior a los carismas de los tiempos previos. Por lo tanto, son dos los extremos erróneos que hay que evitar: hay que evitar tanto el negacionismo (de los carismas no cristianos) como el indiferentismo. Es erróneo tanto negar la presencia de lo extraordinario celestial antes de Cristo, como hacer del poder entregado por Cristo algo más o menos igual a lo que había antes de Él.

Un tercer medio hipotético por el que los exorcismos podrían tener eficacia, sería la fuerza que puede tener un espíritu que ha avanzado en la vida espiritual. Como si el espíritu humano se hiciera más fuerte a través de la oración, el ascetismo y el amor. Aun careciendo de cualquier carisma exorcístico, ¿una persona puede tener una fuerza inherente en su propio espíritu, fuerza que impele a los demonios? Da la sensación de que algo de esto puede haber. Dejamos meramente constancia de ello, pero se trata de algo tan misterioso, que difícilmente se puede trasladar a conceptos concretos.

Nota 44
Consecuencias para el exorcismo de las palabras «menor» y «mejor» en Hb 7, 7b

Melquisidec *recibió los diezmos de Abraham y bendijo al que tenía las promesas. Es indiscutible que la persona que bendice es superior a la que recibe la bendición*, Hb 7, 6-7. Respecto a las palabras «inferior» y «superior» del último versículo (to elatton hypo tou kreittonos eulogeitai), hay que señalar que «kreitton», forma comparativa de *kratos* (dominio), a su vez proviene de *kratus* (fuerte). Aquí nos encontramos con que Abraham es el *elatton* (inferior, más pequeño) y un sacerdote como Melquisedec (que no pertenece a la religión revelada) es el *kreittonos* (más fuerte, más excelente, mejor).

Este detalle lexicográfico nos plantea una interesante cuestión: ¿era más santo Abraham o Melquisedec? El hecho de que Abraham fuera el poseedor de las promesas, ¿implica necesariamente que él era también más santo a nivel personal? Creemos que no necesariamente. Lo institucional (su papel en el comienzo de la Antigua Alianza) no tiene por qué ir unido a lo personal (su santidad). Uno puede tener un papel institucional menor, y gozar de una mayor valía personal. La palabra que usa el autor de la *Carta a los Hebreos* es «kreittonos» (mejor). No podía ser mejor por razón de que el sacerdocio institucional que ejercitase Melquisedec fuese superior. El sacerdocio institucional de Abraham era superior al sacerdocio natural de Melquisedec. Luego si Melquisedec era superior en algo, lo era a nivel personal. Esto conlleva una interesante consecuencia a nivel exorcístico. Un exorcista no cristiano puede ser más santo y *kreittonos* (mejor) que el presbítero.

Esta nota completa la precedente (Apéndice, nota XLIII): ¿fue más grande profeta Isaías o Ezequiel, que Santiago el Mayor o Judas Tadeo? ¿Fue más grande exorcista San Juan de la Cruz que un asceta indio del siglo IV a.C.? La respuesta parece que deba basarse en dos principios: 1. La independencia entre lo institucional y lo personal. 2. La conveniencia de que los tesoros de la Nueva Alianza sobrepujen a los de cualquier otra época pasada.

Nota 45
Aportaciones del análisis del exorcismo protestante a la teología católica

Debemos evitar considerar al exorcismo protestante como el «exorcismo puro», como si fuera preferible que este sustituyera al exorcismo ritual y con sacramentales de las iglesias apostólicas. Pero, teniendo claro esto, podemos hacer un esfuerzo por tratar de encontrar qué nos puede aportar ese modo de expulsar demonios. Sí que podemos decir que el exorcismo protestante es un don para nuestras iglesias, en cuanto que nos recuerda a nosotros el poder de la mera fe desnuda de cualquier otro elemento. En ese sentido, ellos son un recuerdo viviente del poder de la fe desnuda de cualquier otro elemento. Y en ese sentido son una enseñanza de Dios para las iglesias apostólicas. Pues, si ellos han caído en un extremo, nosotros podemos caer en el otro extremo. Nosotros podemos caer en el extremo de considerar que son los objetos y los ritos los que están cargados de efectividad. Y así, inconscientemente, ir dejando cada vez más eclipsado el papel del Señor. El centro del exorcismo puede verse oscurecido por lo accidental.

Cualquier exorcista católico, sin dejar de ser católico, también puede realizar un exorcismo basado únicamente en la Palabra de Dios. Y así, sin abandonar nuestros tesoros ni nuestra teología, podemos realizar algunos de nuestros exorcismos excluyendo todo elemento humano, excluyendo las añadiduras de nuestro ingenio (incluso nuestras palabras espontáneas), para que el medio único del exorcismo sea la Palabra y solo la Palabra.

Este es un ejemplo de cómo el catolicismo, aun poseyendo más (esto es, rituales, sacramentales, reliquias), también posee lo que tienen los protestantes. Si los ministros católicos desean basar algún exorcismo o muchos en las Escrituras, lo harán no porque crean que el modo ritual y con sacramentales sea incorrecto o de inferior eficacia, sino porque creemos que dentro del catolicismo, gozando de una insuperable libertad (de la que carecen tanto protestantes como ortodoxos, como ya se ha mostrado antes), podemos no solo variar de rito, sino también del entero modo de llevar a cabo este encargo de Jesús. No solo podemos poner más o menos el acento en un elemento, sino que podemos hacer bascular el exorcismo sobre un solo tesoro de los que poseemos: la Palabra. Del mismo modo que, otro día, en otra sesión de exorcismo, el mismo sacerdote puede insistir más en algunos sacramentales, o en la veneración de unas reliquias, o en la adoración de la Eucaristía. Pues exorcizar no significa conjurar todo el tiempo, sino alternar esto con otros muchos más elementos, como muestran todos los rituales.

Del mismo modo, no haría mal si en otra sesión ese mismo exorcista decide basar su exorcismo en los sacramentales. Y el exorcismo ese día consistiese en aplicar sucesivamente siete sacramentales, con toda solemnidad, con la mayor ritualidad posible. Articular una sesión de exorcismo basándola enteramente en eso, no sería eclipsar a Dios. El Señor es honrado a través del uso y veneración de los sacramentales. No habría que tener el escrúpulo de considerar que el exorcismo tiene necesariamente que constar de una serie de elementos obligatorios.

Nota 46
Relación del concepto de «dynamis» con la materialidad de los sacramentales

«Tocó el borde del manto de Él», Mt 9, 20-22. «Y Jesús, sabiendo inmediatamente que una fuerza (dynamin) había salido de Él», Mc 5, 30. Dynamis: fuerza, poder. Este sustantivo procede de «dynamai», *ser capaz, tener la habilidad*. La fe católica en las reliquias, el sagrado crisma o el agua bendita, no las reduce a meros símbolos. Sino que les confiere una «dynamis» inmanente, la posesión de una eficacia inherente que va más allá de la capacidad de su simbolismo. La bendición produce la unión de un «aliquid spiritale» a un objeto material. Este mismo patrón de actuación lo vemos en Dios con la vara de Moisés (es el acto de golpear con ella lo que desencadena varias plagas), con la serpiente de bronce que sanaba, con la piedra que llevaban durante el Éxodo para beber, con las siete veces que tuvo que lavarse en el Jordán Naamán el leproso, con la Piscina Probática, con los trocitos de tela que San Pablo tocaba para que se sanaran enfermos lejanos, etc. Algunos son críticos con la materialidad que rodea el acto exorcístico. El exorcismo tiene una dimensión espiritual y otra material, una instantánea (el acto de la salida del demonio) y otra en progreso (el proceso de liberación), hay una parte de esfuerzo humano y otra de decisión divina. En el exorcismo se recapitula la historia de salvación del Antiguo y Nuevo Testamento, acerca de los medios de actuación divina. El exorcismo ni siempre es instantáneo, ni solo espiritual (incluye elementos materiales), ni solo se deja a la voluntad divina. El exorcismo se desenvuelve como lo ha determinado la voluntad divina, como una extraordinaria pedagogía, no con el carácter automático que desearíamos los humanos. Y Dios mismo ha querido distinguir entre los exorcismos fulminantes de Jesús, y los más humildes nuestros. El proceso de exorcismo debe entenderse y llevarse a cabo a través de la lectura de toda la Escritura, la cual nos habla del poder divino, pero también del valor del sufrimiento, de la perseverancia en la oración y otros muchos aspectos. Sería inadecuado reducir el exorcismo a un único aspecto.

Nota 47
¿Podría lícitamente un laico católico convertirse en pastor de una comunidad congregacionalista?

Algunas cuestiones de esta obra pueden parecer meramente teóricas. Pero es necesario dar respuesta a lo teórico, porque, de vez en cuando, surgen cuestiones como la de la mujer católica a la que se le propuso ser pastor de una comunidad congregacionalista. ¿Hubiera sido incompatible con su status católico el aceptar? ¿Hubiera sido correcto eclesialmente? De acuerdo a los principios aquí expuestos para resolver la *circulatio* y la copresidencia, la respuesta es sí, hubiera sido lícito. Por supuesto que una acción de tanta relevancia eclesial hubiera debido ser consultada con el obispo del lugar donde radicara esa comunidad. Con obligación de someterse a su decisión. Ser pastor de una comunidad tiene una gran relevancia eclesial. Luego la decisión del obispo sería vinculante para el católico que recibiera ese ofrecimiento. Ahora bien, hablando en abstracto, no es incompatible ser católico con dirigir las oraciones y la alabanza de un grupo de personas, incluso aunque éstas no fueran cristianas. Otra cosa es si se exigiera alguna profesión de fe imposible de aceptar. El obispo, sin embargo, puede considerar no solo el hecho en sí, sino también juzgar si una persona es o no la adecuada para ejercer tal función. De acuerdo al espíritu que debe regir el ecumenismo, ese pastor católico de una comunidad protestante no debería aceptar el encargo con la intención secreta de convertirlos al catolicismo. Sino que debería aceptar el encargo con la intención de llevarlos más a Cristo, de hacerlos mejores seguidores del Evangelio. Incluso aunque nadie se convirtiera al catolicismo durante el tiempo que ejerciera de pastor, su labor habría sido plenamente fructuosa si cumpliese con la labor de acercarlos a Dios.

Nota 48
Acerca de si en circunstancias excepcionales, podría no mencionarse de forma expresa a Jesucristo en un exorcismo católico

En un exorcismo realizado conjuntamente con un ministro musulmán o judío. ¿Sería posible omitir a Cristo en todas las oraciones? ¿Sería posible dirigir a Dios, en general, las súplicas? ¿Sería efectivo exorcizar mencionando solo el poder de Dios? En nuestra opinión, en circunstancias verdaderamente excepcionales, sería lícito y eficaz un exorcismo con tales restricciones. No sería un acto intrínsecamente malo, no implicaría una negación. Sin duda, el exorcismo sería eficaz. ¿Es esto una contradicción con lo dicho al principio de la presente obra, de que ésta es una de las razones para no hacer exorcismos conjuntos con ministros no cristianos? Ciertamente no, no es una contradicción.

El carácter cristológico del exorcismo católico es central al acto mismo. La mediación de Cristo resulta esencial al acto suplicatorio, como para el acto conjuratorio. La glorificación de Cristo es el fin que se busca con ese sacramental. Se le menciona a Jesucristo, para que quede claro que es por su poder por el que el ministro obra, y que la liberación se debe a Cristo. Ahora bien, hay casos verdaderamente especiales, en que la omisión estaría justificada. El exorcismo sería eficaz si las oraciones se dirigen a Dios y si se conjura bajo el nombre genérico de Dios. El acto se haría por el poder de Dios, y para su gloria. Se podría no mencionar a Cristo, si el acto de no mencionarlo redundara para mayor gloria de Cristo; aunque tal cosa pueda parecer paradójica. El carácter cristológico del acto no depende de mencionarlo expresamente, sino de su sentido profundo. Se realiza por Él y para Él, sin que sea necesario mencionarlo como una fórmula mágica.

En circunstancias normales, no se debe realizar exorcismo conjunto con ministros no cristianos. Y eso por varias razones, como ya se ha analizado en esta obra. Normalmente, no mencionar a Cristo en un exorcismo supondría, en cierto modo, una traición del sentido profundo del exorcismo, que es que se manifieste su poder (el de Cristo) y su glorificación. Se lo debemos todo a Él, ¿cómo podríamos omitir la razón profunda de nuestro poder, con el fin de no airar a otros humanos; obrar así no sería correcto. Tal modo de obrar traicionaría el sentido cristológico del acto. Pero en circunstancias excepcionales, en circunstancias en las que el sentido común justificase esa omisión, entonces habría que recordar que las mismas razones que impelen a obrar expresamente en su nombre en circunstancias normales, pueden aconsejar ese modo de obrar centrado en la unidad de Dios. Pues todo se hace para su gloria. Si un mártir pudiera salvar su vida no nombrando a Cristo, debería no mencionar a Cristo. Porque incluso el que desea el martirio está obligado a hacer lo razonable para salvar su vida. En ese caso, no nombrar a Cristo da más gloria a Dios, que nombrarlo imprudentemente y provocar con ello el martirio. Del mismo modo, acerca de nombrar o no a Cristo, hay que obrar del modo más prudente para llevar las almas a Dios. También Cristo llegó a ordenar a tres apóstoles tras la Transfiguración: *no contéis a nadie lo que habéis visto* (Mt 17, 9).

Nota 49
La permanencia en la Historia humana del Pueblo de la Antigua Alianza y de las distintas confesiones cristianas, como parte de un plan divino

La permanencia de Israel tras la Nueva Alianza forma parte de un plan divino. El designio de Dios (la voluntad antecedente) era que el Pueblo de Israel aceptase al Mesías. El que no lo aceptara en su momento, por tanto, fue un mal. Por más ecuménicos y comprensivos que seamos con nuestros hermanos los judíos, eso fue un mal objetivo. Pero Dios con voluntad consiguiente quiere que exista el pueblo judío hoy día. El pueblo hebreo podría haber desaparecido entre las olas de la Historia. Se podría haber disuelto en el mar humano, como tantos otros pueblos que tuvieron sus propias tradiciones y religiones. Pero Dios quiso que el Pueblo de Abraham permaneciese, sin duda para ser recuerdo viviente de la Antigua Alianza. Dado que su permanencia es voluntad de Dios, debemos ver qué enseñanza nos quiere dar Dios con este plan divino. Uno era el designio de Dios, y otro el plan que Dios ha insertado posteriormente en ese designio. Dado que los planes de Dios son siempre perfectos, y que es un plan divino con respecto a un pueblo santo, debemos entender que ellos son una presencia sagrada, una enseñanza viviente que procede de Dios. La división de fe del Pueblo de la Antigua Alianza y el de la Nueva no procede de Dios. Mas la permanencia del primer pueblo sí que procede de Dios. Luego en ese hecho radica la enseñanza.

Esta misma doctrina explicada acerca de la presencia del Pueblo de Israel, la podemos aplicar a las diversas confesiones cristianas. Nos referimos, por supuesto, a las confesiones serias. No a grupos que, en realidad, desdibujan lo que es el seguimiento de Cristo. Siguiendo esta doctrina antes explicada, el designio de Dios habría sido que existiera una sola Iglesia. Un solo Dios, una sola verdad, una sola Iglesia. La división de la Iglesia es, por tanto, un mal, un mal objetivo. Pero la voluntad de Dios ha decidido permitir que permanezcan distintas confesiones cristianas. Luego la división es un mal, la permanencia de ellas es un bien. Un bien relativo, un bien unido a otros males, pero un bien. También la permisión divina de la existencia del infierno es un bien, sino Dios no lo permitiría. Solo que el infierno es la mayor carencia posible en el mundo ontológico. Mientras que las confesiones cristianas son un bien en sí mismas. Repito que lo malo es la división, lo malo es la deformación de la Verdad. Pero el conjunto que forma una confesión cristiana, es un bien. Es como si el conjunto de sumas y restas diera un resultado positivo.

Desde este punto de vista, las confesiones cristianas son un bien, un bien permitido por Dios. El Omnipotente podría haberlas reducido a la nada, haciendo que se disolvieran. Pero su plan fue permitirlas, puesto que también ellas contienen la Verdad, muestran su Rostro y hacen bien a los hombres.

Ellas son como un hijo ilegítimo. Puede haber nacido del pecado, pero el hijo no es malo. Las confesiones cristianas han nacido del pecado, y muestran en ellas las consecuencias de ese pecado original. Pero aun nacidas del pecado, ellas con buenas. Por eso la voluntad de Dios las mantiene en la Historia. Si el Pueblo Judío es una enseñanza para los cristianos, las confesiones cristianas son una enseñanza para los católicos. Pues cada una de ellas pone el acento en un aspecto del Evangelio. Cada una de ellas refleja el Pueblo de Dios de un modo diverso que no es malo. Al revés, expanden algunas de las infinitas posibilidades del seguimiento de Jesús según el Evangelio. Cada una de esas posibilidades es una enseñanza.

La misma doctrina se puede aplicar a las religiones no cristianas monoteístas. También ellas expresan de modos diversos y enriquecedores algunas de las infinitas maneras de adorar a Dios. Esas religiones cristianas monoteístas,en tanto en cuanto sean medios para ir hacia Dios, no son un mal. Es cierto que el factor humano o la desviación de la verdad, pueden obscurecer totalmente el hecho radiante de bondad que es la adoración del único Dios verdadero. Y el medio, por tanto, puede convertirse en obstáculo. Pero debemos tener esta visión positiva de las religiones de la familia humana. Dios es sabio en el permitir. Muchas veces nosotros querríamos destruir lo que es plan divino. ¿Por qué no cae fuego sobre toda religión que no sea la verdadera? La respuesta es clara: porque Dios no lo quiere.

Existe un plan divino de permisión que expande las posibilidades del ser. Un plan que permite el ser, e incluso le da posibilidades para que crezca y florezca. La Verdad es solamente una, la Iglesia fundada por Dios es solamente una, pero no debemos ser más puritanos que Dios, no debemos ser más estrictos que nuestro Padre. El amor a Dios nos puede llevar a ser castigadores, a enfadarnos con Dios acusándole de excesiva transigencia. El fuego… ¿por qué el fuego tarda tanto?

Cierto que el designio del Padre es que todos sus hijos se reúnan en un solo pueblo, bajo sus legítimos pastores. Ese es el designio divino, puro, perfecto. Pero dentro de ese designio se integran distintos planes. Planes que no son anulados por la presencia de pecado en sus protagonistas. Planes perfectos que incluyen la presencia del error. Dios no quiere el error, pero la Verdad Absoluta quiere permitir el error.

Por eso, al abordar el apartado ecuménico de la presente obra, proclamamos que la eclesialidad es un bien, un bien que debe ser amado y preservado. Pero si, al final, el exorcismo que salve a alguien de las garras del Maligno lo tiene que hacer un rabino, pues tendrá que ser él. Sacrificar la vida de alguien por mantener la incontaminación de un muro perfecto, no tendría sentido. La eclesialidad no es un Molok al que se le deban ofrecer víctimas humanas.

Nota 50
La eficacia del exorcismo comunitario frente al exorcismo individual

El exorcismo comunitario está teológicamente justificado: no tiene por qué ser menos eficaz que el exorcismo individual. La única razón que se podría ofrecer para justificar la multiplicación de rituales individuales en un mismo día, sería que el generoso tiempo empleado sería el modo de esforzarse que tiene el ministro por esas almas. La repetición del ritual entendida como sacrificio personal del ministro. Pero si ésa es la razón, siguiendo esa lógica, la misma generosidad en horas dedicadas a rituales individuales, si fuera empleada en el exorcismo comunitario, tendría el mismo efecto.

Por llevar este razonamiento cuantificador al extremo, ¿ganaría más gracias una liturgia eucarística oriental que durase dos horas, o se ganarían más gracias celebrando cuatro misas de media hora de rito latino? Evidentemente, debemos abandonar este tipo de razonamientos cuantificadores para calibrar un acto misterioso como el exorcismo. Eclesialmente parece más adecuada una liturgia exorcística comunitaria, y no hay razón alguna para pensar que sea menos efectiva.

Solo se podría (y se debería) respetar el deseo de realizar el rito individualmente, si el ministro manifestase que se concentra mejor hallándose ante unas pocas personas. Entonces ya no estaríamos hablando de la eficacia en sí misma considerada de ese modo de obrar, sino de la mayor o menor devoción que uno sienta al llevar a cabo un ritual. También hay sacerdotes que se sienten más a gusto celebrando la santa misa para cuatro o cinco personas, que ante cien o doscientas personas. Y este tipo de razones tan personales hay que respetarlas, pues son similares a las que un sacerdote puede sentir respecto a celebrar misa de un modo o de otro.

El sacerdote tiene plena libertad para celebrar la misa como más devoción sienta. Pero no debe dejarse llevar por una especie de cuantificación. Pensando que si un día celebra tres misas de media hora en su parroquia, eso tiene más valor que una concelebración en la catedral que se prolongue por dos horas. La eficacia del sacrificio eucarístico nos ofrece grandes luces para el tema del exorcismo.

Nota 51

Los medios de comunicación en la relación de obediencia entre obispos y exorcistas

El presbítero tiene derechos otorgados por la Iglesia y derechos otorgados por Dios. El derecho a predicar o a confesar se lo otorga el obispo. Los derechos, por ejemplo, a poseer bienes, a moverse con libertad, a leer los libros que desee, se los otorgó Dios, son derechos inherentes a la persona. Aunque alguien,al ser elevado al estado clerical, pueda sufrir limitaciones en todos esos derechos citados y en otros. Pero el obispo,por ejemplo, al imponerle alguna limitación en el poseer, tendrá que ser extremadamente cuidadoso (tanto en el modo de dar la orden, como en la valoración de la objetividad del hecho que no puede ser permitido), porque estará actuando sobre un derecho personal. Si el obispo ordenara alguna limitación al derecho de poseer, basándose en criterios personales muy opinables, estaría haciendo un daño a ese clérigo. Estaría instrumentalizando su autoridad episcopal para imponer sus opiniones. Lo mismo si un obispo ordenara a un presbítero no sostener en su ámbito íntimo una teoría teológica opinable. Jamás un obispo debería imponer sus opiniones teológicas en el ámbito personal del clérigo. Porque estaría limitando la libertad de pensamiento de ese clérigo. Libertad de pensamiento que es un don otorgado por Dios. El obispo solo puede imponer al ámbito personal de un fiel (aunque sea clérigo), verdades objetivas, no opiniones.

De un modo completamente análogo, es lógico que el clérigo deba pedir permiso al obispo para aparecer en los medios de comunicación. Esa petición de permiso responde a la lógica de alguien que está inscrito en el orden clerical, responde a la necesidad de orden eclesial. Pero el obispo no le debería prohibir de modo total la intervención en los medios, a no ser que se den razones objetivas respecto a ese clérigo: que diga cosas contra la fe, que su persona en el modo de hablar ofrezca una imagen claramente negativa, etc. Pues el derecho de expresión lo posee el clérigo dado por Dios, no otorgado por la Iglesia. El obispo tiene poder para limitar esa libertad de expresión. Pero debe limitarla solo si hay razones objetivas para ello, porque está interviniendo sobre un derecho de la persona.

El obispo puede escudar su prohibición en que la aparición en los medios, en el fondo, supone una predicación. Y que, por tanto, es el obispo el que tiene potestad para regular la predicación. Y tiene razón. Pero tiene razón en cuanto a la valoración del hecho en sí, pero tendría que reconocer que ese hecho está íntimamente relacionado con un derecho. Es el obispo el que le otorga al clérigo una iglesia donde predicar como función ordinaria, pero no es el obispo el que le otorga una intervención en un programa de radio, cuando esa radio le pide una entrevista a un sacerdote. Sin duda, el mismo hecho (la aparición en los medios) está a caballo entre su valoración como predicación y su valoración como derecho. Al final, es el obispo el que decide y el clérigo debe someterse. Pero, moralmente hablando, el obispo es libre para conferir a quien quiera una parroquia, pero no lo es para prohibir *ad libitum* a quien desee el aparecer en los medios. Los atentados contra la libertad de expresión no son menos reprobables por el hecho de existir el vínculo de la obediencia canónica. Si reprobamos con toda nuestra energía esas violaciones de derechos en la sociedad civil, no hay ninguna razón para no reprobarlas dentro de la Iglesia.

En el mundo de los exorcistas no son pocos los que han sido reducidos a un completo silencio, por orden del obispo. Y nos referimos a buenos sacerdotes que obedecieron la orden episcopal, a pesar de que ésta fuera dada como prohibición absoluta, sin límite de tiempo y como medida de precaución, sin que existiera el más mínimo abuso por parte del que sufre la condena al silencio.

La condena al silencio impuesta a un autor herético, no resulta menos dolorosa para ese autor por el hecho de ser herético. Algunos piensan que perder una cátedra universitaria resultará menos doloroso para un hereje, que para un profesor ortodoxo. Pero no es así. El hereje deberá perder su cátedra cuando no quede otro remedio para salvaguardar la pureza de la fe en la Iglesia, solo entonces. Si estas medidas restrictivas son dolorosas para el que las merece, igualmente lo son para el ortodoxo. De ahí que la reducción al silencio no debe ser considerada como un acto de gobierno ordinario, que se establece sin más límite moral que la propia libertad del obispo.

Nota 52
Hechos concomitantes con el exorcismo que pueden tener una relevancia penal

Nunca hay que exorcizar a alguien contra su voluntad. La persona tiene que querer ser exorcizada, tiene que pedirlo con claridad. Después, durante el exorcismo, el individuo puede forcejear, ordenar que le suelten, amenazar con ir a la Justicia. Eso se considera concomitante con el mismo proceso del exorcismo que se ha pedido. Es como el drogadicto que pide que le encierren en una sala y le seden mientras pasa el periodo de abstinencia. Después, encerrado en esa sala, puede exigir que le liberen. Pero él, conscientemente, ha pedido someterse al proceso. Lo mismo sucede en el exorcismo.

Pero si a alguien se le sujeta contra su voluntad, y desde el primer momento ha dicho que no quiere ser exorcizado, eso puede dar lugar a una denuncia por retención contra su voluntad. No hace falta insistir en que los padres deben estar presentes en el exorcismo de un menor. Tema este que aun con el permiso de los padres podrá dar lugar a intervenciones de la autoridad civil. Es un hecho objetivo la facilidad con que los departamentos legales encargados de la protección de los menores, podrán solicitar ante los jueces la retirada de la patria potestad a aquellos padres que lleven a sus hijos a un exorcismo. Contra esta mentalidad dominante no se puede hacer nada. Pero si los padres están de acuerdo en el exorcismo, será difícil que el caso trascienda. Aun así no hace falta insistir de la exquisita prudencia y sentido común con que hay que proceder en estos casos, cuando realizamos este ministerio en un ambiente social tal hostil a la Iglesia.

Más difícil será defender ante la Justicia, en el caso de padres divorciados, si por ejemplo el padre pide el exorcismo para su hijo y la madre se entera después y se opone. Si la madre lleva el caso ante el juez, fácilmente perderá la custodia el padre. Una demanda de la madre podría dar lugar incluso a acciones penales contra el exorcista. No aconsejamos que el sacerdote solicite permisos escritos a los padres. Bastará el sentido común. Es suficiente darse cuenta de que ambos padres están de acuerdo en que se realice el rito sobre el menor de edad. Normalmente, eso será muy fácil porque serán los dos padres los que vayan a ver al exorcista. Pero si solo uno acompaña al menor, se impone preguntar qué piensa de eso el otro padre. En cualquier caso, con la oposición de uno de los padres no se debería proceder al exorcismo. Pero si no hay una verdadera oposición y únicamente se prevén problemas, puede ser preferible que el chico asista a oraciones comunitarias en las que se ore de modo genérico.

Sea cual sea el problema legal que se pueda prever en la atención de un caso, el exorcista debe consultar con el servicio jurídico de la curia diocesana o con un vicario episcopal. El no consultar por temor a que la Curia prohíba la atención de un caso, es una pésima decisión. Esa decisión implica que uno acepta el riesgo a provocar un grave daño a la reputación de la Iglesia, con tal de que prevalezca la propia opinión.

Otro aspecto que hay que tener en cuenta, si un poseso muriera durante un exorcismo bien por un paro cardiaco, bien por un golpe que él mismo se diera en la cabeza, no cabe la menor duda de que el exorcista se encontraría en un grave problema. En esos casos, lo único que se puede hacer es colaborar con la Ley y someterse al fallo que dé. Al menor signo razonable de que alguien puede estar sufriendo una parada cardiaca o de que se está ahogando, debe ser trasladado con urgencia a un hospital. Es preferible ser excesivamente prudente en esto que arriesgarse. No importa lo eficaz y prudentemente que se realice el ministerio durante años con centenares de personas. Un solo individuo puede hundir completamente el ministerio de un venerable y santo exorcista.

Siempre que se pueda es preferible que el individuo que lo necesite sea trasladado con toda rapidez a las urgencias de un hospital, a que se espere en la iglesia a que venga una ambulancia. El tiempo para que sea atendido es el mismo llevándolo que esperando a la ambulancia. Pero si los servicios médicos llegan al lugar y comienzan a hacer preguntas, será inevitable una investigación judicial. Mientras que si el enfermo es llevado solo constará el hecho del infarto o la existencia de un traumatismo o cosas similares.

Nota 53
La acción deliberada de relegar canónicamente al exorcismo en un limbo legal

En el caso de un país que prohibiera por ley el exorcismo, o que sin prohibirlo acosara judicialmente de forma constante a los obispos exigiendo responsabilidades subsidiarias, nos atrevemos a apuntar como única posibilidad de supervivencia del ministerio una medida a la que vamos a denominar la *reductio formalis*. La cual no deja de tener sus complicaciones con la Ley Civil, pero es el único atisbo (y tampoco muy seguro) de, al menos, evitar que el ejercicio del ministerio produzca sentencias en las que se condene a la diócesis de un modo subsidiario.

Este modo de obrar consistiría en la reducción del ministerio del exorcismo al ámbito de lo personal en el campo del Derecho

Civil. Se trataría de una reducción formal, pero jurídicamente impecable. Esta reducción se daría en dos pasos:

a. Los obispos de una nación unánimemente dejarían constancia con todas las formalidades de un acto jurídico, que no van a conceder a nadie más permisos para exorcizar. Y que, además, dada la situación legal civil, prohíben que se realicen más exorcismos. Se trataría de una situación en la que el ministerio no se va a permitir más *universaliter*, y que además se prohíbe *formaliter*.
b. Después la Santa Sede modificaría la legislación canónica para ese país específicamente. La redacción determinaría que, a partir de ese momento, los exorcismos no requieren de permiso previo del Ordinario del Lugar, y que se pueden ejercer aun con la prohibición del Ordinario, allí donde el Ordinario por la situación legal civil no ha tenido otra opción que prohibir los exorcismos.

Desde ese momento, el ministerio del exorcismo (en cuanto al Derecho Civil) pasaría a ser una actividad enteramente personal del ministro. Los obispos podrían alegar, con toda razón, que ellos ya no pueden hacer más para prohibir ese tipo de acciones: de las que no tienen conocimiento, que no las han permitido y que expresamente las han prohibido. Por supuesto que si un sacerdote fuera llevado ante un tribunal sería condenado, pero lo sería a título personal sin responsabilidades subsidiarias.

La *reductio formalis* no significa que el exorcismo no sea una acción de la Iglesia. Lo seguiría siendo en su dimensión teológica, dejaría de serlo en su dimensión legal. También una parroquia católica forma parte de la Iglesia y, no obstante, en algunos ordenamientos civiles puede ser una persona jurídica completamente autónoma a nivel del Derecho Civil, porque así interese a nivel financiero. El cambio canónico de la *reductio formalis* no implica ningún cambio en el ámbito teológico, sino solo a nivel de los permisos concedidos y, por ende, de la responsabilidad subsidiaria. En el foro judicial, un tribunal únicamente podría condenar al Estado de la Ciudad del Vaticano en cuanto a las intenciones que tuvo al establecer ese cambio canónico. Si el exorcismo está prohibido en un país, la no existencia de una restricción específica (en el derecho eclesiástico supranacional) no implica responsabilidades subsidiarias. Por otra parte, los tribunales de una nación carecerían de jurisdicción para enjuiciar al Estado del Vaticano.

Si hay una persecución jurídica en un país, no decimos que tenga que aplicarse exactamente esta *reductio formalis* aquí expuesta. Pero sirva este modelo propuesto para entender de un modo genérico que la Iglesia puede tomar decisiones legalmente formales para evitar consecuencias legales.

Nota 54
Excepciones a la obligatoriedad moral y legal de colaboración de la curia diocesana con la Justicia

Si un clérigo es acusado de pedofilia, la curia diocesana debe colaborar con la Justicia con toda la información de la que disponga. Porque se trata de un delito con consecuencias tan graves, que a toda costa hay que evitar que se siga cometiendo; y la primera interesada en ello debe ser la misma curia. Ahora bien, para otro tipo de acusaciones, la diócesis puede limitarse a lo que esté preceptuado en la Ley. Habrá acusaciones en otras materias cuya gravedad es tal, que sea evidente que la diócesis debe colaborar con toda la información de la que disponga. Es el caso de una acusación de asesinato. Pero se pueden dar otro tipo de acusaciones en las que la diócesis tenga la certeza de la inocencia del clérigo acusado, o la pena que se pida sea desproporcionada respecto al hecho cometido. En esos casos, la diócesis puede limitarse a colaborar en aquello que sea estrictamente requerido por la Ley, sin dar un paso más allá.

Hay situaciones en las que la diócesis debe tomar una posición de completa colaboración con la Justicia; en otras situaciones, puede hacerlo. Y hay otras situaciones en las que, sin faltar ni a la verdad, ni a la legalidad, lo más justo y sensato es adoptar una postura de mínima colaboración.

Pongamos un ejemplo claro. Un sacerdote exorcizó a un menor de edad con su padre presente. Pero la madre, divorciada de su padre, tuvo reticencias aunque al final otorgó su consentimiento por escrito, firmándolo delante del exorcista. El menor, tras su liberación, se vuelve un niño muy religioso. Asistiendo a misa diariamente con gusto. Un año después, la relación de la madre con su ex esposo se deteriora gravemente. La madre, además, está muy enfadada por el fervor religioso de su hijo. La madre necesita dinero, pero sabe que no puede obtener más del padre. Pero el abogado de la madre le convence de que el exorcismo ha sido muy perjudicial y que ha provocado el «fanatismo» del menor. Y que este hecho da pie para amenazar con una demanda judicial si no hay un acuerdo amistoso monetario entre la diócesis y ella. Si no se accede a sus peticiones, la madre amenaza con llevar por vía penal el asunto ante los tribunales, acusando al sacerdote de haber realizado sobre un menor durante dos meses un rito tan traumatizante como el exorcismo.

En un caso así, el vicario general y los otros clérigos interrogados podrían limitarse a responder a las preguntas que se le hagan durante el juicio, aun a sabiendas que podrían dar mucha más información que sería perjudicial para el acusado. Y no solo eso. El vicario general podría responder a esas preguntas sin mentir, pero enfocando todas sus respuestas a buscar la declaración de inocencia.

Lo normal, en la mayoría de los casos, no en el expuesto, será que la diócesis actúe con una especie de neutralidad procesal. Por ejemplo, si un clérigo lesionó a un laico de cualquier manera, la diócesis no deseará otra cosa que el que se haga justicia. Tan hijo de la Iglesia es el laico lesionado como el clérigo. Incluso aunque el laico no fuese hijo de la Iglesia y esté movido por la rabia, tiene derecho a que se le haga justicia. La imparcialidad de la diócesis a la hora de dar la información, será lo lógico en la gran mayoría de los procesos judiciales.

Pero hay otros casos, en los que puede constar con seguridad la injusticia de la querella. En otros casos puede resultar obvio que el sacerdote ya ha sufrido más de lo debido frente a la nimiedad de la acusación. Si es así, la diócesis puede atenerse a la Ley, obedeciéndola, pero tomando al mismo tiempo una posición no neutral, sino defensiva.

Nota 55

La prevalencia de la autoridad apostólica (otorgada en Mt 18, 18) frente al expreso mandato de Cristo de no prohibir el ministerio del exorcista desconocido (en Mc 9, 39)

En el Evangelio existe una concesión de autoridad a los Apóstoles: *Yo os aseguro: todo lo que atéis en la tierra quedará atado en el cielo, y todo lo que desatéis en la tierra quedará desatado en el cielo* (Mt 18, 18). Y, al mismo tiempo, existe una prohibición a los Apóstoles: *No se lo impidáis* (Mc 9, 39), refiriéndose al hombre que expulsaba demonios y no era uno de los seguidores de Cristo. Se plantea la cuestión de qué debe prevalecer, ¿la concesión de la autoridad, o el mandato expreso de Cristo de no prohibir ese hecho? Cuando se concede una autoridad, esta autoridad queda limitada por las cláusulas excluyentes de esa misma autoridad. El que concede la autoridad tiene poder para dejar fuera de ella determinadas parcelas. ¿Significa esto que un laico puede resistir la prohibición de un obispo de exorcizar, amparándose en la orden contraria de Cristo en Mc 9, 39? La respuesta es no, por dos razones. La primera razón es porque la orden de Cristo se refirió a ese hombre concreto, no a todos los que en el futuro realizaran esa acción. La segunda razón es porque cuando el que concede una autoridad general, quiere que exista con una limitación, debe manifestar con claridad los términos de la limitación. Si no hay una clara expresión de esa voluntad limitadora, prevalece la autoridad general.

Nota 56

La prevalencia de la voluntad de Dios o de la ley canónica

Por todo lo visto, el ministerio del exorcismo cristiano es una participación en el ministerio de Cristo Exorcista. Ministerio al que se llega por dos vías diferentes: la laical a través de los carismas, o la sacerdotal a través de la potestad del sacramento. No es, por tanto, que la vía sacerdotal sea la propia, la adecuada, la correcta, la más poderosa.

El carisma exorcístico laical es un tesoro dado por Cristo a la Iglesia. De ahí que despreciar esa decisión divina respecto a un laico, sea menospreciar la voluntad de Cristo. Tan obligatorio es el deber del obispo de discernir, como el deber de dejar obrar el tesoro concedido para un lugar concreto en una época determinada. Los dos deberes tienen la misma obligatoriedad. El orden eclesial es un bien de la Iglesia, pero nunca se puede convertir en excusa para ocultar en ella la propia voluntad arbitraria. Por lo cual, el primer deber se somete al primero: la voluntad de Dios determina el discernimiento episcopal, y no al revés.

De lo dicho se concluye que puede haber laicos a los que Dios les ha dado una vocación al ministerio del exorcismo. Por lo cual, en algunos laicos el deseo insistente de exorcizar no es ni un capricho, ni una obsesión, ni que vean demonios por todas partes. El laico tiene el deber de obedecer la inspiración de Dios en su conciencia. Ahora bien, también tiene el deber de someterse a lo que determine el obispo. Si el obispo tiene dos deberes con la misma obligatoriedad, el laico tiene también dos deberes con la misma obligatoriedad. Como vemos hay cuatro deberes, cuatro obligaciones. Y entre estos cuatro elementos existe un orden, una armonía, como no podía ser de otra manera. Pues Dios es un Dios de orden. Cuando un alma siente en su interior el conflicto de deberes, hay que saber que hay que obedecer al obispo.

Nota 57
Razones para una nueva redacción del canon referente a las cualidades del exorcista (canon 1172, § 2)

La actual redacción del canon 1172, § 2 dice así: *El Ordinario del lugar concederá esta licencia solamente a un presbítero piadoso, docto, prudente y con integridad de vida.* Queda claro que el Código requiere tales cualidades para este ministerio exorcístico, ¿pero por qué no lo requiere para ser vicario episcopal, párroco o cardenal? Por otra parte, la lista no ofrece ninguna gradación de las cualidades. La prudencia que debería ser el sostén y fundamento de la labor exorcística, aparece en tercer lugar. No deja de ser curioso que se pida, lo primero de todo, que sea «piadoso» y al final se añade que debe «estar dotado de integridad de vida». Lo cual, inevitablemente, lleva a pensar que uno puede ser piadoso pero con una vida pecadora. Una redacción lógica debería ir de lo general a lo particular, no al revés.

Se exige (condedatur tantummodo) que esté dotado de «ciencia» (en el original latino). ¿Pero cómo puede tener ciencia si el ministro empieza el ministerio? Dado que el canon de forma expresa dicta que «solamente se conceda esa licencia» a los dotados de esas cualidades, habría que entender entonces esa cualidad, al menos, como «ciencia teológica». Pero los mejores exorcistas del pasado no se caracterizaron por esa cualidad, sino por su prudencia y vida espiritual. Resulta patente que la redacción actual del canon 1172, § 2 resulta, sin duda, mejorable. Nos parece que en el futuro, en una nueva redacción del Código, sería preferible suprimirlo enteramente, o crear una redacción de este estilo: *Trate de concederse esta licencia a un clérigo u otro ministro autorizado dotado de prudencia e intensa vida espiritual.* El verbo «trate» se debe a que un obispo en una diócesis muy extensa, puede tener que conceder la licencia a un sacerdote no idóneo, pero que sea el único que se halle cercano al caso que ha surgido en esa parte remota. En esa situación, nada extraordinaria por otra parte, no se puede cumplir la clausula «solamente se conceda esa licencia». En esa situación, el obispo debe confiar en la objetividad del poder sacerdotal que posee ese presbítero, aunque esté pobremente dotado de cualidades personales. Si el obispo le confía la administración de algo tan sagrado como los sacramentos, la celebración de la santa misa, y pone en sus manos la vida espiritual de toda una comunidad, no se entiende por qué debería considerar inadecuado confiarle la ejecución de un ritual. Por todo lo cual, se ve que la cláusula «solamente se conceda esa licencia», a menudo resulta imposible cumplirla. Una cláusula inadecuada en un parágrafo muy mejorable.

Nota 58
Acerca de la accidentalidad o no del carácter litúrgico del exorcismo

Alguien podrá haberse escandalizado de la afirmación de que el carácter litúrgico o no de la oración del exorcismo es algo accidental. ¿Cómo va a ser accidental que una oración sea litúrgica o privada? Pero lo sustancial en el exorcismo es el acto de poder. El medio para ese acto conjuratorio resulta accidental, mientras se mantenga su naturaleza como acto conjuratorio. Si no se da ese acto de imperio sobre el demonio apelando a un poder superior, ya no tenemos exorcismo. Si suprimimos el conjuro en el nombre de Jesús (o el conjuro en el nombre de la Trinidad, o en el nombre genérico de Dios), ya habríamos cambiado sustancialmente la naturaleza del acto, y estaríamos hablando de intercesión, de alabanza, de petición de perdón, de acción de gracias, pero no de exorcismo.

Por eso, afirmamos con seguridad que la naturaleza litúrgica o no del exorcismo resulta accidental al exorcismo. Y no solo eso, si un sacerdote de grandísima vida ascética, de heroica vida de santidad, considerase que su ayuda a las personas posesas debe realizarse, por ejemplo, a través de la llamada «oración de Jesús», repitiendo una y otra vez la oración: Jesús, Hijo de Dios, apiádate de mí. O si considera otro exorcista que su exorcismo debe hacerlo a través de la oración en lenguas. U otro exorcista considera que debe hacerlo a través de la repetición llena de fe y devoción de un solo salmo. Entonces la intención del sacerdote podría convertir ese acto en una acción efectiva encaminada a la expulsión de los demonios que afligen a una persona. Como es lógico, estos medios tan simples normalmente solo se darán en exorcistas con una larga experiencia en este ministerio. Y normalmente en sacerdotes que hayan llegado a una notable vida espiritual. Pero ha de quedar claro que la mera intención del ministro, podría convertir la aplicación de un determinado signo en un acto exorcístico.

Este hecho de por sí resuelve las dudas que algunos exorcistas albergan acerca de si tal o cual ritual es eficaz o no, o si de uno es más eficaz que otro, o de si un caso ha quedado sin liberación porque están usando una determinada fórmula que no es la adecuada. La sustancia de un exorcismo es el acto de poder. En la medida en que el exorcista aminora su pura fe en la esencia, y la coloca en las fórmulas, en esa medida el exorcismo se centra en el signo en vez de en su núcleo.

Nota 59
Razones teológicas para comprender el hecho del exorcismo de objetos

¿Los objetos necesitan ser exorcizados? En nuestra opinión, no. Se exorciza al demonio que está en un sujeto, en torno a una persona, manifestándose en un lugar. Pero ningún demonio posee un objeto inanimado. ¿Qué sentido tendría «estar», «poseer», «arraigarse», «morar», en un collar o en un armario o en unos zapatos? Si el demonio decide actuar alrededor de alguien (y Dios se lo permite), no requiere de la ayuda ni del collar, ni de un armario, ni de unos zapatos, para realizar la causalidad que se le permita por parte de Dios. Los demonios no están en objetos, ni el mundo material está en manos del demonio mientras no se bendiga.

Ahora bien, cuando antiguamente se exorcizaba un objeto, tal práctica no era incorrecta. En cuanto que, en el fondo, lo que significaba eso era que se ordenaba al demonio que se alejase de ese objeto: un puente, una cosecha, un granero. En ese sentido, el rito era correcto.

Cuando en el rito bautismal se exorcizaba a un niño, el niño quedaba más protegido de la acción demoniaca. Pero no significaba que el demonio estaba de algún modo en ese niño, y que era expulsado de él. El demonio, en esos casos, era expulsado en cuanto que la oración de la Iglesia lo alejaba para que no se acercase. Lo alejaba para que no le tentara, si bien el efecto de la oración era limitado. A pesar de aquella fórmula, el demonio pasado un tiempo podía acercarse a tentar. La fórmula tenía un efecto, pero no un efecto absoluto que lo alejase para siempre.

Nota 60
Análisis del concepto de «atadura demoniaca»

Resulta perfectamente correcto hablar de «ataduras del demonio». Los vicios, efectivamente, actúan como unas cadenas que atan la voluntad. No tiene nada de malo en que un predicador insista en la fuerza férrea de esas ataduras, en la voluntad despótica del demonio que nos hace caer tirando de esas cadenas, a través de la tentación. Nada hay de malo en ese modo de hablar, siempre que entendamos esas ataduras como vicios: como la facilidad de la costumbre para cometer ese mal concreto, dada la debilidad de la voluntad.

Pero teológicamente resulta muy problemático pensar que esas ataduras puedan ser algo más que vicios. Algunos exorcistas entienden esas ataduras como algo invisible dotado de existencia ontológica, algo existente por sí mismo en el mundo real.

Una cosa es el alma (un espíritu) y otra el demonio (otro espíritu). Entre estos dos entes, existe la transmisión de unas especies inteligibles a la mente del tentado por parte del tentador. ¿Qué otra «cosa» puede tener existencia real entre ambos? Puede haber una acción del demonio sobre un alma a través de la tentación. La tentación es como el caudal de agua de un grifo. Cortado el grifo, ese caudal desaparece. Después,solo permanece el vicio, esto es, la inclinación en el alma del sujeto habituado al pecado. ¿Qué otra cosa demoniaca puede quedar en el alma, una vez que cesa la tentación? En nuestra opinión, todo lo que queda en el alma se explica bajo el concepto de vicio. Fuera de eso no radica nada en el espíritu humano. Es decir, no existe ninguna cadena con existencia real, con entidad, por pequeña que sea.

Los exorcistas han comprobado muchas veces, que en algunas personas puede haber una presencia insistente del demonio, una presencia que provoca tentaciones obsesivas. Al orar por este tipo de personas, hay veces que se produce una manifestación que muestra una influencia interna del Maligno. Eso lo sabemos porque la persona siente que el demonio está dentro: ganas de vomitar, dolor en una parte del cuerpo, etc. No se trata de una posesión, pero el demonio ejerce una influencia. Incluso en estos casos, en que se manifiesta la presencia de un mal espíritu, lo que hace ese demonio es limitarse a tentar de modo vehemente y prolongado en el tiempo, nada más. El concepto de un demonio que tienta es simple de entender y teológicamente apropiado. El concepto de cadenas demoniacas, invisibles pero realmente existentes, como si fueran objetos, no afirmamos que sea imposible, pero es muy problemático de entender desde la metafísica.

Cierto que en las personas que sufren una influencia interna o una posesión, la tentación del demonio puede ser muy intensa y prolongada. Se trata de una tentación extraordinaria, porque se da una actuación demoniaca extraordinaria. Pero ni siquiera en esos individuos esas cadenas tienen una existencia ontológica. Se puede hablar de «cadenas» de un modo metafórico, pero no en un sentido metafísico. Haber, lo que se dice haber, solo hay un demonio que tienta y el vicio en el alma del sujeto. Pero el vicio no tiene más existencia que la que posee un accidente en la sustancia en la que radica.

Si entendemos de un modo correcto cómo son las cadenas demoniacas, no hay ningún problema en hablar y predicar acerca de ellas. Sin duda hay cadenas personales y colectivas, que hay que destruir a través de la oración. No hay ningún inconveniente en orar mucho por esa intención.

Pero mal entendido este concepto de cadenas lleva a descuidar toda dirección espiritual, pues se piensa que el esfuerzo es inútil, mientras persistan esas ataduras. Y de esta manera se acaba por considerar que casi todo el mundo necesita de verdaderos exorcismos. Esta mentalidad, en definitiva, eclipsa la acogida en el alma de Cristo y su mensaje, para centrarse siempre y todo momento en la expulsión que se obra desde fuera del alma a través de las oraciones de liberación. Si observamos los escritos paulinos, veremos que el Apóstol se centró en el concepto de gracia, no en el concepto de exorcismo con todas sus variantes. La gracia que es acogida en el corazón, y la cual cambia ese corazón a través del propio esfuerzo del sujeto. Esto es muy diverso dela mentalidad extendida entre algunos exorcistas, que piensan que todo el mundo necesita de exorcismos, lo cual implica una relación enteramente pasiva con la salvación, porque el sujeto está atado.

Nota 61
Cuestiones eclesiológicas acerca de si el exorcista es un delegado del obispo

El sacerdote autorizado por su obispo para realizar exorcismos, no es un delegado de este. Sino que recibe una autorización, una licencia, un permiso. El exorcista ejerce tal acto exorcístico por su propia potestad, la cual es recibida en el sacramento del orden. Mientras que el vicario general ejerce su autoridad de vicario con una autoridad delegada. Y los sacerdotes nombrados en sus diócesis como delegados de educación, de catequesis, o un vicario episcopal, ejercen su autoridad como delegados. Obran en nombre del obispo. De esta manera, el delegado de educación que ordena algo a un profesor, ordena como si eso lo mandase el obispo. Una vez que cesa su delegación, su orden carece de toda fuerza. La expresión *en nombre de* viene a significar «no te fijes en mí (que tengo un nombre), sino en el que me envía (que tiene su nombre)». El delegado, el enviado con autoridad, ordena como si ordenase el que ha otorgado esa autoridad.

El presbítero exorciza en nombre de Jesús. Es como si el exorcista le dijese al demonio: no te fijes en mi pobre persona, en mis defectos y limitaciones, sino en que actúo como enviado de Cristo. Si uno actúa en nombre de Jesús, no tiene sentido decir al demonio: te exorcizo en nombre de Jesús y de mi obispo. No solo porque en el primer nombre ya está contenida toda autoridad. Sino, además, porque el obispo simplemente le ha dado permiso para exorcizar, no le ha otorgado ninguna adición a su poder.

Si un obispo le dice a un simple sacerdote (que no es delegado de nada), que le llame a otro sacerdote para decirle algo en su nombre. El primer sacerdote al llamarle por teléfono al segundo sacerdote, podría decirle: *te hablo en nombre del obispo,* para comunicarle algo que le ha dicho. Pero si un exorcista se dirige al demonio, el obispo no tiene ninguna potestad que añadir a la que Cristo en persona le otorgó a ese presbítero el día de la ordenación. El exorcista únicamente recibe autorización de su obispo para ejercer el poder que ya residía en él a través del sacramento que le configuró con Cristo.

De ahí que, estrictamente hablando, los exorcismos son realizados en nombre de Jesús, no en nombre del obispo. ¿Se puede afirmar que el presbítero realiza el exorcismo en nombre de su obispo, en el sentido de que le ha encargado de este ministerio? En sentido lato, sí. Pero si se quiere ser técnicamente precisos, habría que decir que el sacerdote realiza el exorcismo en nombre de la Iglesia.

En un sentido amplio, todo lo que ha sido autorizado por el obispo se puede decir que se está realizando en nombre del obispo. Pero estrictamente hablando, toda acción encargada por el obispo no significa que se realiza en su nombre. El presbítero no debería afirmar que la labor de predicar o de escuchar confesiones o visitar enfermos, las realiza en nombre del obispo. El párroco predica en nombre de la Iglesia, pero no está en esa parroquia predicando un sermón en concreto en nombre del obispo. El permiso de predicar le llega a través del obispo, pero no predica en nombre del obispo.

Puede parecer que se trata de una distinción demasiado sutil, pero existe una diferencia esencial entre el hecho de un vicario general cuando le dice a un sacerdote: *en nombre del obispo te ordeno...*; y el hecho de un párroco que afirmase: *yo predico en nombre del obispo.* Lo correcto es que en este segundo caso dijese: *yo predico en nombre de la Iglesia.* De lo contrario, absolutamente toda acción en una diócesis, tanto del clero como de los laicos, en el momento que es conocida y aprobada por el obispo, sería en su nombre por entrega expresa o concesión tácita. Si siguiéramos esta línea errónea de argumentación, dado que el Papa aprueba y mantiene la autoridad episcopal de un obispo, y ese obispo ha dado permiso para predicar a este presbítero, en cierto modo, se podría decir que ese sacerdote predica en nombre del Papa, lo cual es erróneo.

Queda claro que hay que distinguir netamente lo qué se hace en nombre del obispo, de lo que se hace por ser cristiano o por el sacramento del orden. Hay acciones que se hacen en nombre de Cristo y otras en nombre de la Iglesia. Yo perdono a mi enemigo en nombre de Jesús, el sacerdote predica en nombre de la Iglesia, el vicario general tiene su autoridad en nombre del obispo, el nuncio ejerce sus labores en un país en nombre del Papa. Todos estos términos no son intercambiables.

El sacerdote absolviendo no perdona los pecados en nombre del obispo. Cuando el obispo niega las licencias a un presbítero, simplemente está atando un poder que radica en la persona del presbítero. Cuando el obispo le otorga las licencias para confesar, simplemente desata un poder que ya tenía. No es que, a partir de las licencias, conceda el perdón en nombre del obispo.

Si el párroco administrara los sacramentos en nombre del obispo, predicara en nombre del obispo, visitara enfermos en nombre del obispo, estaríamos creando la idea de que el obispo es el verdadero párroco de la diócesis, y que los párrocos son solo los ayudantes que llegan adonde él no puede llegar. Esto supone una eclesiología equivocada. El párroco es verdadero pastor de la grey que se le ha confiado. Si al día siguiente el obispo le retira de la parroquia, ya no lo será. Pero mientras sea párroco, es pastor de su grey. No es una especie de ayudante sustituto del obispo que está allí, porque el verdadero pastor no alcanza a todas sus ovejas. En esta concepción errónea, el único pastor es el obispo y el resto del clero son meros ayudantes. Entender en este campo expuesto la correcta concepción eclesial de una diócesis, proviene de entender, entre otras cosas, la teología sacramental. Por eso el exorcismo se realiza en nombre de Jesús, no en el del obispo.

Sea dicho de paso, si el exorcista realiza un exorcismo no litúrgico, improvisando con oraciones espontáneas, si lo realiza porque tiene autorización de su obispo, incluso en ese caso, sin usar el ritual, el exorcista está realizando una acción en nombre de la Iglesia. Puesto que realiza ese ministerio porque así se lo ha encargado la institución eclesial a través del permiso de su obispo. Esta afirmación tiene su importancia, porque no pocos exorcistas argumentan que un exorcismo no ritual tiene mucha menos efectividad porque al no ser litúrgico, no se realiza en nombre de la Iglesia, sino como acto privado. Como se ha mostrado, tal tipo de escrúpulos no tienen sentido. El carácter litúrgico de un acto no deja lugar a dudas acerca de su carácter eclesial, de que es la Iglesia la que invoca como institución a Dios. Pero el carácter litúrgico de un acto no es el único medio por el cual se pide algo a Dios en nombre de la Iglesia.

Nota 62
La efectividad propia de la fórmula «en el nombre de Jesús»

Hay laicos que consideran que si usan el nombre de Jesús, ya pueden hacer exorcismos. Hay exorcistas que repiten una y otra vez la expresión *en el nombre de Jesús*, creyendo que sin ella ya no tiene la misma fuerza la orden dada. Esa forma de actuar de unos y otros, supone no haber entendido la naturaleza profunda de esa expresión.

Las explicaciones que hemos ofrecido en esta obra, han mostrado que hay órdenes que son en el nombre de Jesús, aunque no mencionemos a Jesús ni una sola vez. Por ejemplo, si el Santo Padre da una orden tajante a un obispo, no necesita mencionar la autoridad de Jesús para que ésa sea una orden dada en nombre de Jesús. Si menciona la expresión *en el nombre de Jesús*, será un recuerdo para aquel al que da la orden. Pero su orden no adquiere más fuerza imperativa por usar la expresión. La fuerza de la orden de un obispo es la fuerza de su propia autoridad. Mencionar la otra expresión es un modo de recordar de dónde procede esa autoridad. Si un exorcista no mencionara ni una sola vez la expresión durante un exorcismo, sus órdenes no dejarían de ser órdenes dadas en nombre de Jesús. Esto es importante, porque nos encontramos con exorcistas que usan la expresión de un modo casi mágico. Si un sacerdote muy anciano en el confesonario, por senilidad, dijera *yo te absuelvo* en vez de *yo te absuelvo de tus pecados en el Nombre del Padre y del Hijo y del Espíritu Santo*, la absolución sería válida. Sería válida porque el poder de absolver lo posee el sacerdote. La fórmula es únicamente una expresión de un acto de poder. Sin duda que los Apóstoles no usaban una sola fórmula fija y reglada, solo manifestaban su voluntad en cada caso de absolver de los pecados. Al final, quizá después de generaciones, se fijó la actual fórmula. Pero al principio, pudo haber expresiones tales como *yo te perdono en el nombre de Jesús*, u otras similares tales como *el Mesías nos dio autoridad para perdonar y yo te perdono*. Expresiones tales que eran manifestación suficiente de la voluntad de usar el poder de perdonar pecados.

Del mismo modo, cualquier orden dada por alguien carente de la autoridad de Jesús, no recibe ninguna fuerza por el hecho de usar esa expresión. Si un laico exige a un párroco en el nombre de Jesús que celebre otra misa los domingos por la tarde en su parroquia, y el párroco cree en buena conciencia que es mejor no hacerlo, la exigencia del laico no adquiere ninguna obligatoriedad por el hecho de haber utilizado tal expresión. Ese laico puede estarse equivocando al exigir otra misa, y manifestar que habla en nombre de Jesús puede ser un acto de presunción.

Concluimos de todo esto que el sacerdote no debe tener el escrúpulo de mencionar esa fórmula cada vez que da una orden. Hacerlo de forma excesiva desvirtúa su solemnidad. Y el laico no debe considerar que esa fórmula le otorga poder alguno. Porque el poder no radica en la fórmula.

Nota 63

Acerca de si todo asceta heroicamente configurado con Cristo, tiene el poder de exorcizar

Ya hemos explicado que los carismas se otorgan según la voluntad de Dios. Alguien moralmente muy bueno y que ora mucho, puede no poseer ningún carisma; y otro cristiano menos bueno moralmente y ora menos, lo puede tener. Ahora bien, un asceta eximio del tipo de los Padres del Desierto está tan configurado con Cristo, que todo él, su persona entera, se convierte en un *alter Christus*, habla sus palabras, realiza sus acciones y es lógico que obre sus prodigios.

No solo eso. El asceta eximio muestra tanto el rostro espiritual de Cristo, se configura todo él como un icono viviente de Jesús, que su mera presencia resulta un verdadero exorcismo para los demonios. No es la fórmula exorcística, sino su persona la que se convierte en luz que atormenta a los malos espíritus. Pues todo en él les recuerda a Jesús, sea como sea su cuerpo, sea como sea su cara o sus vestidos. Si es mujer, todo les recordará a la Virgen María con los mismos resultados. En estos casos, el santo no es que necesite una fórmula exorcística: él mismo se convierte en exorcismo viviente. Su paz, su amor, su confianza en Dios, sus virtudes, son terror de los demonios, aunque el santo guarde silencio. Tantas veces, ante estos grandes místicos, podrá ocurrir que el poseso quedará liberado únicamente con que se le ponga la mano en la cabeza o ellos recen un padrenuestro por el poseso.

¿Tienen estos ascetas eximios el carisma de exorcizar? En muchos casos, nunca habrán recibido tal carisma determinado. Será la configuración con Cristo perfecta, consumada, la que logra ese efecto exorcístico. Como si el que lograse esa identificación tras toda una vida heroica de crucifixión con Cristo, en esa identificación obtuviera todo. Por eso hay casos de ascetas que parecían tener todos los carismas: profecía, curaciones, milagros, visión del interior de las almas, todo. Como cualquiera puede suponer, la potestad de exorcizar como configuración siempre será superior al que tiene esa potestad por un mero carisma, pero el sujeto tiene multitud de imperfecciones y defectos. Lo mismo vale para la profecía o cualquier otro don extraordinario. Aquel que realiza actos extraordinarios por configuración, siempre hará obras mayores que el que las realiza por concesión. Hay personas que, tras largos años en un proceso de transformación, pueden afirmar *es Cristo quien vive en mí*.

Nota 64

Acerca de si en el sacramental de exorcistado se recibe o no una potestad

Como es bien sabido, hay órdenes religiosas y fraternidades que hoy día confieren las órdenes menores a sus candidatos al sacerdocio. Y entre ellas confieren la orden menor del exorcistado. Nos podemos preguntar si se recibe la potestad de exorcizar en el sacramental del exorcistado. Encuadraremos mejor esta pregunta, respondiendo primero a otra: ¿recibiría la potestad de exorcizar un presbítero que no hubiera recibido el sacramental del exorcistado? La respuesta indudable es que sí. La potestad de exorcizar se halla incluida en el sacramento del orden. En las primeras generaciones de cristianos, no existía todavía el ritual de la orden menor del exorcistado, y ya existían presbíteros exorcistas.

Jesús entregó el poder apostólico. Los Apóstoles entregaron el sacramento del orden que incluía el poder de exorcizar. Solo posteriormente aparecieron esos sacramentales llamados órdenes menores. Por eso el poder de exorcizar del sacramento del orden, es independiente del sacramental del exorcistado. Pero también el poder exorcístico del sacramental de la orden menor del exorcistado es independiente del sacramento del orden. De hecho, alguien podría recibir el exorcistado y no seguir adelante en el camino hacia el presbiterado. Aunque ese sacramental, en cierta manera, depende del sacerdocio en cuanto que el sacramental es conferido por un ministro con el sacramento del orden. Por lo cual, este sacramental no es un carisma extraordinario, sino una potestad que procede del sacramento del orden.

Claro que nos podemos preguntar: ¿Se confiere realmente una potestad en esa orden menor? La respuesta es que sí, por dos razones. La primera, la Iglesia no puede estarse equivocando universalmente en una fórmula repetida, al menos, durante 1.520 años. Una fórmula en la que de forma expresa se afirma que se confiere un poder. Segundo, los sucesores de los Apóstoles tienen el poder de atar y desatar. Si ellos determinan que un laico pueda recibir algún tipo de poder sobre los demonios, entonces lo recibe.

Los obispos no pueden fragmentar aspectos de un grado del sacramento del orden. Un obispo no puede conferir el sacramento del presbiterado sin el poder de absolver los pecados. Si confiere el sacramento, lo confiere entero. Después, podrá prohibir el ejercicio de alguna faceta. Pero el sacramento se recibe de forma plena, siempre y sin excepción, o no se recibe. No hay posiciones intermedias.

Los obispos tampoco nunca se han sentido autorizados a crear un sacramental en el que se reciba una potestad que necesariamente depende de la recepción del sacramento del orden. Por ejemplo, nunca se han sentido autorizados a crear un sacramental que confiera el poder otorgar la unción de los enfermos, o un sacramental que confiera el poder de perdonar los pecados.

Por eso la orden menor del exorcistado es la prueba de que el poder exorcístico no va necesariamente unido al sacramento del orden. Luego, en nuestra opinión, concordante con la fórmula del ritual, es que en el sacramental del exorcistado se recibe verdaderamente una potestad sobre los demonios. Potestad que será completada, aumentada y perfeccionada al recibir el sacramento del orden.

¿Recibe un gran poder exorcístico el que recibe el exorcistado? Dado que el efecto de un sacramental (a diferencia de los sacramentos que actúan *ex opere operato*) depende en gran medida del fervor y la fe que pongan en su concesión el ministro y el que lo recibe. Dado que en nuestra época, los pocos que reciben esa orden menor no tienen muy claro qué reciben, ni tampoco los ministros. Hay que concluir que el ritual produce sin duda un efecto, pero en muchos casos no muy grande en cuanto a conferir poder sobre los demonios.

El mismo sacramental si se recibiese con una gran preparación por parte del sujeto (por ejemplo, tras algún ayuno y días de más intensa oración), si el ministro tuviera conciencia clara de lo que tiene que conferir, produciría más efecto. Incluso si el mismo ritual fuera más solemne y expresara más la grandeza de otorgar ese poder, solo por ese hecho, produciría más efecto. Pero el mismo ritual está reducido al mínimo posible. Ni siquiera se hace una imposición de manos que es un signo constante de la concesión de poder desde el Antiguo Testamento. Eso se hizo para dejar clara la distinción entre el sacramental y el sacramento. Pero aunque tal intención es correcta, lo cierto es que no se da mucha importancia a la concesión de esta orden menor. E insistimos en que los sacramentales actúan *ex opere operantis*.

Sería deseable que los teólogos se planteasen la reflexión acerca de lo que significa un sacramental en el que, por un lado, las palabras del ritual (y el mismo sentido de la entera ceremonia) expresan la concesión de ese poder, pero, por otro lado, hay como una cierta duda teológica acerca de qué es lo que realmente otorga ese sacramental. En nuestra opinión, si se concede esta orden menor, resultaría más adecuado otorgar el poder exorcístico con entusiasmo, con plena conciencia de ello, con toda solemnidad ceremonial. Sabiendo que el poder que se otorgue en este sacramental, por sí mismo, siempre será menor que la *potestas* que se entrega en el sacramento del orden. Algo se entrega en el sacramental, algo bastante indefinido. Pero siempre se recibe mucho más en algo tan superiormente noble como es el sacramento.

¿Recibiría algún aumento de poder sobre los demonios un presbítero que recibiera (insistimos, ya ordenado como presbítero) este sacramental o una bendición especial del obispo? En nuestra opinión no recibiría ningún poder esencialmente distinto del ya recibido en el sacramento del presbiterado. Ese sacramental del exorcistado o una bendición similar solo supondría una petición a Dios para que ejerciera mejor esa función. Pues el obispo ya otorga al presbítero todo lo que le puede otorgar en el sacramento del presbiterado. Lo otorga en plenitud y de forma indivisible. Y, a diferencia del sacramental, lo otorga esencialmente igual con independencia de su fervor y preparación. Después de la ordenación, solo cabría en el futuro pedir para que se ejerza bien esa función de exorcizar. Si no fuera así, cada una de las facetas de los sacramentos podrían ser completadas por diversos sacramentales. Sacramentales que, además, admitirían nuevos grados. El sacramento del orden es un acto del obispo *in persona Christi* que es pleno en sí mismo. Es decir, en cada grado se recibe esencialmente todo lo que se puede recibir. En cada grado del orden uno se configura esencialmente todo lo que alguien se puede configurar con el poder de Cristo en ese grado. Después solo cabe impetrar el ejercer bien ese poder.

Ahora bien, si se tiene claro esto, no sería impropio sino beneficioso, que los presbíteros que han sido nombrados exorcistas en una diócesis, recibiesen este sacramental si nunca lo han recibido. El poder exorcístico de esos presbíteros recibiría una adición accidental por las oraciones y súplicas ofrecidas por la Iglesia al recibir esa bendición a través del obispo. El presbítero que ejerza el ministerio del exorcismo sin haber recibido nunca esta orden menor, ni bendiciones episcopales subsiguientes, puede estar seguro de que no le falta nada de poder. Pero el poder del exorcista aumenta con cada retiro espiritual que realiza, con sus ayunos, incluso con el mero hecho de que varios laicos y sacerdotes se reúnan para orar por él, pidiendo a Dios que le conceda ejercer poderosamente la nueva misión que le ha encomendado su obispo. Los sacramentales por solemnes que fueran no añadirían nada esencialmente distinto a la *potestas*. Pero no por ello serían inútiles.

Para un presbítero, con o sin orden menor, el poder exorcístico es esencialmente el mismo y suficiente para ejercer la misión otorgada por Dios a través del obispo. Pero ese poder admite aumentos a través de muchos medios como son la vida espiritual personal o la intercesión de la Iglesia a través de fieles y sacerdotes que oren por el nuevo exorcista. Cosa ésta que incluso se puede reiterar a lo largo de la vida de un exorcista. Pero si esto se hace, téngase muy en cuenta que, hablando *in genere*, un presbítero que no haya recibido la orden menor de exorcista, tendrá más poder sobre los demonios que un seminarista que haya recibido del modo más solemne la orden menor de exorcista.

Este poder de exorcizar sin el sacramento del orden del que ha recibido la orden menor de exorcista, no debe verse como un extraño acto de autoridad de los obispos sobre la potestad que les ha sido otorgada. Como si dividieran lo que no conviene que sea dividido. Pues Cristo mismo confirió este poder a los setenta que mandó a predicar. Es decir, Jesús mismo lo concedió de forma independiente. Y en el caso de los Doce se lo concedió ese poder de forma previa a la otorgación del entero poder apostólico. Con lo cual vemos que la orden menor del exorcistado, tiene en ello un refrendo evangélico.

Para concluir todo lo dicho, comprobamos que en la Historia ha habido distintos poderes exorcísticos

1. El de Cristo sobre los demonios, poder absoluto
2. El de los Apóstoles
3. El del sacramento del orden
4. El de la orden del exorcistado
5. El proveniente de un carisma
6. El proveniente de una santidad perfecta y consumada

Nota 65

Véase una interpretación espiritual-exorcística de parábola de la viuda y el juez inicuo (Lc 18, 1-7)

En Lc 18, 1-7 se nos expone la parábola de la viuda y el juez inicuo. Queremos aquí proponer una interpretación espiritual de estos versículos: el juez/presbítero como símbolo del que posee una *potestas*, la viuda/laica como símbolo de la oración de petición. El que puede (juzgar, exorcizar), no quiere. La que no puede (juzgar, exorcizar), pide y logra.

En esta viuda desconocida podemos ver simbolizada a otra viuda: Judit. Judit logra por sí misma, lo que no se hubiera logrado con un gran ejército. En Judit vemos otro símbolo del exorcismo: Judit es la que carece de poder y, no obstante, su medio de lograr las cosas es la oración hecha al Altísimo. Mientras que un caudillo judío con un ejército sería símbolo del presbítero con poder. Dios expulsa a ese ejército asirio enemigo a través de la que no tiene poder, pero que ora con humildad. El joven adolescente David enfrentándose a Goliat sería otro símbolo de exorcismo que tiene éxito basándose en lo que humanamente carece de poder. Pero David se aproxima a él *en el nombre de Yahvé* (beshem Yahveh, I Sam 17, 45) y vence por la decisión divina. Alcanzando una sola piedra la victoria frente a las armas y la fuerza. La piedra de la petición, logra lo que no hubieran logrado todas las lanzas, flechas y espadas de la potestad exorcística.

Todo esto contiene una evidente enseñanza para los que se dediquen a este ministerio. Pues Dios (que ha otorgado a los Apóstoles y sus sucesores la *potestas exorcizandi*), tantas veces, se complace en mostrar que concede la liberación con los instrumentos que carecen de todo poder propio para enfrentarse con el Diablo.

En esta obra siempre hemos defendido la obediencia a los obispos. Pero que duda cabe que muchos grupos de liberación que actúan de buena fe sin saber nada acerca de las leyes canónicas, son como esa viuda que insiste al juez, como ese David armado con su honda. Y el obispo, muchas veces, no se atreve a prohibir la acción de esos grupos porque tiene mala conciencia.

La viuda de la parábola no tiene derecho a pedir justicia de un modo extraprocesal. Si tiene algo que decir, debe decirlo en el juicio. En la parábola del amigo que pide pan a su amigo en mitad de la noche (Lc 11, 5), el que pide no debe pedir nada a esas horas de la noche, es algo objetivamente incorrecto. Pero Jesús pone como ejemplos a la viuda y al amigo que hacen lo que no deben hacer, pero de buena fe. Y ambos consiguen su propósito. Del mismo modo, tantos grupos carismáticos hacen lo que canónicamente no deben hacer. Pero como su acción es de buena fe, logran la benevolencia divina.

Una sola liberación no es prueba de la benevolencia divina respecto a un sujeto que practica el exorcismo o la oración de liberación. Pero la realización exitosa de exorcismos durante años, constituye prueba de esa benevolencia. Nadie puede realizar las obras de Dios de forma regular, sin contar con esa aquiescencia de lo alto. Los cánones muestran la voluntad de la Iglesia. Los exorcismos exitosos muestran la voluntad de Dios.

Nota 66
Efectividad del exorcismo realizado por un sacerdote sin fe

¿Tendría efectividad el exorcismo de un sacerdote que hubiera perdido la fe en Dios? No podemos descartar que la potestad sacerdotal no pueda actuar sobre un demonio, si un sacerdote que hubiera perdido la fe realizara el ritual sobre un espíritu maligno por imposición de un mandato episcopal, o incluso como experimento del mismo sacerdote que quiere ser testigo de esta realidad. ¿Podría el sacramental actuar con eficacia, como ocurre con todos de los ritos de la misa realizados por un sacerdote que hubiera perdido la fe? Démonos cuenta de que el sacerdote en la misa (además de realizar la transustanciación) bendice a los fieles, bendice las ofrendas sobre el altar, eleva oraciones a Dios sea cual sea su estado espiritual personal. Por eso no pensamos que el estado personal del ministro anule esa faceta de la actuación de los sacramentales. En un sacramental, importa el fervor, la fe, la vida espiritual del ministro. Pero también existe una faceta objetiva en los sacramentales, esté como esté el alma del ministro. Por ello creemos que la respuesta es afirmativa: un exorcismo podría tener eficacia aun realizado por un sacerdote sin fe, obrando *ex potestate* a semejanza de un sacramento, aun sin serlo.

Nota 67
Exégesis del versículo *Y todo cuanto pidáis con fe en la oración, lo recibiréis* (Mt 21, 22)

Y todo cuanto pidáis con fe en la oración, lo recibiréis (Mt 21, 22). Ésta es la traducción de la Biblia de Jerusalén y es la forma de traducir ese versículo en casi todas las Biblias en las diferentes lenguas. Ahora bien, la traducción literal del griego sería: «Todas las cosas, cualesquiera que sean, podríais pedirlas en la oración creyendo [que] recibiréis». El texto canónico no dice «LAS recibiréis», sino «recibiréis» (lēmpsesthe). Esta ausencia del pronombre «las» fue respetada por San Jerónimo en la Vulgata (et omnia quaecumque petieritis in oratione credentes accipietis), pero no en las posteriores traducciones a otras lenguas. Y tiene su importancia, porque ciertamente en el texto de forma natural se puede sobreentender ese pronombre «las», pero también, sin ninguna violencia, el texto puede ser entendido así: Todas las cosas, cualesquiera que sean, podéis pedirlas en la oración; creyendo que [siempre] recibiréis [algo].

La misma frase griega admite ser interpretada como «todo lo que pidamos con fe lo recibiremos», o puede ser interpretado como «podemos pedir cualquier cosa, que si tenemos fe siempre recibiremos algo».

Esto tiene su importancia para el exorcismo, porque significa que la relación entre fe y expulsión de demonios no es automática. Uno puede tener la fe más fervorosa y entusiasta del mundo, y los demonios no ser expulsados de una persona. El problema no estaría en la fe, sino en un designio divino superior. Debemos evitar la concepción automática del exorcismo. Todo exorcismo, aunque sea imperativo respecto al demonio, queda sometido a la voluntad de Dios. De hecho, todo ritual de exorcismo contiene partes deprecativas dirigidas a Dios. Porque aunque uno tenga el poder de expulsar demonios, debe pedir que llegue la hora en que Dios determina que esos demonios sean expulsados. Aunque el demonio sea expulsado una hora después de comenzar el ritual, esa expulsión es fruto tanto de la *potestas* como de la *deprecatio ad Deum*.

Creemos que el versículo de Mt 21, 22 popularmente siempre ha sido interpretado en el sentido de «tened fe que Dios os lo concederá», lo cual no es incorrecto siempre que se añada el matiz del sometimiento a la voluntad divina. Por lo que de forma más precisa, debe ser interpretado como «tened fe que siempre recibiréis algo». Y eso vale para el exorcismo. Todo exorcismo siempre es fructuoso, incluso aunque no se logre en ese momento la liberación de la persona.

Nota 70
La relación entre plegaria de petición, confesión y exorcismo

¿Hubiera bastado que ese franciscano hubiera hecho una plegaria a Dios en vez de exorcizar? Algunos clérigos sin mucho interés por los exorcismos, pueden aconsejar a alguien poseso que ore a Dios, negando la necesidad de hacer exorcismos. *Si Dios quiere, ya te liberará,* le pueden decir. Cierto que, en ocasiones, una plegaria ha logrado que Dios concediese la liberación de una persona. Ahora bien, si las plegarias fueran suficientes para lograr ese fin, Jesús no hubiera concedido el poder de exorcizar. Se hubiera limitado a aconsejar plegarias a Dios. Cuando no hay otro remedio, porque se carece de exorcista, no queda otra posibilidad que orar a Dios. Pero es un error querer remediar la posesión solo con plegarias, cuando Dios concedió el poder de exorcizar.

Otra afirmación muy frecuente es: *La confesión vale más que cien exorcismos.* Otra variante es: *La confesión es el más poderoso exorcismo.* Tales afirmaciones son falsas. La confesión actúa en el alma, el exorcismo expulsa demonios. Si la confesión fuese el más poderoso exorcismo, ¿para qué necesitaríamos el exorcismo? Todo lo podríamos arreglar con confesiones. Pero Jesús concedió el poder de perdonar y el poder de exorcizar, como dos poderes distintos. De hecho, un sacerdote tiene el poder de absolver, pero podría tener muy poco poder para expulsar demonios. Y un laico tiene nulo poder para absolver, pero podría tener un gran poder exorcístico.

Nota 71

Un discernimiento acerca de la veracidad o no de un mensaje concreto supuestamente dado a través de un poseso

Mi opinión personal es que no parece razonable que Dios escogiera a un poseso desconocido para dar un mensaje tan opinable. Sería distinto que ese mensaje se diera a través de un místico con indudable fama de santidad. Sería distinto que ese poseso hubiera dado signos tan espectacularmente preternaturales, que fueran como un sello de veracidad y como una poderosa llamada de atención hacia él por parte de Dios. Pero porque la voz que habla a través de un poseso simplemente diga que tiene un mensaje, no hay razones especiales para creer en un mensaje especial. Tanto por la persona en sí misma (sin nada llamativo), como por el mensaje (opinable), no hay obligación de creer en la obligatoriedad de realizar esa consagración de la nación por parte de los obispos que pedía la entidad a través del poseso.

¿El aborto provoca la violencia en una nación como afirmaba el mensaje? La introducción del aborto, sin duda, provoca un mayor alejamiento de la población respecto de Dios. Pero no vemos como un hecho indudable que exista una relación directa entre la violencia del narcotráfico y el aborto. Y así hay países en el mundo con altas tasas de aborto desde hace muchos años, que no sufren ni ese tipo de violencia, ni otra en sus sociedades; como, por ejemplo, los países escandinavos.

Nota 72

Acerca del índice de exorcismos indefinidos

No resulta nada sencillo saber cuál es el índice de exorcismos indefinidos. Son muchos los sacerdotes que tras un tiempo de exorcismos, le dicen al poseso que ya está liberado, y que lo que queda en él ya es todo psicológico. Si preguntásemos a los exorcistas cuál es el índice de exorcismos indefinidos, obtendríamos resultados muy diferentes. No porque el índice fuera muy distinto, sino porque habría mucha diferencia en considerar cuando un caso ha acabado o no. Sin duda los exorcistas más jóvenes y que comienzan son más dados a hablar de un 100% de liberaciones. Mientras que los exorcistas ancianos con más experiencia hablarían, como mínimo, de un 50% de posesiones indefinidas. Que algunos exorcistas elevarían al 75% con gran vergüenza, porque lo considerarían como un fracaso de su ministerio. Cuando, en realidad, no es así, pues el exorcismo indefinido tiene su razón teológica de ser. Además, en todos estos casos, gracias a los exorcismos semanales, las personas sienten un inmenso alivio en su sufrimiento de origen demoniaco.

Nota 73
La expresión de Mt 25, 41 acerca del fuego preparado para los ángeles rebeldes

Mt 25, 41: «Hoi kateramenoi eis to pur to aionion to hetoimasmenon». La forma verbal *hetoimasmenon*, tendría como traducción literalísima «habiendo sido hecho preparado». Este verbo admitiría dos interpretaciones no excluyentes:

1. Antes de que se produzca el Juicio Final del que se habla en Mt 25, el fuego ya había sido preparado. Se puede entender como que el fuego del tormento espiritual ya existe en el interior de los seres irrevocablemente separados de Dios. Ese fuego (que no es material) existe plenamente antes del Juicio Final, antes de la segregación/confinamiento que supondrá ese último acto histórico. El fuego está preparado, y está preparado por cada uno de los que lo sufren.
2. El fuego existía incluso antes de la creación de los ángeles. Es un modo poético de afirmar la verdad metafísica de que incluso antes de que apareciese el primer ser angélico, la condenación de los espíritus rebeldes ya estaba decretada por Dios. Del mismo modo que antes de que naciera Judas Iscariote, ya estaba preparado su lugar eterno en el infierno. Judas pudo no haberse condenado, fue completamente libre, pero lo que, de hecho, iba a suceder ya era conocido por Aquel que está más allá del tiempo.

Nota 74
La Palabra de Dios como predicación para los ángeles

Las Sagradas Escrituras fueron dadas en un lenguaje humano por y para los hombres. Los destinatarios eran el linaje humano de los hijos de Dios. Ahora bien, si durante la historia humana existían todavía ángeles viadores, ellos contemplaron el desarrollo de esa Revelación. Nosotros recibimos la entera Palabra de Dios ya dada. Ellos contemplaron el entero proceso que va desde que se consignó por escrito la primera línea de esa Revelación, hasta que se culminó la última línea en ser escrita, el último cambio, la última modificación. Los ángeles viadores no fueron los destinatarios, pero sí los testigos de la Palabra de Dios. Y las Escrituras fueron enseñanza y luz también para ellos, del mismo modo que unos padres acuden con gusto a la predicación para los hijos en una «misa de niños».

Puede parecer que la Palabra de Dios, al ser humana, será demasiado simple para ellos y carente de interés por tanto. Pero si observamos el horror que causa en los demonios los versículos de las Escrituras, podemos suponer que ellos comprenden mejor que nosotros la grandeza de lo allí contenido.

Además, ellos contemplaron el desarrollo de las Escrituras: ellos fueron testigos de las batallas, viajes, nacimientos que en sus páginas se relatan, ellos fueron testigos de los profetas clamando de viva voz ante el pueblo congregado ante ellos, ellos fueron testigos de San Pablo dictando una a una sus cartas. Y el desarrollo dinámico de la Palabra es, de por sí, un espectáculo de la grandeza de Dios.

De forma que ellos gozan no solo un conocimiento más profundamente teológico de la Biblia, sino también dinámico y, además, la leen desde su propia Historia Angélica. Es decir, escuchan el texto sagrado también desde el conocimiento previo (dado por Dios) que pudieron tener de la Historia Humana antes de que se crease el universo material. Una mística como María de Jesús de Agreda (siglo XVII) explica en su *Mística Ciudad de Dios,* que aspectos de nuestra Historia, tales como la Encarnación, formaron parte de la prueba de los ángeles al ser estos aspectos revelados a las naturalezas angélicas. Sea esto así o no, los ángeles viadores (si todavía los hay) conocen la Palabra de Dios de un modo dinámico, teológicamente superior, y bajo la luz de una Historia Angélica previa.

Nota 75
Una exegesis del exorcismo de los gerasenos como argumento a favor de los exorcismos prolongados

Observemos el episodio de los endemoniados gerasenos. Episodio que, de acuerdo a toda la Tradición, nosotros consideramos dotado de perfecta veracidad histórica en todos sus detalles. En Mc 5 aparece mencionado solo un endemoniado, pero en Mt 8, 28 se dice que son dos. Después, la liberación acaba con el hecho de que *alrededor de dos mil cerdos* (os dischilioi, Mc 5, 13) murieron ahogados en el lago.

El que los demonios entraran en los cerdos era un hecho histórico, pero también un símbolo del poder de los demonios. Dios permitió una manifestación vehemente y terrorífica para que comprendiéramos el poder de las tinieblas. Ver a un gran rebaño de cerdos arrojándose por una altura a un lago debió ser una escena terrorífica. También se puede interpretar esto como un hecho permitido por Dios para comprender de un modo visual que los demonios llevan a la ruina a las almas a las que poseen por el pecado.

Pero el texto posee un tercer significado. Un cerdo era una propiedad valiosa. En la época de matanza, se sacrificaba un cerdo cuya carne y entrañas servían para alimentar a una familia durante muchos meses. De forma que lo que se perdió en el exorcismo de los gerasenos, fue realmente una fortuna. Imaginemos que el precio de un cerdo equivaliera al trabajo de un agricultor o un obrero durante dos semanas (indudablemente el valor ha sido calculado por lo bajo), dado que en el lago se hundieron dos mil cerdos, en ese exorcismo se perdió el trabajo equivalente a 28.000 días. Este hecho contiene un indudable mensaje para el tema del exorcismo: vale la pena perder 28.000 días de trabajo, unos ocho años de esfuerzo, para salvar a dos hijos de Dios.

Si los hombres de aquella región pagaron tan alto precio por salvar a dos hijos de Dios, cualquier exorcista debería estar dispuesto a emplear los años que hagan falta para liberar a un poseso.

Nota 76
Casuística a que da lugar la relación entre oraciones de liberación, ámbito privado y autoridad episcopal

La casuística está muy mal vista. Pero la casuística es, simplemente, el modo de aplicar los criterios generales a casos concretos. Por eso ponemos varios ejemplos de interacción entre ámbito privado y obediencia episcopal, en el campo del exorcismo y la oración de liberación.

1. El sacerdote que realiza oraciones privadas no exorcísticas en una casa privada, pero con la intención de liberar a alguien de un influjo demoniaco, está realizando un acto ministerial. Su presencia allí es como sacerdote. El obispo puede prohibirlo.
2. Lo dicho antes seguiría siendo válido, aunque el sacerdote orara en silencio. Porque estaría allí en esa casa, buscando la liberación de esa persona. Y, en cualquier caso, está presente en esa casa como sacerdote. Por eso el obispo puede intervenir. De lo contrario, un exorcista famoso podría todos los días ir y venir por las casas, orando por los casos, según se lo pidiesen, alegando erróneamente que lo hace en silencio y que, por tanto, no tiene por qué someterse al obispo.
3. Sin embargo, como ejemplo teórico, el obispo no podría prohibir a un sacerdote que rezara el rosario en la propia casa del sacerdote, por un miembro de su propia familia: su hermana o sobrino con los que conviviese en esa misma casa. En ese caso, la orden episcopal no estaría regulando una acción ministerial, sino una acción enteramente privada.
4. El obispo puede prohibir a un sacerdote que celebre misa en su propia casa, aunque lo haga completamente a solas. Pues prohibir o no esa acción litúrgica entra en las competencias de la autoridad episcopal. Mucho más si el sacerdote pretende celebrar una misa en casa de otra persona para librar el lugar de malos espíritus.
5. Cualquier sacerdote con el ritual de exorcismos o espontáneamente puede exorcizar a distancia, para debilitar el

poder de las tinieblas en general; es decir, la *dimicatio*. El Código de Derecho prohíbe sin licencia no los exorcismos en general, sino los exorcismos sobre las personas.

6. Si exorciza a los demonios en general (*dimicatio*), aunque lo haga incluso en su propia casa, pero con otras personas presentes, ya se trata de una acción ministerial con repercusión sobre otros: puede producir notable extrañeza en las personas, puede ser un sacerdote imprudente, etc. Por tanto, el obispo puede prohibirlo si llega a sus oídos.
7. ¿Puede prohibir el exorcismo con el ritual a una persona a distancia si lo hace el sacerdote a solas en su propia casa? Resulta dudoso que eso entre en la materia regulada por el canon. Pues es discutible si «super obsessos» se refiere a ellos estando presentes o como materia remota. Y como es algo opinable, le queda la presunción de la lectura más favorable.
8. Ahora bien, si los exorcismos a distancia sobre personas, tuvieran una implicación externa, tal como la notoriedad en la ciudad en la que habita, y tuviera cada día una lista de personas a las que exorcizara a distancia, y recibiera limosnas por ello, eso ya entraría dentro del campo de la actividad ministerial. Y, por tanto, el obispo podría intervenir prohibiendo o regulando.
9. Un sacerdote puede bendecir aceite sin necesidad de permiso alguno. Incluso puede bendecir aceite con la expresa intención de que ese aceite ayude a personas endemoniadas, y empleando oraciones privadas con fórmulas de bendición que tengan esa intención. Esa acción no está prohibida en la legislación de la Iglesia, ni requiere permiso previo. Pero, de nuevo, hay que advertir que si un sacerdote llega a ser muy conocido por el aceite que bendice y recibiera limosnas por ello, el obispo podría intervenir para ver si algo en ese proceso (bendición, recepción de limosnas) considerara que no fuera adecuado. Pues bendecir personas u objetos es un acto ministerial.

Esta lista ha llegado al detalle y ha especificado mucho, porque hay sacerdotes que consideran que hay que pedir permiso para todo. Y, por otra parte, hay sacerdotes que pueden buscar cualquier subterfugio para alegar que no están obligados a dejar de hacer algo en concreto.

NOTA 77
PARALELISMO ENTRE LOS ARCIPRESTES Y LA FIGURA DE UN *PRIMUS INTER PARES* ENTRE LOS EXORCISTAS

El Arcipreste, según el canon 555 del Código de Derecho Canónico, tiene algunos deberes que podrían dar luz acerca de cuáles podrían ser las funciones de un decano de exorcistas (o archiexorcista) en una archidiócesis, por ejemplo, donde haya un equipo de más de cuatro o seis exorcistas. Es decir, la labor que ejerce un arcipreste en su arciprestazgo, podría ser útil que las ejerciera *mutatis mutandis* alguien entre los exorcistas. Transcribimos en cursiva algunas de las funciones del arcipreste según el canon 555, y ponemos a continuación cuál sería la labor del decano de exorcistas, allí donde lo hubiere.

Arcipreste: *Fomentar y coordinar la actividad pastoral común en el arciprestazgo.*

Archiexorcista: Fomentar lo mismo entre exorcistas de la diócesis o en la provincia eclesiástica.

Arcipreste: *Cuidar de que los clérigos de su distrito cumplan diligentemente sus deberes.*

Archiexorcista: Ver si algún exorcista va atendiendo a la gente de forma cada vez más espaciada, o con menos interés.

Arcipreste: *Procurar que las funciones religiosas se celebren según las prescripciones de la sagrada liturgia.*

Archiexorcista: Ver si algún exorcista realiza acciones muy extrañas durante los exorcismos.

Arcipreste: *Procure que los clérigos, según las prescripciones del derecho particular y en los momentos que este determine, asistan a las conferencias, reuniones teológicas.*

Archiexorcista: Investigar por qué algún exorcista no asiste a las reuniones de exorcistas. Pues normalmente este aislamiento será signo de alguna desviación espiritual, por ejemplo de soberbia.

Arcipreste: *Cuide de que no falten a los presbíteros de su distrito los medios espirituales, y sea especialmente solícito con aquellos que se hallen en circunstancias difíciles o se vean agobiados por problemas.*

Archiexorcista: Una de las más importantes funciones del decano de exorcistas será apoyar con el consejo y el apoyo humano al antiguo exorcista cuando a este le parezca que ha caído en desgracia ante el obispo, o que ha sido denunciado por las personas que atendía. El decano debería ser un paño de lágrimas, y después un apoyo firme ante el obispo si las denuncias no son razonables.

Arcipreste: *Cuide el arcipreste de que los párrocos de su distrito que sepa que se encuentran gravemente enfermos no carezcan de los auxilios espirituales.*

Archiexorcista: El decano debería convertirse en una figura paternal respecto al exorcista más joven. Pudiendo dar consejos si advierte en alguna desviación. Esta figura paternal puede o no puede ser aceptada por el exorcista joven. Pero, en cualquier caso, no debería ser obstáculo para dar curso hacia el obispo de aquellas denuncias graves que ya no se pueden mantener en el ámbito del consejo personal.

Arcipreste: *El arcipreste tiene el deber de visitar las parroquias de su distrito, según haya determinado el Obispo diocesano.*

Archiexorcista: El decano debería, al menos una vez al año, asistir a los exorcismos de los distintos exorcistas de su provincia eclesiástica. Para observar si hay algo raro y hablarlo con el exorcista interesado. También debería hablar con los miembros del equipo, todos juntos y uno a uno a solas. Esto es conveniente que se haga cada año, porque así el equipo de laicos le ve como una persona conocida, en la que se puede confiar, a la que se le pueden comunicar las dudas respecto al modo de obrar del exorcista.

Puede parecer que la figura del archiexorcista resultará demasiado fiscalizadora. Pero los problemas legales con los tribunales obligan a que esta vigilancia sea continua. Los problemas hay que detectarlos de forma incipiente, no cuando ya están consumados. Si no existe un archiexorcista, el obispo no sabrá qué ocurre en las sesiones de exorcismo de puertas adentro. Tampoco conviene que esta labor la realice un vicario episcopal que no sepa nada de exorcismos. La autoridad de un archiexorcista será incomparablemente superior. Pues hablará de colega a colega. El exorcista sabrá que habla con alguien que le entiende.

Por otra parte, para ser archiexorcista debe escogerse a una figura amable, paternal, de gran vida espiritual que sea un padre de los exorcistas más jóvenes. No debe ser visto como un juez, sino como alguien que le apoyará ante las denuncias injustas.

Esta figura del archiexorcista puede ser tan importante, que entre ellos, a nivel nacional, podría existir un *primus inter pares*. Un archiexorcista encargado de dar charlas a los archiexorcistas, y de hablar con los exorcistas de cada provincia eclesiástica, para ver si el archiexorcista diocesano realiza adecuadamente sus funciones en su ámbito.

Esta organización proveería tanto vigilancia como cuidado espiritual para los exorcistas. Y no añadiría ninguno de los problemas que conlleva el ejercicio de la autoridad en un grupo de clérigos, pues todo se realizaría internamente desde la invitación y el consejo. Un *primus inter pares* entre los archiexorcistas de una nación daría aviso a un obispo, únicamente, cuando la gravedad de las cosas no dejara otra alternativa menos dolorosa. Mientras tanto, todo debería mantenerse dentro de la reserva, confiando en que la vía del consejo sea suficiente. Dejando claro siempre que esta figura no ordena, solo observa y aconseja.

Pero, al mismo tiempo que exponemos una forma razonable de organizar la vigilancia y cuidado pastoral de los exorcistas de una provincia eclesiástica y de una nación, también reconocemos que resulta opinable si no es mejor dejar todas estas funciones en manos del obispo o de un vicario episcopal. ¿Es mejor un sistema u otro? Sin duda, unos preferirán algo más especializado, otros preferirán la simplicidad de la organización jerárquica diocesana. Ambas opciones son adecuadas.

Pero una cosa está clara, si en este ámbito sustituimos la autoridad personal por la jerarquía de la potestad de régimen, dicho de otro modo, si se crea una jerarquía en la que unos exorcistas puedan dar órdenes sobre otros, se crearán todas las tensiones inherentes a ese tipo de relaciones entre superiores y subordinados. Y, por más que no se desee, se iniciará un proceso de uniformización.

Nota 78
Las exigencias del exorcista sobre el poseso como medio subconsciente de exoneración de responsabilidad

El texto del que proviene esta nota, nos lleva a tratar tres temas.

Parte A: Exigencia del exorcista como liberación psicológica: Cuando un exorcismo se prolonga durante muchas sesiones, no resulta infrecuente que el exorcista comience a multiplicar los interrogatorios de un modo agrio. Como si quisiera volcar la responsabilidad de la no liberación en el poseso. *Si no lo libero, es porque esta persona tiene algún obstáculo*, piensa. Y es en ese momento, cuando el exorcista, de modo inconsciente, comienza a imponer acciones sobre la conciencia del poseso: *si no cambias esto, no me hagas perder el tiempo.* Esto supone no haber entendido las razones teológicas del exorcismo indefinido, ni la relación entre posesión de un poder y carácter no automático de la aplicación de ese poder.

En ello, en el fondo, subyace un deseo de descargar la responsabilidad en el poseso. El exorcista quiere creer en el poder de Cristo, en su propio poder recibido en el sacerdocio. Y así considera que la única vía de solución al problema de la existencia de ese poder junto a la no liberación, es la existencia de un obstáculo. En la exigencia del exorcista hay una inconsciente súplica de que sigan creyendo en él. Hay que ser comprensivos con el ministro. Pero él debería profundizar en la teología del exorcismo, para entender el porqué de las cosas. Recuerde el exorcista, además, que los individuos muchas veces son tan débiles en sus propósitos de oración y en su vida moral, que ya hacen mucho con ir cada semana al exorcista, como el que se acerca a una fuente de salvación.

Parte B: Exigencia del exorcista respecto a Dios: En el caso de que el poseso sea un no católico o un católico con nula fe en la Iglesia, el exorcista debe reconocer con humildad que él se limita a exponer/exhibir su poder sobre los demonios durante el exorcismo. Exposición que, a veces, se realiza con humildad porque sus conjuros y oraciones solo producen gritos en el poseso durante horas, y nada más. El hombre de fe que es el ministro debe exponer en el contexto de la fe, esto es, debe sembrar. Sin exigir, sin encararse con esa «tierra humana», exigiéndole brotes, tallos y frutos. Debe exponer sin imponer. Debe trabajar con el poder de Dios, sin reclamar de Dios frutos.

A veces el enfado del exorcista con el poseso, oculta un enfado con Dios: ¿Por qué no lo libero si tengo el poder que me has dado? ¿Por qué no lo libero si tengo fe, si me he esforzado tanto, si he ayunado, si he orado durante tanto tiempo? ¿Por qué no se manifiesta el demonio de un modo más ostentoso, para que crean éstos que me has enviado? ¿Por qué no me revela el demonio qué tengo que hacer para sacarlo, si uso tu Santo Nombre ante el cual toda rodilla se dobla en el abismo? ¿Por qué si estás en la Eucaristía, no lo liberó la bendición que hice con la custodia?

Todas estas preguntas revelan una mentalidad de los signos, como los antiguos hebreos. Se buscan los signos, no la cruz, no el trabajo paciente que cree contra toda esperanza. Hay un modo de entender el exorcismo como exigencia: como exigencia al demonio, al poseso en su vida, y en el fondo a Dios que debe hacer lo que creemos que está obligado a hacer. Y hay otro modo de entender al demonio desde la humildad, desde la cruz, desde la paciencia, desde la fe. Porque el exorcismo no es siempre la manifestación de mi poder glorioso como exorcista, sino la manifestación de mi fe y de la fe de los que me acompañan ayudándome. Hay que pasar del entendimiento del exorcismo como triunfo, al exorcismo como trabajo espiritual que actúa en la Iglesia desde el silencio y la humildad.

Parte C: Exigencia del exorcista bajo la apariencia de la pureza: En ocasiones el exorcista puede ser exigente con el individuo que se acerca a él, bajo la excusa de una perfecta pureza del ministerio. Imaginemos que un musulmán, o un budista, o un comunista ateo se acercan al Padre Pío a pedirle un exorcismo.

Hay que dejar claro que el Padre Pío nunca fue exorcista, pero imaginemos que lo hubiera sido. ¿Hubiera hecho bien alguien que le hubiera aconsejado al Padre Pío que no atendiera a ese poseso si no se convertía previamente? ¿Cómo vas a pedir a la Iglesia que ejercite un poder sobre ti, si no crees en la Iglesia? ¿Cómo pides que te ayude Cristo, si no crees en Cristo? ¿Acaso Jesús hacía milagros cuando no había fe? Pues bien, esta mentalidad está equivocada. Porque ese musulmán, budista o comunista, es cierto que no cree en Jesús, ni en su Iglesia. Pero, para él, el Padre Pío es una imagen viviente de Jesucristo. Incluso aunque el que se acerca, formalmente hablando, no crea en Cristo, ni quizá conozca el Evangelio. Pero el poseso ve en el Padre Pío lo que la gente veía en Jesús cuando caminaba visible sobre la tierra. Los que se acercaban a Jesús, todavía no creían ni en el Evangelio, ni en la Iglesia; todavía no había Evangelio escrito, ni existía la Iglesia. Los que se acercaban a Jesús solo creían en la santidad y bondad de ese hombre santo y en las palabras que salían de su boca. El comunista que se acerca humildemente al Padre Pío considerándolo un santo vivo, quizá todavía no haya abandonado formalmente su ateísmo, pero escuchará al Padre Pío como escucharía a Dios mismo que bajase a hablar sobre la tierra. Despedir a un alma que se acerca como una limadura de hierro a un imán, atraída por su santidad, por razón de que no ha aceptado formalmente el credo, sería una insensatez. No hay que exigir nada. Hay que mostrar, sin exigir. Hay que predicar sin imponer. Cuanto más tiempo la paja húmeda este ante el fuego ardiente del amor, más se irá secando. Solo arderá cuando Dios quiera.

Lo dicho no significa que cuando el que se acerque al exorcista, lo haga como el que se acerca a un mago, entonces no haya que dejar claras las cosas desde el principio. Hay individuos que no creen en la santidad del exorcista y vienen para probar a ver si funciona, vienen exigiendo (porque están dispuestos a pagar) y criticando todo lo que ven, porque tienen sus ideas racionalistas. En esos casos, el sacerdote con caridad tiene que dejar claras las cosas, y no empezar si no ve un mínimo suficiente que permita recibir ese misterio de Dios que es el exorcismo. Actuar con el don sagrado sobre un individuo así, sería perder el tiempo. Pues el individuo se marcharía enfadado, creyendo que a él mismo solo le han hecho perder el tiempo.

Nota 79
La eficacia del exorcismo comunitario frente al exorcismo individual

En nuestra opinión, el exorcismo comunitario (un sacerdote exorcizando varios posesos) el efecto es el mismo que en un exorcismo individual. Es cierto que aunque haya mucha gente presente rezando, el exorcista es solo uno, el sacerdote. Podría parecer que, dado que el poder exorcístico empleado es el mismo, si exorcizamos a más personas, la eficacia de un mismo poder necesariamente se tiene que dividir Y, por tanto, parecería que aunque tuviera más apoyo de la intercesión de los presentes, el exorcismo comunitario tendría menos eficacia, que concentrar ese poder exorcístico sobre un único poseso.

Sin embargo, si seguimos esta misma lógica, también se podría afirmar que el poder exorcístico, aun siendo el mismo, es como si canalizara toda la oración de intercesión de los presentes. Si pusiéramos una imagen visual diríamos que aunque el cable eléctrico sea el mismo, la corriente eléctrica que puede pasar por ese cable sí que puede variar. El poder exorcístico es el mismo en el exorcismo de una persona y de diez, pero a través del exorcismo del sacerdote se canalizarán las oraciones de todos los presentes. Es una imagen muy visual para hablar de cosas tan espirituales. Pero nos puede servir para entender, por qué un sacerdote podría exorcizar con plena eficacia a cien posesos a la vez, si dispusiera de, por ejemplo, quinientas personas orando por la eficacia de ese exorcismo.

He dicho antes «si seguimos esta lógica», porque alguien podría afirmar que la eficacia de un exorcismo depende, ante todo y sobre todo, del querer de Dios. Con lo cual, esa imagen antes descrita sería verdadera. Pero, en realidad, también es verdad que la eficacia de un exorcismo depende del Altísimo. De un Dios al que le es indiferente dar la victoria sobre los filisteos con muchos soldados o con pocos. A Jesucristo, cuando realizó el milagro de la multiplicación de los panes y los peces, le era indiferente contar con muchos panes o con pocos. Al exorcista se le pide fe, los resultados debe dejarlos en las manos de la decisión divina.

Esta confianza en la decisión divina, aun siendo verdadera, requiere ser entendida desde la virtud de la prudencia. Pues si todo lo reducimos a la voluntad de Dios, entonces sería como anular el concepto de poder exorcístico entregado a los hombres, ya que tengamos el poder que tengamos, todo dependería del querer de Dios, siendo indiferente el grado de poder que uno poseyera.

Como se ve, este asunto se mueve entre esos dos elementos: posesión de un poder y encauzamiento de ese poder a través de la voluntad divina. No es fácil, por tanto, saber cuando estamos entendiendo el exorcismo de un modo excesivamente material con categorías humanas, o cuando estamos, por el contrario, vaciando a la posesión de un poder de la misma naturaleza intrínseca que implica poseer un poder.

Nota 80
La relación entre «dinamis» y «gnosis» en el exorcismo

Cuando un exorcista comienza con su primer caso de exorcismo, se acerca al demonio con temor y temblor, confiando no en su propia valía y virtudes como ministro, sino en la objetividad de su propio poder sacerdotal y en su fe en Dios. El exorcista que se enfrenta a su primera sesión de exorcismo, confía plenamente en su *potestas*, y en que Dios obrará a través de ella, repitiendo una y otra vez: *Señor, actúa a través de mí, que yo no sé nada*. Puede usar éstas u otras palabras, pero el sentimiento es siempre el mismo. No obstante, en algunos exorcistas con muchos años de experiencia, aparece una creciente confianza en sus conocimientos, en su experiencia, en sus métodos. Al final, de forma inconsciente, se confía más en el conocimiento que en la *potestas* y la fe. De manera que la no liberación del poseso se achaca, no pocas veces, a los defectos del poseso (no se esfuerza en la oración), no a alguna carencia del exorcista. El ego del exorcista acaba eclipsando la sensación primera de no saber nada, de no poder nada sin Dios. De ahí que el exorcista experimentado pero contaminado con esta actitud, acabe despreciando al exorcista que carece de sus conocimientos. Cree plenamente que en el exorcista novato existe la *potestas*, pero la tiende considerar como un elemento insuficiente si no va acompañada del conocimiento adecuado.

En esta actitud, no se niega ningún punto de los que nos enseña la fe acerca del exorcismo: Dios ha entregado el poder y autoridad sobre los demonios, la importancia de la fe, la necesidad del ayuno y la oración en algunos casos, etc. Pero sin negar nada de estos puntos de fe, se considera que hay que completar los elementos de la fe. No se niega la efectividad objetiva de la *potestas*. Pero, de hecho, se considera que la operatividad de la *dinamis* (poder) queda inoperante sin la *gnosis* (conocimiento). Cuando la realidad es justamente lo contrario: la fe incluso sin *potestas*, es suficiente para lograr la liberación.

Nota 81
La legítima autonomía del exorcista frente al obispo que lo ha nombrado

Si entendemos de un modo recto pero pleno lo que significa para un párroco ser pastor propio de su comunidad, nos resultará más fácil entender la legítima autonomía del exorcista frente al mismo obispo que lo nombró y que lo mantiene en el ejercicio de sus funciones. Algunos exorcistas, al ser nombrados, reciben toda una larga lista de indicaciones, prohibiciones y limitaciones de parte de su obispo para ejercer su ministerio. A quién pueden recibir y a quién no. No puedes recibir a no católicos, no puedes atender a fieles residentes en otras diócesis. Tienes que recibirlos siguiendo este protocolo, etc, etc, etc. Además, no pocos obispos remueven a sus exorcistas de su puesto ejercido valiosa y prudentemente durante años, sin recibir la más mínima explicación.

No será en estas páginas donde nadie encontrará la más mínima llamada a la desobediencia, ni tampoco aquí se defiende una reducción de la autoridad episcopal. Pero con los exorcistas, de forma usual, los obispos se comportan como nunca lo harían con ningún párroco, delegado de la curia u otros cargos. Hay obispos que, a la hora de dar indicaciones, se comportan con los exorcistas como si fueran meros instrumentos mudos en sus manos. Hay obispos carentes de la menor experiencia en este campo, que hacen sentar a sus exorcistas delante de ellos, para darles lecciones magistrales acerca de un ministerio que nunca han ejercido. Lecciones magistrales de las que se desprenden cortapisas concretas. De vez en cuando, también sucede que después de años de fructuoso y obediente ministerio, el exorcista comprueba como un nuevo obispo le retira las licencias sin darle ninguna explicación.

En esta forma de entender el ministerio exorcístico, el exorcista no es un hermano en la fe que ejerce su propio poder, un hermano escogido precisamente por estar dotado de notables virtudes y experiencia, las cuales objetivamente pueden superar a las virtudes y prudencia de su obispo.

Las leyes canónicas están bien como están. Pero los obispos deben meditar estas líneas, que se han cumplido de modo cruel en grandes archidiócesis que contaban con muchos millones de habitantes. No son líneas escritas en base a una deducción teórica. La obediencia de esos exorcistas es una honra para la Iglesia. Desgraciadamente, nos encontramos, de vez en cuando, con que la eclesiología que subyace en la mente de algunos obispos, es una concepción de los presbíteros como instrumentos, como siervos, como simples mensajeros de la voluntad episcopal; no como hermanos, no como pastores, no como personas que legítimamente poseen sus propias ideas que no deben concordar necesariamente con las del obispo.

Con esto, no se está defendiendo que el obispo debe transigir con todo lo que haga su exorcista. El obispo no debe considerar todo desacuerdo con sus opiniones como falta de humildad, terquedad o un deficiente espíritu de obediencia. Con esta concepción del ejercicio de la autoridad episcopal, con esta concepción de la gracia de estado, no hay posibilidad de diálogo.

Pero, en ocasiones, es peor si el obispo ha ejercido alguna vez como exorcista. Pues no deja de ocurrir que considerará que SU exorcista deberá ser una perfecta y silenciosa correa de transmisión de sus ideas. De manera que el mejor exorcista será aquel que no oponga la menor resistencia a sus directrices. Visto así el ministerio, la valía de un exorcista no radica en sus virtudes espirituales, sino en la cualidad de no ofrecer resistencia. El obispo se encuentra de esta manera no ante EL exorcista, sino ante SU exorcista. Y se supone que el yo del exorcista debe dejarse penetrar del yo del obispo sin resistencia.

No hace falta insistir en que estas consideraciones valen para el resto de las relaciones del obispo con todos sus sacerdotes, hasta con el menor de los vicarios parroquiales o diáconos. Por supuesto que la desobediencia nunca es la solución. El obispo es una persona sagrada. Es bueno buscar las razones a favor de lo que diga el obispo. Pero el cristianismo (aun reconociendo la jerarquía establecida por Dios en su Iglesia) defiende la radical igualdad de todos los renacidos en Cristo. Cualquier fiel le puede decir a su obispo o al Papa *te equivocas*, sin cometer el menor pecado venial. Hay una forma verdadera y otra errónea de entender que el obispo habla en nombre de Dios. Comprender bien esto resultará esencial para un ministerio como el exorcismo, que a lo largo de la Historia ha pasado, por voluntad episcopal, de florecer a ser extinguido. Este es un mal que no es propio de nuestra época, sino que se ha repetido siglo tras siglo.

Nota 82
El significado del verbo conjurar

La palabra conjurar puede sonar a práctica mágica, pero es el término técnico que ha sido usado por la tradición cristiana para referirse a los exorcismos. No podemos olvidar que en griego *exorcizar* significa «conjurar». Veamos primero cuál es el origen etimológico de este término, y después analizaremos su semiología.

PARTE A: Origen de la palabra

EN GRIEGO:El verbo griego que se usa para expresar la acción de *exorcizar* (v.g. Mc 5, 7) es «orkidso», que significa «conjurar». A su vez el verbo *orkidso* proviene de «orkos», que significa «juramento». Sea dicho de paso, *orkos* proviene de una raíz semejante a «erkos», que significa *cerco, cerramiento, valla*.

EN LATÍN: Al traducir los Evangelios al latín, lo tuvieron muy fácil porque existía un verbo que significaba exactamente lo mismo y provenía de la misma raíz que *juramento*, y era el verbo *conjurare*. Aunque también se empleó en la acepción de *jurar con*, y de allí pasó a significar *conspirar*.

EN ESPAÑOL: La palabra latina se usó durante siglos vernaculizándola. Pero el Diccionario de la Real Academia Española al dar la definición se limita a reflejar que el mismo verbo tiene dos acepciones: *1. Dicho de quien tiene potestad para ello: Decir exorcismos. 2. Increpar, invocar la presencia de los espíritus*. El mismo diccionario deja constancia que un mismo término es usado tanto para el exorcismo como para la magia.

EN INGLÉS y otras lenguas: Dada la tradición del término latino en la Historia de la Iglesia, el término se transformó en una palabra anglófona manteniendo los mismos sentidos que en español. Lo mismo sucedió en otras lenguas romances.

PARTE B: Semiología de la palabra

Un repaso a través de la historia de este término griego y latino deja claro que el origen semántico en las dos lenguas tiene su raíz en el concepto de *juramento*. ¿Por qué? Pues porque «jurar» significa, en el fondo, apelar a una razón superior para ser creído. Es como decir, si no me crees a mí, apelo a Dios que nos está escuchando. Que es lo mismo que afirmar: si no digo la verdad, seré castigado por Él, puesto que apelo/llamo/invoco a Dios como testigo. Del mismo modo, al conjurar a un espíritu, el exorcista está diciendo: obedéceme porque apelo a una autoridad superior. Es decir, el exorcista no solo usa su propio poder, sino la autoridad de un poder superior. Ésta es una diferencia que no debemos olvidar en la labor del exorcista, la diferencia entre poder y autoridad. El poder lo posee el exorcista, pero además puede apelar a la autoridad de Dios. Es como un mensajero del rey que ordena que se abra la puerta de un castillo. Si el alcaide no la abre, el mensajero puede apelar a un poder superior: abre la puerta porque apelo a la autoridad del rey para que lo hagas.

Como se ve, uno solo tiene capacidad de conjurar si puede apelar a esa autoridad. Lo que tiene la efectividad no es la fórmula, sino la realidad. El exorcista judío o cristiano, lo mismo que el exorcista griego o romano, apelan todos a una autoridad que va más allá de su propio poder. El paralelismo con el concepto de juramento es perfecto, por eso jurar y conjurar vienen de la misma raíz. El origen del concepto era sagrado, porque el concepto de juramento dirige, por su misma esencia, a Dios. Si uno jura por su propio honor, eso estrictamente no es un juramento. Porque si uno no dice la verdad, ya pierde su honor; haya hecho o no un juramento por su honor. Un juramento por la propia conciencia, por el propio honor, jurar por sí mismo, en su sentido primario no es un juramento.

De ahí que el verbo *orkidso* sea un verbo de ámbito sagrado para su uso en el campo espiritual. Queda claro, por tanto, que es un término de significado muy preciso. Y de ese modo preciso se usa en los Evangelios y así pasó a la tradición cristiana. Por eso, al aparecer las lenguas vernáculas el verbo se continuó usando sin querer intercambiarlo por otro de significado más amplio.

Hay que hacer notar un pequeño matiz en los Sinópticos. Jesús cuando echa a los demonios de las personas, no siempre los exorciza. El Evangelio unas veces dice que los exorciza y otras simplemente los expulsa (en gr. ekballo, v.g. Lc 11, 14). Cierto que el verbo *exorcizar* ya en los Sinópticos había pasado a tener el significado de *expulsar espíritus malignos*. Pero ese matiz también nos indica que el mismo Jesús unas veces simplemente los expulsó por su poder, y en otras ocasiones apeló de un modo más solemne a su propio poder. Con los milagros también vemos que, a veces, Jesús simplemente cura por su poder, y en otras ocasiones apela a la autoridad del Padre.

Habiendo repasado la semiología de este término, nos queda por preguntarnos el porqué pasó a usarse, desde el principio, también por los brujos, magos, necromantes y similares. La razón es connatural al mismo significado de conjurar, pues el brujo está convencido de que puede apelar a fuerzas distintas a él mismo, para invocar, dominar, llamar y ordenar a otras entidades espirituales. La diferencia es que el brujo cree que puede dominar las fuerzas a través de las que conjura. Está convencido de que el dominio de esas fuerzas superiores a él mismo, radica en su conocimiento, en su técnica, en las fórmulas.

El exorcista cristiano conjura en nombre de Dios, sometiéndose plenamente a la voluntad de Dios, por eso el exorcismo no es automático siempre. Mientras que el brujo conjura creyendo tener dominio sobre esa entidad a la que llama para su fin: sea para exorcizar, para adivinar, para dañar a otro, para conseguir bienes.

El exorcista cristiano conjura desde la humildad hacia el Dios que llama con su conjuro. El brujo conjura desde la soberbia de creer usar, dominar, contener a aquellos (divinidades menores, entidades, espíritus humanos, seres malignos) a los que llama con su conjuro.

Pero el hecho de que ambos usemos el mismo verbo, no debe hacer que los exorcistas cristianos tengan escrúpulo por hacerlo. El sentido es completamente diverso y no existe una palabra que exprese tan adecuadamente ese hecho, como el término griego que los Evangelios colocan en los labios de Jesús[1142].

1142La numeración de las notas del Apéndice sigue el orden en que fueron escritas, conforme se iba redactando esta obra. No quiero dejar de hacer notar que la Providencia quiso que la última nota que finaliza esta obra, haya sido justamente la explicación de qué significa el verbo *conjurar*, y, en el fondo, *exorcizar*.

Índice del Apéndice

Como ya se ha indicado en su lugar, las notas del apéndice final en esta obra están dotadas de verdadera entidad, aunque por distintas razones no se las agregara al cuerpo del texto principal del que provenían. Razón por la cual se ofrece aquí los títulos de esas notas.

Nota 40, pg 576.

Seriedad de las iglesias ortodoxas veterocalendaristas y veterocatólicas.

Nota 41, pg 578.

Un caso negativo que se presenta como exorcista internacional, realizando charlas y exorcismos por toda Latinoamérica.

Nota 42, pg 579.

La diferencia cuantitativa o cualitativa de la eficacia de los exorcismos realizados por ministros cristianos frente a los exorcismos realizados por ministros no cristianos.

Nota 43, pg 579.

Consecuencias para el exorcismo de las palabras «menor» y «mejor» en Hb 7, 7b.

Nota 44, pg 581.

Aportaciones del análisis del exorcismo protestante a la teología católica.

Nota 45, pg 582

Relación del concepto de «dynamis» con la materialidad de los sacramentales.

Nota 46, pg 583

¿Podría lícitamente un laico católico convertirse en pastor de una comunidad congregacionalista? **Nota 47, pg 584.**

Acerca de si en circunstancias excepcionales, podría no mencionarse de forma expresa a Jesucristo en un exorcismo católico.

Nota 48, pg 585.

La permanencia en la Historia humana del Pueblo de la Antigua Alianza y de las distintas confesiones cristianas, como parte de un plan divino. **Nota 49, pg 586.**

La eficacia del exorcismo comunitario frente al exorcismo individual.

Nota 50, pg 589.

Los medios de comunicación en la relación de obediencia entre obispos y exorcistas.

Nota 51, pg 590.

Hechos concomitantes con el exorcismo que pueden tener una relevancia penal.

Nota 52, pg 592.

La acción deliberada de relegar canónicamente al exorcismo en un limbo legal.

Índice de términos técnicos

La literatura sistemática acerca del exorcismo está en sus mismos comienzos. Eso se echa de ver, por ejemplo, en la falta de términos técnicos con un significado preciso. En la presente obra, cada uno de los siguientes términos han sido creados con un sentido preciso que se explica en sus apartados correspondientes. Los ofrecemos reunidos por si pudieran servir como léxico para futuras obras. Algunos de estos conceptos creemos que serán de verdadera utilidad para futuras reflexiones teológicas, como el de *Corpus Daemoniacum* o el de *tempus exorcismi determinatum*. Los términos creados para esta obra son los siguientes:

Índice de abreviaturas

Todas las abreviaturas de los libros de la Sagrada Escritura, se corresponden con las la Biblia de Jerusalén.

Arch.Pers.

José Antonio Fortea, *Archivos Personales.* Bajo este título se consignan los nombres de personas y datos concretos de lugares y fechas que identifican los hechos de los que en cada momento se habla en esta obra. Dada la naturaleza de algunos hechos, era preferible que los datos no fuesen públicos.

CDF.

Congregación para la Doctrina de la Fe

CIC.

Código de Derecho Canónico

CTI

Comisión Teológica Internacional

DC.

Congregación para la Educación Católica y Congregación para el Clero, Declaración conjunta en la presentación de los documentos *Las normas fundamentales para la formación de los diáconos permanentes* y del *Directorio para el ministerio y la vida de los diáconos permanentes*, 22 de febrero de 1998

DAE.

Pontificio Consejo para la Unidad de los Cristianos, *Directorio para la aplicación de los principios y normas sobre el ecumenismo*, año 1993.

Bibliografía

Abogacía General del Estado, *Manual sobre responsabilidad patrimonial sanitaria de la administración*, Aranzadi, Cizur Menor 2009.

Agnelli, Antonio, *Cur Deus Victima: La proposta cristologica di Jon Sobrino nell'orizzonte storico dei popoli corcifissi*, Editrice UNI, Trento 2009.

Aguiló, Alfonso, Libertad y tolerancia en una sociedad plural, Palabra, Madrid 2011.

Akin, Daniel L., A Theology for the Church, B&H Publishing, Nashville 2007.

Alarcón Rojas, Fernando, La ineficacia de pleno derecho en los negocios jurídicos, Universidad Externado de Colombia, Bogotá 2011.

Amorth, Gabriele, Un esorcista racconta, Edizioni Dehoniane, Roma 1990.

—Nuovi Racconti di un esorcista, Edizione Dehoniane, Roma 1992.

—Esorcisti e Psichiatri, Edizione Dehoniane, Roma 1996.

—Memorias de un exorcista, Indicios Editores, Barcelona 2010.

Angold, Michael,*Church and society in Byzantium under the Comneni, 1081-1261*, Cambridge University Press, Cambridge 1995.

Arnold, Clinton E., *Powers of darkness: principalities & powers in Paul's letters*, Intervarsity Press,Downers Grove 1992.

Ashbrook Harvey, Susan (ed), *The Oxford handbook of early Christian studies*, Oxford University Press, Oxford 2008.

Aune, David Edward, *Prophecy in Early Christianity and the Ancient Mediterranean World*, Eerdmands Publishing Co., Grand Rapids 1983.

Austnaberg, Hans, *Shepherds and Demons: A Study of Exorcism as Practised and Understood by Shepherds in the Malagasy Lutheran Church*, Peter Land Publishing, Nueva York 2008.

Bader, Veit—Michael, *Secularism or democracy?: associational governance of religious diversity*, Amsterdam University Press, Amsterdam 2008.

BAIRD, Joseph L., *The Personal Correspondence of Hildegard of Bingen*, Oxford University Press, Nueva York 2006.

BALDUCCI,Corrado, *El Diablo*, 5ª edición,San Pablo, Bogotá 2008.

BAMONTE, Francesco, *Gli angeli ribelli. Il mistero del male nell'esperienza di un esorcista*, Paoline, Milán 2008.

—*Il discernimento dell'azione straordinaria del demonio*. Ed. Ateneo Pontificio Regina Apostolorum, Roma, 21-04-2010.

—*La Vergine Maria e il diavolo negli esorcismi*, Paoline, Milán 2010.

—*Possessioni diaboliche ed esorcismo*, Paoline, Milán 2006.

BANDA, Nickson, *Dynamics of Spiritual Warfare*, Authorhouse, Bloomington (Indiana) 2010.

BARAHONA, Ángel, *El bautismo según los padres de la Iglesia*, Caparrós Editores, Madrid 1994.

BARCLAY, William, *Palabras griegas del Nuevo Testamento*, Casa Bautista de Publicaciones, El Paso 1977, 9ª edición 2002.

BARRET, Charles K., *El Espíritu Santo en la tradición sinóptica*, Secretariado Trinitario, Salamanca 1978.

BARTHAS, C., *La Virgen de Fátima*, Rialp, Madrid 1963.

BASTIAN, Jean Pierre,*Evangélicos en América Latina*, Abya-Yala, Quito 1995.

BAYTELMAN, Andrés, y Mauricio Duce, *Litigación penal: juicio oral y prueba*,Fondo de Cultura Económica, México D.F. 2005

BEAL, John P., *New commentary on the Code of Canon Law*, Paulist Press, Mahwah (NJ, USA) 2000.

BEHRINGER, Wolfgang, *Witches and witch-hunts: a global history*, Polity Press, Cambridge (Reino Unido) 2004.

BELL, Catherine, *Teaching Ritual*, Oxford University Press, Nueva York 2007.

BEN-AMI, Issachar,*Saint Veneration among the Jews in Morocco*, Wayne University Press, Detroit 1998.

BENIGNO, Fra, *Dalla filosofia all'esorcismo*, Edizioni Rinnovamento nello Spiritu Santo, (nota: el nombre completo de este autor capuchino no viene mostrado en ninguna página del libro), Roma 2006.

—*Il Diavolo esiste, io l'ho incontrato*, Figlie di San Paolo, Milán 2008.

BENNET WOODHOUSE, Barbara, «Religion and Children's Rights», en John Witte, *Religion and Human Rights: An Introduction*, Oxford University Press, Nueva York 2012.

BERTRAMS, Wilhem (AA.VV), *Investigationes Theologico-canonicae*, Universita Gregoriana Editrice, Roma.

BILU, Yoram, «The Moroccan Demon in Israel: The Case of «Evil Spirit Disease», en *Ethos*, vol. 8, n.1 (1980).

BINGHAM, Joseph, *The Antiquities of the Christian Church*, Tomo 1, Henry G. Bohn Publisher, Londres 1846.

BÖCKLE, Franz (AA.VV), *El cristiano en el tiempo y la consumación escatológica*,Pinto, Cristiandad 1992, 2ª edición.

BOFF, Leonardo, *Iglesia: carisma y poder*, Sal Terrae, Maliaño 1982.

BLOMBERG, Craig, «Eschatology and the Church: Some New Testament Perspectives», en *Themelios*, Junio (1998).

BOURGEOIS, Daniel, *La pastorale della Chiesa*, Jaca Book, Milán 2001.

BRAUNER, Sigrid, *Fearless wives and frightened shrews: the construction of the witch in early modern Germany*, University of Massachussets Press, Estados Unidos 1995.

BRICKMAN, Martien E., *The descent into hell and the phenomenon of exorcism*, in G. D. Gort (ed), *Probing the depths of Evil and Good*, Editions Rodopi B.V., Amsterdam 2007.

—*The tragedy of human freedom: the failure and promise of the Christian Concept of Freedom in Western Culture*, Rodopi B.V., 2003 Amsterdam.

BROYLES, Craig C. (ed),*Writing and Reading the Scroll of Isaiah: Studies of an Interpretative Tradition*, volumen 1, Brill, Leiden 1997.

BROWN (ed), Edward, *Antioch and Rome: New Testament cradles of Catholic Christianity*, Paulist Press, Mahwah (NJ, USA) 2004

BRUINSMA, Reinder, *The Body of Christ: A Biblical Understanding of the Church*, The Review and Herald Publishing Association, Hagerstown 2009.

BUCKLEY, James Joseph (ed), *Theology and eschatology at the turn of the millennium*, Blackwell Publishers, Malden 2001.

BUENAVENTURA, San, *Vita di San Francesco*, Città Nuova, Roma 1973.

BURANI, Gabriele, *Esorcismi di Gesù nel Vangelo di Marco*, Edizioni San Lorenzo, Reggio Emilia 2009.

BURTON RUSSELL, Jeffrey, *The Devil: perceptions of evil from antiquity to primitive Christianity*, Cornell University Press, Ithaca 1977.

—*The Prince of Darkness: Radical Evil and the Power of Good in History*, Cornell University Press, Ithaca 1988.

—*Satan: the early Christian tradition*, Cornell University Press, Ithaca 1971.

CABA, José, *La oración de petición: estudio exegético sobre los evangelios sinópticos y los escritos joaneos*, Roma, Biblical Institute Press 1974.

CABRERA LÓPEZ, Rubén, *El derecho de asociación del presbítero diocesano*, Gregorian University Press, Roma 2002.

CACIOLA, Nancy, *Discerning Spirits: Divine and Demonic Possession in the Middle Ages*, Cornell University Press, Ithaca 2006.

Cantwell, Robert, *Ethnomimesis: Folklife and the Representation of Culture*, University of North Carolina Press, Estados Unidos 1993.

Carfora, Anna, *Profeti e profezia: figure profetiche nel cristianesimo del II secolo*, Il Pozzo di Giacobe Editrice, Trapani 2007.

Carpin, Attilio, *Angeli e demòni nella sintesi patristica di Isidoro di Siviglia*, Edizioni Studio Domenicano, Bolonia 2004.

Carré De Malberg, Raymond., *Teoría General del Estado*, Fondo de Cultura Económica, México D.F.

Cattaneo, Arturo, «La inserción de los movimientos eclesiales en las iglesias particulares», en *Ius Canonicum*, 38 (1998).

Chadwick, Henry, *The Church in Ancient Society*, Oxford University Press, Oxford 2001.

Chajes, Jeffrey Howard, *Between Worlds: Dybbuks, Exorcists, and Early Modern Judaism*, University of Pensilvania Press, Filadelfia 2003.

Chakmakjian, Hagop A., *Armenian Christology and Evangelization of Islam*, Brill, Leiden 1965.

Chapman Melanson, Susan, *Nepal: Three Weeks of Cultural & Shamanic Immersion*, [sin editorial], South Hiram 2006, pg 163

Chenesseau, René, , *Diario di un esorcista*, Nova Millennium Romae (sic), Roma 2007.

Chiron, Yves, *El padre Pío*, Palabra. Madrid 1995.

Chupungco, Anscar J., *Handbook for Liturgical Studies: Sacraments and Sacramentals*, The Liturgical Press, Collegeville 2000.

Cini Tassinario, Agnese, *Il diavolo secondo l´insegnamento recente della Chiesa*, Studia Antoniana, Roma 1984.

Coady, David (ed), *Conspiracy theories: the philosophical debate*, Ashgate Publishing, Aldershot 2006.

Código de Derecho Canónico, Ediciones Universidad de Navarra, Pamplona 2002.

Commisione Teologica Internazionale, *Documenti* (1969-2004), Edizioni Studio Domenicano, Bolonia 2006.

Compagnoni, Francesco (AA.VV.), *Nuovo Dizionario di Teologia Morale*, San Paolo, Cinisello Balsamo 1990.

Commisione Teologica Internazionale, *Documenti*, Edizioni Studio Domenicano, Bolonia 2006.

Congregación para la Doctrina de la Fe, *El don de la verdad: Sobre la vocación eclesial del teólogo*, Palabra, Madrid 1993.

—*Fede Cristiana e demonologia*, 26-6-1975.En *Enchiridion Vaticanum*, tomo 5 (Documenti officiali della Santa Sede, 1974-1976), Edizione Dehoniane, Bolonia 2006.

CONFERENCIA EPISCOPAL ITALIANA, *La verità vi farà liberi. Catechismo degli adulti*, Libreria Editrice Vaticana, Città del Vaticano 1995.

COOK, John Granger, *The interpretation of the New Testament in Greco-Roman paganism*, Peabody, Hendrickson 2002.

CORIDEN, James A., *Introduction to Canon Law*, Burns & Oates, Londres 2004, 2ª edición.

CROWTHER, Duane S., *Prophecies of Joseph Smith*, Horizon Publishers, Springville 1983.

COSTADOAT, Jorge, «La liberación en la cristología de Jon Sobrino» en *Teología y Vida*, XLV (2004).

DALEY, Brian, *On the dormition of Mary: early patristic homilies*, St Vladimir's Seminary Press, Crestwood 1998.

—*The hope of the early church: a handbook of patristic eschatology*, Cambridge University Press, Cambridge 1991.

DAŃCZAK, Andrzej, *La questione dello stato intermedio nella teologia cattolica negli anni 1962-1999*, Bernardinum, Pelplin 2008.

DANIÉLOU, Jean (AA.VV), *Historia de la Iglesia: desde los orígenes a San Gregorio Magno*, Ediciones Cristiàndad, Madrid 1982.

DE ÁGREDA, MARÍA DE JESÚS,*Mística ciudad de Dios*, Bernardo de Villa Diego Impresor, Madrid 1670.

DE FABREGUES, Jean, *El santo cura de Ars*, Rialp, Madrid 1979, 6ª edición.

DÉGH, Linda, *Legend and belief: dialectics of a folklore genre*, Indiana University Press, Bloomington 2001.

DE GRANDIS, Robert, *El don de profecía*, Corporación Centro Carismático Minuto de Dios, Bogotá 2007.

DE LA TORRE (ed), Ángel Sánchez, *Raíces de lo ilícito y razones de licitud*, Dykinson, Madrid 2005.

DE LIGORIO, Alfonso María,*Práctica del amor a Jesucristo*, Rialp, Madrid 2007.

DEL POZZO, Massimo, *La Dimensione Giuridica della Liturgia*, Giuffrè Editore, Roma 2008.

DEWICK, E. C.,*Primitive Christian Eschatology*, Cambridge University Press, Cambridge 2011.

DOLES, Jeff, *Miracles and Manifestations of the Holy Spirit in the History of the Church*, Walking Barefoot Ministries, Seffner (Florida) 2008.

DÓMINGUEZ MORANO, Carlos, *Experiencia mística y psicoanálisis*, Sal Terrae, Maliaño 1999.

DÖRR, Otto, *Psiquiatría antropológica: contribuciones a una psiquiatría de orientación fenomenológico-antropológica*, Universitaria, Santiago de Chile 1995, 2ª edición 1997.

DUES, Greg, *Catholic Customs and Traditions*, Twenty-Third Publications, New London 2000.

DURAN, Eduardo y Bonnie Duran, *Native American postcolonial psychology*, State University of New York Press, Albany 1995.

DYCH, William V., *Karl Rahner*, Biddles, Londres 2000.

EARMAN, John, *Hume's abject failure: the argument against miracles*, Oxford University Press, Nueva York 2000.

EDWARDS, Mark U., *Luther and the False Brethren*, Stanford University Press, Stanford 1975.

EICKELMAN, Dale F., *Muslim Travellers: Pilgrimage, Migration, and the Religious Imagination*, University of California Press, Berkeley 1990.

EIKENBERRY, Shawna M., «Thou Shalt Not Sue the Church: Denying Court Access to Ministerial Employees», en *Indiana Law Journal*, volumen 74 (1998).

ELDERS, Leo, El *Juicio Final en la teología de Santo Tomás de Aquino*, Escatología y vida cristiana: XXII Simposio Internacional de Teología de la Universidad de Navarra, Servicio de Publicaciones de la Universidad de Navarra, Pamplona 2002.

ELLUL, Jacques, *Anarchy and Christianity*, Wm. B. Eerdmans Publishing Co., Grand Rapids 1991.

MARROU, Henri Irénée, *Desde los orígenes a San Gregorio Magno*, Ediciones Cristiandad, Madrid 1982.

EUTENEUER, Thomas J., *Exorcism and the militant Church*, Human Life International, Front Royal 2010.

EZE, Damian Ọnwụegbuchulam, *The Eucharist as Orikọnsọ: A Study in Eucharistic Ecclesiology from an Igbo Perspective*, Peter Lang GmbH, Frankfurt 2008.

FANZAGA, Livio, *El discernimiento espiritual*, Caparrós, 2003 Madrid.

FELTON, D., *Haunted Greece and Rome: Ghost stories from Classical Antiquity*, University Texas Press, Estados Unidos 1999.

FERGUSON, Everett, *Baptism in the early church: history, theology, and liturgy in the first five centuries*, Eerdmans Publishing Co., Grand Rapids 2009.

FERNÁNDEZ, Aurelio, *Teología Moral: curso fundamental de la moral católica*, Palabra, Madrid 2010.

FIERRO, Nancy, *Hildegard of Bingen and Her Vision of the Feminine*, Carondelet, Kansas City 1994.

FIGARI, Ruben Enrique, *Casuistica Penal: doctrina y jurisprudencia*, Ediciones Jurídicas Cuyo, Mendoza 1999.

FITZPATRICK, P. J., *In Breaking of Bread: The Eucharist and Ritual, Cambridge University Press*, Cambridge 1993.

FINLAN, Stephen, *Problems With Atonement: The Origins Of, And Controversy About, The Atonement Doctrine*, Liturgical Press, Collegeville (Minnesota, USA) 2005.

FLETCHER, Richard A., *The Barbarian Conversion: from paganism to Christianity*, University of California Press, Berkeley 1999.

FLORES, Juan Javier, *Los sacramentales: bendiciones, exorcismos y dedicación de las Iglesias*. Colección Biblioteca Litúrgica, volumen 38.Centre de Pastoral Liturgica, Barcelona 2010.

FLOWERS, Ronald B., *That godless court?: Supreme Court decisions on church-state relationships*, Westminster John Knox Press, Louisville 2005.

FONTENROSE, Joseph Eddy, *Python: A study on Delphic Myth and Its Origins*, University of California Press, Berkeley 1959.

FORMENT, Eudaldo, *Historia de la filosofía tomista en la España contemporánea*, Ediciones Encuentro, Madrid 1998.

FORTEA, José A., *Exorcística*, Dos Latidos, Zaragoza 2007.

—(AA.VV), *Prawdziwa historia egzorcyzmów Anneliese Michel*, Polwen, Radom (Polonia) 2010.

FOX, Mark, *Religion, spirituality, and the near-death experience*, Routledge, London 2003.

FRIEDNER, Lars, *Churches and other religious organisations as legal persons*, Peeters, Lovaina 2007.

FRIES, Heinrich, «Die Einheit des Glaubens und die Vielfalt der Theologie», en *Catholica*, n.27 (1973).

FULLER, Reginald H., *Fundamentos de la cristología neotestamentaria*, Cristiandad, Madrid 1979.

GARCÍA EXTREMEÑO, Claudio, *Eclesiología: comunión de vida y misión al mundo*, Edibesa, Madrid 1999.

GARCÍA MACÍAS, Aurelio, *El modelo de presbítero según la actual «Prex ordinationis presbyterorum»*, Estudio Teológico de San Ildefonso, Toledo 1995.

GARDNER, James, *The War with Babylon*, Xulon Press, USA 2004.

GARZA MEDINA, Luis, *Significado de la expresión «Nomine Ecclesiae» en el Código de Derecho Canónico*, Editrice Pontificia Università Gregoriana, Roma 1998.

GAY, Lopez, *El catecumenado en la misión del Japón del siglo XVI*, Universidad Gregoriana, Roma 1966.

GEFFRÉ, Claude, *El cristianismo ante el riesgo de la interpretación: ensayos de hermenéutica teológica*, Cristiandad, Madrid 1984.

GENERAL CONFERENCE OF THE CONGREGATIONAL CHURCHES OF MAINE, *Manual of Congregationalism*, Thurston & Co., Portland 1848.

GONZÁLEZ DE CARDENAL (ed), Olegario, *Salvador del mundo: Historia y actualidad de Jesucristo: cristología fundamental*, Secretariado Trinitario, Salamanca 1997.

GOODMAN, Felicitas D., *The Exorcism of Anneliese Michel*, Doubleday & Company, Inc., Garden City (New York) 1981.

GOZZELINO, Giorgio, *Angeli e demoni*, San Paolo, Milán 2000.

GIOVETTI, Paola, *Near—Death Experiences. Testimonianze di esperienze in punto di morte*, Edizioni Mediterranee, Roma 2007.

GOLDISH, Matt, *Spirit possession in Judaism: cases and contexts from the Middle Ages to the present*, Wayne State University Press, Detroit 2003.

GONZÁLEZ—ARINTERO, Juan, *Evolución Mística*, Editorial San Esteban, Salamanca 1988.

GOODRICH, John, *Paul as an Administrator of God in 1 Corinthians*, Cambridge University Press, Cambridge 2012.

GRAY, Madeleine, *The Protestant Reformation*, Sussex Academic Press, Brighton 2003.

GRASSO, Domenico, *Los carismas en la Iglesia: teología e historia*, Ediciones Cristiandad, Madrid 1984.

GUAZZO, Francesco M., *Compendium Maleficarum*, Editorial Club Universitario, San Vicente (Alicante), 1998.

HAFFNER, Paul, *The Sacramental Mystery*, Crownwell Press, Leominster 1999.

HALL, Stuart George, *Doctrine and Practice in the Early Church*, Wm. B. Eerdmans Publishing Co., Londres 2003.

HARTNUP, Karen,*On the beliefs of the Greeks: Leo Allatios and popular Orthodoxy*, Brill Academic Publishers, Danvers 2004.

HARVEY, Peter, *El Budismo*, Cambridge University Press, Madrid 1998.

HEATH, Pamela Rae, *Mind—Matter Interaction: A Review of Historical Report. Theory and Research*, McFarland & Company, Jefferson 2011.

HENN, William, *The hierarchy of truths according to Yves Congar*,Editrice Pontificia Università Gregoriana, Roma 1987.

HENRICUS INSTITORIS y Jacobus Sprenger, *El martillo de las Brujas para golpear a las brujas y sus herejías con poderosa maza*. Obra publicada originalmente en 1487. La cita superior está tomada de la reimpresión de la editorial Maxtor, Valladolid 2004.

HOEBEL, Thomas, *Laity and Participation: A Theology of Being the Church*, Peter Lang AG International Academic Publishers, Berna 2006.

HOLVAST, René, *Spiritual Mapping in the United States and Argentina, 1989-2005*, Koninklijke Brill, Leiden 2009.

HÜTTER, Reinhard, *Bound to Be Free: Evangelical Catholic Engagements in*

Ecclesiology, Ethics and Ecumenism, Wm. B. Eerdmans Publishing Co., Grand Rapids 2004.

HVIDT, Niels C., *Christian Prophecy:The Post—Biblical Tradition: The Post—Biblical Tradition*, Oxford University Press, Nueva York 2007.

IGNACIO DE LOYOLA, San, *Autobiografía*, Red Ediciones, [sin lugar de impresión] 2009.

ILLANES, José L., *Sobre el saber teológico*, Rialp, Madrid 1978.

ISHERWOOD, Lisa, *Introducing feminist Christologies*, Sheffield Academic Press, Londres 2001.

IWANSKI, Dariusz, *The dynamics of Job´s intercession*, Editrice Pontificio Instituto Biblico, Roma 2006.

JACOBS, Cindy, *Possessing the Gates of the Enemy*, Chosen Books, Grand Rapids 2009, 3ª edición.

Javaloy, Federico, *Introducción al estudio del fanatismo*, Edicions Universitat de Barcelona, Barcelona 1984.

JONGENEEL, Jan A. B., *Jesus Christ in World History*, Peter Lang GmbH, Frankfurt 2009.

JOURNET, Charles , *The Church of the Word Incarnate: an essay in speculative theology*, volumen 1, Sheed and Ward, Londres y Nueva York 1955.

JUAN PABLO II, Discurso a la Rota romana, 18 de enero de 1990, n.4: *Communicationes*, XXII [1990], 5; *L'Osservatore Romano*, edición en lengua española, 28 de enero de 1990.

—*Catequesis sobre el Credo*, volumen VI, Ediciones Palabra, Madrid 2003.

JUNGMANN, Josef A., *Las leyes de la liturgia*, Centre de Pastoral Liturgica, Barcelona 1999.

JUSSEN, Bernhard, *Ordering Medieval Society: perspectives on intellectual and practical modes of shaping social relations*, University of Pensilvania Press, Filadelfia 2001.

KACZYNSKI, Reiner, «L´esorcismo», en Bruno Kleinheyer (ed), *La Liturgia della Chiesa*, volumen 9, Editrice Elle Di Ci, Leumann 1994.

KAN, Sergei, *Memory eternal: Tlingit culture and Russian Orthodox Christianity through two centuries*, University of Washington Press, (sin lugar de impression) 1999.

KALLENDORF, Hilaire, *Exorcism and its Texts: Subjectivity in Early Modern Literature ofEngland and Spain*, University of Toronto Press, Toronto 2003.

KANTOROWICZ, Ernst H., *The King´s Two Bodies*, Princeton University Press, Princeton 1997.

KAPUR, Tribhuwan, *Religion and Ritual in Rural India*, Abhinav Publications, Nueva Delhi 1988.

KASPER, Walter (AA.VV), *Caminos de unidad: Perspectivas para el ecumenismo*, Cristiandad, Madrid 2008.

—*Diavolo, demoni, possessione*, 3ª edición, Queriniana, Brescia 2005.

—*L'ecumenismo spirituale*, Città Nuova, Roma 2007.

—*Searching for Christian Unity*, New City Press, Hyde Park (NY. USA) 2007.

KASTEN, Patricia Ann, *Linking Your Beads*, Our Sunday Visitor, USA 2011.

KEATING, James (ed), *Deacon Reader*, Paulist Press, Mahwah (Nueva Jersey) 2006.

KERTELGE, Karl, «Diavolo, demoni, exorcismi in prospettiva biblica», en Walter KASPER (ed), *Diavolo, demoni, possession*, 3ª edición, Queriniana, Brescia 2005.

KILMARTIN, Edward J., *The Eucharist in the West*, The Liturgical Press, Collegeville 2004.

KOWALSKA, Santa Faustina, *Diario*, Primer Cuaderno, n.58, Editorial padres Marianos de la Inmaculada Concepción de la Santísima Virgen María, Strockbridge 2001.

KÜNG, Hans, *Disputed Truth*, volumen II, Continuum International Publishing Group, Nueva York 2008.

LAD, George E., *A Theology of the New Testament*, Eerdmands Publishing Co., Grand Rapids 1993.

LADARIA, Luis F., *La Cristología de Hilario de Poitiers*, Editrice Pontificia Università Gregoriana, Roma 1989.

LA FONTAINE, Jean S., *The Devil's Children: From Spirit Possession to Witchcraft*, Ashgate, Surrey 2009.

LANE, Anthony N. S., *Justification by Faith in Catholic—Protestant Dialogue*, T&T Clark, Londres 2006.

LANE, Jan-Erik y Hamadi Redissi, *Religion and politics: Islam and Muslim civilization*, Ashgate, Cornwall 2009.

LANZARETTA, Serafino M. (AA.VV), *Inferno e dintorni*, Cantagalli, Siena 2010.

LAPPIN, Anthony, *The medieval cult of Saint Dominic of Silos*, Maney Publishing, Leeds 2002.

LAPSLEY, Michael, *Redeeming the Past: My Journey from Freedom Fighter to Healer*, Orbis Books, Maryknoll 2012.

LAVATORI, Renzo *Antologia Diavolica*, UTET Librería, Turín 2007.

—*Gli angeli*, Marietti, Génova 1991.

—*Il diavolo tra fede e ragione*, Centro Editoriale Dehoniano, Bolonia 2001.

LEFEBVRE, Marcel, *An Open Letter to Confused Catholics*, Fowler Wright Books, Leominster 1986.

LENNAN, Richard, *The Ecclesiology of Karl Rahner*, Oxford University Press, Oxford 2003.

LÉON-DUFOUR, Xavier, *Estudios del Evangelio: Análisis exegético de relatos y parábolas*, Cristiandad, Madrid 1982.

LEVACK, Brian P., *The Devil Within: Possession and Exorcism in the Christian West*, TJ International, Cornwall, 2013.

LIZZINI, Olga, «L'angelologia islámica: il Corano e la tradizione», in Giorgio Agamben (ed.), *Angeli: Ebraismo, Cristianesimo, Islam*, Neri Pozza Editore, Vicenza 2009.

LOHSE, Bernhard, *A short history of Christian doctrine*, Fortress Press, USA 1978.

LORDA, Juan Luis, *La gracia de Dios*, Palabra, Madrid 2004.

LUKACHER, Ned, *Time—fetishes: the secret history of eternal recurrence*, Duke University Press, USA 1998.

LUIS DE LA CONCEPCIÓN, fray, *Práctica de conjurar*, Maxtor, Valladolid 2009, edición anastática del libro impreso en Madrid en 1721.

MACNUTT, Francis,*Deliverance from Evil Spirits*, Baker Publishing Group, Grand Rapids 2009.

MCDONNELL Kilian (AA.VV), *Christian Initiation and Baptism in the Holy Spirit: Evidence from the First Eight Centuries*, The Liturgical Press, Collegeville (Minnesota) 1991

MC GUCKIN, John A., *The Orthodox Church*, Wiley-Blackwell, Malden 2011

MADRE, Philippe, *Curación y exorcismo: ¿Cómo discernir?*, San Pablo, Bogotá 2007.

MADRIGAL, Santiago (ed), *Solo la Iglesia es cosmos*, Universidad Pontificia Comillas de Madrid, Alcobendas 2000.

MAGNANI, Giovanni, *Tu sei il Cristo: cristologia storica*, Editrice Pontificia Università Gregoriana, Roma 2002.

MAIER, Paul L., *Eusebius: The Church History*, Editorial Portavoz, Gran Rapids 1999.

MANGINA, Joseph L., *Karl Barth: The Ecumenical Promise of His Theology*, Ashgate, Burlington 2004.

MANNION, Gerard, *Readings in church authority: gifts and challenges for contemporary Catholicism*, Ashgate Publishing, Hants 2003

—(AA.VV), *The Ratzinger Reader: Mapping a Theological Journey*, T&T International, Londres 2010.

Manuale pastorum compendiose complectens canones et ritus ecclesiasticos pro administrandis sacramentis juxta praxim usitatam in Belgio, Apud Henricum & Cornelium Verdussem, Antwerp 1704,

MARCONCINI, Benito (AA. VV.), Angeli e demoni. El dramma della storia tra il bene e il male. Corso di teologia sistematica, complementi 1. Edizioni Dehoniane, Bologna, 1991.

MASALLES, Victor, *La profecía en la asamblea cristiana*, Editrice Pontificia Università Gregoriana, Roma 2001.

MAZZA, Enrico, *The Celebration of the Eucharist: The Origin of the Rite and the Development of its Interpretation*, The Liturgical Press, Collegeville 1999.

MEIERS, Heather,*Difference and Laicite*, Umi, Ann Arbor (USA) 2008.

MELTON,Gary B. (AA.VV), *Psychological Evaluations for the Courts*, The Guilford Press, Nueva York 2007.

MERI, Josef W.,*The Cult of Saints Among Muslims and Jews in Medieval Syria*, Oxford University Press, Oxford 2004.

MÉTAIS—FONTENEL, Philippe—Marie , *L'Église au défi du spiritisme*, Editions Bénédictines, Francia 2008.

Missale Romanum, Architypographia Plantiana, Antwerp (Belgica) 1759.

MOLANO, Eduardo, «El principio de autonomía privada y sus consecuencias canónicas», en *Ius Canonicum*, vol. 47, nº 94, Pamplona 2007.

MONROE BARNETT, James, *The diaconate*, Trinity Press International, Harrisburg 1995.

MORIMOTO, Anri, *Jonathan Edwards and the Catholic Vision of Salvation*, The Pennsylvania State University Press, University Park (Pennsylvania) 1955.

MUIR, Edward, *Ritual in Early Modern Europe*, Cambridge University Press, Cambridge 2005.

MÜHLEN, Heribert, *Dones del Espíritu, hoy,*Ediciones Secretariado Trinitario, Salamanca 1987.

MULDER, Jack, *Kierkegaard and the Catholic tradition: conflict and dialogue*, Indiana University Press, Bloomington 2010.

MÜLLER, Ludger, «Ordo Ecclesiae. Fondazione teologica e teologia del diritto canonico secondo E. Corecco», en Libero Gerosa (ed), *Antropologia, fede e diritto ecclesiale*, Jaca Book, Milán 1995.

MURRAY, Paul, *Receptive Ecumenism and the Call to Catholic Learning*, Oxford University Press, 2008 Nueva York.

MUSOLESI, Angela, *Presidente degli esorcisti: Esperienze e delucidazioni di Don Gabriele Amorth*, Edizioni Carismatici Francescani, Ravena 2005.

NAMBA, Mariko y Eva Jane Neumann, *Shamanism*, edición de los autores, Santa Barbara (California) 2004.

NEWMAN, John Henry, *Roman Catholic Writings on Doctrinal Development*, Sheed & Ward, Kansas City 1997.

NJIRU, Paul Kariuki, *Charisms and the holy spirit's activity in the body of*

Christ: an exegetical study of 1 Corinthians 12, 4-11 and Romans 12, 6—8, Editrice Pontificia Università Gregoriana, Roma 2002.

OBISAKIN, Lawrence, *Dislodging demons: a systematic approach to deliverance ministration*, Yanetz Ltd, Jerusalén 2002.

OGDEN, Daniel, *Magic, witchcraft, and ghosts in the Greek and Roman worlds*, Oxford, University Press 2002.

OJIGBANI, Chris, *Spiritual Warfare*, Xulon Press, Victoria Island 2009.

OLIVER, James M., *Ecumenical Associations: Their Canonical Status with Particular Reference to the United States of America*, Gregorian University Press, Roma 1999.

PALAU, Francisco, *Escritos*, Monte Carmelo, Burgos 1997.

PARRELLA, Frederick J., *Paul Tillich's Theological Legacy: Spirit and Community*, Walter de Gruyter & Co., Berlin 1995.

PECZENIK, Aleksander, *On Law and Reason*, Springer, Lund 2009.

PELLITERO, Ramiro (ed), *Los Laicos en la Eclesiología del Concilio Vaticano II*, Rialp, Madrid 2006.

PELZEL, Morris, *Eclesiologia: La Iglesia como comunión y misión*, Loyola Press, Chicago 2005.

PETERS, Shawn Francis, *When Prayer Fails: Faith Healing, Children, and the Law*, Oxford University Press, Nueva York 2008.

PETRELLA, Giancarlo, *Itinera sarda: percorsi tra i libri del Quattro e Cinquecento in Sardegna*, CUEC, Cagliari 2004.

PORRO, Pasquale (ed), *The medieval concept of time: The scholastic debate and its reception in early modern philosophy*, Brill, Boston 2001, pg 146.

PRIEN, Hans-Jürgen, *Christianity in Latin America*, Brill, Danvers 2013.

PUENTE OJEA, Gonzalo, *Fe Cristiana, Iglesia, Poder*, Siglo XXI de España Editores, Madrid 2001.

QUASTEN, Johannes (AA.VV), *Ancient Christian Writters: Baptismal Instructions*, Paulist Press, Mahwah (NJ, USA) 1963.

RADBRUCH, Gustav, *Introducción a la Filosofía del Derecho*, Fondo de Cultura Económica, México DF 2005, 9ª reimpresión.

RAPLEY, Robert, *A Case of Witchcraft: The Trial of Urbain Grandier*, McGill-Queen's University Press, Quebec 1998.

RAHNER, Karl, *Encyclopedia of Theology: A Concise Sacramentum Mundi*, Herder, Mumbai 1975.

RAMALLO, Valentín, *El Derecho y el misterio de la Iglesia*, Università Gregoriana Editrice, Roma 1972.

RATZINGER, Joseph, *Church, Ecumenism, and Politics: New Endeavors in Ecclesiology*, Ignatius Press, San Francisco 2008.

—*Communio: The Unity of the Church*, volumen I, Grand Rapids, Wm. B. Eerdmans Publishing, Grand Rapids 2010.

—*Convocados en el camino de la Fe*, Cristiandad, Fuenlabrada 2004.

—*El Elogio de la Conciencia*, Palabra, Madrid 2010.

—*Eschatology: Death and Eternal Life*, Catholic University of America Press, Washington DC 1988.

—(AA.VV), *The Ratzinger Reader: Mapping a Theological Journey*, T&T International, Londres 2010.

Ray, Stephen K., *Upon This Rock: St. Peter and the Primacy of Rome in Scripture and the Early Church*, Ignatius Press, San Francisco 1999.

Redmile, Robert David, *The Apostolic Succession and the Catholic Episcopate in the Christian Episcopal*, Xulon Press, USA 2006.

Reverte Coma, José Manuel Reverte Coma, *Las Fronteras de la Medicina: Límites éticos, Científicos y Jurídicos*, Ediciones Diaz de Santos, Madrid 1983.

Richards, Jeffrey,*Consul of God: the life and times of Gregory the Great*,Routledge & Kegan Paul Ltd, Henley-on-Thames 1980.

Richters, Katja, *The Post-Soviet Russian Orthodox Church: Politics, Culture and Greater Russia*, Routledge, Nueva York 2013.

Rituale Lingonense, (Ritual de la diócesis de Langres), Douillier, Langres 1822.

Rituale Romanum, Editio Princeps de 1614, Edizione Anastatica Libreria Editrice Vaticana, Città del Vaticano 2004.

Rituale Sacramentorum Francisci de Sales Episcopi Gebennensis. Ritual de la diócesis de Ginebra, editado en el año 1612. Tomada la cita de Monumenta Studia Instrumenta Liturgica (MSLI) 58, Libreria Editrice Vaticana, Città del Vaticano 2010.

Roberts, Alexander (ed), *The Ante-Nicene Fathers: The Writings of the Fathers Down to A. D. 325*, Cosimo, Nueva York 2007.

Roccasalvo, Joan L., *The Eastern Catholic Churches*, The Liturgical Press, Collegeville 1992.

Rocchetta, Carlo, *Los sacramentos de la fe: sacramentología bíblica especial*, tomo II, Secretariado Trinitario, Salamanca 2002.

Roger Tillard, Jean Marie, «L'Église de Dieu est une communion», en *Irenikon*, vol.53 (1980).

Ross, Colin A., *The Osiris Complex: Case Studies in Multiple Personality Disorder*, University of Toronto Press, Toronto 1994.

Rouco Varela, Antonio María, *Teología y Derecho*, Cristiandad, Madrid 2003.

Royo Marín, Antonio, *El misterio del más allá*, Rialp, Madrid 1972.

—*La Virgen María*, BAC, Madrid 1997.

—*Teología moral para seglares*, tomo II, BAC, Madrid 1984.

—*Teología de la salvación*, BAC, Madrid 1997.

Rueg, Jean—Gabriel, *Mariam, sainte palestinienne ou la vie de Marie de Jésus crucifié*, 2ª edición, Pierre Téqui Editeur, París (sin año de edición).

Ruffin, Bernard, *Padre Pío*, Our Sunday Visitor, Huntington 1991.

Russell, Jeffrey Burton, *The Devil: perceptions of evil from antiquity to primitive Christianity*, Cornell University Press, Ithaca 1977.

—*Lucifer, el Diablo en la Edad Media*, Laertes, Barcelona 1995.

—*Mephistopheles, the Devil in the Modern World*, Cornell University Press, Ithaca 1986.

Saarinen, Risto, *God And The Gift: An ecumenical theology of giving*, Liturgical Press, Collegeville 2005.

Sáez, Martínez (AA.VV),*La misión de Cristo y los fieles en el CIC*, Instituto Teológico San Ildefonso, Salamanca 2004.

Sakhara, Mitsugu (ed), *Okinawan—English wordbook*, University of Hawai´i (sic) Press, (sin lugar de edición) 2006.

Sánchez, Ricardo Juan, *La responsabilidad civil en el proceso penal*, Editorial La Ley, Las Rozas 2004.

Sánchez Cámara, Ignacio, *Europa y sus bárbaros: El espíritu de la cultura europea*, volumen 1, Rialp, Madrid 2012.

Sánchez de la Torre, Ángel (ed), *Raíces de lo ilícito y razones de licitud*, Dykinson, Madrid 2005.

Sanders, Todd y Harry G. West, «Power Revealed and Concealed in the New World Order» en Harry G.West, *Transparency and conspiracy: ethnographies of suspicion in the new world order*, Duke University Press, (sin lugar de Edición) 2003.

Sayés, José Antonio, *Escatología*, Madrid, Palabra 2006.

—*Señor y Cristo: curso de cristología*, Palabra, Madrid 2005.

Scanlon, Michael J., «Catholicism and Living Tradition: The Church as a Community of Reception», en Patrick J Howell (AA.VV), *Empowering Authority: The Charisms of Episcopacy and Primacy in the Church Today*, Sheed & Ward, Kansas City 1990.

Schmaus, Michael, *Teología Dogmática*, volumen VII, n.302, Rialp, Madrid 1961.

Schmitt, Jean Claude, *Ghosts in the Middle Ages: The Living and the Dead in Medieval Society*, The University of Chicago Press, Chicago 1998.

Schreier, Joshua, *Arabs of the Jewish Faith: The Civilizing Mission in Colonial Algeria*, Rutger Press, USA 2010.

Schultz, Joseph P., *Judaism and the Gentile Faiths: Comparative Studies in Religion*, Associated University Presses, East Brunswick 1981.

Seymour, Charles, *A Theodicy of Hell*, Kluwer Academic Publisher, Dordrecht 2000.

SHEA, William M., *The Lion and the Lamb: Evangelicals and Catholics in America*, Oxford University Press, Nueva York 2004.

SIMON, Robert I. y Daniel W. Shuman, *Clinical manual of psychiatry and law*, American Psychiatric Publishing, Arlington 2007.

SLUHOVSKY, Moshe, *Believe not every spirit: possession, mysticism, & discernment in early modern Catholicism*, University of Chicago Press, Chicago 2007.

SMITH, Jonathan Z., *Relating Religion: Essays in the Study of Religion*, The University of Chicago Press, Chicago 2004.

SMITH, Margaret, *Rabi'a The Mystic and Her Fellow-Saints in Islam*,Cambridge University Press, Nueva York 2010.

SCHWARZ, Hans,*Eschatology*, Wm. B. Eerdmans Publishing, Grand Rapids 2000.

SEGUNDO, Juan Luis, *El infierno: un diálogo con Karl Rahner*, Ediciones Trilce, Montevideo 1997.

SEITZ, Jonathan, *Witchcraft and Inquisition in Early Modern Venice*, Cambridge University Press, Nueva York 2011.

SHARROCK, Russell, *Spiritual Warfare*, Lulu, Morrisville 2007.

SKA, Jean Louis, «Gesú esorcista», en Jean Louis Ska (ed) *Il Mistero del Male*, Edizioni San Lorenzo, Reggio Emilia 2006.

—(AA.VV), Il Mistero del Male, Edizioni San Lorenzo, Reggio Emilia 2006.

SLUHOVSKY, Moshe,*Believe not every spirit: possession, mysticism, & discernment in early modern Catholicism*, University of Chicago Press, Chicago 2007.

SMITH, Eddie, *Making Sense of Spiritual Warfare*, Bloomington, Bethany House Publishers 2008.

SPITERIS, Yannis, Eclesiología *ortodoxa: temas confrontados entre Oriente y Occidente*, Secretariado Trinitario, Salamanca 2004.

SOLER, Carlos, *Iglesia y Estado*, Ediciones Universidad de Navarra, Pamplona 1993.

SORENSEN, Eric, *Possession and Exorcism in the New Testament and Early Christianity*, Mohr Siebeck, Tubinga 2002.

SULLIVAN, Francis Aloysius, *From Apostles to Bishops: The Development of the Episcopacy in the Early Church*, Newman Press, Mahwah (New Jersey) 2001.

SZASZ, Thomas, *Anti-Psychiatry*, Syracuse University Pres, Syracuse (Nueva York) 2009.

TAUSIET, María, «La fiesta de la tarántula: júbilo y congoja en el Alto Aragón», en *Dialectología y Tradiciones Populares*, vol. LXIV, n.2, , julio-diciembre (2009).

TENNENT, Timothy C., *Theology in the Context of World Christianity*, Zondervan, Grand Rapids 2007.

TER HAAR, Gerrie, *Spirit of Africa: The Healing Ministry of Archbishop Milingo of Zambia*, C. Hurst & Co., Londres 1992.

TERTULIANO, *La Paciencia,(De Patientia*, cap. XI), Rialp, Madrid 2010.

THOMAS, Ericjon, *Mystical Darkness: The Dark Night in the Life of Padre Pio*, Xlibris, Estados Unidos 2011.

TOMÁS DE AQUINO, Santo, *De coelo*, cita tomada de Patrick Boyde, *Dante Philomythes and Philosopher: Man in the Cosmos*, Cambridge University Press, Cambridge 1981, 2ª ed. 2007.

—*Scriptum super sententiis.Commento all sentenze di Pietro Lombardo*, volumen 8, Edizioni Studio Domenicano, Bolonia 1999.

TRIACCA, Achille M., «L'esorcismo», en Ildebrando Scicolone (ed), *I sacramentali e le benedizioni* (Anámnesis, introduzione storico-teologica a la Liturgia, volumen 7), 3ª edición, Marietti, Génova 2011.

TROUCHOU, Francis, *El Cura de Ars* Ediciones Palabra, Madrid 2005.

TSAI, Shih—Shan Henry, *The Eunuchs in the Ming Dynasty*, State University of New York Press, Albany 1996.

TURNER, David L., *Matthew*, Baker Academic, Grand Rapids 2008.

TWELFTREE, Graham H., *In the name of Jesus: exorcism among early Christians*, Baker Academics, Grand Rapids 2007.

—*Jesus the exorcist: a contribution to the study of the historical Jesus*, Mohr, Tubinga 1993.

—*Jesus, the Miracle Worker*, InterVarsity Press, Downers Grove (IL, Estados Unidos) 1999.

VALLI, Norberto, «Il Rito degli esorcismi», en Pierpaolo Caspani (ed), *Liberaci dal maligno. L'esperienza del demoniaco e la riflessione teologica*, Ancora. Milán 2008.

VANDERWILT, Jeffrey T., *Communion with Non—Catholic Christians*, The Liturgical Press, Collegeville 2003.

VAN IERSEL, Bas (AA.VV), *Angeli e diavoli*, 2ª edición, Queriniana, Brescia 1972.

VAN SLYKE, D. G., «The Ancestry and Theology of the Rite of Major Exorcism», en *Antiphon* 10.1 (2006).

VERRIPS, Jojada, «Killing in the Name of the Lord», en *Ethnologia Europaea: Journal of European Ethnology*, Volume 27, BTJ Tryck AB, Lund (1997).

VILLAR, José Ramón, *Iglesia, ministerio episcopal y ministerio petrino*, Rialp, Madrid 2004.

VILLEPELÉE, Jean-François, *La follia della croce. Gemma Galgani*, Città Nuova, Roma 1993.

VISONÀ, Giuseppe, *Didachè: insegnamento degli Apostoli*, Figlie di San Paolo, Milán 2000.

VOLF, Miroslav, *After Our Likeness: The Church As the Image of the Trinity*, Wm. B. Eerdmans Publishing Co., Grand Rapids 1998.

VON BALTHASAR, Hans Urs, *El espíritu de la verdad*, Ediciones Encuentro, Madrid 1998.

—*Ensayos teológicos*, tomo I, Ediciones Encuentro, 2ª edición, Madrid 2001.

Título original de la obra *Skizzen zur Theologie*. Título original de este tomo I: *Verbum Caro*.

—*Ensayos teológicos*, tomo IV. Ediciones Encuentro, Madrid 1998.

—*Teodramática*,, tomo V, Ediciones Encuentro, Madrid 1997.

WAGNER, C. Peter, *The Book of Acts: A Commentary*, Gospel Light, Ventura (California) 2008.

WAHLEN, Clinton, *Jesus & the Impurity of Spirits in the Synoptic Gospels*, Mohr Siebeck, Tubinga 2004.

WALKER, Deward E., *Handbook of North American Indians*, volumen 12, Smithsonian Institution (editor), Washington DC 1998.

WARNER, Marina, *Joan of Arc*, Oxford University Press, Oxford 1981.

WEINGROD, Alex, *The Saint of Beersheba*, State University of New York Press, Albany 1990.

WEST, Harry G., *Transparency and conspiracy: ethnographies of suspicion in the new world order*, Duke University Press, (sin lugar de impresion) 2003.

WESTMEIER, Karl—Wilhelm, *Protestant Pentecostalism in Latin America: A Study in the Dynamics of Change*, Associated University Presses, Crambury 1999.

WITHROW, Linda, *Prayers of Authority*, Authorhouse, Bloomington 2010.

WITTE, John, *Religion and Human Rights: An Introduction*, Oxford University Press, Nueva York 2012.

WROBLESKI, Jessica, *The Limits of Hospitality* [Reflections on Ecumenism], Liturgical Press, Collegeville 2012.

WYBREW, Hugh,*The Orthodox Liturgy: The Development of the Eucharistic Liturgy in the Byzantine Rite*, St Vladimir´s Seminary Press, Crestwood 1989.

YONG, Amos, *Spirit Poured Out on All Flesh, The: Pentecostalism and the Possibility of Global Theology*, Baker Academic, Grand Rapids 2005.

YOUNG, John D.,*Confucianism and Christianity: The First Encounter*, Hong Kong University Press, Hong Kong 1983.

ZAHL, Paul F. M., *The Protestant Face of Anglicanism*, Wm. B. Eerdmans Publishing Co., Gran Rapids 1998.

ZANETTI, Eugenio, *La nozione di «laico» nel dibattito preconciliare,* Editrice Pontificia Università Gregoriana, Roma 1998.

ZECCA, Tito P., *Gli angeli. Nella vita e negli scritti di Gemma Galgani,* Paoline, Milán 2005.

ZIZIOULAS, Jean, *Being As Communion: Studies in Personhood and the Church,* St. Vladimir's Seminary Press, Crestwood 1985.

Sabemos que todos tenemos conocimiento. El conocimiento hincha, pero el amor edifica. Si alguno piensa haber conocido alguna cosa, todavía no conoce como es necesario conocer.

I Cor 8, 1-2.

Esta obra se acabó de redactar, en su primera edición,
el día 31 de diciembre del año del Señor de 2013.
Festividad del Papa San Silvestre.